HTML 5

Une référence pour le développeur web

Dans la collection « Blanche »

Chez le même éditeur

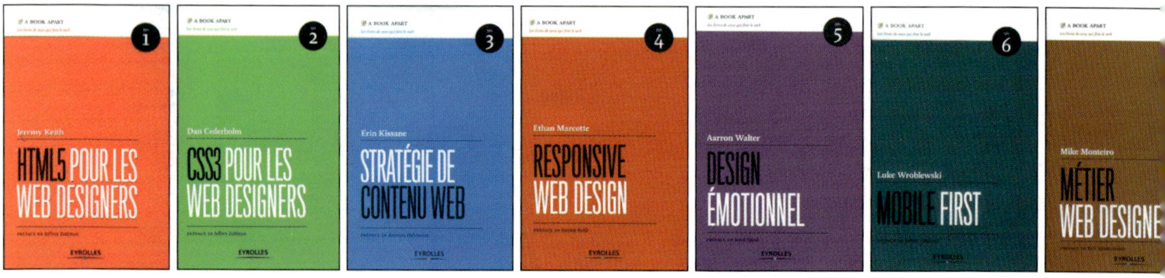

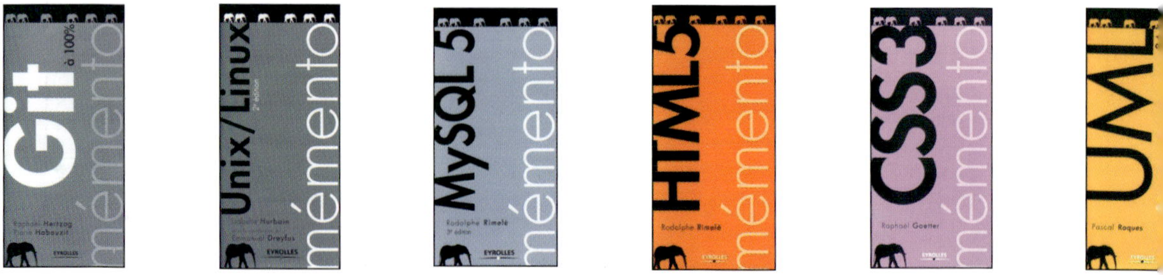

HTML 5

Une référence pour le développeur web

HTML5 • CSS3 • JavaScript • DOM • W3C & WhatWG
Audio/vidéo • Canvas • Géolocalisation • Drag & drop • Hors ligne
Web Sockets • Web Storage • File API • Microformats • History API
Server-sent Events • Web Messaging • IndexedDB/WebSQL

2e édition
Traite les dernières évolutions d'HTML5

Rodolphe Rimelé

Préface de Raphaël Goetter

EYROLLES

ÉDITIONS EYROLLES
61, bd Saint-Germain
75240 Paris Cedex 05
www.editions-eyrolles.com

 ISBN : 978-2-212-13638-8

Préface

Nous connaissons tous HTML plus ou moins intimement. Lorsque nous naviguons sur Internet ou que nous écrivons nos pages web, il reste fidèle à nos côtés, malgré les péripéties et déboires qu'il a subis. C'est qu'il en a connu des aventures ! Les derniers arrivés tels que Adobe Flash ou Microsoft Silverlight pensaient l'avoir enterré, en vain... On le retrouvait parfois sous les doux sobriquets de « DHTML » ou de « Web 2.0 ». Créé à l'origine pour tisser des liens et véhiculer du contenu de manière universelle, il se voyait dénaturé dans ses fonctions primaires, comme l'ont montré ses tableaux de mise en page, aujourd'hui diabolisés. À dire vrai et en y regardant de près, HTML a toujours été là, endossant loyalement son rôle d'ossature indispensable du Web.

À ses débuts, sa mission se limitait à structurer des contenus basiques, essentiellement textuels et scientifiques, ordonnés de façon rigoureusement linéaire et assez peu excitante, il faut l'avouer. Puis, au fur et à mesure de l'évolution des usages des internautes, HTML se diversifie, se renforce et s'adapte. Parfois avec un peu de retard sur les besoins, et malgré les batailles que se livrent les navigateurs.

La quatrième mouture de HTML, finalisée en 1998 – la préhistoire du Web, peut-on dire –, paraît bien désuète aujourd'hui, treize années plus tard. Il s'agit pourtant de la plus récente version finalisée ayant reçu l'adoubement officiel du W3C. Ce gigantesque retard accumulé durant ces dix dernières années tend enfin à se combler, petit à petit, grâce au développement et à l'implantation de la version 5 du langage, tant attendue. Aux bons et loyaux services de HTML 4, se substituent de riches univers adaptés aux besoins et usages d'un Web moderne, varié, rapide et mobile.

Nouvelles balises, nouvelles technologies, formulaires avancés, outils multimédias, adaptation aux supports nomades et applications performantes : autant de nouveaux mondes offerts par ce nouvel opus en voie d'adoption. Même si HTML 5, sorte de nouveau « Web 2.0 », est censé annoncer le Web de l'avenir, dans la pratique, ses fonctionnalités répondent tout simplement aux attentes des internautes. L'usager peut enfin profiter de la lecture audio ou vidéo sans plug-in additionnel, trouver un hôtel ou un emploi proches grâce à la géolocalisation (qui pose certes quelques questions de privauté), bénéficier de support hors-ligne lorsque sa connexion est défaillante ou qu'il se déplace, profiter de fonctions de glisser-déposer, de stockage intelligent ou des web-workers, ces travailleurs de l'ombre qui permettent d'accélérer les performances en parallélisant le traitement des ressources.

Pensez que la version précédente était finalisée depuis plus de dix ans ! La patience de nous autres concepteurs web avait atteint ses limites ; elle se voit enfin récompensée. De grands sites tels que Google, Yahoo!, Twitter, Myspace, Kelkoo, Youtube ou encore Dailymotion intègrent d'ores et déjà une multitude d'applications stables de HTML 5, mais les grands bénéficiaires en sont bien sûr les sites web pour périphériques mobiles qui peuvent déjà exploiter nativement des fonctionnalités telles que l'adaptation automatique des designs aux différentes tailles d'écran.

HTML a bien mûri. La version 5 s'annonce comme une ressource exaltante qui exploitera véritablement les possibilités technologiques contemporaines. Cela inclut la puissance des connexions internet, les périphériques mobiles (smartphones et tablettes) ainsi que le multimédia. Il était temps. Et il est l'heure à présent de révolutionner nos habitudes d'internautes et de concepteurs de sites web.

Cette révolution n'est d'ailleurs pas sans rappeler celle opérée dans mon domaine de prédilection, celui des feuilles de styles CSS, autre univers en refonte depuis la version CSS 3. En tant que designer web et pour avoir rédigé quelques ouvrages sur les feuilles de style CSS, je peux comprendre et partager l'enthousiasme de Rodolphe ainsi que celui de la communauté de développeurs en pleine ébullition.

Si la symbiose entre HTML et CSS semblait parfaite sur le papier – l'un s'attachant à structurer l'information (balises, sémantique), l'autre à lui donner forme (esthétique, positionnements) – je ne vous apprendrai pas que les deux ont longtemps été mal imbriqués : l'on côtoyait fréquemment les styles de mise en forme au cœur des éléments et balises HTML, bien que ce ne fût pas leur place attitrée et que cela nuisît à l'accessibilité et à la compatibilité des documents produits.

À l'ère de HTML 5 et CSS 3, le couple accède à une nouvelle dimension et de nouveaux pouvoirs. Les interactions entre les deux langages n'ont jamais été aussi puissantes : séparation fond-forme renforcée grâce à une pluralité de nouvelles balises sémantiques (`<header>`, `<footer>`, `<article>`, `<section>`, etc.), gestion des médias et périphériques mobiles, prise en charge démultipliée des formulaires (via la notion de formulaire valide, invalide, incomplet), etc.

Cette imbrication va au-delà d'une simple association de langages, une véritable philosophie de conception s'en dégage : par « HTML 5 », on entend désormais « HTML 5 combiné à CSS 3 et JavaScript ». Une avancée considérable pour le Web qui comble enfin de façon extraordinaire les attentes des designers et intégrateurs CSS.

Même le dernier retardataire, Microsoft, suit le mouvement avec entrain voire zèle – fait d'autant plus notable qu'il n'était pas coutumier du fait. En témoignent les premières moutures de Windows 8 et d'Internet Explorer 10, que nous avons pu voir en avant-première.

Le mouvement est en marche, la révolution ne fait que commencer...

Mais revenons à ce livre. HTML 5 se compose en pratique des langages HTML + CSS + JavaScript, autant de domaines dans lesquels l'auteur excelle.

Tout d'abord, cet ouvrage approche l'exhaustivité, compte-tenu des spécifications en cours d'évolution. Méticuleux, Rodolphe n'a pu se restreindre à moins de 600 pages de contenus, codes et illustrations. L'annexe en ligne sur l'accessibilité, notamment, mériterait d'être lue par tout professionnel du Web.

Ensuite, il ne contient pas d'approximation, et l'auteur ne prend aucune liberté avec les standards. Chaque partie est testée, moult fois vérifiée et validée avant de figurer dans l'ouvrage.

Enfin, il est agréable à lire, parsemé d'un humour que l'on pourrait qualifier de « à la Rodolphe » ™ et qu'il manie avec beaucoup de justesse.

Ce qui m'amène à dire un mot de l'auteur : Rodolphe Rimelé manie avec une désinvolture naturelle les logiciels de graphisme et d'image, les animations Flash, il connaît les arcanes de langages tels que jQuery, Ajax, PHP, MySQL, l'administration de serveurs web et maîtrise encore bien d'autres jargons informatiques. Son *curriculum vitae* déborde allègrement de références en webdesign et développement, et se distingue par la publication d'un DVD d'apprentissage sur jQuery, du fameux lecteur Flash estampillé « Dewplayer » et d'un mémento sur MySQL précédemment publié chez Eyrolles. Ce portrait ne serait pas complet sans évoquer ses évidentes qualités de photographe amateur et d'humoriste tourmenté via son carnet personnel *blup.fr*. Tant de perfection et de diversité à la fois suscitent l'envie pour le commun des mortels que je suis. Dès que Rodolphe touche un clavier d'ordinateur, il semble que tout lui réussit, infailliblement, et à merveille. Et le voilà à présent qui s'attaque à HTML 5 !

Je suis sûr que vous trouverez bien d'autres qualités à son livre.

Bonne lecture.

Raphaël Goetter, fondateur d'Alsacreations.com
raphael@goetter.fr

Avant-propos

Ce livre est le fruit de longs mois de travail, de recherches, d'expérimentations, de dissections des spécifications toujours en mouvement, de pittoresques rencontres de bogues, de discussions avec mes collègues. J'espère qu'il sera utile au plus grand nombre de lecteurs et qu'il répandra autour de lui autant de plaisir que j'ai eu à l'écrire.

Avertissement et conventions

La spécification HTML est un document qui dépasse les 800 pages, et qui fait référence à de nombreux autres grâce à la magie des liens hypertextes. Il est écrit dans un langage peu distrayant, condensé, très technique, à la destination d'un public très spécialisé.

Cet ouvrage se veut plus didactique et pratique. Il ne couvre pas toutes les mentions, exceptions, et précisions de la spécification, qui nécessiteraient 23 volumes différents et une nouvelle étagère à côté de votre bureau. C'est pourquoi son objectif est d'aller à l'essentiel.

J'ai choisi de faire référence aux éléments HTML en les notant principalement en tant que balises, c'est-à-dire entre les caractères *inférieur à* « < » et *supérieur à* « > », pour faciliter la lecture et l'appropriation du code.

Voici par exemple un élément `<p>` qui correspond à un paragraphe. Fondamentalement, un élément comprend une balise ouvrante `<p>` et une balise fermante `</p>`, éventuellement des attributs et du contenu. Il s'agit aussi d'une entité mixte qui est à la fois présente dans le code HTML, dans le DOM, et à laquelle on peut faire référence en JavaScript et en CSS. On peut donc la décrire de multiples façons selon le contexte. J'espère que les puristes me pardonneront ce trope.

Enfin, cet ouvrage ne traite pas de web design en général, ni de graphisme, ni des feuilles de style CSS (à l'exception de nouveautés CSS 3 mentionnées au sein des chapitres). Ce sont des sujets qui sont eux-mêmes aussi vastes et qui méritent des apports complémentaires à la seule vision du code HTML.

Codes source

Les exemples de code sont rédigés en français avec quelques soupçons d'anglais, langage de prédilection pour le Web. Ils doivent être adaptés à vos besoins qui peuvent varier grandement selon le contexte de développement ou la mise en page attendue. Certains exemples figurant dans un chapitre ne reprendront pas nécessairement toutes les recommandations présentes dans les précédents par souci de simplicité et de lisibilité. Il vous appartiendra de faire vos choix, au regard des tenants et aboutissants de vos projets.

Le code complet de la page HTML (en-tête et pied de page, propriétés de style) ne sera, la plupart du temps, pas repris intégralement, car semblable d'une page à l'autre, mais vous le retrouverez dans les chapitres initiaux et les fichiers à télécharger. Il en sera de même pour les feuilles de style CSS associées à la présentation des documents HTML. Les codes source affichent une fraîcheur maximum au moment de la rédaction.

COMPLÉMENTS

Annexe sur CSS et l'accessibilité (ARIA) et tableaux de prise en charge mis à jour

Cet ouvrage est complété de deux annexes et d'un index :

- l'**annexe A**, qui fait un point sur les « **Fonctionnalités modifiées et obsolètes** » entre HTML 4 et HTML 5 ;
- l'**annexe B**, enfin, qu'il faudrait mettre entre les mains de tout développeur web, et qui vous guide dans la création de sites accessibles, conformes à la spécification ARIA : « **Accessibilité et ARIA** ».

Vous trouverez également sur le site d'accompagnement du livre des ressources et compléments, notamment une **annexe C** indispensable donnant un précieux rappel synthétique sur les « **Feuilles de style CSS** », ainsi qu'une collection de liens utiles.

- http://html5.blup.fr/
- http://www.editions-eyrolles.com/

Quant aux illustrations variées utilisées dans cet ouvrage, elles sont issues de Fotolia et Photl avec leur permission. Les photos des démonstrations et des exemples ont été réalisées par l'auteur.

- http://www.fotolia.com
- http://www.photl.com

À propos de l'auteur

Initialement ingénieur *réseaux et télécoms*, j'ai bifurqué quelque peu à l'issue de mes études vers ma passion réelle, qui avait débuté bien avant cela lorsque j'avais tenté de percer plusieurs mystères :

- celui de mon modem RTC qui produisait des bruits étranges ;
- celui de mon modem câble qui <blink>clignotait</blink> bien souvent orange ;
- celui de la première version de Flash qui m'a valu un stage expérimental auprès de mon propre fournisseur d'accès ;
- celui de toutes les invocations magiques telles qu'IRC, NTTP et IPX qui cachaient un Nouveau Monde désormais en péril.

À cette époque – mode nostalgie *on* – sobre en débit, mais pas en GIF animés, les géants du Web Google, Dailymotion, YouTube, Wikipédia, Facebook n'existaient pas. Point de Chatroulette, d'iPhone ou de Twitter à l'horizon. Les CMS se comptaient sur les doigts d'une seule main. Cela n'en faisait pas pour autant un monde moins fabuleux ni moins vaste – mode nostalgie *off*.

Comme beaucoup d'autres passionnés, je dois tout ce que j'ai appris à la veille technologique quotidienne que permet Internet, les échanges sur les forums, la lecture de livres en français ou en anglais, la vie en agence web, la création de projets expérimentaux, les recherches effectuées pour écrire des articles publiés sur Alsacreations.com.

Bien qu'intéressé par mes études menées à leur terme, je me suis aperçu que la configuration de routeurs (et d'autres protocoles empilés dans chaque couche du modèle OSI) était bien moins réjouissante que les séances de <body></body>, c'est-à-dire la réalisation de sites esthétiques et vraiment utiles à mes semblables. Par ailleurs, je pouvais apprendre en une journée ce que l'on nous inculquait à l'université en un mois et qui était par moments dépassé ou superfétatoire – n'entendez pas là qu'il y avait de *super fêtes*, mais que les applications concrètes se faisaient désirer.

Parmi mes compétences figurent les langages du Web JavaScript, CSS, bien heureusement HTML ; mais aussi PHP, MySQL, Perl, C et tout ce qui concerne l'administration de systèmes et serveurs Linux. Connaître ce qui se cache plusieurs niveaux en-dessous du navigateur est, à mon sens, primordial pour le dompter. Au-delà du code, je manie également le graphisme avec Flash, Photoshop, Illustrator, Inkscape pour concevoir de belles interfaces ergonomiques et de rares Lolcats.

Je m'intéresse aussi à la géographie, l'histoire, l'astronomie, pour me changer les idées depuis que le rayonnement d'un écran illumine mon quotidien.

J'ai publié précédemment à cet ouvrage un Mémento MySQL aux éditions Eyrolles et un DVD d'apprentissage pour le langage jQuery/Ajax.

À propos d'Alsacréations

Alsacreations.com, site communautaire d'apprentissage des standards du Web, a été fondé par Raphaël Goetter en 2003. Il a vu sa popularité grandir d'année en année avec la publication de nombreux tutoriels qui défendaient – parfois en avance sur leur temps – une conception web propre et conforme aux normes.

Pour participer à ce mouvement, et après avoir sympathisé autour d'une tarte flambée avec Raphaël, j'ai rédigé des articles, des actualités, développé le forum et d'autres fonctionnalités pour la communauté.

C'est avec plaisir que nous nous sommes associés en 2006 pour lancer Alsacreations.fr, l'agence web, afin de mettre en pratique ce que nous défendions et de pouvoir en faire notre métier. Nous nous attachons à ne pas utiliser des termes comme « Web 2.0 », « rationalisation de process » et « buzz viral », mais à adopter des approches pragmatiques.

Notre petite équipe s'est étoffée progressivement mais sûrement, avec des collaborateurs de qualité en qui je place toute ma confiance. Aujourd'hui, je conduis et développe avec eux des projets pour des clients au niveau national et international.

Remerciements

Cet ouvrage n'aurait pu voir le jour sans le soutien de tous ceux qui m'entourent au quotidien. Je remercie tout particulièrement...

Mes parents, pour tout ce qu'ils m'ont apporté durant ma jeunesse et mes études, pour tous les recoins du monde qu'ils m'ont fait découvrir : mon père qui nous a quittés durant l'écriture et à qui je dois beaucoup ; ma mère qui a toujours été présente et attentionnée pour moi.

Sarah, pour sa patience de tous les jours, ses relectures, ses muffins délicieux, et la joie de vivre qu'elle insuffle à notre couple.

Raphaël Goetter, pour ses conseils avisés, ses jeux de mots inédits et sa confiance sereine dans l'aventure de notre agence web.

Philippe Vayssière, Simon Kern, Geoffrey Crofte, Coralie Leveillé-Menez, Guillaume Focheux, Stéphanie Walter et Jennifer Noesser pour leur professionnalisme et la réjouissante ambiance qu'ils instaurent dans notre équipe, même après de longues journées.

Christophe Mattera, pour son « coup de pouce » à l'époque où je n'étais qu'un *padawan* et Benoît Laurenti pour de multiples raisons.

Table des matières

CHAPITRE 5

Les formulaires (Web Forms) .. 257

CHAPITRE 8

Dessin avec Canvas 377

CHAPITRE 9

Géolocalisation 455

CHAPITRE 10

Interactions avec les fichiers (File API) 469

Une brève histoire du Web et de ses standards

1

Pour comprendre la façon dont le langage HTML 5 a été pensé et conçu, il faut se replonger dans son histoire mouvementée au W3C et au WhatWG.

Figure 1–1 Ce manuscrit n'a jamais existé

Le langage HTML *(HyperText Markup Language)* est au Web ce que la portée musicale est à l'orchestre. L'un ne pourrait exister sans l'autre. Les musiciens, quelle que soit leur nationalité, ne pourraient interpréter l'œuvre du compositeur sans cette notation commune, pour jouer de « concert », sans fausses notes et en rythme.

Tout le monde a déjà entendu parler de HTML. Tous les internautes ont déjà vu cette extension dans la barre d'adresses de leur navigateur. Pourtant, très peu savent ce qui se cache réellement derrière ces quatre lettres mystérieuses qui leur permettent d'accéder à leurs sites et services favoris.

En tant que concepteur, designer ou intégrateur web, on croit le maîtriser puis l'on découvre de nouvelles applications chaque jour, de nouvelles subtilités et astuces qui en font un sujet passionnant, voire monstrueux lorsqu'il s'agit de contenter tous les navigateurs sachant l'interpréter avec plus ou moins de virtuosité.

Un successeur pour HTML 4 et XHTML

Au commencement, la Darpa (agence du département de la Défense des États-Unis) crée **Arpanet**. Il s'agit, au début des années 1970, de relier des universités en réseau pour permettre les échanges de données. Par la même occasion, le protocole TCP/IP est inventé pour uniformiser le transit des informations entre les machines. Il est encore utilisé de nos jours. Toute machine ou terminal ayant accès à Internet possède une adresse IP.

Dans les années 1980, le réseau est scindé en deux, d'un côté Milnet (à vocation militaire, ex-DDN) et d'un autre côté NSFnet (à vocation universitaire, ex-Internet). Les applications sont diverses, mais très austères : échange de fichiers (FTP), e-mails, avec des serveurs reliés entre eux à une vitesse fulgurante de 56 kbit/s. Le système des DNS *(Domain Name System)* est inventé à son tour pour permettre de nommer les machines plutôt que d'avoir à mémoriser leur adresse IP.

En 1984, le **Cern** (Organisation européenne pour la recherche nucléaire) adopte le même type de réseau pour ses échanges internes, puis l'étend et le relie à un laboratoire américain via Internet. C'est en son sein que l'équipe de **Tim Berners-Lee**, chargée de réorganiser l'information, invente un nouveau protocole, simple et abordable, destiné à la mise en ligne de pages possédant des liens hypertextes. Dès lors, l'usage devient public et l'on baptise toutes ces pages reliées entre elles, telle une grande toile mondiale : « *World Wide Web* ». Il s'agit d'ailleurs du nom du premier navigateur dont la paternité revient à Tim Berners-Lee.

Les premières versions de HTML voient le jour dans les années 1990, dérivées de la grande famille des langages **SGML** *(Standard Generalized Markup Language)*. Il ne s'agit cependant pas de normes (il n'y a aucune spécification HTML 1.0), car le langage reste en pleine évolution, principalement motivée par les développements des navigateurs. Les pages utilisent le protocole **HTTP** *(HyperText Transfer Protocol)* pour transiter sur le réseau et établir le dialogue entre le navigateur et le serveur. L'**IETF** *(Internet Engineering Task Force)* héberge les premiers groupes de travail HTML.

En 1993, le navigateur **Mosaic** de NCSA *(National Center for Supercomputer Applications)* développé pour Sun remporte un franc succès sous Unix. Il inaugure l'élément `img` pour l'incorporation d'images et les formulaires pour la saisie de données. L'année suivante, une partie de son équipe prend son envol et fonde Netscape. Le navigateur phare **Netscape Navigator** ajoute de nombreux éléments de présentation (polices des textes, alignement, clignotement) allant totalement à l'encontre du but premier de HTML.

À partir de là, les perspectives d'évolution divergent durant de nombreuses années, chaque navigateur introduisant des balises propriétaires pour satisfaire les besoins de présentation des documents. L'usage de certains éléments (ou *tags*) est détourné de son but initial, notamment l'élément `table` pour la structuration en colonnes et la découpe de la page en zones distinctes. On commence à redouter ce que l'on nomme la *soupe de tags*.

Tim quitte le Cern en 1994 pour rejoindre le MIT *(Massachusetts Institute of Technology)* et fonde le **W3C** *(World Wide Web Consortium)* pour promouvoir la standardisation des langages du Web.

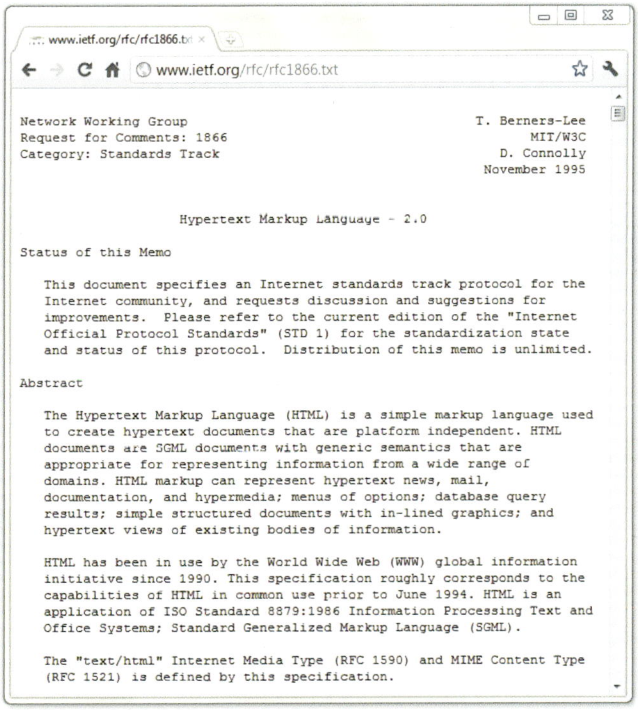


```
Network Working Group                                    T. Berners-Lee
Request for Comments: 1866                                      MIT/W3C
Category: Standards Track                                   D. Connolly
                                                          November 1995


                    Hypertext Markup Language - 2.0

Status of this Memo

   This document specifies an Internet standards track protocol for the
   Internet community, and requests discussion and suggestions for
   improvements.  Please refer to the current edition of the "Internet
   Official Protocol Standards" (STD 1) for the standardization state
   and status of this protocol.  Distribution of this memo is unlimited.

Abstract

   The Hypertext Markup Language (HTML) is a simple markup language used
   to create hypertext documents that are platform independent. HTML
   documents are SGML documents with generic semantics that are
   appropriate for representing information from a wide range of
   domains. HTML markup can represent hypertext news, mail,
   documentation, and hypermedia; menus of options; database query
   results; simple structured documents with in-lined graphics; and
   hypertext views of existing bodies of information.

   HTML has been in use by the World Wide Web (WWW) global information
   initiative since 1990. This specification roughly corresponds to the
   capabilities of HTML in common use prior to June 1994. HTML is an
   application of ISO Standard 8879:1986 Information Processing Text and
   Office Systems; Standard Generalized Markup Language (SGML).

   The "text/html" Internet Media Type (RFC 1590) and MIME Content Type
   (RFC 1521) is defined by this specification.
```

Figure 1–2
RFC 1866 – HTML 2.0

En 1995, le W3C publie HTML 2.0 (sans les ajouts spécifiques à Netscape Navigator 2) et débute le brouillon HTML 3.0 qui ne débouchera pas directement sur des implémentations concrètes. **JavaScript**, langage de programmation créé pour ajouter de l'interactivité aux pages web, est inventé pour le compte de Netscape par Brendan Eich.

Microsoft s'aperçoit à son tour de l'existence d'Internet, crée la première version d'Internet Explorer pour Windows (basée sur Mosaic), suivie de près par sa version 2.0 supportant entre autres une variante de JavaScript nommée JScript, les *frames* et les cookies.

En 1996, un nouveau standard nommé **CSS** (*Cascading Style Sheets* – feuilles de style en cascade) est officialisé pour régir tout ce qui concerne la présentation des documents et séparer la forme du contenu. Il mettra un peu moins de dix années à s'imposer. Internet Explorer passe en version 3.0 en intégrant déjà quelques fonctionnalités des CSS.

En 1997, le W3C publie **HTML 3.2,** officialisant certaines des inventions propriétaires des navigateurs. Internet Explorer 4.0 installé par défaut avec Windows 98 supplante Netscape. Il fait appel malheureusement à des nouveautés dont Microsoft est propriétaire (JScript, VBScript, ActiveX). Le travail continue immédiatement sur HTML 4.0 avec la standardisation de nombreuses fonctionnalités avancées (support des styles, des scripts, des *frames* et des objets) et des améliorations relatives à l'accessibilité.

Après la publication de **HTML 4.0** en décembre 1997, le premier groupe de travail *(HTML Working Group)* cesse son activité. Le second, qui sera en réalité le groupe de travail XHTML *(Extensible HyperText Markup Language)*, est chargé de redéfinir HTML comme une application de XML, avec un rôle limité de maintenance pour HTML 4.0 puis 4.01. Ce groupe est à l'origine de **XHTML 1.0,** mais ne produit aucune avancée concrète pour le langage HTML.

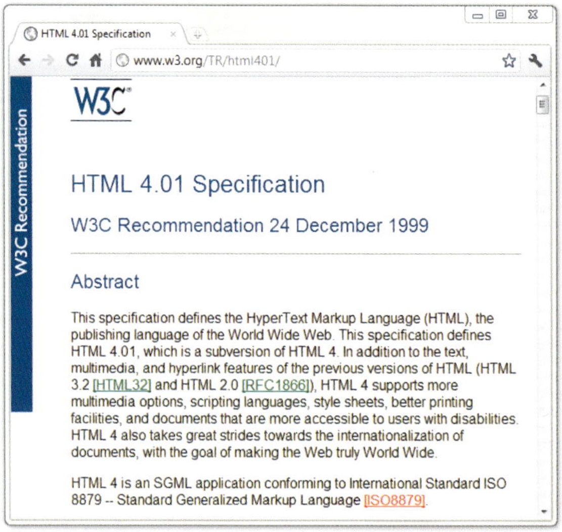

Figure 1–3
W3C – HTML 4.01

La spécification XHTML 1.0 reprend les balises HTML 4.01 à l'identique, il s'agit juste d'adopter une syntaxe plus stricte suivant les règles du XML que l'on promettait à un bel avenir. Cette syntaxe définissant un cadre avec des règles plus structurées et combinées à CSS, conquiert de nombreux auteurs web qui y voient un ensemble de bonnes pratiques à favoriser.

En 1998, **CSS 2** est publié en recommandation, mais sa complexité d'implémentation amènera plus tard le W3C à produire une révision (2.1) avec une approche plus réaliste. En parallèle, le développement de CSS 3 commence, découpé en modules pour pouvoir bénéficier de degrés d'avancement divers.

On entre alors dans une période de stagnation apparente du côté du W3C, dont le fonctionnement trop fermé est critiqué par une partie des développeurs web. Pourtant, quelques avancées voient le jour du côté des navigateurs, par exemple XMLHttpRequest en 1999 avec Internet Explorer 5 pour les prémices de l'**Ajax**.

Les animations **Flash** (promues successivement par FutureWave, Macromedia, et Adobe) remportent un succès indéniable, car il est désormais possible, via l'installation d'une petite extension au navigateur, d'embarquer dans les pages web moult animations, dessins vectoriels, sons, vidéos, éléments d'interaction, le tout complété avec un langage de programmation nommé ActionScript.

En 2000, AOL rachète Netscape, signant par là son déclin progressif. Le navigateur en version 4 est renommé « Communicator » mais affiche de faibles performances et souffre des pratiques commerciales de Microsoft. Le code source de ce qui était espéré devenir la version 5.0 de Netscape passe sous licence libre en 1998 avec la création de l'organisation **Mozilla**, qui s'aperçoit que ce dernier est irrécupérable et débute l'écriture du moteur Gecko.

Microsoft lance **Internet Explorer** 6.0 en 2001 et n'y touche plus durant 6 ans, considérant la suprématie établie (jusqu'à 95 % de parts de marché). Pourtant, la tendance s'infléchit grâce à la concurrence insistante des navigateurs alternatifs qui proposent un bien meilleur support des standards du Web, et quelques inventions bien pratiques en termes de confort de navigation et d'interface utilisateur.

Dans l'élan, le W3C publie **XHTML 1.1** qui se révèle complexe à mettre en place, compte tenu des contraintes imposées par la spécification et des moteurs des navigateurs utilisés par les internautes. En effet, un document créé en XHTML et servi avec le type MIME adéquat, ne pouvait même pas être compris par le navigateur le plus répandu à ce moment-là, Internet Explorer.

En 2002, la fondation Mozilla lance sur les (quelques) restes de Netscape Navigator/Communicator et de la branche principale de Mozilla un nouveau projet de navigateur Open Source nommé successivement Phoenix, Firebird puis **Firefox**, dont les innovations séduisent un public averti, puis de plus en plus large. Son extensibilité et son respect des standards font sa force.

Opera Software défend le navigateur du même nom, initialement payant puis devenu gratuit en 2005. Celui-ci fédère une communauté d'utilisateurs convaincus par sa réactivité et ses innovations. On le retrouve également sur consoles et plates-formes mobiles.

Les soucis commencent lorsque le W3C décide d'évoluer à terme vers **XHTML 2.0** dont le premier brouillon est dévoilé le 5 août 2002. Cette nouvelle version, qui se veut un nouveau départ, allégée de son lourd héritage, est incompatible avec les précédentes. Certaines balises très courantes ne sont plus valides, telles que `img` pour les images. Comment faire alors ? Fournir une version du site en HTML pour les navigateurs actuels et maintenir en parallèle une version XHTML 2.0 pour d'éventuelles implémentations dans de futurs navigateurs ?

C'est une catastrophe tant auprès des éditeurs de navigateurs qui veulent se concentrer sur les applications concrètes répondant aux besoins des développeurs, que du public qui ne comprend pas ce revirement de situation, et tarde à s'intéresser au sujet.

Suite à cette période trouble et à la décision du W3C d'abandonner HTML en faveur de langages basés sur XML, la mailing-list WhatWG est créée le 4 juin 2004. À l'initiative du groupe, Ian Hickson d'Opera travaille sur Web Forms 2.0 pour étendre les possibilités des formulaires HTML – spécification qui sera intégrée à HTML 5 par la suite. Le W3C tente de persévérer sur la voie du XML.

Le **WhatWG** *(Web Hypertext Application Technology Working Group)* est constitué par des passionnés souhaitant améliorer HTML, issus d'équipes de la fondation Mozilla, d'Apple et d'Opera. Leur but est de faire évoluer le langage pour répondre aux besoins concrets de l'explosion du Web, tout en maintenant sa simplicité et sa rétrocompatibilité. Ce groupe communautaire n'a pas d'existence administrative à proprement parler, il ne vit que sur le Web, avec un nombre illimité de membres qui y participent gratuitement.

Le WhatWG débute son travail en juin 2004 sous la dénomination de Web Applications 1.0. Ian Hickson devient éditeur officiel du document HTML 5, et rejoint finalement Google (membre du W3C).

La spécification **HTML 5**, soutenue en avril 2007 devant le *World Wide Web Consortium* par la fondation Mozilla, Apple et Opera, est acceptée comme point de départ du nouveau groupe de travail HTML. Ce dernier publie le premier brouillon *(Working Draft)* le 22 janvier 2008 et admet que XHTML 2.0 est trop ambitieux.

Le processus est alors assez inhabituel puisque les deux entités, W3C et WhatWG collaborent sur le projet HTML 5 avec des approches différentes, parfois quelques accrochages sur la méthode, mais avec un pragmatisme certain grâce à la constitution très forte des équipes par des membres d'éditeurs de navigateurs.

Entre-temps, Apple a lancé **Safari** pour Mac (2003) puis Windows (2009) pour fournir un navigateur de qualité à sa base d'utilisateurs grandissante, en déclinant le moteur KHTML en WebCore/WebKit.

Google, devenu le plus célèbre moteur de recherche et acteur majeur du Web, développe son propre navigateur **Google Chrome** à partir de septembre 2008 sur la base d'un projet libre nommé Chromium, à un rythme extrêmement soutenu. Google souhaite privilégier la simplicité de navigation et les performances à l'exécution.

Ces navigateurs alternatifs s'approprient petit à petit la plus grande part du marché. Mozilla Firefox dans sa version 3.0 devance peu à peu Internet Explorer dans certaines régions du monde et s'affirme comme une alternative de prédilection avec de nombreux projets gravitant autour du moteur Gecko.

Les **navigateurs mobiles**, versions dérivées de leurs grands frères, confèrent aux smartphones et tablettes tactiles la possibilité d'accéder au Web depuis que les capacités des réseaux sans fil permettent un débit d'accès acceptable et que la mobilité entre dans les mœurs. Ils font alors appel à des comportements de navigation différents découlant des temps de chargement et de la navigabilité au doigt.

Microsoft sort finalement de sa léthargie et reprend un rythme de développement honorable avec Internet Explorer 7 en 2006 pour l'occasion de la sortie de Windows Vista.

Internet Explorer 8 pointe le bout de son nez en mars 2009. En juillet, le W3C annonce le non-renouvellement du groupe de travail XHTML 2.0 pour réunir les forces autour du groupe de travail HTML et clarifier sa position. Tandis que CSS 3 voit ses modules complétés progressivement, la spécification HTML 5 est désormais adoptée formellement comme langage de prédilection pour le Web par le W3C et le WhatWG.

Dès lors, tous les navigateurs s'y mettent et dopent chacune des versions publiées. Début 2011, Microsoft publie Internet Explorer 9, précédé de peu par Opera 11. Mozilla décide d'adopter un nouveau modèle de développement basé sur plusieurs canaux (Aurora, version Bêta, version Finale) pour diffuser les nouveautés plus rapidement. La numérotation des versions s'emballe à la façon de Chrome.

À la rentrée 2011, Microsoft surprend tout le monde en confirmant son intérêt pour les standards du web, et sa volonté de les exploiter à un haut niveau via le moteur d'Internet Explorer 10. Windows 8 est distribué fin 2012 avec une nouvelle interface utilisateur, qui interprète directement HTML 5, CSS 3 et JavaScript pour créer des applications intégrées au système.

L'enthousiasme gagne Amazon qui annonce une accointance des tablettes Kindle avec HTML 5. Adobe historiquement ancré dans les suites de logiciels graphiques consacre plus d'efforts au standard, délaissant quelque peu Flash, notamment sur les mobiles. De nouveaux outils sont lancés avec la collection Edge pour générer des animations dans des formats ouverts et se tourner franchement vers les développeurs-intégrateurs web.

En 2013, Mozilla se lance dans une nouvelle bataille avec Firefox OS et Firefox Marketplace, qui utilisent les technologies web pour développer tout un système d'applications sur périphériques mobiles : l'enjeu stratégique est celui du nomadisme et de l'ubiquité.

CURIOSITÉ HISTORIQUE Les archives de Tim

Le premier code source implémentant HTML, écrit par Tim Berners-Lee

- http://www.w3.org/History/1991-WWW-NeXT/Implementation/HyperText.m

La « première page » HTML

- http://www.w3.org/History/19921103-hypertext/hypertext/WWW/Link.html

Une des premières ébauches détaillant les balises

- http://www.w3.org/History/19921103-hypertext/hypertext/WWW/MarkUp/MarkUp.html

Une spécification pour HTML 2.0 (novembre 1995)

- http://www.w3.org/MarkUp/html-spec/index.html
- http://www.ietf.org/rfc/rfc1866.txt

Piste cachée : un historique animé de bonne facture

- http://webdirections.org/history/

Le rôle du W3C

La mission du W3C est de développer et promouvoir des standards pour le Web afin d'en assurer la croissance et l'universalité. Ses membres et experts internationaux sont constitués en groupes de travail qui rédigent ces standards.

Figure 1–4
Logo du W3C

Le W3C est administré par trois entités :

- le MIT *(Massachusetts Institute of Technology)* aux États-Unis ;
- l'université Keio au Japon ;
- l'Ercim *(European Research Consortium for Informatics and Mathematics)* en Europe, remplaçant de l'INRIA français.

Il regroupe environ 400 membres (organisations) et se voit désormais à l'origine de dizaines d'autres spécifications et recommandations, telles que MathML, RDF, Soap, SVG, Smil, PNG, et autres variations autour de XML.

Les groupes de travail (abrégé WG, alias *Working Group*) sont variés, et œuvrent de façon modulaire. Entre autres, le *HTML Working Group* se consacre à HTML, Microdata et Canvas en 2D ; le *Web Apps Working Group* se concentre sur la partie dynamique avec Web Messaging, Web Workers, Web Storage, WebSocket, Server-Sent Events (sachant que l'IETF participe au protocole même de WebSocket) ; et d'autres groupes se focalisent sur WebRTC ou WebVTT.

Une maturation rigoureuse...

Le processus d'écriture et de validation des documents fait mention de statuts précis :

1. *Working Draft :* brouillon de travail (WD).
2. *Last Call Working Draft :* dernier appel pour modifications (LC).
3. *Candidate Recommendation :* candidat à la recommandation (CR).
4. *Proposed Recommendation :* recommandation proposée (PR).
5. *W3C Recommendation :* recommandation W3C officielle (REC).

Un brouillon (WD) est publié pour être débattu par la communauté (membres du W3C, grand public, autres organisations). Une recommandation candidate (CR) est un document dont le W3C pense qu'il a été largement examiné et satisfait aux prérequis techniques du groupe de travail. Il s'agit alors de procéder à des implémentations concrètes pour recueillir des retours d'expérience. Est divulguée ensuite une recommandation proposée (PR), version plus mûre établie après de larges applications techniques et soumise au comité consultatif pour approbation finale. Quand il est clair qu'un support significatif est assuré par le grand public et le W3C, la recommandation (REC) voit le jour, signifiant que le W3C recommande son vaste déploiement et la mise en application de son contenu.

EN SAVOIR PLUS Au sujet du W3C

Standards et spécifications (brouillons, recommandations, etc.)

- http://www.w3.org/TR/

HTML Working Group

- http://www.w3.org/html/wg/

… mais peu véloce

Ces stades peuvent nécessiter de longues périodes de relectures, tests et discussions pour évoluer favorablement en vue d'un consensus général.

Il en a été ainsi pour CSS 2.1, qui a mis de nombreuses années à atteindre l'étape de recommandation candidate (CR) en 2009 alors que des navigateurs l'implémentaient bien avant cela à des degrés divers. En automne 2010, le groupe de travail CSS officialise la publication de la suite de tests pour CSS 2.1. Toutes les équipes de développement des navigateurs majeurs acceptent de publier leurs rapports en conséquence. C'est à l'appui de ces rapports une fois publiés que les responsables du groupe de travail peuvent enfin demander à la direction du W3C de passer en recommandation proposée (PR). Ce stade est atteint fin 2010. La tête du consortium annonce alors un appel à validation *(Call for Review of a Proposed Recommendation)* à tous les membres. CSS 2.1 atteint enfin le statut de recommandation du W3C début 2011.

HTML 4.01 était passé au stade de recommandation le 24 décembre 1999, en apportant quelques corrections mineures à la version 4.0. Quant à HTML 5, les navigateurs l'implémentent progressivement sans attendre son accession à l'étape finale ; il est de notoriété publique qu'il n'est pas (absolument) nécessaire d'attendre pour l'exploiter. Ainsi certaines versions de navigateurs l'intègrent de façon partielle, d'autres mieux tout en nécessitant encore des perfectionnements. Microsoft a déjà mis en œuvre quelques fonctions de HTML 5 depuis Internet Explorer 8 et de façon plus complète dans la version 9.

En 2009, Ian Hickson, éditeur de la spécification HTML 5, avait annoncé vouloir atteindre la recommandation candidate (CR) en 2012. Dans les faits et à partir de cette étape, le W3C réclame deux implémentations complètes et interopérables, avec de larges batteries de tests (plus de 20 000), pour aboutir à la recommandation finale, ce qui devait *en théorie*, selon les pronostics (souvent ironiques) de Ian, s'établir aux alentours de 2022. Cette date est effrayante, mais heureusement, HTML 5 sera en pratique depuis longtemps répandu et compris par les navigateurs. La date a, depuis, été ramenée officiellement à l'intervalle 2014-2016.

Début 2011, un logo officiel a été dévoilé pour faire la promotion de HTML 5. Celui-ci comporte toujours un numéro de version et des déclinaisons pour les sous-groupes de technologies : la sémantique *(semantics)*, l'exécution *(offline & storage)*, l'accès au matériel et aux périphériques *(device access)*, la connectivité *(connectivity)*, le multimédia *(multimedia)*, le graphisme et les effets *(3D, graphics & effects)*, la performance et l'intégration *(performance & integration)*, CSS 3.

Le W3C, qui développe déjà des dizaines d'autres spécifications, prévoit de finaliser officiellement HTML5 fin 2014, bien que celui-ci soit déjà exploitable pour beaucoup de fonctionnalités dans les navigateurs modernes, puis « HTML 5.1 » fin 2016, puis une version « 5.2 » par la suite.

RESSOURCE Pages intéressantes du W3C

Le logo du W3C :

- http://www.w3.org/html/logo/

La feuille de route stratégique pour 2014 et 2016 :

- http://dev.w3.org/html5/decision-policy/html5-2014-plan.html

L'annonce concernant 2014 puis 2016 :

- http://lists.w3.org/Archives/Public/public-html/2012Sep/0243.html

Figure 1–5
Logo HTML 5 par le W3C

Figure 1–6
« Badge » HTML et technologies

Le rôle du WhatWG

Durant la même période, le WhatWG a annoncé vouloir désormais parler uniquement de « HTML » sans préciser de numéro de version, en tant que partie des spécifications *Web Applications*, qui sont toujours maintenues et qui comprennent les autres API web décrites dans cet ouvrage (Web Workers, Web Storage, etc.). Le groupe considère que la spécification HTML *made in* WhatWG est désormais mature et qu'elle ne mérite plus le statut de brouillon mais de *norme de fait*, ou *living standard* (standard vivant).

Figure 1–7
Le logo du WhatWG

Le WhatWG travaille en tandem avec le W3C, qui tire des « instantanés » de la spécification pour en fournir une version stable aux éditeurs de navigateurs et aux développeurs qui ont de fortes contraintes d'interopérabilité. À la mi-2012, des divergences de fonctionnement et d'objectifs refont surface : les groupes de travail reprennent un peu plus d'indépendance. Les contributions du WhatWG, voulues rapides et ancrées dans la réalité, implémentées par les navigateurs, viendront certainement rejoindre les prochaines versions de HTML du côté W3C. Les responsables des spécifications sont désormais indépendants.

Quelques différences voient le jour. Par exemple, les éléments `<data>` et `<dialog>` sont désirés par le WhatWG mais absents du côté du W3C, qui ne mentionne pas non plus Microdata.

> **EN SAVOIR PLUS WhatWG ou W3C ?**
>
> L'annonce de la modification des relations par Ian Hickson :
>
> ▸ http://lists.w3.org/Archives/Public/public-whatwg-archive/2012Jul/0119.html
>
> HteuMeuLeu partage sa vision de la situation :
>
> ▸ http://www.hteumeuleu.fr/le-w3c-le-whatwg-et-html5/
>
> Jean-Pierre Vincent résume HTML5 sur BrainCracking :
>
> ▸ http://braincracking.org/2012/02/01/html5-aujourdhui/

Les fondements de l'évolution

Comme dans toute évolution de langage, des compromis ont dû être effectués, principalement pour rectifier des erreurs commises par le passé, ou pour asseoir de meilleures pratiques de conception. Ainsi, l'accessibilité joue souvent un grand rôle dans les décisions prises pour la création, la modification ou la suppression d'éléments/attributs. Certains éléments de HTML 4.01 ont été abandonnés (déclarés obsolètes), notamment ceux jouant un rôle de présentation tels que `<font>` et `<center>`, étant avantageusement remplacés par les feuilles de style CSS.

Depuis la spécification de HTML 4, les applications concrètes se sont faites plus nombreuses, et les internautes sont passés du stade de passionnés privilégiés et initiés au high-tech, à un grand public avide de contenus variés et versé dans l'e-commerce ou les réseaux sociaux. Là où l'on pouvait se contenter de pages statiques, il est aujourd'hui impensable de ne pas proposer des sites dynamiques, alliant animations, audio, vidéo, composants interactifs.

HTML 5 se propose de redevenir la référence en termes de standard ouvert pour des applications en lieu et place de technologies telles que Flash (Silverlight, Java, etc.) dont la croissance a été rapide. Avec l'inauguration d'API orientées vers le graphisme, la vidéo, l'audio, et la communication, HTML peut désormais prétendre à la création de jeux de haute qualité et d'applications très riches visuellement.

La **simplification du langage** a pour but de faciliter son apprentissage et de le mettre à portée de tout débutant qui souhaiterait s'initier au HTML. On notera comme exemple parfait le nouveau *doctype* unique (`<!DOCTYPE html>`) qui facilite grandement le choix par rapport aux précédentes versions nécessitant une connaissance des subtilités entre variantes : Strict, Transitionnel, Frameset.

L'approche reste pragmatique au sein du groupe de travail HTML. Le but est de suivre des principes clairs pour favoriser l'adoption de la version 5 du langage :

- grâce au support des contenus existants « *Support Existing Content* » et la défense de l'évolution plutôt que la révolution (*Evolution Not Revolution* pour la rétrocompatibilité HTML4) ;
- grâce au principe de la dégradation gracieuse « *Degrade Gracefully* » : un nouvel élément doit permettre de tolérer une alternative ou une émulation, et de ne pas perdre une fonctionnalité essentielle lorsqu'il n'est pas compris ;
- grâce à la prise en compte des implémentations existantes dans les navigateurs « *Do not Reinvent the Wheel* » (ne pas réinventer la roue) et à leur assimilation par les auteurs web « *Pave the Cowpaths* » (paver le chemin déjà tracé) ;
- grâce à la défense de l'interopérabilité et de l'accessibilité universelle (indépendance du média, support des langues internationales et des contenus alternatifs).

SPÉCIFICATION Principes du W3C

Liste des différences par rapport à HTML4

- http://dev.w3.org/html5/html4-differences/

Les lignes directrices de la conception de HTML

- http://dev.w3.org/HTML5/html-design-principles/

Tout le monde sur la brèche

Les grands éditeurs de logiciels et de navigateurs l'ont compris : il faut être présent en tant qu'acteur du Web pour espérer conquérir des parts de marché ; et il faut démontrer la force des produits pour publier, développer ou exploiter HTML5. Chacun a créé une vitrine référençant des démonstrations, parfois d'avant-garde, mettant en œuvre les différentes technologies web – y compris CSS – pour construire des applications complexes, des jeux, des animations, tout en donnant un excellent aperçu de ce que l'on peut accomplir avec ces langages ouverts.

RESSOURCE Démonstrations technologiques et sites promotionnels

Adobe : The Expressive Web
▸ http://beta.theexpressiveweb.com/
Mozilla Demo Studio
▸ https://developer.mozilla.org/en-US/demos/
Chrome Experiments
▸ http://www.chromeexperiments.com/
Microsoft Test Drive
▸ http://ie.microsoft.com/testdrive/
Microsoft : The Browser You Loved To Hate
▸ http://browseryoulovedtohate.com/
Apple HTML5
▸ http://www.apple.com/html5/

En quoi consiste réellement HTML 5 ?

Du point de vue du **balisage**, HTML 5 inaugure de nouveaux éléments pour de nouveaux usages, afin de répondre aux besoins grandissants des internautes.

- Les premiers permettent d'ajouter une valeur sémantique aux blocs génériques précédemment définis par les éléments `div` et `span`. C'est le cas notamment de `article`, `aside`, `footer`, `header`, `section` et `nav`.
- Les suivants apportent de nouvelles fonctionnalités aux pages web, c'est le cas notamment de `audio` et `video`.

Bien entendu, l'introduction de ces nouvelles balises représente la partie la plus visible et la plus facile à aborder lorsqu'il s'agit de concevoir des pages web. Figurent aussi des **API** *(Application Programming Interfaces)* pour étendre les possibilités dynamiques du langage et d'interaction avec le DOM *(Document Object Model)*, entre autres pour :

- le stockage de données côté client,
- l'élément *canvas* (dessin 2D et 3D),
- les microformats,
- la lecture de médias (audio, vidéo),
- le glisser-déposer *(drag & drop)*,
- la communication bidirectionnelle (*sockets*, *push*, interdocuments),
- la géolocalisation,
- la gestion des applications web hors-ligne,
- la lecture et l'écriture de fichiers locaux,
- la gestion de l'historique du navigateur,
- et bien d'autres à venir…

Survient alors un problème de classification : toutes ces technologies ne sont pas nécessairement incluses dans la spécification HTML 5 du W3C bien qu'elles le soient pour la plupart dans celle, plus généraliste, du WhatWG. Elles font alors l'objet d'une publication séparée. Cependant, elles sont très souvent réunies par les médias par abus de langage sous le terme « HTML 5 », car développées en parallèle et évidemment utilisées en osmose avec HTML.

Certains brouillons sont uniquement présents côté WhatWG et n'ont fait l'objet d'aucune implémentation dans les navigateurs. C'est par exemple le cas, dès 2011, de l'interface *PeerConnection* exploitable pour la vidéoconférence, et d'un gestionnaire d'annulations baptisé *UndoManager*.

Cet ouvrage traite donc volontairement de spécifications réputées ne pas faire partie du document HTML 5 hébergé par le W3C, mais qui sont pourtant exploitées de concert, spécifiées, et implémentées durant la même période par les navigateurs.

SPÉCIFICATION HTML 5 version W3C et WhatWG

La spécification HTML 5 du côté du W3C

- http://www.w3.org/TR/HTML5/
- http://dev.w3.org/HTML5/spec/Overview.html

La spécification HTML du côté du WhatWG et sa FAQ

- http://www.whatwg.org/html
- http://wiki.whatwg.org/wiki/FAQ

Différences depuis HTML 4.01 et XHTML 1.x

Outre la transformation de la philosophie de développement autour de HTML 5, voici un résumé des différences notables :

- de nouvelles règles d'analyse syntaxique ;
- la possibilité d'utiliser SVG ou MathML au sein de HTML ;
- les nouveaux éléments : `article`, `aside`, `audio`, `canvas`, `command`, `datalist`, `details`, `embed`, `figcaption`, `figure`, `footer`, `header`, `hgroup`, `keygen`, `mark`, `meter`, `nav`, `output`, `progress`, `rp`, `rt`, `ruby`, `section`, `source`, `summary`, `time`, `video`, `wbr` ;
- de nouveaux types pour l'élément `<input>` (`color`, `date`, `datetime`, `datetime-local`, `email`, `month`, `number`, `range`, `search`, `tel`, `time`, `url`, `week`) ;
- de nouveaux attributs spécifiques, par exemple ping (pour `<a>` et `<area>`), `charset` (pour `<meta>`), `async` (pour `<script>`) ;
- de nouveaux attributs globaux : `contenteditable`, `contextmenu`, `spellcheck`, `draggable`, `hidden`, `role`, `aria-*`, `data-*` ;
- des éléments dépréciés : `acronym`, `applet`, `basefont`, `big`, `center`, `dir`, `font`, `frame`, `frameset`, `isindex`, `noframes`, `s`, `strike`, `tt`, `u`.

HTML 5 = HTML + JavaScript + CSS (3) ?

De nos jours, les différents langages pouvant être mis en jeu pour la composition d'une page web (ou d'une application web) sont très intimement liés. Ainsi, l'on voit souvent regroupés HTML 5, JavaScript et CSS (dans sa version 3 en cours d'élaboration) sous le terme générique HTML 5 lui-même.

Il s'agit bien là d'un abus de langage, mais un abus justifié : le contenu (HTML) étant bien dissocié de la forme (CSS), mais peu exploitable pour les visiteurs sous une forme brute sans mise en pages, et peu dynamique sans langage de script pour des interactions avec le contenu de la page lui-même. Il est donc difficile de se servir de l'un sans l'autre pour la création de sites complets. **HTML 5 est la pierre angulaire de l'édifice.**

On pourra aussi noter la *coïncidence* – ou plutôt la concomitance – de la période de développement de CSS 3, qui est somme toute logique dans le processus d'évolution des langages web, mais qui associe bien souvent les deux dans les démonstrations technologiques.

De même, HTML 5 est *livré* avec plusieurs API évoluées qui se manipulent avec JavaScript. Les moteurs les plus récents embarquent des avancées majeures pour JavaScript :

- la nouvelle version du langage ECMAScript 5, incluant l'API JSON et le mode strict *(strict mode)* ;
- les tableaux typés natifs pouvant représenter un gain de performance ;
- XMLHttpRequest 2 et les objets FormData ;
- l'API Selectors et l'attribut `classList` ;
- les attributs `async` et `defer` ;
- et toutes les autres améliorations mineures au niveau atomique qui soulagent le développeur de façon majeure.

Les implications du point de vue du développement et de l'intégration sont dès lors plus complexes que par le passé. La synergie de ces trois langages paraît désormais essentielle pour concevoir un site web attractif ou une application web multi-plate-forme.

Page web ou application web ?

La frontière entre une application et une page est floue. On peut considérer qu'une page reste – d'un point de vue technique – cantonnée à un rôle d'affichage de contenu, structuré et mis en forme, comme on sait le faire depuis de nombreuses années, avec pour interaction maximale la saisie d'un formulaire envoyant des données vers un serveur. Une application, elle, fera l'usage d'API évoluées pour mener à bien sa mission : stockage, génération de données, affichage interactif, communications intensives avec un serveur. Néanmoins, personne n'est obligé de se servir de l'ensemble des fonctionnalités proposées par HTML5 pour déclarer son œuvre« application HTML5 ».

Figure 1–8
Couteau suisse du Web

HTML 5 n'est pas un tout monolithique. C'est un ensemble de fonctionnalités individuelles, bâties autour d'un langage rétrocompatible. Cette approche va permettre d'implémenter certaines d'entre elles progressivement dans les navigateurs, avec l'inconvénient de devoir se préoccuper du support de ces fonctionnalités les unes après les autres, voire de proposer des alternatives de remplacement pour ne pas altérer le confort de l'utilisateur.

Le concept clé de la rétrocompatibilité mérite que l'on s'attarde encore un peu sur lui. Dans son acception générale, il signifie que les navigateurs interprétant HTML 5 doivent aussi continuer à interpréter les pages conçues en HTML 4.0, 4.01 et XHTML 1.0. La spécification définit bien quels éléments sont obsolètes (indiqués en détail dans les annexes), mais aussi comment continuer à les prendre en charge, ce qui place les précédentes versions de HTML comme un « sous-ensemble » de cette nouvelle évolution. Si vous concevez des pages HTML, elles sont déjà en HTML 5.

Pourquoi des standards pour le Web ?

Les standards web sont gages d'interopérabilité et de pérennité. Contrairement aux technologies propriétaires, personne ne peut réclamer de droits pour les utiliser. Ils permettent de définir une manière universelle de créer les pages web sans les écrire à destination d'un logiciel en particulier – comme on a pu le voir au temps de la « guerre des navigateurs » et des pages « optimisées » pour certains d'entre eux.

L'adhésion à des normes reconnues mondialement facilite la structuration et le balisage des documents, réduit les coûts associés à la production de sites. Elle permet aussi de garder un cuir chevelu sain, en évitant de s'arracher les cheveux avec la conception de pages interprétées de façon commune sur la plupart des navigateurs.

HTML en seconde langue 2

Un langage est un ensemble de signes, doté d'une sémantique et d'une syntaxe. HTML ne déroge pas à la règle. Voyons ce que sont ses balises et attributs chevronnés, et comment CSS, JavaScript, et HTTP s'articulent.

Figure 2–1 État d'esprit

HTML est un langage de description de document. Sa syntaxe provient du SGML *(Standard Generalized Markup Language)* et fait appel à des balises pour structurer le document.

Il est interprété par des « agents utilisateurs » (des navigateurs web dans la plupart des cas) pour permettre une consultation intelligible à l'internaute, en appliquant éventuellement une présentation définie par une feuille de style externe.

On y retrouve des textes, des images, des vidéos, des liens vers d'autres documents et bien d'autres éléments qui ont chacun un rôle précis à exercer.

Une page web va consister en un fichier de type texte – par opposition à un fichier binaire qui contient des données difficilement lisibles par un humain normalement calibré – que tout un chacun est libre d'éditer dans son éditeur de texte favori puis de consulter également dans son navigateur favori.

Doté communément de l'extension `.html`, un fichier source peut être stocké et lu sur un ordinateur local, ou via Internet s'il est stocké sur un serveur web. Dans ce dernier cas, ce fichier peut aussi être produit par un langage de programmation exécuté sur un serveur. L'extension pourra alors être différente (par exemple `.php` avec PHP, ou quoi que ce soit d'autre, pourvu que le code délivré soit toujours du HTML).

La méthode la plus simple pour expérimenter, tester, construire un beau fichier HTML, reste l'ouverture d'un éditeur de texte (voir suggestions ci-après), la rédaction de quelques lignes de code, la sauvegarde sous une extension `.html` appropriée (par exemple `index.html`), et l'ouverture par un clic dans le navigateur web. Un jeu d'enfant, n'est-ce pas ?

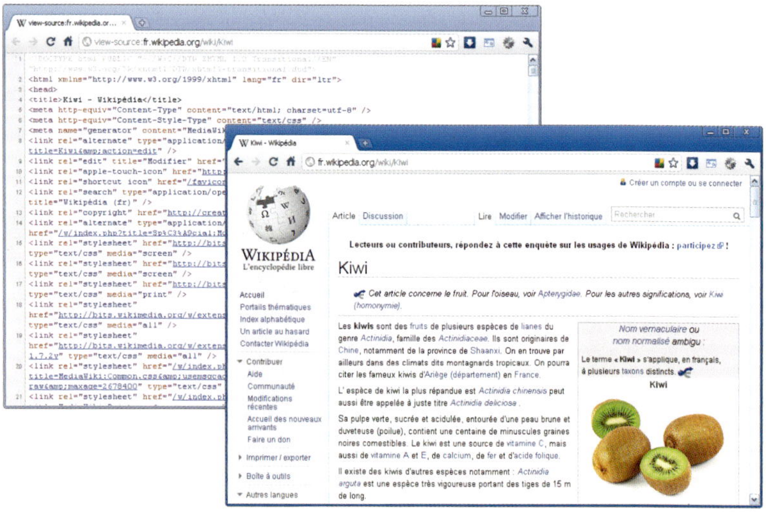

Figure 2–2
Le code source HTML et son interprétation dans un navigateur

La notion d'agent utilisateur (*user-agent* en anglais) sera employée alternativement dans cet ouvrage aux côtés des navigateurs qui en forment un sous-ensemble. Un agent utilisateur peut aussi être un lecteur d'écran (synthèse vocale), une plage braille, ou un robot d'indexation pour les moteurs de recherche. Son rôle est de dialoguer avec le serveur web avec un protocole établi (HTTP) en s'identifiant (via les en-têtes HTTP) et en interprétant les informations qui lui sont retournées (en-têtes HTTP et code HTML, les fichiers médias).

La syntaxe HTML 5

La syntaxe de HTML 5 reprend bien entendu les principes édictés pour HTML 4 afin d'assurer la compatibilité ascendante vis-à-vis des navigateurs dont certains sont victimes d'une inertie bien pesante : elle a été pensée pour ne pas les dérouter totalement si ceux-ci sont amenés à rencontrer de nouvelles balises (au pire, elles seront ignorées).

De même, un document HTML 5 débutera toujours par une ligne nommée *doctype* qui ressemble à une déclaration SGML, et qui permet de passer en mode de rendu conforme aux standards dans les navigateurs analysant la déclaration de type *(doctype sniffing)*. Bien que très ressemblante, la syntaxe HTML 5 n'est pourtant plus basée sur SGML.

Rappel sur les balises

Les balises HTML structurent le contenu du document, en délimitant des blocs qui seront amenés à contenir des paragraphes, des titres, différents types de médias (images, sons, vidéos), des contrôles de formulaires ou encore des liens hypertextes. Une balise débute par le signe « inférieur à », et finit par le signe « supérieur à » ; on parle aussi de chevrons. Il s'agit alors d'une balise ouvrante :

```
<p>
```

Son nom, indiqué entre les chevrons, définit son rôle. Ici, `<p>` marque le début d'un paragraphe. Pour marquer la fin du paragraphe, on fait appel à une balise fermante, dont le nom est cette fois-ci précédé du caractère slash :

```
</p>
```

Tout ce qui se situe entre les deux, représente le contenu de l'élément HTML.

```
<p>Ceci est un paragraphe.</p>
```

Il existe des balises autofermantes, définies en tant que telles pour ne posséder aucun contenu particulier. C'est le cas de `<hr>` qui correspond à une séparation horizontale, mais qui ne peut contenir aucun texte ou aucun autre élément, et de `<br>` qui correspond à un saut de ligne.

Les éléments HTML 5 répondant à cette définition sont `area`, `base`, `br`, `col`, `command`, `embed`, `hr`, `img`, `input`, `keygen`, `link`, `meta`, `param`, `source`, `wbr`.

Une balise définit la sémantique, le comportement et éventuellement une apparence prédéfinie via la feuille de style interne du navigateur. Reportez-vous au chapitre 4 décrivant en détail les éléments HTML 5.

Imbrications et types de contenu

Les éléments peuvent se succéder – par exemple plusieurs paragraphes –, mais aussi s'imbriquer pour conférer une hiérarchie au document – par exemple plusieurs paragraphes dans une section. On obtient alors un arbre « généalogique » de balises, chacune pouvant être parent ou enfant d'une autre.

Ces possibilités d'imbrications doivent répondre à des critères stricts qui définissent quels éléments peuvent en contenir d'autres, et quelles sont les conséquences en termes d'affichage ou de sémantique.

En HTML 5 plusieurs catégories peuvent être évoquées :

Type	**Rôle**	**Exemples**
Métadonnées	Présentation ou comportement	`base, command, link, meta, noscript, script, style, title`
Flux	Contenu structuré	texte simple et éléments `a, abbr, address, area, article, aside, audio, b, bdi, bdo, blockquote, br, button, canvas, cite, code, command, datalist, del, details, dfn, div, dl, em, embed, fieldset, figure,footer, form, h1, h2, h3, h4, h5, h6, header, hgroup, hr, i, iframe, img, input, ins, kbd, keygen, label, map, mark, math, menu, meter, nav, noscript, object, ol, output, p, pre, progress, q, ruby, s, samp, script, section, select, small, span, strong, style, sub, sup, svg, table, textarea, time, ul, var, video, wbr`
Section	En-tête et pied de page	`article, aside, nav, section`
Titrage	Titres et sous-titres	`h1, h2, h3, h4, h5, h6, hgroup`

Type	Rôle	Exemples
Texte	Texte du document	texte simple et éléments a, abbr, area, audio, b, bdi, bdo, br, button, canvas, cite, code, command, datalist, del, dfn, em, embed, i, iframe, img, input, ins, kbd, keygen, label, map, mark, math, meter, noscript, object, output, progress, q, ruby, s, samp, script, select, small, span, strong, sub, sup, svg, textarea, time, var, video, wbr
Contenu embarqué	Ressources externes à inclure dans le document	audio, canvas, embed, iframe, img, object, video, svg
Contenu interactif	Destiné à l'interaction avec l'utilisateur	a, audio, button, details, embed, iframe, img, input, keygen, label, menu, object, select, textarea, video

Selon le contexte, elles peuvent se recouvrir et ne sont pas exclusives. D'autres éléments très particuliers ne sont pas catégorisés.

Par exemple, une liste non ordonnée (élément ul) se devra toujours de posséder des sous-éléments de liste (éléments li). Ceux-ci seront situés entre la balise ouvrante <ul> et la balise fermante </ul>. On dit alors qu'ul est parent de li, ou que li est enfant d'ul. Par ailleurs, les li sont « frères » entre eux.

Liste HTML

```
<p>Ma liste de fruits :</p>
<ul>
<li>Kiwi</li>
<li>Goyave</li>
<li>Pêche</li>
</ul>
```

Cette règle est transposable sur plusieurs niveaux, virtuellement une infinité pour peu que les éléments l'autorisent. Ainsi, l'on peut ajouter une balise <strong> à l'intérieur d'un <li> car son type l'autorise.

Liste HTML

```
<p>Ma liste de fruits :</p>
<ul>
<li>Goyave</li>
<li>Kiwi <strong>mon préféré</strong></li>
<li>Pêche</li>
</ul>
```

Ce principe découle d'une classification de niveaux qui est somme toute logique, dérivée des principes du HTML 4. Globalement, un élément de type bloc *(bloc-level)* peut contenir soit d'autres blocs et du contenu texte, soit uniquement des éléments de type en ligne *(inline)* et du contenu texte. Par exemple :

- `div` : autres éléments blocs (ex : `div`, `p`, `section`), éléments en ligne et texte.
- `p` : uniquement éléments en ligne (ex : `span`, `strong`).

Un élément de type en ligne ne peut pas contenir d'éléments de type bloc, mais uniquement d'autres éléments en ligne ou du contenu texte. Par exemple, `span` et `strong` ne peuvent contenir que des éléments en ligne.

Cette distinction est visible dans le navigateur car celui-ci :

- affecte par défaut la propriété CSS `display:block` à un élément de type bloc qui occupera de facto toute la largeur possible et commencera sur une nouvelle ligne ;
- affecte par défaut la propriété CSS `display:inline` à un élément de type en ligne qui pourra s'enchaîner avec d'autres éléments de ce type sans provoquer de retour à la ligne (tant que la place disponible horizontalement le permet).

À l'origine, l'idée de ces différences provient du fait que les éléments de type bloc créent des structures plus larges que les éléments de type en ligne.

Ces notions ont été révisées avec HTML 5, si bien que les distinctions ne sont plus aussi tranchées. Par exemple, il est désormais possible d'encadrer des balises bloc par un lien (élément `a`), ce qui n'était pas valide précédemment. De même, on attend d'un élément `hgroup` qu'il ne contienne que des éléments `h1` à `h6`.

Imbrication autorisée

```
<p>Ceci est un <strong>paragraphe important</strong>.</p>
```

Tandis qu'il n'est pas autorisé de placer un paragraphe dans un autre.

Imbrication incorrecte

```
<p>On ne peut inclure un <p>paragraphe dans un autre paragraphe</p>.</p>
```

Structure générale d'un document HTML

Le document HTML possède par défaut une tête et un corps. La tête (élément `head`) définit les propriétés globales du document (titre, apparence, méta-informations) tandis que le corps (élément `body`) renferme des balises de contenu. Voici la structure minimale d'un document HTML :

Modèle de document HTML 5 simple

```
<!doctype html>
<html>
<head>
   <meta charset="utf-8">
   <title>Titre du document</title>
</head>
<body>
   ...
</body>
</html>
```

En réalité, la spécification autorise « l'oubli » des balises `html`, `head`, `meta` et `body`, si bien qu'un document encore plus réduit est possible, en omettant également le contenu du titre.

Un document HTML 5 minimaliste

```
<!doctype html>
<title></title>
```

Attributs

Les attributs modifient les propriétés des balises HTML. Un élément peut comporter zéro ou plusieurs attributs, choisis parmi un ensemble spécifique à cet élément ou un ensemble commun à tous les éléments HTML.

Dans certains cas de figure, ils sont essentiels, tels que l'attribut `src` pour `img`, précisant le nom du fichier image à afficher dans la page.

```
<img src=photographie.jpg>
```

Dans d'autres cas, ils peuvent être facultatifs, tels que `class` ou `id`, qui permettent de nommer les éléments pour interagir avec ceux-ci, ou pour leur affecter des propriétés de style.

```
<p id=introduction>
```

Ils font partie intégrante de la balise ouvrante, avec une syntaxe très simple :

- S'il s'agit d'un attribut booléen, la présence seule de l'attribut suffit à lui donner du sens, quelle que soit sa valeur. Notons dans cette catégorie `checked`, qui définit l'état par défaut d'une case à cocher. Sa présence coche la case (par exemple avec `checked`, `checked=true`, `checked=1`, `checked=checked`, `checked=icanhascheezburger`). Son absence la laisse « vide ». En mode XHTML, on répète son nom pour sa valeur (`checked="checked"`) pour respecter la syntaxe XML.

- S'il s'agit d'un attribut requérant une valeur, on indique le nom de cet attribut, suivi du signe égal, suivi de la valeur à lui attribuer. Si la valeur comporte des espaces, il faut l'entourer de guillemets simples ou doubles, de manière à bien signaler l'étendue de l'attribut et éviter qu'une séparation (une espace) n'engendre un autre attribut. D'une façon plus générale, il est recommandé de toujours utiliser des guillemets, cela prévient beaucoup d'erreurs sur le long terme et facilite la lecture du code. Cela sera la convention adoptée dans cet ouvrage et les blocs de code présentés.

Dans tous les cas, plusieurs attributs doivent être séparés par des espaces.

```
<img src=photographie.jpg alt="Mon portrait" hidden>
```

Dans cet exemple, l'on se réfère à une image (élément `img`) :

- stockée dans le fichier externe `photographie.jpg` situé dans le même répertoire que la page HTML ;
- comportant une alternative texte décrivant son contenu (pour les utilisateurs ayant désactivé les images ou activé une synthèse vocale) de valeur « Mon portrait » ;
- cachée par défaut grâce à l'attribut booléen `hidden`, introduit en HTML 5.

Les commentaires

À l'instar des autres langages, HTML comprend la possibilité d'annoter le document par des commentaires. Ceux-ci ne seront pas affichés par le navigateur. Ils pourront vous servir d'aide-mémoire, ou d'indications pour suivre l'imbrication de balises lorsque le document devient plus conséquent. Un commentaire débute par `<!--` et finit par `-->`.

Modèle de document HTML 5

```
<!doctype html>
<html>
<head>
  <meta charset="utf-8">
  <title>Ma page HTML5</title>
</head>
<body>
  <p id="introduction">Mon paragraphe d'introduction</p>
<img src=photographie.jpg alt="Mon portrait">
<!-- Un commentaire masqué -->
</body>
</html>
```

L'encodage des caractères

Le codage des caractères est présent depuis les débuts de l'informatique. Il définit la manière de stocker en binaire – le seul langage compris par les processeurs – les caractères typographiques humains.

Aux débuts du règne des puces, chaque caractère était stocké sur 7 bits grâce au code **ASCII**, ce qui permettait, avec une économie de stockage, jusqu'à 127 possibilités pour numéroter les caractères (lettres de l'alphabet en minuscules, majuscules, chiffres, signes de ponctuation, signes mathématiques). Cela convenait parfaitement à un usage limité aux États-Unis.

Il a fallu ensuite étendre l'ASCII sur 8 bits et créer de nouvelles pages de caractères, comprenant notamment les caractères accentués internationaux. En Europe occidentale, cette norme fut labellisée **ISO-8859-1** aussi connue sous le nom **Latin-1**. L'ISO-8859-15 (Latin-9) en est une mise à jour apportant quelques nouveaux caractères, dont notamment le caractère de l'euro.

Les Asiatiques ont introduit leurs propres jeux de caractères, et ainsi de suite, avec pour conséquence des documents illisibles à l'international selon le code utilisé pour interpréter les caractères et l'exactitude de la correspondance.

L'**UTF-8** *(UCS Transformation Format 8 bits)* permet de résoudre en partie les difficultés rencontrées, avec un codage exploitant entre 1 et 4 octets par caractère pour étendre le nombre de combinaisons possibles. Il fait partie des normes définies par le consortium Unicode et présente l'avantage d'être relativement compatible avec les logiciels encore prévus pour traiter les caractères sur un octet unique. L'Unicode a pour objectif de définir un identifiant unique pour les caractères de tous les systèmes d'écriture, compréhensible quelle que soit la plate-forme informatique ou le logiciel.

Désormais, l'*Internet Engineering Task Force* (IETF) et le W3C approuvent le choix de l'UTF-8 et prescrivent son usage pour tout protocole échangeant du texte sur Internet, dont évidemment HTML et HTTP.

Choisir l'encodage des pages et bien comprendre son implication dans l'interprétation est donc essentiel. Il faudra toujours le choisir en adéquation avec la chaîne des programmes et langages mis en jeu dans la génération et la livraison d'une page.

Chaque maillon (système de fichiers, serveur, base de données, langage interprété) se doit de savoir dans quel format sont stockées (ou reçues) les données, puis dans quel format celles-ci sont envoyées au maillon suivant, jusqu'à interprétation finale par le navigateur.

Les entités

Les entités HTML, ou entités de caractères, sont des codes SGML permettant d'afficher des caractères de façon indépendante par rapport à l'encodage principal du document. Elles ont longtemps servi pour des symboles particuliers, ou souvent à tort pour des caractères accentués que l'on maîtrise plus efficacement avec l'encodage UTF-8 désormais. Des tables complètes se retrouvent en ligne, car il existe des milliers de combinaisons possibles.

On débute toujours le code par le caractère « & », et on le termine par « ; ». Le code situé entre ces deux caractères peut être rédigé avec du texte dans le jeu standard des 252 entités de base (`à` = à, `©` = signe copyright) ou une valeur numérique (`©` = signe copyright) ou encore en hexadécimal (`♫` = double croche en musique).

Le type MIME

Le format MIME *(Multipurpose Internet Mail Extensions)* est à l'origine un standard qui ajoute des codages supplémentaires à l'ASCII pour l'envoi des e-mails et le support de données non textuelles, c'est-à-dire de fichiers binaires.

Les types MIME sont aujourd'hui également utilisés en HTTP pour affiner le dialogue entre le navigateur et le serveur web, et préciser quels sont les types de fichiers échangés.

Une déclaration MIME est constituée de deux parties (normalisées) : un type et un sous-type, séparés par un caractère slash. Ceux débutant par `x-` ne sont pas standardisés, et les préfixes `vnd.` font référence à une propriété du vendeur.

Tableau 2–1 Quelques types *MIME* célèbres

Type MIME	Usage
application/javascript	Script JavaScript (anciennement text/javascript)
application/octet-stream	Flux de données (type inconnu ou fichiers exécutables)
application/xhtml + xml	XHTML
application/x-shockwave-flash	Animation Adobe Flash
application/vnd.ms-excel	Fichier Excel (Microsoft)
application/msword	Fichier Word (Microsoft)
application/vnd.openxmlformats-officedocument.wordprocessingml.document	Fichier Word (Microsoft) de type Open XML
application/vnd.ms-powerpoint	Fichier Powerpoint (Microsoft)
application/vnd.oasis.opendocument.text	Fichier texte OpenDocument

Tableau 2–1 Quelques types *MIME* célèbres

Type MIME	Usage
application/vnd.oasis.opendocument.spreadsheet	Fichier de feuille de calcul OpenDocument
application/vnd.oasis.opendocument.presentation	Fichier présentation OpenDocument
audio/mpeg	Audio MPEG ou MP3
image/gif	Image GIF
image/jpeg	Image JPEG
image/png	Image PNG
image/svg+xml	Image SVG
text/css	Feuille de style CSS
text/html	HTML
text/plain	Texte simple
text/xml	XML
video/mpeg	Vidéo MPEG
video/mp4	Vidéo MP4
video/x-flv	Vidéo FLV Flash Video (Adobe)

Il incombe en général – sauf indication contraire – au serveur web de déterminer le type du fichier hébergé, la plupart du temps grâce à son extension, pour l'indiquer au navigateur dans les en-têtes HTTP en préambule du téléchargement du fichier. Celui-ci pourra donc anticiper l'usage qui doit en être fait : interpréter son contenu et l'afficher (pages web, textes) ou le proposer au téléchargement (fichiers binaires).

Comment le navigateur détermine-t-il l'encodage des caractères et le type MIME ?

En HTML 5, le navigateur se base avant tout sur l'en-tête HTTP `Content-Type` fourni par le serveur (si celle-ci est présente). Les en-têtes peuvent être facilement surveillés grâce à des extensions navigateur telles que Firebug (onglet *Réseau*) pour Mozilla Firefox.

```
Content-Type: text/html;charset=UTF-8
```

Du point de vue du serveur, il est possible de modifier ces en-têtes délivrés pour le document de différentes façons. Dans la plupart des cas, un fichier `.htaccess` peut être exploité avec le serveur web Apache, ou bien une instruction PHP placée en début de fichier.

```
<?php
header('Content-Type: text/html;charset=UTF-8');
?>
```

On y précise le type MIME, séparé du *charset* (ou *character set* en anglais) par un point-virgule.

Si aucun en-tête HTTP n'est présent, le navigateur tente de détecter le marqueur Bom *(Byte Order Mark)* en début de fichier. Toutefois, ce marqueur ajouté par les éditeurs de texte est souvent source de difficultés, car il peut provoquer l'affichage de caractères indésirables en haut de page s'il est mal interprété : `ï»¿`.

En dernier recours, l'utilisation de la balise `meta` dans la section `<head>` du code source HTML pourra définir l'encodage de caractères utilisé dans le document. Il s'agit d'une syntaxe déjà employée par les précédentes versions de HTML, mais cette fois-ci dans une écriture simplifiée :

```
<meta charset="UTF-8">
```

HTML 5 ou XHTML 5 ?

Vous avez la possibilité d'écrire un document grâce à la forme HTML et la forme XHTML.

En théorie, les navigateurs embarquent deux moteurs d'analyse syntaxique : un qui sera chargé du HTML, et l'autre du XML. Ils sont invoqués d'après la détection du type MIME.

Forme HTML

Cela suppose que le document soit servi avec le type MIME `text/html`.

Dans la **forme HTML**, vous êtes autorisé à :

- omettre certaines balises fermantes (voire ouvrantes) ;
- utiliser minuscules et majuscules pour les noms d'éléments et d'attributs, car ils ne sont pas sensibles à la casse ;
- ne pas entourer vos attributs de guillemets (s'ils ne contiennent pas d'espaces) ;

- utiliser malgré tout un caractère *slash* final pour la fermeture des éléments auto-fermants (tels que `<img />`) pour ne pas perdre les habitudes de la forme XML plus rigoureuse et « bien formée ».

Dans le fond, aucune erreur n'est fatale. La syntaxe est plus permissive que celle de XHTML. En revanche, contrairement à ses prédécesseurs, HTML 5 définit des règles détaillées d'analyse pour les moteurs de *parsing* afin d'obtenir le même résultat en cas de syntaxe incorrecte dans un document. C'est une grande avancée que suivent tous les navigateurs actuels !

> **EN SAVOIR PLUS** **Parser du HTML**
>
> L'algorithme défini par le WhatWG :
>
> ▸ http://www.whatwg.org/specs/web-apps/current-work/multipage/parsing.html

C'est par ailleurs cette tolérance qui a permis aux pages HTML 4 non valides de proliférer sur le Web, étant donné que le navigateur ne produit pas de message d'erreur particulier et les affiche au mieux en « corrigeant » globalement la page si une erreur de balisage est rencontrée.

Forme XHTML

Si vous avez déjà utilisé XHTML par le passé et que sa syntaxe plus rigoureuse vous est familière, ne vous inquiétez pas : dans la **forme XHTML**, vous pouvez continuer à utiliser ces acquis (voir ci-après).

Il s'agit alors d'un balisage **polyglotte**, les documents XHTML devenant « compatibles HTML » et devant produire le même arbre DOM après analyse par un moteur XML ou HTML, ce qui est important pour constituer les mêmes rendus dans le navigateur. Ils restent donc intelligibles pour un moteur syntaxique XML.

Ce que vous savez sur XHTML est probablement faux

Lorsque l'on parle de XHTML, il convient de distinguer deux cas de figure :

- La quasi-totalité des pages XHTML présentes sur Internet sont servies en réalité avec un en-tête HTTP `text/html`, c'est-à-dire qu'elles ne sont pas analysées par le moteur d'analyse syntaxique XML et qu'une erreur n'est pas fatale. Ce qui n'empêche absolument pas de bien formater le document, bien sûr, celui-ci sera simplement interprété « à la façon » du HTML.
- Si l'on souhaitait se conformer strictement à l'usage idéal de XHTML tel que défini par le W3C, il faudrait délivrer tous ces documents avec le type MIME

`application/xhtml+xml` (ou `application/xml`). Ce dernier contraint le navigateur à activer l'analyse XML pour le document et à l'arrêter lorsqu'une erreur est rencontrée en affichant un message de diagnostic. Dans la pratique, vous comprendrez que ce mode est risqué pour la plupart des sites web avec des implications qui peuvent être relativement graves si le site web nécessite une disponibilité de tous les instants (e-commerce, institutions, actualités, réseaux sociaux) et que la validation constante de toutes ses pages doit être irréprochable. Le message est d'autant plus déroutant pour l'internaute qui ne comprendra absolument pas pourquoi on l'empêche de consulter la page web. De plus, Internet Explorer ne disposait d'aucun support réel pour XHTML et sa version 6 n'a jamais supporté `application/xhtml+xml`. Une boîte de dialogue proposant de télécharger le fichier pouvait s'afficher.

C'est pourquoi l'on a dédaigné, dans l'immense majorité des cas, servir le XHTML 1.0 avec l'en-tête `application/xhtml+xml` pour ne pas solliciter le monstre XML tapi dans le navigateur et sa susceptibilité de lama mal réveillé. Dans la spécification, le W3C tolérait l'emploi de `Content-type: text/html` avec la première version de XHTML. Ce n'était plus possible avec les versions 1.1 et 2.0, plus fortement liées à XML, qui ont éliminé cette indulgence, ce qui n'a bien évidemment pas milité en faveur de leur adoption. Il faut dire que XHTML 2.0 lui-même était prévu pour être très différent de XHTML 1.1 !

De surcroît, le passage ultérieur de `text/html` vers `application/xhtml+xml` serait un exercice périlleux au regard des critères à respecter, par exemple celui de l'échappement par `<![CDATA[` du contenu des balises `<script>` et `<style>` qui sont des données #PCDATA et non XML.

En résumé, nous avons tous écrit du code en respectant une syntaxe rigoureuse et chronophage, pour n'avoir au final aucune conséquence positive sur le rendu du navigateur. Curieux n'est-ce pas ?

> **RESSOURCE Débat HTML/XHTML servi en text/html**
>
> Ian Hickson décrit parfaitement les implications de cette alternative (en anglais).
>
> ▸ http://hixie.ch/advocacy/xhtml

Du vrai XHTML 5

Il est tout à fait possible d'exploiter le mode faisant réellement appel à la syntaxe et à l'analyse XML, que l'on nomme plus communément désormais « **XHTML 5** ». L'avantage est de pouvoir l'étendre par d'autres technologies XML telles que SVG (dans le corps du document) ou MathML. L'inconvénient est que cela impose beaucoup de contraintes pour très peu – voire aucun – bénéfice concret au quotidien.

Ce mode exploite bien entendu les mêmes balises et attributs, mais avec les contraintes supplémentaires du XML :

- à une balise ouvrante `<` doit toujours correspondre une balise fermante `/>` ;
- les balises auto-fermantes (par exemple pour les éléments `img`, `br`) doivent être closes avec soin (`<img />`, `<br />`) ;
- l'ordre d'imbrication des balises doit être strictement respecté ;
- le nom des attributs et des balises doit être écrit en minuscules ;
- la valeur des attributs doit être encadrée de guillemets doubles `""`.
- et d'autres critères variés.

Cela signifie donc que vous l'utiliserez à vos risques et périls, car si le navigateur fonctionne dans ce mode XML et détecte une erreur de syntaxe, il sera susceptible d'afficher une erreur en lieu et place de l'affichage de la page.

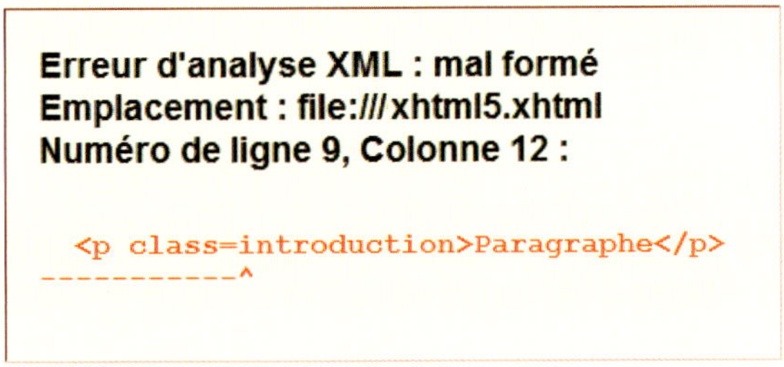

Figure 2–3
Un message d'erreur d'analyse XML affiché par Mozilla Firefox

Si vous souhaitez adopter cette ligne de conduite, c'est-à-dire employer une syntaxe XHTML 5, il vous faudra servir vos documents avec le bon type MIME en utilisant l'en-tête HTTP `Content-Type` et le type MIME `application/xhtml+xml` ou `application/xml`. En revanche, le rendu ne sera pas possible dans Internet Explorer qui ne supporte pas ce type MIME.

```
Content-Type: application/xhtml+xml;charset=UTF-8
```

Ce qui peut être fait très simplement en PHP, par exemple :

```
<?php
header('Content-Type: application/xhtml+xml;charset=UTF-8');
?>
```

Le prologue XML est facultatif tant que l'encodage des caractères se fait en UTF-8 :

```
<?xml version="1.0" encoding="UTF-8"?>
```

Même dans ce cas-là, il est fortement recommandé de toujours préciser l'en-tête HTTP `Content-Type`, ou dans le pire des cas de déclarer l'encodage avec l'élément `meta` :

```
<meta charset="UTF-8" />
```

La déclaration du `Doctype` quant à elle, qui est usuellement `<!doctype html>` en HTML 5 classique, doit impérativement posséder son premier terme en majuscules pour respecter la syntaxe XML :

```
<!DOCTYPE html>
```

Il est également nécessaire de préciser un espace de noms XML pour l'élément racine du document (la balise `<html>`) grâce à l'attribut `xmlns`.

```
<html xmlns="http://www.w3.org/1999/xhtml">
```

De plus, vous ne serez pas autorisé à utiliser la balise `<noscript>` dans le corps de la page.

En résumé, un document minimal de type XHTML 5 pourrait s'écrire ainsi :

Modèle de document XHTML 5

```
<!DOCTYPE html>
<html xmlns="http://www.w3.org/1999/xhtml">
<head>
  <meta charset="utf-8" />
  <title>Document XHTML5</title>
</head>
<body>
  <!-- La suite des balises... -->
</body>
</html>
```

RESSOURCE HTML vs XHTML

W3C : Produire des documents polyglottes XHTML-HTML.

- http://www.w3.org/TR/html-polyglot/

Comparatif plus détaillé des différences entre ces deux approches par le wiki officiel WhatWG (en anglais)

- http://wiki.whatwg.org/wiki/HTML_vs._XHTML

La validation

Tous les documents HTML 5 ou XHTML 5 peuvent être validés grâce à un analyseur syntaxique en ligne. Il est très fortement recommandé de procéder à une vérification systématique pour garantir un code de qualité, interprété au mieux sur les différents navigateurs. C'est un moyen idéal de se prémunir d'erreurs de syntaxe, d'imbrication de balises ou encore d'oubli de balises fermantes.

RESSOURCE Validateurs HTML

Validateur officiel du W3C

▸ http://validator.w3.org/

Validateur CSS du W3C

▸ http://jigsaw.w3.org/css-validator/

Validateur HTML 5 expérimental

▸ http://HTML5.validator.nu/

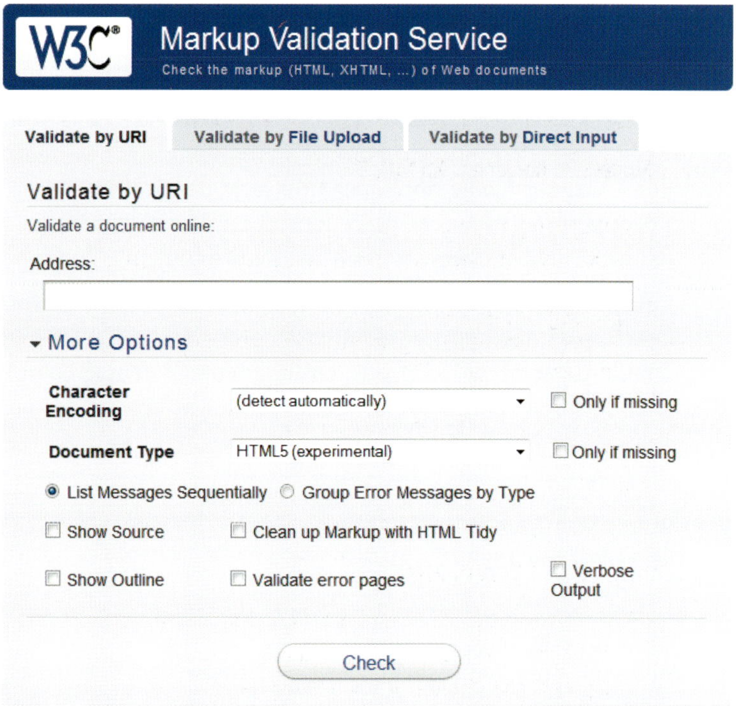

Figure 2–4 Le validateur HTML officiel du W3C

Vous aurez la possibilité de valider une page en indiquant son adresse (URL), par envoi du fichier complet *(File Upload)* ou par copier-coller du code *(Direct Input)*. Les messages d'erreurs sont en anglais, mais relativement explicites avec la mention de la portion de code incriminée.

Rappels sur les styles CSS

L'apparence d'un document HTML est définie dans la (ou les) feuille(s) de style qui lui est (sont) associée(s). Le langage CSS *(Cascading Style Sheets)* ou feuilles de style en cascade porte bien son nom, car il définit un ensemble de règles de mise en forme appliquées de façon combinée selon un degré de priorité (styles intrinsèques au navigateur, styles utilisateur, styles selon le média de consultation).

Ce principe de séparation entre la forme (CSS) et le contenu (HTML) permet une plus grande souplesse dans la maintenance des styles globaux pour un site, de partir sur de bonnes bases pour l'accessibilité numérique des pages web et de concevoir le document en prêtant attention à la sémantique des éléments.

Les règles sont réunies :

- soit dans un fichier externe, auquel on fait référence au travers de la balise `<link>` ;
- soit dans l'élément `<style>`, membre de la section `<head>`.

Elles possèdent une structure relativement claire : un sélecteur pour désigner l'élément HTML sur lequel appliquer une série de propriétés, regroupées entre accolades. Les propriétés agissent, et possèdent des valeurs spécifiques (des mots-clés), numériques (pixels, pourcentages, etc.) ou encore des couleurs (codes hexadécimaux, RVBA, etc.).

Ainsi les exemples suivants définissent une couleur de fond « chocolat » pour le corps de la page (élément `body`) et trois propriétés pour les paragraphes (éléments `p`) : une taille de texte de 32 pixels, un alignement centré et une couleur de police blanche (code hexadécimal `#fff`). Celles-ci seront appliquées en priorité et en complément des styles par défaut définis par le navigateur pour ces éléments.

Appel à une feuille de style externe (styles.css)

```
<!doctype html>
<html>
<head>
<title>Ma page de test</title>
<link rel="stylesheet" media="screen" href="styles.css" type="text/css">
</head>
```

```
<body>
<p>Mon paragraphe</p>
</body>
</html>
```

Contenu du fichier styles.css

```
body {
background-color:chocolate;
}
p {
font-size:32px;
text-align:center;
color:#fff;
}
```

L'emploi d'une feuille de style externe présente l'avantage de la mise en cache par le navigateur et une plus grande facilité de maintenance (un seul fichier à modifier si celui-ci est inclus sur toutes les pages).

Déclaration de styles directement dans le document

```
<!doctype html>
<head>
<title>Ma page de test</title>
<style type="text/css">
body {
background-color:chocolate;
}
p {
font-size:32px;
text-align:center;
  color:#fff;
}
</style>
</head>
<body>
<p>Mon paragraphe</p>
</body>
</html>
```

Cet exemple reste minimaliste, et s'applique à l'aide de deux sélecteurs très simples (`p` et `body`) aux éléments éponymes du code source HTML. L'écriture de sélecteurs plus évolués permet de cibler plus finement les éléments concernés dans la page. En voici quelques exemples :

Tableau 2–2 Exemples de sélecteurs CSS de base

Sélecteur	Éléments concernés	Exemples
p	Tous les éléments p.	<p>...
p span	Tous les éléments span situés dans des éléments p.	<p><span>...
p, span	Tous les éléments p et span.	<p></p> <span></span>
div p span	Tous les éléments span situés dans des éléments p, eux-mêmes situés dans des éléments div.	<div><p><span>...
.introduction	Tous les éléments de classe "introduction".	<p class="introduction">... <span class="introduction">...
p.introduction	Tous les éléments p de classe "introduction".	<p class="introduction">...
#titre	L'élément portant l'id "titre".	<div id="titre"> <h1 id="titre">
p#titre	L'élément p portant l'id "titre".	<p id="titre">
div#titre p.introduction	Tous les éléments p de classe "introduction" situés dans l'élément div portant l'id "titre".	<div id="titre"> <p class="introduction">...</p> <p class="introduction">...</p> </div>
a:hover	Tous les liens survolés.	<a>Lire cet article</a>
input[type=submit]	Tous les éléments input d'attribut type "submit".	<input type="submit">
h1+h2	Tous les éléments h2 suivant directement des éléments h1.	<h1>Titre principal</h1> <h2>Sous-titre</h2>

Note : La combinaison de plusieurs feuilles de style distinctes au sein d'un même document peut modifier la prise en compte des priorités de ces règles.

Reportez-vous à l'annexe B en ligne consacrée à la syntaxe des sélecteurs, et retrouvez le tableau récapitulatif des principales propriétés CSS applicables.

LIVRES Ressources pour apprendre CSS

- Goetter Raphaël, *CSS avancées*, Eyrolles 2011
- Goetter Raphaël, mémentos *CSS 2* et *CSS 3*, Eyrolles 2011
- Cederholm Dan, *CSS 3 pour les web designers*, Eyrolles 2011
- Sarrion Éric, *XHTML et CSS pour le Web mobile*, Eyrolles 2010
- Nebra Mathieu, *Réussir son site web avec XHTML et CSS*, Eyrolles 2010
- Draillard Francis, *Premiers pas en CSS et HTML*, Eyrolles 2010

Rappels sur JavaScript

JavaScript est un langage développé par Netscape en 1995, dérivé d'un projet de Brendan Eich, et ajouté à Netscape Navigator, puis aux autres familles de navigateurs. Ce langage interprété par le programme client (le navigateur lui-même) doit permettre d'ajouter de l'interaction avec l'utilisateur au lieu d'un simple chargement de page statique.

Il doit permettre aussi au travers du DOM *(Document Object Model)* de manipuler les éléments HTML présents sur la page : les créer dynamiquement, les modifier, les supprimer, agir sur leurs propriétés CSS, etc.

C'est aussi JavaScript qui est mis en œuvre au sein de la « technologie » Ajax *(Asynchronous JavaScript and XML)* pour effectuer des chargements de contenu dynamiques en relation avec le serveur, ou encore avec JSON *(JavaScript Object Notation)* en tant que format de données.

Le véritable nom de JavaScript est ECMAScript dans le cadre de la spécification ECMA-262. La troisième édition de la spécification, publiée en 1999, est la plus répandue dans les anciens navigateurs. Après une décennie de tergiversations, ECMAScript 5 a vu le jour avec des avancées pour le support natif de JSON, un contrôle plus fin sur les objets, des fonctions de manipulation des tableaux de données et l'inauguration du mode strict pour encourager les bonnes pratiques. Les navigateurs modernes à partir de Firefox 4, Chrome 7, Opera 11.60, Internet Explorer 9, Safari 5.1 et Safari mobile, supportent désormais ce nouvel ensemble (à l'exception du mode strict pour IE9 qui voit le jour pour IE10).

SPÉCIFICATION JavaScript en tant que standard ECMAScript

La liste des standards ECMA

- http://www.ecma-international.org/publications/standards/Stnindex.htm

Ressources ECMAScript sur Mozilla.org

- https://developer.mozilla.org/en/JavaScript_Language_Resources

Présentation de JSON

- http://www.json.org/jsonfr.html

ECMAScript 5 annoté

- http://es5.github.com/

Table de compatibilité ECMAScript 5

- http://kangax.github.com/es5-compat-table/

Frameworks JavaScript

Un « framework » JavaScript est un ensemble de fonctions (écrites elles-mêmes en JavaScript), regroupées dans un fichier externe à inclure dans une page HTML grâce à la balise `<script>`. Un framework définit un environnement permettant d'étendre les possibilités déjà offertes par la base du langage.

jQuery est un framework populaire et facile à aborder. Sa syntaxe particulièrement élégante et simple à aborder peut se révéler efficace en quelques lignes de code. Il comprend des fonctions de modification dynamique du DOM, des styles CSS, des effets d'animation, et des fonctions pour l'écriture de gestionnaires d'événements ou d'appels Ajax.

D'autres frameworks cohabitent en fournissant plus ou moins de fonctionnalités avec des poids de fichiers variables et des syntaxes spécifiques.

RESSOURCE Frameworks JavaScript

Les principaux frameworks JavaScript sont jQuery (licence GPL/MIT), MooTools (licence MIT), Dojo Toolkit (licence BSD), Prototype (licence MIT) et Scriptaculous (licence MIT).

- http://www.jquery.com
- http://www.mootools.net/
- http://www.dojotoolkit.org/
- http://www.prototypejs.org/api
- http://wiki.github.com/madrobby/scriptaculous/

Sarrion Éric, *jQuery et jQuery UI*, Eyrolles 2011

Où placer <script> ?

JavaScript est chargé dans la page via la balise `<script>`. Celle-ci autorise l'inclusion de code directement dans le corps de la page ou par l'intermédiaire d'un fichier externe lorsque l'attribut `src` est utilisé – ce qui est préférable en termes de maintenance et de mise en cache par le navigateur – voir l'exemple ci-après.

On recommande de placer les appels JavaScript ou le chargement des frameworks en fin de document, avant la balise `</body>` pour ne pas bloquer le chargement de la page. Attention néanmoins à ne pas modifier une page existante sans discernement : certains scripts nécessitent d'être placés en amont ou précisément dans le contenu de la page, d'autres peuvent agir sur le contenu dès que le document est chargé. Cela dépendra de leur conception intrinsèque.

Appel à un JavaScript externe en fin de document

```
<!doctype html>
<html>
```

```
<head>
<title>Ma page de test</title>
<link rel="stylesheet" media="screen" href="styles.css" type="text/css">
</head>
<body>
<p>Mon paragraphe</p>
<script src="monfichier.js"></script>
</body>
</html>
```

D'autres techniques plus évoluées permettent de déclarer les appels à JavaScript de façon non bloquante dans la balise `<head>`, on nomme cette technique *lazy loading* ou chargement asynchrone.

> **LIVRES**
>
> Sarrion Éric, *Prototype et Scriptaculous - Dynamiser ses sites web avec JavaScript*, Eyrolles 2010
> Sarrion Éric, *JQuery et JQuery UI*, Eyrolles 2011
> Defrance Jean-Marie, *Ajax, jQuery et PHP*, Eyrolles 2011
> Porteneuve Christophe, *Bien développer pour le Web 2.0*, Eyrolles 2008

Publier un site en ligne

Choisir un hébergeur web

Une fois les pages finalisées, il faudra leur trouver un foyer accueillant, un hébergement pour être visibles de tous sur Internet, c'est-à-dire un serveur web : une machine connectée en permanence à Internet. La plupart du temps, un nom de domaine sera associé à ce serveur pour permettre aux visiteurs de le saisir dans la barre d'adresses du navigateur, et également aux moteurs de recherche de référencer au mieux le site.

Une pléthore d'offres existe sur Internet, avec des tarifs toujours plus compétitifs. On distingue plusieurs types de services :

- **Dédié** : une machine complète est mise à votre disposition, vous pouvez l'administrer à distance via un panel web (un site) ou via une console (connexion en SSH) – convient aux sites à fort trafic ou avec des besoins très particuliers.
- **Mutualisé** : une partie des performances d'une machine est mise à votre disposition en partage avec d'autres utilisateurs – convient aux sites à faible trafic.
- **Virtualisé** : une machine « virtuelle » dépendant d'un ensemble de serveurs plus puissants est mise en place, avec possibilité d'évolutions ultérieures.

Dans le cas d'un hébergement mutualisé, le choix se fera en fonction de l'espace disponible, de la présence d'une base de données et d'un langage de programmation, du trafic mensuel autorisé, de la disponibilité d'adresses e-mail, de la qualité du support technique, de la rapidité d'intervention en cas de panne.

Avec un serveur dédié, vous serez totalement libre d'installer tout ce que vous désirez sur la machine, mais aussi totalement libre de rater la configuration et la résolution des pannes. Cela demande de fortes compétences en administration système, la plupart du temps sous Linux.

« I believe I can touch the sky » : le cloud

Le **cloud** est un mot tendance, derrière lequel se cachent des technologies bien conventionnelles, mais utilisées à meilleur escient. Il est totalement indépendant de HTML 5 : loin des discours marketing et des rêves d'un monde meilleur grâce aux nuages, exploiter le *cloud* signifie bien souvent reposer sur une collection de serveurs virtualisés, redondants, répartis à différents points géographiques. Les avantages, inconvénients et méthodes pour y arriver nécessitent des ouvrages à part entière : documentez-vous car cela en vaut la peine à partir d'un certain niveau de trafic et d'exigences de disponibilité, réactivité, souplesse. Testez, renseignez-vous sur la pérennité sur le long terme, les services proposés. Amazon est depuis longtemps leader (bien discret parmi le grand public) dans ce domaine avec *Amazon Web Services* qui propose un niveau d'utilisation gratuit : la meilleure solution pour se faire la main.

Utiliser un client FTP

Le transfert des fichiers (pages HTML, images, JavaScript, CSS) sur l'hébergement fait appel en général au protocole FTP *(File Transfer Protocol)*. L'hébergeur communique les informations de connexion au serveur web. Une vue vous permet de glisser-déposer les fichiers depuis le disque dur local vers celui de l'hébergement. L'un des clients FTP les plus célèbres est FileZilla.

> RESSOURCE **Clients FTP : FileZilla, FireFTP**
>
> - http://filezilla-project.org/
> - http://fireftp.mozdev.org/

Choisir un langage serveur et un système de gestion de contenu

La maintenance d'un grand nombre de pages HTML peut vite être fastidieuse, surtout lorsque le code est redondant. Il est très fréquent de faire appel à un langage de programmation interprété sur le serveur web. Celui-ci sera en charge de la génération du code source à partir d'un ou plusieurs fichiers, éventuellement d'une base de données, avant l'envoi au navigateur.

Il sera possible ainsi de profiter de fonctionnalités avancées, de façon transparente pour le navigateur qui ne recevra au final que le code HTML à interpréter, et d'en profiter pour :

- inclure un fichier dans un autre (par exemple un en-tête et un pied de page communs sur toutes les pages du site) ;
- mutualiser la génération de code HTML dans des fonctions exploitant des structures de contrôle classiques pour un langage de programmation : boucles (`for`, `while`, `switch`), tests (`if`, `else`), classes et objets ;
- stocker le contenu des pages dans des fichiers ou dans une base de données éditable en ligne via une interface spécifique sans modification du code source par le FTP (par exemple liste des produits en vente sur un site e-commerce, articles d'un site d'actualité ou d'un blog) ;
- profiter de la gestion des dates, de la lecture du XML, de la négociation de contenu.

Parmi les langages les plus célèbres pour ce type d'opérations, figurent PHP, Ruby (on Rails), ASP.NET, Python, Java. Leur choix va de concert avec celui de l'hébergeur et du système d'exploitation hébergeant le serveur web.

RESSOURCE Langages de script interprétés côté serveur

PHP (Open Source)

- http://www.php.net/

Ruby (Open Source) et Ruby on Rails

- http://www.ruby-lang.org/fr/
- http://rubyonrails.org/

Python (Open Source)

- http://www.python.org/

JavaServer Pages

- http://java.sun.com/products/jsp/

ASP.NET (Microsoft)

- http://www.asp.net/

On délègue par ailleurs souvent la programmation à un système de gestion de contenu (SGC) aussi nommé CMS *(Content Management System)*. Celui-ci pourra se servir de modèles de document (thèmes, *templates*) pour structurer le contenu injecté par l'utilisateur. Le choix d'un CMS relève directement de l'usage qui en sera fait. En effet, certains sont orientés vers les sites institutionnels et d'autres vers les blogs de taille modeste.

Ressource **Systèmes de gestion de contenu en PHP : WordPress, Drupal, DotClear, Typo3, Joomla! et SPIP**

- http://www.wordpress.org/
- http://drupal.org/
- http://typo3.org/
- http://fr.dotclear.org/
- http://fr.wikipedia.org/wiki/Joomla!
- http://www.spip.net/

Enfin, on distingue aussi les *frameworks* de développement, qui comprennent des briques de base pour débuter un projet, mais qu'il faudra étendre pour construire son propre CMS. La plupart font appel au principe MVC (Modèle Vue Contrôleur).

Ressource **Frameworks web PHP : Symphony, CodeIgniter, CakePHP**

- http://codeigniter.com/
- http://cakephp.org/
- http://www.symfony-project.org/

Le protocole HTTP

HTTP *(HyperText Transfer Protocol)* est un protocole de communication conçu pour formuler des demandes à un serveur web et transférer (recevoir) le contenu des pages web. Il fonctionne usuellement grâce à TCP/IP, un protocole réseau de plus bas niveau. D'autres protocoles répandus sur Internet sont SMTP et POP3/IMAP pour l'envoi et la réception des e-mails, FTP pour le transfert de fichiers, DNS pour la résolution des noms de domaines en adresses IP, etc.

Nous sommes tous habitués en tant qu'internautes à lire le fameux préfixe http:// dans la barre d'adresses du navigateur, mais il est plus rare de s'intéresser à son fonctionnement. De nos jours, les questions de performance et d'optimisation à l'extrême le placent sur le devant de la scène.

HTTP se base essentiellement sur un dialogue texte, car à l'origine les pages web sont surtout constituées de code HTML. Il a été imaginé par Tim Berners-Lee en 1991, s'est vu numéroté en version 0.9 juste après la finalisation de HTTP 1.0, puis a évolué jusqu'à HTTP 1.1.

RFC HTTP 1.1

La première définition du protocole HTTP en 1991

- http://www.w3.org/Protocols/HTTP/AsImplemented.html

RFC HTTP 1.1 sur le site de l'IETF

- http://www.ietf.org/rfc/rfc2616.txt

Requêtes et en-têtes

La plupart du temps, les pages web sont demandées au serveur grâce aux commandes `GET` et `POST`. Il en existe bien d'autres, mais elles sont utilisées plus rarement ou pour des développements spécifiques (`OPTIONS`, `CONNECT`, `HEAD`, `TRACE`, `PUT`, `DELETE`).

Chaque requête HTTP débute par une ligne contenant une commande, suivie de l'emplacement de la ressource que le navigateur souhaite obtenir, terminée par HTTP, un slash et un numéro de version.

Cette ligne peut être suivie par une pléthore d'options facultatives, ajoutées par le navigateur, occupant chacune une ligne. Elles ne sont pas toutes normalisées et obéissent à la syntaxe `champ: valeur`. On les nomme en-têtes HTTP, car elles définissent les modalités d'échange – qui sont masquées à l'utilisateur – des données qui les suivent, tant en envoi qu'en réception.

Ces méta-informations véhiculées par les en-têtes HTTP peuvent concerner :

- le type MIME du document servi,
- les types acceptés par l'agent utilisateur,
- les paramètres de cache,
- la chaîne d'identification du navigateur,
- l'adresse du référant (*referer* en anglais),
- et bien d'autres combinaisons.

Le tout est clos par une simple ligne vide et suivi par les données envoyées au serveur dans le cas d'une requête formulée par le navigateur.

Un exemple de requête HTTP

```
GET / HTTP/1.1
Host: www.w3.org
User-Agent: Mozilla/5.0 (Windows NT 6.1; WOW64; rv:2.0b7) Gecko/20100101
Firefox/4.0b7
Accept: text/html,application/xhtml+xml,application/xml;q=0.9,*/*;q=0.8
Accept-Language: fr,fr-fr;q=0.8,en-us;q=0.5,en;q=0.3
Accept-Encoding: gzip, deflate
Accept-Charset: ISO-8859-1,utf-8;q=0.7,*;q=0.7
```

```
Keep-Alive: 115
Connection: keep-alive
If-Modified-Since: Tue, 22 Feb 2011 06:07:11 GMT
If-None-Match: "7b19-49cd8ca7e81c0;89-3f26bd17a2f00"
Cache-Control: max-age=0
```

Le serveur répond de manière similaire avec en introduction le protocole, sa version et un code de retour (200 si tout s'est bien passé, et le fameux 404 si rien n'a été trouvé à l'adresse demandée). D'autres en-têtes peuvent suivre, ainsi les données utiles délivrées par le serveur qui peuvent être de type texte (HTML, CSS, JavaScript, etc.) ou de type binaire (images, vidéos, sons, etc.).

Un exemple de réponse HTTP

```
HTTP/1.1 200 OK
Date: Tue, 22 Feb 2011 22:07:52 GMT
Server: Apache/2
Content-Location: Home.html
Vary: negotiate,accept,Accept-Encoding
TCN: choice
Last-Modified: Tue, 22 Feb 2011 06:07:11 GMT
Etag: "7b5b-49cd8ca7e81c0;89-3f26bd17a2f00"
Accept-Ranges: bytes
Cache-Control: max-age=600
Expires: Tue, 22 Feb 2011 22:17:52 GMT
Content-Encoding: gzip
P3P: policyref="http://www.w3.org/2001/05/P3P/p3p.xml"
Content-Length: 8616
Connection: close
Content-Type: text/html; charset=utf-8

<!DOCTYPE html PUBLIC "-//W3C//DTD XHTML 1.0 Strict//EN"
"http://www.w3.org/TR/xhtml1/DTD/xhtml1-strict.dtd">
<html xmlns="http://www.w3.org/1999/xhtml" xml:lang="en" lang="en">
...et ainsi de suite...
```

Tableau 2–3 Quelques en-têtes HTTP détaillés

En-tête	Usage	Version
`Date`	Date et heure de formulation de la requête.	1.0
`Host`	Domaine interrogé (permet d'héberger plusieurs noms de domaine sur le même serveur avec la même adresse IP).	1.0
`Server`	Nom du serveur répondant.	1.0
`User-Agent`	Chaîne de texte identifiant l'agent utilisateur (généralement nom du moteur de rendu du navigateur suivi du numéro de version et du système d'exploitation).	1.0

Tableau 2–3 Quelques en-têtes HTTP détaillés (suite)

En-tête	Usage	Version
`Content-Length`	Longueur des données envoyées ou reçues dans la partie utile suivant les en-têtes (en octets).	1.0
`Content-Type`	Type MIME de la ressource envoyée par le serveur.	1.0
`Expires`	Date d'expiration de la ressource.	1.0
`Last-Modified`	Date de dernière modification de la ressource.	1.0
`Accept`	Types MIME acceptés.	1.1
`Accept-Charset`	Encodages de caractères acceptés.	1.1
`Accept-Language`	Langages de contenu acceptés.	1.1
`Cache-Control`	Directives de contrôle sur le cache.	1.1

Les codes de retour font partie de cinq familles se distinguant sur le chiffre des centaines :

- 1xx : Information
- 2xx : Succès
- 3xx : Redirection
- 4xx : Erreur du client HTTP
- 5xx : Erreur du serveur

Tableau 2–4 Quelques codes HTTP détaillés

Code	Signification	Explication
`200`	OK	Succès.
`301`	Moved Permanently	Ressource déplacée de façon permanente à une autre adresse.
`302`	Found	Ressource déplacée de façon temporaire à une autre adresse.
`304`	Not modified	Ressource non modifiée depuis la dernière requête.
`401`	Unauthorized	Identification nécessaire pour accéder à la ressource.
`403`	Forbidden	Identification refusée.
`404`	Not found	Ressource non trouvée.
`410`	Gone	Ressource absente, sans adresse de redirection connue.
`500`	Internal Server Error	Erreur interne au serveur.
`503`	Service Unavailable	Serveur temporairement indisponible.

Les messages et requêtes HTTP transitant par le navigateur peuvent être analysés relativement facilement grâce aux extensions, par exemple dans l'onglet *Réseau* de Firebug (pour Firefox) et *Network* des *Outils de développement* (pour Google Chrome).

Quant à HTTPS, une déclinaison fonctionnant avec les protocoles de chiffrement SSL et TLS, on la retrouve surtout dans la conception d'espaces utilisateurs avec identification sécurisée, et pour les procédures nécessitant de la confidentialité telles que les paiements sur les sites d'e-commerce.

Bonnes pratiques

Afin de vous y retrouver dans un projet web, et surtout – si vous œuvrez à plusieurs – de permettre à votre équipe de s'y retrouver, il est nécessaire d'adopter une méthode de conception vous évitant des embûches fréquentes dans ce type de travail.

Organisation du code

Ces automatismes peuvent nécessiter une petite période d'adaptation pour leur mise en place, mais ils vous feront gagner du temps à moyen et long terme :

- Indentez correctement votre code HTML et CSS.
- Commentez largement votre code pour permettre sa relecture et sa compréhension.
- Nommez vos identifiants et classes d'une manière logique et intelligible.

Organisation des fichiers

Un projet web a tendance à s'étoffer sur le long terme et à vite devenir une jungle de multiples fichiers dont certains sont parfois abandonnés sans que l'on sache dans quel but ils sont encore employés, tandis que d'autres sont mal entretenus.

- Prévoyez des répertoires pour chaque type de ressource (code CSS, librairies JavaScript, fichiers proposés en téléchargement, etc.).
- Stockez les fichiers médias à part, éventuellement classés par mois et année.
- Numérotez les versions des fichiers source qui sont souvent modifiés.
- Dotez-vous d'un gestionnaire de versions tel que Subversion (SVN) ou Git.
- Conservez toujours des copies de sauvegarde.

Optimisations en vue des performances

Diverses améliorations peuvent être apportées au code source d'une page HTML pour améliorer son temps d'interprétation et de rendu graphique par le moteur du navigateur.

Le protocole HTTP permet quant à lui un contrôle plus fin de la gestion du cache des fichiers par le navigateur pour éviter un nouveau téléchargement si ceux-ci n'ont pas été modifiés, et de leur compression pour réduire le temps de transfert sur le réseau.

Pour les plus aguerris aux techniques de configuration serveur, les gains seront appréciables si vous :

- Définissez une date d'expiration pour vos fichiers hébergés grâce aux en-têtes `Expires` et `Last-Modified`, examinez aussi `Cache-control`.
- Réduisez la taille du code source HTML, JavaScript et CSS (au détriment de la lisibilité) par des procédures de *minification*, combinez les fichiers JavaScript et CSS.
- Compressez les fichiers texte et le code source HTML/CSS/JavaScript (grâce à `mod_gzip` ou `mod_deflate` sous Apache).
- Évitez l'appel aux feuilles de style avec la règle `@import`, utilisez des sélecteurs CSS performants, spécifiez les dimensions des images, exploitez les *Sprites CSS* pour combiner les images de fond en une seule.
- Placez le code JavaScript en bas de page, réduisez les cookies au minimum.
- Compressez vos images en choisissant le format le plus approprié parmi ceux acceptés sur le web (JPEG, PNG, GIF, etc.).
- Réduisez le nombre de requêtes HTTP nécessaires en minimisant le nombre de fichiers invoqués pour afficher une page.
- Évitez les erreurs 404 et les redirections.
- Envisagez l'emploi de nouveaux protocoles tels que SPDY, et un jour le futur HTTP 2.0.

Suivez pour cela les recommandations publiées par Google et Yahoo, installez en complément les extensions YSlow et Google Page Speed :

RESSOURCE Listes de bonnes pratiques pour la performance web

Exceptional Performance – Yahoo Developer Network

▸ http://developer.yahoo.com/performance/

Web Performance Best Practices

▸ http://code.google.com/intl/fr/speed/page-speed/docs/rules_intro.html

YUI Compressor (minification de code JavaScript et CSS)

▸ http://developer.yahoo.com/yui/compressor/

Yslow (Yahoo)

▸ http://developer.yahoo.com/yslow/

Page Speed (Google)

▸ http://code.google.com/intl/fr/speed/page-speed/download.html

Les sites de référence

Savoir s'orienter dans les méandres des langages, c'est avant tout avoir une bonne base de départ sur le web, connaître les raccourcis et les ressources essentiels. Les communautés publient de nombreux articles qu'il faut suivre avec assiduité pour toujours rester au courant des bonnes pratiques, et constituer une veille technologique efficace. Il ne faut pas se le cacher : les sites anglophones ont une bonne longueur d'avance. Tous les éditeurs de navigateurs ont leur propre portail de référence.

Le WhatWG propose une version de la documentation HTML à destination des développeurs, moins rébarbative que la spécification complète.

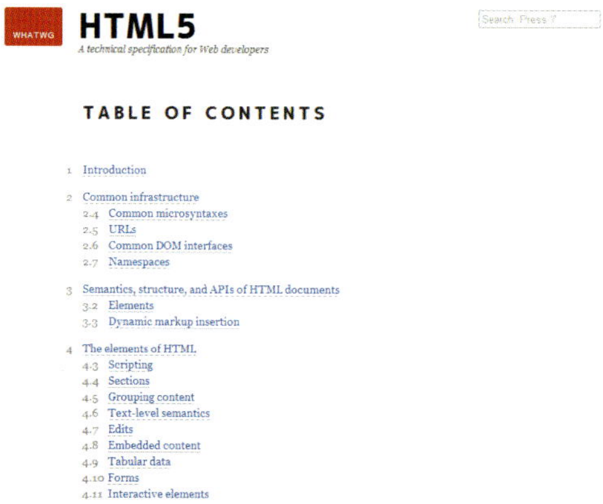

Figure 2–5
La documentation WhatWG

WebPlatform est une initiative commune des grands noms du web (W3C, Adobe, Google, Opera, Microsoft, Intel, HP, Mozilla, Nokia, Facebook) pour promouvoir les technologies afférentes.

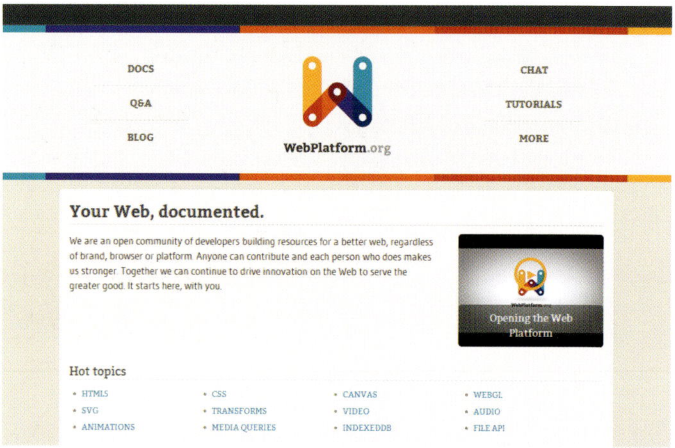

Figure 2–6
WebPlatform

HTML5Rocks est une initiative de Google alimentée régulièrement pour exploiter les dernières nouveautés présentes dans les moteurs des navigateurs (et il faut bien le dire, souvent Chrome).

Figure 2–7
HTML5Rocks

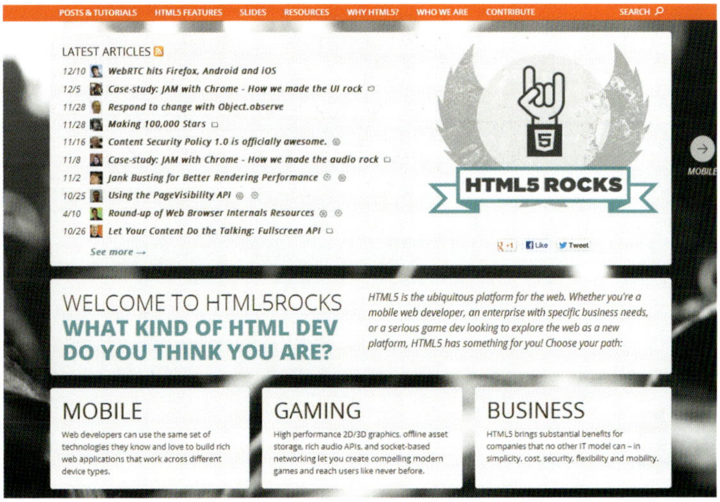

De nombreux contenus sont hébergés sur Mozilla Developer Network, bien sûr tous axés autour des standards du web.

Figure 2–8
Mozilla Developer Network

Opera n’est pas en reste avec sa plate-forme Dev.Opera qui contient un bon nombre de tutoriels intéressants.

Figure 2–9
Dev.Opera

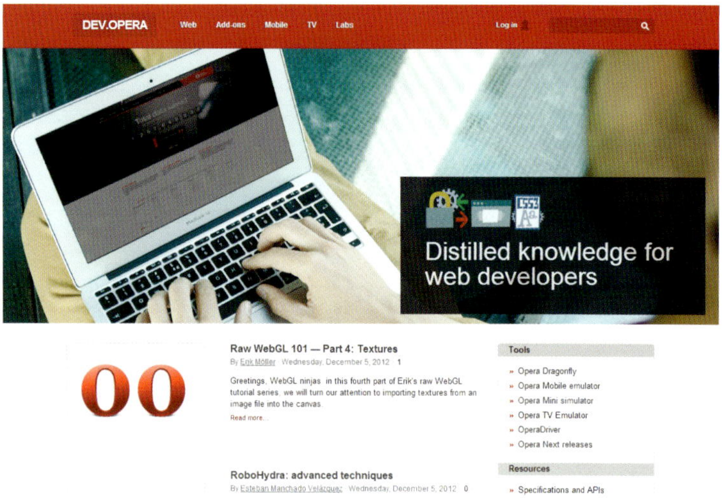

Microsoft dispose de ses propres ressources pour mettre en avant le support web par Internet Explorer.

Figure 2–10
Develop for the web with Internet Explorer

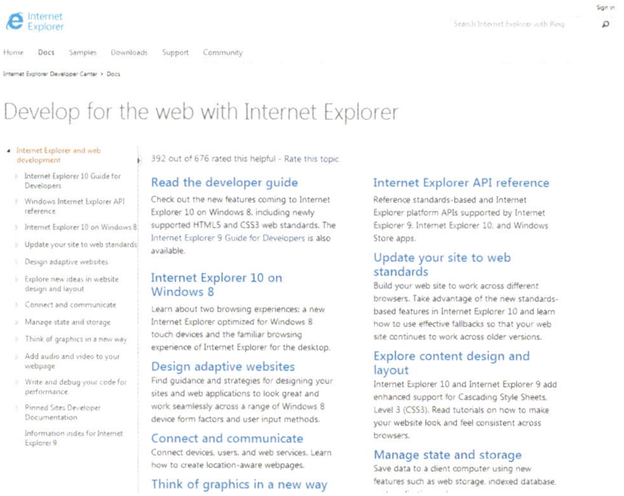

Apple fait la promotion du développement pour son navigateur Safari, surtout vu côté Mac OS.

Figure 2–11
Safari Dev Center

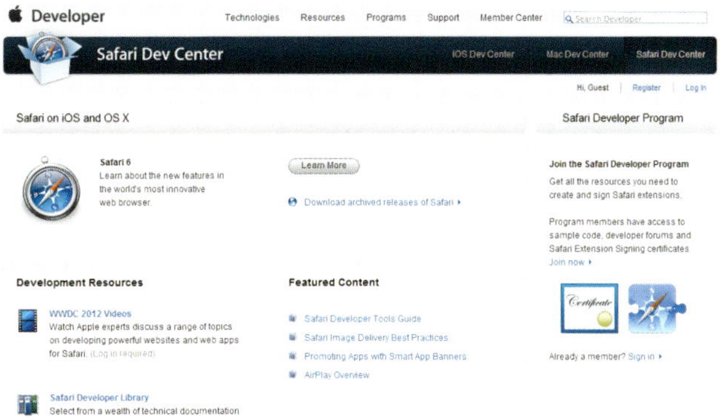

Avec ces références alimentées par des experts, il est difficile de se tromper.

RESSOURCES Les sites de référence

La spécification technique pour les développeurs par le WhatWG
- http://developers.whatwg.org/

WebPlatform
- http://www.webplatform.org/

HTML5Rocks
- http://www.html5rocks.com/

Mozilla Developper Network
- https://developer.mozilla.org/fr/

Dev.Opera
- http://dev.opera.com/

Develop for the web with Internet Explorer
- http://msdn.microsoft.com/en-us/library/ie/aa740473.aspx

Safari Dev Center
- https://developer.apple.com/devcenter/safari/index.action

Navigateurs et support 3

Par-delà les erreurs 404 et les cookies, le navigateur est le meilleur compagnon du surfeur. Mais les navigateurs web sont très inégaux quant au support HTML ; concernant les moteurs cachés sous leur capot, ils sont en pleine évolution.

Figure 3–1 Un remède nécessaire ?

Tous les intégrateurs web le confirmeront : l'hétérogénéité des navigateurs n'œuvre pas toujours en faveur de la tranquillité d'esprit. Cet euphémisme n'a jamais été aussi justifié, car un nombre croissant de déclinaisons voient le jour sur de nouveaux périphériques (smartphones, tablettes, consoles de jeu), avec de nouveaux systèmes d'exploitation (Android, iOS, etc.), et de nouvelles contraintes.

Tester un site sur toutes les plates-formes nécessite du temps. Pourtant, ce travail de longue haleine tend à s'améliorer et se simplifier puisque les internautes adoptent de plus en plus les navigateurs récents, voire ceux qui se mettent automatiquement à jour, et abandonnent ceux dont le moteur est dépassé (si à ce moment précis vous pensez à Internet Explorer 6 et à l'allégorie de la caverne de Platon, vous avez gagné).

Voyons le bon côté des choses : nous vivons heureusement dans un monde merveilleux où il est possible de choisir – la plupart du temps – le navigateur le plus performant ou le plus respectueux des standards. Cette concurrence favorise l'innovation, l'implémentation des nouveautés proposées par les différents éditeurs, la correction des failles de sécurité. De même, les possibilités créatives sont décuplées, car de nouveaux usages naissent avec de nouvelles API.

La venue de HTML 5 jette un nouveau pavé dans la mare de la « guerre des navigateurs ». Étant donné qu'il ne s'agit pas d'un ensemble indivisible de fonctionnalités et que son implémentation est progressive, on pourra effectuer un classement de la sorte, applicable en parallèle à CSS3 :

- les anciens navigateurs qui ne le supportent pas du tout ;
- ceux qui possèdent un début de support limité, notamment via les nouvelles balises ;
- ceux qui affichent un support progressif, grâce aux nouvelles balises et à quelques API ;
- ceux qui tendent à proposer un support de plus en plus complet.

Panorama des navigateurs web et moteurs de rendu

Il convient de distinguer les navigateurs et les moteurs de rendu.

Les premiers exploitent les seconds au sein d'une interface utilisateur (en ajoutant menus, barre d'adresses, gestion de l'historique, extensions). Il arrive que plusieurs navigateurs se partagent le même moteur de rendu.

Un moteur est chargé de l'interprétation du code HTML et de son rendu graphique à l'écran avec l'application des feuilles de style CSS. Il interprète également (lui-même ou via un sous-moteur interne) le code JavaScript présent dans la page, et délègue la lecture des médias (images, sons, vidéos, animations Flash) à des librairies nativement intégrées au moteur ou présentes dans les extensions.

Tableau 3–1 Résumé (très simplifié) des correspondances entre principaux moteurs et navigateurs

Moteur	Navigateurs	Développement	Licence
Trident	Internet Explorer	Microsoft	Propriétaire
WebKit	Google Chrome, Chromium, Apple Safari, Apple Safari Mobile, Android, Epiphany	Apple, Google, KDE, Nokia, RIM, Palm, et autres	Open Source (GNU LGPL)
Gecko	Mozilla Firefox, Camino, K-Meleon, Galeon, Flock	Fondation Mozilla	Open source (MPL, GNU GPL, GNU LGPL)
Presto	Opera, Opera Mobile, Opera Wii	Opera Software	Propriétaire
KHTML	Konqueror	KDE	Open Source (GNU LGPL)

Bien d'autres applications et éditeurs (Adobe Creative Suite, Mozilla Thunderbird, Adobe AIR, Mozilla Kompozer) exploitent ces moteurs.

Chacun dispose (selon la version utilisée) de capacités bien définies pour le support de HTML et CSS.

Actuellement, les moteurs évoluent à un rythme beaucoup plus soutenu que par le passé, il est donc périlleux de dresser une liste exacte des fonctionnalités HTML 5, tant une mise à jour peut remettre en question une telle synthèse. Cela est d'autant plus vrai avec les navigateurs dotés de mises à jour automatiques fréquentes, telles que celles effectuées par Google Chrome.

Mobiles et tablettes

Depuis quelques années, le web n'est plus limité à nos traditionnelles machines fixes. Il conquiert la mobilité avec des périphériques de plus en plus variés et populaires : les *smartphones*, téléphones mobiles dotés de capacités suffisantes pour naviguer sur le web (iPhone, Android, BlackBerry, Windows Phone, Opera Mobile, etc.) et les tablettes (iPad, Galaxy Tab, BlackBerry, Microsoft Surface, etc.). C'est un marché en pleine expansion qui compte ses propres versions de navigateurs comportant des spécificités vis-à-vis des moteurs et du matériel. De ce fait, nous n'avons plus seulement une dizaine de navigateurs à prendre en compte, mais plusieurs centaines de configurations possibles. Ce qu'il faut retenir, c'est qu'il est impossible humainement, financièrement et matériellement de garantir une « optimisation » pour chacun de ces périphériques : HTML, CSS et JavaScript sont conçus pour s'adapter au mieux, si l'on prend des précautions en amont.

TV connectée et console

Encore plus exotiques, les *Smart TV* font bien souvent appel à un navigateur propriétaire, ou un moteur Opera. Les consoles ne sont pas en reste : Wii, Wii U flirtent aussi avec Opera et WebKit, XBox reste naturellement dans la famille Microsoft avec Internet Explorer.

Prise en charge de HTML 5

Les informations de prise en charge correspondent à un instantané lors de la rédaction de cet ouvrage. Il est très probable que celles-ci soient réactualisées au fil des mois, et que le support des navigateurs soit amélioré par rapport au récapitulatif proposé. Consultez les sites de référence constamment mis à jour. La plupart des sources les plus fiables sont en anglais, notamment « When can I use » avec des tableaux détaillés très complets.

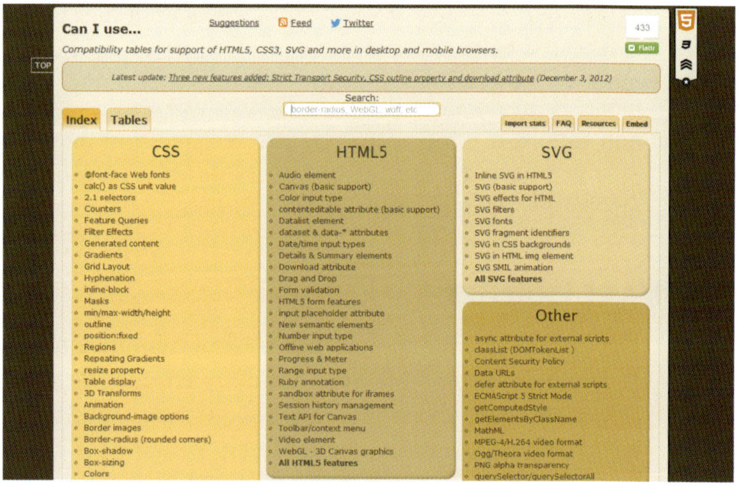

Figure 3–2
When can I use ?

RESSOURCE Récapitulatifs en ligne des niveaux de support HTML 5 et CSS 3

When can I use...

- http://caniuse.com/

HTML5Please

- http://html5please.com/

HTML5 & CSS3 Readiness

- http://html5readiness.com/

HTML5Test

- http://html5test.com/

Mobile HTML

- http://mobilehtml5.org/

Find me by IP

- http://fmbip.com/

Comparaison des moteurs de rendu HTML 5

- http://en.wikipedia.org/wiki/Comparison_of_layout_engines_%28HTML5%29

Web specifications support in Opera products

- http://www.opera.com/docs/specs/productspecs/

Opera version history

- http://www.opera.com/docs/history/

Chromium Web Platform Status

- http://chromestatus.com

Browserscope

- http://www.browserscope.org/

Notez que plusieurs navigateurs sont susceptibles de se partager le même moteur, et qu'il est par exemple possible qu'une mise à jour affectant WebKit produise son effet dans Chrome puis Safari et les autres plate-formes concernées (Android, Wii U, Konqueror, Steam, etc.).

Pour des détails plus approfondis et une description des alternatives de remplacement, reportez-vous à chacun des chapitres décrivant en détail tous les éléments HTML 5.

Bibliothèques de détection et de modernisation

Les navigateurs sont inégaux pour la compréhension HTML 5, depuis les éléments de base (nouvelles balises) jusqu'aux différentes API complémentaires.

Des librairies JavaScript se proposent soit de pallier certains des manques, soit de renseigner sur les fonctionnalités supportées par le navigateur du visiteur.

Modernizr

Modernizr est sûrement la plus connue des librairies en ce qui concerne la détection HTML 5 et CSS 3. Il s'agit d'un fichier JavaScript ajoutant dès le chargement de la page des classes spécifiques à l'élément racine `<html>`.

Celles-ci renseignent au sujet du support de fonctionnalités individuelles, soit à propos des styles CSS (border-radius, font-face, rgba, opacity, animations, etc.) soit à propos des API (Canvas, SVG, HTML 5 audio, HTML 5 video, géolocalisation, etc.).

Modernizr ajoute également automatiquement la classe `"js"` si JavaScript est activé, retirant `"no-js"` si celle-ci est présente. Il est alors conseillé d'introduire le document ainsi :

Inclusion de Modernizr dans la page

```
<!DOCTYPE html>
<html>
<head>
  <meta charset="utf-8">
  <title>Page de test navigateur</title>
<script src="modernizr.js"></script>
</head>
<html class="no-js">
```

Par exemple, dans le cas de l'API de dessin Canvas, l'attribut `class="canvas"` est ajouté à `<html>`. Le fichier JavaScript utilisé dans la balise `<script>` est à télécharger sur le site officiel de Modernizr.

Exemple d'état de <html> après exécution de Modernizr

```
<html class="js canvas">
```

D'une façon plus complète, avec Mozilla Firefox 3.6, on obtient :

```
<html class="js canvas canvastext geolocation rgba hsla multiplebgs
borderimage borderradius boxshadow opacity no-cssanimations csscolumns
cssgradients no-cssreflections csstransforms no-csstransforms3d no-
csstransitions video audio localstorage sessionstorage webworkers
applicationcache fontface">
```

Attention : il s'agit bien du code source modifié dynamiquement : vous devrez le consulter avec une extension (telle que Firebug pour Mozilla Firefox). Une simple visite dans le menu *Code source* du navigateur ne fournira que le code original chargé avant l'exécution de Modernizr.

Il devient alors possible d'écrire des règles CSS précises dans la feuille de style. Elles seront appliquées en cas de support ou de non-support.

Feuille de style CSS exploitant Modernizr

```
.canvas div {
  /* propriétés concernant les éléments div
    pour les navigateurs supportant Canvas */
}
.no-canvas div {
  /* propriétés concernant les éléments div
    pour les navigateurs ne supportant pas Canvas */
}
```

De même, il est possible d'utiliser JavaScript pour lire les propriétés de l'objet Modernizr lorsqu'il s'agit d'implémenter des fonctionnalités sans faire appel à la feuille de style.

Script exploitant Modernizr

```
if(Modernizr.canvas) {
   var c = document.createElement('canvas');
  // ...
} else {
  // Pas de suppport de Canvas
}
```

Libre à vous de choisir une solution alternative lorsque le *non-support* est détecté. Retenez que l'objet Modernizr renvoie `true` ou `false` selon le cas de figure rencontré, et que les classes CSS appliquées à `<html>` portent généralement le nom de la propriété à détecter, préfixées de `no-` lorsque ce n'est pas le cas. Consultez la documentation officielle pour obtenir la liste complète de ces classes.

> **RESSOURCE Téléchargement de Modernizr**
>
> Téléchargement de Modernizr
> - http://www.modernizr.com/download/
>
> Documentation officielle Modernizr
> - http://www.modernizr.com/docs/

En revanche, Modernizr n'ajoute aucune fonctionnalité manquante ou non implémentée. Seule la détection des capacités natives du navigateur est possible afin d'adapter le contenu (ou l'apparence) d'un site.

html5shim (ou html5shiv)

Ce petit script autorise l'usage des nouveaux éléments HTML 5 sur Internet Explorer (<9). En effet, les versions jusqu'à la 8 incluse autorisent l'emploi de balises inconnues dans le document, mais ne permettent pas de leur affecter de propriétés de style, et surtout ne les affichent pas en bloc.

Étant donné qu'Internet Explorer jusqu'à la version 8 y compris ne supporte pas la version 5 de HTML, celui-ci ignore tout simplement le rendu graphique des balises de type bloc (telles que `section`, `header`, `footer`, `aside`, `nav`...).

L'inclusion de ce JavaScript en tête de page déclare l'ensemble des nouveaux tags grâce à la fonction `createElement`, et permet par anticipation de les utiliser et de leur affecter un style CSS.

Ressource Téléchargement de html5shim

Le projet html5shim est hébergé sur Google Code

- http://code.google.com/p/html5shim/

html5shiv

- https://github.com/aFarkas/html5shiv/blob/master/src/html5shiv.js

Pour utiliser html5shim sur votre site, ajoutez les lignes suivantes dans l'élément `<head>` (avant vos déclarations de styles CSS) :

```
<!--[if lt IE 9]>
<script src="http://html5shim.googlecode.com/svn/trunk/html5.js">
</script>
<![endif]-->
```

Attention : cette librairie n'apportera aucune des fonctionnalités intrinsèques à HTML 5, c'est-à-dire que vous pourrez tout à fait utiliser sans valeur sémantique particulière les nouvelles balises `<article>` ou `<header>` (par exemple) pour y placer du contenu en blocs, mais `<video>` et `<audio>` et les autres API évoluées de HTML 5 ne produiront naturellement aucun effet.

Polyfills

Les polyfills sont – la plupart du temps – des scripts à inclure dans une application web pour anticiper la venue d'une API, combler un manque de support, tant bien que mal avec des moyens alternatifs. Ils fonctionnent souvent de pair avec la détection de fonctionnalité proposée par Modernizr. Il en existe des dizaines, remplissant leur rôle avec différents niveaux d'efficacité, par exemple pour tenter d'afficher du SVG ou du Canvas sur les anciens navigateurs en passant par Flash, ou inversement : tous les moyens sont bons. Une liste baptisée *HTML5 Cross Browser Polyfills* est proposée et maintenue à jour régulièrement.

WebShims combine le tout dans une solution construite sur jQuery et Modernizr, sous-titré « Polyfill only the incapable browsers », autrement dit un chargement modulaire de polyfills selon les manques détectés.

Ressource Téléchargement de polyfills

HTML5 Cross Browser Polyfills

- https://github.com/Modernizr/Modernizr/wiki/HTML5-Cross-Browser-Polyfills

WebShims Lib

- http://afarkas.github.com/webshim/demos/

Frameworks HTML

Les frameworks HTML sont des modèles types sur lesquels l'on peut se baser pour établir le squelette initial d'un site. Ils permettent de suivre un ensemble de bonnes pratiques pour la structuration des fichiers et du code.

HTML5 Boilerplate

HTML5 Boilerplate (alias plaque chauffante pour forger du code robuste, ou passe-partout) est parmi le plus plébiscité d'entre eux.

Il permet de profiter de corrections de bogues de support et d'un regroupement de scripts JavaScript reconnus pour leur utilité et leur qualité. Entre autres (certains critères sont développés plus en détail dans les prochains chapitres) :

- une compatibilité multinavigateur (Internet Explorer 6 inclus) ;
- des directives pour les navigateurs mobiles ;
- une préparation pour l'utilisation de règles `@font-face` ;
- une dégradation gracieuse et une amélioration progressive ;
- des classes spécifiques à Internet Explorer pour un contrôle plus fin sur les styles ;
- des classes `.js` et `.no-js` pour la détection de la présence de JavaScript dans `<body>` ;
- des classes `.clearfix` et `.visuallyhidden` pour traiter des éléments de la bonne façon en termes d'accessibilité ;
- un profiling JavaScript dans Internet Explorer 6 et 7 (qui n'en disposent pas) ;
- une optimisation de `console.log` (non bloquant) ;
- un « reset CSS » et une normalisation des polices ;
- une feuille de style impression (`media`, `print`) ;
- un squelette adaptable pour iOS, Android, Opera Mobile ;
- un fichier `.htaccess` pour une utilisation de fonctionnalités HTML 5 et l'optimisation du chargement du contenu, des règles pour la compression et le cache (dates d'expiration) ;
- un « fix PNG » pour Internet Explorer ;
- un fichier `plugins.js` déjà prêt pour jQuery ;
- un fichier `robots.txt` ;
- une page d'erreur 404 par défaut ;
- un fichier `crossdomain.xml` ;
- un code pour Google Analytics.

Attention : ce framework relève d'un condensé d'expériences et de recommandations généralistes, par exemple celles définies par Yahoo et Google. Il est possible que certaines ne soient pas applicables à un site particulier ou provoquent des effets non désirés. Il faut donc toujours faire attention à comprendre tous les critères utilisés et dans quel but.

Cela vaut pour la plupart des frameworks HTML rencontrés sur Internet. Ils demanderont toujours une adaptation pour être utilisables, mais sont une bonne base pour procéder à des optimisations et gagner du temps en développement.

Bootstrap

Créé par l'équipe de Twitter, ce framework HTML/CSS et JavaScript est très populaire. Il respecte une grille de mise en page, avec un soupçon de *Responsive* pour s'adapter aux différents périphériques de consultation en fonction de la résolution disponible. Il comprend également une collection de composants ré-exploitables tels que des fenêtres modales, des barres de navigation, des contrôles pour formulaires, etc. Une valeur sûre qui a déjà fait ses preuves pour des milliers de sites.

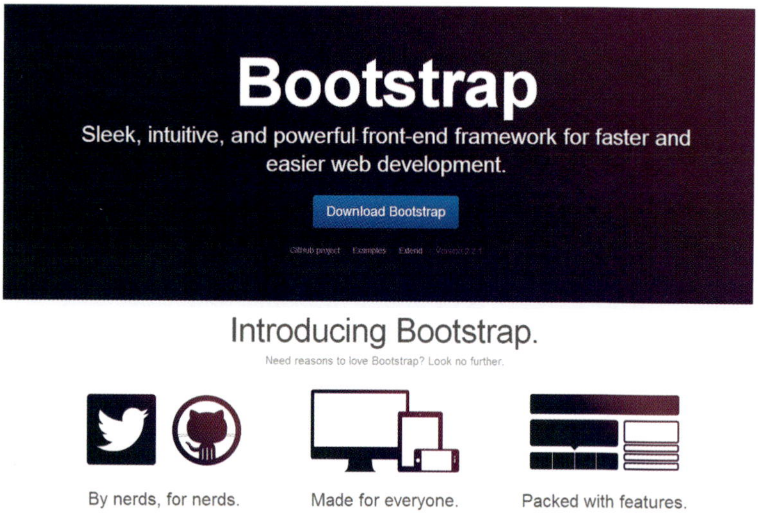

Figure 3–3
Bootstrap

Initializr

Créé par Jonathan Verrechia, ce générateur de frameworks construit au-dessus de HTML5 Boilerplate est efficace : choisissez votre version de démarrage, cochez les parfums à ajouter à la recette (pré-configuration serveur, bibliothèques JavaScript, icônes par défaut, Modernizr, Bootstrap, etc.), puis téléchargez l'ensemble. Très pratique pour démarrer un projet rapidement.

HTML5 Reset

HTML 5 Reset est quant à lui un embryon de site avec une structure minimaliste, répartie dans des fichiers HTML, CSS et JavaScript classés par dossier.

De nombreux autres frameworks voient le jour progressivement, combinant HTML 5, CSS3 et JavaScript, notamment Lungo.js et The M Project.

RESSOURCE Frameworks HTML 5

HTML 5 Boilerplate

▸ http://html5boilerplate.com/

Initializr

▸ http://www.initializr.com/

HTML 5 Reset

▸ http://html5reset.org

The M Project (HTML 5 JavaScript framework)

▸ http://the-m-project.net/

Lungo.js

▸ http://www.lungojs.com/

Sachez quels sont vos visiteurs

Lorsqu'il s'agit de concevoir un site, une des premières étapes est de penser au public qui le fréquentera. Cela vous permettra de savoir (ou de présumer) quelle est l'affinité des visiteurs avec la technologie et s'il est probable que leur navigateur soit récent.

Avec cette information, vous pourrez déterminer :

- Si le choix de la technologie HTML 5 est justifié (et éventuellement CSS 3).
- Si vous devez fournir des alternatives afin que le site reste fonctionnel.
- Si vous devez considérer la probabilité de consulter le site depuis un navigateur mobile.
- Si vous devez détecter le niveau de support graduel des navigateurs (avec les librairies JavaScript décrites précédemment).
- Si vous devez informer les visiteurs en conséquence lorsque le manque de support les privera d'accéder à certains contenus du site.

Les disparités peuvent être relativement significatives selon les régions du monde et le type de visiteur concerné. Si vous ne disposez pas de chiffres significatifs, consultez les sites proposant des statistiques globales en gardant bien à l'esprit que les données proviennent souvent d'échantillons sur l'Amérique du Nord.

▸ http://gs.statcounter.com/

▸ http://www.w3schools.com/browsers/

De grandes firmes décident régulièrement de ne plus supporter officiellement d'anciennes versions de moteurs, accroissant le temps de développement et limitant les fonctionnalités proposées aux visiteurs plus à jour (tel que Google par rapport à Internet Explorer 8 à partir de novembre 2012). C'est un choix qui vous appartient pour vous libérer des contraintes du passé… mais peut-être aussi laisser des dinosaures sur le banc de touche.

Les bons outils

Pour éditer

Choisir un bon éditeur de texte est essentiel pour se sentir à l'aise dans le développement web. De par leur principe, les standards du Web (HTML, CSS, JavaScript, XML) qui ne sont en réalité que des fichiers texte, peuvent être édités avec un simple programme tel que le Bloc-notes (Windows), Vim/Emacs (Linux) ou TextEdit (Mac OS X). C'est là un grand avantage qui vous rend libre de choisir votre environnement de développement de A à Z. Les plus aguerris choisiront probablement un éditeur sobre doté de nombreux raccourcis, tandis que les débutants préféreront une interface conviviale possédant une aide à la conception.

Vous avez toujours la possibilité d'utiliser un programme plus évolué proposant un aperçu Wysiwyg *(What You See Is What You Get)* au fur et à mesure de la rédaction du document HTML, mais n'oubliez pas que pour avoir un contrôle exact du code, il vous faudra pratiquement toujours mettre les mains dans le cambouis.

Pensez aux critères de choix suivants :

- coloration syntaxique,
- suggestions de code,
- outils de recherche/remplacement,
- édition multifichier (onglets),
- présence de raccourcis clavier efficaces.

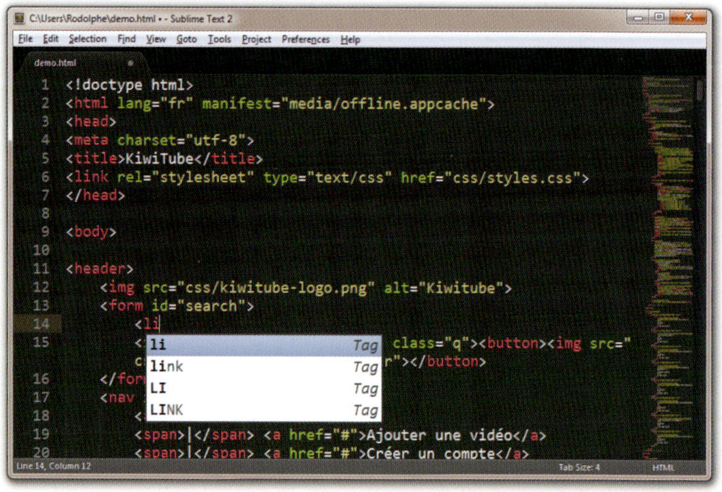

Figure 3–4
SublimeText est un éditeur… vraiment sublime

De nos jours, une pléthore d'outils est disponible sur Internet en téléchargement gratuit ou payant. Chacun d'entre eux dispose de nombreuses qualités, mais aussi de défauts, il vous appartient de faire votre choix en regard de votre système d'exploitation, de vos habitudes et connaissances.

Il est possible d'adjoindre à la plupart des éditeurs texte dignes de ce nom des extensions facilitant l'écriture de code, notamment une extension nommée Emmet (ex Zen Coding), permettant d'écrire plus rapidement du code HTML à partir d'une chaîne de syntaxe CSS et d'un raccourci clavier.

Pour n'en citer qu'un, qui me tient à cœur : SublimeText a le vent en poupe, et s'est rapidement forgé une solide réputation. Les fonctionnalités qui peuvent y être ajoutées via *Package Control* sont impressionnantes : multi-onglets, multi-curseurs, recherche et remplacement multiple, affichage des couleurs pointées dans les feuilles de styles, minification du code JavaScript, auto-complétion dans de nombreux langages, coloration syntaxique, gestion de projets et accès rapide aux fichiers, synchronisation FTP, SVN, Git, auto-ouverture des fichiers liés ou accès direct aux sélecteurs CSS, auto-rechargement des pages, etc.

RESSOURCE Éditeurs web (HTML/CSS)

Notepad++ (Windows, gratuit, licence GPL)

▸ http://notepad-plus-plus.org/

PsPad (Windows, gratuit, freeware)

▸ http://www.pspad.com/fr/

SublimeText (Multiplateforme, payant)

▸ http://www.sublimetext.com/

Eclipse (Multiplateforme, gratuit, licence EPL)

▸ http://www.eclipse.org/

jEdit (Multiplateforme, gratuit, licence GNU GPL)

▸ http://www.jedit.org/

Bluefish (gratuit, licence GPL)

▸ http://bluefish.openoffice.nl/

Aptana Studio (Multiplateforme, gratuit, licence mixte GPL)

▸ http://www.aptana.com/

gedit (Linux/Gnome et multiplateforme, licence GNU GPL)

▸ http://projects.gnome.org/gedit/

Kate (Linux/KDE et BSD, licence GNU GPL)

▸ http://kate-editor.org/

Komodo Edit (Multiplateforme, gratuit, freeware)

▸ http://www.activestate.com/komodo-edit

Ressource Éditeurs web (HTML/CSS)

TextEdit (Mac OS X, licence propriétaire)

- http://www.apple.com/fr/macosx/

Smultron (Mac OS X, licence BSD)

- http://www.peterborgapps.com/smultron/

Adobe Dreamweaver (Windows, payant)

- http://www.adobe.com/fr/products/dreamweaver/

Adobe Edge Tools (outils gratuits et payants)

- http://html.adobe.com/edge/

Microsoft Expression Web (Windows, payant)

- http://www.microsoft.com/france/expression/

Emmet (ex Zen Coding)

- http://docs.emmet.io/

En ce qui concerne l'un des outils les plus célèbres, Dreamweaver, un pack de création HTML 5 a été mis à disposition par Adobe pour adjoindre des modèles et conseils de code à la vue éditeur.

Adobe a aussi lancé une collection d'outils orientés vers HTML 5, nommée *Adobe Edge Tools & Services*. Il s'agit d'un ensemble de nouveaux programmes complémentaires aux suites graphiques qui visent à générer du code universel pour produire des animations, des interfaces en *Responsive Web Design*, des polices personnalisées via Typekit, un éditeur de code source, un inspecteur pour déboguer, etc.

Figure 3–5
Adobe Edge

Pour tester et déboguer

Le choix du navigateur est certainement encore plus important que celui de l'éditeur. Heureusement, il est un peu plus facile, car le choix est moins vaste. Bien sûr, il vous incombera de tester vos pages sur la plupart des principaux moteurs de rendu pour vous assurer qu'elles ne comportent aucune erreur de conception pouvant affecter un groupe d'utilisateurs. Le choix d'un navigateur principal de développement vous permettra de lui adjoindre tous les outils nécessaires pour diagnostiquer et déboguer le code HTML.

Il va sans dire que les navigateurs alternatifs et Open Source sont en général mieux fournis en extensions de développement. C'est le cas de Firefox, Chrome et Opera. Tous trois disposent d'une petite collection de contrôles avancés permettant non seulement de consulter le code source de manière appropriée, mais aussi de le modifier dynamiquement, d'agir sur les propriétés CSS pour les visualiser ou les modifier, d'effectuer des diagnostics de qualité sur le contenu de la page et ses médias, d'exécuter du code JavaScript à la demande avec des fonctions de débogage avancées, voire d'examiner le trafic réseau reçu et émis. Si vous ne devez disposer que d'un seul outil, il faut commencer par celui-ci, car le gain de temps offert est considérable.

Virtualisez !

Les solutions pour procéder à des installations multiples de navigateurs sont nombreuses. Certains programmes peuvent facilement disposer de plusieurs versions indépendantes sur le même système d'exploitation, tandis que d'autres tels qu'Internet Explorer, qui est lié au processus des installations Microsoft, nécessiteront des astuces (notamment IETester) pour conserver d'anciennes versions sur le même poste de travail.

L'idéal reste de se servir de machines virtuelles pour effectuer des tests fiables. L'idée est de pouvoir exécuter dans le même environnement de travail d'autres systèmes d'exploitation émulés par des programmes hôtes : VirtualPC, VMWare, VirtualBox, etc. Ceux-ci exécutent des images disques contenant un système complet et permettent de se retrouver en situation quasi réelle, avec les contraintes et spécificités de chacun d'entre eux en termes de rendu des polices, de gestion des plug-ins (Flash, Java, Silverlight), que ce soit pour Windows, Linux ou Mac OS X.

VirtualPC (Microsoft)

- http://www.microsoft.com/windows/virtual-pc/default.aspx

VirtualBox (Oracle, Open Source)

- http://www.virtualbox.org/

VMWare (Multiplateforme, payant)

- http://www.vmware.com/fr/

Parallels Desktop (Mac)

- http://www.parallels.com/fr/products/desktop/

Mozilla Firefox

Navigateur alternatif par excellence, Mozilla Firefox est souvent le premier choix des développeurs, car c'est celui qui comporte le plus d'extensions.

La plus célèbre d'entre elles est **Firebug**. Il s'agit d'un inspecteur de document très complet qui regroupe sous différents onglets les outils de consultation et d'analyse du code HTML, JavaScript, CSS. Il est possible d'agir en direct sur le contenu de la page et ses propriétés de style pour constater le résultat visuel.

Au moins deux extensions peuvent se greffer aux onglets de Firebug : **YSlow** (par Yahoo) et **Page Speed** (par Google). Ces deux protagonistes visent à effectuer des audits de performance avec des recommandations d'améliorations, suivant les critères communiqués par les deux géants du Web.

Historiquement, **Web Developper** fut la première extension orientée pour les développeurs, très prisée pour ses accès rapides aux outils de diagnostic regroupés par thématiques (cookies, images, formulaires, structure du document, mise en valeur de certains types d'éléments, redimensionnement de la fenêtre du navigateur, validation en ligne, etc.).

À partir des versions 15 et 16, Firefox se dote de ses propres outils de développement intégrés, entre autres une ligne de commande bien pratique accessible avec la combinaison de touches Shift+F2.

RESSOURCE Extensions pour Mozilla Firefox

Mozilla Firefox – le navigateur

- http://www.getfirefox.com/

Firebug

- http://getfirebug.com/

Yslow (Yahoo)

- http://developer.yahoo.com/yslow/

Page Speed (Google)

- http://code.google.com/intl/fr/speed/page-speed/download.html

Web Developper

- https://addons.mozilla.org/fr/firefox/addon/60/

Google Chrome

Dernier venu dans la cour des grands navigateurs, déjà leader dans la course aux performances, Chrome embarque un inspecteur très évolué, accessible via le clic droit de la souris puis l'option *Inspecter l'élément* ou dans le menu général, sous-menu *Outils > Outils de développement* (raccourci Ctrl + Maj + I sous Windows).

On y retrouve toutes les fonctionnalités de base relatives à l'inspection du document, des scripts, des ressources et du stockage. Celui-ci met par ailleurs l'accent sur les performances, car il comporte des outils de monitoring réseau, moteur de rendu, et une console très puissante.

Firebug Lite est également disponible dans une version spécifique à Google Chrome.

> **RESSOURCE Extensions pour Google Chrome**
>
> Google Chrome – le navigateur
> ▸ http://www.google.com/chrome?hl=fr
>
> Chrome Developer Tools
> ▸ https://developers.google.com/chrome-developer-tools/
>
> Firebug Lite
> ▸ http://getfirebug.com/releases/lite/chrome/

Safari

Navigateur de prédilection sous Mac OS X, édité par Apple, Safari doit figurer parmi les agents utilisateurs essentiels lors de la vérification des pages web, car il touche un public croissant.

Le menu des outils de développement devient disponible après activation dans le menu des *Préférences* (onglet *Avancées*, case à cocher *Afficher le menu de développement dans la barre de menus*). Étant basé sur le même moteur que celui de Google Chrome, WebKit, celui-ci comporte globalement les mêmes types de ressources et peut être atteint par les mêmes moyens.

Firebug Lite (version JavaScript) est disponible pour Safari.

> **RESSOURCE Extensions pour Safari**
>
> Safari – le navigateur
> ▸ http://www.apple.com/fr/safari/
>
> Firebug Lite
> ▸ http://getfirebug.com/firebuglite

Opera

Le moteur du navigateur d'Opera a une excellente réputation. Bien qu'outsider, il affiche d'excellentes performances et un respect des standards du Web en constante évolution.

Inclus dans Opera (moteur Presto), **Dragonfly** est un ensemble d'outils équivalent à Firebug. Tous les onglets d'inspection sont présents, notamment DOM, CSS, Scripts, Réseau, Console. Dragonfly peut être activé en cliquant avec le bouton droit de la souris sur l'élément que vous souhaitez inspecter puis en sélectionnant *Inspecter l'élément*. On le retrouve dans le menu *Outils de développeur* sous Windows et Linux ou le menu *Éditer* sous Mac.

Firebug Lite (version JavaScript) est disponible pour Opera.

> **RESSOURCE Extensions pour Opera**
>
> Opera – le navigateur
> - http://www.opera.com/
>
> Firebug Lite
> - http://getfirebug.com/firebuglite

Internet Explorer

Les outils de développement d'Internet Explorer sont disponibles à partir de la version 8 dans le menu *Outils* et accessibles avec la touche de raccourci F12. On y retrouve dans une fenêtre indépendante ou fusionnée au navigateur les outils les plus courants pour la visualisation HTML, CSS, JScript (JavaScript), l'audit de code et quelques compléments.

Firebug Lite (version JavaScript) est disponible pour Internet Explorer à partir de sa version 6. C'est un bon complément, surtout pour les anciennes versions qui ne disposent à l'origine d'aucun outil d'inspection et de diagnostic.

> **RESSOURCE Extensions pour Internet Explorer**
>
> Internet Explorer – le navigateur
> - http://www.microsoft.com/france/windows/internet-explorer/
>
> Firebug Lite
> - http://getfirebug.com/firebuglite

Extensions de développement et consoles JavaScript

Les extensions pour développeurs sont un atout considérable des navigateurs web modernes. Elles comprennent de nombreuses fonctionnalités de diagnostic, d'inspection du code HTML, CSS et JavaScript, de monitoring des performances, et surtout elles intègrent une console JavaScript. Cette dernière permet la saisie de code rapide à des fins de test, et le diagnostic des appels effectués, par un affichage très agréable et structuré des variables JavaScript (objets, tableaux, etc.). Dans la plupart des cas, elles sont équipées de leurs propres méthodes autorisant un accès direct à la sortie depuis des scripts développés et inclus dans les pages HTML. Les fonctions `console.log()`, `console.dir()` sont très courantes et remplacent avantageusement toutes les autres fonctions telles qu'`alert()` qui doit être oubliée.

Tableau 3–2 Accès aux consoles dans les principaux navigateurs

Navigateur	Menu	Raccourci	Précisions
Mozilla Firefox	*Développement web>Console d'erreurs*	Ctrl + Maj + J	
Mozilla Firefox avec Firebug	*Développement web>Firebug*	F12	Onglet Console
Google Chrome	*Outils>Console JavaScript*	Ctrl + Maj + J	Onglet Console
Internet Explorer	*Outils>Outils de développement*	F12	Onglet Console
Safari	*Menu>Développement>Afficher la console d'erreurs*	Ctrl + Option + C	Onglet Console
Opera	*Dragonfly*	Ctrl + Maj + I	Onglet Console d'erreurs

La console doit être votre meilleure amie si vous décidez de vous attaquer aux API HTML 5, JavaScript et DOM. Elle est essentielle pour comprendre ce qui se déroule, et pour résoudre les erreurs pouvant survenir tant dans la syntaxe du code que dans les différences de support des navigateurs.

Consultez le chapitre 20 pour une introduction à JavaScript et au DOM.

Tous les navigateurs intègrent une panoplie d'outils, qui peut être complétée par des extensions plus avancées, par exemple Firebug du côté de Firefox. Cependant, même sans cette extension, un inspecteur de document de bonne facture est intégré en natif dans le navigateur. Une ligne de commande bien pensée (raccourci Maj + F2) donne accès à des actions courantes, y compris la capture d'écran. Cerise sur le gâteau, un affichage 3D de l'arbre du document est proposée pour bien visualiser la hiérarchie des blocs.

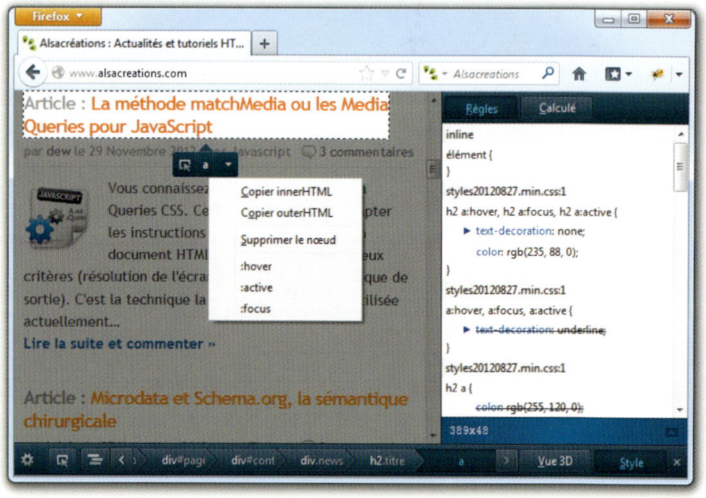

Figure 3–6
L'inspecteur de code intégré à Firefox

Les pages about:

Les navigateurs sont équipés de pages « cachées », contenant une mine d'informations sur leurs rouages internes. Elles sont préfixées par `about:` sous Gecko (Mozilla) et Internet Explorer, `chrome://` pour WebKit (Chrome/Safari), `opera:` pour Opera.

Par exemple :

- `about:blank` : Une page vide
- `about:cache` : Le cache ne vous cache plus rien
- `chrome://net-internals/` : Toute la couche réseau de WebKit
- `chrome://gpu-internals/` : Le moteur de rendu graphique
- `chrome://plugins/` : Les extensions installées
- `opera:cpu` : Consommation des ressources processeur
- `opera:config` : Configuration avancée d'Opera

Il en existe des dizaines à découvrir, quelques unes sont disséminées au fil des chapitres. Une base de départ est `about:about` (mais elle ne dévoile pas tout…).

Surveiller la performance navigateur

Une API a vu le jour pour obtenir rapidement des renseignements sur les performances de rendu des pages web, via l'interface `performance` interrogeable dans la console (disponible dans Firefox/Chrome/Internet Explorer 9/Android 4/BlackBerry10). Les propriétés `performance.timing`, `performance.navigation` et `performance.memory`sont alimentées en temps réel.

Figure 3–7
La page about:cache d'Opera

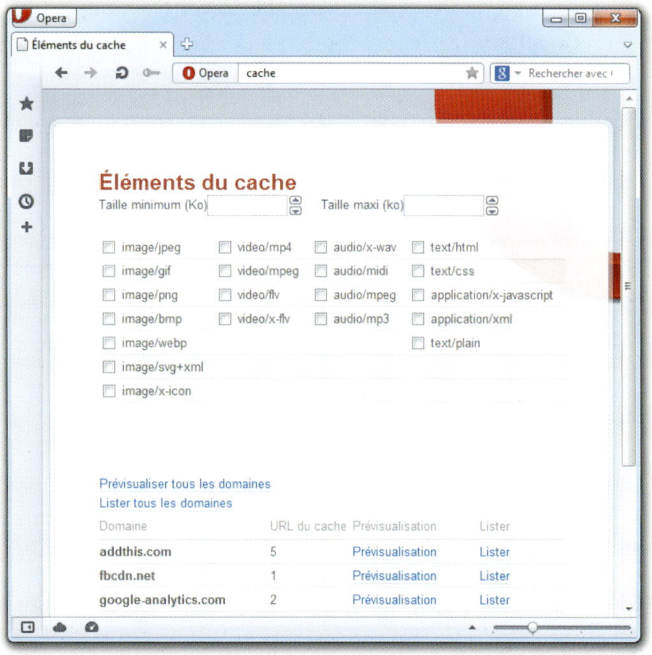

Figure 3–8
Performance

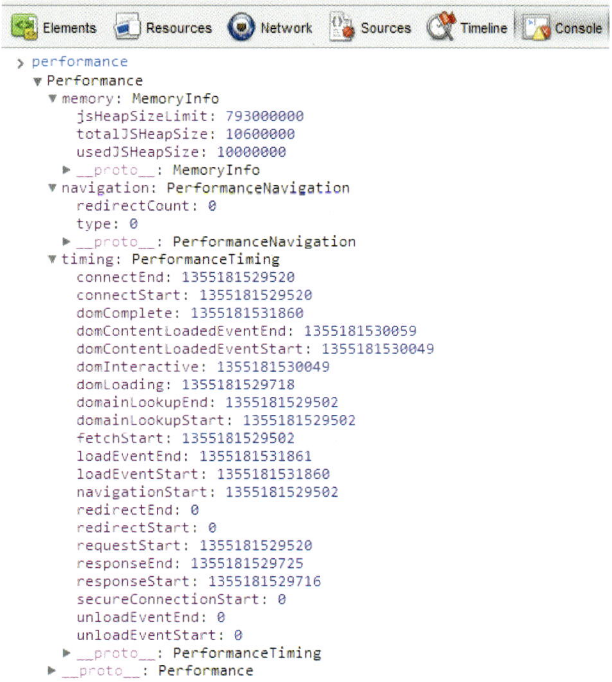

Pour avoir encore plus de détails, orientez-vous vers les extensions de type Yslow, PageSpeed ou encore l'onglet *Timeline* de WebKit qui génère un graphique progressif, reflétant les temps de chargement, rendu graphique et interprétation des scripts, lorsqu'il est déclenché.

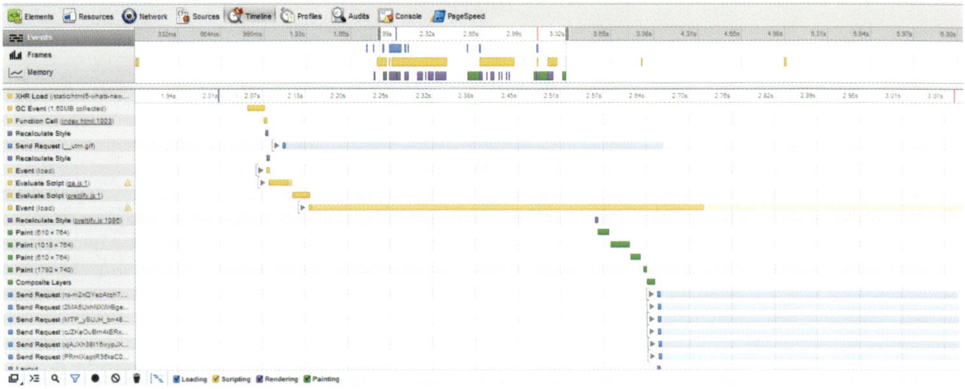

Figure 3–9 Timeline

Le sujet de la performance web est très vaste, de nouvelles expérimentations sont publiées régulièrement. Chaque application fourmille de détails révélateurs.

Pour créer des applications mobiles

Le développement d'applications « dédiées » pour mobiles et tablettes est un sujet épineux qui divise les communautés : promouvoir des standards ouverts permet de s'affranchir des outils et langages propriétaires (par exemple Xcode et Objective-C pour Apple) et de factoriser le même code pour de multiples plate-formes. Si chaque constructeur le désirait, il serait possible depuis longtemps d'exécuter des applications web en tant qu'applications distribuées et vendues sur les différents « marchés d'applications » en ligne. Malheureusement, les intérêts économiques et la volonté de maîtrise d'un écosystème en veut souvent autrement. De surcroît, l'apprentissage d'un nouveau langage spécifique (Objective-C, Java) est souvent long et fastidieux.

Des initiatives louables ont été mises en place du côté de Microsoft avec Windows 8, BlackBerry et Mozilla avec Firefox Marketplace : ces systèmes autorisent la création d'applications directement en HTML 5 !

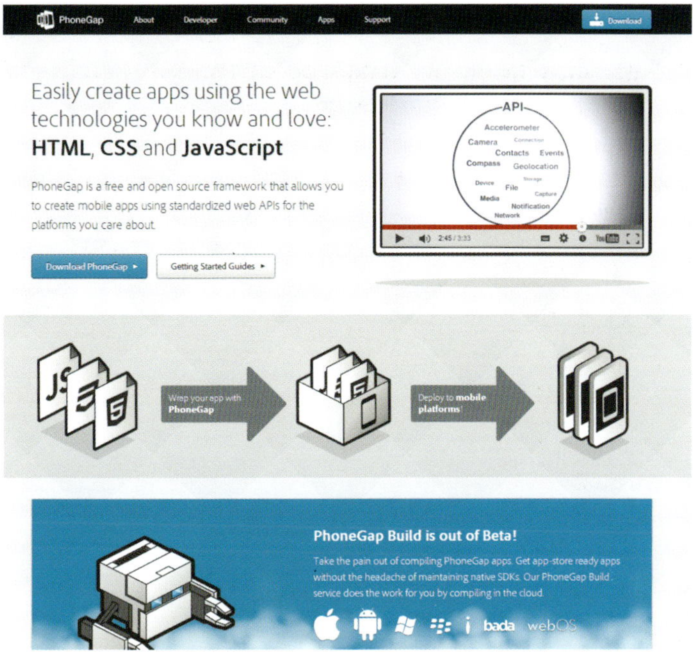

Figure 3–10
PhoneGap

Pour les autres, PhoneGap se propose de simplifier le développement d'applications pour les personnes sachant déjà coder pour le web et d'embarquer dans des « conteneurs » simplifiés, des vues HTML + JavaScript + CSS, stockées hors-ligne. Les avantages sont multiples : on peut alors exploiter ses connaissances actuelles en web pour mettre en route une application rapidement, on peut aussi ré-exploiter les ressources déjà créées pour un site en ligne (images, médias divers, services web et AJAX, bases de données). Les inconvénients sont cependant une performance amoindrie par rapport aux applications natives, des API en plus petit nombre et tout de même la contrainte de passer par des compilateurs (Android SDK + Eclipse, iPhone SDK + Xcode + Mac OS X, etc) pour chacun des univers visés. PhoneGap mérite le détour, et en plus c'est un outil open-source. HTML5 est un langage très pratique pour parvenir à un résultat multi-plate-forme.

> **RESSOURCE PhoneGap**
>
> PhoneGap – site officiel
>
> ▸ http://phonegap.com/

Éléments et attributs HTML 5

4

Décrivons le doctype et tous les éléments, de `<a>` à `<wbr>`. Sachez tout de leur usage et de leurs attributs – globaux ou spécifiques – pour ne pas baliser !

Figure 4–1 De très près

Le langage HTML répond à une nomenclature précise. Bien qu'elle soit relativement permissive dans sa syntaxe, il convient de connaître les balises et les situations dans lesquelles il est d'usage de les employer : elles possèdent toutes un sens particulier et ne sont pas interchangeables.Structurer un document ou une application avec les bonnes balises vous permet de respecter la sémantique, qui se doit d'être le code d'honneur de l'intégrateur.

À l'instar des éléments chimiques composant notre monde et créés lors de la naissance de l'Univers puis dans le cœur de chacune des étoiles, les éléments HTML sont les briques primordiales du Web tel que nous le connaissons aujourd'hui.

Le Big Bang du Web, c'est Tim Berners-Lee. Les étoiles, ce sont les groupes de travail du W3C et du WhatWG qui œuvrent à une nucléosynthèse juste et équilibrée.

Josh Duck s'est risqué à une expérimentation graphique concrétisant cette idée.

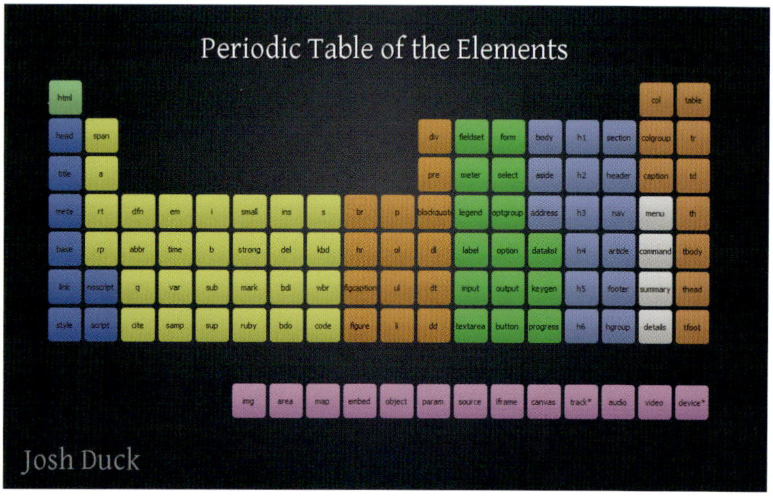

Figure 4–2
Tableau périodique des éléments... HTML
http://joshduck.com/periodic-table.html

C'est une allégorie très juste, car tous ces éléments répondent à des caractéristiques semblables aux atomes.

- Certains ont beaucoup d'affinités entre eux et c'est leur association qui crée de nouvelles briques.
- D'autres sont plutôt solitaires.
- La plupart sont abondants, tandis qu'il en existe de rares.
- De nouveaux seront synthétisés.
- Quelques déchets sont radioactifs et doivent être oubliés (`<blink>`).

Heureusement, en HTML, aucun élément n'est hors de prix. Tous sont utiles et libres : il faut s'en servir sans restriction !

Dans ce chapitre, le mot « élément » sera fréquent. Une spécification est bien souvent répétitive et autorise difficilement de multiples synonymes pour désigner un concept précis. Sa lecture relève d'un savant mélange d'anaphores et d'épiphores peu distrayantes.

Ainsi seront décrits les éléments HTML 5 tels que figurant dans la spécification courante du W3C et du WhatWG. Certains d'entre eux sont hérités de HTML 4 et bénéficient donc d'un vaste support, commun à tous les navigateurs.

D'autres sont récents et peuvent engendrer plusieurs situations :

- aucun support : dans ce cas, le navigateur n'affichera rien ou adoptera un comportement erratique selon le rôle joué par cet élément dans la page ;
- un support partiel : le navigateur gérera un sous-ensemble des fonctionnalités prévues ; celui-ci sera probablement complété voire finalisé dans une version ultérieure ;
- un support complet : si le navigateur répond à l'ensemble des indications de la spécification, et que tous les attributs et leurs valeurs produisent le comportement attendu.

Si vous avez lu l'introduction précédente, si vous avez déjà consulté le code source d'une page web dans le navigateur, si vous êtes webmaster, intégrateur ou développeur expérimenté, ou si vous êtes un amateur passionné, la syntaxe HTML devrait vous être familière. Elle est aisément reconnaissable de par sa constitution en balises et en attributs.

Vous trouverez dans les exemples qui vont suivre tous les renseignements nécessaires pour apprivoiser ce langage et découvrir l'intégralité des possibilités offertes par chacun des **éléments** faisant partie de la spécification HTML 5, ainsi que tous les attributs applicables.

Les **attributs globaux** pouvant être utilisés pour toutes les balises seront décrits en fin de chapitre, tandis que les **attributs spécifiques** à l'un ou l'autre élément seront détaillés à la suite de chaque description. Si aucune mention d'attribut spécifique n'y est faite, c'est que l'élément n'en possède pas, et que seuls les attributs globaux s'appliquent.

Le **style par défaut** de ces éléments est précisé, bien qu'il ne s'agisse que d'une recommandation que les éditeurs de navigateurs implémentent avec plus ou moins de liberté. Par essence, il reste très dépouillé et leur confère une apparence quelque peu austère en regard des riches interfaces graphiques auxquelles nous sommes tous habitués.

Si vous êtes impatient pour la mise en pages et la présentation, il vous appartiendra d'utiliser les feuilles de style CSS, qui ont déjà été introduites au préalable et qui font l'objet d'un chapitre complémentaire en fin d'ouvrage.

Tous les éléments HTML cohabitant en symbiose, il est difficile de les analyser un par un sans devoir souvent faire référence à un point développé ultérieurement pour une balise particulière. Ce chapitre n'est donc pas totalement linéaire.

Modèles de contenu

Classifier les éléments HTML n'est pas une tâche évidente, tant ils ont besoin les uns des autres, et tant leurs propriétés respectives pouvant mener à l'un ou l'autre regroupement se recouvrent, d'un mode de classification à l'autre.

La spécification dégage cependant trois types de modèles de contenu, en plus du texte simple :

- les éléments de flux, qui structurent le document ;
- les éléments de phrasé, qui sont en général imbriqués dans les précédents, et confèrent une valeur sémantique particulière à leur propre contenu ou qui correspondent à des éléments médias ou de formulaire ;
- les éléments de métadonnées (ou méta-informations), qui apportent des renseignements complémentaires au contenu ou agissent sur la présentation.

Tableau 4–1 Modèles de contenu HTML 5

Catégorie	Éléments
Contenu de flux	`a, p, hr, pre, ul, ol, dl, div, h1, h2, h3, h4, h5, h6, hgroup, address, blockquote, ins, del, object, map, noscript, section, nav, article, aside, header, footer, video, audio, figure, table, form, fieldset, menu, canvas, details` ou éléments de phrasé ou texte
Contenu de phrasé	`a, em, strong, small, mark, abbr, dfn, i, b, s, code, var, samp, kbd, sup, sub, q, cite, span, bdo, bdi, br, wbr, ins, del, img, embed, object, iframe, map, area, script, noscript, ruby, video, audio, input, textarea, select, button, label, output, datalist, keygen, progress, command, canvas, time, meter` ou texte
Métadonnées	`link, style, meta name, meta http-equiv, meta charset, script, noscript, command`

Ainsi du *contenu* phrasé correspondra à une succession de :

- chaînes de caractères (du texte),
- potentiellement épaulées par des *éléments* de phrasé.

Le doctype avant tout

Un document HTML doit toujours débuter par un *doctype*, avant même la première balise `<html>`. Il s'agit d'une déclaration permettant de renseigner le navigateur sur le *type* de document HTML délivré. Il ne s'agit pas d'un tag HTML à part entière, mais bien d'un préambule.

Jusqu'à HTML 5, le doctype mentionnait l'utilisation d'un document de référence, la DTD *(Document Type Definition)*, grammaire résumant la syntaxe HTML et ses attributs.

Depuis HTML 5, le doctype a été considérablement simplifié puisqu'il n'est pas sensible à la casse, qu'aucune DTD n'est précisée, et que l'on se limite à une déclaration laconique :

Doctype HTML 5

```
<!doctype html>
```

Ce doctype permet tout comme c'était le cas en HTML 4 de passer en mode de rendu conforme aux standards dans les navigateurs se basant sur le « doctype sniffing », c'est-à-dire d'abandonner le mode « quirks ».

> **RAPPEL Le mode quirks**
>
> Ce mode est une technique utilisée par certains moteurs de rendu pour maintenir une compatibilité artificielle vis-à-vis des pages conçues pour d'anciens navigateurs, en simulant intentionnellement de nombreux bogues d'interprétation du code, au lieu de suivre le mode des standards W3C. Cependant, ce mode « quirks » a posé de nombreux problèmes d'intégration, le même code produisant des résultats souvent bien différents à l'écran. Pour plus de renseignements à ce sujet, consultez le site de Peter-Paul Koch (en anglais) :
>
> ▸ http://www.quirksmode.org/

La spécification prévoit une déclaration rétrocompatible (sous la forme des précédentes) dans le cas où le contenu HTML serait généré par un outil devant respecter cette structure, par exemple un script exécuté sur le serveur.

Doctype HTML 5 de compatibilité

```
<!DOCTYPE html SYSTEM "about:legacy-compat">
```

Celle-ci ne peut être utilisée que s'il est impossible d'utiliser le doctype raccourci.

Dans le cas d'une page XHTML 5 (voir chapitre précédent), on précisera l'espace de noms avec l'attribut `xmlns` en veillant bien à utiliser des majuscules pour l'introduction du doctype :

Doctype XHTML 5

```
<!DOCTYPE html>
<html xmlns="http://www.w3.org/1999/xhtml">
```

Rappel des précédents doctypes

Les précédents *doctypes* faisaient appel, selon le standard HTML utilisé, à des variantes (Strict, Transitionnal, Frameset) autorisant ou non l'emploi de certaines balises. En copiant l'adresse de la DTD dans un navigateur, il est possible de prendre connaissance de la grammaire HTML.

HTML 4.01 Strict

```
<!DOCTYPE HTML PUBLIC "-//W3C//DTD HTML 4.01//EN"
"http://www.w3.org/TR/html4/strict.dtd">
```

HTML 4.01 Transitional

```
<!DOCTYPE HTML PUBLIC "-//W3C//DTD HTML 4.01 Transitional//EN"
"http://www.w3.org/TR/html4/loose.dtd">
```

HTML 4.01 Frameset

```
<!DOCTYPE HTML PUBLIC "-//W3C//DTD HTML 4.01 Frameset//EN"
"http://www.w3.org/TR/html4/frameset.dtd">
```

XHTML 1.0 Transitionnel

```
<!DOCTYPE html PUBLIC "-//W3C//DTD XHTML 1.0 Transitional//EN"
"http://www.w3.org/TR/xhtml1/DTD/xhtml1-transitional.dtd">
```

XHTML 1.0 Strict

```
<!DOCTYPE html PUBLIC "-//W3C//DTD XHTML 1.0 Strict//EN"
"http://www.w3.org/TR/xhtml1/DTD/xhtml1-strict.dtd">
```

XHTML 1.0 Frameset

```
<!DOCTYPE html PUBLIC "-//W3C//DTD XHTML 1.0 Frameset//EN"
"http://www.w3.org/TR/xhtml1/DTD/xhtml1-frameset.dtd">
```

XHTML 1.1

```
<!DOCTYPE html PUBLIC "-//W3C//DTD XHTML 1.1//EN"
"http://www.w3.org/TR/xhtml11/DTD/xhtml11.dtd">
```

Éléments racines et méta-informations

<html>

L'élément `<html>` constitue la racine de tout document HTML. Il suit en général le doctype et clôt l'ensemble en fin de page par une balise fermante `</html>`.

Il ne peut contenir qu'un seul élément `<head>` suivi immédiatement par un `<body>`.

Parmi les attributs globaux (voir fin de ce chapitre) qui sont applicables à l'ensemble des éléments HTML, il faut noter que `lang` est très fortement recommandé pour l'élément racine `<html>`. Un attribut `lang` vide correspond à un langage inconnu. Dans un écosystème XHTML, il est préconisé de l'épauler par un attribut `xml:lang` possédant la même valeur. En cas d'absence totale de `lang`, le navigateur se réfère à l'en-tête HTTP `Content-Language`. Si ce dernier est également absent, alors le document est de langue inconnue.

Exemple d'utilisation de <html>

```
<!DOCTYPE html>
<html lang="fr">

<head>
  <!-- L'en-tête du document -->
</head>

<body>
  <!-- Le corps du document -->
</body>

</html>
```

Tableau 4–2 Attributs spécifiques à <html>

Attribut	Valeurs	Rôle
`manifest` <nouveau 5>	URL	Adresse du manifeste contrôlant le cache des fichiers pour une utilisation en mode déconnecté

manifest

L'attribut `manifest` entre en jeu dans l'élaboration d'applications web exécutées hors ligne (voir chapitre Applications web hors ligne).

Tableau 4–3 Propriétés de l'élément <html>

Propriété	Détails
Modèles de contenu autorisés	Un élément `<head>` suivi par un élément `<body>`.
Omission de balise	La balise ouvrante peut être omise si le premier contenu n'est pas un commentaire. La balise fermante peut être omise si cet élément n'est pas immédiatement suivi par un commentaire et s'il contient un élément `<body>` qui n'est pas vide et dont la balise ouvrante n'a pas été omise.

Style par défaut	`html {`
	`  display: block;`
	`}`
	`html:focus {`
	`  outline: none;`
	`}`

<head>

L'en-tête du document exerce un rôle crucial, car il fournit de multiples renseignements sur le document lui-même, que le contenu n'indique pas.

Dans cette optique, il recueille plusieurs autres balises aux rôles précis. Parmi celles-ci, seule `<title>` est obligatoire.

Tableau 4–4 Imbrications pour <head>

Élément	Occurrences	Rôle
`<title>`	1	Titre du document
`<meta>`	0 ou +	Méta-informations
`<link>`	0 ou +	Relations vers des ressources externes (par exemple des feuilles de style CSS)
`<style>`	0 ou +	Styles CSS embarqués dans le document
`<script>`	0 ou +	Scripts embarqués dans le document
`<base>`	0 ou 1	Base d'adresses par défaut et de cible pour tous les liens du document

Exemple d'utilisation minimale de <head>

```
<!DOCTYPE html>
<html lang="fr">

<head>
  <title>Titre du document</title>
</head>
```

```
<body>
  <!-- Le corps du document -->
</body>

</html>
```

L'ordre de déclaration n'est pas important. Ces éléments sont individuellement décrits ci-après dans leurs sections respectives.

Exemple d'utilisation plus complète mais totalement imaginaire de <head>

```
<!DOCTYPE html>
<html lang="fr">

<head>
  <!-- Encodage des caractères -->
<meta charset="utf-8">

  <!-- Base générale des liens -->
  <base href="http://www.alsacreations.com/page/kiwiz/">

  <!-- Titre du document -->
  <title>Ma page sur les kiwis</title>

  <!-- Une feuille de style -->
  <link rel="stylesheet" href="css/screen.css" type="text/css"
media="screen">

  <!-- Des styles complémentaires -->
  <style type="text/css">
  p {
    font-family:Sans-serif;
    text-align:center;
  }
</style>

<!-- Un fichier JavaScript externe -->
  <script src="js/global.js"></script>
</head>

<body>
  <p>Ceci est ma première page HTML5.</p>
</body>

</html>
```

Puisqu'il s'agit de méta-informations, aucune des balises n'est affichée dans la zone réservée au document HTML. Seul `<title>` a une influence directe puisqu'il s'agit du titre généralement attribué par le navigateur à la fenêtre courante ou à l'onglet, suivi du nom de l'application.

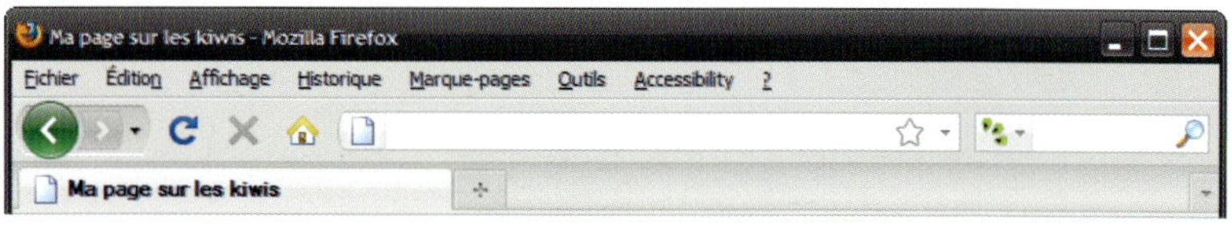

Figure 4–3
Implication de <title> sur l'interface graphique utilisateur

Tableau 4–5 Propriétés de l'élément <head>

Propriété	Détails
Modèles de contenu autorisés	Un élément `<title>`, un élément optionnel `<base>`, des éléments de méta-information.
Parents autorisés	`<html>`
Omission de balise	La balise ouvrante peut être omise si le premier contenu est un élément. La balise fermante peut être omise si l'élément `<head>` n'est pas immédiatement suivi par un commentaire ou une espace.

Style par défaut	`head {`
	`  display: none;`
	`}`

<title>

Le titre du document détenu par `<title>` est affiché par le navigateur dans le titre de la fenêtre et/ou dans l'onglet actif. Il est aussi choisi, à juste titre, comme intitulé du lien dans les résultats des moteurs de recherche.

Exemple d'utilisation de <title>

```
<!DOCTYPE html>
<html lang="fr">

<head>
  <meta charset="utf-8">
<title>Ma page sur les kiwis</title>
</head>

<body>
  <p>Ceci est ma première page HTML5.</p>
</body>

</html>
```

Il ne faut pas confondre cet élément dont le contenu ne figure pas dans la zone de rendu, et la balise `<h1>` qui relève d'un titre de premier niveau et qui n'est pas obligatoirement liée au véritable titre du document.

Tableau 4–6 Propriétés de l'élément <title>

Propriété	Détails
Modèles de contenu autorisés	Texte simple.
Parents autorisés	`<head>`
Omission de balise	Les balises ouvrante et fermante sont obligatoires.

Style par défaut	`title {`
	`  display: none;`
	`}`

<meta>

En complément du titre, les balises `<meta>` comblent le besoin de véhiculer plus de méta-informations au sujet du document. Il s'agit là aussi de renseignements qui ne sont pas affichés dans le corps de la page, mais qui sont importants pour son interprétation ou son référencement par les moteurs de recherche.

On distingue plusieurs applications, chacune définie par l'usage au choix :

- d'un attribut `name`, et content ;
- d'un attribut `http-equiv` et `content ;`
- d'un attribut `charset` seul.

Tableau 4–7 Attributs spécifiques à <meta>

Attribut	Valeurs	Rôle

`name`	`application-name`
	`author`
	`description`
	`generator`
	`keywords`
	`ou autres valeurs enregistrées`
		Méta-informations relatives à la page : nom de l'application web, auteur, description du contenu, programme de conception utilisé, mots-clés relatifs au contenu.

`http-equiv`	`refresh`
	`default-style`
	`content-type`
		Rafraîchissement de la page.
		Feuille de style préférée.
		Déclaration de la page de code et du type MIME.

`content`	texte	En combinaison avec `name` et `http-equiv`, confère sa valeur à la balise.
`charset`	encodage des caractères	Déclaration de la page de code qui doit être utilisée pour l'interprétation, si celle-ci est différente de l'ASCII.

<meta name>

L'attribut `name` lui-même possède un ensemble de valeurs autorisées, choisies parmi deux ensembles :

- un des noms définis par la spécification (voir tableau ci-après) ;
- un des noms suggérés et enregistrés sur la page http://wiki.whatwg.org/wiki/MetaExtensions.

Tableau 4–8 Valeurs définies par la spécification pour l'attribut name de l'élément <meta>

Attribut	Valeurs	Rôle
`application-name`	texte	Chaîne de texte courte donnant un nom à l'application web que la page représente, si tel est le cas. Sinon, ne doit pas être utilisé. Un tel nom est susceptible d'être affiché par le navigateur dans sa barre de titre en lieu et place du titre du document qui peut varier d'une page à l'autre.
`author`	texte	Auteur du document.
`description`	texte	Description (de longueur raisonnable) du contenu, appropriée pour l'indexation dans les moteurs de recherche.
`keyword`	texte	Liste de mots-clés séparés par des virgules, pertinents pour le contenu de la page, susceptibles d'être utilisés par les moteurs de recherche.
`generator`	texte	Programme ou système ayant généré le contenu. Ne doit pas être utilisé si le document est conçu « à la main ».

L'adjonction d'un autre attribut `content` est obligatoire, c'est lui qui recueille la valeur que l'on souhaite associer à chacune des propriétés figurant dans `name`.

Exemples d'utilisation de <meta name>

```
<meta name="author" content="Moi-même">
<meta name="description" content="Tout savoir sur la culture des kiwis
et leurs effets bénéfiques sur la santé">
<meta name="keywords" content="kiwis, fruits, vitamines">
<meta name="generator" content="Mon éditeur HTML">

<!-- Pour une application web seulement -->
<meta name="application-name" content="Mon webmail">
```

<meta charset>

L'attribut `charset` est nouveau en HTML 5. Il spécifie l'encodage des caractères utilisé. Cette déclaration doit être unique pour l'ensemble d'un document.

Si un document ne débute pas par un marqueur BOM et que son encodage n'est pas explicitement indiqué par un en-tête HTTP `Content-type`, alors la page de caractères doit être compatible avec l'ASCII. S'il ne s'agit pas d'ASCII lui-même, alors l'encodage doit être spécifié par cet élément `<meta>` équipé de l'attribut `charset`, ou par un élément `<meta>` dont la valeur de l'attribut `http-equiv` est `content-type` (voir ci-après).

Idéalement, il faut placer cette déclaration avant les autres balises possibles de la section `<head>`, car elles sont susceptibles de comporter des chaînes de texte concernées par le choix de l'encodage. Les valeurs les plus communes sont UTF-8, ISO-8859-1 (Latin1) et ISO-8859-15 (Latin9).

Exemple d'utilisation de <meta charset> pour UTF-8

```
<meta charset="UTF-8">
```

Exemple d'utilisation de <meta charset> pour ISO-8859-1 (Latin1)

```
<meta charset="ISO-8859-1">
```

<meta http-equiv>

Depuis HTML 5, l'attribut `http-equiv` ne peut plus comporter de valeur libre, mais uniquement une choisie parmi les suivantes : `content-type`, `default-style`, `refresh`. La valeur `content-language` est désormais obsolète, et doit être remplacée par l'usage de l'attribut `lang` sur l'élément racine (`<html>`).

Tableau 4–9 Valeurs définies par la spécification pour l'attribut http-equiv de l'élément <meta>

Attribut	Valeurs	Rôle
`refresh`	*`entier positif`*	Rafraîchissement de la page à intervalles réguliers exprimés en secondes.
`refresh`	*`entier positif;url=URL`*	Redirection vers l'adresse URL, après un délai exprimé en secondes.
`default-style`	valeur de l'attribut `title` d'un élément `<style>` ou `<link rel="stylesheet">`	Définit quel ensemble de style doit être appliqué par défaut, si celui-ci est nommé.
`content-type`	Pour la syntaxe HTML : `text/html;charset=code` d'encodage des caractères Pour la syntaxe XML : `text/html;charset=UTF-8`	Déclaration du type MIME et de l'encodage des caractères du document.

Exemples d'utilisation de <meta http-equiv>

```
<!-- Rafraîchissement de la page toutes les minutes -->
<meta http-equiv="refresh" content="60" />
```

```
<!-- Redirection vers une autre URL au bout de 5 secondes -->
<meta http-equiv="refresh" content="5;url=http://www.blup.fr" />

<!-- Déclaration de l'ensemble de style préféré -->
<style title="monstyle1"><!-- CSS --></style>
<meta http-equiv="default-style" content="monstyle1">

<!-- Déclaration de l'encodage des caractères -->
<meta http-equiv="content-type" content="text/html;charset=UTF-8">
```

Tableau 4–10 Propriétés de l'élément <meta>

Propriété	**Détails**
Modèles de contenu autorisés	Élément vide.
Parents autorisés	Tout élément pouvant contenir des éléments de métadonnées et `<noscript>` (sauf pour les valeurs `content-type` et `content-language`).
Omission de balise	Balise ouvrante obligatoire, pas de balise fermante.

Style par défaut	`meta {`
	`  display: none;`
	`}`

<link>

L'élément `<link>` représente une méta-information qui exprime des relations inter-documents. Son rôle est exprimé grâce à la valeur de l'attribut `rel`.

Tableau 4–11 Attributs spécifiques à <link>

Attribut	**Valeurs**	**Rôle**
`href`	URL	Adresse de la cible.
`hreflang`	code langue	Langue de base du document cible.
`rel`	`alternate, archives, author, first, help, icon, index, last, license, next, pingback, prefetch, prev, search, sidebar, stylesheet, tag, up`	Indique la relation existant entre le document courant et celui de la cible (valable uniquement si l'attribut `href` est précisé). (Ne sont pas autorisés contrairement à `<a>` : `bookmark, external, nofollow, noreferrer`) Pour une description précise des rôles joués par chacune des valeurs possibles de l'attribut `rel`, reportez-vous à l'avant-dernière section de ce chapitre « Relations des liens ».
`media`	`media query`	Spécifie une requête de média pour laquelle la cible est optimisée (voir l'annexe B en ligne sur les feuilles de style CSS).

Tableau 4–11 Attributs spécifiques à <link> (suite)

Attribut	Valeurs	Rôle
`type`	type MIME	Spécifie le type MIME de la cible, par exemple : `text/javascript` pour du code JavaScript ; `text/css` pour une feuille de style CSS.
`sizes` nouveau 5	`any` ou *hauteur* `x` *largeur*	Dans le cas d'une relation icône (`rel="icon"`), indique les dimensions de l'image en pixels. Plusieurs valeurs peuvent être indiquées, séparées par des espaces. Le terme `any` indique que l'image convient à plusieurs résolutions, par exemple lorsqu'elle est au format vectoriel SVG.

Exemples variés d'usage de <link>

```
<!-- Icône associée au document -->
<link rel="icon" href="icone.gif" type="image/gif" sizes="32x32">

<!-- Autre icône associée au document -->
<link rel="icon" href=icone.svg sizes="any" type="image/svg+xml">
<!-- Feuille de style pour l'affichage -->
<link rel="stylesheet" type="text/css" href="css/styles.css"
media="screen">

<!-- Feuille de style pour l'impression -->
<link rel="stylesheet" type="text/css" href="css/print.css"
media="print">

<!-- Flux de syndication -->
<link rel="alternate" type="application/rss+xml" href="flux.rss"
title="Actualités">

<!-- Licence d'utilisation (Creative Commons BY-NC 2.0) -->
<link rel="license" href="http://creativecommons.org/licenses/by-nc/
2.0/fr/">
```

Les applications de `<link>` sont ainsi multiples. Elles peuvent avoir une conséquence tant sur la présentation du document (`stylesheet`) que sur les ressources qui lui sont attachées (`icon`) et sur le comportement du navigateur vis-à-vis du réseau (`prefetch`).

Tableau 4–12 Propriétés de l'élément <link>

Propriété	Détails
Modèles de contenu autorisés	Élément vide.
Parents autorisés	Tout élément pouvant contenir des éléments de métadonnées et `<noscript>`.
Omission de balise	Balise ouvrante obligatoire, pas de balise fermante.

Tableau 4–12 Propriétés de l'élément <link> (suite)

Propriété	Détails

Style par défaut	`link {`
	`  display: none;`
	`}`

<style>

En complément d'une feuille de style externe – qui reste la solution la plus performante et la plus modulaire pour un site classique – l'élément `<style>` permet d'introduire des propriétés spécifiques au document courant. Son contenu doit exclusivement relever de la syntaxe des feuilles de style. Les propriétés seront appliquées au corps de la page et à ses descendants si ceux-ci satisfont aux sélecteurs CSS indiqués.

Tableau 4–13 Attributs spécifiques à <style>

Attribut	Valeurs	Rôle
`type`	type MIME	Type MIME d'un langage de style. Dans l'extrême majorité des cas, il s'agira de `text/css`.
`media`	media query	Spécifie une ou plusieurs requête(s) de média à laquelle l'instruction de style sera appliquée.
`scoped` <nouveau 5>	scoped	Indique que les instructions de style s'appliquent uniquement à l'élément parent qui contient la balise `<style>` ainsi qu'à ses descendants. Si cet attribut est absent, les propriétés CSS s'appliqueront à l'ensemble du document.

Par convention, la balise `<style>` figure dans l'en-tête du document et s'applique à l'ensemble de la page.

Exemple d'utilisation conventionnelle de <style>

```
<!doctype html>
<html lang="fr">

<head>
  <meta charset="utf-8">
  <title>Ma page sur les kiwis</title>
  <style type="text/css" media="screen">
  body {
    background:#EFECCA;
  }
```

```
  p {
    color:#78A419;
    font-size:2em;
    text-align:center;
    border:3px solid #B5E655;
    background:white;
    padding:1em;
    width:50%;
    margin:2em auto;
  }
  </style>
</head>

<body>
  <p>Ce paragraphe a du style !</p>
</body>

</html>
```

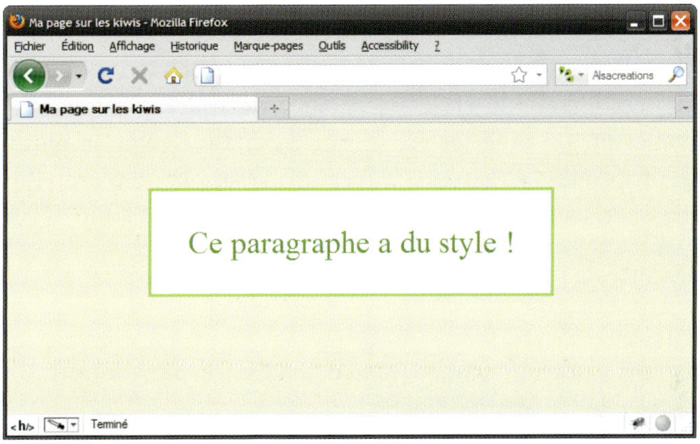

Figure 4–4
Application de styles

scoped <nouveau 5>

Il faut savoir que `<style>` est également permise dans les éléments `<div>`, `<noscript>`, `<section>`, `<article>` et `<aside>`. C'est dans cette situation que le nouvel attribut `scoped` démontre tout son intérêt pour rendre sa portée locale à l'élément qui la contient.

Utilisation de l'attribut scoped sur <style>

```
<div>
  <p>Ce paragraphe dispose du style par défaut.</p>
  <article>
    <style scoped>
    p { color: green; }
    </style>
    <p>Ce paragraphe sera vert.</p>
  </article>
</div>
```

Quel est l'intérêt ? Isoler de styles applicables à un contenu inséré depuis une source externe, ou généré par un CMS, mais qui ne doit pas influencer le style général de la page. C'est en quelque sorte, et sur le papier, une solution plus économe qu'une `<iframe>` et modulaire, ce qui est diablement pratique lorsqu'il s'agit d'embarquer des widgets externes possédant leur propre style, ou d'appliquer des effets spécifiques sur des parties de document construites par un CMS.

Malheureusement, la prise en charge de cet attribut est encore limitée et risquée : début 2013, Chrome tâtonne le terrain. Il faut donc s'en passer sous peine de casser très rapidement le style par défaut de toute une page, opter pour des artifices en JavaScript, ou préciser en amont de chaque règle le bloc parent auquel s'appliquent les propriétés. C'est une précaution supplémentaire, qui restreint la souplesse de `scoped` mais rend son utilisation possible à plus court terme.

Utilisation de l'attribut scoped sur <style> avec parent

```
<div>
  <p>Ce paragraphe dispose du style par défaut.</p>
  <article id="monparent">
    <style scoped>
    #monparent p { color: green; }
    </style>
    <p>Ce paragraphe sera vert.</p>
  </article>
</div>
```

Sachez qu'il est possible de court-circuiter la portée réduite en utilisant une déclaration `@global` en CSS.

> **RESSOURCE Scoped, en savoir plus**
>
> CSS Tricks : Saving the Day with Scoped CSS
>
> ▸ http://css-tricks.com/saving-the-day-with-scoped-css/

media < nouveau 5 >

L'attribut `media` spécifie une ou plusieurs requête(s) de média *(media query)* pour laquelle l'instruction de style sera appliquée (voir l'annexe B en ligne sur les feuilles de style CSS).

Exemples d'utilisation de l'attribut media

```
<!-- Styles pour l'affichage -->
<style media="screen">
/* ... instructions CSS ... */
</style>

<!-- Feuille de style pour l'impression -->
<style media="print">
/* ... instructions CSS ... */
</style>

<!-- Feuille de style pour l'affichage sur écran de largeur inférieure à 640px -->
<style media="screen and (max-width:640px)">
/* ... instructions CSS ... */
</style>
```

Tableau 4–14 Propriétés de l'élément <style>

Propriété	Détails
Modèles de contenu autorisés	Données texte (instructions CSS).
Parents autorisés	Tout élément pouvant contenir des éléments de métadonnées, `<div>`, `<noscript>`, `<section>`, `<article>`, `<aside>`.
Omission de balise	Balises ouvrante et fermante obligatoires.

Style par défaut	`style {`
	`  display: none;`
	`}`

<base>

L'unique élément `<base>` situé dans la section `<head>` représente une *base* commune pour tous les éléments du document. Il est bien entendu facultatif.

On précise soit l'un ou l'autre de ses deux attributs, soit les deux en même temps. Afin de le rendre actif pour toutes les ressources, il est conseillé de le placer en tant que tout premier élément dans `<head>`, car les suivants utiliseront son information.

Tableau 4–15 Attributs spécifiques à <base>

Attribut	Valeurs	Rôle
`href`	URL	Indique l'adresse à utiliser comme base de référence (préfixe) pour tous les hyperliens du document.

Tableau 4–15 Attributs spécifiques à <base> (suite)

Attribut	Valeurs	Rôle

`target`
<nouveau 5>
	`_blank`
	`_parent`
	`_self`
	`_top`
	nom d'un élément de type iframe (attribut `name`)
		Cible par défaut pour l'ouverture de tous les liens de la page. Cette indication générale peut être contournée individuellement en utilisant un attribut `target` dans tout lien.

href

L'élément `<base>` sert d'adresse de référence pour tous les liens relatifs mentionnés dans le code HTML (que ce soient des liens avec l'attribut `href`, ou des images avec l'attribut `src`, etc.).

target

L'élément `<base>` définit un contexte de navigation commun pour l'ouverture des liens.

Il s'agit d'un élément vide qui consiste en une seule balise (pas de balise fermante).

Tableau 4–16 Propriétés de l'élément <base>

Propriété	Détails
Modèles de contenu autorisés	Élément vide.
Parents autorisés	`<head>`
Omission de balise	Balise ouvrante obligatoire, pas de balise fermante.

<body>

Après tous les éléments susceptibles d'être contenus dans l'en-tête du document, ce dernier prend fin avec une balise fermante `</head>`, et l'on passe au corps proprement dit de la page HTML.

Exemple d'utilisation de <body>

```
<!DOCTYPE html>
<html lang="fr">

<head>
  <meta charset="utf-8">
<title>Ma page sur les kiwis</title>
</head>
```

```
<body>
  <p>Ceci est ma première page HTML5.</p>
</body>

</html>
```

Ce corps est intégralement contenu entre <body> et </body>. On y retrouve toutes les autres balises décrites dans la suite de cet ouvrage. La seule balise susceptible de figurer après cet élément est </html> pour clore totalement le document.

Tableau 4–17 Propriétés de l'élément <body>

Propriété	Détails
Modèles de contenu autorisés	Contenu de flux.
Parents autorisés	<html>
Omission de balise	La balise ouvrante peut être omise si le premier contenu n'est pas un commentaire ou une espace, sauf s'il s'agit de <script> ou <style>. La balise fermante peut être omise si cet élément n'est pas immédiatement suivi par un commentaire, et s'il n'est pas vide ou que sa balise ouvrante n'a pas été omise.

Style par défaut	`body {`
	`  display: block;`
	`  margin: 8px;`
	`}`
	`body:focus {`
	`  outline: none;`
	`}`

Groupement

Les balises de groupement sont avant tout destinées à en grouper d'autres. Truisme.

<div>

Conteneur générique par excellence, <div> représente une division de document. D'un point de vue sémantique, il n'a aucune valeur et n'est voué qu'à regrouper des éléments ayant des propriétés communes.

Exemple d'utilisation de <div>

```
<div>
  <p>Un paragraphe</p>
  <img src="orange.jpg" alt="Une photo d'orange">
  <p>Un autre paragraphe</p>
</div>
```

Ces propriétés peuvent être de nature graphique (un rassemblement d'éléments dans un conteneur possédant un attribut `class` spécifique, pour positionner l'ensemble grâce aux feuilles de style et leur affecter des propriétés CSS individuellement), ou relever d'attributs partagés tels que `lang` ainsi appliqué à `<div>` et tous ses enfants.

Exemple d'utilisation de <div>

```
<div lang="fr" class="introduction">
  <p>Paragraphe d'introduction</p>
</div>
<div class="suite">
  <p>Un autre paragraphe</p>
</div>
```

Neutre en termes d'apparence par défaut hormis son affichage en bloc, l'élément `<div>` est ainsi très couramment employé pour en regrouper d'autres. Néanmoins, il faut éviter la *divite*, syndrome d'un usage excessif d'éléments `<div>` même lorsque ce n'est pas nécessaire ou que d'autres éléments sont plus appropriés (`<p>`, `<article>`, `<header>`, `<footer>`...). C'est pourquoi `<div>` doit être considéré dans l'absolu comme un élément de dernier recours.

Il ne faut pas non plus le voir comme interchangeable avec `<p>`, selon que l'on veuille appliquer des marges – conférées par le style par défaut appliqué par le navigateur – entre blocs successifs ou non. Une « division » peut grouper quasiment tous les types d'éléments ainsi que d'autres `<div>`, tandis qu'un paragraphe est uniquement destiné à abriter du texte et des éléments de phrasé, mais pas d'autre paragraphe.

Tableau 4–18 Propriétés de l'élément <div>

Propriété	Détails
Modèles de contenu autorisés	Zéro ou plusieurs éléments `<style>`, suivis de contenu de flux.
Parents autorisés	Tout élément pouvant contenir des éléments de flux.
Omission de balise	Balises ouvrante et fermante obligatoires.

Style par défaut	`div {`
	`  display: block;`
	`}`

<span>

À la différence de `<div>`, un conteneur `<span>` est spécifiquement dédié au contenu phrasé. En revanche, tout comme lui, il ne possède pas de sens particulier d'un point de vue sémantique.

Il peut être utilisé également pour grouper des éléments ou une portion de texte à des fins d'affectation de styles (par exemple en utilisant les attributs `id` ou `class`) ou de partage d'attributs.

Exemple d'utilisation de <span>

```
<p>HTML signifie <span lang="en">Hypertext Markup Language</span> en
anglais.</p>
```

Tout comme `<div>`, `<span>` doit en théorie n'être utilisé qu'en dernier recours lorsqu'il n'existe aucun autre élément plus approprié.

Il ne possède pas de style par défaut, et reste lui-même un élément de type en ligne. On ne peut donc y placer d'éléments de type bloc.

Tableau 4–19 Propriétés de l'élément <span>

Propriété	Détails
Modèles de contenu autorisés	Contenu phrasé.
Parents autorisés	Tout élément pouvant contenir des éléments de phrasé.
Omission de balise	Balises ouvrante et fermante obligatoires.

Liens

<a>

C'est le H de HTML, mais contrairement au H de Hawaï, il n'est pas inutile pour surfer. C'est la clé de voûte de la dimension hypertexte. L'élément `<a>` (*anchor* en anglais ou ancre) est un hyperlien.

L'activer – cliquer dessus dans la plupart des cas – signifie au navigateur que l'on souhaite changer d'adresse de navigation et consulter une autre ressource. Ce fondement même des principes du Web n'est pas très complexe à mettre en œuvre. Il convient en général de savoir écrire l'adresse de destination dans l'attribut `href`, éventuellement complété par des renseignements précisés dans les autres attributs.

```
<p>Pour fouiller dans les archives du Web, consultez <a href="http://
web.archive.org/">Internet Archive : Wayback Machine</a> ou le très
éminent <a href="http://www.azerty0.ironie.org/">azerty0</a>.</p>
```

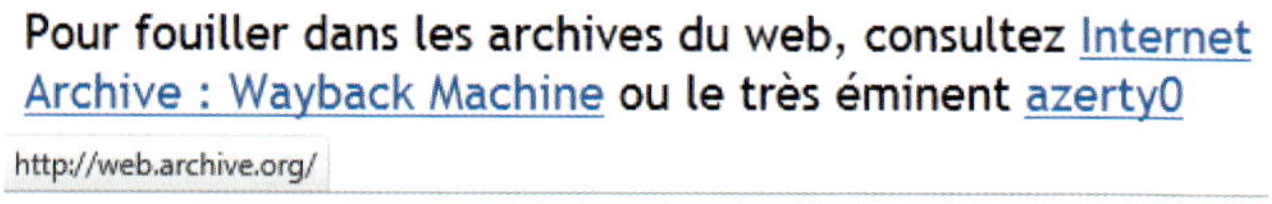

Figure 4–5
Apparence des liens par défaut

Tableau 4–20 Attributs spécifiques à <a>

Attribut	Valeurs	Rôle
`href`	URL	Cible du lien.
`hreflang`	code de langue	Langage de base de la cible du lien.
`media` nouveau 5	media query	Spécifie une requête de média pour laquelle la cible est optimisée (voir l'annexe B en ligne sur les feuilles de style CSS).
`rel`	`alternate`, `archives`, `author`, `bookmark`, `external`, `first`, `help`, `index`, `last`, `license`, `nextnofollow`, `noreferrer`, `prefetch` `prev`, `search`, `sidebar`, `tag`, `up`	Spécifie la relation établie par le lien, entre le document courant et la cible. Plusieurs valeurs peuvent être combinées, séparées par des espaces. (Ne sont pas autorisés contrairement à `<link>` : `icon`, `pingback`, `stylesheet`)
`target`	`_blank`, `_parent`, `_self`, `_top` *nom d'un élément de type iframe (attribut name)*	Attribue un contexte de navigation dans lequel suivre le lien.
`type` nouveau 5	type MIME	Le type MIME de la destination du lien.
`download` nouveau 5	nom du fichier après téléchargement ou (vide)	Indique que la ressource liée est prévue pour être téléchargée. Si une valeur est donnée à l'attribut, elle représente le nom du fichier après téléchargement.

href et hreflang

L'attribut `href` est bien sûr le plus important puisque c'est lui qui détermine la cible du lien, c'est-à-dire l'adresse du document que le navigateur chargera et interprétera. Il peut s'agir d'un lien classique vers une autre page HTML, vers un fichier média que le navigateur peut interpréter nativement ou à l'aide d'une extension (par exemple une image, un document PDF), ou encore vers un fichier que le navigateur proposera de télécharger.

```
<!-- Lien vers une autre page html -->
<a href="contact.html">Contactez-nous</a>

<!-- Lien vers une image -->
<a href="maphoto.jpg">Admirez ma photo</a>
```

Le lien peut être *absolu*, c'est-à-dire formuler une adresse complète, notamment dans le cas d'un lien menant vers un autre site hébergé sur un autre nom de domaine. Il peut être aussi *relatif*, si l'on souhaite se baser sur l'adresse courante – affichée dans la barre d'adresses – et faire référence à un document stocké au même niveau, ou dans un niveau différent (sous-répertoire, répertoire parent, répertoire racine).

```
<!-- Lien relatif vers une page de contact, hébergée dans le même niveau
d'arborescence -->
<a href="contact.html">Contactez-nous</a>

<!-- Lien relatif vers un fichier dans le sous-répertoire images (par
rapport au document courant) -->
<a href="images/schema.png">Voir l'illustration</a>

<!-- Lien relatif vers une page hébergée dans le répertoire parent (un
niveau au-dessus du document courant) -->
<a href="../categorie.html">Revenir à la catégorie</a>

<!-- Lien absolu vers une page hébergée à la racine du site -->
<a href="/mentions.html">Mentions légales</a>

<!-- Lien absolu vers la racine du site -->
<a href="/">Accueil du site</a>
```

Dans tous les cas, s'il ne s'agit pas d'un lien relatif au site, on précisera le protocole (http://, ftp://, etc.)

```
<!-- Lien externe ou absolu -->
<a href="http://www.blup.fr/"></a>
```

… ou bien `mailto:` pour une adresse e-mail. Il incombera au navigateur et au système d'exploitation de lancer l'application de messagerie installée pour prendre en charge ce lien et proposer une fenêtre de rédaction.

```
<!-- Lien pour adresse e-mail -->
<a href="mailto:james@bond.com"></a>
```

L'attribut `hreflang` précise la langue de destination et peut permettre à l'utilisateur de savoir par avance s'il pourra comprendre l'idiome utilisé.

Exemple d'usage de l'attribut hreflang

```
<!-- Lien vers la version de Wikipédia en langue anglaise -->
<a href="http://en.wikipedia.org" hreflang="en">Wikipedia</a>
```

Par défaut, il n'est pas signalé visuellement, mais une petite astuce en CSS permet d'afficher sa valeur entre parenthèses à la suite du lien, grâce à la pseudo-classe :`after`.

Afficher la valeur d'hreflang après un lien avec CSS

```
a[hreflang]:after {
  content: " (" attr(hreflang) ") ";
}
```

rel

Les relations des liens vers les autres ressources sont exprimées par l'attribut `rel`.

Exemple de navigation sous forme de fil d'Ariane avec relations

```
<nav>
  <p>
    <a href="/" rel="index up up">Accueil</a> &gt;
    <a href="/categorie/" rel="up">Niveau supérieur</a> &gt;
    Page courante
  </p>
</nav>
```

Pour une description précise des rôles joués par chacune des valeurs possibles de l'attribut `rel`, reportez-vous en fin de chapitre à la section « Relations des liens ».

id et ancres

L'attribut `name` est désormais obsolète avec HTML 5 et doit être remplacé par `id` pour nommer l'ancre, comme pour tous les autres éléments.

Une ancre, aussi nommée *hash* en anglais, permet d'affiner l'écriture d'un lien pour cibler directement une portion de document (par exemple `div`, `section`) désignée par son identifiant unique `id`. Elle figure dans l'URL à la fin de l'adresse du document, concaténée à celui-ci par un signe dièse « # ».

L'agent utilisateur sera chargé d'accéder directement à l'élément désigné par cet `id`, ce qui se traduit par un défilement automatique vers la portion concernée dans les navigateurs graphiques (si le document est assez long pour engendrer un défilement vertical ou horizontal dans la zone d'affichage).

La cible peut se situer sur le document courant :

```
<!-- Lien vers l'ancre #contact -->
<a href="#contact">Accédez directement au formulaire de contact</a>
```

Ou bien à une autre adresse :

```
<!-- Lien vers l'ancre #contact -->
<a href="mentions.html#contact">Accédez directement au formulaire de
contact</a>
```

Une ancre sans nom désigne le haut de la page :

```
<!-- Lien vers le début du document -->
<a href="#">Haut de page</a>
```

target

L'attribut `target` quant à lui, était déprécié dans la précédente version de HTML, mais fait un retour en force, car particulièrement utile pour l'élément `iframe`. Il peut prendre les valeurs suivantes :

- `_blank` : initialise un nouveau contexte de navigation (dans la plupart des cas, l'agent utilisateur ouvre une nouvelle fenêtre ou un nouvel onglet).
- `_parent` : le lien est suivi dans le contexte parent de l'élément `iframe` qui contient le lien, ou dans le contexte courant s'il n'est pas contenu dans un document imbriqué.
- `_self` : le lien est suivi dans le contexte courant (par exemple l'`iframe`) ce qui correspond au comportement par défaut et ne nécessite normalement pas d'être précisé.
- `_top` : le lien est suivi dans le contexte de plus haut niveau remplaçant tout éventuel contexte parent.
- Ou bien le nom (valeur de l'attribut `name`) d'un élément `iframe` présent sur la page.

Dans les précédentes versions de HTML, on limitait le contenu autorisé d'un lien à du texte, des images et divers types de balises en ligne. Il n'était pas toléré de placer un bloc `<h1>` ou un paragraphe `<p>`.

Tableau 4–21 Propriétés de l'élément <a>

Propriété	Détails
Modèles de contenu autorisés	Contenu de flux et de phrasé.
Parents autorisés	Tout élément pouvant contenir des éléments de flux ou de phrasé.
Interdictions	Ne doit pas être enfant d'un autre élément `a` ni d'un élément `button`.
Omission de balise	Balises ouvrante et fermante obligatoires.

Tableau 4–21 Propriétés de l'élément <a> (suite)

Propriété	Détails

Style par défaut	`a:link, a:visited {`
	`  color: valeur interne;`
	`  text-decoration: underline;`
	`  cursor: auto;`
	`}`
	`a:link:active, a:visited:active {`
	`  color: valeur interne;`
	`}`

download

Ce nouvel attribut (mentionné côté WhatWG mais non W3C) est prévu pour les nombreux liens menant vers des fichiers à télécharger. Il effectue donc la distinction entre une ressource disponible pour la navigation (une autre page HTML à ouvrir dans la même fenêtre) et une ressource destinée à être téléchargée (un programme, un document dans un format binaire, etc.).

```
<a href="/telecharger.php" download="Installation.exe">Télécharger la
version d'installation</a>
```

Sa valeur peut contenir une suggestion sur le nom du fichier à sauvegarder, qui peut être différent de celui stocké sur le serveur. Cette fonction est particulièrement utile avec les URL du type `blob:` ou `filesystem:`, ou encore lorsqu'un script génère le fichier dynamiquement et que le navigateur ne parvient pas à en déterminer la bonne extension. Toutefois, cette valeur peut être redéfinie par l'en-tête HTTP `Content-Disposition` et son paramètre `filename`.

```
<?php
header("Content-Disposition: attachment; filename=Installation.exe");
header("Content-Type:application/octetstream");
header("Content-Length: 1337");
?>
```

La prise en charge de l'attribut `download` reste modeste et n'est attendue qu'à partir de Chrome 14.

ping

La spécification HTML du WhatWG prévoit l'attribut `ping` pour stocker une liste d'URL séparées par des espaces. Ces adresses sont destinées à être interrogées par le navigateur, pour recevoir une notification lorsque l'utilisateur suit le lien. Ainsi, des outils de statistiques peuvent être mis en place sans passer par des phases de redirection (en examinant les en-têtes HTTP `Ping-From`, `Ping-To` et `Referer`), mais le navigateur doit l'indiquer à l'utilisateur et lui permettre de désactiver cette fonctionnalité. Les implémentations sont encore rares à l'heure actuelle, en-dehors de WebKit qui le désactive par défaut pour des raisons de confidentialité.

Liens et blocs

À partir de HTML 5, un lien **peut contenir des balises de niveau bloc**. C'est utile lorsqu'une portion de document est constituée d'éléments variés (par exemple un titre, une illustration, un court extrait de texte) devant tous mener à la même ressource. Auparavant, un lien ne pouvait englober de tels éléments, car étant lui-même de type en ligne.

Avant HTML 5

```
<h3><a href="article-1337.html">Kiwi Party, le programme officiel</a></
h3>
<p><a href="article-1337.html"><img src="kiwiparty.png" alt="">
Connaissez-vous beaucoup de sessions de conférences web gratuites, où
l'on peut assister à des présentations de qualité, exposées par des
orateurs experts, suivies d'une soirée dans un bar, et le tout dans une
ambiance détendue ?</a></p>
<p><a href="article-1337.html">Lire la suite</a></p>
```

Cela permet d'accroître la surface cliquable, et d'éviter la duplication inutile de liens menant vers une même adresse, soit une bonne pratique de plus pour l'accessibilité.

Avec HTML 5 et les liens de niveau bloc

```
<a href="article-1337.html">
  <h3>Kiwi Party, le programme officiel</h3>
  <p><img src="kiwiparty.png" alt=""> Connaissez-vous beaucoup de
sessions de conférences web gratuites, où l'on peut assister à des
présentations de qualité, exposées par des orateurs experts, suivies
d'une soirée dans un bar, et le tout dans une ambiance détendue ?</p>
  <p>Lire la suite</p>
</a>
```

Cette technique est « quasiment » rétrocompatible puisque les navigateurs l'ont tolérée avec HTML 4 et XHTML 1.0, n'ayant eu aucune raison de l'interdire. Un bogue subsiste néanmoins avec le moteur de rendu Gecko de Mozilla jusqu'à Firefox 3.6 si l'on place un nouvel élément structurel HTML 5 (par exemple `section`, `hgroup`, etc.) directement en tant que premier enfant d'un tel lien. L'analyseur syntaxique clôt prématurément le bloc. Cela peut être résolu en emballant ce même contenu dans un élément plus classique tel que `<div>`.

Sections et titres

Les sections délimitent les zones du document possédant une valeur sémantique particulière. Contrairement à `<div>` et `<span>` qui n'ont aucun rôle particulier, hormis celui de regrouper des éléments, chaque section possède un rôle précis, et peut être utilisée une à plusieurs fois dans le document. À l'exception de `<address>` qui est présenté ultérieurement, il s'agit de nouveautés HTML 5.

Tableau 4–22 Nouveaux éléments de section HTML 5

Nom	Détails
section	Section générique, regroupant une même thématique de contenu, de préférence avec un en-tête.
article	Section de contenu dans un document ou une application web, dont la composition peut être indépendante du reste de la page et extraite individuellement.
nav	Section abritant des liens de navigation majeurs, permettant de naviguer au sein du document ou vers d'autres pages.
aside	Section dont le contenu est tangentiellement lié à ce qui l'entoure, et qui peut être considérée comme séparé de ce contenu.
header	Section d'introduction (d'un document, d'une autre section, d'un article) pouvant contenir – selon le contexte – titres, navigation, formulaire de recherche, table des matières, logo, etc.
footer	Pied de page, de section ou d'article – selon son plus proche ancêtre – pouvant contenir des informations connexes et une navigation annexe.

Ces balises répondent à des besoins précis de structuration du document. Jusqu'à HTML 5, l'élément `<div>` est le bloc le plus générique qui soit, et surexploité pour découper les différentes zones d'une page web. On lui adjoint des attributs `id` ou `class` avec des noms plus ou moins évocateurs pour distinguer celui qui contient la navigation de celui qui contient le pied de page ou de celui qui contient les informations contextuelles, et ainsi de suite pour chacun des groupes d'éléments.

Code probable pour HTML 4

```
<!DOCTYPE html PUBLIC "-//W3C//DTD HTML 4.01//EN"
   "http://www.w3.org/TR/html4/strict.dtd">
<html>
<head>
  <title>Ma structure complète en HTML 4</title>
  <meta http-equiv="Content-Type" content="text/html; charset=utf-8">
</head>
<body>

<!-- Début -->
<div id="header">
```

```
  <div id="nav"></div>
</div>
<div id="content">
  <div class="article"></div>
  <div class="article"></div>
  <div class="article"></div>
</div>
<div id="aside"></div>
<div id="footer"></div>
<!-- Fin -->

</body>
</html>
```

Figure 4–6
Structure imaginaire d'un document HTML

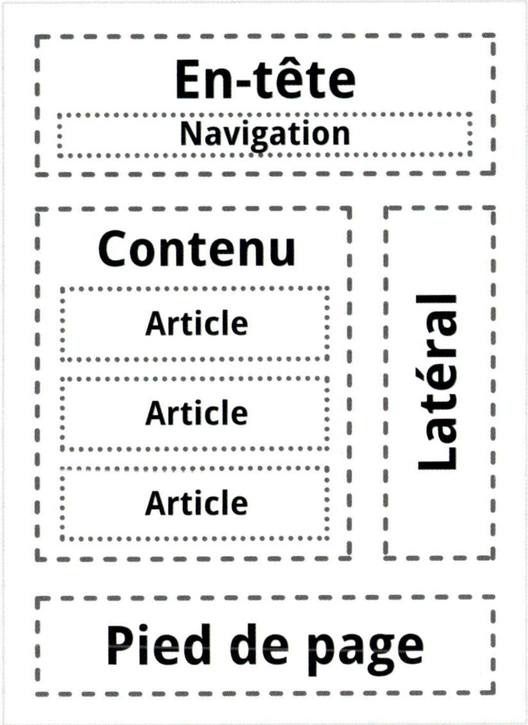

La popularité de <div> provient de sa neutralité sémantique à l'échelle du document, et par l'absence de style par défaut. C'est un élément de structure « à tout faire ». Cependant, cette neutralité est aussi un inconvénient majeur d'un point de vue sémantique : il n'est pas possible pour un agent utilisateur de distinguer les usages qui sont faits de cette découpe, car il n'existe aucune convention de nommage des attributs, ni aucune recommandation pour l'appliquer. Un robot pourra difficilement distinguer un élément `<div>` contenant les principaux liens de navigation du site, d'une liste de ressources externes figurant dans un article de blog.

HTML 5 introduit en quelque sorte les « div spécialisés », possédant chacun une vocation propre et un **sens**. Par chance – ou clairvoyance du HTML Working Group – leur nom est suffisamment explicite pour se les approprier rapidement. En suivant l'exemple précédent, l'adaptation d'une structure globale avec les nouveaux éléments HTML 5 pourrait ressembler à ceci :

Code probable pour HTML 5

```
<!doctype html>
<html lang="fr">
<head>
  <title>Ma structure complète en HTML5</title>
  <meta charset="utf-8">
</head>
<body>

<!-- Début -->
<header>
  <nav></nav>
</header>
<section>
  <article></article>
  <article></article>
  <article></article>
</section>
<aside></aside>
<footer></footer>
<!-- Fin -->

</body>
</html>
```

Les avantages sont évidents : le code source est plus clair, les différentes parties composant un document sont clairement identifiées. En accroissant la valeur sémantique, on augmente aussi les possibilités d'analyse du contenu et de référencement.

Pour vous guider dans le choix de ces nouveaux éléments, le site html5doctor a publié un intéressant diagramme, baptisé HTML5 Element Flowchart.

RESSOURCE HTML5 Element Flowchart

Télécharger le diagramme dans les ressources HTML5Doctor

▸ http://html5doctor.com/resources/

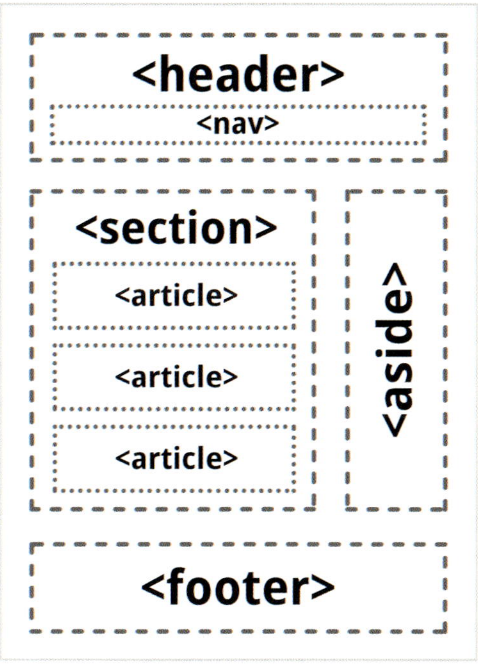

Figure 4–7
Structure imaginaire d'un document HTML 5

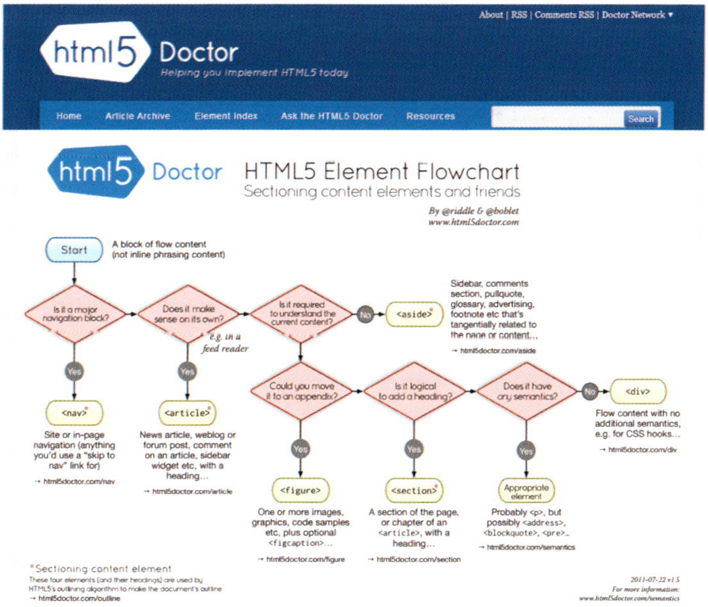

Figure 4–8
Aide à la décision

Le cas Internet Explorer

Ces nouveaux éléments se calquent sur les propriétés de style de `<div>`, c'est-à-dire un affichage en bloc par défaut, sans autre artifice, ce qui convient tout à fait à leur vocation.

C'est en revanche un inconvénient de taille pour Internet Explorer jusqu'à sa version 8 incluse qui ne reconnaît aucun d'entre eux, ne les considère pas comme des éléments (qu'ils soient de type bloc ou non), et ne permet même pas de leur affecter une quelconque propriété de style pour leur conférer un aspect de bloc. De ce fait, une page structurée avec leur concours risque d'être dégradée à l'affichage pour Internet Explorer en deçà de la version 9.

Zoom sur un test des éléments de section HTML 5 avec IE8

```
<header>header
  <nav>nav</nav>
</header>
<section>section
  <article>article</article>
  <article>article</article>
  <article>article</article>
</section>
<aside>aside</aside>
<footer>footer</footer>
```

Figure 4–9
Apparence par défaut sur Internet Explorer 8

Des astuces existent cependant pour pallier ce manque. Premièrement, avec JavaScript et la fonction `document.createElement` qui, placée dans `<head>`, déclare un élément au préalable et permet de l'insérer de manière correcte dans le DOM pour pouvoir le « styler ». Sans cela, toute occurrence d'un élément inconnu est ajoutée en tant que descendant, sans enfant, de l'élément `<body>`.

Déclaration d'éléments HTML 5 en JavaScript pour Internet Explorer <9

```
<script>
document.createElement("header");
document.createElement("footer");
document.createElement("section");
document.createElement("aside");
document.createElement("nav");
document.createElement("article");
document.createElement("figure");
document.createElement("figcaption");
document.createElement("hgroup");
document.createElement("time");
</script>
```

Placées dans un fichier externe, ces instructions peuvent être appelées spécifiquement pour les navigateurs Internet Explorer inférieurs à la version 9 avec un commentaire conditionnel :

Inclusion depuis un fichier JavaScript externe nommé html5ie.js

```
<!--[if lt IE 9]><script src="html5ie.js"></script><![endif]-->
```

L'appel doit se faire avant toute utilisation des éléments en question, soit dans la partie `<head>` du document. Cette astuce est exploitée au mieux par le script html5shim (ou html5shiv) qui regroupe d'autres petites améliorations pratiques, et qui est disponible depuis Google Code :

Inclusion de html5shim depuis Google Code

```
<!--[if lt IE 9]>
<script src="http://html5shim.googlecode.com/svn/trunk/html5.js">
</script>
<![endif]-->
```

Il faudra adjoindre les déclarations de style souhaitées pour ces éléments, soit :

Style CSS par défaut des principaux éléments de section HTML 5

```
header, section, article, nav, footer, aside, menu, hgroup, figure,
figcaption {
  display:block;
}
```

L'exemple suivant regroupe toutes ces recommandations ainsi que trois propriétés de style complémentaires (`border`, `margin`, `padding`) pour mieux visualiser l'imbrication.

Exemple complet avec blocs stylés pour Internet Explorer <9

```
<!doctype html>
<body lang="fr">
<head>
<title>Test médiéval</title>
<meta charset="utf-8">

<style>
header, section, article, nav, footer, aside, hgroup {
  display:block;
  border:2px dashed #aaa;
  margin:3px;
  padding:3px;
}
</style>

<!--[if lt IE 9]>
<script src="http://html5shim.googlecode.com/svn/trunk/html5.js">
</script>
<![endif]-->

</head>
<header>header
  <nav>nav</nav>
</header>
<section>section
  <article>article</article>
  <article>article</article>
  <article>article</article>
</section>
<aside>aside</aside>
<footer>footer</footer>

</html>
```

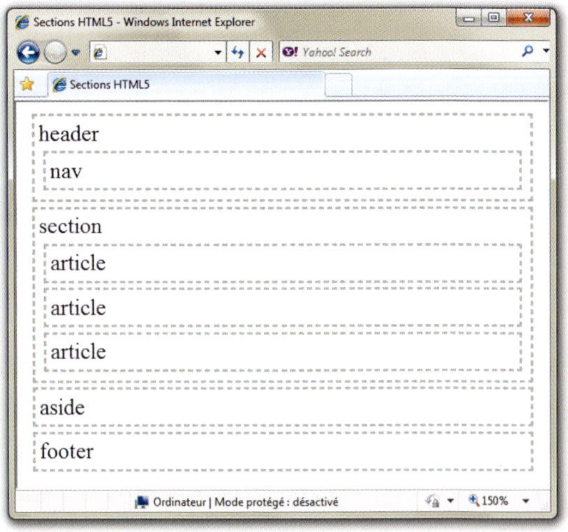

Figure 4–10
Apparence sur Internet Explorer 8

Le cas Internet Explorer sans JavaScript

Une deuxième alternative existe, via l'utilisation d'espaces de noms (ou *namespaces*) HTML. Ce principe permet de placer les éléments HTML 5 dans leur propre *namespace*. Dans cette optique, l'attribut `xmlns` est sollicité sur la racine html. L'ensemble permet aussi d'affecter des propriétés de style, avec l'inconvénient majeur cependant de devoir faire appel à une syntaxe XML plus lourde et plus contraignante, comme nous l'avons vu en début d'ouvrage. De plus, un document HTML 5 – et non XHTML 5 – ne sera pas formellement valide s'il exploite cette astuce.

Exemple de l'élément section dans l'espace de noms html5

```
<!DOCTYPE html>
<html xmlns="http://www.w3.org/1999/xhtml" xmlns:html5="http://
www.w3.org/1999/xhtml">
<head>
<title>Namespace HTML5 pour IE</title>
<style>
html5\:section {
  display:block;
}
</style>
</head>
  <body>
    <html5:section>
    <!-- Contenu de la section... -->
    </html5:section>
  </body>
</html>
```

Au niveau de la feuille de style, un sélecteur approprié doit être utilisé, en échappant les deux-points avec un antislash. L'échappement consiste à insérer un caractère en amont pour éviter la mauvaise interprétation du signe suivant.

Propriété CSS relative à section dans l'espace de noms html5

```
html5\:section {
  display:block;
}
```

RESSOURCES Sections HTML 5 dans Internet Explorer sans JavaScript

HTML5 elements in Internet Explorer without Javascript, par Elco Klingen

▸ http://www.debeterevormgever.nl/html5-ie-without-javascript/

Une ancienne expérimentation de Dean Edwards sur l'élément abbr

▸ http://dean.edwards.name/my/abbr-cadabra.html

Le cas Internet Explorer sans JavaScript, bis

La troisième astuce se limite à Internet Explorer dans sa version 8. La syntaxe globale est moins contraignante puisque cette fois le *namespace* peut être attribué à un ancêtre commun, via un commentaire conditionnel, ce qui le rend inoffensif pour tous les autres navigateurs. Le principe se fonde sur la possibilité d'appliquer une classe de style, une fois l'élément « reconnu » par cette astuce.

Utilisation d'un namespace spécifique pour IE8

```
<!DOCTYPE html>
<html>
<head>
  <title>Namespace pour IE8</title>
<style>
.section, .article {
  display: block;
}
</style>
</head>
<body>
  <!--[if IE 8]><ie xmlns="html5"><![endif]-->
  <section class="section">
  <!-- Contenu de la section... -->
  </section>
  <article class="article">
  <!-- Contenu de l'article... -->
  </article>
  <!--[if IE 8]></ie><![endif]-->
</body>
</html>
```

L'inconvénient évident est celui de l'absence totale de support pour les versions plus anciennes. L'abandon des versions médiévales d'Internet Explorer est véritablement le Saint Graal des développeurs HTML 5.

> **RESSOURCES Sections HTML 5 dans Internet Explorer sans JavaScript**
>
> Une expérimentation suivant une autre piste pour Internet Explorer 8
>
> ▸ http://www.webstack.co.uk/html5_without_javascript_ie8/

<section> ‹nouveau 5›

Élément fondamental de la nouvelle approche de découpe sémantique des documents, <section> regroupe un contenu relatif à une même thématique ou une même fonctionnalité. Il peut être introduit par des éléments de titraille (<header>, <hgroup>, <h1> à <h6>, etc.) pour structurer le document.

Ses cas d'utilisation sont multiples, cependant il ne faut pas le surexploiter : ce n'est pas un remplaçant de <div> en HTML 5, mais bien un élément spécialisé. On peut l'envisager pour scinder un document en plusieurs chapitres, pour découper un contenu présenté dans différents onglets ou différentes vues, voire pour délimiter les thématiques d'un élément <article>.

Il faut l'éviter si l'objectif est uniquement de l'utiliser pour affecter un style ou appliquer un script ; si d'autres éléments sont plus appropriés (particulièrement <article>, <aside>, <nav>, <header>, <footer> et <div> en dernier recours).

Exemple d'usage de <section> englobant des articles

```
<section>

  <h1>Articles</h1>

  <article>
    <h2>Titre de l'article</h2>
    <p>Contenu de l'article</p>
  </article>

  <article>
    <h2>Titre de l'article</h2>
    <p>Contenu de l'article</p>
  </article>

  <article>
    <h2>Titre de l'article</h2>
    <p>Contenu de l'article</p>
  </article>

</section>
```

Dans ce cas de figure, l'élément <section> regroupe un ensemble d'articles.

Exemple d'usage de <section> dans un article

```
<article>

  <h1>Les couleurs</h1>
  <p>Ce sont des perceptions visuelles subjectives dépendant de la
fréquence des ondes lumineuses.</p>

  <section>
    <h2>Le rouge</h2>
    <p>Couleur primaire, le rouge excite le plus l'œil humain après le
jaune.</p>
  </section>
```

```
  <section>
    <h2>Le vert</h2>
    <p>Menthe à l'eau ou grenouille, le vert est souvent associé à la
nature.</p>
  </section>

</article>
```

Dans cet autre exemple, l'élément `<section>` joue le rôle de division thématique dans un même article.

Il est important de noter que quel que soit son usage, `<section>` est un bloc de contenu appartenant à une même thématique, tandis que `<div>` est uniquement un bloc de contenu sans relation particulière. Arbitrer en faveur de l'un ou l'autre n'est pas très compliqué, il suffit de déterminer si une certaine cohérence répondant à une logique sémantique est respectée – par exemple si l'on peut les réunir sous le même titre – ou bien si leur regroupement est un hasard dans la succession des éléments, dans la mise en pages.

En revanche, si le contenu peut être dissocié du document, voire lu de manière indépendante dans un agrégateur de flux (RSS, Atom), l'élément `<article>` est tout indiqué. Il s'agit justement du prochain élément abordé.

Tableau 4–23 Propriétés de l'élément <section>

Propriété	Détails
Modèles de contenu autorisés	Zéro ou plusieurs éléments `<style>`, suivis de contenu de flux.
Parents autorisés	Tout élément pouvant contenir des éléments de flux, sauf `<address>`.
Omission de balise	Balises ouvrante et fermante obligatoires.
Style par défaut	`section { display: block; }`

<article> <nouveau 5>

L'élément `<article>` est une spécialisation de `<section>`. Il possède une plus forte valeur sémantique, et pour cela il faut le considérer comme une portion de document qui se suffit à elle-même, par exemple une entrée distincte parmi d'autres (une actualité, une fiche d'informations, etc.). On peut extraire son contenu, éventuellement le syndiquer, sans que celui-ci perde son sens.

Bien sûr, il ne faut pas s'arrêter simplement au terme « article », bien que cette désignation puisse représenter la plupart des cas d'utilisation sur un réseau véhiculant en majorité des « articles » de presse, des « articles » de blogs, de sites d'actualités ou d'outils variés de publication en ligne. Une partie quasi indépendante d'un document peut aussi consister en une intervention d'un membre sur un forum, ou un commentaire écrit par un visiteur sur un blog. D'ailleurs, on considère qu'un `<article>` dans un `<article>` est un commentaire publié au sujet du premier.

Exemple d'usage de <article>

```
<article>
  <h1>Titre de l'article</h1>
  <p>Contenu de l'article...</p>
</article>
```

Étant donné le caractère souhaité autonome de cet élément vis-à-vis de ce qui l'entoure, il est tout à fait possible d'utiliser une balise `<header>` pour l'introduire et `<footer>` pour lui affecter un « pied d'article », voire de le découper en plusieurs parties via `<section>`.

Exemple d'usage de <article> avancé

```
<article>
  <header>
    <h1>Titre de l'article</h1>
    <p>Publication le <time datetime="2011-02-03" pubdate>Jeudi 3
février 2011 par George Abitbol</p>
  </header>
  <p>Contenu de l'article, premier paragraphe.</p>
  <p>Contenu de l'article, deuxième paragraphe.</p>
  <footer><!-- Pied de l'article --></footer>
</article>
```

Dans cet exemple, l'élément `<time>` est muni de l'attribut `pubdate`, qui revêt une importance particulière spécifiquement dans le cadre d'un conteneur tel qu'`<article>` : sa signification correspond alors à la date de publication de l'ensemble de l'article. Cette particularité n'est pas valable pour `<section>`, ce qui caractérise bien la différence sémantique existant entre ces deux éléments cousins.

Tableau 4–24 Propriétés de l'élément <article>

Propriété	**Détails**
Modèles de contenu autorisés	Zéro ou plusieurs éléments `<style>`, suivis de contenu de flux.
Parents autorisés	Tout élément pouvant contenir des éléments de flux, sauf `<address>`.
Omission de balise	Balises ouvrante et fermante obligatoires.

Style par défaut	`article {`
	`  display: block;`
	`}`

<header> nouveau 5

Comme son nom le suggère, <header> correspond à un en-tête de section. Il peut s'agir de l'en-tête général du document <body>, s'il est placé de telle sorte dans la hiérarchie qu'il ne dispose pas d'ancêtre de section. Il peut alternativement être utilisé en début de <section> ou <article> le cas échéant, et donc contenir :

- des informations d'introduction (titres <h1> à <h6>, paragraphes, méta-informations, etc.) ;
- une navigation (<nav>, <form>, <a>, etc.) pour cette sous-partie de document ;
- une table des matières pour l'ancêtre **<section>** ou **<article>** qui le contient.

Son usage n'est donc pas limité à une seule occurrence par page.

Exemple d'usage commun de <header>

```
<body>
  <header>
    <img src="logo.png" alt="" />
    <h1>Titre principal</h1>
    <nav>
      <ul>
        <li><a href="/">Accueil</a></li>
        <li><a href="/contact">Contact</a></li>
        <li><a href="/a-propos">À propos</a></li>
      </ul>
    </nav>
  </header>
  <!-- Contenu du document... -->
</body>
```

De par sa nature, un élément <header> ne peut être contenu dans <footer>, <address> ou <header> lui-même. Son usage n'implique pas obligatoirement la présence de <footer>.

Exemple d'usage de <header> dans <article>

```
<article>
  <header>
    <h1>Titre de l'article</h1>
    <p>Publication le <time datetime="2011-02-03" pubdate>Jeudi 3
février 2011 par George Abitbol</p>
  </header>
  <p>Contenu de l'article</p>
  <footer><!-- Pied de l'article --></footer>
</article>
```

Dans cet exemple, <header> regroupe les éléments pouvant être considérés comme éléments d'en-tête pour la section <article>, à savoir le titre et les méta-informations relatives, telles que la date ou l'auteur.

Tableau 4–25 Propriétés de l'élément <header>

Propriété	Détails
Modèles de contenu autorisés	Contenu de flux.
Parents autorisés	Tout élément pouvant contenir des éléments de flux, sauf <address>, <footer> et <header>.
Omission de balise	Balises ouvrante et fermante obligatoires.
Style par défaut	`header { display: block; }`

<footer> <nouveau 5>

Le pendant de <header> pour le pied de page est <footer>. Il s'agit également d'un élément spécialisé possédant une valeur sémantique, visant à contenir les informations que l'on peut habituellement placer en fin de section, telles que des mentions légales, des informations de contact ou les sources d'une actualité, et éventuellement une navigation. Ce contenu se rapporte au plus proche ancêtre de section, c'est-à-dire le document dans son ensemble s'il n'en possède pas, ou bien son parent de type <article> ou <section>.

Exemple d'usage commun de <footer>

```
<body>
  <!-- Contenu du document... -->
  <footer>
    <p>Tous droits réservés</p>
    <nav>
      <ul>
        <li><a href="/">Retour à l'accueil</a></li>
        <li><a href="/contact">Contact</a></li>
        <li><a href="/plan">Plan du site</a></li>
      </ul>
    </nav>
  </footer>
</body>
```

De par sa nature, un élément <footer> ne peut être contenu dans <header>, <address> ou <footer> lui-même. Son usage n'implique pas obligatoirement la présence d'un élément <header>.

Exemple d'usage de <footer> dans <article>

```
<article>
  <header><!-- En-tête de l'article --></header>
  <p>Contenu de l'article...</p>
  <footer>
    <p>Tags :HTML5, structure, footer</p>
    <p>Catégorie : <a href="/elements">Éléments HTML5</a></p>
  </footer>
</article>
```

Dans cet exemple, l'objectif est de regrouper toutes les informations complémentaires au contenu propre de l'article, dont la nature peut être extrêmement variée selon le modèle d'organisation du site. On peut y retrouver tant des méta-informations connexes que des liens, ou des fonctions de partage sur les réseaux sociaux. De ce fait, il peut exister plusieurs éléments `<footer>` dans un même document HTML.

Tableau 4–26 Propriétés de l'élément <footer>

Propriété	Détails
Modèles de contenu autorisés	Contenu de flux.
Parents autorisés	Tout élément pouvant contenir des éléments de flux, sauf `<address>`, `<footer>` et `<header>`.
Omission de balise	Balises ouvrante et fermante obligatoires.
Style par défaut	`footer { display: block; }`

<nav> <nouveau 5>

Les niveaux de navigation peuvent être multiples sur un site web ou une application. Il peut s'agir de liens portant sur l'intégralité du site, sur une sous-partie de l'arborescence en particulier, vers des pages communes et transversales, ou bien encore vers des sections du même document.

L'élément `<nav>` est un choix de prédilection pour la navigation principale (souvent dans `<header>`) et éventuellement pour les navigations annexes de moindre valeur (souvent dans `<footer>`).

Il peut également aider les robots d'indexation à dresser une carte de l'épine dorsale de l'arborescence, mais il n'est pas nécessaire de l'utiliser pour toutes les listes de liens.

Exemple d'usage de l'élément <nav>

```
<nav>
  <ul>
```

```
    <li><a href="/accueil">Accueil</a></li>
    <li><a href="/articles">Articles</a></li>
    <li><a href="/archives">Archives</a></li>
    <li><a href="/contact">Contact</a></li>
  </ul>
</nav>
```

Les lecteurs d'écrans et autres synthèses vocales ne seront pas prompts à implémenter l'accès direct à ce nouvel élément de navigation. C'est pourquoi les liens d'évitement sont encore tout à fait conseillés en parallèle de `<nav>`.

Tableau 4–27 Propriétés de l'élément <nav>

Propriété	Détails
Modèles de contenu autorisés	Contenu de flux.
Parents autorisés	Tout élément pouvant contenir des éléments de flux, sauf `<address>`.
Omission de balise	Balises ouvrante et fermante obligatoires.

Style par défaut	`nav {`
	`  display: block;`
	`}`

<aside> <nouveau 5>

Une page web est bien souvent dotée d'un contenu principal et d'informations connexes qui ne sont pas essentielles à sa compréhension. On parle alors de contenu tangentiel, et l'élément `<aside>` est destiné à l'abriter. Il ne s'agit pas simplement de le considérer comme une section vouée à être rendue graphiquement à gauche ou à droite du contenu principal, mais bien d'un point de vue sémantique comme une section possédant une substance périphérique ou ampliative.

On peut considérer comme répondant à ces critères : une définition d'un des termes utilisés dans le contenu, une biographie, un glossaire, une chronologie apportant un fond historique, voire d'autres éclaircissements, astuces et notes qui n'ont de limite que l'imagination.

Exemple d'usage global de <aside>

```
<body>
  <!-- Contenu du document... -->
  <aside>
    <h2>Gestion</h2>
    <ul>
      <li><a href="/panier">Panier</a></li>
      <li><a href="/commandes">Commandes</a></li>
      <li><a href="/suivi">Suivi</a></li>
```

```
    </ul>
    <h2>Glossaire</h2>
    <dl>
      <dt>CSS</dt>
      <dd>Cascading Style Sheets</dd>
      <dt>HTML</dt>
      <dd>HyperText Markup Language</dd>
    </dl>
  </aside>
</body>
```

Dans un <article>, <aside> joue le même rôle, mais avec une influence locale, c'est-à-dire tangentielle au contenu de l'article. Au regard de la valeur sémantique, son contenu possède une influence moins forte que celui de l'article parent.

Il peut aussi s'agir d'une citation du contenu qui doit être mise en valeur d'une manière particulière, une remarque qui doit être lue entre parenthèses, ou d'un texte qui sort tout simplement du flot narratif principal.

Exemple d'usage de <aside> dans <article>

```
<article>
  <header>
    <!-- En-tête d'article -->
  </header>
  <p>Contenu de l'article...</p>
  <aside>
    <p>Ressources complémentaires :</p>
    <ul>
      <li><a href="http://www.whatwg.org/specs/web-apps/current-work/
multipage/sections.html#the-aside-element">L'élément aside dans la
spécification du WhatWG</a></li>
     <li><a href="http://dev.w3.org/html5/markup/aside.html">L'élément
aside dans la spécification du W3C</a></li>
    </ul>
  </aside>
  <footer>
    <!-- Pied d'article -->
  </footer>
</article>
```

Dans cet exemple, <aside> regroupe des liens de navigation vers des lectures additionnelles.

Tableau 4–28 Propriétés de l'élément <aside>

Propriété	Détails
Modèles de contenu autorisés	Zéro ou plusieurs éléments <style>, suivis de contenu de flux.
Parents autorisés	Tout élément pouvant contenir des éléments de flux, sauf <address>.

Tableau 4–28 Propriétés de l'élément <aside> (suite)

Propriété	Détails
Omission de balise	Balises ouvrante et fermante obligatoires.
Style par défaut	`aside { display: block; }`

<address>

Un bloc contenant des informations de contact peut être réalisé grâce à l'élément `address`. Celui-ci s'applique à son plus proche ancêtre de type `body` ou `article`. Si l'élément `address` est unique pour le document (dans `body`), alors il contient les informations de contact pour cet ensemble. Si l'on en retrouve plusieurs au sein d'éléments de type `article`, alors ils contiennent les informations de contact relatives à l'auteur de l'article uniquement.

Les informations peuvent correspondre aux noms des personnes à l'origine du document, à leurs adresses e-mail, de messagerie instantanée ou web, éventuellement leurs coordonnées téléphoniques ou postales. Mais cet élément n'est pas prévu pour englober une simple adresse postale qui ne représenterait pas une information de contact vis-à-vis du contenu du document HTML.

Exemple d'usage d'<address>

```
<article>
<p>Auteurs de cet article :</p>
  <address>
    <a href="http://www.goetter.fr/">Raphaël Goetter</a>,
    <a href="http://www.blup.fr/">Moi-même</a>
  </address>
</article>
```

Pour baliser un bloc d'adresse postale (ou mixte) quelconque, un microformat de type *hCard* sur un paragraphe est plus approprié.

Tableau 4–29 Propriétés de l'élément <address>

Propriété	Détails
Modèles de contenu autorisés	Contenu de flux.
Parents autorisés	Tout élément pouvant contenir des éléments de flux, sauf `<address>`.
Omission de balise	Balises ouvrante et fermante obligatoires.

Tableau 4–29 Propriétés de l'élément <address> (suite)

Propriété	Détails
Style par défaut	`address { display: block; font-style: italic; }`

<h1> à <h6>

Les éléments de type <hX> où *X* représente un chiffre entre 1 et 6 correspondent à des titres (*heading* en anglais) de niveaux différents. <h1> est un titre de premier niveau, <h2> un titre de deuxième niveau, et ainsi de suite jusqu'au petit dernier <h6>.

Ils possèdent une forte valeur sémantique et doivent être utilisés là où un titre de document ou de section est nécessaire, car il ne suffit pas d'affecter des propriétés de style telles qu'une police énorme à un paragraphe <p> pour lui conférer la vocation d'un titre.

Exemple d'une hiérarchie de titres

```
<body>
  <h1>Titre de niveau 1</h1>
  <h2>Titre de niveau 2</h2>
  <h3>Titre de niveau 3</h3>
  <h4>Titre de niveau 4</h4>
  <h5>Titre de niveau 5</h5>
  <h6>Titre de niveau 6</h6>
</body>
```

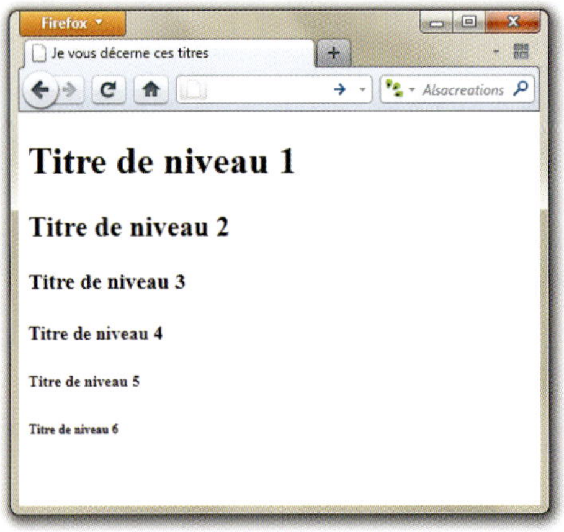

Figure 4–11 Rendu de différents niveaux de titres

Bien qu'il ne soit pas invalide de sauter des niveaux (par exemple passer de <h2> à <h5>), cette pratique est fortement déconseillée par la spécification HTML, car la conversion vers d'autres types de contenu ou la constitution d'une liste cohérente de la hiérarchie du document peuvent devenir problématiques.

Les styles par défaut des titres suivent une même trame. Il s'agit de blocs possédant des marges de dimensions variables et des tailles de polices décroissantes selon l'importance du niveau du titre.

Tableau 4–30 Propriétés de ces éléments <h1> à <h6>

Propriété	**Détails**
Modèles de contenu autorisés	Contenu de phrasé.
Parents autorisés	Tout élément pouvant contenir des éléments de flux, `<hgroup>`.
Omission de balise	Balises ouvrante et fermante obligatoires.

Style par défaut	`h1 { display: block; font-size: 2em; margin: .67em 0 .67em 0; font-weight: bold; }`
	`h2 { display: block; font-size: 1.5em; margin: .83em 0 .83em 0; font-weight: bold; }`
	`h3 { display: block; font-size: 1.17em; margin: 1em 0 1em 0; font-weight: bold; }`
	`h4 { display: block; margin: 1.33em 0 1.33em 0; font-weight: bold; }`
	`h5 { display: block; font-size: .83em; margin: 1.67em 0 1.67em 0; font-weight: bold; }`
	`h6 { display: block; font-size: .67em; margin: 2.33em 0 2.33em 0; font-weight: bold; }`

Hiérarchie des éléments de sections et outline

Plusieurs éléments <h*X*> de même niveau peuvent se côtoyer. Contrairement à l'élément <title>, il peut exister plusieurs titres de premier niveau <h1> dans une page, par exemple dans plusieurs sections. Ils correspondent alors aux niveaux d'en-têtes de leurs sections respectives. C'est à partir de ce moment que l'apprivoisement se corse.

Avec HTML 5 et l'introduction des éléments délimitant des sections de document (section, aside, nav, article), il n'est pas strictement nécessaire de suivre une hiérarchie de titres aussi simpliste et linéaire que dans l'exemple précédent. Une telle organisation peut tout à fait être transposée du document global à une section en particulier, et de ce fait <h1> pourra représenter le titre principal d'un <article>, aux côtés d'autres confrères articles du même acabit.

Cela signifie qu'une page web peut être amenée à comporter différentes sections ou articles, chacun doté de sa propre hiérarchie de titres, débutant par <h1>. Il s'agit alors d'un découpage explicite.

Si l'on devait dresser une table des matières du document HTML, il faudrait se baser sur les titres structurant le document. Un tel exercice n'est pas purement théorique. Il soutient directement l'exportation de données et leur interprétation, l'accessibilité et la navigabilité, les algorithmes permettant de synthétiser le contenu d'une page web, les extensions de navigateurs destinées à faire l'inventaire de la titraille.

Cet algorithme est nommé *outline* dans la spécification (que l'on pourrait traduire par sommaire, ou par silhouette ou contour). Il faut principalement le voir comme une liste numérotée et indentée des titres, telle qu'on peut en rencontrer pour le sommaire d'un livre.

En HTML 4, le calcul est simple, il suffit de se fier à l'enchaînement des titres <h1> à <h6>.

Document HTML 4

```
<!DOCTYPE HTML PUBLIC "-//W3C//DTD HTML 4.01//EN"
   "http://www.w3.org/TR/html4/strict.dtd">
<head>
  <title>Mon document HTML 4</title>
</head>
<body>

<h1>Titre principal</h1>
  <p>...</p>
  <h2>Niveau 2</h2>
  <p>...</p>
  <h2>Niveau 2</h2>
  <p>...</p>
<div>
```

```
    <h3>Niveau 3</h3>
    <p>...</p>
</div>

</body>
</html>
```

Outline en résultant

```
1. Titre principal
  1. Niveau 2
   2. Niveau 2
      1. Niveau 3
```

En HTML 5, les sections `<nav>`, `<article>`, `<aside>` et `<section>` définissent les grands ensembles thématiques du document, d'après leur ordre et leur imbrication. Ils possèdent des en-têtes et titres respectifs qui doivent être pris en compte par l'*outline*, parmi lesquels `<hgroup>` et `<h1>` à `<h6>`. Dès lors, l'algorithme est défini par plusieurs grands principes :

- Il faut considérer le premier en-tête de chaque section comme titre de cette même section.
- Tous les éventuels autres titres – hormis ceux placés de concert dans le premier `<hgroup>` s'il existe – créent des sections implicites. Sont concernés à cet effet tous les titres `<h1>` à `<h6>` non contenus dans `<hgroup>`, et chaque `<hgroup>`.
- L'élément `<header>` n'est pas concerné par cet algorithme, et n'affecte ni l'*outline*, ni la création implicite de sections ou de titres.
- Le découpage explicite des portions par les éléments de section précités y participe bien évidemment aussi.

Un inconvénient persiste : cette façon de faire n'est pas très accessible car encore peu (voire pas du tout) supportée par les lecteurs d'écran. Les inspecteurs de document tels que Web Developer et Accessibility Evaluation Toolbar ne comprennent pas non plus cette méthode et ne renvoient que des titres de niveau `<h1>`.

Document HTML 5

```
<!doctype html>
<html lang="fr">
<head>
<meta charset="utf-8" />
<title>Mon document HTML5</title>
</head>
<body>
```

```
<header>
  <h1>Titre principal</h1>
  <nav>
    <ul>
      <li><a href="/">Accueil</a></li>
      <li><a href="/contact">Contact</a></li>
    </ul>
  </nav>
</header>

<section>
  <h1>Section 1</h1>
  <section>
      <h1>Section 1.1</h1>
      <p>...<p>
      <section>
          <h1>Section 1.1.1</h1>
          <p>...<p>
     </section>
      <section>
          <h1>Section 1.1.2</h1>
          <header>
            <p>...</p>
          </header>
          <article>
            <h1>Titre de l'article</h1>
            <h2>Titre de niveau 2</h2>
          </article>
     </section>
  </section>
</section>

<section>
  <hgroup>
    <h1>Section 2</h1>
    <h2>Sous-titre</h2><!-- ignoré -->
  </hgroup>
  <section>
      <h1>Section 2.1</h1>
      <p>...<p>
  </section>
  <section>
      <h1>Section 2.2</h1>
      <p>...<p>
  </section>
</section>
```

```
<aside>
  <h2>Titre d'une zone latérale</h2>
  <h3>Sous-titre d'une zone latérale</h3>
</aside>

</body>
</html>
```

Outline en résultant

```
1. Titre principal
  1. Navigation sans titre
   2. Section 1
      1. Section 1.1
         1. Section 1.1.1
         2. Section 1.1.2
            1. Titre de l'article
               1. Titre de niveau 2
   3. Section 2
      1. Section 2.1
      2. Section 2.2
   4. Titre d'une zone latérale
      1. Sous-titre d'une zone latérale
```

Cet exemple n'est qu'une expérimentation destinée à démontrer les différentes situations évoquées, elle ne constitue pas une structure type de document.

Les sections explicites autorisent le saut de niveaux de titres – par exemple, il est possible de débuter un `<article>` par `<h1>`. Le choix du niveau initial est relativement libre, pour autant qu'il reste logique et harmonieux tout au long du document. Il est envisageable d'utiliser tout niveau de titre, par exemple basé sur l'attachement aux styles CSS, sans se préoccuper de sauter un ou plusieurs niveaux. Les exceptions peuvent être écrites en tenant compte des titres contenus dans `<hgroup>` pour les sous-titres, ou avec des classes spécifiques lorsque c'est nécessaire. Toutefois, il faut toujours veiller à ne pas sauter de niveaux pour l'enchaînement global.

Du point de vue de la taille des titres affichés, certains navigateurs modernes (pour les citer, au moins Chrome et Firefox à la fin 2012) appliquent des styles différents aux titres `<h1>` pour refléter la hiérarchie : un `<h1>` dans une `<section>` possédera une taille plus petite qu'au premier niveau, et ainsi de suite. Ceci peut perturber le design, il vaut mieux faire attention en amont aux styles appliqués, et au besoin les redéfinir pour harmoniser les tailles de polices sur tous les navigateurs.

Succession de <h1>

```
<!DOCTYPE html>
<html lang="fr">
<head>
  <meta charset="utf-8">
  <title>HTML5, Outline, h1</title>
</head>
<body>
  <h1>Je suis un h1</h1>
  <p>Je suis un paragraphe</p>
  <section>
    <h1>Je suis un h1 dans une section</h1>
    <p>Je suis un autre paragraphe</p>
    <article>
      <h1>Je suis un h1 dans un article de la section</h1>
      <p>Je suis un autre autre paragraphe</p>
    </article>
  </section>
</body>
</html>
```

Ce qui produit sur les moteurs Gecko et WebKit une diminution des tailles de titres.

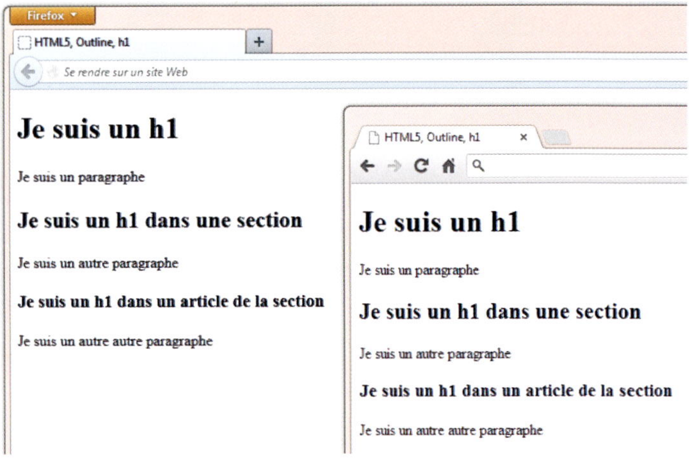

Figure 4–12
Rendu de différents niveaux de titres

C'est cette nouvelle façon de penser qui a – entre autres – motivé la création de l'élément <hgroup>. Il permet de ne prendre en compte pour l'*outline* que le premier titre de plus haut niveau parmi ceux qu'il contient, et d'ignorer les autres sous-titres lors du déroulement de l'algorithme, car ceux-ci ne sont pas destinés à créer des sections.

RESSOURCES Outline

HTML 5 Outliner (URL ou téléchargement de fichier)

- http://gsnedders.html5.org/outliner/

HTML 5 Outliner (bookmarklet JavaScript et extension Chrome)

- http://code.google.com/p/h5o/

L'outline décrit dans la spécification

- http://www.whatwg.org/specs/web-apps/current-work/multipage/sections.html#outline

<hgroup> <nouveau 5>

L'élément <hgroup> regroupe un ou plusieurs titres <h1> à <h6>. Idéalement, il n'a de vocation à être utilisé qu'à partir de deux titres, car il représente l'en-tête d'une section, lorsque celle-ci dispose de plusieurs titres, sous-titres, ou titres alternatifs.

Exemple d'usage de <hgroup>

```
<article>
  <hgroup>
    <h1>Titre principal</h1>
    <h2>Sous-titre</h2>
  </hgroup>
  <p>Contenu de l'article</p>
</article>
```

Dans cet exemple, <hgroup> représente une spécialisation de <header>. À la différence de ce dernier qui peut contenir tout élément servant d'introduction à une section, <hgroup> doit être exclusivement composé d'éléments <h1> à <h6>. De son côté, <header> peut contenir un titre <h1>à <h6>, ou <hgroup> en complément d'autres éléments.

Autre exemple d'usage de <hgroup>

```
<article>
  <header>
    <hgroup>
      <h1>HTML5 et ses API</h1>
      <h2>Ou comment révolutionner le web en douceur</h2>
    </hgroup>
    <p>Publication le <time datetime="2011-02-03">Jeudi 3 février 2011</p>
  </header>
  <p>Contenu de l'article</p>
</article>
```

Dans cet autre exemple, l'objet de `<hgroup>` est de « masquer » les sous-titres à l'algorithme pouvant dresser la table des matières du document (l'outline), et donc de ne conserver que le titre principal de l'article à savoir `<h1>`.

Tableau 4–31 Propriétés de l'élément <hgroup>

Propriété	**Détails**
Modèles de contenu autorisés	Un ou plusieurs éléments `<h1>` ou `<h2>` ou `<h3>` ou `<h4>` ou `<h5>` ou `<h6>`.
Parents autorisés	Tout élément pouvant contenir des éléments de flux.
Omission de balise	Balises ouvrante et fermante obligatoires.

Style par défaut	`hgroup {`
	`  display: block;`
	`}`

Listes

Les listes HTML sont prévues pour dresser des énumérations possédant une valeur sémantique.

Les structures disponibles pour une liste ordonnée (liste numérotée) et non ordonnée (liste à puces) sont constituées par les éléments `<ol>` et `<ul>` au sein desquels chaque élément individuel est un `<li>`. Elles sont couramment employées pour la conception de menus de navigation, qui ne sont en réalité que des énumérations de liens.

Lorsqu'il s'agit de rédiger une liste de définitions, l'élément `<dl>` peut être utilisé en conjonction avec `<dt>` et `<dd>`.

<ol>

Une liste ordonnée (*ordered list* en anglais) est équipée de puces numérotées automatiquement par le navigateur. Le conteneur `<ol>` est toujours parent de zéro ou plusieurs éléments de liste `<li>`.

Exemple de liste ordonnée <ol>

```
<p>Plan B :</p>
<ol>
  <li>Stocker tout le parmesan de l'univers</li>
  <li>Lancer une nouvelle pizza</li>
  <li>Conquérir le monde</li>
</ol>
```

Figure 4–13
Aperçu de liste ordonnée

Plan B :

1. Stocker tout le parmesan de l'univers
2. Lancer une nouvelle pizza
3. Conquérir le monde

Tableau 4–32 Attributs spécifiques à <ol>

Attribut	Valeurs	Rôle
`start`	nombre entier	Valeur de départ pour la numérotation. Peut être négatif.
`reversed` nouveau 5	`reversed` ou `""` ou *sans valeur*	Indique que la numérotation est descendante.
`type`	`1` ou `a` ou `A` ou `i` ou `I`	Type de numérotation (numérique classique, lettrée, chiffres romains).

Exemples de listes ordonnées <ol> avec attributs

```
<ol start="2" type="A">
  <li>Premier élément</li>
  <li>Deuxième élément</li>
  <li>Troisième élément</li>
</ol>
```

Figure 4–14
Liste ordonnée

B. Premier élément
C. Deuxième élément
D. Troisième élément

```
<ol start="3" type="i">
  <li>Premier élément</li>
  <li>Deuxième élément</li>
  <li>Troisième élément</li>
</ol>
```

Figure 4–15
Liste ordonnée à chiffres romains

iii. Premier élément
iv. Deuxième élément
v. Troisième élément

Tableau 4–33 Propriétés de l'élément <ol>

Propriété	Détails
Modèles de contenu autorisés	Zéro ou plusieurs éléments `<li>`.
Parents autorisés	Tout élément pouvant contenir des éléments de flux.
Omission de balise	Balises ouvrante et fermante obligatoires.

Tableau 4–33 Propriétés de l'élément <ol> (suite)

Propriété	Détails
Style par défaut	`ol { display: block; list-style-type: decimal; -webkit-margin-before: 1em; -webkit-margin-after: 1em; margin-start: 0; -webkit-margin-end: 0; padding-start: 40px; }`

<ul>

La liste non ordonnée (*unordered list* en anglais) `<ul>` partage le podium avec `<ol>` bien qu'elle soit plus fréquemment utilisée. Comme son nom l'indique, son contenu n'est pas spécialement trié et son ordre peut être changé sans altérer significativement son sens.

Exemple de liste non ordonnée <ul>

```
<p>Plan B :</p>
<ul>
  <li>Stocker tout le parmesan de l'univers</li>
  <li>Lancer une nouvelle pizza</li>
  <li>Conquérir le monde</li>
</ul>
```

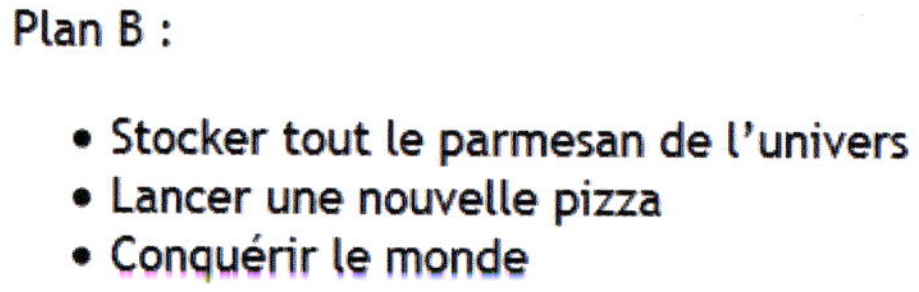

Figure 4–16
Aperçu de liste à puces, non ordonnée

Elle ne dispose pas d'attribut spécifique contrairement à `<ol>`, mais l'apparence par défaut de ces deux types de listes peut être modifiée grâce à la propriété CSS `list-style-type` qui adopte entre autres les valeurs `disc` (défaut), `square`, `circle` pour les puces ; et `armenian`, `decimal`, `decimal-leading-zero`, `georgian`, `lower-alpha`, `lower-greek`, `lower-latin`, `lower-roman`, `upper-alpha`, `upper-latin`, `upper-roman` pour la numérotation.

Tableau 4–34 Propriétés de l'élément <ul>

Propriété	Détails
Modèles de contenu autorisés	Zéro ou plusieurs éléments `<li>`.
Parents autorisés	Tout élément pouvant contenir des éléments de flux.

Tableau 4–34 Propriétés de l'élément <ul> (suite)

Propriété	Détails
Omission de balise	Balises ouvrante et fermante obligatoires.
Style par défaut	`ul { display: block; list-style-type: disc; -webkit-margin-before: 1em; -webkit-margin-after: 1em; margin-start: 0; -webkit-margin-end: 0; padding-start: 40px; }`

<li>

Si vous avez bien suivi les précédentes explications, vous savez déjà que `<li>` est un élément (*list item* en anglais) de liste ordonnée `<ol>` ou non ordonnée `<ul>`. Il remplit cette même fonction pour l'élément `<menu>` (voir du côté des éléments interactifs).

Tableau 4–35 Attributs spécifiques à <li>

Attribut	Valeurs	Rôle
`value`	nombre entier	Valeur ordinale de l'élément de liste.

Il comprend un attribut facultatif nommé `value`, qui fut déclaré obsolète dans les précédentes versions de HTML, mais réintroduit pour des raisons pratiques en HTML 5. Cet attribut n'est autorisé que dans le cadre d'une liste ordonnée `<ol>` puisqu'il correspond à la numérotation de cette liste pour contrecarrer les effets de l'incrémentation automatique.

Exemple imaginaire d'utilisation de <li>

```
<ol>
  <li value="1">Premier élément</li>
  <li value="3">Deuxième élément</li>
  <li>Troisième élément</li>
  <li value="1">Quatrième élément</li>
  <li>Cinquième élément</li>
</ol>
```

Figure 4–17
Rendu de numérotation pour l'élément <li>

1\. Premier élément
3\. Deuxième élément
4\. Troisième élément
1\. Quatrième élément
2\. Cinquième élément

Tableau 4–36 Propriétés de l'élément <li>

Propriété	Détails
Modèles de contenu autorisés	Contenu de flux.
Parents autorisés	`<ul>`, `<ol>`, `<menu>`
Omission de balise	Balise ouvrante obligatoire. La balise fermante peut être omise si l'élément est immédiatement suivi par un autre `<li>` ou qu'il n'y a plus aucun autre contenu dans l'élément parent.

Style par défaut	`li {`
	`  display: list-item;`
	`}`

<dl>

La liste de définitions `<dl>` (*description list* en anglais) répond au besoin de lister des paires de termes et de descriptions qui leur sont liées.

On peut la comparer à un dictionnaire associant la définition `<dd>` au mot `<dt>`. Aucun tri alphabétique n'est cependant à l'œuvre, il appartient à l'auteur de la liste de l'ordonner dans le code source.

Exemple de liste de définitions

```
<p>Mots-clés pour <span lang="en">media queries</span> :</p>
<dl>
<dt>screen</dt>
  <dd>Écrans</dd>
<dt>handheld</dt>
  <dd>Périphériques mobiles ou de petite taille</dd>
<dt>print</dt>
  <dd>Impression</dd>
<dt>projection</dt>
  <dd>Projecteurs (ou présentations avec slides)</dd>
<dt>tv</dt>
  <dd>Téléviseur</dd>
<dt>all</dt>
  <dd>Tous les précédents</dd>
</dl>
```

Feuille de style associée

```
dt {
  color:green;
}
```

Figure 4–18
Liste de définitions

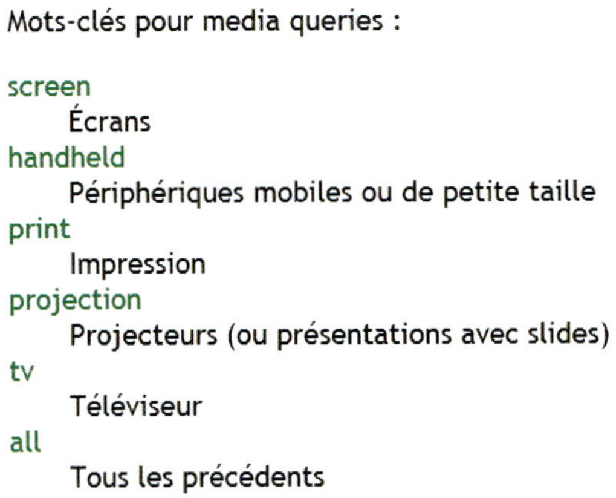

Le style par défaut n'est pas folichon, mais les éléments <dt> et <dd> sont prêts à être stylés grâce aux propriétés CSS.

Tableau 4–37 Propriétés de l'élément <dl>

Propriété	Détails
Modèles de contenu autorisés	Zéro ou plusieurs occurrences d'un ou plusieurs éléments <dt> suivis respectivement par un ou plusieurs éléments <dd>.
Parents autorisés	Tout élément pouvant contenir des éléments de flux.
Omission de balise	Balises ouvrante et fermante obligatoires.

Style par défaut	`dl {`
	`  display: block;`
	`  -webkit-margin-before: 1em;`
	`  -webkit-margin-after: 1em;`
	`  margin-start: 0;`
	`  -webkit-margin-end: 0;`
	`}`

<dt>

Terme de liste de définitions (voir <dl>), l'élément <dt> ne peut contenir que des éléments de phrasé. À chaque terme <dt> correspond une définition <dd>.

Tableau 4–38 Propriétés de l'élément <dt>

Propriété	Détails
Modèles de contenu autorisés	Contenu de phrasé.
Parents autorisés	`<dl>`
Omission de balise	Balise ouvrante obligatoire. La balise fermante peut être omise si l'élément est immédiatement suivi par un autre `<dt>` ou `<dd>`.

Style par défaut	`dt {`
	`  display: block;`
	`}`

<dd>

Élément de description de liste de définitions (voir `<dl>`), l'élément `<dd>` peut contenir des éléments de flux ou de phrasé. Il correspond à l'élément `<dt>` le précédant.

Tableau 4–39 Propriétés de l'élément <dd>

Propriété	Détails
Modèles de contenu autorisés	Contenu de flux.
Parents autorisés	`<dl>`
Omission de balise	Balise ouvrante obligatoire. La balise fermante peut être omise si l'élément est immédiatement suivi par un autre `<dd>` ou `<dt>`, ou s'il n'y a plus aucun autre contenu dans l'élément parent.

Style par défaut	`dd {`
	`  display: block;`
	`  margin-start: 40px;`
	`}`

Texte et sémantique

<p>

Certainement une des balises les plus rencontrées en HTML, `<p>` marque le début d'un nouveau paragraphe qui se voit fermé par `</p>`. Son contenu est de type phrasé, c'est-à-dire qu'il contient effectivement du texte, potentiellement des sauts de ligne `<br>`, mais aussi d'autres éléments de phrasé pouvant contribuer à la sémantique de ce texte, par exemple `<em>`, `<strong>`, `<abbr>`, `<ins>`, `<del>`, `<q>`, etc.

C'est un élément de type bloc qui offre une information sémantique au texte qu'il contient. Un autre paragraphe le suivant pourra correspondre à une nouvelle idée. Un paragraphe ne peut contenir un autre paragraphe.

Exemple d'usage de <p>

```
<p>Ceci est mon premier paragraphe.</p>
<p>Ceci est mon deuxième paragraphe.</p>
```

Le style par défaut des navigateurs introduit un espace avant et après chacun des paragraphes, qui sont par nature des éléments de type bloc.

Tableau 4–40 Propriétés de l'élément <p>

Propriété	Détails
Modèles de contenu autorisés	Contenu de phrasé.
Parents autorisés	Tout élément pouvant contenir des éléments de flux.
Omission de balise	Balise ouvrante obligatoire. La balise fermante peut être omise si l'élément est immédiatement suivi par `<address>`, `<article>`, `<aside>`, `<blockquote>`, `<dir>`, `<div>`, `<dl>`, `<fieldset>`, `<footer>`, `<form>`, `<h1>`, `<h2>`, `<h3>`, `<h4>`, `<h5>`, `<h6>`, `<header>`, `<hr>`, `<menu>`, `<nav>`, `<ol>`, `<p>`, `<pre>`, `<section>`, `<table>`, ou `<ul>`, ou s'il n'y a plus aucun autre contenu dans l'élément parent et que cet élément parent n'est pas `<a>`.

Style par défaut	`p {`
	`  display: block;`
	`  margin: 1.0em 0px;`
	`}`

<blockquote>

Un bloc de citation `<blockquote>` (*block quotation* en anglais) représente une section du document qui est extraite d'une autre source. Il peut contenir des éléments de flux, c'est-à-dire principalement un ou plusieurs paragraphes, mais aussi des titres et des images.

Exemple de citation à l'aide de <blockquote>

```
<p>Un vieux sage disait :</p>
<blockquote>
  <p>Un homme azerty en vaut deux.</p>
</blockquote>
```

Tableau 4–41 Attributs spécifiques à <blockquote>

Attribut	Valeurs	Rôle
`cite`	URL	Adresse de référence pour la source de la citation.

L'attribut `cite` fait référence à l'adresse de cette source. Il n'est pas rendu visuellement dans les navigateurs traditionnels, mais peut être exploité par des extensions ou des robots d'indexation.

Exemple de citation à l'aide de <blockquote>

```
<p>Tim Berners-Lee a écrit :</p>
<blockquote cite="http://www.w3.org/People/Berners-Lee/Kids">
  <p lang="en">I just had to take the hypertext idea and connect it to
the TCP and DNS ideas and -- ta-da! -- the World Wide Web.</p>
</blockquote>
```

Un bénéfice peut être tiré du nouvel élément `<footer>` en HTML 5 pour afficher la source en clair, en tant qu'information séparée du contenu principal.

Exemple de citation à l'aide de <blockquote> et <footer>

```
<p>Tim Berners-Lee a écrit :</p>
<blockquote cite="http://www.w3.org/People/Berners-Lee/Kids">
  <p lang="en">I just had to take the hypertext idea and connect it to
the TCP and DNS ideas and -- ta-da! -- the World Wide Web.</p>
<footer>- <a href="http://www.w3.org/People/Berners-Lee/Kids"
hreflang="en">Answers for Young People</a></footer>
</blockquote>
```

Feuille de style associée

```
/* Les images blockquote1.png et blockquote2.png correspondent
aux guillemets affichés autour du bloc de citation */
blockquote {
  background: url(blockquote1.png) no-repeat top left;
  margin: 1em;
  padding: 0 0 0 50px;
}

blockquote footer {
  background: url(blockquote2.png) no-repeat bottom right;
  min-height: 33px;
  margin-bottom: 0;
  padding: 0 50px 0 0;
}
```

Un autre usage possible fait appel au nouvel élément `<figure>` épaulé par `<figcaption>` et même à `<cite>` pour mentionner l'œuvre d'où est tirée la citation.

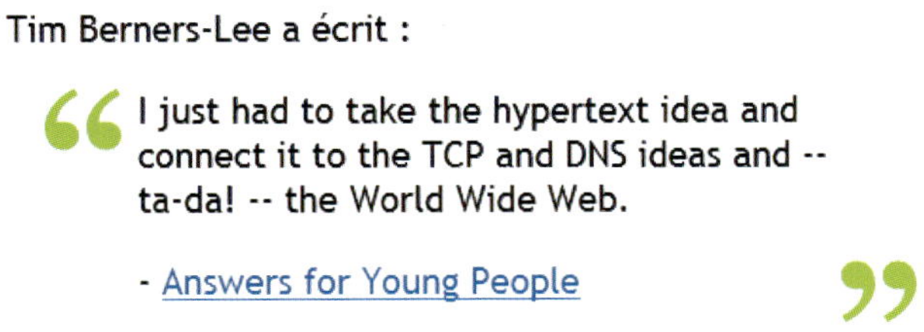

Figure 4–19
Bloc de citation

Exemple de citation à l'aide de <blockquote>, <figure> et <cite>

```
<figure>
  <blockquote>
    <p>I'm not crazy, my mother had me tested.</p>
  </blockquote>
  <figcaption>
    Sheldon Cooper, dans <cite>The Big Bang Theory</cite>
  </figcaption>
<figure>
```

L'élément `<blockquote>` est réservé aux citations d'une taille respectable qui doivent être affichées en bloc, pour les courtes citations, préférez l'élément `<q>`.

Tableau 4–42 Propriétés de l'élément <blockquote>

Propriété	Détails
Modèles de contenu autorisés	Contenu de flux.
Parents autorisés	Tout élément pouvant contenir des éléments de flux.
Omission de balise	Balises ouvrante et fermante obligatoires.
Style par défaut	`blockquote { display: block; margin: 1em 40px 1em 40px; }`

<q>

Petit frère de `<blockquote>`, l'élément `<q>` est réservé aux citations courtes. Il est encadré automatiquement par des guillemets dans tous les navigateurs, sauf Internet Explorer 7 et versions inférieures.

Exemple d'usage de <q>

```
<p>Mon leitmotiv est <q>Mieux vaut tar que gz.</q></p>
```

Tableau 4–43 Attributs spécifiques à <q>

Attribut	Valeurs	Rôle
`cite`	URL	Adresse de référence pour la source de la citation.

cite

Comme pour `<blockquote>`, l'attribut `cite` fait référence à l'adresse de cette source. Il n'est pas rendu visuellement dans les navigateurs traditionnels, mais peut être exploité par des extensions ou des robots d'indexation.

Tableau 4–44 Propriétés de l'élément <q>

Propriété	Détails
Modèles de contenu autorisés	Contenu de phrasé.
Parents autorisés	Tout élément pouvant contenir des éléments de phrasé.
Omission de balise	Balises ouvrante et fermante obligatoires.

Style par défaut	`q {`
	`  display: inline;`
	`}`
	`q:before {`
	`  content: '"';`
	`}`
	`q:after {`
	`  content: '"';`
	`}`

<cite>

L'élément `cite` représente le titre d'une œuvre, citée ou juste mentionnée dans le document. Cette catégorie englobe le titre d'un ouvrage, d'une chanson, d'une pièce de théâtre, d'un opéra, d'un film, d'une émission de télévision, d'un jeu, d'une œuvre d'art (peinture, sculpture), d'une exposition, ou plus couramment d'une autre page web, etc.

Il ne représente pas une citation de texte, et ne doit pas être confondu pour cela avec les éléments `<q>` et `<blockquote>` qui sont plus appropriés, ni avec leur attribut `cite`. Il n'est pas voué non plus à baliser le nom d'une personne ou d'un auteur.

Exemple d'usage de <cite>

```
<p>Frank Herbert a écrit le cycle de <cite>Dune</cite> avec maestria. Si
l'on devait en faire un film, John Williams serait le plus indiqué pour
composer la bande originale après ses prouesses pour <cite>L'Empire
contre-attaque</cite> et <cite>Jurassic Park</cite>.</p>
```

Tous les navigateurs disposent d'un bon support de `<cite>`.

Tableau 4–45 Propriétés de l'élément <cite>

Propriété	Détails
Modèles de contenu autorisés	Contenu de phrasé.
Parents autorisés	Tout élément pouvant contenir des éléments de phrasé.
Omission de balise	Balises ouvrante et fermante obligatoires.

Style par défaut	`cite {`
	`font-style: italic;`
	`}`

<strong>

L'élément `<strong>` confère au texte une forte importance. Visuellement, il est représenté par un corps de police plus gras, mais contrairement à `<b>`, il possède une réelle valeur sémantique. Du contenu placé entre balises `<strong>` doubles aura deux fois plus d'importance.

Exemple d'usage de <strong>

```
<p>Il est important de noter que <strong>nous ne remboursons pas</
strong> les chaussettes usagées.</p>
```

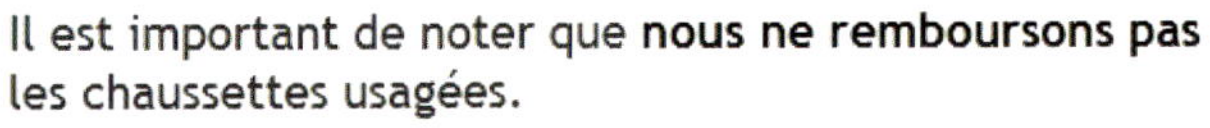

Figure 4–20
Strong !

Tableau 4–46 Propriétés de l'élément <strong>

Propriété	Détails
Modèles de contenu autorisés	Contenu de phrasé.
Parents autorisés	Tout élément pouvant contenir des éléments de phrasé.
Omission de balise	Balises ouvrante et fermante obligatoires.

Style par défaut	`strong {`
	`font-weight: bolder;`
	`}`

<em>

Une emphase peut être appliquée à une portion de texte avec `<em>`. Il s'agit d'un procédé linguistique qui donne de l'importance ou une affectation pompeuse au discours. Il ne doit pas être confondu avec `<i>`, même si son apparence par défaut est un style de texte italique.

Exemples d'usage de <em>

```
<p>J'<em>adore</em> les pages qui ont du style !</p>
<p>J'en suis sûr :<em>tu</em> as fini les M&M's.</p>
```

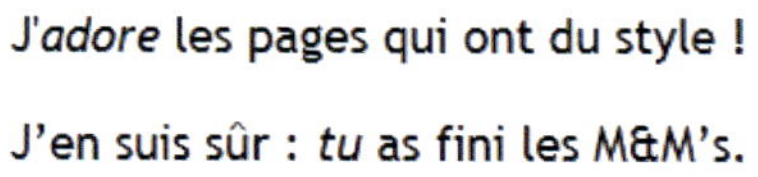

Figure 4–21
Emphase !

Tableau 4–47 Propriétés de l'élément <em>

Propriété	Détails
Modèles de contenu autorisés	Contenu de phrasé.
Parents autorisés	Tout élément pouvant contenir des éléments de phrasé.
Omission de balise	Balises ouvrante et fermante obligatoires.

Style par défaut	`em {`
	`  font-style: italic;`
	`}`

<b>

Balise historique, <b> a vu son sens évoluer. Elle représente désormais une mise en valeur via un style différent, sans lui conférer d'importance particulière dans son contexte. Il peut s'agir de mots-clés dans un document, de noms de produits dans un article.

Exemple d'usage de <b>

```
<p>Le <b>patator</b> (aussi appelé lance-patate) est une arme
artisanale, projetant à moyenne distance un projectile, le plus souvent
une patate.</p>
```

Il s'agissait initialement d'une balise de mise en gras (*bold* en anglais) pour le texte. C'est pourquoi elle conserve la convention typographique de texte avec graisse accentuée. Puisqu'il s'agit à la base d'un critère visuel, cet élément a gagné du sens avec HTML 5 afin que sa définition ne repose pas uniquement sur son apparence graphique. Cela n'avait de sens qu'avec un média visuel, écran ou imprimé ; tandis que cette nouvelle façon de l'aborder reste pertinente pour les agents utilisateurs tels que des synthèses vocales.

La spécification précise aussi que l'on peut marquer grâce à <b> l'introduction d'un article.

Exemple d'usage de <b>

```
<article>
  <h1>Géolocalisation en HTML5</h1>
  <p><b>La géolocalisation fait partie des <abbr title="Application
Programming Interface">API</abbr> gravitant autour de HTML5</b> (<a
href="http://dev.w3.org/geo/api/spec-source.html"
hreflang="en">Geolocation API Specification</a>) et des nouvelles
fonctionnalités introduites par la mobilité. Ses usages sont nombreux et
souvent corrélés avec des bases de données de renseignements
géographiques.</p>
  <!-- Suite de l'article... -->
```

Figure 4–22 Mise en avant

L'élément `<strong>` est plus indiqué lorsqu'on veut conférer une importance au contenu.

Tableau 4–48 Propriétés de l'élément <b>

Propriété	Détails
Modèles de contenu autorisés	Contenu de phrasé.
Parents autorisés	Tout élément pouvant contenir des éléments de phrasé.
Omission de balise	Balises ouvrante et fermante obligatoires.
Style par défaut	`b { font-weight: bolder; }`

<i>

Aux côtés de `<b>`, la balise `<i>` tient une bonne place sur le podium des balises historiques, pour le rôle de la mise en forme en italique. Avec le souci de la séparation de la présentation et du contenu pour ne conserver que la valeur sémantique du document, cet élément visuel n'en menait pas large. Mais sa grande popularité l'a sauvé. Son rôle a été redéfini pour une portion de texte qui doit être « décalée » du contenu environnant, mais sans convoyer d'importance ou d'emphase. La convention typographique adoptée est le texte en italique (et cela tombe bien !).

Exemple d'usage de <i>

```
<p>La lettre <i>A</i> est la première de l'alphabet.</p>
```

La spécification cite en exemple un terme technique, une désignation taxonomique, une expression d'une autre langue, une pensée ou un nom de vaisseau.

Autre exemple d'usage de <i>

```
<p>Chewbacca est le copilote du <i>Faucon Millenium</i>.</p>
```

Figure 4–23
Mise en avant

Tableau 4–49 Propriétés de l'élément <i>

Propriété	Détails
Modèles de contenu autorisés	Contenu de phrasé.
Parents autorisés	Tout élément pouvant contenir des éléments de phrasé.
Omission de balise	Balises ouvrante et fermante obligatoires.

Style par défaut	`i {`
	`  font-style: italic;`
	`}`

<u>

À l'instar de <b> et <i>, la balise <u> marque un bloc de texte sans importance particulière mais dont la présentation est soulignée par défaut. Dans HTML 4, cet élément était déclaré obsolète car remplacé par les styles CSS, mais il fait un grand retour avec la version 5 du langage avec un rôle sémantique mieux défini, notamment vis-à-vis des noms propres chinois, ou encore comme annotation d'un texte dont la correction orthographique et/ou grammaticale est incorrecte.

Tableau 4–50 Propriétés de l'élément <u>

Propriété	Détails
Modèles de contenu autorisés	Contenu de phrasé.
Parents autorisés	Tout élément pouvant contenir des éléments de phrasé.

Tableau 4–50 Propriétés de l'élément <u> (suite)

Propriété	Détails
Omission de balise	Balises ouvrante et fermante obligatoires.
Style par défaut	`u { text-decoration: underline; }`

<small>

Initialement voué à diminuer la taille du texte dans les précédentes versions de HTML, `<small>` a été redéfini astucieusement en « *small print* », ce que l'on pourrait traduire par « petits caractères d'imprimerie figurant au bas des contrats dont l'auteur souhaite que l'on ne les lise pas ». Plus prosaïquement, il peut s'agir de mentions spécifiques ou légales, d'avertissements discrets, ou de la précision d'une licence d'utilisation.

Exemple d'usage (vécu) de <small>

```
<small>Reportez-vous aux <a href="cgv.html">conditions générales de
vente</a></small>
```

On peut également le considérer comme note de contenu « équivalente » à un élément `<aside>` en ligne.

Autre exemple d'usage de <small>

```
<small>Les éléments de cette page sont sous licence <a rel="license"
href="http://creativecommons.org/licenses/by-nc-sa/2.0/fr/">Licence
Creative Commons</a></small>
```

Tableau 4–51 Propriétés de l'élément <small>

Propriété	Détails
Modèles de contenu autorisés	Contenu de phrasé.
Parents autorisés	Tout élément pouvant contenir des éléments de phrasé.
Omission de balise	Balises ouvrante et fermante obligatoires.
Style par défaut	`small { font-size: smaller; }`

<dfn>

L'élément `<dfn>` (*defining instance* en anglais) représente un terme défini dans le document et plus particulièrement dans un bloc de texte. Il doit figurer à l'endroit où l'explication d'un mot, d'un concept ou d'une association d'idées est évoquée. Mais attention, ce n'est pas lui qui contient la définition, il s'agit juste de baliser le terme explicité.

Exemple d'usage de <dfn>

```
<p>La <dfn>rétrocompatibilité</dfn> consiste à développer une solution
technique en tenant compte de son passé, afin d'assurer une continuité
de fonctionnement avec des précédentes versions.</p>
```

Il n'y a pas de règle de style par défaut, mais la plupart des navigateurs ajoutent un style italique sur cet élément.

Tableau 4–52 Propriétés de l'élément <dfn>

Propriété	**Détails**
Modèles de contenu autorisés	Contenu de phrasé.
Parents autorisés	Tout élément pouvant contenir des éléments de phrasé, sauf `<dfn>`.
Omission de balise	Balises ouvrante et fermante obligatoires.

<abbr>

Les abréviations sont de plus en plus courantes. On parle aussi de sigle et d'acronyme, pour lequel un élément `<acronym>` avait été prévu dans les versions précédentes de HTML, mais a été abandonné puisque peu de rédacteurs web faisaient réellement la différence entre ces trois catégories, qui dépendent les unes des autres :

- une abréviation est un simple raccourcissement de texte (ex : « labo » pour laboratoire, « N.-D. de P. » pour Notre-Dame de Paris) ;
- un sigle est l'abréviation d'une locution dont on ne conserve que les initiales que l'on sépare en théorie d'un point (ex : « T.V.A. » ou « J.O. » pour Jeux olympiques) ;
- un acronyme est un sigle dont l'ensemble des lettres se lit ou se prononce comme un mot (ex : « ONU », « Ovni », « Radar »).

L'élément `<abbr>` est là pour nous aider à définir ces expressions, sans devoir les préciser à la suite du texte, d'une façon gênante pour la lecture.

Exemple d'utilisation de <abbr>

```
<abbr title="Hypertext Markup Language">HTML</abbr>
```

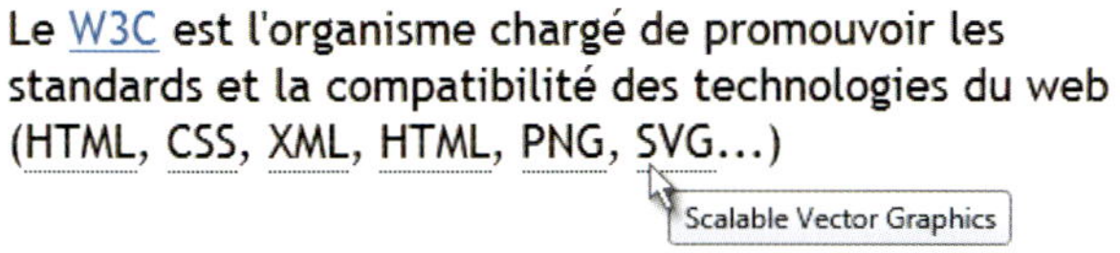

Figure 4–24
Abbr en action

Son attribut `title` n'est pas spécifique – car c'est un attribut global applicable à tous les autres éléments –, mais c'est lui qui contient la version texte étendue de l'abréviation ou de l'acronyme. Il sera notamment utilisé pour afficher une infobulle au survol, si le lecteur désire connaître l'explication de l'abréviation.

Tableau 4–53 Propriétés de l'élément <abbr>

Propriété	Détails
Modèles de contenu autorisés	Contenu de phrasé.
Parents autorisés	Tout élément pouvant contenir des éléments de phrasé.
Omission de balise	Balises ouvrante et fermante obligatoires.

<code>

Un fragment de code informatique – quel que soit le langage – peut être contenu dans un élément <code>. En général, une police à pas fixe lui est appliquée, ce qui le distingue d'un texte conventionnel et évoque bien un morceau d'instruction qui pourrait être lue dans un éditeur de texte.

Exemple d'usage de <code>

```
<p>Ce livre contient des allusions à la fonction
<code>document.getElementById()</code> et à la balise
<code>&lt;script&gt;</code>, sans oublier la propriété CSS
<code>display</code>.</p>
```

Feuille de style associée

```
code {
  color: #769712;
  font-size: 120%;
  font-weight: bold;
}
```

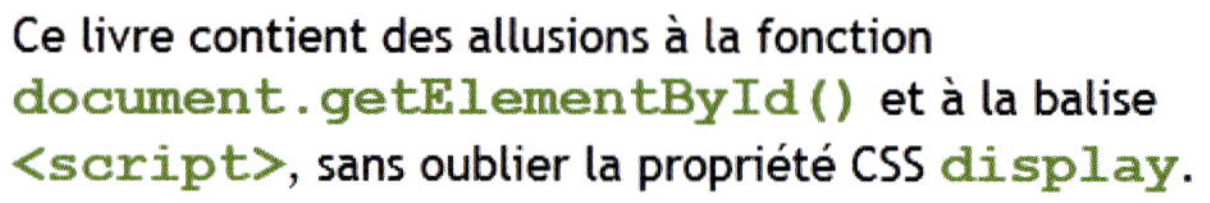

Figure 4–25
Extraits de code

Tableau 4–54 Propriétés de l'élément <code>

Propriété	Détails
Modèles de contenu autorisés	Contenu de phrasé.
Parents autorisés	Tout élément pouvant contenir des éléments de phrasé.
Omission de balise	Balises ouvrante et fermante obligatoires.

Style par défaut	`code {`
	`  font-family: monospace;`
	`}`

<var>

L'élément `var` représente au choix :

- une variable dans une expression mathématique ou informatique ;
- un espace réservé à un texte que le lecteur du document peut mentalement remplacer par une autre valeur.

Exemple d'usage de <var>

```
<p>Le produit de la multiplication
  de <var>x</var> par <var>y</var> est 42.</p>
```

Feuille de style associée

```
var {
  color: #c00;
}
```

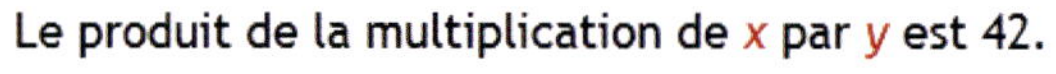

Figure 4–26
Variables

Tableau 4–55 Propriétés de l'élément <var>

Propriété	Détails
Modèles de contenu autorisés	Contenu de phrasé.
Parents autorisés	Tout élément pouvant contenir des éléments de phrasé.
Omission de balise	Balises ouvrante et fermante obligatoires.

Tableau 4–55 Propriétés de l'élément <var> (suite)

Propriété	Détails

Style par défaut	`var {`
	`  font-style: italic; }`
	`}`

<kbd>

L'élément `kbd` représente une entrée au clavier (*keyboard* en anglais), voire au moyen d'autres périphériques d'entrée, par exemple la reconnaissance vocale.

```
<p>Entrez l'adresse <kbd>www.alsacreations.com</kbd>.</p>
```

Lorsqu'il est contenu dans un élément `samp`, il représente une entrée telle qu'elle a été retournée par le système.

```
<p>Confirmez en cliquant sur <samp><kbd>Oui</kbd></samp>.</p>
```

À l'inverse, lorsqu'il contient un élément `samp`, il représente une entrée basée sur une sortie du système, par exemple pour invoquer un élément de menu.

Lorsqu'il est contenu dans un autre élément `kbd`, il représente une touche ou un autre moyen d'entrée.

Exemple d'usage de <kbd>

```
<p>Appuyez sur la touche <kbd><kbd>F1</kbd></kbd> ou sur
<kbd><kbd>Shift</kbd>+<kbd>Tab</kbd></kbd>.</p>
```

Feuille de style associée pour cet exemple

```
kbd kbd {
  background:#f4f0d3;
  border:1px dashed #dfcb41;
  padding:0.1em 0.3em;
  box-shadow:2px 2px 1px #ccc;
}
```

Figure 4–27
Double kbd

Tableau 4–56 Propriétés de l'élément <kbd>

Propriété	Détails
Modèles de contenu autorisés	Contenu de phrasé.
Parents autorisés	Tout élément pouvant contenir des éléments de phrasé.
Omission de balise	Balises ouvrante et fermante obligatoires.

Style par défaut	`kbd {`
	`  font-family: monospace;`
	`}`

<samp>

La balise `<samp>` délimite un exemple ou un échantillon (*sample* en anglais) de sortie produite par un programme ou un système.

Exemple d'usage de <samp>

```
<p>Si vous obtenez le message <samp>Parse error</samp>, ne paniquez pas !</p>
```

Tableau 4–57 Propriétés de l'élément <samp>

Propriété	Détails
Modèles de contenu autorisés	Contenu de phrasé.
Parents autorisés	Tout élément pouvant contenir des éléments de phrasé.
Omission de balise	Balises ouvrante et fermante obligatoires.

Style par défaut	`samp {`
	`  font-family: monospace;`
	`}`

<sub>

Un fragment de texte peut être placé en indice avec l'élément `<sub>` (*subscript* en anglais). L'intérêt est mathématique et chimique.

Exemple d'usage de <sub>

```
Le symbole chimique de l'eau est H<sub>2</sub>O
```

Figure 4–28
Texte en indice avec <sub>

Tableau 4–58 Propriétés de l'élément <sub>

Propriété	Détails
Modèles de contenu autorisés	Contenu de phrasé.
Parents autorisés	Tout élément pouvant contenir des éléments de phrasé.
Omission de balise	Balises ouvrante et fermante obligatoires.

Style par défaut	`sub {`
	`  vertical-align: sub;`
	`  font-size: smaller;`
	`}`

<sup>

L'opposé de <sub> pour placer cette fois-ci le texte en exposant est <sup> (*superscript* en anglais). L'intérêt est aussi mathématique et chimique, mais permet aussi de placer des références pour des notes en bas de page.

Exemple d'usage de <sup>

```
<p>L'équation est la suivante :<br>
  (a+b)<sup>2</sup> = a<sup>2</sup> + 2ab + b<sup>2</sup>
</p>
```

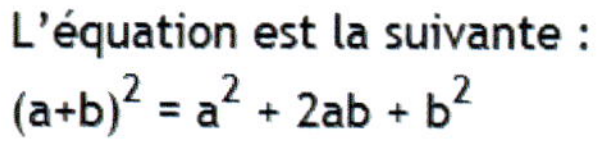

Figure 4–29
Texte en exposant avec <sup>

Tableau 4–59 Propriétés de l'élément <sup>

Propriété	Détails
Modèles de contenu autorisés	Contenu de phrasé.
Parents autorisés	Tout élément pouvant contenir des éléments de phrasé.
Omission de balise	Balises ouvrante et fermante obligatoires.

Style par défaut	`sup {`
	`  vertical-align: super;`
	`  font-size: smaller;`
	`}`

<time> nouveau 5

Un nouveau venu avec HTML 5 est l'élément `<time>`. Dans un web sémantique, cet apport vient combler un manque cruel de balisage des heures et des dates – hors microformats – du calendrier grégorien.

Ce dernier n'a rien à voir avec les chants du même nom. Il fut instauré par le pape Grégoire XIII tandis que les chants datent de Grégoire 1.0. C'est à l'origine pour corriger la dérive du calendrier julien par rapport à la durée effective de la révolution de la Terre autour du Soleil, que l'on a introduit un subtil décalage supplémentaire concernant les années bissextiles. Les années séculaires (1800, 1900, 2000...) ne sont bissextiles que si elles peuvent être divisées par 400. Ce calendrier est désormais utilisé dans la majeure partie du monde, et par la totalité des systèmes informatiques.

L'élément `<time>` représente un avantage non seulement pour la sémantique, mais aussi pour l'indexation automatisée par les moteurs de recherche, ou encore pour l'importation de données dans un agenda personnel. Son but est de lever toute ambiguïté sur la syntaxe à utiliser pour baliser une date ou une heure.

Exemple d'usage de <time>

```
<p>La Kiwi Party débutera à <time>14:00</time>.</p>
```

Tableau 4–60 Attributs spécifiques à <time>

Attribut	Valeurs	Rôle
`datetime`	date ou heure ou date et heure	Permet d'associer une date et/ou une heure à l'élément, dans un format standardisé.
`pubdate`	`pubdate` ou "" ou *(vide)*	Indique que la date donnée est celle de la publication du plus proche ancêtre `<article>` s'il est présent, ou sinon du document dans sa globalité.

datetime

Si l'attribut `datetime` n'est pas spécifié, alors le contenu texte de l'élément doit se conformer au format de date. En revanche, s'il est présent, le contenu de l'élément est totalement libre entre les balises de début et de fin.

Usage de <time> avec l'attribut datetime

```
<p>La Kiwi Party 2011 eut lieu le <time datetime="2011-04-01">1er
avril</time>.</p>
```

Au sujet du format de date autorisé, on adapte la notation suivant les besoins. Dans les exemples suivants, Y représente un chiffre codant pour les années *(year)*, M pour les mois, D pour les jours *(day)*, H pour les heures, M – après H – pour les minutes, S pour les secondes. Soit YYYY une année sur 4 chiffres, et HH une heure sur 2 chiffres entre 00 et 24. On obtient alors :

- Une date : `YYYY-MM-DD`, par exemple `2011-04-01` pour le 1er avril 2001.
- Une heure : `HH:MM`, par exemple `13:37` pour 13 h 37.
- Une date et une heure : `YYYY-MM-DDTHH:MMZ` pour une date UTC ou `YYYY-MM-DDTHH:MM+HH:MM` pour la précision d'un décalage de fuseau horaire.

Étant donné que l'on sait désormais que la Terre est sphérique – bien qu'il puisse encore exister des illuminés arguant du contraire sur Internet – et que l'heure universelle n'est pas la même en tout point du globe au même moment, il est d'usage de définir des fuseaux horaires lorsque l'on veut rédiger des dates qui doivent être comprises à l'international.

Le temps universel coordonné UTC *(Coordinated Universal Time)* sert de référence. Il succède à l'ancienne appellation GMT *(Greenwich Mean Time)*. La liste de l'appartenance des pays aux différents fuseaux horaires est trop longue pour figurer dans cet ouvrage. Si l'on se concentre sur l'Europe, le Royaume-Uni appartient au fuseau UTC+0 (avec l'Islande, l'Irlande, le Portugal). Suivent ensuite la majorité des pays d'Europe Centrale qui sont en avance d'une heure à UTC+1 (France, Espagne, Allemagne, Belgique, Suisse, Norvège, Suède, Italie, Pays-Bas, Autriche, Hongrie, Pologne, Tchéquie, Slovaquie, etc.), puis avec UTC+2 les pays d'Europe de l'Est (Finlande, Estonie, Roumanie, Bulgarie, Grèce), et ainsi de suite.

Les pays appliquant l'heure d'été peuvent observer un décalage positif ou négatif. Ainsi la France utilise UTC+2 en été et UTC+1 en hiver. Le Royaume-Uni affiche UTC+0 en hiver et UTC+1 en été. Les décalages ne sont pas forcément entiers, par exemple pour l'Inde et le Sri Lanka qui utilisent un fuseau à +5:30. La Chine (dans sa globalité) est un des derniers pays à avoir adopté ce système en 1949 avec UTC+8.

La notation terminée par un Z est équivalente à un temps UTC+0 pour lequel on ne précise pas de décalage, et donc à +00:00. La notation terminée par +HH:MM précise un décalage en heures et minutes. De ce fait, +02:00 est équivalent à UTC+2.

Usage de <time> avec l'attribut datetime

```
<p>Le lancement de la Kiwi Party 2011 a eu lieu le <time datetime="2011-
04-01T14:00+02:00">1er avril à 14h</time>.</p>
```

Dans cet exemple, la date est fixée au 1er avril 2011, à 14 heures précises, dans le fuseau horaire UTC+2 – Paris, heure d'été à cette époque de l'année.

Les heures peuvent être complétées par des secondes, on écrit alors simplement HH:MM:SS au lieu de HH:MM. Pour atteindre un plus grand niveau de précision, il est possible de suffixer l'heure d'un point « . » et d'une valeur numérique (d'un ou plusieurs chiffres) qui représentera la valeur décimale de la seconde, par exemple .001 pour une milliseconde supplémentaire.

Usage de <time> avec grande précision

```
<p>Le serveur est en ligne depuis le <time datetime="2011-04-
14T14:12:05.1270Z">14 avril 2011 à 14h12m05s</time>.</p>
```

L'élément `<time>` ne doit être utilisé que pour des dates valides qui peuvent être calculées dans l'intervalle de temps du calendrier grégorien, car le calcul des événements précédant notre ère est complexe, suite à tous les ajustements ayant eu lieu par le passé. Ce qui signifie qu'il ne sera pas possible de dater une œuvre sumérienne telle que la *Stèle des Vautours* sur le site du musée du Louvre. Sacré Grégoire.

Il est aussi possible désormais d'exprimer une durée, grâce à une syntaxe quelque peu différente. La valeur est préfixée par `P` (alias *Period*), les composantes dates et heures sont toujours séparées par `T`, et les unités sont notées par des lettres : `Y` pour les années, `M` pour les mois, `D` pour les jours, `H` pour les heures, `M` pour les minutes, `S` pour les secondes. On fait la distinction entre les mois et les minutes qui portent la même lettre grâce au séparateur `T`.

Usage de <time> avec expression de durée

```
<p>Durée de cuisson : <time datetime="P1H30M">1 heure et 30 minutes
</time>.</p>
<p>Le saut de Felix Baumgartner a duré <time datetime="PT4M19S">4
minutes et 19 secondes</time>.</p>
```

Référez-vous à la norme ISO 8601 pour connaître toutes les variantes du format.

pubdate

Si l'attribut `pubdate` est présent, il confère un rôle sémantique particulier à l'élément qui devient *de facto* un repère de temps pour l'élément `<article>` qui le contient, ou à défaut le document entier s'il n'est pas enfant d'un article.

Usage de <time> avec l'attribut pubdate

```
<article>
  <p>Cet article a été mis en ligne
     le <time pubdate>2011-04-01</time>.</p>
</article>
```

```
<article>
  <p>Cet autre article a été mis en ligne
     le <time pubdate>2011-05-03</time>.</p>
</article>
```

Pour exprimer un intervalle de temps, il suffit d'utiliser plusieurs éléments `<time>`. En revanche, un tel élément équipé de l'attribut `pubdate`, doit être unique dans son contexte (un article ne peut pas posséder plusieurs dates de publication).

Tableau 4–61 Propriétés de l'élément <time>

Propriété	Détails
Modèles de contenu autorisés	Contenu de phrasé.
Parents autorisés	Tout élément pouvant contenir des éléments de phrasé, sauf `<time>`.
Omission de balise	Balises ouvrante et fermante obligatoires.

<hr>

L'élément `<hr>` (*horizontal rule* en anglais) consiste en une séparation horizontale qui marque un changement dans le contenu. Bien que les précédentes spécifications de HTML le définissent uniquement du point de vue de la présentation, il représente désormais une séparation thématique de paragraphes, de sections de texte, de scènes à l'intérieur d'un récit.

Exemple d'usage de <hr>

```
<p>Mon premier paragraphe</p>
<hr>
<p>Mon deuxième paragraphe</p>
```

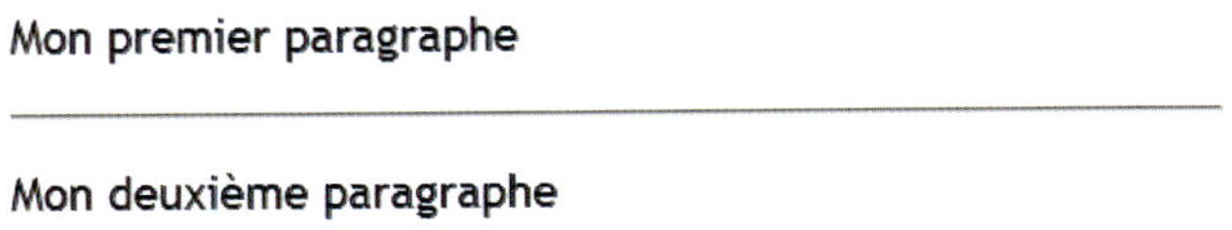

Figure 4–30
Séparation horizontale avec <hr>

Il s'agit d'un élément vide constitué d'une balise ouvrante, mais jamais d'une balise fermante. En syntaxe XHTML, on le note `<hr />`. Le style par défaut de la séparation n'est pas très engageant, mais il est très facile de le modifier avec d'autres instructions CSS, notamment en agissant sur la propriété `border`.

Tableau 4–62 Propriétés de l'élément <hr>

Propriété	Détails
Modèles de contenu autorisés	Élément vide.
Parents autorisés	Tout élément pouvant contenir des éléments de flux.
Omission de balise	Balise ouvrante obligatoire, pas de balise fermante.

Style par défaut	`hr {`
	`  display: block;`
	`  margin: 0.5em auto;`
	`  border-style: inset;`
	`  border-width: 1px;`
	`}`

À l'intérieur d'un bloc de texte, un élément `<br>` correspond à un saut de ligne (*line break* en anglais).

Exemple de saut de ligne

```
<p>Ceci est la première ligne<br>et ceci la seconde</p>
```

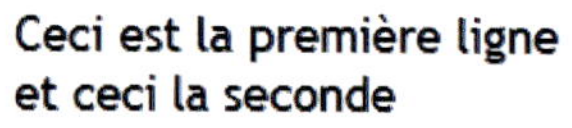

Figure 4–31
Saut de ligne

Il est déconseillé d'utiliser `<br>` pour introduire des espacements verticaux entre d'autres types d'éléments, car il n'est pas conçu pour cet usage. Ses dimensions peuvent varier en fonction de la taille moyenne de texte affichée dans le navigateur, modifiable par l'utilisateur.

Il s'agit d'un élément vide constitué d'une balise ouvrante, mais jamais d'une balise fermante. En syntaxe XHTML, on le note `<br />`.

Tableau 4–63 Propriétés de l'élément

Propriété	Détails
Modèles de contenu autorisés	Élément vide.
Parents autorisés	Tout élément pouvant contenir des éléments de phrasé.
Omission de balise	Balise ouvrante obligatoire, pas de balise fermante.

<wbr> <nouveau 5>

Représente une opportunité de coupure de ligne (*word break* en anglais), à l'intérieur d'un mot ou d'une phrase. Il s'agit d'une aide au moteur de rendu texte lui suggérant qu'il serait plus approprié d'effectuer un retour à la ligne à l'endroit où cet élément est placé, si la longueur du texte excède l'espace réservé par son conteneur.

Particulièrement indiqué pour les longs mots, il faut savoir que `<wbr>` ne crée aucunement de césure (ou trait d'union) lorsque survient la coupure de ligne. Il faudra pour cela exploiter l'entité ``.

Exemple d'usage de <wbr>

```
<p>Le mot le plus long de la langue française est
anti<wbr>constitu<wbr>tionnellement</p>
```

On peut y trouver un intérêt pour l'écriture de liens, souvent longs avec lesquels il est possible de se méprendre sur le dernier caractère affiché en fin de ligne, lorsqu'il s'agit d'un signe de ponctuation par exemple.

`<wbr>` est un élément vide qui ne comprend bien entendu aucune propriété de style.

Tableau 4–64 Propriétés de l'élément <wbr>

Propriété	Détails
Modèles de contenu autorisés	Élément vide.
Parents autorisés	Tout élément pouvant contenir des éléments de phrasé.
Omission de balise	Balise ouvrante obligatoire, pas de balise fermante.

> **RESSOURCE Césure et web**
>
> Typographisme : De la césure et du Web avec HTML, CSS et JavaScript
>
> ▸ http://typographisme.net/post/De-la-cesure-et-du-Web

<ins>

L'élément `<ins>` indique un contenu texte ayant été inséré ou ajouté dans le document après sa publication.

Par exemple, il s'agit d'une technique de choix pour mettre à jour le texte d'un `<article>` lorsque celui-ci doit être maintenu à jour au fil du temps et que les lecteurs doivent pouvoir être informés des changements apportés sur le document.

Insertion datée d'un jour

```
<p>Firefox supporte les formats d'image PNG, GIF, JPEG
<ins datetime="2010-03-04">et SVG</ins>.</p>
```

Insertion datée d'un jour et d'une heure, avec raison

```
<p>Ce sportif a remporté une médaille d'or
<ins datetime="2010-06-20T15:30:00+00:00" cite="nouvelle-
victoire.html">et deux médailles d'argent</ins></p>
```

Figure 4–32
Rendu de l'insertion avec <ins>

Ce sportif a remporté une médaille d'or <u>et deux médailles d'argent</u>.

Tableau 4–65 Attributs spécifiques à <ins>

Attribut	Valeurs	Rôle
`cite`	URL	Adresse d'un document externe expliquant la raison de l'ajout.
`datetime`	date ou date+heure	Date (ou date et heure) à laquelle le texte a été ajouté.

Visuellement, il est représenté par un texte souligné.

Tableau 4–66 Propriétés de l'élément <in>

Propriété	Détails
Modèles de contenu autorisés	Contenu de phrasé ou de flux.
Parents autorisés	Tout élément pouvant contenir des éléments de phrasé ou de flux.
Omission de balise	Balises ouvrante et fermante obligatoires.

Style par défaut	`ins {`
	`  text-decoration: underline;`
	`}`

<del>

L'élément `<del>` indique un contenu texte ayant été supprimé du document.

Il serait possible de le retirer purement et simplement du code, mais `<del>` permet dans un souci de transparence de conserver en ligne ce contenu et de noter sa date de suppression avec l'attribut `datetime`, ou la raison de ce retrait à l'aide de l'attribut `cite` faisant référence à un autre document.

Suppression datée d'un jour

```
<p>Google Chrome supporte Theora, WebM <del datetime="2011-01-11">et
H.264</del></p>
```

Suppression datée d'un jour et d'une heure, avec raison

```
<p>HTML<del datetime="2011-01-19T13:37:00+01:00" cite="http://
blog.whatwg.org/html-is-the-new-html5">5</del> est un langage de
balisage pour le Web</p>
```

Figure 4–33
Rendu de la suppression d'un caractère avec <del>

HTML~~5~~ est un langage de balisage pour le web

Tableau 4–67 Attributs spécifiques à <del>

Attribut	Valeurs	Rôle
`cite`	URL	Adresse d'un document externe expliquant la raison de la suppression.
`datetime`	date ou date+heure	Date (ou date et heure) à laquelle le texte a été supprimé.

Visuellement, il est représenté par un texte barré.

Tableau 4–68 Propriétés de l'élément <del>

Propriété	Détails
Modèles de contenu autorisés	Contenu de phrasé ou de flux.
Parents autorisés	Tout élément pouvant contenir des éléments de phrasé ou de flux.
Omission de balise	Balises ouvrante et fermante obligatoires.
Style par défaut	`del { text-decoration: line-through; }`

<s>

La différence entre `<del>` et `<s>` est subtile. Tandis que `<del>` concerne un morceau de texte ayant été supprimé, car il était incorrect, `<s>` est voué aux informations qui ne sont plus exactes ou pertinentes. Elles ont par conséquent été éliminées, frappées (*strike* en anglais) par la foudre divine, boutées hors du document.

Exemple d'usage de <s>

```
<p>Notre équipe de web designers émérites
compte <s>cinq</s> six collaborateurs.</p>
```

Notre équipe de web designers émérites compte ~~cinq~~ six talentueux collaborateurs.

Figure 4–34
<s> à l'œuvre

Visuellement, il est aussi représenté par un texte barré, mais ses propriétés par défaut peuvent être enrichies pour marquer encore plus cette différence.

Tableau 4–69 Propriétés de l'élément <s>

Propriété	Détails
Modèles de contenu autorisés	Contenu de phrasé.
Parents autorisés	Tout élément pouvant contenir des éléments de phrasé.
Omission de balise	Balises ouvrante et fermante obligatoires.

Style par défaut	`s {`
	`  text-decoration: line-through;`
	`}`

<pre>

L'usage de l'élément `<pre>` est voué aux blocs de texte préformatés. Il s'agit entre autres de structurer le contenu pour une meilleure lisibilité, avec une police à pas fixe pour convention typographique. Par ailleurs, les espaces multiples sont respectées et non fusionnées, ce qui est bigrement pratique pour l'ASCII Art :

```
<pre>
('-. .-. .-') _   _   .-')
( 00 ) /( 00) ) ( '.( 00 )_
,--. ,--./     '._ ,--.   ,--.),--.     .------.
| | | ||'--...__)|   `.'  | | |.-') |   ___|
|   .| |'--. .--'|         | | | 00 )| '--.
|       |   | |   | |'.'| | | |`-' |`---. '.
| .-. |   | |   | |   | |(| '---.'.-   | |
| | | |   | |   | |   | | |      | | `-'  /
`--' `--'  `--'  `--'  `--' `------'`----''
</pre>
```

Figure 4–35
L'art est dans le <pre>

Il peut être utilisé combiné à un élément `<code>` pour représenter un code informatique, ou `<samp>` pour une sortie.

```
<p>Pour centrer le texte des paragraphes en CSS, utilisez :</p>
<pre><code>p {
  font-size:bold;
}</code></pre>
```

Par défaut, la propriété CSS `font-family` possède la valeur de famille générique `monospace`, c'est-à-dire que toute police par défaut du système à espacement fixe pourra être utilisée.

Tableau 4–70 Propriétés de l'élément <pre>

Propriété	Détails
Modèles de contenu autorisés	Contenu de phrasé.
Parents autorisés	Tout élément pouvant contenir des éléments de flux.
Omission de balise	Balises ouvrante et fermante obligatoires.

Style par défaut	`pre {`
	`  display: block;`
	`  font-family: monospace;`
	`  white-space: pre;`
	`  margin: 1em 0;`
	`}`

<mark> nouveau

Un texte contenu entre les balises `<mark>` et `</mark>` est considéré comme marqué ou « surligné ». Il signale et met en valeur une portion du document sur laquelle on veut attirer l'attention, dans un contexte particulier. C'est l'élément du marqueur fluo.

Lorsqu'il est employé dans une citation, il dénote que l'on souhaite marquer de manière spécifique le passage balisé, même si ce n'était pas l'intention originale de l'auteur de cette citation.

Exemple d'usage de <mark>

```
<p>Aviez-vous noté le jeu de mots suivant ?</p>
<p>Un intégrateur n'a jamais peur, <mark>il balise</mark> !</p>
```

Les résultats d'une page de recherche peuvent en profiter, ainsi que les instructions marquantes d'un bloc de code contenu dans `<pre>`.

Exemple d'usage de <mark>

```
<p>La propriété CSS <code>azimuth</code> est peu connue :</p>
<pre><code>p.commentaire {
  color:#ccc;
  <mark>azimuth: behind;</mark>
  font-size:smaller;
}</code></pre>
```

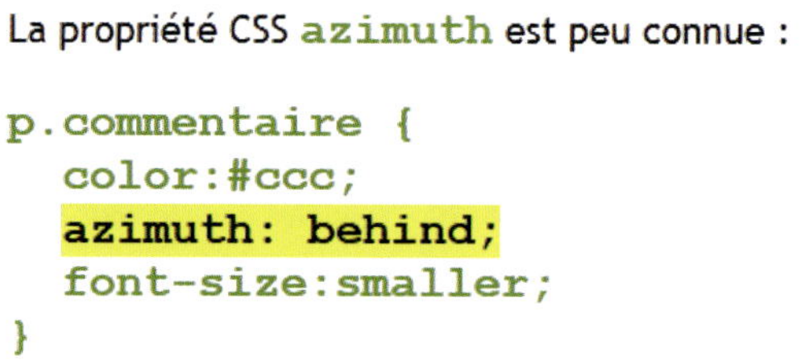

Figure 4–36
Un extrait de code marqué

Son apparence par défaut consiste en une couleur de fond jaune vif et un texte noir.

Tableau 4–71 Propriétés de l'élément <mark>

Propriété	Détails
Modèles de contenu autorisés	Contenu de phrasé.
Parents autorisés	Tout élément pouvant contenir des éléments de phrasé.
Omission de balise	Balises ouvrante et fermante obligatoires.

Style par défaut	`mark {`
	`  background-color: yellow;`
	`  color: black;`
	`}`

<ruby> nouveau

La prise en compte des caractères annotés de certaines langues étrangères, notamment asiatiques est assurée par <ruby>. Les annotations *Ruby* sont des indications qui peuvent être placées aux côtés d'un idéogramme (généralement au-dessus ou à droite) pour donner sa prononciation, notamment pour les moins courants.

Exemple d'utilisation de <ruby>

```
<p lang="zh">
  <ruby>
  漢<rt>ん</rt>字<rt>じ</rt>
  </ruby>
</p>
```

Dans cet exemple, le terme 漢字 signifie « kanji » ou autrement dit « mot chinois ». Il comprend deux idéogrammes qui correspondent respectivement à « Han » (漢) c'est-à-dire « chinois » (pour simplifier), et à « mot » (字). Ils sont immédiatement suivis de leurs annotations, définies par des éléments <rt>.

Figure 4–37
Exemple de rendu <ruby> à l'affichage

En japonais, cette forme de typographie est appelée *furigana*. Elle peut être écrite en hiragana qui est l'alphabet syllabaire (ci-dessus), kanji, katakana ou caractères latins (rōmaji). En chinois, la translittération pinyin est une transcription phonétique du mandarin en caractères latins.

Très peu de navigateurs occidentaux supportent nativement cette notation pour le moment. Le module CSS 3 Ruby fournit des propriétés pour définir le placement des annotations : `ruby-position`, `ruby-align`, `ruby-span`, `ruby-overhang`.

Tableau 4–72 Propriétés de l'élément <ruby>

Propriété	Détails
Modèles de contenu autorisés	Une ou plusieurs occurrences de contenu de phrasé suivi d'un élément `<rt>` ou d'une suite d'éléments `<rp>`, `<rt>` et `<rp>`.
Parents autorisés	Tout élément pouvant contenir des éléments de phrasé.
Omission de balise	Balises ouvrante et fermante obligatoires.

Style par défaut	`ruby {`
	`  text-indent: 0;`
	`}`

<rt> <nouveau 5>

L'élément `<rt>`*(ruby text)* figure au sein d'un élément parent `<ruby>` pour marquer l'annotation texte. Voir plus haut l'élément `<ruby>`.

Tableau 4–73 Propriétés de l'élément <rt>

Propriété	Détails
Modèles de contenu autorisés	Contenu de phrasé.
Parents autorisés	`<ruby>`
Omission de balise	Balise ouvrante obligatoire. La balise fermante peut être omise si cet élément est immédiatement suivi par `<rt>` ou `<rp>`, ou s'il n'y a plus aucun autre contenu dans l'élément parent.

Style par défaut	`rt {`
	`  text-indent: 0;`
	`}`
	`rt {`
	`  line-height: normal;`
	`}`

<rp> <nouveau 5>

L'élément `<rp>`*(ruby parenthesis)* figure au sein d'un élément parent `<ruby>` pour permettre l'ajout de parenthèses autour de l'annotation `<rt>` pour les navigateurs ne supportant pas cette fonctionnalité. Ces derniers afficheront donc les parenthèses. Voir l'élément `<ruby>` plus haut.

Exemple d'utilisation de <rp>

```
<p lang="zh">
<ruby>
  <rp>(</rp><rt></rt><rp>)</rp>
  <rp>(</rp><rt></rt><rp>)</rp>
  </ruby>
</p>
```

Tableau 4–74 Propriétés de l'élément <rp>

Propriété	Détails
Modèles de contenu autorisés	Contenu de phrasé.
Parents autorisés	`<ruby>`
Omission de balise	Balise ouvrante obligatoire. La balise fermante peut être omise si cet élément est immédiatement suivi par `<rt>` ou `<rp>`, ou s'il n'y a plus aucun autre contenu dans l'élément parent.

<bdo>

L'élément `<bdo>` (*BiDioverride* en anglais) surclasse le sens de lecture, déterminé par l'algorithme bidirectionnel Unicode.

> **RESSOURCE Standard Unicode**
>
> L'algorithme bidirectionnel Unicode
>
> ▸ http://unicode.org/reports/tr9/

Le terme BiDi provient de *BiDirectional* en anglais. C'est l'attribut `dir` qui définit la direction :

- `ltr` : de gauche à droite *(left to right)* ;
- `rtl` : de droite à gauche *(right to left)*.

Exemple d'usage de l'attribut dir sur un palindrome

```
<bdo dir="rtl">Tu l'as trop écrasé, César, ce Port-Salut !</bdo>
```

Figure 4–38
Ceci n'est pas un SMS écrit en mixed case

! tulaS-troP ec ,raséC ,ésarcé port sa'l uT

Tableau 4–75 Propriétés de l'élément <bdo>

Propriété	Détails
Modèles de contenu autorisés	Contenu de phrasé.
Parents autorisés	Tout élément pouvant contenir des éléments de phrasé.
Omission de balise	Balises ouvrante et fermante obligatoires.

<bdi>

L'élément `<bdi>` (*BiDiisolate* en anglais), isole son contenu des effets de la mise en forme de texte bidirectionnelle. Il permet de ne pas aboutir à un alignement confus pour du contenu généré par les utilisateurs, pour lequel la direction initiale est inconnue. Par exemple, un nom écrit en langue arabe qui serait mélangé à du texte latin.

Pour cet élément, l'attribut `dir` est défini par défaut à `auto`, et n'hérite pas de la valeur de ses parents contrairement aux autres éléments.

Tableau 4–76 Propriétés de l'élément <bdi>

Propriété	Détails
Modèles de contenu autorisés	Contenu de phrasé.
Parents autorisés	Tout élément pouvant contenir des éléments de phrasé.
Omission de balise	Balises ouvrante et fermante obligatoires.

Contenu embarqué

On désigne par contenu embarqué tout élément faisant référence à des données stockées dans un fichier ou une ressource externe au document HTML. Il s'agit d'images, d'autres documents HTML, de médias vidéo et d'audio.

Les nouveaux éléments `<audio>`, `<video>`, `<source>`, `<track>` font l'objet d'un chapitre dédié, car ils représentent une avancée majeure de HTML 5 et méritent une attention particulière.

Il en va de même pour `<canvas>` qui nécessite un développement poussé de ses fonctionnalités ainsi que des instructions JavaScript.

<img>

Certainement une des balises les plus connues et les plus usitées de HTML, `<img>` embarque une image stockée dans un fichier externe à l'intérieur d'un document web.

Étant donné les fondations mêmes du langage, HTML ne décrit que la structure du document et son contenu texte. Les images ne sont pas intégrées dans ce même fichier HTML, mais stockées dans des fichiers voisins (dans le même répertoire ou non) avec différents formats de compression, possédant chacun des avantages et inconvénients.

Formats de compression d'images

Les formats parmi les plus répandus et interprétés actuellement par l'ensemble des navigateurs sont :

Tableau 4–77 Formats de compression d'images pour le Web

Format	Compression	Invention	Usages
GIF	Non destructive si la palette d'origine comprend moins de 256 couleurs	Compuserve en 1987 Format non totalement libre	Petits éléments graphiques, icônes, petites images animées Transparence sur 1 niveau
PNG	Non destructive De 1 à 48 bits	Format ouvert Recommandation W3C et RFC	Images de haute qualité avec niveaux de transparence, autres éléments graphiques Transparence sur 1 niveau en 256 couleurs, et jusqu'à 65 535 niveaux sinon
JPEG	Destructive Algorithmes variables	Groupe JPEG et IBM de 1980 à 1992 Brevet soumis à discussions	Photographies Pas de transparence

Ces caractéristiques ne représentent qu'une vue synthétique de l'état du Web actuel. Ces formats comportent de nombreuses subtilités qui les rendent avantageux dans une situation et exécrables dans une autre. La meilleure méthode est l'expérimentation et la comparaison des qualités de rendu en parallèle de la taille des fichiers générés.

Ces formats célèbres ont également été spécifiés et déclinés dans des versions plus poussées, et dont le support n'est pas universel : PNG animé, JPEG 2000, JPEG sans pertes, etc. Un nouveau format nommé WebP a été lancé à l'initiative de Google, faisant appel aux algorithmes de compression du codec WebM/V8, mais son support reste aussi très limité.

Le GIF dispose d'une variante nommée le GIF animé qui stocke une suite d'images compressées dans un même fichier, avec des durées d'affichage pouvant être variables pour chacune d'entre elles. C'est une invention qui a été éprouvée (et qui a aussi bien éprouvé les internautes) durant de nombreuses années pour les petits éléments graphiques nécessitant du mouvement et les bannières publicitaires.

Le PNG a été inventé pour améliorer le GIF, qu'il remplace dans la plupart des situations avec brio. Néanmoins, son poids lié à ses algorithmes de compression sans pertes de qualité reste un inconvénient pour les images de type photo face au JPEG. Un niveau de compression appréciable peut être obtenu en JPEG avec un compromis sur quelques pertes de qualité, qui seront peu perceptibles à l'œil humain lors de la navigation.

On désigne habituellement par PNG-8 une compression acceptant un maximum de 256 couleurs (8 bits avec palette indexée) et PNG-24 une compression en « couleurs vraies » (codées sur 24 bits).

La transparence (ou canal *alpha*) qui permet la superposition d'images à un fond ou entre elles, est acceptée de manières très différentes :

- Le GIF la supporte sur un seul niveau, totalement opaque ou totalement transparent, ce qui peut créer des effets d'escalier disgracieux. Ce support est total sur tous les navigateurs.
- Le PNG-8 peut la supporter sur un seul niveau en mode 256 couleurs et dans ce cas elle reflète les mêmes caractéristiques que celle du GIF avec un bon support ; ou bien sur 65 535 niveaux (2^{16}) en PNG-24 ce qui produit un résultat au-delà de toute espérance, sauf sur Internet Explorer 6 qui le digère mal et affiche de rutilantes zones grisâtres.
- Le JPEG ne la supporte pas, du moins pas dans son usage actuel.

Compresser efficacement n'est pas chose aisée, même lorsqu'on a choisi le bon format. Les algorithmes sont variés, les programmes plus ou moins efficaces, et de nombreux services en ligne ou extensions se proposent d'améliorer la compression des images produites par les logiciels de graphisme courants. L'idéal est de tester au cas par cas, selon la provenance des images, leur contenu et le taux de réduction souhaité.

RESSOURCE Outils de compression en ligne

Kraken.io

▸ http://kraken.io/

Smush.it

▸ http://www.smushit.com/ysmush.it/

JpegMini

▸ http://www.jpegmini.com/

Jpeg Optimizer

▸ http://jpeg-optimizer.com/

PunyPNG

▸ http://punypng.com/

TinyPNG

▸ http://tinypng.org/

Bref comparatif visuel

Transcrire le ressenti graphique des formats et taux de compression appliqués à des exemples dans un tel ouvrage n'est pas aisé, car la résolution d'impression n'est pas proportionnelle à celle d'un écran, cependant ils peuvent servir de base à d'autres expérimentations.

Plus le taux de compression JPEG est élevé, plus la qualité s'en ressent, et plus la taille du fichier est réduite.

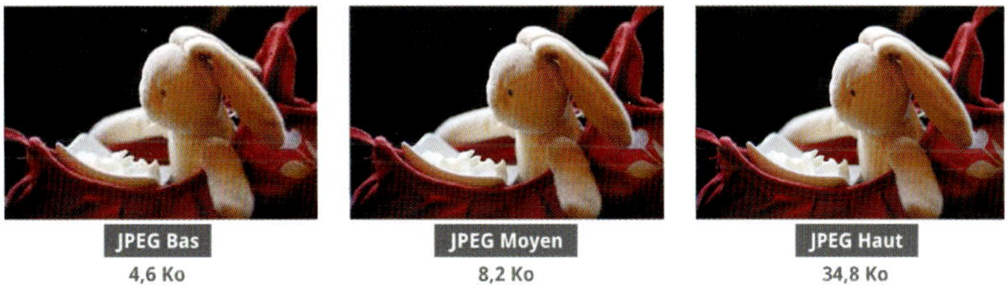

Figure 4–39
Taux de compression en JPEG et qualité

Pour la compression d'une image de type photographique avec une palette de couleurs très étendue et sans formes géométriques, le format JPEG s'avère le plus performant avec un compromis de qualité moyenne. La compression PNG-24 est sans pertes, donc l'image est parfaite, mais avec un poids nettement plus élevé.

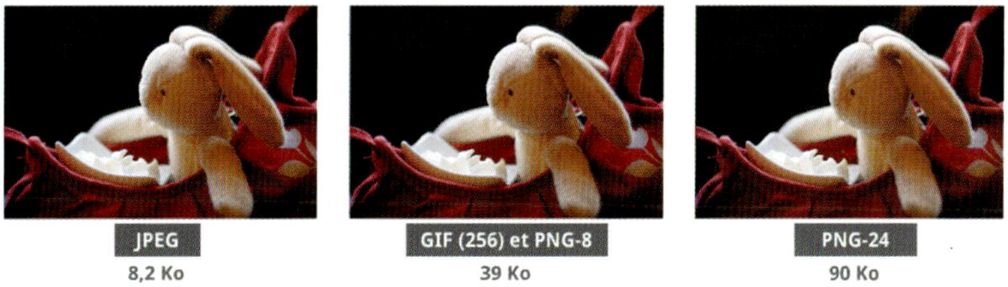

Figure 4–40
Comparatif de compression pour une photo

Dans le cas d'une image disposant d'une palette de couleurs réduite (sans trop de dégradés, composée de formes simples ou d'aplats de couleur), les formats GIF et PNG sont les plus appropriés. Ils détériorent sensiblement moins les contours et la netteté. Le poids d'un fichier PNG-8 est proche d'un fichier GIF possédant le même nombre de couleurs. En revanche, la déclinaison en PNG-24 produirait un fichier plus lourd (environ 23 ko).

Dernier exemple avec une image transparente placée sur un fond quadrillé, tel qu'on peut en rencontrer dans les logiciels d'édition d'images pour symboliser et repérer plus facilement les zones transparentes. L'image JPEG arbore un fond uni par l'absence de support de cette transparence. L'image GIF ou PNG-8 ne définit que deux types de zones, totalement transparentes ou non, sans aucun état intermédiaire.

Figure 4–41
Comparatif de compression pour un logo

L'ombrage est donc soumis à un compromis et impose le choix d'une couleur de fond apposée sous les zones initialement semi-transparentes. Seul le PNG-24 respecte efficacement le canal alpha sur plusieurs niveaux.

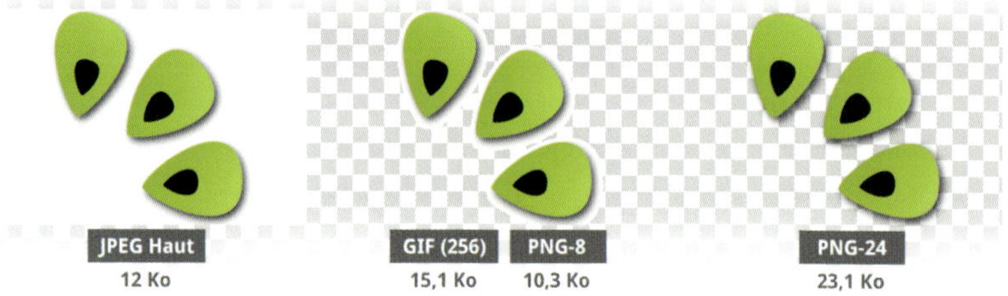

Figure 4–42
Comparatif pour une image transparente

Usage des images en HTML

La balise <img> est vouée à détenir des images apportant un plus pour le contenu du document, et non pour sa présentation. Elle n'est pas conçue pour afficher des images de fond ou d'embellissement de la page web pour lesquelles il est tout à fait indiqué d'utiliser les feuilles de style – et bien souvent la propriété `background-image` – afin de toujours conserver la séparation entre la forme et le contenu. De plus, les instructions CSS offrent des possibilités avancées pour la disposition, la répétition des motifs sur deux axes, les fonds multiples, etc. Les images utilisées dans ce cadre ne seront pas cliquables, ni destinées à être imprimées.

Quelques cas concrets dans lesquels il est recommandé d'utiliser <img> :

- un logo cliquable, associé au titre principal ;
- une photo d'illustration pour un article ou dans un album photo ;
- des icônes cliquables pour des commandes ou des liens.

Quelques cas concrets dans lesquels il est recommandé d'utiliser les CSS :

- images de fond en général (zone de contenu, de navigation, de formulaires) ;
- images et icônes décoratives, séparations verticales ou horizontales.

La spécification distingue aussi ces cas selon la présence des attributs `alt` et `src`, détaillés ci-après :

- Si aucun des deux n'est défini, l'élément ne représente rien.
- Si seul `src` est indéfini, alors l'élément correspond au texte contenu dans `alt`.
- Si l'attribut `alt` est vide, alors l'image est décorative.
- Si l'attribut `alt` n'est pas vide, l'image fait partie intégrante du contenu et cet attribut donne un équivalent texte de remplacement pour l'image. Il peut être amené à être affiché si l'image ne peut être chargée, si l'utilisateur a désactivé l'affichage des images, ou s'il navigue à l'aide d'une synthèse vocale.
- Si l'attribut `alt` est absent et que l'image ne peut être interprétée ou affichée, l'agent utilisateur peut choisir d'exploiter l'attribut global `title` ou la valeur de l'élément `<figcaption>` si l'ensemble est contenu dans `<figure>`, en tant que légende.

Dans l'absolu, les images utilisables sont dans les formats classiques évoqués précédemment (PNG, GIF, JPEG), mais il est également autorisé d'employer des formats différents si ceux-ci constituent des documents d'une seule page sans aucun script, tels que des documents vectoriels PDF, SVG (XML), SVG animé (SMIL), etc. N'entrent pas dans cette catégorie les fichiers SVG embarquant un script, les documents PDF de plus d'une page, les fichiers MNG, HTML, et ainsi de suite.

Tableau 4–78 Attributs spécifiques à <img>

Attribut	Valeurs	Rôle
`src`	URL	Adresse du fichier image.
`alt`	texte	Texte alternatif à utiliser en cas d'absence de la ressource, d'incapacité de l'agent utilisateur à rendre l'image, ou de synthèse vocale.
`width`	nombre entier positif	Largeur de l'image en pixels.
`height`	nombre entier positif	Hauteur de l'image en pixels.
`ismap`	`ismap` ou `""` ou (vide)	Indique que l'élément image donne accès à une *image map* côté serveur.
`usemap`	chaîne de texte	Nom de l'élément `<map>` à utiliser pour la définition des zones cliquables de l'*image map* côté client.

src

L'attribut `src` est la pierre angulaire de l'image, car il indique l'adresse à laquelle le navigateur doit la télécharger avant de l'afficher.

Exemple d'usage de l'élément <img>

```
<!-- Image dans le même répertoire que la page HTML -->
<img src="ballon.jpg">

<!-- Image stockée à la racine du site web -->
<img src="/palmier.jpg">

<!-- Image située sur un autre site -->
<img src="http://www.monsite.com">
```

alt

Le texte alternatif d'une image est spécifié par l'attribut `alt`. Il faut le considérer comme un contenu de repli lorsque l'image ne peut être visualisée. Soit parce qu'elle n'a pas été trouvée et téléchargée, soit parce que le navigateur ne peut comprendre son format, soit parce que l'utilisateur n'est pas en mesure de la voir. Le WhatWG résume son principe par une astuce : « Une façon de penser l'alternative texte est de réfléchir à la manière dont vous liriez la page contenant l'image à quelqu'un d'autre au téléphone, sans mentionner que l'image est présente. Quel que soit ce que vous dites en lieu et place de l'image, cela constitue un bon début pour l'écriture de l'alternative texte. »

C'est un attribut bien connu, car il était déjà requis en HTML 4 et XHTML 1.0, contrainte qui a fait pester plus d'un intégrateur web souhaitant obtenir l'aval complet du validateur du W3C. Son usage est souvent ignoré ou minimisé, car l'on fait appel aux images dans tant de situations différentes que les règles applicables ne sont pas forcément toujours comprises.

Voici quelques-unes de ces règles suggérées par la spécification pour le contenu de l'attribut `alt`.

- Image contenant du texte, ou un titre, ayant été rendu uniquement pour produire un effet graphique impossible à créer avec HTML et CSS : contenu même du texte figurant sur l'image ❶.
- Un lien ou un bouton ne contenant qu'une image : texte décrivant le rôle du lien ou du bouton ❷.
- Courte phrase équipée d'une icône ou d'un logo : attribut `alt` vide, plutôt qu'un texte faisant double emploi ❸.
- Paragraphe de texte avec une représentation graphique alternative (graphiques, diagrammes, illustrations, cartes) : texte reformulant le contenu de l'image ❹.
- Image décorative ou supplémentaire au texte : attribut `alt` vide ❺.
- Image découpée en plusieurs petits fichiers distincts : seul le premier doit comporter un texte alternatif.

Figure 4–43
Cas pratiques pour l'utilisation de l'attribut alt

Exemples d'usages de l'attribut alt sur <img>

```
<!doctype html>
<html>
<head>
  <meta charset="utf-8">
  <title>Mon lapin, ce héros</title>
</head>
<body>

<header>
  <!-- Titre de premier niveau -->
  <h1><img src="logo-titre.png" alt="Mon lapin n'est pas comme les autres"></h1> ❶
</header>

<!-- Navigation -->
<nav>
  <ul>
    <li><a href="/"><img src="maison.png" alt="Accueil"></a></li> ❷
    <li><a href="/recettes.html"><img src="icone-carotte.png" alt=""> Recettes aux
carottes</a></li> ❸
```

```
    <li><a href="/adresses.html"><img src="icone-carotte.png" alt=""> Bonnes
adresses de carottes</a></li>
  </ul>
</nav>

<p>
  <!-- Photo d'illustration -->
  <img src="lapin.jpg" style="float:left" alt="Lapin en peluche nonchalamment
accoudé à un sucrier, attendant l'eau pour son thé"> ❹
  Lapin n'est pas comme les autres. Il est cultivé, boit du thé en toutes occasions
et ne sort jamais sa carotte en public. Parmi ses passions figurent les longues
promenades dans les prés et les discussions philosophiques avec ses amies les taupes.
Il déteste se faire pincer très fort les mains entre les portes du métro ou que l'on
cherche à savoir si une pile est cachée dans son dos.
</p>

<footer>
  <!-- Image décorative -->
  <img src="brochette-de-legumes.jpg" alt=""> ❺
  <p>Site créé à la gloire des lapins</p>
  <p><small>Aucune carotte n'a été maltraitée durant sa réalisation</small></p>
</footer>

</body>
</html>
```

RESSOURCES Attribut alt et techniques

Cas d'utilisation concrets et exemples par le W3C

- http://dev.w3.org/html5/alt-techniques/

width, height

Les attributs `width` et `height` définissent respectivement l'espace d'affichage alloué pour l'image. Idéalement, ceux-ci reflètent les dimensions réelles du fichier image, en pixels. Si tel n'est pas le cas, l'image est redimensionnée par le navigateur avec un rendu potentiellement disgracieux si les proportions ne sont pas respectées ou que la résolution est insuffisante.

Si aucune dimension n'est attribuée grâce à `width` ou `height`, le navigateur alloue automatiquement l'espace requis d'après la résolution native du fichier image. Du point de vue des performances d'affichage et de rendu graphique, il est souvent recommandé de préciser ces valeurs de largeur et hauteur afin d'indiquer dès le chargement du code HTML les dimensions de l'espace à réserver. Le navigateur n'aura pas besoin d'attendre le chargement ultérieur de la ressource image pour en déduire ses propriétés.

Exemple d'usage de l'élément <img>

```
<img src="pigments.jpg" width="640" height="427" alt="Pigments de
différentes couleurs dans une vitrine">
```

Figure 4–44
Image dont les dimensions sont données

usemap

Une image peut être associée à la définition d'une zone de liens cliquables (ou *image map*), telle que décrite avec l'élément `<map>`. Cet attribut contient alors l'identifiant unique de ce dernier pour y faire appel.

ismap

La valeur booléenne (`true` ou `false`) de l'attribut `ismap` indique que le navigateur doit transmettre les coordonnées du point cliqué sur l'image au serveur, lorsque celle-ci est bien entendu cliquable (par exemple dans un lien `<a>`). Ces coordonnées sont envoyées sous la forme `?x,y` et peuvent être analysées par langage interprété côté serveur.

Exemple d'usage de l'attribut ismap

```
<a href="/imagemap.php"><img src="pigments.jpg" alt="Pigments de
différentes couleurs dans une vitrine" ismap="true"></a>
```

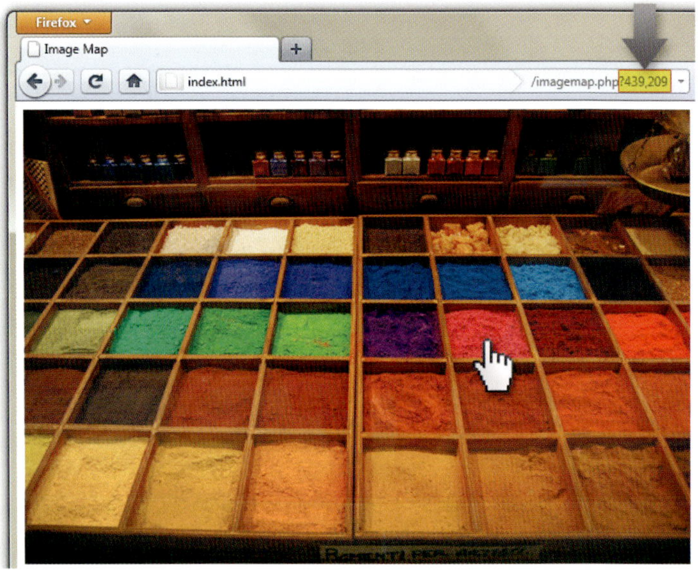

Figure 4–45
Conséquence de l'attribut ismap sur une image

Script PHP recueillant les coordonnées

```
<?php

// Les coordonnées sont obtenues en argument de l'URL
$coordonnees = explode(',',$_SERVER['QUERY_STRING']);
list($x,$y) = $coordonnees;

echo 'Coordonnées obtenues :'.$x.' x '.$y.'<br>';

if($x>404 && $y>182 && $x<489 && $y<234) {
  echo 'Vous avez cliqué sur le rose !';
}

?>
```

Liens sur images

Les liens hypertextes appliqués aux images revêtent les mêmes caractéristiques que les liens sur le contenu texte. L'intégralité de la surface de l'image est alors cliquable. Pour des raisons d'accessibilité, il est très fortement recommandé de toujours préciser un texte alternatif comme valeur de l'attribut `alt`.

Exemple de liens associés à <img>

```
<p>
  <a href="hd/lapin1.jpg" title="Voir la photo HD"><img src="lapin1.jpg"
alt="Lapin en promenade"></a>
  <a href="hd/lapin2.jpg" title="Voir la photo HD"><img src="lapin2.jpg"
alt="Lapin devant une Sangria"></a>
  <a href="hd/lapin3.jpg" title="Voir la photo HD"><img src="lapin3.jpg"
alt="Lapin déguste une Banoffee Pie"></a>
  <a href="hd/lapin4.jpg" title="Voir la photo HD"><img src="lapin4.jpg"
alt="Lapin attend le thé"></a>
</p>
```

Figure 4–46
Quelques liens sur images

Cette énumération de quelques images comprend un lien respectivement sur chacune d'entre elles, menant vers une version en haute définition stockée dans le sous-répertoire « hd ». L'attribut `title` est affiché en infobulle au survol.

Par défaut, les images figurant dans un lien arborent une bordure bleue qui est rarement en harmonie avec le design global de la page web. Une simple règle CSS permet de s'en affranchir.

Suppression des bordures sur les images dotées d'un lien

```
a img {
  border:0;
}
```

Positionnement des images

Par défaut, les images sont considérées comme des éléments en ligne, c'est-à-dire possédant la propriété CSS `display:inline`. Au sein d'un bloc de texte, elles se positionnent comme un caractère.

Il existe de nombreuses techniques et combinaisons d'éléments HTML pour positionner les images dans le contenu. Les cas de figure les plus fréquents sont le centrage, le flottement à gauche, le flottement à droite et le positionnement absolu, qui peuvent être accomplis à l'aide de CSS.

Tableau 4–79 Propriétés de l'élément <img>

Propriété	Détails
Modèles de contenu autorisés	Élément vide.
Parents autorisés	Tout élément pouvant contenir des éléments de phrasé. Ne doit pas être descendant de `<a>` ou `<button>` si l'attribut `usemap` est utilisé.
Omission de balise	Balise ouvrante obligatoire, pas de balise fermante.

Images à résolution adaptative (responsive images)

Avec la venue d'écrans possédant une résolution extrêmement élevée (appelés Retina par Apple, Super AMOLED par Samsung, ou affublés d'autres dénominations marketing), la question de fournir des images de haute qualité est de plus en plus présente. L'inconvénient est qu'il est difficile de faire « bouger » une balise aussi ancienne que `<img>` et sa prise en charge universelle par rapport aux dernières avancées techniques. Il faut également pouvoir adapter les contenus en fonction de la surface d'affichage elle-même (sa dimension globale et non uniquement sa résolution) ou en fonction de la bande passante disponible, avoir un dégradé gracieux et rétrocompatible sur les anciens navigateurs, et conserver une syntaxe compacte.

Plusieurs procédés sont envisagés :

- Utiliser un attribut `srcset` sur `<img>` pour définir des sources alternatives en fonction de la densité de pixels :
  ```
  <img src="original.jpg" srcset="hd.jpg 2x, ultra-hd.jpg 4x">
  ```
- Utiliser un nouvel élément `<picture>` qui contiendrait plusieurs éléments `<source>` à l'instar de l'élément `<video>` :
  ```
  <picture>
  <source src="ultra-hd.jpg">
  <source media="(max-width: 800px)" srcset="small.jpg 1x, small-hd.jpg
  2x">
  <img src="original.jpg" alt="">
  </picture>
  ```

Du côté de CSS, on retrouve l'équivalent avec la valeur `image-set` applicable à la propriété `background` (envisagée par CSS4 et disponible sur Safari iOS6 et Chrome 23).

RESSOURCES Responsive Images

Responsive Images Community Group W3C
- http://www.w3.org/community/respimg/

Responsive Images Community Group
- http://responsiveimages.org/

<map>

Un élément `<map>` est utilisé en conjonction avec une image `<img>` pour concevoir une carte cliquable appliquée sur celle-ci. Le résultat consiste en des zones distinctes et transparentes, de formes variées, équipées de liens. En anglais, on emploie plus couramment le terme d'*image map*.

L'attribut `name` est requis pour cet élément, car il permet de l'associer à l'élément image `<img>` via son attribut `usemap`.

Tableau 4–80 Attributs spécifiques à <map>

Attribut	Valeurs	Rôle
`name`	nom de l'élément image lié (attribut `name`)	Nom par lequel l'élément peut être référencé dans une image `<img>` avec l'attribut `usemap`.

Une *image map* contient un ou plusieurs éléments `<area>` qui définissent chacun une zone cliquable d'après une forme (`shape`), des coordonnées pour cette forme (`coords`) et une adresse (`href`).

Dans cet exemple, on cherche à rendre cliquables individuellement les quatre lettres figurant sur cette photo de t-shirt londonien.

Un lien classique `<a>` ne permettrait pas d'établir quatre liens distincts, mais un seul pour l'ensemble de l'image. C'est ici que `<map>` et ses quatre enfants `<area>` interviennent.

Exemple d'usage <map> pour <img>

```
<img src="nerd.jpg" alt="T-shirt Nerd" usemap="#nerdmap">

<map name="nerdmap">
  <area shape="rect" coords="264,233,404,423" alt="N" href="n.html">
  <area shape="rect" coords="410,232,540,412" alt="E" href="e.html">
  <area shape="rect" coords="545,229,657,398" alt="R" href="r.html">
  <area shape="rect" coords="663,218,780,390" alt="D" href="d.html">
</map>
```

Figure 4–47
Une photo

Figure 4–48
Mise en évidence des zones cliquables

Ainsi, chaque zone définie par ses coordonnées dans l'image devient un lien indépendant. Celui-ci peut être utilisé – recevoir le focus – lors de la navigation au clavier par tabulation.

Tableau 4–81 Propriétés de l'élément <map>

Propriété	Détails
Modèles de contenu autorisés	Contenu de phrasé ou contenu de flux.
Parents autorisés	Tout élément pouvant contenir des éléments de phrasé ou de flux.
Omission de balise	Balises ouvrante et fermante obligatoires.

Tableau 4–81 Propriétés de l'élément <map> (suite)

Propriété	Détails

Style par défaut	`map {`
	`  display: inline;`
	`}`

<area>

Un élément `<area>` est une zone cliquable individuelle faisant partie d'une *image map*.

Tableau 4–82 Attributs spécifiques à <area>

Attribut	Valeurs	Rôle
`href`	URL	Cible du lien.
`hreflang`	code de langue	Langage de base de la cible du lien.
`media` nouveau 5	media query	Spécifie une requête de média pour laquelle la cible est optimisée (voir l'annexe B en ligne sur les feuilles de style CSS).
`rel`	`alternate, archives, author, bookmark, external, first, help, index, last, license, next, nofollow, noreferrer, prefetch, prev, search, sidebar, tag, up`	Spécifie la relation établie par le lien, entre le document courant et la cible. Plusieurs valeurs peuvent être combinées, séparées par des espaces. (Ne sont pas autorisés contrairement à `<link>` : `icon`, `pingback`, `stylesheet`)
`target`	`_blank, _parent, _self, _top` *nom d'un élément de type iframe (attribut* `name`*)*	Attribue un contexte de navigation dans lequel suivre le lien.
`type` nouveau 5	type MIME	Le type MIME de la destination du lien.
`alt`	chaîne de texte	Texte alternatif.

`shape`	`rect`
	`circle`
	`poly`
	`default`
		Forme de la zone cliquable :
		`rect` : rectangle ;
		`circle` : cercle ;
		`poly` : polygone ;
		`default` : rectangle couvrant la totalité de l'image.

Tableau 4–82 Attributs spécifiques à <area> (suite)

Attribut	Valeurs	Rôle
`coords`	valeurs numériques séparées par des virgules	Coordonnées de la forme par rapport au coin supérieur gauche de l'image, exprimées en pixels. pour `rect` : x1, y1, x2, y2 ; pour `circle` : x, y, rayon ; pour `poly` : x1, y1, x2, y2, x3, y3, etc.
`download` nouveau 5	nom du fichier après téléchargement ou vide	Indique que la ressource liée est prévue pour être téléchargée. Si une valeur est donnée à l'attribut, elle représente le nom du fichier après téléchargement.

Proche de l'élément `<a>`, une zone cliquable `<area>` comporte des attributs semblables relatifs aux liens, à savoir `href`, `hreflang`, `media`, `rel`, `target`, `type`. On y retrouve également `alt` qui confère un texte alternatif à la zone, afin de renseigner les internautes naviguant sans image ou avec une synthèse vocale.

Les attributs spécifiques `shape` et `coords` définissent respectivement la forme de la zone ainsi que ses coordonnées. La syntaxe des coordonnées dépend de cette forme. On y retrouve le coin supérieur gauche et inférieur droit d'un rectangle (`rect`), le centre et le rayon d'un cercle (`circle`), ou une énumération d'autant de points que nécessaire pour un polygone (`poly`).

Exemple d'usage <area> pour <map>

```
<img src="sechage.jpg" alt="" usemap="#fil" width="960" height="640">

<map name="fil">
<!-- Rectangle -->
  <area shape="rect" coords="131,80,328,289"
  href="chaussettes.html">
  <!-- Cercle -->
  <area shape="circle" coords="460,200,100"
  href="pull.jpg" type="image/jpeg">
  <!-- Polygone -->
  <area shape="poly"
  coords="597,119,552,327,465,371,502,492,479,617,638,632,679,499,744,485,
742,430,687,368,716,148"
  href="lapin.html">
  <!-- Polygone 4 côtés -->
  <area shape="poly" coords="748,114,726,305,862,308,880,115"
  href="seau.html">
</map>
```

Figure 4–49
Différentes formes de zones appliquées à l'image

Tableau 4–83 Propriétés de l'élément <area>

Propriété	Détails
Modèles de contenu autorisés	Élément vide.
Parents autorisés	Tout élément pouvant contenir des éléments de phrasé. Doit posséder un ancêtre `<map>`.
Omission de balise	Balise ouvrante obligatoire, pas de balise fermante.

Style par défaut	`area {`
	`  display: none;`
	`}`

<figure> <nouveau 5>

Cet élément ne correspond pas à proprement parler à un contenu embarqué, mais est bien souvent en osmose avec `<img>`. Il permet d'associer une légende optionnelle `<figcaption>` à du contenu regroupé en un bloc, qui peut être indépendant du contenu principal du document. Cela signifie que l'ensemble peut être placé à part, sur une page dédiée ou une annexe sans modifier de façon majeure la signification principale du texte.

En d'autres termes, il s'agit de porter sur le Web ce que l'on connaît déjà sur d'autres supports tels que les livres imprimés : enrichir une image, un graphique, une capture d'écran, par une légende. Des contenus plus variés peuvent être concernés, avec les éléments `<video>`, `<audio>`, `<canvas>`, des blocs de code `<code>` ou des tableaux `<table>` complets.

Historiquement, un aperçu typique de ce procédé peut être trouvé dans les anciennes encyclopédies liant les illustrations aux descriptions par la fameuse abréviation « fig. ». Notamment les planches de ce cher Diderot qui sont distinctes des pages de texte.

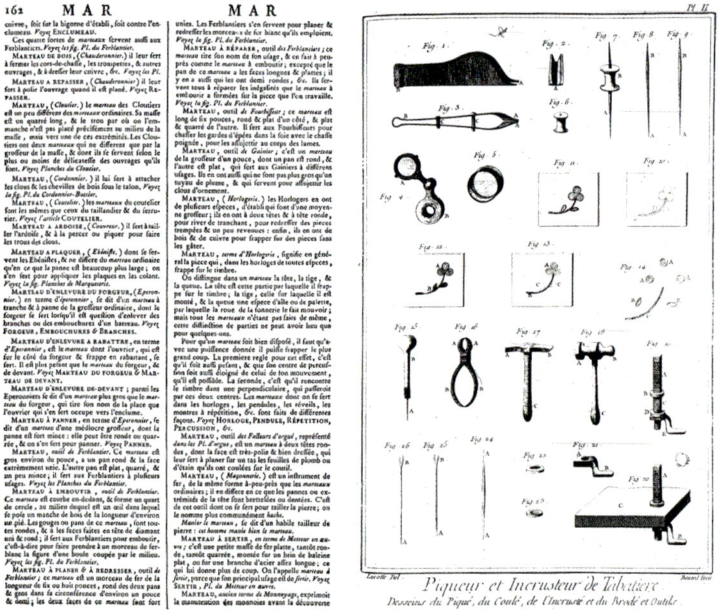

Figure 4–50
Planche de *l'Encyclopédie* (Diderot et d'Alembert)

Exemple d'usage de l'élément <figure>

```
<!doctype html>
<head>
<title>Figure en HTML5</title>
<style>
figure {
  display:inline-block;
  -moz-box-shadow: 0px 0px 20px #aaa;
  -webkit-box-shadow: 0px 0px 20px #aaa;
  box-shadow: 0px 0px 20px #aaa;
  padding:2em;
}
figcaption {
  text-align:center;
  margin:1em 0 0 0;
  color:#666;
  font-style:italic;
  font-family: Georgia, Palatino, Palatino Linotype, Times, Times New
Roman, serif;
  font-size:1.3em;
}
</style>
</head>
```

```
<body>

<!-- Une image avec une légende -->
<figure>
  <img src="nyc-water-taxi.jpg" width="600">
  <figcaption>Une photo du New York Water Taxi près de Brooklyn Bridge</
figcaption>
</figure>

</body>
</html>
```

Figure 4–51
Rendu graphique <figure>
et <figcaption>

Il convient de styler de façon adéquate l'ensemble avec CSS. Dans cet exemple, un ombrage a été ajouté à `<figure>` ainsi que des propriétés d'alignement et de style de texte à `<figcaption>`.

Exemple d'usage de l'élément <figure>

```
<!-- Une image sans légende -->
<figure>
  <img src="nyc-water-taxi.jpg" width="1200" height="800" alt="New York
Water Taxi">
</figure>
```

Autre exemple d'usage de <figure>

```
<!-- Plusieurs images avec une légende -->
<figure>
  <img src="fraise.jpg">
  <img src="goyave.jpg">
  <img src="kiwi.jpg">
  <figcaption>De gauche à droite plusieurs fruits : une fraise, une
goyave et un kiwi</figcaption>
</figure>
```

Les différences entre `<figure>` et `<aside>` sont liées à l'importance du contenu vis-à-vis du texte les entourant. Si le contenu n'est pas essentiel, il faut préférer `<aside>`. En revanche, s'il est essentiel à la compréhension, mais que sa position dans le flux n'est pas importante, il faut préférer `<figure>`. Dans les autres cas, des éléments plus classiques tels qu'une simple image `<img>`, ou des blocs `<div>`, `<blockquote>` peuvent avantageusement prendre le relais.

L'utilisation de `<figure>` n'est pas appropriée dans toutes les situations et doit se faire de façon raisonnée.

Tableau 4–84 Propriétés de l'élément <figure>

Propriété	**Détails**
Contenu autorisé	`<figcaption>` suivi par du contenu de flux ou contenu de flux optionnellement suivi par un élément `<figcaption>`.
Parents autorisés	Tout élément pouvant contenir des éléments de flux.
Omission de balise	Balises ouvrante et fermante obligatoires.

Style par défaut	`figure {`
	`  display:block;`
	`  margin:1em 40px;`
	`}`

<figcaption> <nouveau 5>

Le rôle de `<figcaption>` est de conférer une légende à l'élément `<figure>`. Son contenu autorisé est un contenu de type flux, c'est-à-dire du texte, mais aussi d'autres éléments de flux tels que des liens pouvant cibler une page avec des explications supplémentaires ou une référence à l'auteur de l'illustration. Une légende peut figurer dans le code avant ou après le contenu dans `<figure>`.

Exemple d'usage de l'élément <figcaption>

```
<figure>
  <figcaption>Une photo du New York Water Taxi près de Brooklyn Bridge
</figcaption>
  <img src="ny-water-taxi.jpg" width="1200" height="800">
</figure>
```

Tableau 4–85 Propriétés de l'élément <figcaption>

Propriété	Détails
Contenu autorisé	Contenu de flux.
Parents autorisés	`<figure>`
Omission de balise	Balises ouvrante et fermante obligatoires.

Style par défaut	`figcaption {`
	`  display:block;`
	`}`

<iframe>

L'élément `<iframe>` (*inline frame* en anglais) embarque dans la page un autre document HTML, telle une vue sur un autre monde... Il s'agit d'un contexte de navigation imbriqué dans un « cadre ».

Bien que cette possibilité puisse sembler bien pratique, il faut en faire usage avec précaution, car le contexte de navigation est alors complexifié, autant pour le développeur du site qui doit prêter attention à la sécurité et à la façon dont les liens hypertextes sont exécutés, que pour l'accessibilité du contenu.

Tableau 4–86 Attributs spécifiques à <iframe>

Attribut	Valeurs	Rôle
`src`	URL	Adresse du document à afficher.
`width`	% ou pixels	Largeur
`height`	% ou pixels	Hauteur
`name`	nom de l'iframe	Nom unique de l'iframe utilisé par d'autres éléments qui y font référence via un attribut `target`.

`sandbox`
nouveau 5
	`allow-forms`
	`allow-same-origin`
	`allow-scripts`
	`allow-top-navigation`
		Restrictions de sécurité et exceptions.

Tableau 4–86 Attributs spécifiques à <iframe> (suite)

Attribut	Valeurs	Rôle
`seamless` nouveau	`seamless` ou `""` ou *(vide)*	Si cet attribut est présent, l'iframe apparaît en tant que partie du document dans lequel elle est présente, sans bordure ni barre de défilement. L'attribut `target` des liens est alors fixé par défaut à `parent`.
`srcdoc` nouveau	HTML	Contenu HTML à afficher par défaut dans l'iframe. Si le navigateur ne supporte pas cet attribut, il utilisera à la place le contenu spécifié dans l'attribut `src`.

Les attributs `align`, `allowtransparency`, `frameborder`, `marginheight`, `marginwidth`, `scrolling` sont obsolètes et peuvent avantageusement être remplacés par CSS. L'attribut `longdesc` peut être remplacé par un lien `<a>` menant vers une description longue.

src

L'adresse du document externe est définie par l'attribut `src`.

```
<iframe src="autre_document.html"></iframe>
```

width, height

Les dimensions de l'élément doivent être définies en accord avec l'espace disponible sur la page accueillant l'élément, et l'espace requis par l'affichage du contenu pour le document imbriqué. Si la longueur et/ou la largeur du contenu excèdent les dimensions accordées, des ascenseurs de défilement peuvent apparaître.

Exemple plus avancé d'une <iframe>

```
<!DOCTYPE html>
<html>
<head>
  <title>Document parent</title>
</head>
<body>
  <p>Avant l'iframe</p>
  <iframe sandbox="allow-scripts allow-forms" width="400" height="300"
src="iframe.html"></iframe>
  <p>Après l'iframe</p>
</body>
</html>
```

Le second fichier `iframe.html` utilisé dans cet exemple et appelé dans l'`<iframe>` comporte une série de paragraphes de texte. Ils ne sont pas tous reproduits, car le latin n'est heureusement pas l'objet de cet ouvrage.

Contenu du fichier iframe.html

```
<!DOCTYPE html>
<html>
<head>
  <title>Document imbriqué</title>
</head>
<body>
  <p>Lorem ipsum dolor sit amet, consectetuer adipiscing elit. Phasellus
hendrerit. Pellentesque aliquet nibh nec urna. In nisi neque, aliquet
vel, dapibus id, mattis vel, nisi. Sed pretium, ligula sollicitudin
laoreet viverra, tortor libero sodales leo, eget blandit nunc tortor eu
nibh. Nullam mollis. Ut justo. Suspendisse potenti.</p>
  <!-- et ainsi de suite ... -->
</body>
</html>
```

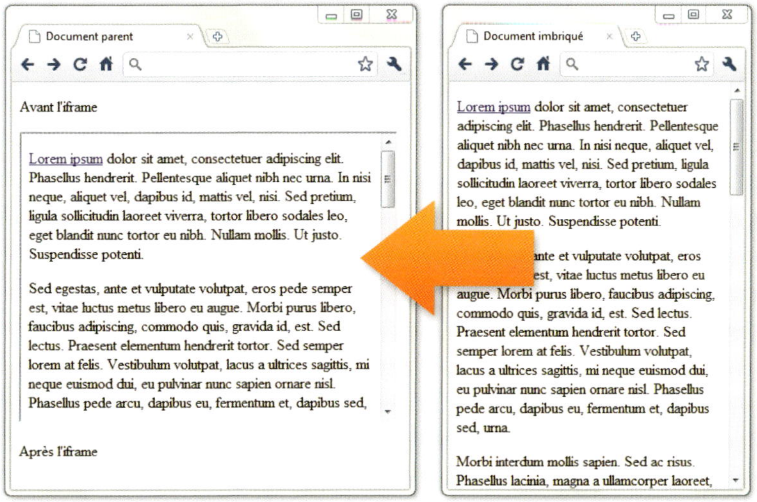

Figure 4–52
Affichage d'un élément <iframe>

sandbox <nouveau 5>

L'attribut `sandbox` est un bac à sable sécuritaire nouveau en HTML 5. Il est destiné à être appliqué pour un élément `<iframe>` dont le contenu ne serait pas sûr, et pourrait éventuellement comprendre un code HTML/JavaScript généré par des utilisateurs ou par des domaines externes pour lesquels aucune garantie sur la qualité du code n'est donnée. Lorsque vous créez une *iframe* vers un site distant, vous connaissez son contenu à un moment donné mais n'avez aucune garantie de la façon dont celui-ci évoluera, en bien ou en mal.

Lorsque cet attribut est précisé **vide**, le contenu de l'<iframe> est soumis *ipso facto* à ces restrictions :

- Les formulaires, scripts et plug-ins sont désactivés.
- Pas d'accès aux éléments stockés en local (cookies, sessionStorage, localStorage).
- Les requêtes XMLHttpRequest (Ajax) ne peuvent être envoyées.
- Les liens ne peuvent pas cibler (grâce à target) d'autres « cadres » *(frames)* ou contextes de navigation.
- Le contenu est traité par défaut comme provenant d'une origine externe (un autre domaine), ce qui l'empêche d'accéder à certains contenus initiaux et notamment le DOM.

Ces restrictions peuvent être levées individuellement en utilisant une ou plusieurs des valeurs au sein de l'attribut :

- allow-forms : autorise les formulaires ;
- allow-same-origin : autorise le contenu à être traité comme provenant de la même origine au lieu d'être considéré comme provenant d'un autre domaine ;
- allow-scripts : autorise les scripts (hormis les pop-ups) ;
- allow-top-navigation : autorise l'iframe à accéder à la navigation de niveau supérieur.

Plusieurs options peuvent être combinées dans l'attribut en les séparant par des espaces.

Exemple d'usage de l'attribut sandbox

```
<iframe sandbox="allow-same-origin allow-forms allow-scripts"
src="http://maps.google.fr"></iframe>
```

Cet attribut est au moins reconnu par Internet Explorer 10, Firefox 17, Chrome 4, Safari 5, iOS 4.2, Android 2.2, Blackberry 7, Chrome pour Android.

Les navigateurs ne reconnaissant pas cet attribut l'ignoreront. Aucune règle de sécurité particulière ne sera en revanche appliquée. La détection est aisée en JavaScript :

```
if("sandbox" in document.createElement("iframe")) {
  // HTML5 sandbox est supporté
}
```

srcdoc <nouveau 5>

Le nouvel attribut srcdoc permet de définir le contenu de l'élément <iframe> sans faire appel à un fichier externe au document. Sa valeur représente alors le code source complet que le navigateur doit interpréter.

Usage de l'attribut srcdoc

```
<p>Commentaire de Dark Vador :</p>
<iframe seamless sandbox srcdoc="<p>&quot;Luke, je suis ton
père.&quot;</p>"></iframe>
```

Les guillemets ("), éventuellement présents dans le code indiqué, doivent être remplacés par des entités `"` pour éviter de fermer prématurément cet attribut.

seamless <nouveau 5>

L'attribut `seamless` est également un nouveau venu. Il affecte la façon dont le navigateur imbrique l'`<iframe>` dans la page. Il n'est normalement applicable qu'en consultation http:// (et non file://, attention aux tests locaux).

Lorsque cet attribut est présent, les liens sont suivis et ouverts par défaut dans le contexte de navigation parent, comme si le contenu appartenait de façon transparente au document abritant l'élément `<iframe>`. Les navigateurs ne supportant pas encore cette fonctionnalité peuvent néanmoins adopter le même comportement en ajoutant au contenu du cadre la balise `<base target="_parent">`.

De même, les styles CSS du document parent affectent directement le contenu de l'`<iframe>`, comme si son DOM faisait partie intégrante du DOM qui l'accueille. Il n'y a pas de technique légère et magique pour mimer ce comportement sur les navigateurs ne supportant pas l'attribut `seamless`, hormis la réplication des mêmes styles dans l'élément enfant, ou l'usage d'une feuille de style commune avec des sélecteurs adaptés.

> **RESSOURCES Comment dompter iframe et seamless**
>
> Présentation de seamless et techniques afférentes par Ben Vinegar (Disqus)
>
> ‣ http://benvinegar.github.com/seamless-talk/

Tous ces nouveaux attributs (sandbox, srcdoc, seamless) redonnent une seconde jeunesse à l'élément `iframe`.

Tableau 4–87 Propriétés de l'élément <iframe>

Propriété	Détails
Modèles de contenu autorisés	Texte simple.
Parents autorisés	Tout élément pouvant contenir des éléments de phrasé. Ne doit pas apparaître en tant que descendant de `<a>` ou `<button>`.
Omission de balise	Balises ouvrante et fermante obligatoires.

Style par défaut	`iframe {`
	`  border: 2px inset;`
	`}`

L'élément `<iframe>` n'est pas un élément vide, et doit comprendre une balise ouvrante et une balise fermante pour être valide.

Pour s'affranchir de la bordure par défaut, il faudra ajouter une déclaration CSS :

```
iframe {
  border: none;
}
```

<embed>

L'élément `<embed>` est voué à l'intégration de contenu externe dans le document HTML. Il peut s'agir de données non supportées de façon native par le navigateur, nécessitant l'intervention d'un *plug-in* – une extension complémentaire au navigateur – pour leur interprétation.

Ces données peuvent parfaitement être de type image (assimilable à `<img>`), voire même une autre page HTML initiant un nouveau contexte de navigation (assimilable à `<iframe>`). Cependant, il vaut mieux consacrer à ces usages les éléments prévus à cet effet.

La balise `<embed>` fut introduite par Netscape Navigator 2.0 en des temps reculés lors de la course aux balises propriétaires. Il s'en est suivi une période mouvementée, lors de laquelle moult plug-ins interprétant des données binaires ont surgi du néant, tous incompatibles les uns avec les autres, et d'un système d'exploitation à l'autre.

Cet élément n'avait jamais reçu l'aval du W3C, qui lui préférait `<object>`. Cependant, il a été officiellement intégré à HTML 5 par pragmatisme, puisque tous les navigateurs le supportent et qu'il figure sur d'innombrables pages, notamment pour des raisons de rétrocompatibilité concernant la vidéo ou les animations Flash.

En HTML 4, un texte alternatif pouvait être placé dans un élément enfant `<noembed>` pour conserver un semblant d'accessibilité à destination des (très) anciens navigateurs et lecteurs d'écrans n'exploitant pas `<embed>`. Cependant, cet artifice n'existe plus en HTML 5.

Tableau 4–88 Attributs spécifiques à <embed>

Attribut	Valeurs	Rôle
`src`	URL	Adresse du contenu.
`type`	type MIME	Type MIME du contenu.
`width`	nombre entier positif	Largeur du contenu affiché en pixels.
`height`	nombre entier positif	Hauteur du contenu affiché en pixels.

L'élément `<embed>` est un élément vide, il ne doit pas posséder de balise fermante.

Il faut noter qu'il n'est pas affecté par la propriété CSS `display`, et qu'un plug-in est initialisé même si la déclaration `display:none` est appliquée à `<embed>`.

Exemples d'usage de <embed>

```
<!-- Vidéo Quicktime -->
<embed type="video/quicktime" src="mes_vacances.mov" width="640"
height="480" />

<!-- Animation Adobe Flash -->
<embed src="animation.swf" />

<!-- Son -->
<embed src="jechante.wav" />
```

La grande variété de plug-ins existant ne permet pas d'en dresser une liste exhaustive et encore moins de faire figurer toutes les syntaxes possibles. Les attributs autorisés pour `<embed>` répondent à une particularité singulière : la spécification HTML 5 ne se limite pas à une liste précise, mais indique que tout attribut sans espace de noms *(namespace)* est autorisé, à condition qu'il soit différent de `name`, `align`, `hspace` et `vspace` qui sont d'anciens attributs obsolètes pour cet élément.

Cette exception provient en ligne directe de l'héritage trouble des plug-ins, chacun ayant introduit ses attributs propriétaires selon ses besoins de configuration. Les attributs d'`<embed>`, quels qu'ils soient, sont alors passés en paramètre au plug-in. Par exemple, une animation Flash peut nécessiter la précision du paramètre de qualité *(quality)*, qui n'est absolument pas mentionné, dans aucune spécification HTML.

```
<embed src="animation.swf" quality="high">
```

Ce qui est – en théorie – équivalent à un passage de paramètre à l'élément `<object>` via `<param>`.

```
<object data="animation.swf">
  <param name="quality" value="high">
</object>
```

Mais c'est une autre histoire...

Imbrications avec <object> et éléments média

Pour des questions de rétrocompatibilité et pour permettre aux navigateurs supportant un plug-in via `<embed>` mais non via `<object>`, il est possible d'imbriquer un élément `<embed>` dans `<object>`. De la même façon, il peut être lui-même enfant d'un élément média, c'est-à-dire en HTML 5 de `<video>` et `<audio>`. Voici deux vues simplifiées et imaginaires sans attributs :

```
<!-- Avec video, object, embed -->
<video>
  <object>
    <embed>
  </object>
</video>

<!-- Avec video et embed seulement -->
<video>
  <embed>
</video>

<!-- Avec object et embed seulement -->
<object>
  <embed>
</object>
```

Dans le cas présent, cette structure est prévue pour passer d'un élément parent à son fils, si le parent n'est pas reconnu. Un navigateur ne reconnaissant pas actuellement la balise `<video>` de HTML 5 l'ignorera superbement et tentera une interprétation d'`<object>`. De la même manière, si le navigateur n'éprouve pas d'affinité particulière avec ce dernier, il pourra céder la main à un élément enfant, et ainsi exposer un contenu de repli alternatif – typiquement `<embed>` ou un texte d'information.

L'élément `<embed>`, quant à lui, ne dispose d'aucun moyen de fournir un contenu de repli alternatif (*fallback* en anglais). Il ne peut être actif que s'il n'est pas descendant d'un élément média (`<audio>`, `<video>`) ou d'un élément `<object>` qui n'exposent pas leur contenu de repli.

Tableau 4–89 Propriétés de l'élément <embed>

Propriété	**Détails**
Modèles de contenu autorisés	Élément vide.
Parents autorisés	Tout élément pouvant contenir des éléments de phrasé. Ne doit pas apparaître en tant que descendant de `<a>` ou `<button>`.
Omission de balise	Balise ouvrante obligatoire, pas de balise fermante.

<object>

L'élément `<object>` est dopé aux hormones. Il a été standardisé par HTML 4 et possède une syntaxe plus évoluée qu'`<embed>`. Son rôle est également de faire appel à des moteurs applicatifs complémentaires aux fonctions natives du navigateur. C'est-à-dire des extensions ou plug-ins qui interprètent les données et les fichiers binaires.

Un auteur l'utilisant peut fournir trois types d'information :

- le code à invoquer ou le type de l'extension à mettre en action ;
- l'emplacement des données (du fichier) à interpréter ;
- d'éventuels paramètres initiaux pour l'exécution de l'extension.

C'est un élément générique qui porte bien son nom et qui fit son apparition avec Internet Explorer 3 et les objets propriétaires ActiveX. Nombre de ses attributs historiques sont obsolètes en HTML 5 :

- Les attributs `data` et `type` doivent être utilisés en remplacement de `archive`, `classid`, `code`, `codebase`, `codetype` pour invoquer l'extension.
- Les attributs `declare` et `standby` sont obsolètes ; les attributs `align`, `hspace`, `vspace` et `border` sont aussi obsolètes et doivent être remplacés par CSS.

Tableau 4–90 Attributs spécifiques à <object>

Attribut	Valeurs	Rôle
`data`	URL	Adresse de l'objet.
`type`	type MIME	Type MIME de l'objet.
`width`	nombre entier positif	Largeur de l'objet en pixels.
`height`	nombre entier positif	Hauteur de l'objet en pixels.
`usemap`	chaîne de texte	Nom de l'élément `<map>` à utiliser pour la définition des zones cliquables de l'*image map* côté client.
`name`	chaîne de texte	Nom de l'objet (au moins un caractère, ne débutant pas par le caractère "_").
`form`	identifiant unique (attribut `id`)	Identifiant du formulaire à associer à l'objet.

Outre l'importance des attributs `data` et `type` conseillés pour la bonne marche de l'élément, et contrairement à `<embed>`, aucun attribut « libre » n'est permis. La syntaxe permettant de spécifier des paramètres est sensiblement modifiée puisqu'elle fait appel à des éléments enfants `<param>`, autant qu'il est nécessaire pour indiquer des valeurs différentes.

Exemple d'usage d'<object>

```
<object width="640" height="480">
  <param name="movie" value="animation.swf">
  <param name="quality" value="high">
</object>
```

Comme cela a déjà été évoqué pour l'élément `<embed>`, il est envisageable de permettre le repli vers un contenu alternatif si `<object>` ne peut être interprété par le moteur de rendu. Ce contenu doit être placé après l'ensemble des paramètres, au sein même de l'élément. Il sera totalement ignoré si `<object>` est actif, et utilisé si `<object>` est inactif. Dans bon nombre de cas, on choisit un repli vers `<embed>` qui offre un support minimaliste de la plupart des ressources utilisables dans `<object>` (Flash, vidéo, etc.) à d'anciens navigateurs.

C'est la méthode qui fut utilisée par YouTube pour l'intégration de vidéos sur les sites tiers, avant le passage à un élément `<iframe>` à la syntaxe plus brève en 2011, incluant par la même occasion le support de l'élément HTML 5 `<video>` !

Exemple d'usage d'<object> combiné à <embed>

```
<object width="640" height="480" type="application/x-shockwave-flash">
  <param name="movie" value="animation.swf">
<!-- Contenu de repli (fallback) -->
  <embed src="animation.swf" width="640" height="480">
  </embed>
</object>
```

Tableau 4–91 Propriétés de l'élément <object>

Propriété	**Détails**
Modèles de contenu autorisés	Zéro ou plusieurs `<param>` suivis de contenu de flux ou de phrasé.
Parents autorisés	Tout élément pouvant contenir des éléments de phrasé ou de flux. Ne doit pas apparaître en tant que descendant de `<a>` ou `<button>` si l'attribut `usemap` est utilisé.
Omission de balise	Balises ouvrante et fermante obligatoires.

Le cas de Flash

Il serait difficile de passer sous silence une technologie aussi répandue et populaire que Flash, fût-elle propriétaire à Adobe et étrangère aux spécifications HTML. Durant bien des années, les animations Flash placées dans les documents web mécontentaient les validateurs syntaxiques du W3C (voir la section « La validation » du chapitre 2 « HTML en seconde langue »), puisque les codes par défaut proposés à l'intégration faisaient appel à `<embed>`, élément absent des précédentes spécifications.

Il est désormais possible en HTML 5 d'utiliser un code valide. En voici un exemple complet pour une vidéo YouTube exploitant une syntaxe sans élément `<iframe>`. L'attribut `data` a été ajouté sur `<object>`, reprenant l'adresse de la ressource Flash. Les balises `<param>` et `<embed>` deviennent autofermantes.

Code complet d'une page HTML 5 validant avec un objet Flash

```
<!doctype html>
<html>
<head>
<title>Vidéo YouTube Flash en HTML5</title>
</head>
<body>

<!-- Début de l'objet -->
<object width="480" height="390" data="http://www.youtube.com/v/
v9MTGNaEXGM?fs=1&amp;hl=fr_FR&amp;rel=0" type="application/x-shockwave-
flash">
  <!-- param -->
  <param name="movie" value="http://www.youtube.com/v/
v9MTGNaEXGM?fs=1&amp;hl=fr_FR&amp;rel=0"/>
  <param name="allowFullScreen" value="true"/>
  <param name="allowscriptaccess" value="always"/>
<!-- embed -->
  <embed src="http://www.youtube.com/v/
v9MTGNaEXGM?fs=1&amp;hl=fr_FR&amp;rel=0" type="application/x-shockwave-
flash" allowscriptaccess="always" allowfullscreen="true" width="480"
height="390"/>
</object>
<!-- Fin de l'objet -->

</body>
</html>
```

Les paramètres pouvant être très variés, cet exemple ne représente pas une solution unique.

<param>

Les paramètres d'une invocation de l'élément `<object>` sont déclarés par zéro ou plusieurs paires de clés et valeurs stockées dans enfants `<param>`.

Tableau 4–92 Attributs spécifiques à <param>

Attribut	Valeurs	Rôle
`name`	chaîne de texte	Nom du paramètre.
`value`	chaîne de texte	Valeur du paramètre.

La syntaxe des noms et valeurs est supposée comprise par l'objet concerné et le code de l'extension l'interprétant.

Exemple d'usage de <param>

```
<object>
<param name="paramètre1" value="valeur1">
<param name="paramètre2" value="valeur2">
<!-- et ainsi de suite... -->
</object>
```

Les éléments `<param>` doivent figurer dans `<object>` avant tout autre contenu éventuel qui servirait de contenu de repli alternatif, en cas de non support.

Tableau 4–93 Propriétés de l'élément <param>

Propriété	Détails
Modèles de contenu autorisés	Élément vide.
Parents autorisés	`<object>`
Omission de balise	Balise ouvrante obligatoire, pas de balise fermante.
Style par défaut	`param { display: none; }`

<video> <nouveau 5>

Un média de type vidéo.

Voir le chapitre 7 « Audio et Vidéo » pour cet élément `<video>` et les suivants `<audio>`, `<source>`, `<track>`.

Tableau 4–94 Propriétés de l'élément <video>

Propriété	Détails
Modèles de contenu autorisés	En l'absence d'attribut `src` : un ou plusieurs éléments `<source>` suivis de zéro ou plusieurs `<track>`, suivis de contenu de flux. En présence d'attribut `src` : zéro ou plusieurs éléments `<track>`, suivis de contenu de phrasé.
Parents autorisés	Tout élément pouvant contenir des éléments de phrasé ou de flux. Ne doit pas apparaître comme descendant de `<a>` ou `<button>` si l'attribut `controls` est utilisé.
Omission de balise	Balises ouvrante et fermante obligatoires.

<audio> <nouveau 5>

Un média de type audio.

Tableau 4–95 Propriétés de l'élément <audio>

Propriété	Détails
Modèles de contenu autorisés	En l'absence d'attribut `src` : un ou plusieurs éléments `<source>` suivis de zéro ou plusieurs `<track>`, suivis de contenu de flux. En présence d'attribut `src` : zéro ou plusieurs éléments `<track>`, suivis de contenu de phrasé.
Parents autorisés	Tout élément pouvant contenir des éléments de phrasé ou de flux. Ne doit pas apparaître comme descendant de `<a>` ou `<button>` si l'attribut `controls` est utilisé.
Omission de balise	Balises ouvrante et fermante obligatoires.

<source> <nouveau 5>

Une ressource média pour les balises `<audio>` et `<video>`.

Tableau 4–96 Propriétés de l'élément <source>

Propriété	Détails
Modèles de contenu autorisés	Élément vide.
Parents autorisés	`<audio>`, `<video>`
Omission de balise	Balise ouvrante obligatoire, pas de balise fermante.

<track> <nouveau 5>

Une ressource texte pour média `<audio>` ou `<video>`.

Tableau 4–97 Propriétés de l'élément <track>

Propriété	Détails
Modèles de contenu autorisés	Élément vide.
Parents autorisés	`<audio>`, `<video>`
Omission de balise	Balise ouvrante obligatoire, pas de balise fermante.

<canvas> <nouveau 5>

Une zone de dessin bitmap pilotable avec un `<script>`.

Voir le chapitre 8 sur le « Dessin avec Canvas ».

Tableau 4–98 Propriétés de l'élément <canvas>

Propriété	Détails
Modèles de contenu autorisés	Contenu de phrasé ou de flux.
Parents autorisés	Tout élément pouvant contenir des éléments de flux ou de phrasé.
Omission de balise	Balises ouvrante et fermante obligatoires.

Données tabulaires

<table>

Un élément `<table>` est destiné à contenir des données tabulaires. Par cela, on désigne un ensemble d'informations qui peuvent ou qui doivent être présentées dans une structure formatée en colonnes et en lignes. Différents éléments enfants peuvent apporter une valeur sémantique au contenu : en-tête et titre de tableau, intitulés de colonnes ou de lignes, etc.

Entre la balise ouvrante `<table>` et la balise fermante `</table>`, peuvent être placés :

Tableau 4–99 Imbrications pour <table>

Élément	Occurrences	Rôle
`<caption>`	0 ou 1	Titre du tableau.
`<colgroup>`	0 ou +	Propriétés pour un groupe de colonnes.
`<thead>`	0 ou 1	En-tête du tableau.
`<tfoot>`	0 ou 1	Pied du tableau.

`<tbody>`
ou
`<tr>`
	0 ou +
	
	1 ou +
		Corps du tableau (contenant `tr`, `th`, `td`).
		
		Lignes du tableau (contenant `th`, `td`).

Chaque élément `<tr>` représente une ligne de la table, qui contient elle-même un ou plusieurs `<td>` ou `<th>`.

Exemple <table> minimaliste

```
<table>
  <tr>
    <td>Cellule 1</td>
    <td>Cellule 2</td>
  </tr>
</table>
```

L'élément `<caption>` confère un intitulé au tableau de données.

Exemple <table> plus fourni

```
<table>
  <caption>Liste des principaux navigateurs</caption>
  <tbody>
  <tr>
    <th>Navigateur</th>
    <th>Environnements</th>
    <th>Moteur</th>
    <th>Description</th>
  </tr>

  <tr>
    <td><img src="ie.png" alt="Internet Exlorer" /><strong>Internet
Explorer</strong></td>
    <td>Windows</td>
    <td>Trident</td>
    <td>Développé par Microsoft (1995), il est installé d'office avec le
système d'exploitation Windows.</td>
  </tr>

  <tr>
    <td><img src="opera.png" alt="Opera" /><strong>Opera</strong></td>
    <td>Linux, Mac <abbr>OS</abbr> X, Windows, BSD, Solaris, Nintendo Wii
et DS, Symbian, iOS, Android</td>
    <td>Presto</td>
    <td>Développé par l'éditeur de logiciel norvégien Opera Software (1995)
et est très populaire pour sa version mobile.</td>
  </tr>

  <tr>
    <td><img src="firefox.png" alt="Firefox" width="40" height="40" />
<strong>Firefox</strong></td>
    <td>Windows, Mac <abbr>OS</abbr> X et GNU/Linux</td>
    <td>Gecko</td>
    <td>Navigateur Open Source, développé et distribué par la Mozilla
Foundation (2002).</td>
  </tr>

  <tr>
    <td><img src="safari.png" alt="Safari" /><strong>Safari</strong></td>
    <td>Mac OS X, iOS et Windows</td>
    <td><abbr>HTML</abbr> WebKit</td>
    <td>Installé par défaut pour Mac OS X (Apple) depuis qu'Internet
Explorer n'est plus développé par Microsoft sur Mac (2003).</td>
  </tr>
```

```
  <tr>
    <td><img src="chrome.png" alt="Chrome" /><strong>Chrome</strong></td>
    <td>Windows, Mac OS X et GNU/Linux</td>
    <td><abbr>HTML</abbr> WebKit</td>
    <td>Produit par Google, Chrome est le dernier navigateur né (septembre
2008).</td>
  </tr>
  </tbody>
</table>
```

Liste des principaux navigateurs

Navigateur	Environnements	Moteur	Description
Internet Explorer	Windows	Trident	Développé par Microsoft (1995), il est installé d'office avec le système d'exploitation Windows.
Opera	Linux, Mac OS X, Windows, BSD, Solaris, Nintendo Wii et DS, Symbian, iOS, Android	Presto	Développé par l'éditeur de logiciel norvégien Opera Software (1995) et est très populaire pour sa version mobile.
Firefox	Windows, Mac OS X et GNU/Linux	Gecko	Navigateur open-source, développé et distribué par la Mozilla Foundation (2002).
Safari	Mac OS X, iOS et Windows	HTML WebKit	Installé par défaut Mac OS (Apple), au départ les Macs étaient fournis avec Internet Explorer, mais la guerre des navigateurs s'étant adoucie (entre IE et Netscape), Microsoft décida de ne plus développer pour Mac (en 2003) et Safari fit son apparition.
Chrome	Windows, Mac OS X et GNU/Linux	HTML WebKit	Produit par Google, Chrome est le dernier navigateur né (septembre 2008).

Figure 4–53
Tableau de données

Tableau 4–100 Attributs spécifiques à <table>

Attribut	Valeurs	Rôle
`summary`	texte	Un résumé du contenu de la table hérité des précédentes spécifications HTML, mais il est conseillé d'utiliser à sa place `<caption>` ou d'autres éléments texte (`details`, voire `figure` et `figcaption`).

Un usage détourné de cet élément a été fait durant de nombreuses années pour structurer la présentation des pages web, en lieu et place des feuilles de style CSS.

Tableau 4–101 Propriétés de l'élément <table>

Propriété	Détails
Modèles de contenu autorisés	Un élément `<caption>` optionnel, suivi par zéro ou plusieurs `<colgroup>`, suivis par un élément `<thead>` optionnel, suivi par un `<tfoot>`, suivi par zéro ou plusieurs `<tbody>` ou un ou plusieurs `<tr>` ou zéro ou plusieurs `<tbody>` ou un ou plusieurs `<tr>`, suivis par un `<tfoot>`.
Parents autorisés	Tout élément pouvant contenir des éléments de flux.
Omission de balise	Balises ouvrante et fermante obligatoires.

Style par défaut	`table {`
	`  display: table;`
	`  border-collapse: separate;`
	`  border-spacing: 2px;`
	`  border-color: gray;`
	`}`

<thead>

Un élément `<thead>` représente un en-tête de tableau, utilisé en conjonction avec `<tbody>` et `<tfoot>`. Il doit être placé après `<caption>` et `<colgroup>` s'il y a lieu, et avant `<tbody>` ou `<tfoot>`.

Son contenu est constitué d'enfants `<tr>`, eux-mêmes constitués d'un ou plusieurs `<th>`. La spécification HTML n'autorise pas d'y placer des cellules classiques `<td>`, car il ne s'agit pas de cellules pouvant représenter une tête de tableau.

Tableau 4–102 Propriétés de l'élément <thead>

Propriété	Détails
Modèles de contenu autorisés	Zéro ou plusieurs `<tr>`.
Parents autorisés	`<table>`
Omission de balise	La balise ouvrante est obligatoire. La balise fermante peut être omise si cet élément est immédiatement suivi par `<tbody>` ou `<tfoot>`.

Style par défaut	`thead {`
	`  display: table-header-group;`
	`  vertical-align: middle;`
	`  border-color: inherit;`
	`}`

<tfoot>

Un élément `<tfoot>` représente un pied de tableau, utilisé en conjonction avec `<thead>` et `<tbody>`. On peut y placer zéro ou plusieurs `<tr>`.

Attention : `<tfoot>` doit apparaître avant `<tbody>` dans le code afin de fournir au navigateur les renseignements qu'il détient, avant de charger le reste du contenu.

Tableau 4–103 Propriétés de l'élément <tfoot>

Propriété	**Détails**
Modèles de contenu autorisés	Zéro ou plusieurs `<tr>`.
Parents autorisés	`<table>`
Omission de balise	La balise ouvrante est obligatoire. La balise fermante peut être omise si cet élément est immédiatement suivi par `<tbody>`, ou s'il n'y a plus aucun autre contenu dans l'élément parent.

Style par défaut	`tfoot {`
	`  display: table-footer-group;`
	`  vertical-align: middle;`
	`  border-color: inherit;`
	`}`

<tbody>

Un élément `<body>` représente un corps de tableau, utilisé en conjonction avec `<thead>` et `<tfoot>`. Il regroupe les lignes `<tr>` qui contiennent les données du tableau. Dans ce cas de figure, aucun élément `<tr>` ne peut être directement enfant de `<table>`.

Les navigateurs peuvent exploiter cette structuration pour agrémenter l'affichage de tableaux, particulièrement s'ils possèdent des dimensions qui excèdent la surface de visualisation, en maintenant ces éléments visibles à l'écran indépendamment des lignes, durant le défilement du document.

Le même principe peut être appliqué à l'impression pour conserver les blocs d'en-tête et de pied de tableau, en haut et en bas de chaque page, si ce dernier doit s'étaler sur plusieurs pages.

Usage de <thead>, <tbody>, <tfoot>

```
<table>
  <thead>
    <tr>
      <th>Participant</th>
      <th>Score</th>
```

```
    </tr>
  </thead>
  <tfoot>
    <tr>
      <td>Total</td>
      <td>1337</td>
    </tr>
  </tfoot>
  <tbody>
    <tr>
      <td>Rodolphe</td>
      <td>337</td>
    </tr>
    <tr>
      <td>Raphaël</td>
      <td>1000</td>
    </tr>
  </tbody>
</table>
```

Feuille de style associée

```
caption {
  font-style:italic;
  color:#555;
}

td, th {
  padding:0.5em;
}

td {
  border:1px dashed #aaa;
}

th {
  background:#cade5b;
}

tfoot {
  background:#c98fde;
}
```

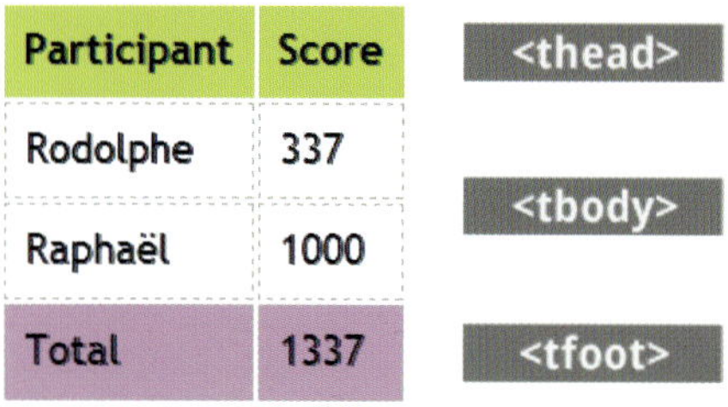

Figure 4–54
Démonstration de thead, tbody, tfoot

Tableau 4–104 Propriétés de l'élément <tbody>

Propriété	Détails
Modèles de contenu autorisés	Zéro ou plusieurs `<tr>`.
Parents autorisés	`<table>`
Omission de balise	La balise ouvrante peut être omise si le premier contenu est un `<tr>`, et si l'élément n'est pas immédiatement précédé par `<tbody>`, `<thead>` ou `<tfoot>` dont la balise fermante a été omise. La balise fermante peut être omise si cet élément est immédiatement suivi par `<tbody>` ou `<tfoot>`, ou s'il n'y a plus aucun contenu dans l'élément parent.

Style par défaut	`tbody {`
	`  display: table-row-group;`
	`  vertical-align: middle;`
	`  border-color: inherit;`
	`}`

<tr>

Un élément `<tr>`*(table row)* représente une ligne de tableau. Il contient un ou plusieurs éléments `<td>` et/ou `<th>`.

Un élément `<tr>` peut être enfant de :

- `<thead>`, et dans ce cas, il ne doit contenir que des `<th>` ;
- `<tfoot>` ;
- `<tbody>` ;
- `<table>` lorsqu'il n'y a pas d'élément `<tbody>`, après d'éventuels frères `<caption>`, `<colgroup>` et `<thead>`.

Utilisation de <tr>

```
<table>
  <tr>
    <td>Ligne 1 / Colonne 1</td>
    <td>Ligne 1 / Colonne 2</td>
```

```
    </tr>
    <tr>
      <td>Ligne 2 / Colonne 1</td>
      <td>Ligne 2 / Colonne 2</td>
    </tr>
</table>
```

Ligne 1 / Colonne 1	Ligne 1 / Colonne 2
Ligne 2 / Colonne 1	Ligne 2 / Colonne 2

Figure 4–55
Tableau à deux lignes et deux colonnes

Tableau 4–105 Propriétés de l'élément <tr>

Propriété	Détails
Modèles de contenu autorisés	Zéro ou plusieurs occurrences de <td> ou <th>.
Parents autorisés	<table>, <tbody>, <thead>, <tfoot>
Omission de balise	Balise ouvrante obligatoire. La balise fermante peut être omise si cet élément est immédiatement suivi de <tr>, ou s'il n'y a plus aucun autre contenu dans l'élément parent.

Style par défaut	`tr {`
	`  display: table-row;`
	`  vertical-align: inherit;`
	`  border-color: inherit;`
	`}`

<td>

Une cellule <td> *(table data)* peut contenir du texte et beaucoup d'autres éléments HTML tels que des liens, des images, des listes, etc. Elle est toujours imbriquée dans un élément <tr>.

Utilisation de <td>

```
<table>
  <tr>
    <td>Kangourou</td>
    <td>marsupial</td>
    <td>mammifère</td>
  </tr>
</table>
```

Kangourou	marsupial	mammifère

Figure 4–56
Tableau à une ligne et trois cellules

Tableau 4–106 Attributs spécifiques à <td>

Attribut	Valeurs	Rôle
`headers`	identifiants	Une liste d'identifiants (attribut `id`) séparés par des espaces de cellules en-têtes qui relèvent de cette cellule. Utilisé par les navigateurs non visuels.
`colspan`	nombre entier positif	Nombre de colonnes occupées et fusionnées par cette cellule.
`rowspan`	nombre entier positif	Nombre de lignes occupées et fusionnées par cette cellule.

Usage des attributs colspan et rowspan

```
<table>
  <tr>
    <th scope="col" colspan="2">Animal et groupe</th>
    <th scope="col">Classe</th>
  </tr>
  <tr>
    <td>Kangourou</td>
    <td>marsupial</td>
    <td rowspan="2">mammifère</td>
  </tr>
  <tr>
    <td>Baleine</td>
    <td>cétacé</td>
    <!-- on omet ce td car il est occupé par la cellule de la précédente
ligne -->
  </tr>
</table>
```

Un style CSS de bordure (`border:1px dashed gray`) a été ajouté sur les éléments `<td>` pour visualiser les délimitations :

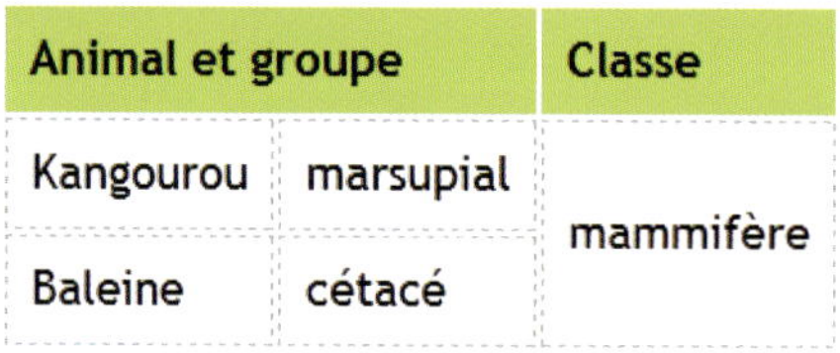
<table><tr><th colspan="2">Animal et groupe</th><th>Classe</th></tr><tr><td>Kangourou</td><td>marsupial</td><td rowspan="2">mammifère</td></tr><tr><td>Baleine</td><td>cétacé</td></tr></table>

Figure 4–57 Démonstration de l'effet colspan et rowspan

Tableau 4–107 Propriétés de l'élément <td>

Propriété	Détails
Modèles de contenu autorisés	Contenu de flux.
Parents autorisés	`<tr>`

Tableau 4–107 Propriétés de l'élément <td> (suite)

Propriété	Détails
Omission de balise	Balise ouvrante obligatoire. La balise fermante peut être omise si cet élément est immédiatement suivi de `<th>` ou `<td>`, ou s'il n'y a plus aucun autre contenu dans l'élément parent.

Style par défaut	`td {`
	`  display: table-cell;`
	`  vertical-align: inherit;`
	`}`

<th>

Un élément `<th>` *(table header)* est une cellule spécialisée qui joue le rôle d'en-tête de colonne (ou de ligne) dans un tableau. Il doit être imbriqué dans une balise `<tr>`.

Utilisation de <th>

```
<table>
  <tr>
    <th scope="col">Animal</th>
    <th scope="col">Groupe</th>
    <th scope="col">Classe</th>
  </tr>
  <tr>
    <td>Kangourou</td>
    <td>marsupial</td>
    <td>mammifère</td>
  </tr>
  <tr>
    <td>Baleine</td>
    <td>cétacé</td>
    <td>mammifère</td>
  </tr>
</table>
```

Tableau 4–108 Attributs spécifiques à <th>

Attribut	Valeurs	Rôle

`scope`	`row`
	`col`
	`rowgroup`
	`colgroup`
		Spécifie les cellules concernées par cette cellule en-tête :
		`row` : la ligne courante ;
		`col` : la colonne courante ;
		`rowgroup` : le groupe de lignes courant ;
		`colgroup` : le groupe de colonnes courant.

Tableau 4–108 Attributs spécifiques à <th> (suite)

Attribut	Valeurs	Rôle
`headers`	identifiants	Une liste d'identifiants (attribut `id`) séparés par des espaces de cellules en-têtes qui relèvent de cette cellule. Utilisé par les navigateurs non visuels.
`colspan`	nombre entier positif	Nombre de colonnes occupées et fusionnées par cette cellule.
`rowspan`	nombre entier positif	Nombre de lignes occupées et fusionnées par cette cellule.

Les attributs `colspan` et `rowspan` permettent de créer des fusions de cellules respectivement sur des colonnes et des lignes. Il faut donc omettre autant d'autres éléments `<th>` dans le parent que de colonnes (ou de lignes) fusionnées.

Tableau 4–109 Propriétés de l'élément <th>

Propriété	Détails
Modèles de contenu autorisés	Contenu de phrasé.
Parents autorisés	`<tr>`
Omission de balise	Balise ouvrante obligatoire. La balise fermante peut être omise si cet élément est immédiatement suivi de `<th>` ou `<td>`, ou s'il n'y a plus aucun autre contenu dans l'élément parent.

Style par défaut	`th {`
	`display: table-cell;`
	`vertical-align: inherit;`
	`font-weight: bold;`
	`text-align: center;`
	`}`

<caption>

La vocation de `<caption>` est d'attribuer une légende ou un titre à un tableau de données. Il doit être inséré immédiatement après la balise ouvrante `<table>`, et ne doit être utilisé qu'une seule fois au sein de cet élément.

Utilisation de <caption>

```
<table>
  <caption>Classification animale</caption>
  <tr>
    <th scope="col">Animal</th>
    <th scope="col">Groupe</th>
    <th scope="col">Classe</th>
  </tr>
```

```
  <tr>
    <td>Kangourou</td>
    <td>marsupial</td>
    <td>mammifère</td>
  </tr>
  <tr>
    <td>Baleine</td>
    <td>cétacé</td>
    <td>mammifère</td>
  </tr>
</table>
```

Feuille de style associée

```
caption {
  font-style:italic;
  color:#555;
}

td, th {
  padding:0.5em;
}

td {
  border:1px dashed #aaa;
}

th {
  background:#cade5b;
}
```

Classification animale

Animal	Groupe	Classe
Kangourou	marsupial	mammifère
Baleine	cétacé	mammifère

Figure 4–58
Démonstration de caption

Tableau 4–110 Propriétés de l'élément <caption>

Propriété	Détails
Modèles de contenu autorisés	Contenu de flux.
Parents autorisés	`<table>`
Omission de balise	Balises ouvrante et fermante obligatoires.

Tableau 4–110 Propriétés de l'élément <caption> (suite)

Propriété	Détails
Style par défaut	`caption { display: table-caption; text-align: center; }`

<colgroup>

Un élément `<colgroup>` placé en début de `<table>` est utilisé pour spécifier des propriétés communes à un groupe de colonnes. Ces propriétés seront inspirées depuis les attributs affectés à `<colgroup>`, tels que `style`. Elles seront affectées au nombre de colonnes indiqué par l'attribut `span`.

Il doit être placé avant tout usage de `<thead>`, `<tbody>`, `<tfoot>`, et `<tr>`.

Tableau 4–111 Attributs spécifiques à <colgroup>

Attribut	Valeurs	Rôle
`span`	nombre entier positif	Nombre de colonnes auxquelles appliquer les propriétés.

Exemple d'usage de <colgroup>

```
<table>
  <colgroup span="2" style="background:lightgray"></colgroup>
  <tr>
    <td>Cellule 1 de la colonne 1</td>
    <td>Cellule 1 de la colonne 2</td>
    <td>Cellule 1 de la colonne 3</td>
  </tr>
</table>
```

Feuille de style associée

```
caption {
  font-style:italic;
  color:#555;
}

td {
  padding:0.5em;
  border:1px dashed #aaa;
}
```

```
th {
  background:#cade5b;
}
```

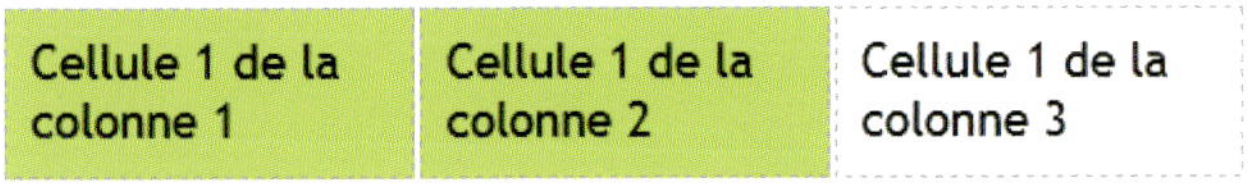

Figure 4–59 Démonstration de l'effet colgroup

Tableau 4–112 Propriétés de l'élément <colgroup>

Propriété	Détails
Modèles de contenu autorisés	Zéro ou plusieurs `<col>`, ou un attribut `span` optionnel.
Parents autorisés	`<table>`
Omission de balise	La balise ouvrante peut être omise si le premier contenu est un élément `<col>`, et si l'élément n'est pas immédiatement précédé par un autre `<colgroup>` dont la balise fermante a été omise. La balise fermante peut être omise si cet élément n'est pas immédiatement suivi par une espace ou un commentaire.

Style par défaut	`colgroup {`
	`  display: table-column-group;`
	`}`

<col>

Une énumération d'un ou plusieurs éléments `<col>` définit des propriétés individuelles pour chacune des colonnes, prenant la priorité sur celles indiquées par le parent `<colgroup>`.

Exemple d'usage de <col>

```
<table>
  <colgroup span="2" style="background:lightgray">
   <col style="width:50px;background:darkgray">
   <col style="width:100px">
</colgroup>
  <tr>
    <td>Cellule 1 de la colonne 1</td>
    <td>Cellule 1 de la colonne 2</td>
    <td>Cellule 1 de la colonne 3</td>
  </tr>
</table>
```

Feuille de style associée

```
caption {
  font-style:italic;
  color:#555;
}

td {
  padding:0.5em;
  border:1px dashed #aaa;
}

th {
  background:#cade5b;
}
```

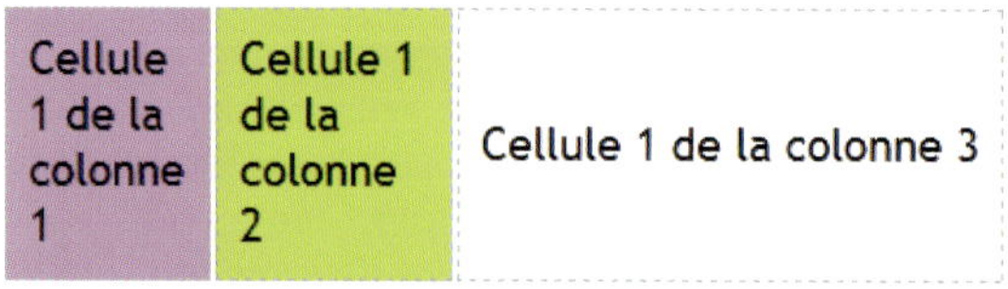

Figure 4–60
Démonstration de l'effet col

Tableau 4–113 Attributs spécifiques à <col>

Attribut	Valeurs	Rôle
span	nombre entier positif	Nombre de colonnes auxquelles appliquer les propriétés.

Exemple d'usage alternatif de <col>

```
<table>
  <colgroup>
    <col style="width:50px">
    <col style="width:200px;background:lightgray" span="2">
  </colgroup>
  <tr>
    <td>Cellule 1 de la colonne 1</td>
    <td>Cellule 1 de la colonne 2</td>
    <td>Cellule 1 de la colonne 3</td>
  </tr>
</table>
```

Feuille de style associée

```
caption {
  font-style:italic;
  color:#555;
}
```

```
td {
  padding:0.5em;
  border:1px dashed #aaa;
}

th {
  background:#cade5b;
}
```

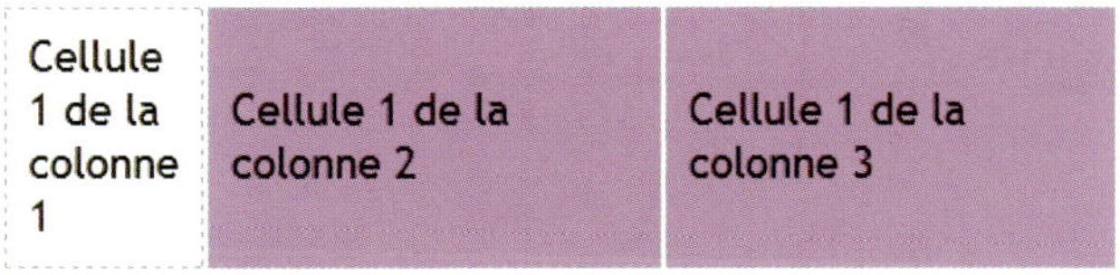

Figure 4–61
Démonstration de l'autre effet col

Tableau 4–114 Propriétés de l'élément <col>

Propriété	Détails
Modèles de contenu autorisés	Élément vide.
Parents autorisés	`<colgroup>`
Omission de balise	Balise ouvrante obligatoire, pas de balise fermante.
Style par défaut	`col { display: table-column; }`

Éléments interactifs

<menu>

Dans le cadre du développement d'applications web, la transposition d'éléments d'interface auxquels les utilisateurs sont déjà habitués est un réel besoin. En effet, tous les systèmes d'exploitation adoptent depuis bien longtemps le principe des menus de commandes pour contrôler une application. Ceux-ci peuvent consister en une barre d'outils classique, un menu contextuel ou une liste d'actions.

L'élément `<menu>` fut introduit par HTML 2.0, puis déclaré obsolète en HTML 4 en faveur d'`<ul>`. Son usage a entièrement été redéfini pour répondre aux récentes nécessités, mais sa prise en charge reste absente à l'heure actuelle. Firefox reconnaît partiellement les menus contextuels et quelques bibliothèques JavaScript existent pour copier ce comportement dans les navigateurs courants.

Tableau 4–115 Attributs spécifiques à <menu>

Attribut	Valeurs	Rôle
`type` nouveau	`toolbar` `context`	Type du menu : `toolbar` : barre d'outils ; `context` : menu contextuel. Si cet attribut est omis, le menu représente une liste de commandes qui ne sont ni une barre d'outils ni un menu contextuel.
`label` nouveau	chaîne de caractères	Désignation du menu.

type

Dans le cas d'un menu contextuel défini par `type="context"`, l'utilisateur ne peut exploiter les commandes que si ce menu est activé, c'est-à-dire plus prosaïquement par un clic droit sur la plupart des systèmes d'exploitation. Il doit également être lié à un autre élément via son attribut `contextmenu`.

Exemple de menu contextuel

```
<form>
  <label for="pseudo">Pseudo</label>
  <input id="pseudo" name="pseudo" type="text"
contextmenu="menucontextuel">
  <menu type="context" id="menucontextuel">
    <command label="Traduire" onclick="traduction();">
    <command label="Vérifier la disponibilité"
onclick="verification();">
  </menu>
</form>
```

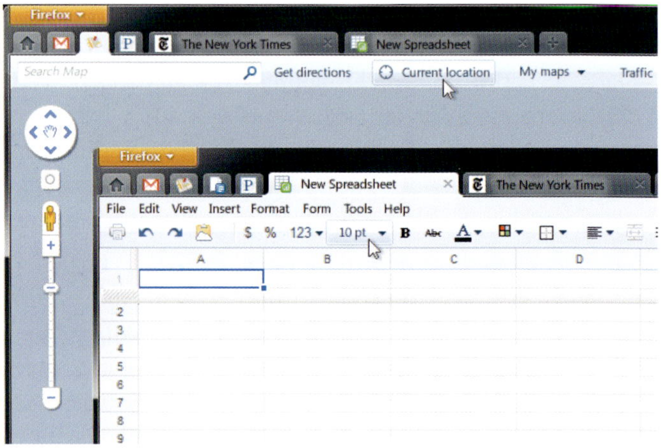

Figure 4–62
Simulation

Dans le cas d'une barre d'outils `type="toolbar"`, toutes les commandes sont accessibles directement.Le but est ici d'aller jusqu'au bout de l'intégration HTML 5 dans le système et de proposer un comportement d'application native, cohérente avec l'interface utilisateur mais en exécutant du code web.

label

L'attribut `label` confère un intitulé au menu et – surtout – à ses sous-menus, pour lesquels cette valeur est utilisée en tant qu'intitulé visible dans le menu parent.

Tableau 4–116 Propriétés de l'élément <menu>

Propriété	Détails
Modèles de contenu autorisés	Zéro ou plusieurs `<li>`, ou contenu de flux.
Parents autorisés	Tout élément pouvant contenir des éléments de flux.
Omission de balise	Balises ouvrante et fermante obligatoires. Ne doit pas apparaître en tant que descendant de `<a>` ou `<button>` si l'attribut `type` porte la valeur `toolbar`.

Style par défaut	`menu {`
	`display: block;`
	`list-style-type: disc;`
	`-webkit-margin-start: 0px;`
	`-webkit-margin-before: 1em;`
	`-webkit-margin-after: 1em;`
	`-webkit-margin-end: 0;`
	`-webkit-padding-start: 40px;`
	`}`

Exemple d'usage de <menu>

```
<menu type="toolbar">
  <li>
    <menu label="Fichier">
      <input type="button" value="Nouveau" onclick="nouveau()">
      <input type="button" value="Ouvrir" onclick="ouvrir()">
      <input type="button" value="Enregistrer" onclick="enregistrer()">
      <input type="button" value="Fermer" onclick="fermer()">
    </menu>
  </li>
  <li>
    <menu label="Edition">
      <input type="button" value="Couper" onclick="couper()">
      <input type="button" value="Copier" onclick="copier()">
      <input type="button" value="Coller" onclick="coller()">
    </menu>
  </li>
</menu>
```

La construction de menu autorise plusieurs possibilités :

- un autre élément `<menu>` de même nature (toujours équipé d'un attribut `label`) pour constituer un sous-menu ;
- un séparateur `<hr>` entre groupes de commandes (les séparateurs multiples se voient fusionnés ; ceux placés en début ou en fin de liste sont ignorés) ;
- tous types d'éléments considérés comme des commandes (`a`, `button`, `input`, `command`, `option`) et autres en conjonction avec l'attribut (`accesskey`).

<command> <nouveau 5>

L'élément `<command>` incarne une commande individuelle d'un `<menu>`. Il peut s'agir d'un bouton classique, d'une case à cocher ou d'un bouton radio. Une commande déclenche une action de script, la plupart du temps grâce à un des événements DOM que l'on peut y associer, tels que `onclick` ou `onchange`.

Exemple d'usage de <command>

```
<script>
function heure() {
  var d = new Date();
  alert(d);
}
</script>
<menu>
  <command onclick="heure();">Quelle heure est-il ?</command>
</menu>
```

Tableau 4–117 Attributs spécifiques à <command>

Attribut	Valeurs	Rôle
`checked`	`checked` ou "" ou *(vide)*	État initial (coché ou non). N'est valable que pour un type radio ou checkbox.
`disabled`	`disabled` ou "" ou *(vide)*	État initial (désactivé ou non).
`icon`	URL	Adresse d'une image servant d'icône pour cette commande.
`label`	chaîne de texte	Intitulé de la commande, affiché en tant qu'indication à l'utilisateur.

`type`	`checkbox`
	`radio`
	`command`
		Type de la commande (command par défaut si aucune valeur type n'est spécifiée).

`radiogroup`	chaîne de texte	Spécifie le nom d'un groupe de commandes radio qui seront activées/désactivées de concert. N'est à utiliser que si la commande est de type radio.

Dans l'exemple suivant, une barre d'outils est associée à une zone d'édition <textarea>.

Exemple d'usage de <command> plus avancé

```
<textarea contextmenu="miseenforme"></textarea>

<menu type="toolbar" id="miseenforme">
  <command type="radio" radiogroup="alignement" label="Gauche"
icon="icones/g.png" onclick="alignement('gauche')" checked>
  <command type="radio" radiogroup="alignement" label="Centré"
icon="icones/c.png" onclick="alignement('centre')">
  <command type="radio" radiogroup="alignement" label="Centré"
icon="icones/d.png" onclick="alignement('droite')">
  <hr>
  <command type="checkbox" checked label="Gras" icon="icones/gras.png"
onclick="gras()">
  <command type="checkbox" checked label="Italique"
           icon="icons/italique.png" onclick="italique()">
  <command type="checkbox" checked label="Souligné"
           icon="icons/souligne.png" onclick="souligne()">
</menu>
```

Bien qu'aucune apparence ne soit formellement définie et que tout style puisse être appliqué à l'aide des propriétés CSS, cet exemple pourrait ressembler à une barre d'outils telle que l'on peut en rencontrer dans des éditeurs de texte.

Figure 4–63 Rendu imaginaire de la barre d'outils

Tableau 4–118 Propriétés de l'élément <command>

Propriété	Détails
Modèles de contenu autorisés	Élément vide.
Parents autorisés	Tout élément pouvant contenir des éléments de métadonnées ou de phrasé.
Omission de balise	Balise ouvrante obligatoire, pas de balise fermante.

<details> <nouveau 5>

L'élément <details> représente un composant d'interface dévoilant une information ou des contrôles supplémentaires à l'utilisateur.

C'est une fonctionnalité que l'on retrouve dans la plupart des interfaces graphiques utilisateurs des systèmes d'exploitation sous la forme d'une icône – par exemple un signe « plus » ou une flèche – éventuellement accompagnée d'un titre. Un clic sur l'icône ou son intitulé texte doit déployer un groupe d'informations supplémentaires masquées par défaut.

Exemples d'usage de <details>

```
<footer>
<details>
    <summary>Contenu sous licence Creative Commons</summary>
    <p>Vous êtes libres de reproduire, distribuer et communiquer cette
création au public et de la modifier ; vous devez citer le nom de
l'auteur original de la manière indiquée par l'auteur de l'œuvre ou le
titulaire des droits qui vous confère cette autorisation.</p>
  </details>
</footer>
```

Tableau 4–119 Attributs spécifiques à <details>

Attribut	Valeurs	Rôle
open	open ou "" ou (vide)	Spécifie la visibilité initiale de l'élément (visible à l'utilisateur ou invisible).

L'attribut open définit l'état d'affichage par défaut, et peut être manipulé au travers d'un script si nécessaire. S'il est ajouté, les détails doivent être affichés à l'utilisateur. S'il est retiré, les détails sont masqués.

Exemple d'usage avancé de <details>

```
<figure>
  <img src="IMG_4303.jpg" alt="Épices indiennes">
<details open>
    <summary>Photo au format JPEG avec EXIF</summary>
    <dl>
      <dt>Prise de vue:</dt> <dd>23/10/2006</dd>
      <dt>Focale:</dt> <dd>85mm</dd>
      <dt>Dimensions:</dt> <dd>3456x2304</dd>
      <dt>Exposition:</dt> <dd>1/640</dd>
      <dt>ISO:</dt> <dd>100</dd>
    </dl>
  </details>
</figure>
```

Dans cet exemple, les détails relatifs à la photographie sont masqués. Le déploiement des informations complémentaires fait apparaître une liste de définitions.

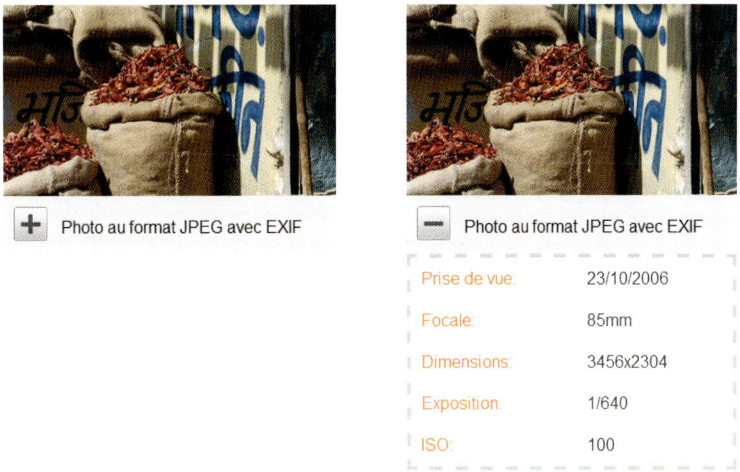

Figure 4–64
Possibilité de rendu des éléments <details> et <summary>

Autre exemple d'usage avancé de <details> avec contrôles

```
<details open>
  <summary><label for="fichier">Nom du fichier</label></summary>
  <p><input type="text" id="fichier" name="fichier"></p>
</details>
<details>
  <summary><label>Compression</label></summary>
  <ul>
    <input type="radio" value="jpeg" id="comp_jpeg">
    <label for="comp_jpeg">JPEG</label></li>
    <input type="radio" value="png" id="comp_png">
    <label for="comp_png">PNG</label></li>
    <input type="radio" value="gif" id="comp_gif">
    <label for="comp_gif">GIF</label></li>
  </ul>
</details>
<details>
  <summary><label for="ql">Qualité</label></summary>
  <p><input type="range" min="0" max="100" name="ql" id="ql"></p>
</details>
```

Dans cet exemple, le premier élément est déployé par défaut grâce à la présence de l'attribut open.

Figure 4–65 Possibilité de rendu des éléments <details> et <summary>

Tableau 4–120 Propriétés de l'élément <details>

Propriété	Détails
Modèles de contenu autorisés	Un élément `<summary>` optionnel, suivi par du contenu de flux.
Parents autorisés	Tout élément pouvant contenir des éléments de flux sauf `<a>` et `<button>`.
Omission de balise	Balises ouvrante et fermante obligatoires.

Style par défaut	`details {`
	`  display:block;`
	`}`

Le support de `<details>` est limité bien que croissant (Chrome 12, Safari 6, iOS 6, Android 4, BlackBerry 10), mais il existe une alternative en JavaScript et jQuery proposée par Mathias Bynens.

> **RESSOURCE Validateurs HTML**
>
> Bulletproof HTML 5 <details> fallback using jQuery
>
> ‣ http://mathiasbynens.be/notes/html5-details-jquery

<summary> ‹nouveau 5›

L'intitulé d'un élément `<details>` peut être spécifié par `<summary>`. S'il est absent, l'agent utilisateur doit déterminer lui-même le titre à donner à `<details>`.

Le contenu texte de `<summary>` est censé refléter un titre pertinent, une légende ou un résumé pour son parent qui est obligatoirement un élément `z<details>`. Par défaut, le principe est d'afficher cet intitulé, et de ne dévoiler le reste du contenu qu'après l'avoir activé – cliqué dessus – ou si l'attribut `open` de `<details>` est présent dès le chargement de la page.

Exemple d'usage de <summary>

```
<details>
  <summary>Titre ou résumé des détails</summary>
  <!-- Contenu varié -->
</details>
```

Tableau 4–121 Propriétés de l'élément <summary>

Propriété	Détails
Modèles de contenu autorisés	Contenu de phrasé.
Parents autorisés	`<details>`
Omission de balise	Balises ouvrante et fermante obligatoires.

Style par défaut	`summary {`
	`  display:block;`
	`}`

<device> <nouveau 5>

Cet élément est encore en cours de formalisation. Il devrait permettre à terme de manipuler des périphériques tels que des webcams pour effectuer des captures vidéo.

Scripting

<script>

L'élément `<script>` embarque une série d'instructions écrites dans un langage de script exécuté par l'agent utilisateur, si celui-ci le supporte.

Ne le cachons pas, le langage de script du Web est JavaScript. Bien qu'il soit possible de préciser d'autres types de langages, et qu'il y ait eu une tentative d'incursion de VBScript dans Internet Explorer par Microsoft, le seul idiome universel reste JavaScript.

Tableau 4–122 Attributs spécifiques à <script>

Attribut	Valeurs	Rôle

`type`	type MIME	Définit le type MIME du langage de script utilisé :
		`text/javascript` (par défaut) ;
		`text/ecmascript ;`
		`application/ecmascript ;`
		`application/javascript ;`
		Cet attribut est optionnel avec HTML 5.

`src`	URL	Adresse de la ressource externe à charger. Si cet attribut est précisé, l'élément doit rester vide et ne contenir aucun code de script entre la balise ouvrante et la balise fermante.
`charset`	encodage des caractères	Déclaration de la page de codes qui doit être utilisée pour l'interprétation du script externe, si celle-ci est différente de l'ASCII. Doit refléter l'en-tête HTTP Content-Type délivré par le serveur pour le fichier. Ne doit être utilisé que si l'attribut `src` est présent.
`async` <nouveau 5>	`async`	Active le mode d'exécution asynchrone du script. Ne doit être utilisé que si l'attribut `src` est présent.
`defer`	`defer`	Indique que le script n'aura a priori aucune incidence sur le contenu du document et que le navigateur peut continuer à charger la page sans attendre le script, puis l'exécutera à la fin. Ne doit être utilisé que si l'attribut `src` est présent.

Exemple d'usage de `<script>` interne à la page

```
<script>
alert("Voici un script exécuté");
</script>
```

Exemple d'usage de `<script>` interne à la page influençant le contenu du document

```
<p>Nous sommes en l'an
<script>
// Affichage de l'année courante dans un paragraphe ❶
var d = new Date()
document.write(d.getFullYear());
</script>
</p>
```

Tableau 4–123 Propriétés de l'élément <script>

Propriété	Détails
Modèles de contenu autorisés	Absence de l'attribut `src` : texte (code JavaScript). Présence de l'attribut `src` : texte pouvant être constitué seulement de caractères espaces (nouvelle ligne, tabulation, espace) et de commentaires JavaScript (simple ligne `//` ou multiligne `/* ... */`).
Parents autorisés	Tout élément pouvant contenir des éléments de métadonnées ou de phrasé.
Omission de balise	Balises ouvrante et fermante obligatoires.

Style par défaut	`script {`
	`  display: none;`
	`}`

Script externe à la page HTML

La balise permet également de charger un fichier externe, de préférence doté de l'extension `.js,` contenant les instructions plutôt que de les placer dans la page même. Cela a pour avantage d'autoriser le partage et la mise en cache d'un même fichier de ressources sur tout ou partie d'un site. Dans ce cas de figure, le fichier externe ne doit contenir que du code JavaScript sans aucune balise `<script>`.

Exemple d'usage de `<script>` avec appel à un fichier externe

```
<script src="javascript.js"></script>
```

Contenu du fichier javascript.js

```
alert("Voici un script exécuté");
```

Les instructions JavaScript peuvent être placées à tout endroit du document. Cette façon de faire ❶ n'est pas optimale, car elle peut se révéler bloquante et peu accessible. Par défaut, le navigateur suit un mode d'exécution classique et attend de disposer de toutes les instructions JavaScript pour poursuivre l'interprétation du document. Ce comportement peut introduire une latence importante à l'affichage si la balise `<script>` fait appel à un fichier externe grâce à l'attribut `src`, et que celui-ci ne se charge pas instantanément.

Deux attributs modulent le comportement du navigateur vis-à-vis de cette balise pour obtenir de meilleures performances de rendu et ne pas interrompre le moteur d'analyse syntaxique. Leur support est inégal, il ne faut donc pas présumer qu'ils seront équitablement respectés sur tous les navigateurs.

Exécution asynchrone

L'attribut booléen `async` indique au navigateur d'exécuter le script de façon asynchrone, c'est-à-dire dès qu'il est disponible, avant même le déclenchement de l'événement `load` de l'objet `window`. Cela signifie que les scripts utilisant cet attribut peuvent être interprétés dans le désordre et non par rapport à l'ordre dans lequel ils apparaissent dans le code de la page.

```
<script async src="javascript.js"></script>
```

Les avantages en temps de rendu à l'écran sont indéniables car la balise n'est plus bloquante pour le navigateur ; quelques précieux dixièmes de seconde sont gagnés, voire plus dans le cas de réseaux lents ou de téléchargements sur mobiles. Dans ce cas, il faudra bien veiller à ce que les instructions s'adaptent à la situation et ne dépendent pas d'un autre script qui pourrait ne pas être encore chargé au moment de l'exécution.

Exécution différée

L'attribut `defer` charge le fichier dès que possible mais diffère l'exécution du script à la fin du chargement de la page, tout en préservant l'ordre d'exécution contrairement à `async`. Il signale au navigateur que son interprétation peut être déclenchée en dernière instance juste après l'analyse HTML, mais avant l'événement `DOMContentLoaded`.

```
<script defer src="javascript.js"></script>
```

L'intérêt est ici de rendre consultable le document au plus tôt en interprétant le code HTML statique, les styles CSS et les images et de réduire le temps d'attente perçu par le visiteur, surtout si JavaScript n'est pas absolument requis pour utiliser la page.

Pour découvrir le langage JavaScript et ses possibilités, reportez-vous à des ouvrages spécialisés ou au chapitre DOM.

<noscript>

L'élément `<noscript>` recueille un contenu alternatif (généralement un avertissement) si le langage de script :

- est désactivé par l'utilisateur ;
- est indisponible – n'est pas supporté – dans le navigateur.

Exemple d'usage de <noscript>

```
<script>
  alert("JavaScript est activé");
</script>
<noscript>Ce navigateur ne supporte pas JavaScript ou l'a désactivé</
noscript>
```

Un navigateur ne reconnaissant pas la balise `<script>` et son contenu affichera celui de `<noscript>`. C'est un élément qui ne doit pas être utilisé dans le cadre d'une syntaxe XML.

Tableau 4–124 Propriétés de l'élément <noscript>

Propriété	Détails
Modèles de contenu autorisés	Un ou plusieurs éléments `<link>` ou un élément `<meta http-equiv="default-style">` ou un élément `<meta http-equiv="refresh">` ou un élément `<style>` ou contenu de phrasé ou de flux, sauf `<noscript>`.
Parents autorisés	Tout élément pouvant contenir des éléments de métadonnées, de phrasé ou de flux.
Omission de balise	Balises ouvrante et fermante obligatoires.

Attributs HTML globaux

Les éléments HTML disposent :

- D'attributs spécifiques, présentés dans la description individuelle de chaque élément. Par exemple, `src` indique l'adresse du fichier image nécessaire pour `<img>`. Une balise peut aussi ne pas disposer d'attributs spécifiques, c'est entre autres le cas de `<div>`, `<span>` ou `<em>`.
- D'attributs globaux, qui sont communs à tous les éléments, mais qui peuvent aussi être sans effet sur certains d'entre eux.

Tableau 4–125 Attributs globaux

Attribut	Valeurs	Rôle
`accesskey`	code(s) de touches d'accès	Touche d'accès direct pour la navigation au clavier.
`class`	chaîne de caractères	Classes associées à l'élément.

Tableau 4–125 Attributs globaux (suite)

Attribut	Valeurs	Rôle
`contextmenu` <nouveau 5>	identifiant de l'élément `<menu>` à associer	Référence au menu contextuel de l'élément.
`contenteditable` <nouveau 5>	`true` ou `false` ou `""` ou *sans valeur*	Rend le contenu de l'élément éditable.
`data-*`		À proprement parler, il ne s'agit pas d'un attribut.
`dir`	`ltr` ou `rtl` ou `auto`	Direction d'écriture du texte : `ltr` : de gauche à droite *(left to right)* ; `rtl` : de droite à gauche *(right to left)*.
`draggable` <nouveau 5>	`true` ou `false` ou `""` ou *sans valeur*	Permet le déplacement de l'élément dans le cadre du glisser-déposer (drag & drop).

`dropzone` <nouveau 5>	`copy`
	`move`
	`link`
	s : *chaîne de caractères*
	f : *chaîne de caractères*
		Permet de définir le comportement lors d'un dépôt sur l'élément dans le cadre du glisser-déposer.

`hidden` <nouveau 5>	`hidden` ou `""` ou *sans valeur*	Indique que l'élément n'est plus ou n'est pas encore pertinent, et qu'il ne doit pas être affiché.
`id`	chaîne de caractères	Identifiant unique de l'élément.
`itemid` <nouveau 5>	chaîne de caractères	Identifiant unique défini par le vocabulaire du microformat.
`itemprop` <nouveau 5>	chaîne de caractères	Propriété individuelle du microformat.
`itemref` <nouveau 5>	chaîne de caractères	Référence à un autre élément.
`itemscope` <nouveau 5>	chaîne de caractères	Indique que l'élément fait appel à un microformat et que ses enfants font partie de ce format.
`itemtype` <nouveau 5>	chaîne de caractères	Vocabulaire utilisé par le microformat.
`lang`	code langue	Langue dans laquelle est rédigé l'élément.
`tabindex`	nombre entier	Ordre de tabulation.
`title`	chaîne de caractères	Titre descriptif.
`spellcheck` <nouveau 5>	`true` ou `false`	Activation/désactivation de la correction orthographique et/ou grammaticale.
`style`	propriétés CSS	Affectation de propriétés de style à l'élément.

accesskey

Digne héritier des bonnes pratiques d'accessibilité, l'attribut accesskey associe un raccourci clavier à un élément. Il permet alors, grâce à une combinaison précise propre à chaque agent utilisateur, d'activer l'élément ou de lui donner le focus, c'est-à-dire d'en obtenir le contrôle au clavier.

Cette astuce revêt un côté pratique pour des visiteurs utilisant régulièrement ou de façon répétitive une fonctionnalité du site ou de l'application web, mais aussi un côté accessible pour les utilisateurs naviguant au clavier.

Deux liens équipés d'attributs accesskey

```
<nav>
  <p>
   <a title="Retour à la page d'accueil"
     accesskey="A" href="/">Accueil</a>
    <a title="Page de contact"
     accesskey="C" href="/contact/">Contactez-nous</a>
  </p>
</nav>
```

Cet exemple signifie que les touches de caractères A et C pourront être associées par le navigateur à des combinaisons de touches de contrôle pour accéder directement aux liens. Malheureusement, rien n'est défini précisément quant aux associations possibles étant donné la grande variété des périphériques d'entrée et des systèmes d'exploitation disponibles. Ainsi, l'on pourra retrouver la combinaison Ctrl + Shift + A, Alt + Shift + A, ou bien encore + A. Cela est d'autant plus vrai que des combinaisons de touches peuvent déjà être assignées par défaut à d'autres actions. C'est pourquoi l'on recommande d'utiliser de préférence les chiffres de 0 à 9. Mais là aussi, il n'existe aucune convention quant à l'ordre d'assignation de ces chiffres aux actions courantes, par exemple « retour à l'accueil » ou « accès à la recherche ».

En HTML 4, il n'était possible d'employer accesskey qu'avec des éléments précis (<a>, <area>, <button>, <input>, <label>, <legend>, <textarea>) et une seule valeur. En HTML 5, c'est devenu un attribut global qui peut comprendre une suite de différentes touches séparées par des espaces. La première disponible sur le clavier de l'utilisateur sera retenue.

Un champ équipé d'accesskey avec valeurs multiples

```
<label for="q">Recherche</label>
<input type="search" id="q" name="q" accesskey="r 0">
```

Dans cet exemple, un champ de recherche dispose de deux touches d'accès, « r » et « 0 ». L'agent utilisateur pourra envisager d'employer Ctrl + Alt + R avec un clavier classique, ou se rabattre sur le 0 s'il est exécuté sur un terminal mobile avec pavé numérique.

class

L'attribut `class` associe une ou plusieurs classes à un ou plusieurs éléments. Dans la pratique, il n'a aucune conséquence visuelle ni sémantique. Le but est de classifier les composants d'un document dans des catégories nommées pour :

- appliquer un style CSS commun à ces éléments grâce à un sélecteur de type `.classe`) ;
- s'adresser à la collection d'éléments en JavaScript/DOM, par exemple grâce à la fonction `getElementsByClassName()`.

La valeur de l'attribut `class` est une énumération d'un ou plusieurs noms de classes séparés par des espaces.

Un élément rattaché à une classe

```
<p class="coordonnees">
  <!-- ... -->
</p>
```

Un élément rattaché à plusieurs classes

```
<p class="coordonnees telephone">
  <!-- ... -->
</p>
```

Une feuille de style CSS imaginaire pour ces classes

```
.coordonnees {
  border:2px dashed black;
}
.telephone {
  font-size:2em;
}
```

On recommande de ne pas nommer les classes d'après l'aspect visuel que l'on souhaite leur conférer avec les styles (ex: `.gauche` ou `.rouge`), mais plutôt d'après leur usage ou leur valeur sémantique. Cela permet de conserver ces mêmes noms après une modification complète de l'interface graphique et de donner du sens à une lecture humaine du code source.

Il n'existe pas de convention pour le nommage, mais la communauté des développeurs a souhaité introduire des standards pour divers types d'informations au travers de ce que l'on appelle les *microformats* (voir chapitre 6).

HTML 4 et HTML 5 n'ont imposé aucune limitation quant aux caractères utilisables pour les noms de classe ; en revanche, il est fortement déconseillé de les faire débuter par un chiffre, car bon nombre de navigateurs le digèrent mal.

Les classes appliquées à un élément sont désormais manipulables par la propriété classList(voir chapitre JavaScript et DOM).

contextmenu <nouveau 5>

Lors de l'élaboration d'un menu contextuel avec l'élément menu, il est nécessaire de définir quel élément de la page peut y faire appel. Ce lien est établi avec l'attribut contextmenu, dont la valeur prend le nom de l'identifiant unique (attribut id) du menu concerné.

Un élément faisant référence à un menu contextuel

```
<menu id="mescommandes">
  <!-- Définition du menu -->
</menu>
<div contextmenu="mescommandes">
  <!-- ... -->
</div>
```

Pour prendre connaissance du fonctionnement global des menus contextuels, reportez-vous à l'explication sur l'élément <menu> section « Éléments interactifs ».

contenteditable <nouveau 5>

Comme son nom le suggère, contenteditable correspond à la capacité de modifier le contenu de l'élément qui porte cet attribut booléen.

Né avec l'essor du Web participatif où tout un chacun doit être capable d'éditer du texte et de le mettre en forme sans posséder de notions en HTML, contenteditable est la pierre angulaire de la production de contenu avec une interface Wysiwyg.

Un élément article éditable

```
<article id="monarticle" contenteditable="true">Je suis modifiable</article>
```

Appliqué à tout élément, principalement de type conteneur (div, p, span, section, article...), il transforme le navigateur en éditeur web. Il appartient ensuite au langage de script de procéder à l'enregistrement des modifications en récupérant le contenu de l'élément, notamment avec sa propriété `innerHTML`.

Valeur HTML de l'élément édité

```
var codehtml = document.getElementById("monarticle").innerHTML;
```

Les procédures pour sauvegarder ce contenu peuvent être développées en Ajax pour envoyer la valeur HTML au serveur et la stocker dans une base de données, ou grâce aux API de stockage local telles que Web Storage et Web SQL Database.

Tableau 4–126 Support de l'attribut contenteditable

Navigateur	Version
Mozilla Firefox	3.5+
Internet Explorer	5.5+
Apple Safari	3.1+
Google Chrome	3.0+
Opera	10.0+
Android, iOS (iPhone, iPad, iPod), Opera Mini, Opera Mobile	non

> **COMPATIBILITÉ Prise en charge par les navigateurs, une actualité mouvante**
>
> N'hésitez pas à consulter le site d'accompagnement de l'ouvrage pour consulter les tableaux de prise en charge par les navigateurs, ils y sont régulièrement mis à jour.

data- <nouveau 5>

Associer des données aux éléments HTML quels qu'ils soient est possible grâce à une nouveauté de la spécification HTML 5, les attributs personnalisés préfixés par `data-` pouvant contenir une chaîne de texte arbitraire.

Dans le cadre des applications web, c'est une fonctionnalité bien utile, car elle permet de stocker des informations relatives au contenu :

- sans devoir les placer « à part » dans une structure de données (tableau, objet, JSON) qui serait liée aux éléments par leurs identifiants ;
- sans devoir faire appel à XHTML et un espace de noms spécifique ;
- sans devoir faire un usage détourné d'attributs possédant déjà une valeur sémantique ;
- dans plusieurs attributs distincts dont le développeur peut choisir le nombre ;

- dans plusieurs attributs dont le développeur peut choisir le nom, au-delà du préfixe `data-` et en veillant à respecter deux critères : au moins un caractère et pas de majuscules ;
- en conservant un code valide.

Exemple d'usage d'attributs data-*

```
<ul id="membres">
<li data-numero="19193" data-age="24">Simon-K</li>
  <li data-numero="35513" data-age="23">Okko</li>
</ul>
```

Ces informations sont naturellement masquées à l'utilisateur et uniquement accessibles avec un script. L'API HTML 5 prévoit la propriété `dataset` de type `DOMStringMap` qui a été inaugurée pour l'occasion. Parmi les navigateurs, seul Internet Explorer 10 méconnaît encore cette propriété.

En revanche, des fonctions qui existaient préalablement à cette nouveauté, et qui sont utilisables sur des attributs conventionnels, bénéficient d'un support plus vaste – entendez par là Internet Explorer 6 compris – en lecture via la méthode `getAttribute`, ou en modification via la méthode `setAttribute`.

Exemple d'accès JavaScript aux attributs data-*

```
<script>
var membres = document.querySelectorAll("#membres li");

// En lecture avec getAttribute
var num = membres[0].getAttribute("data-numero");

// En écriture avec setAttribute
membres[1].setAttribute("data-age","24");

// Avec dataset
var a = membres[0].dataset.age;
a++;
membres[0].dataset.age = a;

// ... est équivalent à
membres[0].dataset.age++;
</script>
```

Un attribut data peut aussi contenir un trait d'union, dans ce cas le nom de la propriété `dataset` sera converti automatiquement en `camelCase`, c'est-à-dire en supprimant ce signe et en ajoutant une majuscule au caractère le suivant immédiatement.

```
<video id="mavideo" data-info-qualite="HD">
<script>
if(document.getElementById("mavideo").dataset.infoQualite="HD") {
  // Autres instructions...
}
</script>
```

Des méta-informations peuvent être stockées ainsi, dans tous les navigateurs, même les ancêtres qui ne supportent pas encore HTML 5. Les éléments concernés par des attributs data sont atteignables par des sélecteurs CSS d'attribut.

```
article[data-temperature='30'] {
  color: orange;
}
article[data-columns='40'] {
  color: red;
}
```

dir

Cet attribut définit la direction d'écriture du texte d'un élément ou du corps de page. Il peut recevoir trois valeurs :

- `ltr` *(left to right)* : pour les langues écrites de gauche à droite (par exemple en Europe) ;
- `rtl` *(right to left)* : pour les langues écrites de droite à gauche (par exemple l'arabe, l'hébreu ou le persan) ;
- `auto` : détermination automatique selon le contexte.

Il est possible de le supplanter avec des propriétés CSS (`direction`, `unicode-bidi`), mais il est recommandé de préférer l'attribut `dir` qui reste actif même si la feuille de style n'est pas appliquée ou désactivée. Cet attribut est obligatoire pour l'élément `<bdo>`. Notez qu'il n'aura aucun effet pour le nom du groupe ABBA.

draggable <nouveau 5>

Cet attribut ne signifie pas que votre élément HTML est célibataire et inscrit sur un site de rencontres, mais bien que l'on peut le déplacer d'un endroit à l'autre sur la page. Il s'agit d'un attribut booléen, pouvant par conséquent porter les valeurs `true` (déplaçable) ou `false` (non déplaçable). Un troisième état, nommé *auto*, et correspondant à l'absence de l'attribut, laisse le navigateur déterminer l'état par défaut.

Cela peut sembler bien pratique, en revanche il ne faut pas oublier que pour toute mise en place de glisser-déposer, il faudra prendre en charge les événements en JavaScript et maîtriser la totalité de l'opération.

Exemple d'usage de l'attribut draggable

```
<img src="ornithorynque.jpg" draggable="true">
```

dropzone <nouveau 5>

L'attribut `dropzone` définit la possibilité de déposer un objet par cliquer-déposer sur l'élément qui le porte.

Reportez-vous au chapitre 11 sur le glisser-déposer pour en savoir plus sur les attributs `draggable` et `dropzone`.

hidden <nouveau 5>

La présence de l'attribut `hidden` indique que l'élément dont il dépend n'est plus (ou n'est pas encore) pertinent, et qu'il ne doit pas être rendu (affiché) par le navigateur.

Attention, il ne s'agit pas de mimer l'usage des feuilles de style et de la propriété `display:none` qui ne relève que de la présentation, mais bien d'affecter une valeur sémantique particulière. Les situations dans lesquelles il n'est pas prévu d'utiliser l'attribut `hidden` peuvent donc être un système d'onglets ou de menu déroulant.

Exemple avec application en deux étapes

```
<section id="etape1">
<!-- Un formulaire requérant validation -->
</section>
<section id="etape2" hidden>
  <!-- Une section ne pouvant (par exemple) être utilisée que si l'étape
1 a été validée -->
</section>
```

Un script peut tout à fait agir sur cette propriété et la modifier pour symboliser un changement d'état.

Modification de l'attribut hidden

```
<script>
document.getElementById('etape1').hidden = true;
document.getElementById('etape2').hidden = false;
</script>
```

Étant donné que celui-ci fait directement partie du code HTML, il peut également renseigner plus efficacement les robots des moteurs de recherche sur les zones du document qu'il est inutile d'indexer, car ceux-ci ne tiennent pas (encore) compte des feuilles de style attachées au document ou des instructions JavaScript susceptibles d'agir sur la visibilité du contenu.

id

L'attribut `id` permet de nommer un élément de façon unique. Il n'a aucune conséquence visuelle ni sémantique, et n'est destiné qu'à faire référence à cet élément :

- en HTML pour le « lier » à d'autres éléments ;
- avec les adresses web dotées d'ancres (par exemple `page.html#id`) pour cibler spécifiquement un fragment du document ;
- en JavaScript pour interagir avec lui (par exemple, avec la méthode `getElementById`) ;
- en CSS pour lui appliquer des propriétés de style (via un sélecteur de type `#id` au sein du document lui-même ou dans une feuille de style externe).

Le premier usage se retrouve concrètement avec les balises `<label>` qui sont liées à un élément de formulaire grâce à leur attribut `for`, reprenant la valeur de l'identifiant. Par nature, il ne peut exister deux éléments possédant le même identifiant unique dans le document, l'attribut `class` est alors plus approprié.

La valeur d'un attribut `id` doit consister en au moins un caractère et ne doit contenir aucune espace.

En HTML 4, les valeurs des attributs `id` et `name` devaient se conformer à des règles strictes : toujours débuter par une lettre (a-z) suivie d'autres lettres, chiffres (0-9), traits d'union ("-"), souligné ou *underscore* ("_"), deux-points (":") ou points (".").

En HTML 5, les restrictions ont été levées sur les caractères utilisables (à peu près tout est autorisé), mais il est toujours conseillé pour des raisons de compatibilité de faire au plus simple et d'éviter les folies avec les caractères alphanumériques non ASCII ou les signes de ponctuation. Cela épargne d'autant plus les problèmes potentiels lors de l'écriture de sélecteurs CSS ou de l'appel à des fonctions JavaScript.

Exemples d'usage de l'attribut id

```
<p id="intro-document">Ceci est l'introduction</p>
<p>
  <label for="prenom">
  <input type="text" name="prenom" id="prenom">
</p>
<section id="contact"><!-- Autres balises... --></section>
```

Une feuille de style correspondante

```
#intro-document {
  background:snow4;
color:#fff;
}
```

Un extrait JavaScript imaginaire

```
<script>
var val_prenom = document.getElementById("prenom").value;
alert(val_prenom);
</script>
```

itemid, itemref, itemscope, itemtype, itemprop

Ces attributs sont mis en œuvre dans le cadre des microformats avec HTML 5 (voir chapitre Microdata).

lang

L'attribut `lang` définit la langue utilisée pour le contenu phrasé d'un élément, c'est-à-dire la langue dans laquelle est rédigée le document ou une portion de celui-ci. Il porte comme valeur un code langue normalisé sur deux ou trois caractères.

> **RÉFÉRENCE Liste des codes de langue**
>
> Les codes d'identification de langue sont référencés à la RFC BCP *(Best Current Practice)* 47 de l'IETF.
>
> ▸ http://www.ietf.org/rfc/bcp/bcp47.txt
>
> Elle est dérivée de la liste des codes internationaux qui est officiellement maintenue par la Librairie du Congrès des États-Unis.
>
> ▸ http://www.loc.gov/standards/iso639-2/php/code_list.php

L'intérêt de cette déclaration est multiple, car elle permet :

- aux synthétiseurs vocaux de déterminer quelle prononciation employer, et sur quels réglages prédéfinis ou dictionnaires se baser ;
- aux correcteurs orthographiques – inclus désormais dans la plupart des navigateurs – de se référer au bon dictionnaire ;
- au navigateur d'employer les polices et jeux de caractères appropriés ;
- aux robots des moteurs de recherche d'indexer le document plus efficacement.

Cet attribut peut être appliqué sur tout élément de la page pour indiquer un changement de langue local, par exemple sur un `<div>` ou sur un paragraphe `<p>` précis, ou bien sur tout le document lorsqu'il est appliqué à la racine `<html>`.

Déclaration de langue dans une portion de paragraphe

```
<p>Sheldon Cooper a dit un jour <q lang="en">I'm the Doppler Effect !</q></p>
```

tabindex

La navigation au clavier est plus courante que l'on ne peut le penser. Qui n'a pas déjà utilisé la fameuse touche de tabulation *(tab)* pour passer d'un champ à l'autre d'un formulaire afin d'éviter d'avoir à ressaisir la souris ?

Par défaut, le navigateur assigne un ordre qu'il pense logique (basiquement dérivé de l'ordre d'apparition des balises HTML), à tous les éléments pouvant recevoir le focus sur la page. Il s'agit principalement des liens (`a`, `link`), des boutons (`input`, `button`), des champs de formulaires (`input`, `select`, `textarea`), des éléments de commande (`command`), des zones d'une *image map* (`area`), des éléments déplaçables (attribut `draggable`).

Dans certains cas de figure, il peut être utile de changer cet ordre, pour refléter une succession plus intuitive à l'écran selon la disposition des contrôles, qui peut être radicalement différente de l'ordre d'apparition dans le code.

Ajouter un attribut `tabindex` sur un élément lui confère la possibilité (ou non) de recevoir le focus, dans une séquence de navigation numérotée. L'ordre de « tabulation » est relatif à la valeur que l'on attribue et qui doit toujours être un nombre :

- Entier négatif : l'agent utilisateur doit permettre à l'élément de recevoir le focus, mais pas de l'atteindre via la séquence normale de navigation.
- Zéro : l'agent utilisateur doit permettre à l'élément de recevoir le focus dans la séquence normale de navigation en déterminant son ordre d'après les conventions du système d'exploitation hôte.
- Entier positif : l'agent utilisateur doit permettre à l'élément de recevoir le focus dans la séquence normale de navigation en déterminant son ordre relativement aux autres éléments.

Les règles d'établissement de la séquence pour un élément avec un `tabindex` de valeur entière positive sont les suivantes, il doit recevoir le focus :

- avant tout élément dont l'attribut `tabindex` a été omis ou possède une valeur erronée ;
- avant tout élément dont l'attribut `tabindex` est égal ou inférieur à zéro ;
- après tout élément dont l'attribut `tabindex` est supérieur à zéro, mais inférieur à la valeur de l'élément courant ;

- après tout élément dont l'attribut `tabindex` est égal à la valeur de l'élément courant et dont la position est antérieure dans l'arbre du document ;
- avant tout élément dont l'attribut `tabindex` est égal à la valeur de l'élément courant et dont la position est postérieure dans l'arbre du document ;
- avant tout élément possédant une valeur de `tabindex` supérieure à celle de l'élément courant.

La valeur par défaut de l'attribut est 0 pour les éléments pouvant recevoir le focus et -1 pour les éléments non habilités à le recevoir.

Une fois qu'un élément possède le focus, il peut être activé par l'action d'une autre touche, typiquement « Entrée » qui émule bien souvent un clic de souris. Cela peut correspondre :

- pour un lien, à l'action de suivre l'adresse contenue dans l'attribut `href ;`
- pour un bouton à l'action de cliquer sur ce bouton ;
- pour un champ de formulaire, à valider l'ensemble du formulaire (`submit`).

Dans le cas d'un élément qui ne dispose pas d'action par défaut, mais auquel on accède grâce à `tabindex`, il ne se produira aucune action, mais un événement de type `click` sera généré. Il est conseillé de le compléter par une pseudo-classe CSS : `focus,` car celui-ci n'est pas toujours rendu visuellement, notamment sur les éléments sans action. Les navigateurs équipés du moteur WebKit possèdent une valeur par défaut (correspondant à la capture d'écran ci-après).

Exemple d'association fictive de tabindex

```
<p tabindex="2">Paragraphe de texte</p>
<p>
  <label>Nom :</label>
  <input tabindex="3" name="nom" type="text">
</p>
<p>
  <label>Prénom :</label>
  <input tabindex="1" name="prenom" type="text">
</p>
<p>
  <button tabindex="4">OK</button>
</p>
```

Feuille de style associée

```
button:focus {
  outline:red dotted 5px ;
}
```

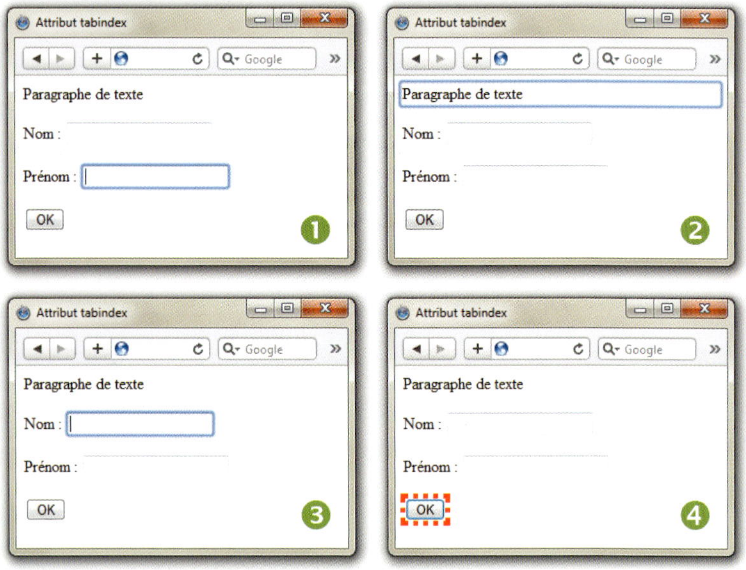

Figure 4–66
Séquence de tabulation avec le navigateur Safari

translate <nouveau 5>

Les services de traduction en ligne sont de plus en plus performants et exploités. Grâce à l'attribut `translate`, vous pouvez désactiver la traduction automatique sur des portions de texte, afin de conserver leur sens original, par exemple pour :

- des titres d'œuvres,
- des citations ou expressions qui doivent rester compréhensibles et n'ont de sens que dans leur idiome naturel,
- des noms propres pouvant avoir une signification dans un autre langage (par exemple *Barry White*),
- des extraits de code source (même si les outils de Google et Microsoft savent déjà les ignorer).

Pour ceci, il faut donner la valeur `no` à l'attribut `translate`.

Exemples d'usage de l'attribut translate

```
<p>Le titre original du film <cite>La Taupe</cite> est <cite
translate="no">Tinker, Tailor, Soldier, Spy</cite>.</p>
<p>Pour achever un processus sous Linux, utilisez la commande <kbd
translate="no">kill</kbd>.</p>
```

La valeur `yes` est moins usitée car, par défaut, tout est traduisible. Elle présente néanmoins un intérêt lorsqu'il s'agit d'inverser localement l'effet d'une interdiction de traduction.

Pour désactiver la traduction entière du document, l'attribut peut être positionné sur la racine `<html>`. À ne pas confondre avec l'attribut global `lang`.

title

Un attribut `title` est censé contenir une information (de conseil ou d'indication) concernant l'élément. Celle-ci peut être affichée en infobulle par le navigateur et représente un agrément non négligeable pour l'accessibilité des pages web. On peut le retrouver dans différents contextes :

- avec `link` : le titre ou la description du document lié ;
- avec les éléments médias (`audio`, `video`, `img`) : la description de la ressource ou ses crédits ;
- avec les éléments texte : un commentaire sur le texte ou sur la citation, une information complémentaire sur la source, la description complète de l'abréviation dans le cas de `abbr` ;
- avec les champs de formulaire : une indication sur la valeur à fournir.

Si un élément ne comporte pas d'attribut `title`, on considère que celui équipant son ancêtre le plus proche est encore pertinent. Pour contrecarrer cet héritage, il suffit de préciser une valeur vide.

Exemple d'usage de l'attribut title

```
<p>Le langage <abbr title="Hypertext Markup Language">HTML</abbr> est
surpuissant !</p>
```

Figure 4–67
Attribut title

spellcheck <nouveau 5>

Les navigateurs web récents comportent une correction orthographique intégrée, signalant de potentielles fautes. Cette fonctionnalité bien utile dans les champs de formulaires pour éviter les coquilles peut être activée ou désactivée à la demande grâce à l'attribut `spellcheck`. La désactivation peut présenter un intérêt pour des champs qui ne sont pas destinés à recevoir des portions de texte dans la langue de l'utilisateur, par exemple une zone de texte pour l'édition de code HTML ou d'un autre langage.

Les valeurs possibles sont :

- `true` (vrai) ou *chaîne vide* : la vérification orthographique et grammaticale peut être effectuée sur l'élément ;
- `false` (faux) : la vérification ne doit pas être entreprise.

Exemples d'usage de l'attribut spellcheck

```
<textarea spellcheck="false"></textarea>
<input type="text" spellcheck="true">
```

Il n'est pas nécessaire d'appliquer cet attribut individuellement sur plusieurs éléments si ceux-ci sont contenus dans le même parent auquel peut être appliqué `spellcheck`. Ils héritent alors de ce paramètre.

Exemple d'usage de l'attribut spellcheck

```
<div spellcheck="false">
<textarea></textarea>
<input type="text">
</div>
```

Par défaut, la vérification orthographique est activée prioritairement sur les zones `textarea` et de façon moins fréquente sur les champs de formulaire `input`. Elle peut aussi être appelée via le menu contextuel d'un élément.

- Mozilla Firefox 2+, Internet Explorer 10+, Opera 9+ : au fur et à mesure de la frappe, par défaut sur `textarea,` mais pas sur `input type="text"` ;
- Safari 3+, Google Chrome 1+ : au fur et à mesure de la frappe, par défaut sur `textarea` et `input type="text"` ;

style

Des propriétés de style spécifiques à un élément peuvent être énumérées dans l'attribut `style`, séparées par des points-virgules (inventés par Alde l'Ancien au XVe siècle !). La priorité de ces instructions est maximale sur celle des éventuelles feuilles de style externes appliquées au document.

Pour des raisons de maintenabilité du code, de performance (mise en cache) et de lisibilité, il est recommandé d'y recourir le moins possible et de privilégier les feuilles CSS externes qui permettent de mutualiser les déclarations pour l'ensemble des éléments d'une page ou d'un site.

Exemple d'usage de l'attribut style

```
<p style="color:#456;background:#cbdbe5;padding:0.3em;text-
align:center;font-size:3em;border:3px solid steelblue;font-
family:Georgia;font-weight:bold">Stylé !</p>
```

Figure 4–68
Conséquence de l'attribut style sur un paragraphe

Relations des liens

L'attribut `rel`, appliqué aux éléments `<link>`, `<a>` et `<area>` définit les relations que peut avoir le document avec d'autres ressources. La liste n'est pas exhaustive étant donné que le WhatWG prévoit progressivement d'accepter des extensions aux valeurs possibles sur des suggestions pertinentes.

En HTML 5, deux catégories sont à considérer : les liens établis vers d'autres ressources qui ont une incidence directe sur les possibles interprétations du document courant (par exemple, une feuille de style CSS, une icône) et les liens établis vers d'autres documents indépendants obéissant à une relation particulière.

Ces relations sont la plupart du temps définies dans une séquence d'éléments `<link>` à l'intérieur de l'en-tête `<head>` du document, et plus rarement sur des liens classiques `<a>`.

Tableau 4–127 Types de relations

Valeur de rel	Effet sur <link>	Effet sur <a> et <area>	Description
`alternate`	lien	lien	Lien vers une version alternative du document, par exemple une version imprimable, une traduction, un site miroir ou un flux de syndication RSS/Atom.
`archives`	lien	lien	Lien vers des archives.
`author`	lien	lien	Lien vers l'auteur du document, voire lien de type `mailto:` vers son adresse e-mail.
`bookmark`	N/A	lien	Lien permanent de l'ancêtre `article` ou `section` le plus proche pour l'ajout aux signets/favoris du navigateur.
`external`	N/A	lien	Indique que le document cible ne fait pas partie du même site que le document courant.
`first`	lien	lien	Lien vers le premier document si le document courant fait partie d'une série.

Tableau 4–127 Types de relations (suite)

Valeur de rel	Effet sur <link>	Effet sur <a> et <area>	Description
`help`	lien	lien	Lien vers une section d'aide contextuelle.
`icon`	ressource externe	N/A	Importe une icône représentant le document courant.
`index`	lien	lien	Lien vers un autre document contenant une table des matières ou un index, contenant le document courant.
`last`	lien	lien	Lien vers le dernier document si le document courant fait partie d'une série.
`license`	lien	lien	Lien vers une licence pouvant être appliquée au contenu du document.
`next`	lien	lien	Lien vers le document suivant si le document courant fait partie d'une série.
`nofollow`	N/A	lien	Indique que l'auteur du document courant ne cautionne pas le document lié.
`noreferrer`	N/A	lien	Demande au navigateur de ne pas envoyer d'en-tête HTTP Referer (permettant de déterminer la provenance du document original) si le lien est suivi.
`pingback`	ressource externe	N/A	Adresse du serveur qui gère le *pingback* (ou *trackback*) pour le document courant.
`prefetch`	ressource externe	ressource externe	Lien vers une ressource pouvant être téléchargée et mise en cache en avance par le navigateur.
`prev`	lien	lien	Lien vers le document précédent si le document courant fait partie d'une série.
`search`	lien	lien	Lien vers un moteur qui permet de chercher au sein du document et ses pages afférentes, ou ressource OpenSearch.
`stylesheet`	ressource externe	N/A	Importe une feuille de style.
`sidebar`	lien	lien	Lien vers un document pouvant être affiché dans la zone contextuelle *(sidebar)* du navigateur s'il en possède une.
`tag`	lien	lien	Attribue au document courant une étiquette (un *tag*) identifiée par l'adresse donnée.
`up`	lien	lien	Lien vers un document parent pouvant préciser le contexte du document courant.

Les valeurs suivantes ont été retirées depuis HTML 4 : `appendix`, `chapter`, `contents`, `copyright`, `glossary`, `index`, `section`, `start`, `subsection`.

Les nouvelles valeurs sont : `archives`, `author`, `bookmark`, `external`, `first`, `index`, `last`, `license`, `nofollow`, `noreferrer`, `pingback`, `search`, `sidebar`, `tag`, `up`.

Quelques relations notables

Consultez au chapitre 4 la description de l'élément `<link>` pour des détails complémentaires au sujet des valeurs `icon`, `stylesheet`, `alternate`, et `license`.

nofollow

La valeur `nofollow` indique que le lien établi n'est pas « approuvé » par son auteur, notamment lorsqu'il est établi pour des raisons commerciales. Il a été inventé par Google et est pris en compte par les moteurs de recherche dans le calcul de l'importance des pages en termes de référencement. Un lien possédant l'attribut `rel="nofollow"` ne devra (en théorie) pas influencer le positionnement d'une page dans les résultats de recherche.

Exemple de lien abusivement établi

```
<h1>Mon titre d'article</h1>

<article><!-- ... Article de blog ... --></article>

<h2>Commentaires</h2>

<p>Commentaire de Pitouille8795 :</p>
<p>Je trouve ce que tu racontes très intéressant, venez tous voir mon
site de <a href="http://www.jevendsdestracteurs.com/">vente de
tracteurs</a> !</p>
```

C'est une valeur qui devait ainsi empêcher le spam dans les commentaires rédigés par les utilisateurs (blogs, sites communautaires, forums) au travers des *backlinks*, liens établis pour améliorer la « réputation » d'un site dans la bataille incessante pour le référencement suprême. Elle est appliquée par défaut par la plupart des moteurs de blogs ou CMS autorisant les interventions publiques.

Exemple de lien précautionneusement remis à sa place

```
<h2>Commentaires</h2>

<p>Commentaire de Pitouille8795 :</p>

<p>Je trouve ce que tu racontes intéressant mais venez tous voir mon
site de <a href="http://www.jevendsdestracteurs.com/"
rel="nofollow">vente de tracteurs</a> !</p>
```

Toutefois, sa présence ne signifie pas que le contenu de la page liée ne sera jamais indexé. Un robot d'indexation peut tout à fait suivre le lien et l'ajouter aux résultats, mais sans lui donner le poids qu'une relation classique lui conférerait depuis la page d'origine. Pour prévenir toute indexation, il est préférable de se pencher du côté du fichier `robots.txt` placé à la racine du site en question.

noreferrer

Le mot-clé `noreferrer` désactive la transmission du référant dans l'en-tête HTTP `Referer` (adresse de la page de provenance), lorsque l'utilisateur exploite le lien disposant de l'attribut `rel="noreferrer"`.

De par la subtilité de l'orthographe anglaise, `noreferrer` comporte trois « r » et l'en-tête HTTP `Referer` en comporte deux.

prefetch

Le terme *prefetch* provient de *pre* (avant) et de *fetch*, qui signifie en anglais « récupérer » ou dans le contexte du Web « télécharger ». Un lien possédant l'attribut `rel="prefetch"` indique au navigateur de précharger la ressource liée (image, autre document HTML, autre feuille CSS, etc.).

Cette fonctionnalité permet la mise en cache préalable de données que le visiteur est susceptible d'utiliser lors des prochaines étapes de navigation, afin de réduire leur temps d'accès. Cette phase de préchargement est déclenchée silencieusement à la fin du chargement de la page courante elle-même, afin de ne pas pénaliser cette action prioritaire. Lorsque la navigation nécessite un appel à l'un des fichiers placés en cache, ils peuvent alors être servis directement et rapidement depuis le disque local sans effectuer de requête réseau.

L'attribut `rel="prefetch"` est appliqué dans cette optique à l'élément `<link>`, dans la section `<head>` de la page.

Exemple d'usage de prefetch

```
<head>
<!-- Autres instructions... -->
  <!-- Préchargement d'une page HTML -->
<link rel="prefetch" href="autre-page.html">
</head>
```

Cependant, il faut s'en servir avec sagesse et modération. Une page préchargée peut fausser les statistiques de visites d'un site et mobiliser une partie de la bande passante inutilement – surtout dans le cadre d'une navigation sur périphérique mobile – si le visiteur n'a finalement aucun usage des ressources placées en cache.

Quels sont les cas concrets dans lesquels `prefetch` peut rendre service ?

- Pour les images destinées à être placées sur l'ensemble des pages.

- Pour les feuilles de style complémentaires répondant à ce même critère.
- Pour la page listant les résultats de recherche suivants dans le cadre d'un moteur.
- Pour plusieurs pages correspondant aux seules étapes suivantes envisageables, par exemple, dans une présentation ou une procédure d'inscription linéaire.

Exemple d'usage de prefetch

```
<!-- Préchargement d'images -->
<link rel="prefetch" href="/images/niveau2/image1.png" />
<link rel="prefetch" href="/images/niveau2/image2.png" />
<link rel="prefetch" href="/images/niveau2/image3.png" />
```

Il faut noter que le protocole HTTPS est aussi concerné en plus de HTTP. Aucun autre protocole n'est accepté. Un préchargement n'a aucune conséquence sur l'historique du navigateur : l'adresse n'est pas ajoutée à son index, car il serait possible de le « polluer » par des pages que le visiteur n'aurait jamais parcourues étant donné que les adresses appartenant à un autre domaine sont tolérées.

Implémentation

Cette fonctionnalité est disponible depuis 2003 pour Mozilla Firefox, et prévue depuis Google Chrome 10+, mais souffre d'un bogue qui sera probablement corrigé. L'option du moteur Mozilla/Gecko `network.prefetch-next` (accessible dans `about:config`) permet de le désactiver.

first, last, prev, next, up

Des relations de séquence (et non forcément de hiérarchie) peuvent lier les documents entre eux, grâce à ces valeurs portant bien leur nom. HTML 4 avait déjà introduit `start`, `prev` et `next`. HTML 5 a ajouté `first` en synonyme de `start`, puis `last` et `up`.

Il faut noter que certains navigateurs tels que Mozilla Firefox peuvent appliquer à `next` le même principe de préchargement qu'avec `prefetch`, afin d'anticiper la navigation vers la page qualifiée comme étant la suivante.

RESSOURCE Au sujet des liens

Par le W3C

- http://www.w3.org/TR/html5/links.html

Par le WhatWG

- http://www.whatwg.org/specs/web-apps/current-work/multipage/links.html

Extensions autorisées pour l'attribut rel

- http://wiki.whatwg.org/wiki/RelExtensions

Attributs événements

Les attributs gestionnaires d'événements jouent un rôle particulier, car ils associent un type d'événement DOM pouvant survenir pour un élément à une fonction de script.

Cela permet donc de déclencher un bout de code JavaScript, élémentaire ou complexe, sur des événements tels que « lorsque la page a été chargée », ou « lorsque l'utilisateur presse sur une touche ». La plupart d'entre eux concernent :

- les entrées utilisateur (souris, clavier) ;
- la navigation au clavier (focus) ;
- les formulaires (changement de valeur, validation) ;
- la lecture de médias (audio, vidéo) ;
- les interactions riches (glisser-déposer, molette souris) ;
- le chargement des pages et des ressources.

Déclenchement d'une fonction au clic

```
<input type="button" value="Cliquez-moi"
onclick="faireQuelquechose();">

<script>
function faireQuelquechose() {
  // Quelques instructions...
alert("Un clic !");
}
</script>
```

Certains sont nouveaux en HTML 5, notamment ceux qui concernent la lecture de médias (audio, vidéo). Tous débutent par le terme « on » suivi du nom de l'événement DOM auquel ils correspondent.

> Voyez le chapitre 2 sur le DOM pour l'écriture complète des gestionnaires d'événements en JavaScript et la présentation de quelques fonctions bien utiles.

Tableau 4–128 Événements DOM

Événement	Correspondance	Catégorie
onabort	Chargement annulé par l'utilisateur.	Réseau
onblur	Perte du focus : l'élément détenait le focus et l'a perdu, car l'utilisateur a navigué vers un autre élément, au clavier ou grâce à son dispositif de pointage.	Navigation

Tableau 4–128 Événements DOM (suite)

Événement	Correspondance	Catégorie
oncanplay	L'agent utilisateur peut reprendre la lecture de l'audio ou de la vidéo, mais estime que s'il débute à cet instant, la totalité du média ne pourra être lue au rythme de lecture actuel sans avoir à effectuer d'autre(s) pause(s) pour mettre en cache les données.	Médias
oncanplaythrough	L'agent utilisateur peut reprendre la lecture de l'audio ou de la vidéo en estimant qu'à cet instant la totalité du média pourra être lue au rythme de lecture actuel sans avoir à effectuer d'autre(s) pause(s) pour mettre en cache les données.	Médias
onchange	L'utilisateur a validé le changement de la valeur d'un élément (de formulaire).	Formulaires
onclick	L'utilisateur a cliqué sur l'élément et a relâché le bouton de la souris ou a utilisé un autre dispositif de pointage qui émule cette action.	Souris, pointage
oncontextmenu	L'utilisateur a déclenché le menu contextuel.	Navigation
ondblclick	L'utilisateur a double-cliqué sur l'élément ou a utilisé un autre dispositif de pointage qui émule cette action.	Souris, pointage
ondrag	L'utilisateur est en train de déplacer l'élément.	Drag & drop
ondragend	L'utilisateur a fini de déplacer l'élément.	Drag & drop
ondragenter	L'opération de glisser-déposer initiée par l'utilisateur est entrée dans l'élément.	Drag & drop
ondragleave	L'opération de glisser-déposer initiée par l'utilisateur a quitté l'élément.	Drag & drop
ondragover	L'opération de glisser-déposer survole l'élément.	Drag & drop
ondragstart	Début de glisser-déposer.	Drag & drop
ondrop	Fin de glisser-déposer, et dépôt.	Drag & drop
ondurationchange	L'attribut DOM duration sur l'élément <audio> ou <video> a été modifié.	Médias
onemptied	L'élément <audio> ou <video> est retourné à son état initial.	Médias
onended	La fin de l'audio ou de la vidéo a été atteinte.	Médias
onerror	Le chargement de l'élément a échoué.	Réseau
onfocus	L'élément a reçu le focus.	Navigation
onformchange	L'utilisateur a validé le changement de valeur d'un élément dans le formulaire dont cet élément dépend.	Formulaires
onforminput	L'utilisateur a modifié la valeur d'un élément dans le formulaire dont cet élément dépend.	Formulaires
oninput	L'utilisateur a changé la valeur de l'élément de formulaire.	Formulaires
oninvalid	L'élément de formulaire n'a pas respecté les contraintes de validation.	Formulaires

Tableau 4–128 Événements DOM (suite)

Événement	Correspondance	Catégorie
onkeydown	L'utilisateur a enfoncé une touche.	Clavier
onkeypress	L'utilisateur a enfoncé une touche correspondant à un code caractère.	Clavier
onkeyup	L'utilisateur a relâché une touche.	Clavier
onload	L'élément a fini son chargement.	Réseau
onloadeddata	L'agent utilisateur peut rendre le contenu audio ou vidéo à la position de lecture courante, pour la première fois.	Médias
onloadedmetadata	L'agent utilisateur a pu déterminer la durée et les dimensions de l'élément <audio> ou <video>.	Médias
onloadstart	L'agent utilisateur a commencé à charger des données médias dans l'élément <audio> ou <video>.	Médias
onmousedown	L'utilisateur a pressé le bouton de la souris ou du dispositif de pointage sur l'élément.	Souris, pointage
onmousemove	L'utilisateur a effectué un mouvement avec la souris ou le dispositif de pointage.	Souris, pointage
onmouseout	L'utilisateur a déplacé le curseur de la souris ou du dispositif de pointage hors des limites de l'élément.	Souris, pointage
onmouseover	L'utilisateur a déplacé le curseur de la souris ou du dispositif de pointage à l'intérieur des limites de l'élément ou d'un de ses descendants.	Souris, pointage
onmouseup	L'utilisateur a relâché le bouton de la souris ou du dispositif de pointage sur l'élément.	Souris, pointage
onmousewheel	L'utilisateur a actionné la molette de défilement de la souris ou du dispositif de pointage équivalent.	Souris, pointage
onpause	L'utilisateur a mis en pause la lecture de l'élément <audio> ou <video>.	Médias
onplay	L'agent utilisateur a débuté la lecture de l'élément <audio> ou <video>.	Médias
onplaying	La lecture de l'élément <audio> ou <video> a débuté.	Médias
onprogress	L'agent utilisateur télécharge les données médias pour l'élément <audio> ou <video>.	Médias
onratechange	L'attribut DOM defaultPlaybackRate ou playbackRate a été modifié sur l'élément <audio> ou <video>.	Médias
onreadystatechange	L'élément et toutes ses ressources ont fini leur chargement.	Médias
onreset	Le formulaire a été remis à zéro.	Formulaires
onscroll	L'élément qui a fait l'objet d'un défilement.	Souris, pointage

Tableau 4–128 Événements DOM (suite)

Événement	Correspondance	Catégorie
onseeked	La valeur de l'attribut seeking a été modifiée à false (l'opération de navigation temporelle sur l'audio ou la vidéo a pris fin).	Médias
onseeking	La valeur de l'attribut seeking a été modifiée à true (l'opération de navigation temporelle sur l'audio ou la vidéo a eu lieu et est d'une durée suffisamment pertinente pour déclencher l'événement).	Médias
onselect	L'utilisateur a sélectionné du texte.	Souris, pointage
onshow	L'utilisateur a requis l'affichage de l'élément comme menu contextuel.	Navigation
onstalled	L'agent utilisateur essaie de télécharger les données pour la lecture de l'élément média <audio> ou <video>, mais celles-ci ne sont pas reçues.	Médias
onsubmit	Le formulaire a été validé.	Formulaires
onsuspend	L'agent utilisateur ne télécharge actuellement pas le contenu du média, mais ne dispose pas encore de l'entièreté des données.	Médias
ontimeupdate	La position de lecture de l'élément <audio> ou <video> a changé.	Médias
onvolumechange	L'attribut DOM volume ou muted a été modifié sur un élément média.	Médias
onwaiting	La lecture de l'élément <audio> ou <video> a été mise en pause, car les données nécessaires pour la suite sont attendues.	Médias

Les formulaires (Web Forms)

5

Des formulaires HTML plus évolués et de nouveaux champs ? C'est enfin possible ! Avec un <input> pour les gouverner tous...

Figure 5–1 ... mais cela fonctionne aussi avec des champs

Les limitations de HTML 4 pour les formulaires sont flagrantes. Au cours de l'évolution du langage, divers éléments de contrôle ont été introduits pour permettre aux visiteurs d'un site d'entrer des informations, les valider et les envoyer au serveur. Il s'agit de :

- `<input>` avec les types `text`, `radio`, `submit`, `checkbox`, `password`, `file`, `image`, `hidden`, `reset` et `button`
- `<textarea>`
- `<button>`
- `<select>`

Ces contrôles miment les interfaces graphiques que proposaient déjà les systèmes d'exploitation (champs texte, cases à cocher, boutons radio, boutons de validation...). Néanmoins, avec la venue des applications web, le souhait d'offrir à l'utilisateur des zones d'interaction plus évoluées est devenu plus pressant. Il est par exemple possible de donner plus d'indications en cas de saisie incorrecte, sans passer par un ajout systématique de code JavaScript.

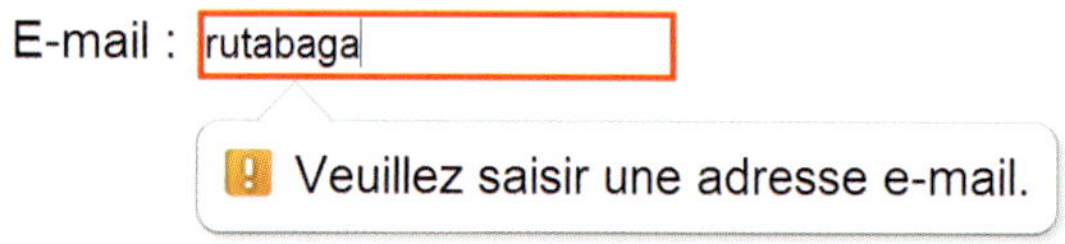

Figure 5–2
Champ avec validation par le navigateur sans JavaScript

De nombreuses librairies JavaScript telles que jQueryUI ou YUI ont vu le jour pour apporter une réponse tant fonctionnelle que graphique, avec l'inconvénient d'un déploiement plus complexe qu'un simple code HTML, plus lourd en termes de données à télécharger et à interpréter, et moins accessible.

L'affordance des contrôles présentés à l'écran est cruciale pour l'entrée d'informations (calendriers, curseurs à positionner), mais aussi pour définir par avance les types de données à entrer dans les champs (nombres, adresse e-mail, adresse de site web, couleur) avant validation des formulaires par le serveur et affichage d'un éventuel message d'erreur.

> **DÉFINITION Les affordances**
>
> Dans son livre *Ergonomie web illustrée*, Amélie Boucher rappelle que les *affordances* sont les possibilités d'action suggérées par la forme d'un objet, avant même qu'il soit utilisé.
>
> 📖 Boucher Amélie, *Ergonomie web illustrée, 60 sites à la loupe*, Eyrolles 2011
> 📖 Boucher Amélie, *Ergonomie web. Pour des sites efficaces*, Eyrolles 2011

L'apparence graphique de tous ces contrôles dépend bien souvent du système d'exploitation et du navigateur. Ils sont généralement plus carrés et plus gris sur les anciens systèmes ; plus arrondis et sympathiques avec les programmes récents. Rien n'empêche cependant de leur affecter des propriétés CSS.

L'initiative Web Forms 2.0, initialement nommée « XForms Basic » avait pour but de fournir à HTML 4 et XHTML 1.x des moyens de validation des données et d'affichage plus conviviaux. Cinq ans après le début de son développement par le WhatWG, la spécification a été intégrée directement à HTML 5.

De nouveaux types pour `<input>` ont vu le jour ainsi que quelques nouveaux éléments à part entière :

- `<input>` avec les types `tel`, `url`, `email`, `search`, `date`, `time`, `datetime`, `datetime-local`, `month`, `week`, `number`, `range`, `color` ;
- `<output>` ;
- `<keygen>` ;
- `<meter>` ;
- `<progress>` ;
- `<datalist>`.

Tout aussi importants, de nouveaux attributs ont été introduits, applicables à l'ensemble des contrôles de formulaire ou à certains seulement.

> Les nouveaux attributs seront récapitulés après l'ensemble des descriptions, et ne seront pas repris individuellement dans les tableaux d'attributs spécifiques à chaque élément.

<input> et ses variantes

L'élément `<input>` est particulier, car il revêt de multiples apparences et fonctionnalités, uniquement caractérisées par l'attribut `type`. Son but est de recueillir les informations d'une entrée effectuée par l'utilisateur, éventuellement en lui fournissant toutes les indications nécessaires pour structurer son entrée ou son choix.

Afin de pouvoir enrichir les éléments de formulaire en HTML, des nouveaux types ont été ajoutés pour `<input>` en HTML 5. Voici un récapitulatif des types pratiqués depuis les précédentes versions de HTML ainsi que ceux inaugurés récemment.

Tableau 5–1 Récapitulatif des valeurs possibles pour l'attribut type de la balise <input>

Type	Rôle	HTML 5
`text`	Champ de texte	
`password`	Champ mot de passe	

Tableau 5–1 Récapitulatif des valeurs possibles pour l'attribut type de la balise <input> (suite)

Type	Rôle	HTML 5
`hidden`	Champ caché (invisible)	
`radio`	Bouton radio (un seul choix)	
`checkbox`	Case à cocher (choix multiples)	
`button`	Bouton	
`reset`	Remise à zéro du formulaire	
`submit`	Bouton de validation du formulaire	
`image`	Image cliquable	
`file`	Fichier	
`tel`	Numéro de téléphone	Nouveau
`url`	Adresse URL/URI	Nouveau
`email`	Adresse e-mail	Nouveau
`search`	Champ de recherche	Nouveau
`date`	Date	Nouveau
`time`	Heure	Nouveau
`datetime`	Date et heure	Nouveau
`datetime-local`	Date et heure (locales)	Nouveau
`month`	Mois	Nouveau
`week`	Semaine	Nouveau
`number`	Valeur numérique	Nouveau
`range`	Valeur numérique d'un intervalle, sans grande précision	Nouveau
`color`	Une couleur RVB (3 composantes de 8 bits)	Nouveau

Et cela ne s'arrête pas là, le WhatWG élaborant déjà des solutions plus évoluées pour l'entrée d'informations encore plus structurées avec l'attribut `inputmode`.

RESSOURCE Spécification HTML 5 au sujet de l'élément INPUT

Par le W3C

- http://www.w3.org/TR/html5/the-input-element.html
- http://www.w3.org/TR/html5/common-input-element-attributes.html
- http://dev.w3.org/html5/markup/input.html

Par le WhatWG

- http://www.whatwg.org/specs/web-apps/current-work/multipage/the-input-element.html
- http://www.whatwg.org/specs/web-apps/current-work/multipage/association-of-controls-and-forms.html#input-modalities:-the-inputmode-attribute

Un élément sans attribut `type` ou avec une valeur inconnue est considéré par défaut comme `<input type="text">`. La description de l'élément `<label>` présent dans les exemples se fera ultérieurement (il s'agit d'une étiquette qui est liée par son attribut `for` à l'identifiant `id` du champ `<input>` qui lui correspond).

Dans tous les cas de figure, l'attribut `value` détermine la valeur du champ transmise à la validation du formulaire, et l'attribut `name` son nom afin de retrouver quel champ correspond à quelle valeur lors du traitement des données après leur envoi via HTTP.

Il est absolument obligatoire de vérifier et de valider les données envoyées du côté du serveur avant de les utiliser. Un utilisateur malintentionné pourrait introduire des valeurs non souhaitées, avec une syntaxe provoquant un comportement erratique des scripts ou des requêtes sur une base de données. Aucune contrainte définie en JavaScript côté client n'est fiable, puisqu'il est possible de la désactiver purement et simplement.

Exemple de formulaire minimaliste

```
<form method="post">
  Identifiant : <input type="text" name="login">
  Mot de passe : <input type="password" name="mdp">
  <input type="submit" value="Valider">
</form>
```

Exemple de réception et de traitement des données côté serveur en PHP

```
<?php
  if(isset($_POST['login']) && isset($_POST['mdp'])) {
    // Identification...
    echo "Bienvenue ".$_POST['login']." !";
  }
?>
```

Tableau 5–2 Propriétés de l'élément <input>

Propriété	Détails
Modèles de contenu autorisés	Aucun, élément vide.
Parents autorisés	Tout élément pouvant contenir des éléments de phrasé.
Omission de balise	Balise ouvrante obligatoire, pas de balise fermante.

text

Le type `text` est le champ de formulaire le plus classique qui soit. Comme son nom le suggère, il permet la saisie d'un texte (relativement court pour des raisons de lisibilité, car visuellement le contrôle est monoligne et d'une largeur déterminée).

```
<input type="text" name="prenom">
```

Figure 5–3
Champ d'entrée texte

Tableau 5–3 Attributs spécifiques à <input type="text">

Attribut	Valeurs	Rôle
`name`	texte	Nom clé de la paire clé/valeur à la soumission du formulaire
`value`	texte	Valeur de la paire à la soumission du formulaire

password

Confrère de `text`, un champ d'entrée de mot de passe `password` est un équivalent dont les caractères sont remplacés visuellement par des astérisques ou des points.

```
Mot de passe : <input type="password" name="motdepasse">
```

Figure 5–4
Champ de mot de passe

Tableau 5–4 Attributs spécifiques à <input type="password">

Attribut	Valeurs	Rôle
`name`	texte	Nom clé de la paire clé/valeur à la soumission du formulaire
`value`	texte	Valeur de la paire à la soumission du formulaire

Son comportement est semblable en tous points à celui d'un champ texte classique, à l'exception de la désactivation par défaut du *copier* sur son contenu. Néanmoins, il est très facile de lire sa valeur en JavaScript ou via un inspecteur DOM, ce n'est donc pas un champ dont le contenu est sécurisé. À la validation du formulaire, il est également transmis en clair sur le réseau – hors utilisation d'un protocole de cryptage avec HTTPS.

tel <nouveau 5>

Premier parmi la série des nouveaux types inaugurés par HTML 5, `tel` est une déclinaison d'un champ texte par défaut indiquant au navigateur que l'on s'attend à saisir un numéro de téléphone.

```
Téléphone : <input type="tel" name="telephone">
```

Safari Mobile pour iOS reconnaît très bien cette spécificité en affichant un clavier approprié pour faciliter l'entrée d'une série de chiffres.

Tableau 5–5 Attributs spécifiques à <input type="tel">

Attribut	Valeurs	Rôle
`name`	texte	Nom clé de la paire clé/valeur à la soumission du formulaire
`value`	texte	Valeur de la paire à la soumission du formulaire

Figure 5–5
Champ de téléphone

Même si le remplissage du champ est relativement cadré pour les navigateurs supportant ce nouveau type, rien n'empêchera un utilisateur expérimenté de soumettre une quelconque valeur ne répondant pas au masque désiré. Cette nouvelle fonctionnalité n'épargne pas une vérification côté serveur.

On compte de multiples manières de procéder, en voici une très simple à l'aide des expressions régulières en PHP, qui relèvent d'une syntaxe de masque nécessitant moult exemples et explications et ne pourront être détaillées dans cet ouvrage, mais pour lesquels il existe de nombreuses ressources et tutoriels. Dans le cas présent, la vérification porte uniquement sur les caractères reçus avec la fonction `preg_match` appliquée sur la variable PHP `$_REQUEST['telephone']` qui est remplie avec le champ de formulaire `telephone` après son envoi, qu'il soit de type POST ou GET. Les séquences internationales (vérification des groupes, espaces, tirets, parenthèses) ne sont pas prises en compte.

Vérification simplifiée d'un numéro de téléphone en PHP

```
<?php
if(!preg_match('/^(+)?([0-9\-\.\s\)\(\#\*])+$/i',
$_REQUEST['telephone'])) {
  // On efface la variable par précaution
  unset($_REQUEST['telephone']);
  // Et on affiche un message d'erreur
  echo 'Veuillez entrer un numéro de téléphone valide';
}
?>
```

Contrairement aux types `url` et `email` qui attendent patiemment dans les prochains paragraphes, il n'y a aucune vérification de syntaxe étant donné la variété des notations pouvant exister au niveau international. Pour cela, il est préférable d'utiliser l'attribut `pattern` pour effectuer une validation de la saisie côté navigateur.

url

Dans la même famille, le Working Group HTML en a profité pour prévoir un champ texte destiné à recevoir une adresse de type URL absolue.

```
URL : <input type="url" name="adresseweb">
```

De manière équivalente, Safari Mobile déploie un clavier personnalisé comportant quelques touches virtuelles plus appropriées à la saisie d'une adresse Internet.

Figure 5–6
Champ d'adresse URI/URL

Tableau 5–6 Attributs spécifiques à <input type="url">

Attribut	Valeurs	Rôle
`name`	texte	Nom clé de la paire clé/valeur à la soumission du formulaire
`value`	texte	Valeur de la paire à la soumission du formulaire

À partir d'Opera 11, ce champ est automatiquement préfixé par `http://` à la fin de son édition, si l'on oublie de préciser le protocole. Il est cependant tout à fait autorisé d'en indiquer d'autres, tels que `ftp://` ou `mailto:` puisque ces familles de protocoles correspondent aussi à des URL.

email

Un champ de type `email` est un autre champ texte spécialisé, destiné à recevoir une adresse e-mail.

Connaissant la plage de caractères qui peuvent être entrés pour une telle adresse, un navigateur mobile et tactile peut également décider d'afficher un clavier spécifique et restreint aux caractères utiles (a-z, 0-9, @, -, _, .) pour faciliter la saisie.

Figure 5–7
Champ d'adresse e-mail

Le navigateur est libre de lui affecter une apparence spécifique lorsqu'il constate que la syntaxe n'est pas respectée.

```
<p>E-mail : <input type="email" name="adressemail"></p>
```

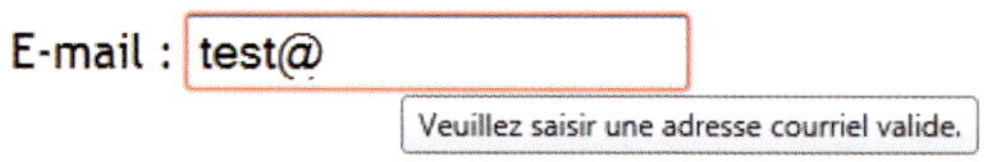

Figure 5–8
Champ d'adresse e-mail

Une petite subtilité affecte ce champ : il ne dépend pas de la RFC 5322 qui définit usuellement les syntaxes pour les adresses e-mail. Le groupe de travail HTML a décidé que ce standard est à la fois trop strict (avant le caractère @), trop vague (après @) et trop laxiste (autorisation d'espaces, de commentaires, etc.) pour être pratique.

Tableau 5–7 Attributs spécifiques à <input type="email">

Attribut	Valeurs	Rôle
`multiple`	multiple *ou* " " *ou (vide)*	Indique que plusieurs valeurs peuvent être saisies
`name`	texte	Nom clé de la paire clé/valeur à la soumission du formulaire
`value`	texte	Valeur de la paire à la soumission du formulaire

En suivant le principe de précaution avec une validation obligatoire côté serveur, les expressions régulières sont toutes indiquées.

Vérification de la syntaxe d'une adresse e-mail en PHP

```
<?php

if(!preg_match('/^[a-z0-9._-]+@[a-z0-9._-]{2,}\.[a-z]{2,4}/i',
$_REQUEST['adressemail'])) {
  // Affichage d'un message d'erreur
  echo 'L\'adresse e-mail n\'est pas valide';
}

?>
```

search <nouveau 5>

Un champ de recherche de type `search` est une spécialisation de champ texte (toujours monoligne). Dans le fond, il pourrait très bien s'agir d'une banale copie conforme, car elle n'a – actuellement – pas d'autre particularité qu'une signification plus explicite. Il est possible de l'utiliser pour un champ de recherche global, sur l'ensemble d'un site (moteur de recherche), ou bien pour une fonctionnalité de recherche plus discrète.

```
Recherche : <input type="search" name="mots">
```

Certains navigateurs tels que Safari et Chrome peuvent l'afficher avec une symbolique différente d'un champ de texte classique, notamment avec une icône de suppression du contenu et une forme arrondie. Cette apparence hérite des champs de recherche conçus pour Mac OS X, mais chaque navigateur est libre pour son implémentation.

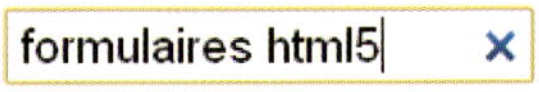

Figure 5–9
Champ de recherche sous Chrome

Tableau 5–8 Attributs spécifiques à <input type="search">

Attribut	Valeurs	Rôle
name	texte	Nom clé de la paire clé/valeur à la soumission du formulaire
value	texte	Valeur de la paire à la soumission du formulaire

Pour désactiver l'affichage particulier sur les moteurs de rendu Webkit, la propriété CSS -webkit-appearance est applicable à ces éléments en lui réattribuant la valeur textfield.

```
input[type="search"] {
  -webkit-appearance:textfield;
}
```

hidden

Un élément <input> de type hidden est un champ caché pour l'utilisateur, mais dont la valeur est validée avec le formulaire. Il s'agit généralement d'une valeur issue d'un script exécuté côté serveur (par exemple PHP) ou côté client (JavaScript).

```
<input type="hidden" name="action" value="inscription">
```

Figure 5–10
Champ caché (si vous ne voyez rien... c'est normal !)

Tableau 5–9 Attributs spécifiques à <input type="hidden">

Attribut	Valeurs	Rôle
name	texte	Nom clé de la paire clé/valeur à la soumission du formulaire
value	texte	Valeur de la paire à la soumission du formulaire

Bien qu'il soit masqué à l'affichage, on peut tout à fait prendre connaissance de son existence (nom et valeur) en consultant le code source de la page HTML. Ce n'est donc pas un champ totalement secret, ni totalement fiable puisque sa valeur peut être modifiée aisément par l'utilisateur en JavaScript ou avec une extension appropriée intervenant sur le DOM (par exemple Firebug sous Mozilla Firefox). Son contenu doit toujours être validé côté serveur après la validation du formulaire.

radio

Un bouton radio est un contrôle de formulaire, faisant partie d'un groupe d'autres boutons radio. Ils possèdent tous le même attribut `name` en tant que lien : un seul bouton radio peut être coché parmi leur ensemble, à un moment donné.

```
<p>
   <input type="radio" name="genre" value="masculin" id="m">
   <label for="m">Je suis un homme</label>
   <input type="radio" name="genre" value="feminin" id="f">
   <label for="f">Je suis une femme</label>
</p>

<p>
   Souhaitez-vous recevoir la newsletter ?
   <input type="radio" name="newsletter" value="oui" id="newsletter-oui" checked>
   <label for="newsletter-oui">Oui</label>
   <input type="radio" name="newsletter" value="non" id="newsletter-non">
   <label for="newsletter-non">Non</label>
</p>
```

Un ensemble de boutons radio peut disposer de l'un d'entre eux coché par défaut, en lui adjoignant l'attribut `checked`. Les formulations associées peuvent différer, mais il est en général toujours possible d'utiliser `<label>` pour bien marquer le texte lié à chacun des choix.

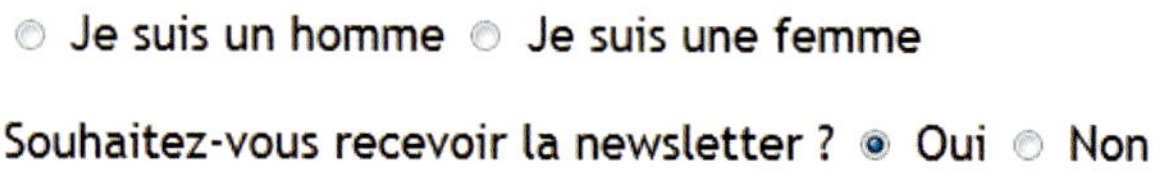

Figure 5–11 Bouton radio

Tableau 5–10 Attributs spécifiques à <input type="radio">

Attribut	Valeurs	Rôle
`checked`	checked ou " " ou (vide)	État par défaut (coché)
`name`	texte	Nom clé de la paire clé/valeur à la soumission du formulaire
`value`	texte	Valeur de la paire à la soumission du formulaire

Les données transmises après soumission du formulaire associent la valeur contenue dans l'attribut `value` du bouton qui a été sélectionné, au nom défini par l'attribut `name` pour l'ensemble du groupe radio.

Exemple de traitement en PHP

```
<?php

if(isset($_REQUEST['genre'])) {
  if($_REQUEST['genre']=='masculin') {
   // C'est un homme
  } else if($_REQUEST['genre']=='feminin') {
    // C'est une femme
  } else {
    // Indéfini
  }
}

?>
```

checkbox

Cousines éloignées des boutons radio, les cases à cocher sont des éléments de formulaire qui ne sont pas peu fières d'être totalement indépendantes les unes des autres.

```
<p>
  <input type="checkbox" name="anonyme" value="1" id="ano">
  <label for="ano">Je souhaite rester anonyme</label>
</p>
<p>
  <input type="checkbox" name="enquete" value="moutarde-chandelier" id="hypothese"
checked="checked">
  <label for="hypothese">Je pense que le colonel Moutarde a utilisé le chandelier
</label>
</p>
```

Figure 5–12
Cases à cocher

Tableau 5–11 Attributs spécifiques à <input type="checkbox">

Attribut	Valeurs	Rôle
`checked`	checked ou " " ou (vide)	État par défaut (coché)
`name`	texte	Nom clé de la paire clé/valeur à la soumission du formulaire
`value`	texte	Valeur de la paire à la soumission du formulaire

Les données transmises après soumission du formulaire associent la valeur contenue dans l'attribut `value` de la case à son nom, uniquement si celle-ci a été cochée. Par défaut, il suffit de vérifier si la variable n'est pas nulle.

Exemple de traitement en PHP

```
<?php

if(isset($_REQUEST['anonyme']) && $_REQUEST['anonyme']) {
// Il souhaite rester anonyme
}

if(isset($_REQUEST['enquete']) && $_REQUEST['enquete']=='moutarde-chandelier') {
// Le coupable est désigné
}

?>
```

button

Un bouton classique peut être créé avec un élément `<input>` de type `button`. Il est possible de lui adjoindre un gestionnaire d'événement JavaScript pour déclencher une action. Ce type de bouton ne valide pas le formulaire.

```
<input type="button" value="Annuler" onclick="history.go(-1);">
```

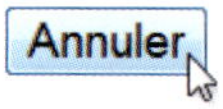

Figure 5–13
Bouton quelconque

Tableau 5–12 Attributs spécifiques à <input type="button">

Attribut	Valeurs	Rôle
`name`	texte	Nom clé de la paire clé/valeur à la soumission du formulaire
`value`	texte	Valeur de la paire à la soumission du formulaire

Son intitulé est donné par l'attribut `value`.

reset

Un contrôle de type `reset` est un simple bouton réinitialisant tous les champs du formulaire à leur état initial.

```
<input type="reset" value="Remettre à zéro">
```

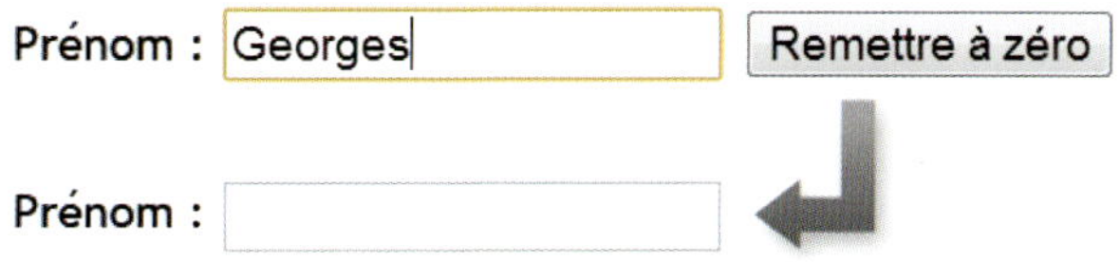

Figure 5–14
Bouton de remise à zéro

Tableau 5–13 Attributs spécifiques à <input type="reset">

Attribut	Valeurs	Rôle
`name`	texte	Nom clé de la paire clé/valeur à la soumission du formulaire
`value`	texte	Valeur de la paire à la soumission du formulaire

submit

La variante de bouton de type `submit` est la plus utile, car elle permet de valider le formulaire. Bien entendu, il existe des fonctions JavaScript pour produire un résultat équivalent, mais ce bouton est nativement prévu à cet usage. Il déclenche la validation complète du formulaire qui le contient, et son envoi à l'adresse spécifiée dans l'attribut `action` de ce formulaire.

```
<form method="post" action="identification.php">
  <label for="login">Identifiant :</label>
  <input type="email" id="login">
  <input type="submit" value="Valider">
</form>
```

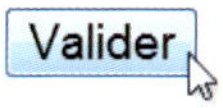

Figure 5–15
Bouton de validation

Tableau 5–14 Attributs spécifiques à <input type="submit">

Attribut	Valeurs	Rôle
`name`	texte	Nom clé de la paire clé/valeur à la soumission du formulaire
`value`	texte	Valeur de la paire à la soumission du formulaire

Le texte figurant sur ce bouton est défini par son attribut `value`.

image

Les formulaires ne comprennent pas uniquement des champs texte et des boutons. Une image cliquable est parfaitement intégrable à l'aide du type `image`. En revanche, elle peut couvrir deux types d'usage :

- soit pour la sélection de coordonnées (x,y) sur cette image ;
- soit pour jouer le rôle de « bouton graphique » pour valider le formulaire.

```
<input type="image" src="carte.png" alt="" name="map">
```

Tableau 5–15 Attributs spécifiques à <input type="image">

Attribut	Valeurs	Rôle
`name`	texte	Nom clé de la paire clé/valeur à la soumission du formulaire
`height`	nombre entier non négatif	Hauteur de l'image (en pixels)
`width`	nombre entier non négatif	Largeur de l'image (en pixels)
`alt`	texte	Alternative texte
`src`	URL	Adresse de la ressource image

Puisqu'il s'agit d'un élément très proche des images classiques, il accepte les attributs `width` et `height` pour la définition des dimensions, ainsi qu'`alt` et `src`.

Les coordonnées sont transmises à la soumission du formulaire dans les variables suffixées *`name`*`.x` et *`name`*`.y`, dérivées de l'attribut `name` de l'image.

file

Un élément de sélection de fichier local peut être créé avec un type `file`. C'est un contrôle fortement dépendant du système d'exploitation, puisqu'il fait appel à une fenêtre de dialogue pour la sélection d'un ou plusieurs fichiers.

Il est la plupart du temps représenté par un champ texte listant ces fichiers, associé à un bouton Parcourir... ou Choisissez un fichier.

```
<input type="file" name="monfichier">
```

Figure 5–16
Champ de sélection de fichier sous Chrome

Tableau 5–16 Attributs spécifiques à <input type="file">

Attribut	Valeurs	Rôle
`multiple` nouveau 5	multiple *ou* "" *ou (vide)*	Spécifie que l'élément peut recueillir plusieurs valeurs (plusieurs fichiers).
`accept` nouveau 5	liste de types MIME	Indique au navigateur les types MIME des fichiers acceptés par le serveur, séparés par des virgules.
`name`	texte	Nom clé de la paire clé/valeur à la soumission du formulaire.

L'attribut `multiple` permet la sélection de plusieurs fichiers pour un même élément `<input>` de type `file`, tandis que l'attribut `accept` définit les types MIME qui seront acceptés pour le traitement, soit local en JavaScript, soit côté serveur après envoi (*upload*) des fichiers. Cette précision ne constitue qu'une indication pour le navigateur – s'il la reconnaît – et n'est pas un filtre absolu de sécurité.

Pour l'envoi de fichiers au serveur, le formulaire doit comporter l'attribut `enctype="multipart/form-data"` qui autorise l'envoi de plusieurs « pièces » de données binaires.

Exemple de formulaire PHP minimaliste

```
<!DOCTYPE html>
<html lang="fr">
<head>
<title>Envoi de fichiers</title>
<meta charset="UTF-8">
</head>
<body>

<form method="post" action=""
  enctype="multipart/form-data">
  <input type="file" name="mesfichiers[]"
  accept="image/jpeg,image/png,image/gif" multiple>
  <input type="submit" value="Envoi">
</form>

<?php

if(isset($_FILES) && is_array($_FILES) && count($_FILES)>0) {

  // Raccourci d'écriture pour le tableau reçu
  $fichiers = $_FILES['mesfichiers'];

  // Boucle itérant sur chacun des fichiers
  for($i=0;$i<count($fichiers['name']);$i++){

    // Affichage d'informations diverses
    echo '<p>';
    echo 'Fichier '.$fichiers['name'][$i].' reçu';
    echo '<br>';
    echo 'Type '.$fichiers['type'][$i];
    echo '<br>';
    echo 'Taille '.$fichiers['size'][$i].' octets';

    // Nettoyage du nom de fichier
    $nom_fichier = preg_replace('/[^a-z0-9\.\-]/i','',$fichiers['name'][$i]);
```

```
      // Déplacement depuis le répertoire temporaire
      move_uploaded_file($fichiers['tmp_name'][$i],'uploads/'.$nom_fichier);

      // Si le type MIME correspond à une image, on l'affiche
      if(preg_match('/image/',$fichiers['type'][$i])) {
        echo '<br><img src="uploads/'.$nom_fichier.'">';
      }
      echo '</p>';
    }

}

?>

</body>
</html>
```

Figure 5–17
Résultat de l'envoi de deux fichiers

Cet exemple de script reste minimaliste et ne comporte pas de vérification réelle sur le type du fichier envoyé ou sa taille.
Pour tirer le meilleur parti de cet élément avec l'API `File`, reportez-vous au chapitre 11.

Camera API et périphériques mobiles

Sur les bons navigateurs mobiles, appeler un champ d'entrée fichier de type image provoque un appel aux applications pouvant produire une image, notamment la galerie de photos ou l'appareil photo intégré. Ceci est le cas d'iOS 6+ (iPhone/iPad/iPod), d'Android, de Chrome et Firefox pour Android.

```
<input type="file" accept="image/*">
```

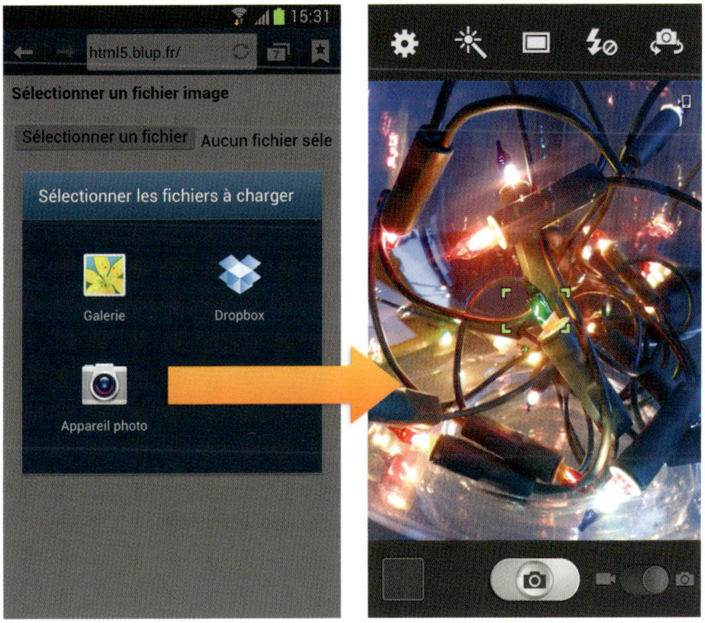

Figure 5–18
Capture d'image intégrée à Android

D'autres précisions de types attendus sont possibles, jusqu'à l'appel à des captures vidéo ou audio, avec une prise en charge grandissante.

```
<input type="file" accept="video/*;capture=camcorder">
<input type="file" accept="audio/*;capture=microphone">
```

Les fichiers ainsi récupérés sont aussi exploitables avec File API.

date <nouveau 5>

Avec le type `date`, débute une liste de plusieurs contrôles pour l'entrée de données temporelles. La syntaxe des dates et heures est définie par la RFC 3339.

Tel que son nom original l'évoque, cet élément vise une date à sélectionner précise du calendrier grégorien. Le format de la valeur texte y correspondant est la succession de l'année sur quatre chiffres, les numéros du mois et du jour, séparés par des tirets (ce qui équivaut à `Y-m-d` en PHP).

```
<input type="date" name="naissance">
```

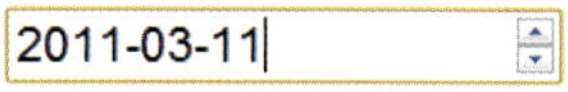

Figure 5–19
Champ de sélection de date sous Chrome 14

À partir d'Opera 9+, un calendrier est déroulé pour simplifier la sélection. Rien ne contraint un navigateur à l'afficher de la sorte, un simple champ texte classique respectant le format peut très bien être valide.

Figure 5–20
Champ de sélection de date sous Opera

Tableau 5–17 Attributs spécifiques à <input type="date">

Attribut	Valeurs	Rôle
`min`	date	Valeur minimale acceptée
`max`	date	Valeur maximale acceptée
`step`	any ou nombre entier positif	Valeur du pas de sélection
`name`	texte	Nom clé de la paire clé/valeur à la soumission du formulaire
`value`	date	Valeur de la paire à la soumission du formulaire

Un intervalle de valeurs autorisées peut être spécifié à l'aide des attributs min et max, qui adoptent la même notation texte que l'entrée du champ lui-même.

```
<input type="date" name="reservation"
  min="2012-01-01" max="2012-06-30">
```

time

En parallèle de la sélection de date, un type time est un champ d'entrée pour une heure précise. Son format peut se présenter sous deux aspects selon la précision que l'on souhaite obtenir : heures:minutes:secondes (ce qui équivaut à H:i:s en PHP), suivies ou non d'une valeur décimale séparée par un point.

```
<input type="time" name="heurecontact">
```

Figure 5–21
Champ de sélection d'heure sous Chrome

Figure 5–22
Champ de sélection d'heure sous Opera

Tableau 5–18 Attributs spécifiques à <input type="time">

Attribut	Valeurs	Rôle
min	heure	Valeur minimale acceptée
max	heure	Valeur maximale acceptée
step	any ou nombre à virgule flottante positif	Valeur du pas de sélection
name	texte	Nom clé de la paire clé/valeur à la soumission du formulaire
value	heure	Valeur de la paire à la soumission du formulaire

Les attributs min, max et step sont également applicables à ce type de champ.

datetime

Le type datetime combine date et time. Du point de vue de la valeur texte représentée par l'ensemble, les deux valeurs de date et d'heure sont séparées par un caractère « T ». Elles sont suivies par une précision sur le fuseau horaire concerné. Pour plus d'informations concernant cette syntaxe, consultez l'élément HTML <time>.

```
<input type="datetime" name="evenement">
```

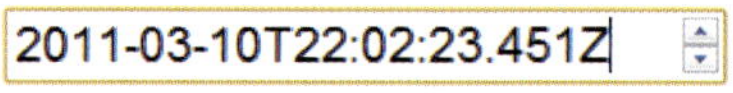

Figure 5–23
Champ de sélection de date et d'heure sous Chrome

La présentation peut être bien différente d'un navigateur à l'autre. Chrome 10 l'implémente comme un champ de texte affichant la valeur intrinsèque de l'élément tandis qu'Opera 11 pousse le concept un peu plus loin en scindant le champ en deux parties. Le fuseau horaire est quant à lui précisé en dehors des contrôles (ici « UTC » équivaut à « Z »).

Figure 5–24
Champ de sélection de date et d'heure sous Opera

Tableau 5–19 Attributs spécifiques à <input type="datetime">

Attribut	Valeurs	Rôle
`min`	date et heure	Valeur minimale acceptée
`max`	date et heure	Valeur maximale acceptée
`step`	any ou nombre à virgule flottante positif	Valeur du pas de sélection
`name`	texte	Nom clé de la paire clé/valeur à la soumission du formulaire
`value`	date et heure	Valeur de la paire à la soumission du formulaire

datetime-local <nouveau 5>

Le type de champ `datetime-local` est extrêmement proche de `datetime`, duquel il reprend la sélection de date et d'heure, en omettant cette fois toute précision sur le fuseau horaire. La date est alors considérée comme survenant dans le fuseau courant de l'utilisateur, faute de plus d'informations.

```
<input type="datetime-local" name="rendezvous">
```

Figure 5–25
Champ de sélection de date et d'heure locales sous Chrome

Figure 5–26
Champ de sélection de date et d'heure locales sous Opera

Tableau 5–20 Attributs spécifiques à <input type="datetime-local">

Attribut	Valeurs	Rôle
`min`	date et heure (locales)	Valeur minimale acceptée
`max`	date et heure (locales)	Valeur maximale acceptée
`step`	any ou nombre à virgule flottante positif	Valeur du pas de sélection
`name`	texte	Nom clé de la paire clé/valeur à la soumission du formulaire
`value`	date et heure (locales)	Valeur de la paire à la soumission du formulaire

month

Ce champ permet de sélectionner un mois et une année. Il ne peut s'agir d'une simple sélection de mois parmi un ensemble de douze choix uniques (de janvier à décembre), mais bien d'un mois du calendrier relié à une année précise.

La valeur texte est composée de l'année sur quatre chiffres, séparée par un tiret du mois sur deux chiffres, entre 01 (janvier) et 12 (décembre).

```
<input type="month" name="mois">
```

Figure 5–27
Champ de sélection de mois sous Chrome

Figure 5–28
Champ de sélection de mois sous Opera

Tableau 5–21 Attributs spécifiques à <input type="month">

Attribut	Valeurs	Rôle
`min`	mois	Valeur minimale acceptée
`max`	mois	Valeur maximale acceptée
`step`	nombre entier positif	Valeur du pas de sélection
`name`	texte	Nom clé de la paire clé/valeur à la soumission du formulaire
`value`	mois	Valeur de la paire à la soumission du formulaire

Un intervalle de valeurs autorisées peut être spécifié à l'aide des attributs `min` et `max`, qui adoptent la même notation texte que l'entrée du champ lui-même.

week

Le type `week` est très semblable à `month`, à la différence que l'objet de ce champ – comme son nom l'indique – est une semaine. Le format est là aussi très simple à appréhender, il s'agit de l'année sur quatre chiffres, suivie d'un tiret, de la lettre W et du numéro de la semaine dans cette année.

```
<input type="week" name="semaine">
```

Figure 5–29
Champ de sélection de semaine sous Chrome

Figure 5–30
Champ de sélection de semaine sous Opera

Tableau 5–22 Attributs spécifiques à <input type="week">

Attribut	Valeurs	Rôle
`min`	semaine	Valeur minimale acceptée
`max`	semaine	Valeur maximale acceptée

Tableau 5–22 Attributs spécifiques à <input type="week"> (suite)

Attribut	Valeurs	Rôle
`step`	any ou entier positif	Valeur du pas de sélection
`name`	texte	Nom clé de la paire clé/valeur à la soumission du formulaire
`value`	semaine	Valeur de la paire à la soumission du formulaire

Un intervalle de valeurs autorisées peut être spécifié à l'aide des attributs `min` et `max`, qui adoptent la même notation texte que l'entrée du champ lui-même.

number

Un champ de type `number` consacre son existence aux valeurs numériques, éventuellement situées dans un intervalle spécifié par les attributs `min` et `max`.

```
Nombre : <input type="number" name="age">
```

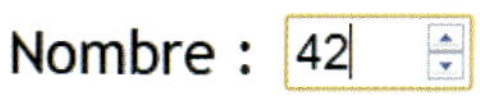

Figure 5–31
Champ de sélection de valeur numérique

Tableau 5–23 Attributs spécifiques à <input type="number">

Attribut	Valeurs	Rôle
`min`	nombre à virgule flottante	Valeur minimale acceptée
`max`	nombre à virgule flottante	Valeur maximale acceptée
`step`	any ou nombre à virgule flottante positif	Valeur du pas de sélection
`name`	texte	Nom clé de la paire clé/valeur à la soumission du formulaire
`value`	nombre à virgule flottante	Valeur de la paire à la soumission du formulaire

Si l'attribut `step` est précisé, les contrôles permettant d'incrémenter ou de décrémenter la valeur utiliseront ce pas pour passer d'une valeur à l'autre.

range

Une sélection de valeur numérique peut aussi être effectuée avec le type `range`, mais avec un contrôle volontairement imprécis. L'utilisateur pourra naviguer dans un intervalle défini par les attributs `min` et `max`, avec un pas éventuellement précisé par `step`.

Cependant, par défaut – hors usage d'un JavaScript complémentaire –, ce contrôle ne fournit pas d'information directe à l'utilisateur sur l'intervalle ou la valeur obtenue. Un cas typique d'utilisation serait celui du volume sonore pour un lecteur <audio> ou <video> : l'internaute n'a pas besoin de savoir avec exactitude que le volume est de 78,2 ou plutôt 99,9 que 100, il lui suffit de connaître approximativement sa position par rapport à une limite basse et une limite haute.

```
<input type="range" name="volume">
```

Figure 5–32
Champ de variation

Tableau 5–24 Attributs spécifiques à <input type="range">

Attribut	Valeurs	Rôle
`min`	nombre à virgule flottante	Valeur minimale acceptée
`max`	nombre à virgule flottante	Valeur maximale acceptée
`step`	any ou nombre à virgule flottante positif	Valeur du pas de sélection
`name`	texte	Nom clé de la paire clé/valeur à la soumission du formulaire
`value`	nombre à virgule flottante	Valeur de la paire à la soumission du formulaire

color nouveau 5

Grâce au type `color`, l'élément <input> devient un contrôle pour la sélection d'une couleur, ou plutôt d'un code couleur stocké dans son attribut `value`. Le format est sous la forme hexadécimale que l'on retrouve déjà au sein de HTML et CSS, débutant par un dièse suivi de 6 caractères alphanumériques entre 0 et 9, A et F.

```
<!-- blanc -->
<input type="color" name="couleur1" value="#FFFFFF">

<!-- bleu royal -->
<input type="color" name="couleur2" value="#4169E1">
```

Attention : les codes couleur HTML (tels que `white`, `lime`, `chocolate`) ne sont pas autorisés.

Figure 5–33
Champ de sélection de couleur sous Opera

Il est supporté à partir d'Opera 11 qui intègre une palette minimale complétée par un choix plus étendu à l'aide du dialogue couleur par défaut du système d'exploitation.

Tableau 5–25 Attributs spécifiques à <input type="color">

Attribut	Valeurs	Rôle
`value`	code couleur HTML hexadécimal	Valeur de la couleur, sous la forme #[0-9a-fA-F]{6}, c'est-à-dire #FF0000 pour rouge. Les mots-clés (par exemple red, yellow, blue) ne sont pas autorisés.
`name`	texte	Nom clé de la paire clé/valeur à la soumission du formulaire

Autres éléments de formulaires

La collection déclinée à partir de la balise `<input>` est complétée par d'autres éléments, dont des vétérans et des nouveaux venus. Pour chacun d'entre eux sont précisés des attributs spécifiques qui leurs sont propres (par exemple `cols`, `wrap`, `rows` pour `<textarea>`), tandis que les autres attributs sont listés en fin de section car ils peuvent être communs à l'ensemble.

<textarea>

Une entrée de texte multiligne n'est pas possible avec `<input type="text">`, mais elle l'est avec `<textarea>`. Cette zone de dimensions variables, dont le contenu est situé entre la balise ouvrante `<textarea>` et la balise fermante `</textarea>,` est éditable. Il ne s'agit donc pas d'un élément autofermant vide, qui ne nécessite aucun attribut `value`.

```
<textarea>C'était à Mégara, faubourg de Carthage, dans les jardins
d'Hamilcar.

Les soldats qu'il avait commandés en Sicile se donnaient un grand festin
pour célébrer le jour anniversaire de la bataille d'Eryx, et comme le
maître était absent et qu'ils se trouvaient nombreux, ils mangeaient et
ils buvaient en pleine liberté.</textarea>
```

Tableau 5–26 Attributs spécifiques à <textarea>

Attribut	Valeurs	Rôle
`rows`	entier numérique positif	Nombre de lignes de texte supposées affichées par défaut par le navigateur (ignoré si un style est présent).
`cols`	entier numérique positif	Nombre de colonnes de texte supposées affichées par défaut par le navigateur (ignoré si un style est présent).

Tableau 5–26 Attributs spécifiques à <textarea> (suite)

Attribut	Valeurs	Rôle
`name`	texte	Nom clé de la paire clé/valeur à la soumission du formulaire
`wrap` nouveau 5	`hard` `soft`	Conditionne l'ajout de retours à la ligne par le navigateur à la validation du formulaire. `hard` : insérer des retours à la ligne dans la valeur retournée de telle sorte que chaque ligne n'ait pas plus de caractères que la valeur spécifiée par l'attribut `cols` (qui est alors obligatoire). `soft` : ne pas ajouter de retours à la ligne.

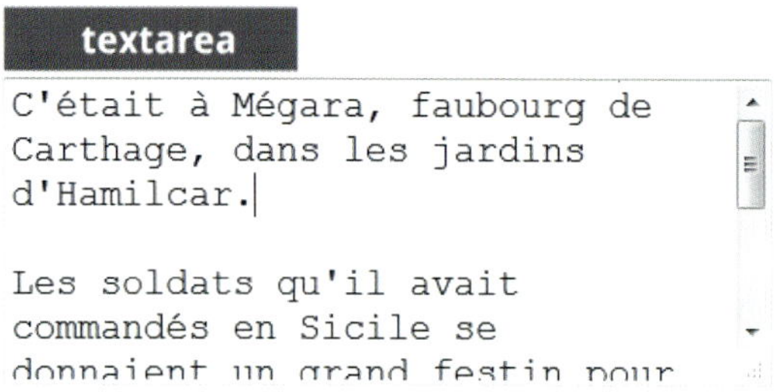

Figure 5–34
Zone de texte <textarea>

Tableau 5–27 Propriétés de l'élément <textarea>

Propriété	Détails
Modèles de contenu autorisés	Texte simple, représentant la valeur de l'élément
Parents autorisés	Tout élément pouvant contenir des éléments de phrasé, à l'exception de `<a>`, `<button>`
Omission de balise	Les balises ouvrante et fermante sont obligatoires.

<select>

Il s'agit d'une liste de choix, le plus souvent déroulante, parmi plusieurs éléments `<option>` dont la valeur est définie individuellement par l'attribut `value`.

Tableau 5–28 Attributs spécifiques à <select>

Attribut	Valeurs	Rôle
`size`	entier numérique positif	Nombre d'options à présenter à l'utilisateur
`name`	texte	Nom clé de la paire clé/valeur à la soumission du formulaire
`multiple`	multiple *ou* "" *ou (vide)*	Si présent, plusieurs options peuvent être sélectionnées simultanément. Si absent, une seule option peut être choisie par l'utilisateur.

Une liste de choix `<select>` ne peut avoir plus d'une option `<option>` sélectionnée par défaut grâce à l'attribut `selected` que si son attribut multiple est précisé.

Exemple d'usage de <select>

```
<select name="civilite">
  <option value="Mlle">Mademoiselle</option>
  <option value="Mme">Madame</option>
  <option value="M">Monsieur</option>
</select>
```

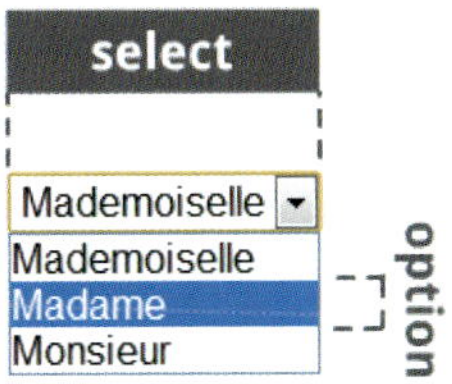

Figure 5–35
Liste de choix

Tableau 5–29 Propriétés de l'élément <select>

Propriété	Détails
Modèles de contenu autorisés	Zéro ou plusieurs éléments `<optgroup>` ou `<option>`
Parents autorisés	Tout élément pouvant contenir des éléments de phrasé, à l'exception de `<a>`, `<button>`
Omission de balise	Les balises ouvrante et fermante sont obligatoires.

<option>

L'élément `<option>` représente une option individuelle d'une liste de choix `<select>`.

Tableau 5–30 Attributs spécifiques à <option>

Attribut	Valeurs	Rôle
`selected`	selected *ou* "" *ou (vide)*	Si présent, l'option est présélectionnée.
`label`	texte	Intitulé de l'option, communiqué à l'utilisateur.
`name`	texte	Nom clé de la paire clé/valeur à la soumission du formulaire
`value`	texte	Valeur de l'option, soumise à la validation du formulaire.

Exemple d'usage de multiples <option>

```
<p>Choisissez un ou plusieurs artistes :</p>
<select name="impressionnistes" multiple size="6">
  <option value="georges">Georges Seurat</option>
  <option value="alfred">Alfred Sisley</option>
  <option value="berthe">Berthe Morisot</option>
  <option value="gustave">Gustave Caillebotte</option>
</select>
```

Figure 5–36
Options multiples

Dans cet exemple, la liste est multiple et n'est plus déroulante. L'attribut `size="6"` placé sur `<select>` confère un espace par défaut disponible pour six options ; au-delà, la barre de défilement sera activée.

Tableau 5–31 Propriétés de l'élément <option>

Propriété	Détails
Modèles de contenu autorisés	Texte simple
Parents autorisés	`<optgroup>`, `<select>`, `<datalist>`
Omission de balise	La balise ouvrante est obligatoire. La balise fermante peut être omise si cet élément est immédiatement suivi par un autre `<option>` ou `<optgroup>` ou s'il n'y a plus de contenu dans l'élément parent qui le contient.

<optgroup>

Une liste de choix peut parfois comporter un nombre de possibilités impressionnant, parmi lesquelles il peut être difficile de se repérer. Le regroupement d'options est proposé par `<optgroup>`.

Tableau 5–32 Attributs spécifiques à <optgroup>

Attribut	Valeurs	Rôle
`label`	texte	Intitulé du groupe d'options, communiqué à l'utilisateur

Le groupement d'options est prévu via les balises `<optgroup>` dont l'intitulé dépend de l'attribut `label`.

Exemple d'usage d'<optgroup>

```
<select name="plat">
  <optgroup label="Spécialités italiennes">
    <option value="ravioli">Ravioli al burro e salvia</option>
    <option value="gnocchi">Gnocchi parmiggiano</option>
    <option value="limoncello">Limoncello</option>
  </optgroup>
  <optgroup label="Spécialités alsaciennes">
    <option value="bretzel">Bretzel</option>
    <option value="flammekueche">Tarte flambée</option>
  </optgroup>
</select>
```

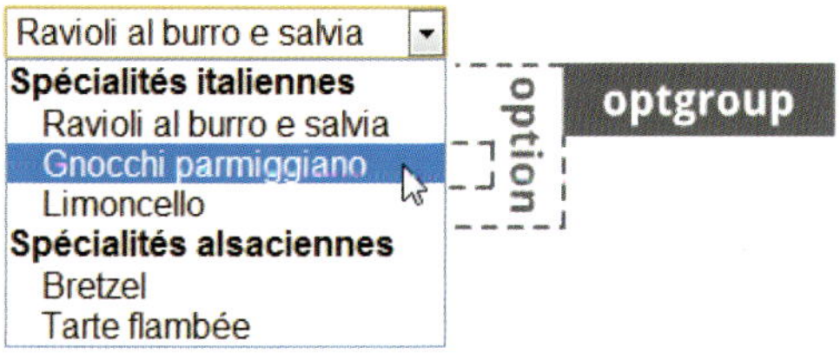

Figure 5–37
Groupes d'options

L'intitulé de groupe n'est pas sélectionnable dans la liste. Il ne possède aucune valeur exploitable.

Tableau 5–33 Propriétés de l'élément <optgroup>

Propriété	Détails
Modèles de contenu autorisés	Zéro ou plusieurs éléments `<option>`
Parents autorisés	`<select>`
Omission de balise	La balise ouvrante est obligatoire. La balise fermante peut être omise si cet élément est immédiatement suivi par un autre `<optgroup>` ou s'il n'y a plus de contenu dans l'élément parent qui le contient.

<datalist> <nouveau 5>

L'attribut `list` placé sur les champs d'entrée permet de leur lier une liste de choix possibles, en se référant à son identifiant (attribut `id`). Pour cela, l'élément `<datalist>` est utilisé en complément. Celui-ci stocke des valeurs différentes à l'aide de différents éléments `<option>` auxquels on donne une valeur grâce à l'attribut `value`.

Exemple d'usage de <datalist>

```
<input type="text" list="etats" name="etat">
<datalist id="etats">
<option value="france">France</option>
  <option value="suisse">Suisse</option>
  <option value="canada">Canada</option>
<!-- ... et ainsi de suite ... -->
</datalist>
```

La liste de choix est par défaut affichée en deçà du champ texte.

Figure 5–38
Liste de choix présentée

Tableau 5–34 Propriétés de l'élément <datalist>

Propriété	Détails
Modèles de contenu autorisés	Zéro ou plusieurs `<option>`
Parents autorisés	Tout élément pouvant contenir des éléments de phrasé, à l'exception de `<a>`, `<button>`
Omission de balise	Les balises ouvrante et fermante sont obligatoires.

Des polyfills JavaScript variés existent pour les navigateurs ne reconnaissant pas `<datalist>` : il s'agit d'afficher un élément de type bloc en-dessous du champ, dont les lignes de texte sont cliquables et recopiées dans le champ.

L'élément `<datalist>` est promis à un bel avenir : il est applicable à tous les champs d'entrée dans un formulaire, et pas seulement les classiques textes. Pour les types `range`, `color`, `date`, `time`, et ainsi de suite, il offre un moyen d'indiquer des suggestions. Ce novice a donc du potentiel ! Cependant ces applications ne sont que progressivement adoptées ; Chrome en est le précurseur.

> **RESSOURCE Au sujet de datalist**
>
> Une collection d'expérimentations
>
> ▸ http://demo.agektmr.com/datalist/

<button>

L'élément `<button>` possède plusieurs usages qui se conforment exactement aux types éponymes de l'élément `<input>` décrits précédemment, selon la valeur de son attribut `type`. Cependant, la valeur texte n'est plus déterminée par un attribut `value`, mais par le contenu intrinsèque de cet élément.

Tableau 5–35 Attributs spécifiques à <button>

Attribut	**Valeurs**	**Rôle**
`name`	texte	Nom clé de la paire clé/valeur à la soumission du formulaire
`value`	texte	Valeur de la paire à la soumission du formulaire
`type`	button submit reset	Bouton classique Bouton de validation du formulaire Bouton de remise à zéro du formulaire

Exemples de boutons

```
<button type="button">OK</button>
<button type="submit">Valider</button>
<button type="reset">Mise à zéro</button>
```

Figure 5–39
Boutons typés
(hors de leur contexte)

Tableau 5–36 Propriétés de l'élément <button>

Propriété	**Détails**
Modèles de contenu autorisés	Contenu de phrasé
Parents autorisés	Tout élément pouvant contenir des éléments de phrasé, à l'exception de `<a>`, `<button>`
Omission de balise	Les balises ouvrante et fermante sont obligatoires.

<output>

L'élément `<output>` est voué à recueillir le résultat d'un calcul. Celui-ci peut être dynamique en JavaScript ou généré au préalable dans le code HTML par le serveur.

Exemple d'utilisation de <output>

```
<form>
  <p>Recettes : <input name="recettes" type="number"></p>
  <p>Dépenses : <input name="depenses" type="number"></p>
  <p>Résultat :<output name="total"
onforminput="this.value=recettes.valueAsNumber-
depenses.valueAsNumber;"></output>€</p>
</form>
```

Cet exemple fait appel à une soustraction très simple de deux champs `<input>`, invoquée lors de la modification du formulaire (événement `forminput`). L'instruction JavaScript placée dans l'attribut `onforminput` déclenche l'affectation du résultat à `<output>`.

Exemple d'utilisation de <output> avec variante

```
<script>
function calcul(obj) {
  obj.value = obj.form.recettes.valueAsNumber -
obj.form.depenses.valueAsNumber;
}
</script>
<form id="somme">
  <p>
    <label for="num_recettes">Recettes</label>
    <input name="recettes" type="number" id="num_recettes">
  </p>
  <p>
    <label for="num_depenses">Dépenses</label>
    <input name="depenses" type="number" id="num_depenses">
  </p>

  <p>Résultat :<output name="total" for="num_recettes num_depenses"
onforminput="calcul(this);" form="somme"
style="background:yellow;border:2px solid orange;padding:3px 10px;">
</output> €</p>
</form>
```

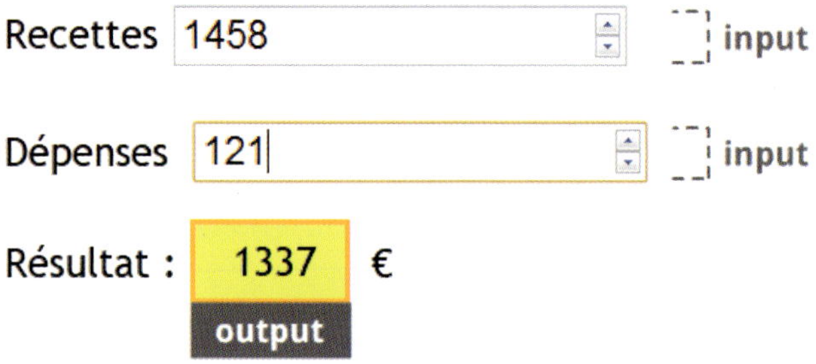

Figure 5–40
Le résultat du calcul est recueilli par <output>.

Tableau 5–37 Attributs spécifiques à <output>

Attribut	Valeurs	Rôle
`for`	identifiants uniques séparés par des espaces	Identifiants (valeurs des attributs `id`) des éléments de formulaire associés au calcul, dont `<output>` représente le résultat.
`name`	texte	Nom clé de la paire clé/valeur à la soumission du formulaire.

Ce principe est avantageux pour plusieurs raisons : l'élément est bien distingué sémantiquement, il n'est plus nécessaire d'utiliser un simple `<span>`, il est possible de lui affecter des propriétés de style spécifiques dans la feuille de style.

Tableau 5–38 Propriétés de l'élément <output>

Propriété	Détails
Modèles de contenu autorisés	Contenu de phrasé
Parents autorisés	Tout élément pouvant contenir des éléments de phrasé
Omission de balise	Les balises ouvrante et fermante sont obligatoires.

Style par défaut	`output {`
	`display:inline;`
	`}`

<keygen> <nouveau 5>

L'élément `<keygen>` est un contrôle générant pour un formulaire une paire de clés cryptées, publique et privée. La clé publique est envoyée au serveur, tandis que la clé privée est ajoutée au stockage local des clés de sécurité.

Il ne faut pas le cacher, `<keygen>` existe depuis la glorieuse période de Netscape, mais n'a jamais été admis par Internet Explorer. Il a été finalement confirmé dans la spécification HTML 5, mais fait l'objet de nombreuses discussions – parfois à juste titre – sur ses prérequis et la pertinence de son existence pour les utilisateurs qui n'ont parfois pas le bagage technique pour en maîtriser l'usage.

Son intérêt réside dans la création de clés par cryptographie asymétrique. La clé publique est diffusée, la clé privée est gardée secrète. La première code les données tandis que la seconde les décode.

L'expéditeur d'un message, souhaitant en préserver la confidentialité, le code avec la clé publique que le destinataire peut décoder ensuite avec sa clé privée. Dans le sens inverse, le message peut être expédié crypté avec la clé privée de l'expéditeur, et décrypté par le destinataire avec la clé publique qui lui correspond. On se sert pour l'accomplissement de ces étapes de fonctions mathématiques à sens unique, ne permettant qu'extrêmement difficilement de retrouver un message en inversant la fonction, à moins de détenir la clé privée.

Cette savante technologie autorise l'usage de certificats avec des serveurs sensibles qui nécessitent une identification sécurisée, dans le but de rendre très difficile pour une personne malintentionnée de voler votre identité – c'est-à-dire prétendre utiliser votre navigateur et accéder à vos données privées.

Exemple d'usage de <keygen>

```
<form action="keygen.php" method="post">
  <p>
    <label for="login">Login</label> :
    <input type="text" name="login" id="login">
  </p>
  <p>
    <label for="crypt">Cryptage</label> :
    <keygen name="crypt" id="crypt">
  </p>
  <p><input type="submit" value="OK"></p>
</form>
```

Figure 5–41
Générateur de clé

Un avertissement est susceptible d'être affiché par le navigateur lors de la génération de la clé, si celle-ci nécessite un intervalle de temps significatif.

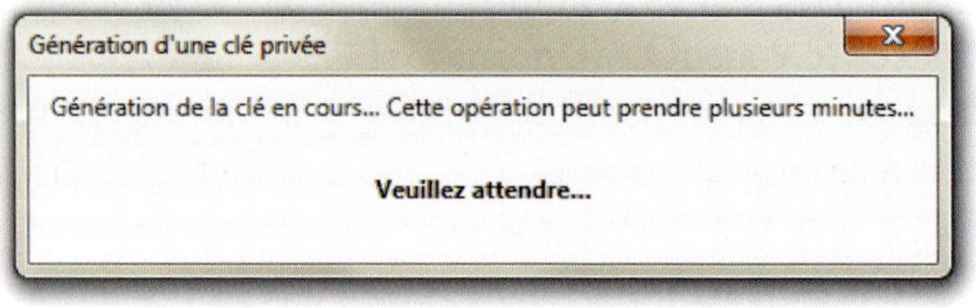

Figure 5–42
Avertissement
du navigateur Firefox

Il appartient ensuite au serveur de disposer de ces informations comme bon lui semble, éventuellement en délivrant un certificat complémentaire ou en exploitant une base de données.

Exemple de script PHP affichant le résultat

```
<?php

if(isset($_POST['login']))
  echo '<p>Login : '.$_POST['login'].'</p>';
if(isset($_POST['crypt']))
  echo '<pre>'.$_POST['crypt'].'</pre>';

?>
```

Figure 5–43
Résultat de la génération de clé publique

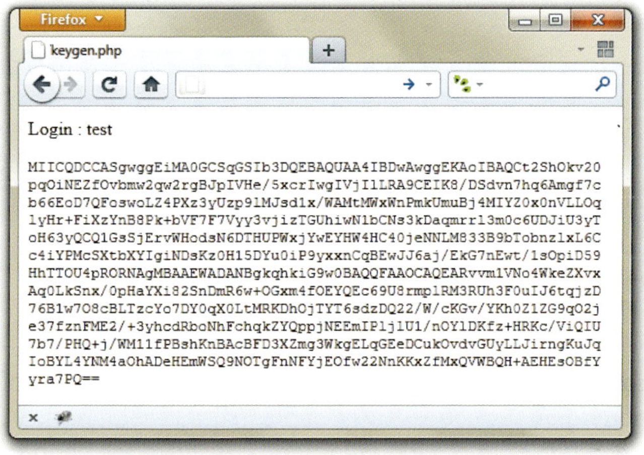

Tableau 5–39 Attributs spécifiques à <keygen>

Attribut	Valeurs	Rôle
`challenge`	texte	Chaîne de texte validée avec la clé
`keytype`	RSA	Type de la clé générée
`name`	texte	Nom clé de la paire clé/valeur à la soumission du formulaire

Par défaut, la clé est de type RSA (du nom des inventeurs de cette méthode de cryptage : Rivest, Shamir et Adleman). Au moment de la rédaction de la spécification, seul ce type est officiellement référencé, mais il est tout à fait possible qu'un navigateur n'en supporte aucun. C'est justement une subtilité autorisant les éditeurs qui sont réticents à implémenter cet élément – entre autres Microsoft – de le faire sans imposer un type de chiffrement spécifique.

Tableau 5–40 Propriétés de l'élément <keygen>

Propriété	Détails
Modèles de contenu autorisés	Élément vide
Parents autorisés	Tout élément pouvant contenir des éléments de phrasé, à l'exception de `<a>`, `<button>`
Omission de balise	Balise ouvrante obligatoire, pas de balise fermante

<progress> <nouveau 5>

L'élément `<progress>` représente une barre de progression, telle qu'on peut en trouver dans les interfaces graphiques usuelles, c'est-à-dire indiquant l'avancement d'une tâche.

Exemple d'utilisation avancée de <progress>

```
<progress id="indicateur" value="50" max="100"></progress>
```

L'intérêt de cet élément est surtout d'en profiter avec un script dynamique qui met à jour son état. Celui-ci dépend d'une valeur numérique symbolisant la progression d'un téléchargement, d'un calcul lourd, ou d'un appel Ajax quelconque.

Exemple d'utilisation avancée de <progress>

```
<p>Barre de progression :
  <progress id="progression" value="50" max="100">
Avancement 50%</progress>

  <span id="pourcentage"></span>
  <input type="button" onclick="modif(-10);" value="-">
  <input type="button" onclick="modif(10);" value="+">
</p>

<script>
function maj_progression() {
  prg = document.getElementById("progression");
  pct = document.getElementById("pourcentage");
  pct.innerHTML = prg.value + "%";
}

maj_progression(); // Initialisation

function modif(val) {
  prg = document.getElementById("progression");
  if((prg.value+val)<=prg.max && (prg.value+val)>0) {
    prg.value += val;
```

```
    prg.innerHTML = "Avancement "+prg.value+"%";
  }
  maj_progression();
}
</script>
```

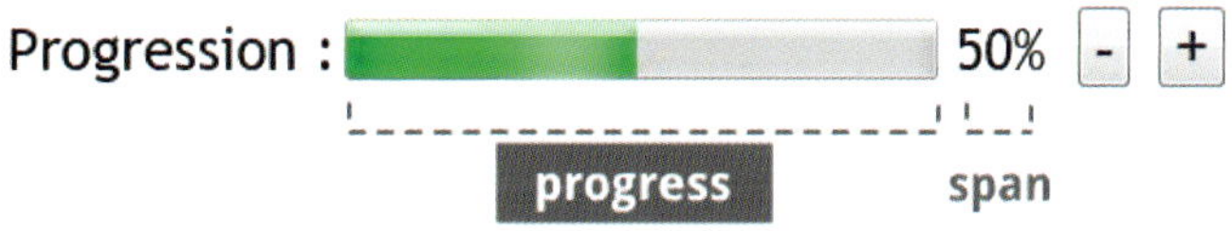

Figure 5–44
Barre de progression

Avec cet exemple plus complexe, l'état est modifié par la fonction `modif()` qui reçoit en argument une valeur d'incrémentation (ou de décrémentation lorsqu'elle est négative).

Tableau 5–41 Attributs spécifiques à <progress>

Attribut	**Valeurs**	**Rôle**
`name`	texte	Nom clé de la paire clé/valeur à la soumission du formulaire
`value`	nombre à virgule flottante non négatif	Valeur de la progression
`max`	nombre à virgule flottante positif	Maximum atteignable (si non précisé, équivaut à 1)

Pour des raisons de logique évidente, la valeur de l'attribut `value` ne peut excéder la valeur de `max`. Si ce dernier est absent, `value` doit être compris entre 0 et 1 au maximum – on part alors du principe que l'échelle est arbitrairement fixée de la sorte.

Tableau 5–42 Propriétés de l'élément <progress>

Propriété	**Détails**
Modèles de contenu autorisés	Contenu de phrasé
Parents autorisés	Tout élément pouvant contenir des éléments de phrasé à l'exception de `<progress>`
Omission de balise	Les balises ouvrantes et fermante sont obligatoires.

Style par défaut	`progress {`
	`  display: inline-block;`
	`  height: 1em;`
	`  width: 10em;`
	`  vertical-align: -0.2em;`
	`  background-color: gray;`
	`  -webkit-block-flow: tb !important;`
	`}`

Cet élément est supporté à partir de Firefox 6, Internet Explorer 10, Opera 11, et Chrome.

> **RESSOURCE Encore plus sur <progress>**
>
> UserAgentMan dit tout sur les barres de progression :
>
> ▸ http://www.useragentman.com/blog/2012/01/03/cross-browser-html5-progress-bars-in-depth/

<meter> nouveau 5

L'élément `<meter>` est une jauge qui peut sembler similaire à `<progress>`, mais qui représente avant tout un état précis sur une échelle définie plutôt qu'un pourcentage de progression indicatif.

Tandis que les attributs `value` et `max` de `<progress>` sont strictement réglementés afin de restreindre la sémantique de l'élément à une simple valeur positive avec un maximum atteignable, ceux de `<meter>` sont à la fois plus libres et plus étoffés. Les valeurs relèvent de nombres à virgule flottante qui peuvent être nuls ou négatifs, aucune autre contrainte n'est précisée.

En revanche, des segments de l'intervalle sont exploitables pour fournir plus d'indications sur l'état de la jauge, c'est-à-dire ceux pour lesquels on se situe plutôt dans une valeur considérée basse, ou bien dans une valeur considérée comme haute, voire aussi dans une situation optimale. Ces renseignements peuvent être rendus graphiquement par les navigateurs grâce à des couleurs, par exemple rouge lorsque la limite définie par `high` est atteinte ou dépassée.

Tableau 5–43 Attributs spécifiques à <meter>

Attribut	Valeurs	Rôle
`name`	texte	Nom clé de la paire clé/valeur à la soumission du formulaire
`value`	nombre à virgule flottante	Valeur de la jauge
`max`	nombre à virgule flottante	Limite maximale de l'intervalle
`min`	nombre à virgule flottante	Limite minimale de l'intervalle
`low`	nombre à virgule flottante	Limite haute du segment de l'intervalle qualifié de « bas »
`high`	nombre à virgule flottante	Limite basse du segment de l'intervalle qualifié de « haut »
`optimum`	nombre à virgule flottante	Point optimal de position dans l'intervalle

Exemples d'usage de <meter>

```
<p>Température du corps :
  <meter min="35" max="43" value="37.5">37.5°C</meter>
</p>
```

```
<p>Occupation du disque dur :
  <meter low="0" high="400" max="500" value="450" optimum="250">450 Mo
</meter></p>
<p>Score des votes :
  <meter low="7" high="8" max="10" value="9">9/10</meter>
</p>
```

Ces trois exemples représentent plusieurs cas d'utilisation possibles, avec des intervalles différents. Le contenu propre de l'élément <meter> peut apporter une indication indéniable (en texte simple par exemple) lorsque celui-ci n'est pas interprété ou n'est pas rendu visuellement, notamment avec une unité ou tout type de notation qui pourrait être comprise par un humain.

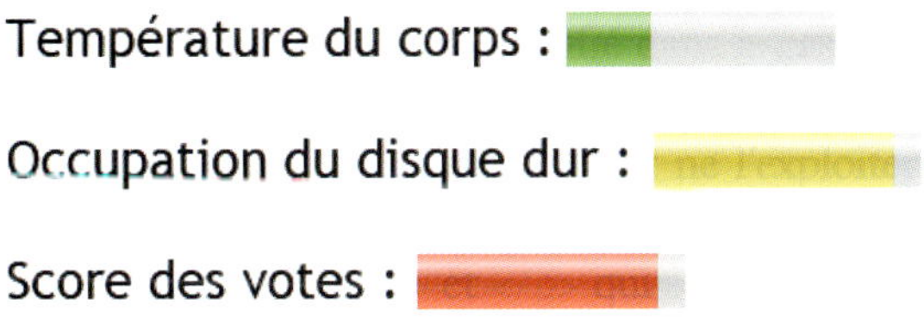

Figure 5–45
Différents éléments <meter>

Les conditions sur les valeurs des attributs sont également logiques :

- `value` doit être compris entre `min` et `max` ;
- `min <= value <= max` ;
- `value` doit être supérieur à zéro lorsque `min` est absent, et inférieur à 1 lorsque `max` est absent ;
- `max >= 0` lorsque `min` est absent ;
- `min <= 1` lorsque `max` est absent ;
- `min <= low <= high <= max` ;
- `low >= 0` et `high >= 0` et `optimum >= 0` lorsque `min` est absent ;
- `high <= 1` et `low <= 1` et `optimum <= 1` lorsque `max` est absent ;
- `min <= optimum <= max.`

Tableau 5–44 Propriétés de l'élément <meter>

Propriété	Détails
Modèles de contenu autorisés	Contenu de phrasé
Parents autorisés	Tout élément pouvant contenir des éléments de phrasé
Omission de balise	Les balises ouvrante et fermante sont obligatoires.

Tableau 5–44 Propriétés de l'élément <meter> (suite)

Propriété	Détails
Style par défaut	`meter { display: inline-block; height: 1em; width: 5em; vertical-align: -0.2em; -webkit-block-flow: tb !important; }`

Cet élément est supporté à partir d'Opera 11, Internet Explorer 10, et Chrome.

Construction de formulaires

Un formulaire est toujours contenu dans un élément `<form>`. On y place l'énumération de champs `<input>`, `<textarea>`, `<select>`, mais aussi de `<fieldset>` si nécessaire et `<label>` pour associer des étiquettes.

<form>

Le formulaire est généralement validé par un bouton `input` de type `submit`. Les valeurs des éléments qu'il contient sont alors envoyées au serveur, à l'adresse définie par l'attribut `action`. La méthode HTTP utilisée pour l'envoi des données peut être de type GET ou POST, précisée par l'attribut `method`.

Tableau 5–45 Attributs spécifiques à <form>

Attribut	Valeurs	Rôle
`accept-charset`	codes pages de caractères séparés par des virgules	Liste de types d'encodages des caractères acceptés par le serveur pour traiter le formulaire
`action`	URL	Adresse à laquelle sont envoyées les données
`autocomplete` nouveau 5	`on` `off`	Active (`on`) ou désactive (`off`) l'autocomplétion sur l'ensemble du formulaire.

`enctype`	`text/plain`
	`application/x-www-form-urlencoded`
	`multipart/form-data`
		Type MIME associé au contenu du formulaire lors de sa soumission au serveur
		La valeur multipart/form-data doit être utilisée en combinaison avec les champs de type `file`.

`method`	`get` `post`	Méthode d'envoi HTTP au serveur
`name`	texte	Nom du formulaire

Tableau 5–45 Attributs spécifiques à <form> (suite)

Attribut	Valeurs	Rôle
`novalidate` <nouveau 5>	novalidate *ou* " " *ou (vide)*	Désactive l'impératif de validation des données côté client pour la soumission du formulaire.

`target`	`_blank`
	`_parent`
	`_self`
	`_top`
	nom d'un élément de type `iframe` *(attribut name)*
		Contexte de navigation spécifique (`iframe`, autre) pour la validation du formulaire, si celui-ci n'est pas soumis dans le contexte courant.

Validation des données

Nous avons vu dans les pages précédentes que certains nouveaux types de champs `<input>` induisent une pré-validation des informations entrées par l'utilisateur avant un envoi direct au serveur. Par exemple pour `<input type="email">` la syntaxe de l'adresse e-mail sera vérifiée au préalable. Gain de temps pour l'utilisateur qui sera informé rapidement d'une erreur de saisie, gain de temps pour le serveur qui n'aura pas besoin d'afficher à nouveau le formulaire, et gain de temps pour le développeur qui n'aura pas besoin d'insérer du code JavaScript pour améliorer l'utilisabilité de sa page.

Les messages informatifs affichés par les navigateurs ne sont – pour le moment et selon le standard – pas configurables graphiquement. Certains moteurs supportent des attributs HTML ou des instructions CSS propriétaires (par exemple WebKit avec `::-webkit-validation-bubble-message{}`) pour une personnalisation.

Par contre, la méthode `setCustomValidity()` appliquée sur un élément HTML, et prenant en paramètre une chaîne de texte, modifiera l'indication affichée.

setCustomValidity() en action

```
<form>
  <label for="email">E-mail :</label>
  <input id="email" type="email" name="email" spellcheck="false">
</form>

<script>
document.getElementById('email').setCustomValidity("Alors quoi, on ne
sait plus écrire une adresse ? Indice : il y a un @ dedans !");
</script>
```

Dans le cas présent, la vérification orthographique est aussi désactivée avec l'attribut `spellcheck="false"` pour ne pas souligner inutilement l'adresse e-mail.

Figure 5–46
Champ message personnalisé

L'attribut `novalidate` est destiné à une phase de transition pour les navigateurs implémentant les validations préalables (par exemple pour la syntaxe d'une adresse e-mail). En effet, certaines implémentations sont complètes (Firefox 4+, Opera 11+) et d'autres partielles (Chrome ~10). Il se peut que la soumission du formulaire soit empêchée par la non-validation d'un champ, sans que l'utilisateur ne sache réellement pourquoi. La présence de `novalidate` contourne cette condition et s'en remet au serveur pour valider puis informer.

Exemples imaginaires de formulaires

```
<!-- Formulaire sans validation -->
<form method="post" action="inscription.php" novalidate>
  <label for="mail">Votre adresse e-mail</label>
  <input id="mail" type="email" name="adressemail">
  <input type="submit" value="Valider">
</form>

<!-- Upload de fichier -->
<form method="post" action="upload.php" enctype="multipart/form-data">
  <input type="file" name="monfichier">
  <input type="submit" value="Envoyer le fichier">
</form>

<!-- Recherche par mot-clé avec la méthode get, sans autocomplétion -->
<form method="get" action="/tags/" autocomplete="off">
  <label for="mot">Mot clé :</label>
  <input id="mot" type="text" name="tag">
  <input type="submit" value="Go!">
</form>
```

Tableau 5–46 Propriétés de l'élément <form>

Propriété	Détails
Modèles de contenu autorisés	Contenu de flux
Parents autorisés	Tout élément pouvant contenir des éléments de flux
Omission de balise	Les balises ouvrante et fermante sont obligatoires.

Style par défaut	`form {`
	`  display: block;`
	`  margin-top: 0em;`
	`}`

<fieldset>

Différents éléments d'entrée ayant un rapport entre eux peuvent être regroupés au sein de `<fieldset>`. Il est optionnellement complété par un titre grâce à `<legend>`. Visuellement, le navigateur affiche ce regroupement à l'aide d'un cadre.

Exemple d'utilisation de <fieldset>

```
<form method="post" action="validation.php">
<fieldset>
    <!-- ici les champs concernant l'identité -->
</fieldset>
<input type="submit" value="Valider">
</form>
```

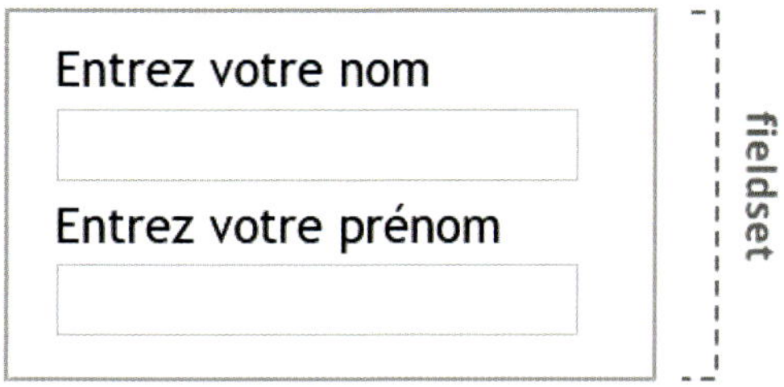

Figure 5–47
Aperçu d'un groupe de champs

Tableau 5–47 Propriétés de l'élément <fieldset>

Propriété	Détails
Modèles de contenu autorisés	Un élément `<legend>` optionnel suivi par du contenu de flux
Parents autorisés	Tout élément pouvant contenir des éléments de flux
Omission de balise	Les balises ouvrante et fermante sont obligatoires.

Style par défaut	`fieldset {`
	`  display: block;`
	`  margin-start: 2px;`
	`  -webkit-margin-end: 2px;`
	`  -webkit-padding-before: 0.35em;`
	`  padding-start: 0.75em;`
	`  -webkit-padding-end: 0.75em;`
	`  -webkit-padding-after: 0.625em;`
	`  border: 2px groove (internal value);`
	`}`

<legend>

L'élément `<legend>` représente un titre ou une légende explicative pour le reste du contenu de son élément `<fieldset>` parent. Il peut être avantageusement exploité pour expliciter les groupes présents dans un formulaire.

Exemple d'utilisation de <legend>

```
<form method="post" action="validation.php">
<fieldset>
    <legend>Votre identité</legend>
   <!-- ici les champs concernant l'identité -->
</fieldset>
<fieldset>
    <legend>Votre adresse</legend>
   <!-- ici les champs concernant l'adresse -->
</fieldset>
<input type="submit" value="Valider">
</form>
```

Dans cet exemple, le formulaire est scindé en deux parties. La première concerne l'identité de l'utilisateur (nom, prénom, etc.) et la seconde son adresse (code postal, ville, pays, etc.).

La légende est affichée en surimpression au cadre `<fieldset>` regroupant les contenus. Il n'est pas obligatoire de disposer de plusieurs éléments `<fieldset>` pour devoir se servir de `<legend>`.

Exemple d'utilisation minimaliste de <legend>

```
<fieldset>
  <legend>Votre identité</legend>
  <label for="nom">Entrez votre nom</label>
  <input id="nom" type="text" name="nom" required>
  <label for="prenom">Entrez votre prénom</label>
  <input id="prenom" type="text" name="prenom" required>
</fieldset>
```

<label>

Un `<label>` associe une légende texte à un élément de formulaire. Son contenu est une aide à la compréhension du formulaire, ce qui est fortement recommandé en termes d'accessibilité. Une activation – un clic – de cet élément donne immédiatement le focus sur l'élément de formulaire auquel on le lie. Cette liaison est effectuée

Figure 5–48
Aperçu de légende

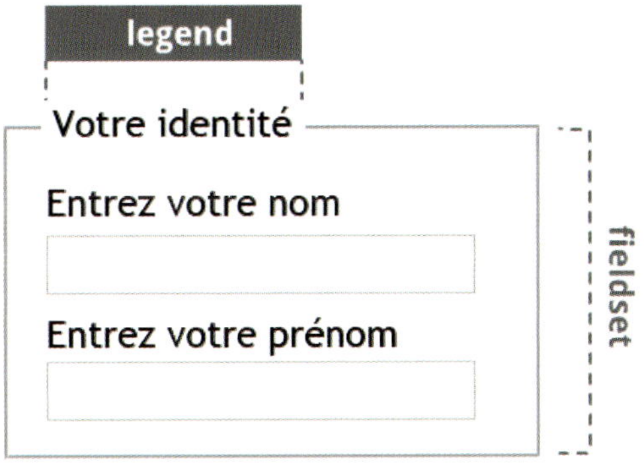

Tableau 5–48 Propriétés de l'élément <legend>

Propriété	Détails
Modèles de contenu autorisés	Contenu de phrasé
Parents autorisés	`<fieldset>`
Omission de balise	Les balises ouvrante et fermante sont obligatoires.

Style par défaut	`legend {`
	`display: block;`
	`padding-start: 2px;`
	`-webkit-padding-end: 2px;`
	`border: none;`
	`}`

avec l'identifiant (attribut `id`) de ce dernier, auquel on fait référence grâce à l'attribut `for` de `<label>`.

```
<label for="prenom">Entrez votre prénom</label>
<input id="prenom" type="text" name="prenom">
```

Exemple de formulaire avec <label>, <fieldset>, <legend>

```
<form method="post" action="validation.php">
<fieldset>
    <legend>Votre identité</legend>
   <label for="nom">Entrez votre nom</label>
   <input id="nom" type="text" name="nom" required>
   <label for="prenom">Entrez votre prénom</label>
   <input id="prenom" type="text" name="prenom" required>
   <label for="email">Entrez votre e-mail</label>
   <input id="email" type="email" name="email" required>
</fieldset>
```

```
<fieldset>
    <legend>Votre adresse</legend>
   <label for="cp">Entrez votre code postal</label>
   <input id="cp" type="number" name="codepostal">
   <label for="ville">Entrez votre ville</label>
   <input id="ville" type="text" name="ville">
</fieldset>
<input type="submit" value="Valider">
</form>
```

L'aperçu ci-dessous fait appel à un style CSS complémentaire pour obtenir une mise en forme minimale :

```
label {
  display:block;
}
```

Chaque label cliqué déclenche le focus sur le champ qui lui est rattaché.

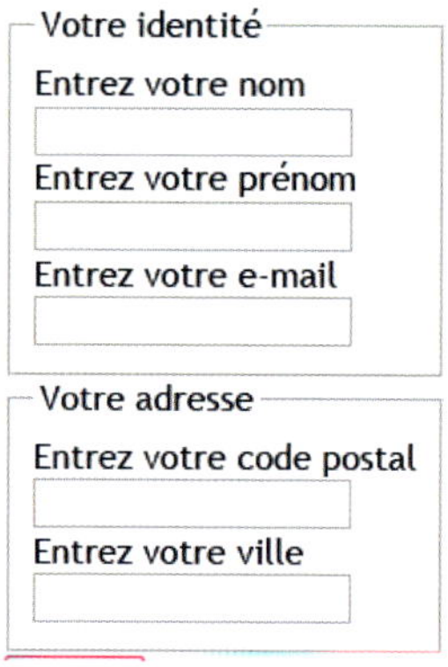

Figure 5–49
Formulaire associant label, fieldset et legend

Tableau 5–49 Propriétés de l'élément <label>

Propriété	**Détails**
Modèles de contenu autorisés	Contenu de phrasé à l'exception de `<label>` lui-même. Cet élément peut contenir au plus un descendant `<input>`, `<button>`, `<select>` ou `<textarea>`.
Parents autorisés	Tout élément pouvant contenir des éléments de phrasé, à l'exception de `<a>`, `<button>`
Omission de balise	Les balises ouvrante et fermante sont obligatoires.

Style par défaut	`label {`
	`  cursor: default;`
	`}`

Attributs communs pour les éléments de formulaire

Comme le veut la tradition, le comportement des éléments évoqués est modulé par l'usage d'attributs. HTML 5 en ajoute plusieurs dont la vocation est également de simplifier la conception des formulaires et d'améliorer les indications transmises à l'utilisateur, sans utiliser d'artifices supplémentaires en JavaScript.

Tableau 5–50 Attributs pour les éléments de formulaires

Type	Rôle	Types <input> et autres balises de formulaire concernées	HTML 5
`accept`	Types MIME acceptés	`file`	
`alt`	Alternative texte à l'image	`image`	
`autocomplete`	Autocomplétion	`text, search, password, url, tel, email, date, datetime, datetime-local, month, week, time, number, range, color, <textarea>, <form>`	Oui
`autofocus`	Autofocus sur l'élément	`text, search, password, url, tel, email, date, datetime, datetime-local, month, week, time, number, range, color, <textarea>, <button>, <select>, <keygen>`	Oui
`checked`	État par défaut (coché ou non)	`radio, checkbox`	
`dirname`	Précise la direction du texte saisi	Tous	Oui
`disabled`	Désactive le contrôle	Tous	
`form`	Formulaire associé	Tous	Oui
`height`	Hauteur de l'image	`image`	Oui
`high`	Valeur haute	`<meter>`	Oui
`list`	Liste de suggestions	`text, search, url, tel, email, date, datetime, datetime-local, month, week, time, number, range, color`	Oui
`low`	Valeur basse	`<meter>`	Oui
`max`	Valeur maximale	`date, datetime, datetime-local, month, week, time, number, range, <meter>, <progress>`	Oui
`maxlength`	Nombre de caractères maximal	`text, search, password, url, tel, email, <textarea>`	
`min`	Valeur minimale	`date, datetime, datetime-local, month, week, time, number, range, <meter>, <progress>`	Oui

Tableau 5–50 Attributs pour les éléments de formulaires (suite)

Type	Rôle	Types <input> et autres balises de formulaire concernées	HTML 5
`multiple`	Valeurs multiples	`email, file, <select>`	Oui
`name`	Nom du champ	Tous	
`optimum`	Valeur optimale	`<meter>`	Oui
`pattern`	Vérification sur syntaxe	`text, search, password, url, tel, email`	Oui
`placeholder`	Indication texte	`text, search, password, url, tel, email, <textarea>`	Oui
`readonly`	Lecture seule	Tous	
`required`	Champ obligatoire	`text, search, password, url, tel, email, date, datetime, datetime-local, month, week, time, number, checkbox, radio, file, <textarea>`	Oui
`size`	Nombre de caractères affichés par défaut	`text, search, password, url, tel, email`	
`src`	Adresse de l'image	`image`	
`step`	Valeur du pas (écart entre valeurs)	`date, datetime, datetime-local, month, week, time, number, range, <meter>, <progress>`	Oui
`type`	Type du champ	`<input>` en général	
`value`	Valeur par défaut	Pour les boutons : intitulé visible du bouton. Pour les boutons avec images : valeur symbolique du champ validé. Pour les boutons radio et cases à cocher : valeur du champ sélectionné (obligatoire). Pour champs texte, déclinaisons de `<input>` et champs cachés (`hidden`) : valeur par défaut de l'élément. Ne peut pas être utilisé avec `type="file"`.	
`width`	Largeur de l'image	`image`	Oui

Dans le tableau ci-dessus, les types sont indiqués dans la balise `<input>` par souci de lisibilité. Les balises différentes de `<input>` sont indiquées en clair. L'ensemble de ces éléments bénéficie aussi des attributs globaux (voir chapitre précédent).

Quelques nouveaux attributs HTML 5

placeholder

L'attribut `placeholder` permet l'affichage d'un texte indicatif dans un champ, qui s'efface lorsque l'utilisateur obtient le *focus* (en cliquant ou naviguant au clavier). Le texte a pour vocation de présenter des exemples de ce que l'utilisateur peut entrer dans le champ.

Exemple avec l'attribut placeholder

```
<label for="recherche">Recherche :</label>
<input type="text" id="recherche" name="q" size="30"
  placeholder="adresse, code postal, ville...">
<input type="submit" value="Valider">
```

Figure 5–50
Champ avec indication

Figure 5–51
Même champ au focus

Ceci ne dispense absolument pas d'associer une étiquette pertinente avec `<label>` à chaque champ `<input>`. Des polyfills JavaScript existent pour apporter un complément de support sur les anciens navigateurs.

> **RESSOURCE Polyfill Placeholder**
>
> jQuery Placeholder pour faire fonctionner cet attribut via JavaScript :
>
> ▸ https://github.com/danielstocks/jQuery-Placeholder

autofocus

L'attribut `autofocus` donne le focus directement au champ au chargement de la page. La page ne doit évidemment comporter qu'un seul élément portant cet attribut.

Exemple avec l'attribut autofocus

```
<input type="search" name="recherche" autofocus>
```

Figure 5–52
Focus sur le champ

autocomplete

L'attribut `autocomplete` définit la façon dont l'auto-complétion du navigateur doit agir sur le champ. Les valeurs possibles sont `on` (activée) ou `off` (désactivée).

Exemple avec l'attribut autocomplete

```
<input type="search" name="recherche" autocomplete="off">
```

required

L'attribut `required` rend la complétion d'un champ obligatoire, signifiant que le navigateur ne doit pas permettre la validation du formulaire si ce dernier reste vide.

Exemple avec l'attribut required

```
<input type="tel" name="telephone" required>
```

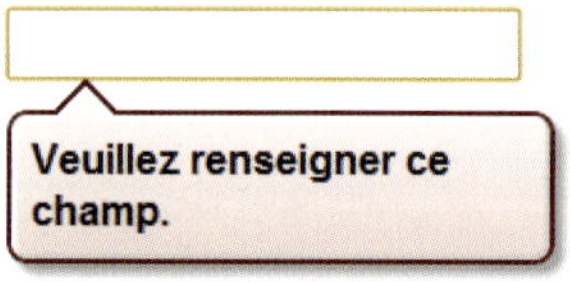

Figure 5–53
Message d'avertissement

multiple

L'attribut `multiple` est un booléen signifiant que la saisie de plusieurs valeurs est possible. Dans le cas d'un champ de type `file`, le navigateur autorise la sélection de plusieurs fichiers simultanément pour le même élément HTML. C'est par exemple le cas à partir d'iOS 6. Dans le cas d'un champ texte – plusieurs types possibles – on s'attend à plusieurs saisies séparées par des virgules.

Exemple avec l'attribut multiple

```
<input type="email" name="adresses" multiple>
```

dirname

L'attribut `dirname` permet de connaître après soumission du formulaire la direction dans laquelle le texte a été entré, ce qui peut s'avérer utile avec les écritures moyen-orientales ou asiatiques. Le navigateur complète alors la variable dont le nom a été spécifié par la valeur de l'attribut, avec `ltr` (*left to right* : de gauche à droite) ou `rtl` (*right to left* : de droite à gauche).

Exemple avec l'attribut dirname

```
Nom : <input type="text" name="nom" required>
Commentaire : <input type="text" name="commentaire"
dirname="commentaire.dir">
```

Exemple de réception des données en GET

```
commentaire=Kikoo&comment.dir=ltr&nom=Cindy
```

pattern <nouveau 5>

L'attribut `pattern` est associé aux champs de texte pour tester leur valeur grâce à une expression régulière. Les valeurs incorrectes bloquent la validation du formulaire.

Exemples avec l'attribut pattern

```
<!-- On autorise la saisie de caractères alphanumériques -->
<input type="text" name="login" pattern="[a-z0-9]+">
```

Du point de vue sécuritaire, cet attribut ne remplace pas le rôle crucial d'une vérification côté serveur après soumission du formulaire.

Quelques exemples de masques :

- URL : `https?://.+`
- Adresse IP (v4) : `\d{1,3}\.\d{1,3}\.\d{1,3}\.\d{1,3}`
- Date (jj/mm/aaaa) : `\d{1,2}/\d{1,2}/\d{4}`
- Code postal à 5 chiffres : `[0-9]{5}`
- Numéro de carte de crédit : `[0-9]{13,16}`

> **RESSOURCE Au sujet de pattern**
>
> Une collection de modèles pour l'attribut pattern
>
> ‣ http://html5pattern.com/

min, max, step <nouveau 5>

Afin de préciser les conditions de saisie de valeurs numériques, les attributs `min` (minimum), `max` (maximum) et `step` (pas) ont été ajoutés aux champs pour lesquels ils présentent une utilité, c'est-à-dire les types temporels (`date`, `time`, `datetime`, `datetime-local`, `month`, `week`) et numériques purs (`range`, `number`) ainsi que les éléments `<progress>` ou `<meter>`.

Le navigateur ne pourra permettre la saisie d'une valeur inférieure à `min`, ni d'une valeur supérieure à `max`. Si l'utilisateur choisit d'incrémenter ou décrémenter la valeur, le « pas » adopté doit être défini par `step`, qui correspond à l'écart entre chaque choix permis.

Une touche de style

Le module CSS 3 baptisé Basic User Interface intervient à point nommé dans la construction des formulaires en HTML 5.

> **RESSOURCE Spécification du module CSS 3 BUI**
>
> CSS 3 Basic User Interface
> ▸ http://www.w3.org/TR/css3-ui/

Il dresse les règles pour affecter un style conditionnel aux éléments requis (ou non), à ceux qui sont invalides (ou valides), et aux contrôles numériques qui sont hors intervalle. Ces pseudo-classes agrémentent le graphisme d'un formulaire et fournissent des indications plus complètes à l'utilisateur durant sa complétion.

Tableau 5–51 Un résumé des pseudo-classes utiles

Pseudo-classe	Détails
`:required`	La valeur est requise (attribut `required`).
`:optional`	La valeur est optionnelle (absence d'attribut `required`).
`:valid`	La valeur est valide (par exemple, la syntaxe de l'adresse e-mail ou de l'URL est vérifiée).
`:invalid`	La valeur est invalide (la syntaxe est erronée).
`:in-range`	La valeur est dans l'intervalle demandé (attributs `min` et `max`).
`:out-of-range`	La valeur n'est pas dans l'intervalle demandé (hors de celui défini par `min` et `max`).

Exemple d'usage des pseudo-classes CSS

```
<!doctype html>
<html lang="fr">
<head>
<meta charset="utf-8" />
<title>Test CSS3 BUI</title>
<style>
input[type=email]:valid,
input[type=url]:valid,
```

```
input[type=number]:in-range {
  outline: 3px green solid;
}

input[type=email]:invalid,
input[type=url]:invalid,
input[type=number]:out-of-range {
  outline: 3px red dotted;
}

input[type=text]:optional {
  background:#eee;
}

input[type=text]:required {
  outline:4px #369 solid;
}
label {
  display:inline-block;
  width:10em;
}
</style>
</head>
<body>

<form>
<p>
  <label>Texte requis</label>
  <input type="text" name="obligatoire" required>
</p>
<p>
  <label>Texte facultatif</label>
  <input type="text" name="lire">
</p>
<p>
  <label>Adresse e-mail</label>
  <input type="email" name="email">
</p>
<p>
  <label>Adresse URL</label>
  <input type="url" name="url">
</p>
<p>
  <label>Nombre entre 3 et 10</label>
  <input name="number" type="number" min="3" max="10">
</p>
</form>

</body>
</html>
```

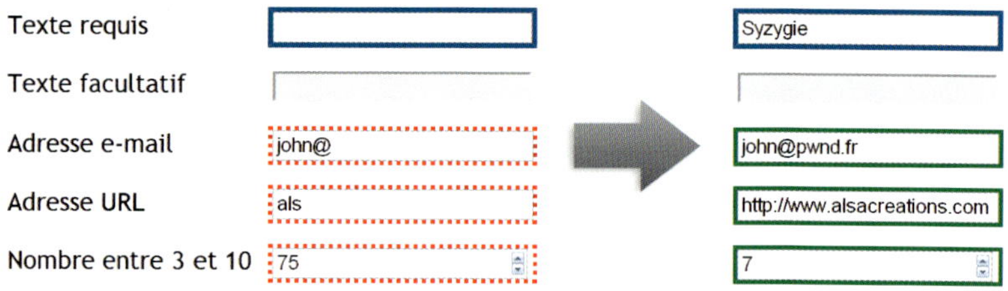

Figure 5–54
Rendu graphique selon l'état du formulaire

Les pseudo-classes `:valid` et `:invalid` sont applicables à l'élément `<form>` pour savoir si celui-ci est valide dans sa globalité ou non, d'après tous les champs qu'il contient. Elles ne sont cependant pas reconnues partout (seul Firefox le faisait à la fin 2012).

Un zeste de script

Avec HTML 5, quatre événements sont liés aux formulaires : `onformchange`, `onforminput`, `oninput`, `oninvalid`.

Tableau 5–52 Événements pour formulaires

Événement	Détails
`onformchange`	Lorsque le contenu du formulaire a changé
`onforminput`	Lorsque des données sont en train d'être insérées dans le formulaire
`oninput`	Lorsque des données sont insérées dans un champ
`oninvalid`	Lorsque les données sont invalides

Déclencher une fonction lorsque l'utilisateur veut soumettre le formulaire, mais que des champs sont encore considérés comme invalides, est dès lors possible.

Déclencher une fonction si le champ est invalide

```
<form>
  <label for="email">E-mail</label>
  <input id="email" type="email" name="email" oninvalid="incorrect();">
</form>

<script>
function incorrect() {
  alert("Le champ e-mail n'est pas valide.");
}
</script>
```

Attention toutefois à ne pas dupliquer inutilement le fonctionnement natif du navigateur.

D'autres raccourcis bien pratiques en JavaScript épaulent les champs eux-mêmes.

Tableau 5–53 Méthodes et propriétés pour formulaires

Méthode ou propriété	Détails
`stepUp(n)`	Incrémente la valeur du champ de n
`stepDown(n)`	Décrémente la valeur du champ de n
`valueAsNumber`	Renvoie la valeur en tant que nombre
`valueAsDate`	Renvoie la valeur en tant que date.

Les fonctions `stepUp()` et `stepDown()` sont particulièrement applicables sur tout ce qui accepte une valeur numérique ou une date.

```
<input type="number" name="number" id="number" value="42">
<script>
document.getElementById('number').stepUp(); // Produira 43
document.getElementById('number').stepUp(5); // Produira 48
</script>
```

Les propriétés `valueAsNumber` et `valueAsDate` renvoient respectivement les valeurs en tant que `timestamp` et `date` (format JavaScript) d'un champ de date.

```
<input type="date" name="date" id="date">
<script>
document.getElementById('date').valueAsNumber;
// Produira 1353628800000
document.getElementById('date').valueAsDate;
// Produira Fri Nov 23 2012 01:00:00 GMT+0100 (Paris, Madrid)
</script>
```

Prise en charge

Le support des navigateurs est inégal pour la gestion des formulaires et des types `<input>`. Opera a été le premier à en implémenter la plupart. Les navigateurs mobiles pour écrans tactiles sont particulièrement concernés pour l'affichage d'un clavier contextualisé à chaque type de champ. Safari Mobile en a profité dès ses premières versions pour décliner son clavier visuel en plusieurs versions avec un ensemble de touches spécifiques ; par exemple en affichant par défaut le caractère @ (arobase) pour `<input type=email>` ou les caractères – (tiret), _ (underscore) et / (slash) pour `<input type=url>`.

Concernant les navigateurs ne supportant pas un type particulier, une détection permettra – dans le meilleur des cas – de fournir une alternative en JavaScript. Il existe pour cela deux librairies, H5F et webforms2, pouvant être utilisées en combinaison avec Modernizr. h5Validate se concentre sur la validation avec l'aide de jQuery.

RESSOURCE Alternatives JavaScript aux formulaires HTML 5

- https://github.com/ryanseddon/H5F
- http://code.google.com/p/webforms2/
- http://ericleads.com/h5validate/

Néanmoins, il faut toujours garder à l'esprit que la validation des données n'est pas à la charge de HTML, mais du langage utilisé au niveau du serveur. Elle n'est qu'indicative pour l'utilisateur sur la page, rien ne l'empêche d'envoyer des données mal formatées et non sécurisées, que ce soit intentionnellement ou non.

L'avantage des contrôles HTML 5 natifs réside dans un code léger et réactif, qui ne doit plus faire appel à des librairies JavaScript complémentaires épaulées par des feuilles de style spécifiques.

Tableau 5–54 Tableau de support simplifié des Web Forms

Navigateur	Version
Mozilla Firefox	4+ (types de champs, partiel) 4+ (validation)
Internet Explorer	10+ (types de champs, partiel) 10+ (validation)
Apple Safari	4+ (types de champs, partiel) 5+ (validation, partiel)
Google Chrome	4+ (types de champs, partiel) 10+ (validation)
Opera	9+ (types de champs) 10+ (validation)
iOS (iPhone, iPad, iPod)	4+ (types de champs, partiel) 5+ (meilleur support avec range, date/time, etc)
Opera Mobile	10+
Android	3+

Ce tableau n'est que vaguement indicatif. Il est très difficile de le proposer dans cet ouvrage, tant les différences entre navigateurs sont sujettes à mouvements et particularités. L'implémentation se fait au compte-gouttes.

Reportez-vous au site d'accompagnement pour des informations mises à jour sur la prise en charge des Web Forms.

Par exemple, Firefox supporte à partir de sa version 4 les attributs `autofocus` et `placeholder`, les éléments `<datalist>` ; mais sa version 6 ne dispose pas des types `color`, `number`, `range`, `datetime`, ou des éléments `<meter>` et `<progress>`. Ces deux derniers sont pourtant bien acceptés par Chrome 13+ et Opera 11.5+. Pour obtenir plus d'informations à ce sujet, consultez les ressources suivantes.

RESSOURCE Support des HTML5 Web Forms

Par Quirksmode (Peter-Paul Koch)

- http://quirksmode.org/html5/inputs_mobile.html

Par Wufoo

- http://wufoo.com/html5/

Les microformats (microdata)

6

Petits mais costauds, les microformats sont un moyen d'insérer un marquage sémantique supplémentaire au sein du document HTML. Le contenu peut être balisé plus finement, pour une exploitation automatique par des robots.

Figure 6–1 Ce robot est joyeux : il vient de découvrir Microdata

Microdata est une méthode d'application des microformats à HTML 5, permettant un marquage sémantique du contenu (via des attributs spécifiques) en complément des balises HTML existantes. Il s'agit avant tout d'exploiter la puissance des microformats sans la complexité de RDFa, qui est un standard ayant atteint le statut de recommandation W3C en 2008.

Principe des microformats : vers le Web sémantique

HTML a toujours été, et sera toujours, un langage de balisage, c'est-à-dire décrivant la structure du contenu d'un document. Pour arriver à ses fins, il s'aide d'une collection de balises déjà bien fournie, telle que décrite dans les chapitres précédents.

Quiconque débute avec HTML concédera qu'il s'agit là d'une liste bien conséquente à appréhender. Quiconque manie déjà toutes ces balises avec habileté, pourra regretter l'absence de balises pour ses propres usages. D'aucuns devront structurer des fiches produits sur un site e-commerce, d'autres des calendriers d'événements, et d'autres encore des recettes sur un site de cuisine – avec liste des ingrédients, durée de réalisation, étapes et photos.

HTML 5 comprend bien des balises indiquant que tel bloc de texte relève d'un titre, que telle succession de mots relève d'une liste numérotée ou d'un paragraphe. Cependant, elles ne décrivent en rien la nature de leur contenu. Prenons un exemple des plus communs.

Données peu structurées

```
<p>Mon nom est Rodolphe Rimelé, mais l'on me connaît aussi parfois en tant que
<i>Dew</i>. Je tiens un blog personnel nommé <a href="http://www.blup.fr">Blup
</a> à activité variable.<br>
Je vis à Strasbourg en France et je suis gérant d'Alsacréations aux côtés de
Raphaël Goetter.</p>
```

Un humain pourra par son intelligence et ses connaissances « deviner » que Raphaël Goetter est le nom d'une autre personne et non d'une recette de cuisine, que Strasbourg n'est pas une marque de four micro-ondes, et qu'Alsacréations n'est pas (encore) le nom d'un film.

Une machine aura de fortes chances de ne rien y comprendre, bien que les progrès en intelligence artificielle soient fulgurants. Tout le monde ne peut s'offrir *Deep Blue* chez soi.

Le balisage est crucial sur le Web. Internet est conçu pour l'échange des données. Entre humains, mais aussi entre machines, et entre machines au service des humains – il vaut mieux le croire dans ce sens-là.

Puisque les humains que nous sommes ne pouvaient pas s'en sortir seuls face au volume croissant d'informations accessibles sur la toile, ils ont mis au point les annuaires puis les moteurs de recherche. Ils ont délégué le pouvoir de recherche et de compréhension, de tri et de catégorisation à des algorithmes ne maîtrisant pas les six millions de formes de communication de C-3PO.

Pourtant, nous avons toujours disposé de grandes quantités de données stockées dans des bases SQL, des fichiers XML et binaires, fortement structurés par des champs précis. Ces champs n'ont par contre de signification que pour le créateur du système de stockage. Dès qu'elles « sortent » sur le Web, ces informations se retrouvent en images et textes, orphelines de signification propre dans le code source HTML.

Parmi cette abondance de ressources, il nous est nécessaire de délimiter lesquelles peuvent présenter un intérêt dans un contexte particulier, et lesquelles **sont pertinentes pour les robots des moteurs de recherche** et pour les agents utilisateurs (les navigateurs et leurs extensions).

Figure 6–2
Extraction de microformats

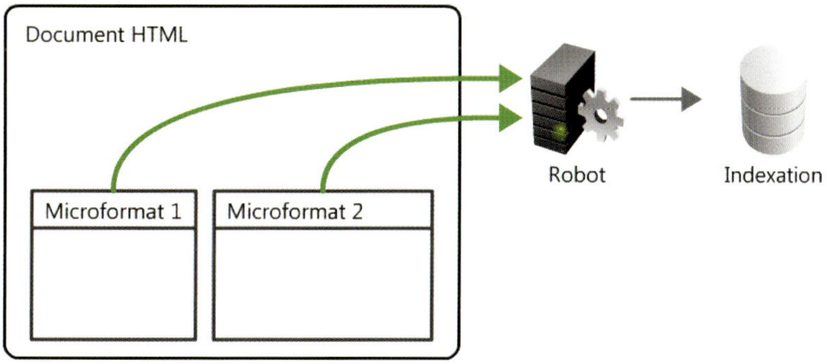

Certes, `<time>` est un des nouveaux éléments répondant en partie à ces attentes, puisqu'il permet précisément de baliser des informations temporelles humaines et de les rendre intelligibles numériquement par le respect d'une notation stricte. Par contre, son contenu relève-t-il d'une date de naissance ? De la date de début d'un rendez-vous ou de celle de la fin d'un meeting sportif ?

Il est alors important d'introduire dans le code source HTML une notation sémantique du contenu, indiquant aux êtres non organiques de quel vocabulaire relève une section de contenu. Ce vocabulaire définit l'usage que l'on peut tirer des informations du document : il peut être relatif à une personne, un événement, une recette de cuisine, un curriculum vitae, une fiche de lecture d'un livre, etc. Parmi les termes possibles de ce vocabulaire, les informations doivent être catégorisées plus finement : quelles sont celles qui dépendent du nom de la personne, de la date de début de l'événement ou de la liste des ingrédients de la recette.

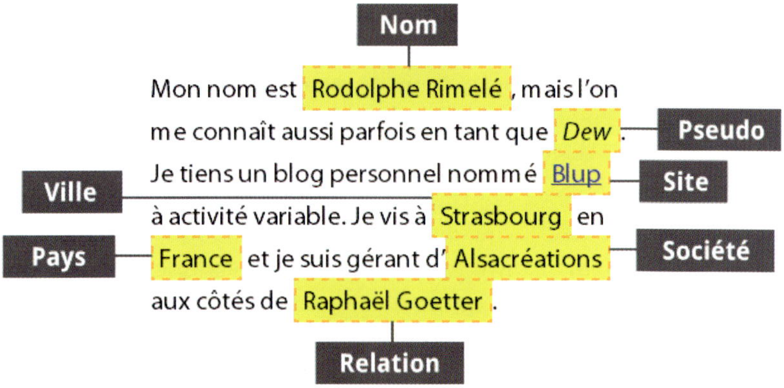

Figure 6–3
Zones sémantiques

Le but de ce marquage est de le rendre lisible par les « machines », fût-ce celles de *Skynet* dans *Terminator* ou de Google.

Faut-il absolument créer une balise spécifique pour chaque usage ? Ne risque-t-on pas d'être submergés par une pléthore de définitions et de spécifications que peu de personnes pourront totalement maîtriser et développer ?

Autant de questions qui ont été soulevées dès l'essor du Web sémantique. C'est à partir de ce moment que les microformats sont intervenus.

Figure 6–4
Logo Microformats

Les prémices

Initialement, les défenseurs des microformats ont introduit des méthodes simples telles que l'utilisation de l'attribut `class` ou `rel` de HTML pour ajouter arbitrairement une valeur sémantique à un bloc de code.

Exemple d'événement défini par un microformat

```
<p class="vevent">
  La <span class="summary">Kiwi Party 2011</span>
  a eu lieu le 1er avril 2011
  de <abbr class="dtstart"title="2011-04-01T14:00:00+01:00">14h</abbr> à
  <abbr class="dtend"title="2001-01-01T18:00:00+01:00">18h</abbr>, dans la ville de
  <span class="location">Strasbourg</span>
  (<a class="url" href="http://www.kiwiparty.fr">site officiel</a>)
</p>
```

Un vocabulaire commun a été élaboré autour de ces classes, pour construire des microformats tels que *hCard* (une « carte de visite » inspirée du format *vCard*), *hReview*, *hAtom* ou *hCalendar* dans l'exemple précédent. Un agent utilisateur analysant le code pourra comprendre que le bloc portant la classe `vevent` porte sur un événement dont les modalités sont précisées par les enfants portant d'autres noms de classes définis par *hCalendar* : `dtstart` pour la date de début, `dtend` pour la date de fin.

Cette technique présente l'inconvénient de ne pouvoir être reconnue que par les algorithmes connaissant ces microformats et de pouvoir être parasitée par les noms de classes destinés uniquement aux styles CSS : écrire un analyseur déterminant s'il s'agit bien d'un microformat est alors plus complexe. Elle ne fait pas partie de la spécification HTML et n'est pas indéfiniment extensible. En revanche, elle ne perturbe pas les navigateurs qui ne la comprennent pas, puisque les chaînes de texte utilisables dans l'attribut `class` sont au libre choix du concepteur.

RESSOURCE Pour en savoir plus à propos des microformats

Consultez le site de référence

- http://www.microformats.org/about

Le Wiki avec les spécifications et brouillons

- http://microformats.org/wiki/Main_Page

Les microformats sur Alsacréations

- http://www.alsacreations.com/tuto/lire/1213-microformats-introduction.html

RDFa va plus loin en ce sens et présente l'avantage d'être extensible avec des espaces de noms à l'infini, mais l'inconvénient d'avoir été prévu pour le défunt XHTML 2.0 et de n'être en théorie qu'utilisable avec XHTML 1.1. Cette situation devrait rester plutôt rare comme cela a déjà été précisé, en regard des normes les plus répandues et exploitables concrètement : HTML 4.01 ou XHTML 1.0.

Il nécessite de faire appel à des attributs spécifiques et à une connaissance des espaces de noms qui dépassent le souhait de simplicité de HTML, même si celui-ci fait l'objet d'ouvrages de quelques centaines de pages tels que celui-ci. Il vaut mieux disposer d'un jeu de balises limité et réfléchi faisant l'objet d'une entente harmonieuse des développeurs web et des éditeurs de navigateurs plutôt que de voir des pans entiers du langage compris uniquement par un nombre limité d'agents utilisateurs.

Exemple d'usage de RDFa

```
<p xmlns:v="http://rdf.data-vocabulary.org/#" typeof="v:Event">
  La <span property="v:summary">Kiwi Party 2011</span>
  est <span property="v:description">une après-midi de conférences et d'ateliers
</span>
```

```
  ayant eu lieu le <span property="v:startDate"
content="2011-04-01T14:00:00+01:00">1er avril 2011 de 14h</span> à
  <span property="v:endDate" content="2001-01-01T18:00:00+01:00">18h</abbr>,
  dans la ville de
  <span rel="v:location">
    <span typeof="v:Address">
      <span property="v:locality">Strasbourg</span>
    </span>
  </span>
  (<a rel="v:url" href="http://www.kiwiparty.fr">site officiel</a>)
</p>
```

Dans le cas présent, l'attribut `typeof` introduit le type de format `Event`, et l'attribut `property` ses différentes propriétés. Il est possible d'imbriquer d'autres formats dans ce bloc, tels que la localisation géographique dont le type est cette fois `Address` et qui comprend ses propriétés propres.

> **RESSOURCE Spécification**
>
> RDFa in XHTML: Syntax and Processing
>
> ‣ http://www.w3.org/TR/rdfa-syntax/

Jusqu'à présent les microformats sont essentiellement exploités par certains robots d'indexation pour moteurs de recherche, et par des extensions pour navigateurs.

Microdata à la rescousse

Avec HTML 5, Microdata autorise l'ajout d'un balisage sémantique et structuré. Il ne perturbera pas les navigateurs ne le supportant pas. Il faut s'attendre à ce que de nombreux moteurs d'indexation exploitent ces informations à long terme pour les bénéfices du référencement et des recherches spécialisées, et à ce que de nombreux outils voient le jour pour les manipuler.

> **RESSOURCE Spécification Microdata**
>
> Microdata en cours de développement côté W3C
>
> ‣ http://dev.w3.org/html5/md/
>
> Microdata en tant que standard W3C
>
> ‣ http://www.w3.org/TR/microdata/
>
> Microdata par le WhatWG
>
> ‣ http://www.whatwg.org/specs/web-apps/current-work/complete/microdata.html

Attributs globaux

Microdata reprend le meilleur des deux méthodes par la simple introduction de nouveaux attributs directement au sein de la spécification HTML 5. Ils possèdent chacun un rôle précis et sont applicables à toutes les balises. Exploiter Microdata consiste « juste » à l'ajout de ces quelques attributs au contenu.

Tableau 6–1 Attributs pour Microdata

Attribut	Valeurs	Rôle
`itemscope`	chaîne de caractères	Indique que l'élément fait appel à un microformat et que ses enfants font partie de ce format.
`itemtype`	chaîne de caractères	Indique le vocabulaire utilisé par le microformat.
`itemprop`	chaîne de caractères	Définit une propriété individuelle du microformat.
`itemid`	chaîne de caractères	Attribue un identifiant unique (défini par le vocabulaire du microformat).
`itemref`	chaîne de caractères	Fait référence à un autre élément par son identifiant.

itemscope

La portée des annotations est définie par l'attribut `itemscope`. Ce dernier indique que l'élément sur lequel il est placé ainsi que ses descendants constituent un élément (un *item*) relevant d'un microformat. Il doit être utilisé en combinaison avec un attribut `itemtype` sinon sa présence n'a aucun sens.

Application d'itemscope

```
<p itemscope>Mon nom est Rodolphe Rimelé, mais l'on me connaît aussi
parfois en tant que <i>Dew</i>. Je tiens un blog personnel nommé
<a href="http://www.blup.fr">Blup</a> à activité variable.<br>
Je vis à Strasbourg en France et je suis gérant d'Alsacréations aux
côtés de Raphaël Goetter.</p>
```

Cet exemple est bien sûr incomplet – pour le moment –, car on sait que le bloc sera dépendant d'un format, mais sans savoir encore lequel.

itemtype

L'espace de nom (ou *namespace*) est spécifié par l'attribut `itemtype`. C'est lui qui détermine le vocabulaire général du format, et sa valeur consiste en une adresse (URL) pouvant pointer vers à peu près n'importe quelle ressource. Il faut la considérer comme une chaîne de caractères unique que les programmes peuvent reconnaître comme un identifiant afin de déterminer la teneur de l'élément.

Une fois cette nature reconnue, un programme sait s'il supporte la lecture du microformat et son interprétation au travers des balises équipées de l'attribut `itemprop`. L'URL n'a pas pour vocation d'être résolue ou chargée, elle existe pour servir de clé unique. Elle n'a même pas besoin de correspondre à l'adresse d'une page existante, bien qu'une documentation accessible par ce moyen soit préférable.

Application d'itemtype

```
<p itemscope itemtype="http://schema.org/Person">Mon nom est Rodolphe Rimelé,
mais l'on me connaît aussi parfois en tant que <i>Dew</i>. Je tiens un blog
personnel nommé <a href="http://www.blup.fr">Blup</a> à activité variable.<br>
Je vis à Strasbourg en France et je suis gérant d'Alsacréations aux côtés de
Raphaël Goetter.</p>
```

Cet exemple est un peu plus fourni, car on sait désormais que le format qu'il contient est celui visant à décrire une personne. Cependant, aucun balisage n'est – pour le moment – visible dans son contenu. La valeur d'`itemtype` est une URL, hébergée sur schema.org qui documente le format. Elle donne un contexte dans lequel il est possible d'en interpréter les propriétés.

> Bien que la position des attributs soit interchangeable en HTML, plusieurs tests démontrent qu'il est préférable de placer l'attribut `itemscope` avant `itemtype` pour une bonne compréhension par des robots quelque peu rigides.

Bien que la position des attributs soit interchangeable en HTML, plusieurs tests démontrent qu'il est préférable de placer l'attribut `itemscope` avant `itemtype` pour une bonne compréhension par des robots quelque peu rigides.

Vocabulaires

Tout un chacun peut développer son propre microformat et une syntaxe particulière, mais il faut pouvoir le faire connaître et le documenter de façon précise afin de lui apporter une renommée méritée, et de permettre aux autres machines ou développeurs de l'interpréter. Les types proposés par schema.org et microformats.org constituent un échantillon de départ appréciable. schema.org est une initiative commune des principaux moteurs d'indexation (Bing, Google, Yahoo).

> **RESSOURCE Vocabulaires pour Microdata**
>
> Voici les principaux vocabulaires : microformats.org, Schema.org et Data-vocabulary.org.
>
> - http://microformats.org/wiki/Main_Page#Specifications
> - http://schema.org/docs/full.html
> - http://www.data-vocabulary.org/

Au moment de la rédaction de la rédaction de cet ouvrage, le standard vivant du WhatWG inclut également la définition de trois types.

Tableau 6–2 Vocabulaires proposés par le WhatWG

Format	Description	itemtype
vCard	Informations de contact au sujet d'une personne ou d'une organisation	http://microformats.org/profile/hcard
vEvent	Événement calendaire	http://microformats.org/profile/hcalendar#vevent
Licensing works	Œuvre (article, image, vidéo, audio) accompagnée d'une information de licence	http://n.whatwg.org/work

Deux d'entre eux sont directement basés sur la proposition initiale des microformats et comportent de nombreux champs détaillés dans la spécification.

Les vocabulaires peuvent tout à fait être imbriqués et dépendre l'un de l'autre. On parle alors de microformat composé. Ainsi, un format devant définir une personne ou un événement pourra tout à fait comprendre un « sous-format » d'emplacement géographique, qu'il sera inutile de redéfinir entièrement pour l'occasion puisqu'il aura déjà été spécifié. Ce principe est représenté sur schema.org par la hiérarchie des formats proposés : une chose (*Thing*) peut être une œuvre (*CreativeWork*), de cinéma (*Movie*), à l'initiative d'un producteur (*Person*) faisant partie d'une compagnie (*Organization*) possédant une adresse postale (*Place*) géolocalisée (*GeoCoordinates*), etc. Les possibilités sont infinies !

Dans la vision Microdata de Google, une offre de vente sur un site de commerce ou d'enchères (format *Offer*) pourra comprendre à la fois une référence à un produit (format *Product*) et à un vendeur qui peut consister en une personne (format *Person*) ou une société (format *Organization*).

Imbrication de formats

```
<div itemscope itemtype="http://schema.org/Offer">
  <!-- Détails de l'offre -->
  <div itemprop="seller" itemscope itemtype="http://schema.org/Person">
    <!-- Détails du vendeur (de la personne) -->
  </div>
  <div itemprop="itemOffered" itemscope itemtype="http://schema.org/Product">
    <!-- Détails du produit -->
  </div>
</div>
```

Cette méthode permet la réutilisation des formats dans un arbre logique. La relation est maintenue avec l'attribut `itemprop` qui précise quelles propriétés (ici `seller` et `itemOffered`) sont liées à quels types (ici *Person* et *Product* au sein d'Offer).

itemprop

La clé est donnée par l'attribut `itemprop`. Cette clé ouvre la compréhension du contenu de l'élément défini par son microformat, puisqu'elle balise ses différentes propriétés. Il s'agit en quelque sorte du découpage final des champs, permettant leur extraction individuelle par une intelligence artificielle.

On peut assimiler `itemprop` à l'intitulé des colonnes de la base de données (pour une personne : prénom, nom, date de naissance, adresse, pays, etc.), et le contenu de l'élément HTML équipé de cet attribut aux valeurs des différentes cellules d'un enregistrement (Lucas, Müller, 4 octobre 1472, Weimar, Allemagne).

Application d'itemprop

```
<p itemscope itemtype="http://schema.org/Person">Mon nom est <span
itemprop="name">Rodolphe Rimelé</span>, mais l'on me connaît aussi parfois en
tant que <i itemprop="nickname">Dew</i>. Je tiens un blog personnel nommé <a
href="http://www.blup.fr" itemprop="url">Blup</a> à activité variable.<br>
Je vis à
<span itemprop="address">
  <span itemscope itemtype="http://schema.org/PostalAddress">
    <span itemprop="addressLocality">Strasbourg</span> en
    <span itemprop="addressCountry">France</span>
  </span>
</span>
et je suis <span itemprop="jobTitle">gérant</span>
d'<a href="http://www.alsacreations.fr/" itemprop="worksFor">Alsacréations</a>
aux côtés de <span itemprop="colleagues">Raphaël Goetter</span>.</p>
```

Toutes les propriétés possibles ne sont pas utilisées dans cet exemple, cependant il n'est pas nécessaire de les couvrir toutes afin que le microformat soit compréhensible. Bien sûr, cette application nécessite l'ajout de plusieurs balises `<span>`, car il s'agit d'un simple paragraphe balisé pour lequel aucun autre élément HTML ne peut être appliqué à meilleur escient, du moins pas sans conserver le côté neutre et la présentation initiale du texte.

Si l'une des propriétés relève d'un autre microformat, il suffit d'y appliquer une nouvelle fois les attributs `itemscope` et `itemtype` correctement renseignés.

Il est tout à fait autorisé d'utiliser deux propriétés possédant la même désignation – par exemple deux `itemprop="url"` – dans le même bloc formaté. Leur signification commune sera la désignation de deux possibilités de valeurs différentes. Inversement, un attribut `itemprop` peut comporter le nom de plusieurs propriétés séparées par des espaces si leur valeur est commune, afin d'éviter la duplication du contenu.

Les valeurs admissibles ne sont pas limitées au seul contenu texte. Une propriété peut posséder une valeur issue de l'attribut `href` des éléments `<a>`, `<link>`, `<area>` ou de l'attribut `src` des éléments `<img>`, `<audio>`, `<embed>`, `<iframe>`, `<source>`, `<track>`, `<video>`, voire de l'attribut data de <object>. Ce sont alors des ressources externes. S'il s'agit d'un élément temporel (dates, heures), l'attribut datetime de l'élément time peut être mis à contribution. S'il s'agit d'un élément <meta>, la valeur est celle de l'attribut content.

Le format *Licensing works* se prête bien à cette définition, car il peut faire intervenir un lien vers une ressource image (l'œuvre), et un lien vers un document décrivant la licence qui s'y applique.

Tableau 6–3 Propriétés du format Licensing works proposé par le WhatWG

itemprop	Description	Valeur	Occurrences
work	Identifie l'œuvre.	URL absolue	une seule
title	Titre de l'œuvre.	Texte	une seule
author	Nom ou informations de contact de l'un des auteurs/créateurs de l'œuvre	Texte ou format vCard	une ou plusieurs
license	Identifie l'une des licences sous laquelle l'œuvre est publiée.	URL absolue	une ou plusieurs

Exemple d'usage du format Licensing works

```
<figure itemscope itemtype="http://n.whatwg.org/work">
  <img itemprop="work" src="monoeuvre.jpg">
  <figcaption>
    <p><cite itemprop="title">Mon oeuvre originale</cite></p>
    <p><small>Publié sous licence <a itemprop="license"
   href="http://creativecommons.org/licenses/by-sa/3.0/deed.fr">
Creative Commons Paternité - Partage des Conditions Initiales à
l'Identique 3.0</a></small></p>
  </figcaption>
</figure>
```

Cette œuvre est balisée par trois propriétés. Son titre correspond à la propriété title qui adopte la valeur texte de l'élément <cite>. L'œuvre en elle-même est une image, donc la propriété work prend la valeur de l'attribut src. La référence à la licence est établie par la propriété license qui, étant placée sur un lien, prend la valeur de l'attribut href, et non de la valeur texte du lien.

Que faire lorsque la valeur à attribuer à une propriété n'est pas présente textuellement dans le document ? Pour ajouter une information « cachée », ne passez pas par un élément masqué en CSS ou par un <input type="hidden">, ce détournement pourrait vous coûter cher. Pensez à <meta> qui peut être tout à fait présent dans le <body>. C'est alors son attribut content qui recueillera la valeur donnée à itemprop.

Une propriété ajoutée grâce à <meta>

```
<div itemscope itemtype="http://schema.org/VideoObject">
  <meta itemprop="duration" content="PT1H37M30S" />
  <!-- Autres détails et vidéo -->
</div>
```

itemid

Un élément relié à un format par les attributs décrits précédemment peut facultativement être identifié de façon unique dans le vocabulaire par son attribut `itemid`. C'est un moyen de pouvoir établir un lien de manière formelle entre une base de données complète et un élément balisé.

Il peut être rapproché du numéro ISBN pour un livre ou du numéro de sécurité sociale pour un citoyen français, et n'a de signification que dans le contexte du type de vocabulaire donné.

Application d'itemid

```
<div itemscope itemtype="http://schema.org/Product"
  itemid="urn:isbn:978-2-212-12826-0">
  <h1 itemprop="name">CSS avancées</h1>
  <!-- Détails de l'ouvrage -->
</div>
```

Dans le cas présent, il s'agit d'une référence ISBN mentionnée dans une adresse URN *(Uniform Resource Name)*, spécifiée par la RFC 3187. Les URN et URL font partie de la famille des URI*(Uniform Resource Identifiers)*. Les premiers définissent une ressource indépendamment de son emplacement, tandis que les deuxièmes précisent une méthode d'accès complète, en général avec un protocole et un nom d'hôte.

itemref

Il n'est pas toujours possible d'enchaîner toutes les propriétés d'un élément devant être décrit par un format au sein d'un même bloc possédant l'attribut `itemscope`. Certaines informations peuvent être amenées à figurer à un autre endroit du document, ultérieurement dans le flux, en dehors du parent définissant le vocabulaire. C'est à ce moment que l'attribut `itemref` intervient en faisant référence à leurs identifiants uniques (c'est-à-dire en nommant leur(s) attribut(s) `id` séparés par des espaces s'il y a lieu).

Application d'itemref

```
<div itemscope itemtype="http://schema.org/Organization" itemref="infogeo">
  <p itemprop="name">Alsacréations</p>
  <p itemprop="description">Agence web exotique</p>
  <p itemprop="url">http://www.alsacreations.fr/</p>
  <!-- Autres détails sur la société -->
</div>
<!-- Suite du contenu sur la page... -->
<footer>
  <p id="infogeo" itemprop="address" itemscope
  itemtype="http://schema.org/PostalAddress">
    Nous sommes basés à
    <span itemprop="addressLocality">Strasbourg</span> en
    <span itemprop="addressRegion">Alsace</span>
   (<span itemprop="addressCountry">France</span>) <br>
   Tél : <span itemprop="telephone">13 37 13 37</span>
  </p>
</footer>
```

Cette souplesse autorise l'application de Microdata à des pages HTML existantes, sans devoir les restructurer spécifiquement à cet usage. Dans l'exemple précédent, les informations sur l'adresse sont placées dans le pied de page, et l'on ne souhaite pas les dupliquer. Le bloc d'informations est pourtant une dépendance de la première déclaration pour sa propriété `address`. Le lien est établi grâce à `itemref` qui porte la valeur de l'identifiant unique `id` de l'élément que l'on souhaite intégrer comme propriété du format *Organization*.

> **RESSOURCE Modèles pour Microdata**
>
> HTML 5 Microdata Templates
>
> ▸ http://microdata.freebaseapps.com/

API DOM Microdata

La spécification complète Microdata par une API DOM : celle-ci doit permettre l'extraction des éléments balisés par Microdata dans un document, ainsi que leurs propriétés et valeurs.

> **RESSOURCE API Microdata**
>
> Microdata API côté W3C
>
> ▸ http://www.w3.org/TR/microdata/#using-the-microdata-dom-api
>
> Microdata API en développement côté W3C
>
> ▸ http://dev.w3.org/html5/md/#using-the-microdata-dom-api
>
> Microdata API côté WhatWG
>
> ▸ http://www.whatwg.org/specs/web-apps/current-work/multipage/links.html#microdata-dom-api

La prise en charge native n'est pas universelle. Firefox a commencé à l'intégrer à partir de la version 16, et Opera à partir de la version 11.6. Vous pouvez vous tourner temporairement vers des alternatives en JavaScript, bien souvent rétrocompatibles jusqu'à Internet Explorer 6, ce qui nous fait retourner assez loin dans le temps pour ne pas s'en priver. Jusqu'à ce que tous les navigateurs implémentent l'API de façon native, ces librairies les épauleront via JavaScript. Ce n'est pas un frein à l'utilisation de Microdata, car son principal intérêt reste bien sûr l'analyse sémantique du contenu, principalement par les moteurs d'indexation qui ne sont pas dépendants des navigateurs.

Parmi les alternatives, *microdatajs* dispose à la fois d'une version construite sur une base de JavaScript pur et dur, et d'une version orientée pour jQuery. Elle jongle avec JSON, RDF autour de Microdata et d'autres formats vCard, vEvent, iCal.

Microformatshiv est en revanche destinée aux microformats initiaux (hCard, hCalendar, hResume, hReview, hAtom, XFN, adr, geo, tag) et produit une structure de données JavaScript appropriée pour tout format lisible sur la page.

RESSOURCE API Microdata

Librairie JavaScript pour Microdata
- http://gitorious.org/microdatajs

Analyse de la syntaxe en ligne (vers JSON, Turtle, vCard, iCal)
- Foolip.org/microdatajs/live

Librairie JavaScript pour Microformats
- http://microformatshiv.com/

Dans les exemples suivants, tous les tests ont été réalisés de façon pratique avec *microdatajs*, c'est-à-dire en incluant cette librairie, téléchargée depuis son site officiel, avec une application du format *Licensing works* du WhatWG.

```
<!DOCTYPE html>
<html lang="fr">
<head>
  <meta charset="utf-8">
  <title>Microdata API</title>
  <script src="microdata.js"></script>
</head>
<body>

<!-- Oeuvre balisée par Microdata -->
<figure itemscope itemtype="http://n.whatwg.org/work">
<img itemprop="work" src="monoeuvre.jpg">
<figcaption>
   <p><cite itemprop="title">Mon oeuvre originale</cite></p>
```

```
    <p><small>Publié sous licence <a itemprop="license"
    href="http://creativecommons.org/licenses/by-sa/3.0/
deed.fr">Creative Commons Paternité - Partage des Conditions Initiales à
l'Identique 3.0</a></small></p>
</figcaption>
</figure>
<!-- Fin de l'œuvre -->

</body>
</html>
```

document.getItems()

La méthode `document.getItems()` retourne les éléments balisés par Microdata, c'est-à-dire ceux équipés d'un attribut `itemscope`. Elle permet également de les filtrer par type si celui-ci (ou ceux-ci, séparés par des espaces) est précisé en argument.

Détection de l'API Microdata

```
if(!!document.getItems) {
  // L'API est disponible
} else {
  // Ce navigateur ne supporte pas l'API Microdata
}
```

La présence de l'API, ou d'une librairie JavaScript la remplaçant, est détectée par la présence de cette fonction, membre de l'objet global `document`.

Un appel à `getItems()` avec l'URL du type `http://n.whatwg.org/work` renvoie une liste des éléments HTML (de type `NodeList`) auxquels un microformat *Licensing works* a été appliqué.

Exemple d'usage de la méthode getItems

```
var oeuvres = document.getItems("http://n.whatwg.org/work");
```

Cette collection peut être parcourue de manière itérative. On connaît sa longueur grâce à sa propriété `length` qui est un des fondamentaux de JavaScript lorsqu'il s'agit de dénombrer les éléments d'un tableau ou d'une collection d'objets.

```
// Longueur de la collection d'éléments
oeuvres.length;
```

itemType, itemRef, itemId

Si la sélection est faite au sens large et que l'on souhaite déterminer le type des éléments obtenus, il est possible d'interroger leur propriété `itemType` qui reflète directement la valeur de l'attribut éponyme. Il en est de même pour `itemRef` et `itemId` s'ils sont présents.

Interrogation des propriétés des éléments obtenus

```
// Premier élément
oeuvres[0];

// Type du premier élément
oeuvres[0].itemType;
```

properties

L'intégralité des propriétés sont référencées dans l'interface `properties` (de type `HTMLPropertiesCollection`) pour chaque objet élément.

```
// Propriétés du premier élément
oeuvres[0].properties;
```

On peut procéder à une énumération de toutes ces propriétés, et obtenir la liste complète des clés utilisées en tant qu'`itemprop`.

```
// Noms des propriétés appliquées au premier élément
oeuvres[0].properties.names;
```

properties.namedItem()

La méthode `namedItem()` équipant la collection de propriétés renvoie une liste de propriétés (de type `PropertyNodeList`) répondant au nom souhaité. Attention, on obtient bien ici une liste qui peut comporter plusieurs éléments et non un élément unique, étant donné que le balisage Microdata peut comporter plusieurs propriétés `itemprop` dotées du même nom pour un seul `itemscope`.

```
// Liste des propriétés possédant pour clé "title"
oeuvres[0].properties.namedItem("title");

// Liste complète des valeurs
oeuvres[0].properties.namedItem("title").values;
```

itemValue

Afin de prendre connaissance des valeurs individuelles, il est possible de s'adresser là aussi itérativement à chacun des éléments retournés par la méthode `namedItem()`, et surtout d'exploiter la propriété `itemValue` pour en obtenir la valeur propre.

```
// Première occurrence
oeuvres[0].properties.namedItem("title")[0];

// Valeur de la première occurrence
oeuvres[0].properties.namedItem("title")[0].itemValue;

// ou... Valeur texte de la première occurrence
oeuvres[0].properties.namedItem("title")[0].textContent;
```

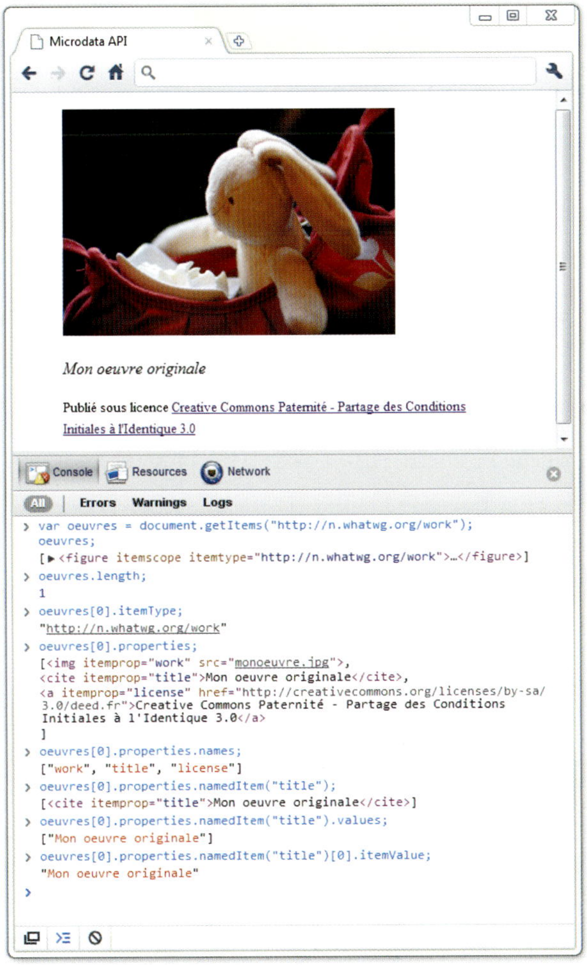

Figure 6–5
Résultat de l'exploration dans la console de Chrome

Le script suivant est destiné à afficher de manière sommaire en texte brut les propriétés et les valeurs des éléments obtenus avec l'API DOM Microdata.

Exemple complet de parcours des éléments avec Microdata

```
var microelements = document.getItems();

// Sortie
var debug = document.createElement('div');

// Boucle sur les éléments obtenus
for(i=0;i<microelements.length;i++) {
  debug.innerHTML += "<b>" + i + "</b> : " + microelements[i].itemType;

  // Boucle sur les propriétés détectées
  for(j=0;j<microelements[i].properties.names.length;j++) {
    var prop = microelements[i].properties.names[j];
    var items = microelements[i].properties.namedItem(prop);
    debug.innerHTML += "<br>" + microelements[i].properties.names[j]+" = ";

    // Propriété est indéfinie
    if(items.length==0) {
      debug.innerHTML += "indéfini";

    // Propriété unique
    } else if(items.length==1) {
      debug.innerHTML += items[0].itemValue;

    // Propriété multiple
    } else {
      for(k=0;k<items.length;k++) {
        debug.innerHTML += items[k].itemValue+" ";
      }
    }
  }
  debug.innerHTML += "<br><br>";
}
document.body.appendChild(debug);
```

Rich Snippets

Ainsi que l'autorise la spécification, la valeur d'`itemtype` peut consister en une adresse relative à un vocabulaire personnel ou caractéristique d'une société, à un algorithme d'indexation conçu sur mesure, ou à un format qui n'a encore jamais été défini.

Un moteur de recherche peut proposer ses propres vocabulaires à destination des sites souhaitant être indexés de manière optimale, non seulement dans l'index général, mais avec une personnalisation des résultats affichés. Un des bénéfices immédiats répondant à cette définition est l'utilisation des microformats reconnus par Google. Ils alimentent le robot d'indexation en données correctement structurées pour présenter des résultats de recherche pertinents et « enrichis ».

Figure 6–6
Rich Snippets sur Google

La documentation de Google comprend de nombreuses informations au sujet des formats exploitables pour le robot d'indexation.

> **RESSOURCE Google Rich Snippets**
>
> Principe général pour Microdata, microformats et RDFa
> ▸ http://www.google.com/support/webmasters/bin/topic.py?topic=21997
>
> Organisations et entreprises
> ▸ http://www.google.com/support/webmasters/bin/answer.py?hl=fr&answer=146861
>
> Personnes
> ▸ http://www.google.com/support/webmasters/bin/answer.py?hl=fr&answer=146646
>
> Événements
> ▸ http://www.google.com/support/webmasters/bin/answer.py?hl=fr&answer=164506
>
> Avis
> ▸ http://www.google.com/support/webmasters/bin/answer.py?hl=fr&answer=146645
>
> Notes associées aux avis
> ▸ http://www.google.com/support/webmasters/bin/answer.py?hl=fr&answer=172705

Recettes de cuisine

- http://www.google.com/support/webmasters/bin/answer.py?hl=fr&answer=173379

Produits (shopping)

- http://www.google.com/support/webmasters/bin/answer.py?hl=fr&answer=1095551

Fils d'Ariane

- http://www.google.com/support/webmasters/bin/answer.py?hl=fr&answer=185417

Offres

- http://www.google.com/support/webmasters/bin/answer.py?hl=fr&answer=146750

Outil de test des microformats embarqués dans une page

- http://www.google.com/webmasters/tools/richsnippets

Plus d'informations au sujet des Rich Snippets

- http://knol.google.com/k/google-rich-snippets-tips-and-tricks

L'intérêt majeur de Microdata est cependant de pouvoir baliser un document avec un vocabulaire compris par de multiples entités se mettant d'accord pour utiliser les mêmes conventions. C'est l'objet de schema.org qui a pour vocation de devenir une référence pour les principaux moteurs de recherche.

Audio et Vidéo

7

Et, malgré la guerre des codecs, le Web fut conquis par les vidéos de petits chats. Vidéos et sons purent être intégrés, et leur lecture contrôlée.

Figure 7–1 L'ancêtre de <audio>

Pour comprendre les tenants et aboutissants de la vidéo et de l'audio sur le Web, il faut se souvenir du passé tourmenté qu'ont traversé ces deux types de médias.

Durant de nombreuses années, le débit offert par les connexions classiques au réseau était trop limité pour que l'on puisse considérer la transmission des quantités de données requises pour des sons et radios de bonne qualité, encore plus pour les vidéos. Que ce soit à la demande pour la lecture d'un fichier précis ou en *streaming* pour la diffusion en continu, le goulot d'étranglement résidait avant tout dans la capacité des tuyaux, celle des serveurs devant répondre aux requêtes, et celle des ordinateurs détenus par les utilisateurs finaux.

Avec l'avènement des connexions haut débit, et la démocratisation de l'accès Internet pour tous, des millions d'usagers ont suscité de nouveaux besoins. Le partage initié par les réseaux *peer-to-peer* et le format de compression audio MP3 a redéfini Internet comme un moyen d'accéder à du contenu musical (avec les interrogations sur les droits d'auteur que l'on connaît).

Les sites d'information et de divertissement ont vu dans l'audio et la vidéo un moyen d'agrémenter leur contenu, d'améliorer leur attractivité et de proposer des services au monde entier sans limitation géographique de diffusion.

Or, le Web n'avait rien prévu pour ces médias. Ou quasiment rien. Les images disposaient de leurs formats de prédilection GIF et JPEG (puis PNG), qui ont toujours à peu près fait l'unanimité. Mais les questions afférentes aux formats de compression pour le son et les séquences vidéo et à leurs licences, ajoutées à la multiplicité des plates-formes et au fait que la norme HTML ne prévoyait pas l'emploi de tels éléments au sein des pages ont créé un flou autour des techniques à privilégier.

De nombreux codecs (procédés de compression-décompression) ont vu le jour. Ce fut la période de gloire de RealVideo (RealNetWorks), QuickTime (Apple) et d'autres solutions propriétaires qui nécessitaient toujours d'installer un plug-in pour le navigateur, avec parfois bien d'autres désagréments visibles sur le système après l'installation. Les balises `<embed>` et `<object>` pouvaient faire appel à des types de fichiers médias variés, mais sans garantie de résultat chez le visiteur du site tant que celui-ci n'avait pas installé le codec correspondant.

Les formats se sont succédés, la puissance et les algorithmes de compression se sont améliorés. Les usages se sont diversifiés, les radios se sont peu à peu orientées vers le MP3 pour diffuser des flux de meilleure qualité en Shoutcast/Icecast. Macromedia – absorbé depuis par Adobe – en a ajouté le support dans Flash 4 sorti en 1999.

Avec les parts de marché croissantes de ce plug-in léger et l'introduction de la vidéo dans les animations puis en *streaming* (avec différentes étapes et qualités entre 2002 et 2005), de grands sites de partage vidéo ont pu voir le jour. Notamment YouTube, Dailymotion et Vimeo à un mois d'intervalle début 2005. Des milliards de vidéos ont pu être visionnées quotidiennement grâce à ce moyen et Flash est devenu *de facto* une alternative crédible, mais toujours propriétaire. Adobe a profité de ce vide dans la spécification HTML. Apple l'a par contre boudé sur ses plates-formes mobiles jusqu'à présent.

Figure 7–2
Vimeo

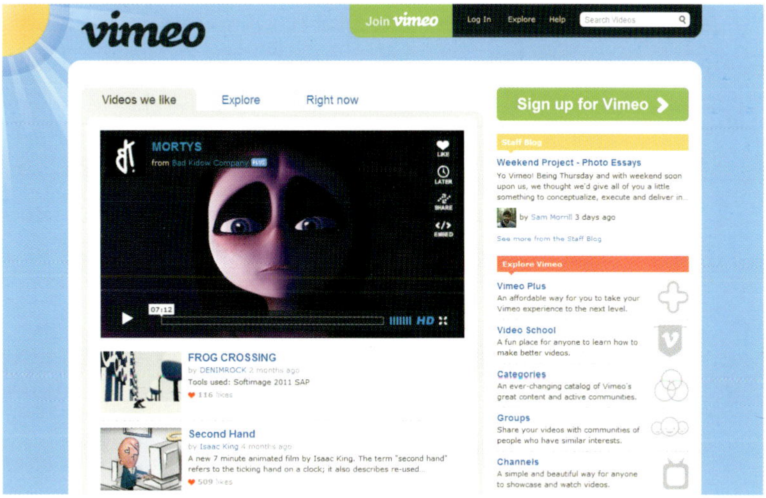

Après avoir révolutionné le marché de la musique et du disque, Internet a défié la télévision, les sites de *catch-up TV* (rattrapage) ont trouvé un modèle économique et la vidéo en haute définition a pu prendre son essor.

En soi, ces médias sont depuis bien longtemps manipulés par les ordinateurs pour être diffusés par d'autres moyens. Le Web n'avait tout simplement pas anticipé une telle déferlante. Depuis lors, le WhatWG et le W3C ont pu prendre en compte cette évolution pour proposer une réponse concrète : l'idée des éléments `<audio>` et `<video>` de HTML 5 est d'harmoniser tout cet univers et d'en simplifier grandement l'insertion dans les pages web avec une lecture native dans le navigateur, sans nécessiter de plug-in supplémentaire.

Et pourquoi pas aussi, créer de nouveaux usages interactifs ? Étant donné qu'il s'agit alors d'éléments au même titre que les autres, il est possible de leur affecter des effets de style en CSS et des transformations, ainsi que de les piloter avec les fonctions DOM et interagir avec leur contenu avec JavaScript.

Conteneurs, codecs, licences et support

Malheureusement, tout n'est pas si idyllique. Sur le papier, la spécification promet un usage relativement simple en regard de ce qui se fait pour les autres éléments pouvant composer un document HTML.

Dans la pratique, les éditeurs de navigateurs et les rédacteurs des groupes de travail n'ont pu se mettre d'accord sur la solution technique à préconiser en termes de format de fichier et de conteneur. La problématique actuelle réside surtout dans la multiplicité des solutions de décodage de la vidéo. Plusieurs philosophies s'affrontent, guidées par des impératifs économiques ou par la volonté d'user de technologies libres et ouvertes. HTML 5 ne définit – à l'heure actuelle – aucune norme précise à supporter au travers de la balise `<video>` ou `<audio>`.

Il convient de distinguer également le conteneur, de la norme et du format de compression :

- Un codec (combinaison en anglais de *co*de-*dec*ode) est un procédé de *co*mpression-*déc*ompression d'un signal numérique permettant de générer un flux respectant une norme. MPEG-4 AVC/H.264 est une norme décrivant un format de données, et x264 un codec répondant à cette norme.
- Un conteneur est une structure de fichier permettant de regrouper (entrelacer) des flux vidéo et audio, ayant chacun leur codec, ainsi que d'autres méta-informations telles que les sous-titres ou le chapitrage. Toutes les normes et tous les codecs existants ne peuvent être encapsulés dans chacun des conteneurs : ils ont des affinités, car ayant été la plupart du temps pensés ou développés les uns pour les autres. En général, une extension de fichier (.ogg, .avi, .webm) fait référence au conteneur et non au codec.

Figure 7–3
Conteneur vidéo

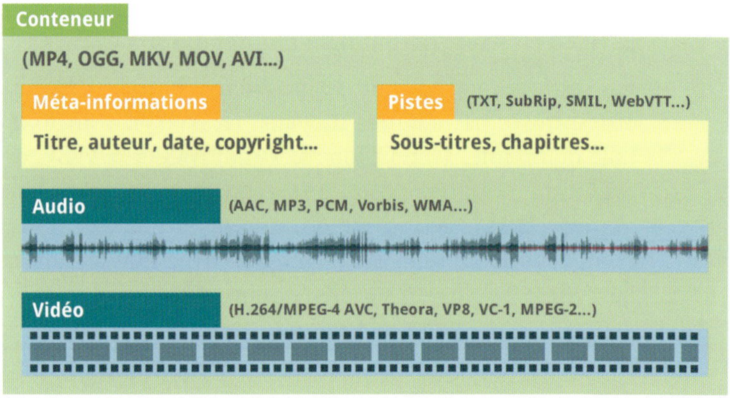

Les conteneurs sont par nature complexes, car ils doivent associer des données binaires de différentes envergures en conservant une cohérence pour une lecture directe ou en *streaming* (en intercalant des bouts d'audio et de vidéo à petits intervalles réguliers pour une réception progressive par le réseau). Par exemple, un conteneur MP4 est lui-même basé sur la technologie QuickTime qui encapsule jusqu'à 6 niveaux de « boîtes » pour la vidéo (données brutes, table d'information, en-têtes du média, piste, méta-informations générales), sans compter d'éventuelles restrictions ou DRM (*Digital Rights Management*).

Tableau 7–1 Quelques conteneurs populaires

Nom	Extension	Origine	Détails et affinités
Advanced Streaming Format	`.asf`	Microsoft	Conteneur pour WMA, WMV, MPEG4, etc.
Audio Video Interleave	`.avi`	Microsoft	Ancien format limité en fonctionnalités, conteneur historique pour de nombreux flux.
Flash Video	`.flv, .f4v`	Adobe	Conteneur dédié au plug-in Flash pour flux dérivé du H.264 ou VP6 (On2), PCM et MP3.
Matroska	`.mkv, .mka, .mks`	Matroska.org (format ouvert)	Conteneur pour de nombreux codecs tels que DivX, XviD, H.264, Theora, VP8, Vorbis, AAC, MP3, AC3, DTS, PCM, FLAC, et sous-titres SubRip, VobSub, etc.
MP4 ou MPEG-4 Part 14	`.mp4, .m4v`	ISO	Dérivé de QuickTime, conteneur pour H.264/ MPEG-4 AVC, AAC, etc.
MPEG PS/TS	`.mpg, .mpeg, .ps`	MPEG	Conteneur pour de nombreux formats MPEG.
Ogg	`.ogg, .oga, .ogv, .ogx`	Xiph.org (format ouvert)	Conteneur pour Theora, Vorbis et autres FLAC, Speex, etc.
QuickTime	`.mov`	Apple	Conteneur pour nombreux formats MPEG-1, MPEG-2, MPEG-4, H.263, H.264, AAC, 3GPP, etc.
VOB	`.vob`	DVD Forum	Pour les DVD (MPEG-2 et MPEG-1 Audio Layer II).
WebM	`.webm`	Google (format ouvert)	Conteneur pour VP8 et Ogg Vorbis dérivé de Matroska.

Les normes et codecs vidéo courants sont MPEG-1, MPEG-2, MPEG-4, H.264/ MPEG-4 AVC, DivX (dérivé de H.263 et H.264), Ogg Theora, VC-1, VP8, WebM, WMV (Windows Media Video par Microsoft), XviD, etc.

Les codecs audio courants sont MP3 (MPEG-1/2 Audio Level III), AAC, APE, FLAC, Ogg Vorbis, WMA (Windows Media Audio), RealAudio, AC-3, DTS, PCM (.wav).

Vidéo

En ce qui concerne la vidéo pour le Web, au moment de la rédaction de cet ouvrage existent trois leaders. Reportez-vous également au tableau de support en fin de chapitre.

Theora

Theora était pressenti pour figurer en bonne place dans la spécification HTML comme format vidéo de prédilection, mais a été retiré après de nombreux débats opposant les membres ayant des intérêts dans des formats concurrents.

On le retrouve majoritairement dans un conteneur Ogg. Il est issu directement du monde du libre, sans brevets, et défendu à l'origine par Mozilla puis implémenté par Opera et Google Chrome. Il est basé sur le codec libre de droits VP3 de On2 Technologies. Ogg Vorbis est son jumeau pour l'audio.

Figure 7–4
Logo de Theora

WebM

WebM est soutenu par Mozilla, Opera et surtout Google qui en est à l'origine.

Son conteneur est dérivé de Matroska et son codec vidéo de VP8, une autre réalisation de On2 qui a désormais été racheté par Google en 2010 avec l'intention de le libérer de ses brevets. Son utilisation est totalement gratuite, libre de tous droits, maintenant et dans le futur. L'audio est encodé en Ogg Vorbis. Aucun autre codec vidéo ou audio n'est supporté dans un but d'implémentation intégrale de ce format. Sa qualité est équivalente au H.264.

Le groupe de travail du WebM souhaite apporter son support aux navigateurs réfractaires ou anciens grâce à des extensions spécifiques. Adobe a annoncé son prochain support au sein de Flash.

Figure 7–5
Logo WebM

Google a publié dès la sortie de la version finale d'Internet Explorer 9 un plug-in lui apportant le support du format WebM.

> **RESSOURCE Plug-in WebM pour IE9 par Google**
>
> WebM Video pour Microsoft Internet Explorer 9
>
> ▸ http://tools.google.com/dlpage/webmmf
>
> Autres ressources et décodeurs WebM
>
> ▸ https://code.google.com/p/webm/

H.264

Aussi dénommé MPEG-4/AVC, le format H.264 est mis en avant par Apple pour Safari et ses plates-formes mobiles sous iOS. Internet Explorer l'implémente également depuis la version 9 et sa compréhension de la balise `<video>`.

Son avantage est de fournir une bonne qualité d'image, même à bas débit, par l'établissement de différents profils qui définissent chacun des paramètres pour la compression et décompression des flux (en termes de puissance, de résolution, de fonctionnalités, etc.). Il est relativement répandu dans les moyens de diffusion en haute définition et est lu par de nombreux mobiles et consoles avec décodage matériel (ce qui est un plus indéniable pour économiser de la batterie).

Son principal inconvénient est qu'il dépend directement d'un partenariat nommé *The Joint Video Team* et de groupes possédant des intérêts économiques, dont le consortium MPEG. Étant soumis à des brevets logiciels (pour le moins controversés en Europe), il oblige le paiement de droits d'exploitation pour les programmes qui le produisent ou le lisent. On le retrouve dans les disques Blu-Ray.

Figure 7–6
Logo H.264

Afin de contrer l'intérêt pour les codecs libres, le consortium MPEG a décidé d'accorder une gratuité d'usage de la licence jusqu'en 2015 pour les vidéos non payantes. Après cette date, rien n'empêche les ayants droit de réclamer de substantielles royalties. C'est pourquoi Mozilla et Opera n'ont pas souhaité le prendre en considération.

Cette vision a peu à peu évolué pour Mozilla qui ne souhaite pas rester à la traîne, notamment sur les mobiles, et qui propose, pour reconnaître le H.264+AAC+MP3, de le faire non pas via un codec embarqué dans le navigateur, mais via les couches du système d'exploitation si celui-ci est déjà équipé (par exemple GStreamer sous Linux ou Windows Media Foundation pour Vista et versions supérieures). Les premières approches ont été menées du côté d'Android 4 et les suivantes du côté des systèmes de bureau.

Google a implémenté également cette méthode dans Chrome, mais a annoncé aux alentours de la version 3 vouloir s'en défaire à moyen terme pour promouvoir WebM et empêcher la naissance d'un monopole. Cependant, de nombreuses autres versions se sont écoulées depuis, sans changement ni retrait. On présume que Google ne souhaite pas pénaliser ses utilisateurs ni risquer de perdre de précieuses parts de marché.

On estime qu'en 2013 plus de 85 % des vidéos disponibles sur Internet le seront en H.264.

Audio

En ce qui concerne l'audio pour le Web, au moment de la rédaction de cet ouvrage existent également trois leaders. Leur support est variable, dépendant de l'embarquement de codecs par les navigateurs, les plug-ins ou par le système d'exploitation.

MP3 (Mpeg-1 Audio Layer 3)

Il est inutile de présenter ce célèbre et controversé format de compression audio né en 1991 qui a provoqué l'essor de la musique numérique sur Internet. Malgré sa popularité, il faut savoir que ce format est toujours soumis à des brevets. Même s'il est lu par tous les lecteurs portables du marché et s'il existe des dizaines de programmes pour compresser l'audio en MP3, il reste dépendant de licences restrictives.

La plupart des conteneurs vidéo supportent un flux audio MP3 sur deux canaux. La norme définit la façon dont il est décodé, mais laisse libre choix sur les algorithmes d'encodage. Il existe donc plusieurs méthodes pour y parvenir avec des résultats variables. Ce dernier peut être encodé avec des paramètres de qualité affectant directement la bande passante nécessaire à sa transmission (de 32 à 320 kbps, stéréo ou mono, débit – *bitrate* – variable ou constant).

AAC (Advanced Audio Coding)

L'AAC est censé fournir une meilleure qualité que le MP3 à débit équivalent, avec la possibilité de contenir jusqu'à 48 canaux. Il a été choisi par Apple pour iTunes avec une gestion de DRM intégrée et comporte des profils dont le fonctionnement est équivalent à celui de H.264 pour la compression et la lecture.

C'est un format qui tombe également sous la coupe de brevets logiciels. En général, il est à l'aise dans un conteneur MP4, supporté par les produits Apple et Adobe Flash.

Vorbis

Petit frère Ogg, Vorbis est à l'audio ce que Theora est à la vidéo. Il est bien entendu libre de droits et dispose d'atouts techniques indéniables qui le placent au-dessus du MP3 avec par défaut une compression à débit variable.

On retrouve Vorbis dans d'autres conteneurs tels que WebM dont il est l'unique format audio, et MP4 ou Matroska.

Figure 7–7
Logo de Vorbis

vorbis.com

Le codec audio Opus

En septembre 2012, une initiative open source a poussé la standardisation par l'IETF (RFC6716) d'un nouveau codec audio nommé Opus (http://opus-codec.org/). De nombreux espoirs sont fondés sur ses capacités techniques, visant en priorité le Web : pouvoir fonctionner à un très bas débit, avec une grande réactivité, pour des débits très variables, autant pour la parole (idéal en WebRTC) que pour la musique. Ce codec peut être accueilli par un conteneur Ogg. Il sera disponible à partir de Firefox 15.

Parmi les outils de conversion (voir ci-après), MiroVideoConverter reste l'un des plus sympathiques à utiliser. Non seulement parce que son interface légère se limite quasiment au glisser-déposer d'un fichier, mais aussi parce que les préréglages de conversion par défaut embarquent déjà tout ce qu'il faut pour la conversion dans les trois formats en lice pour le Web (Ogg Theora, WebM, MP4), mais aussi pour cibler les mobiles sous iOS et Android.

Outils d'encodage et de conversion

Les outils d'encodage et de conversion pour la vidéo et l'audio sont légion. Ils supportent la plupart du temps de multiples formats et conteneurs, à partir de sources variées. Certains d'entre eux sont minimalistes et simples d'accès, d'autres très riches et équipés de fonctionnalités d'édition avancées. On peut distinguer les logiciels de montage complet qui disposent de fonctions d'export une fois la création terminée, et les outils de simple conversion d'un format à l'autre.

Handbrake (convertisseur multiplateforme licence GPL)
- http://handbrake.fr/

MiroVideoConverter (convertisseur multiformat licence Open Source)
- http://www.mirovideoconverter.com/

Ffmpeg (fameuse librairie de conversion Open Source)
- http://ffmpeg.org/

FFmpeg2Theora (librairie de conversion pour Ogg Theora)
- http://v2v.cc/~j/ffmpeg2theora/

Firefogg (extension Firefox)
- http://firefogg.org/

VLC (lecteur et encodeur multiplateforme Open Source)
- http://www.videolan.org/vlc/

The Lame Project (encodeur MP3 sous licence LGPL)
- http://lame.sourceforge.net/

OggConvert (encodeur OGG sous licence LGPL)
- http://oggconvert.tristanb.net/

Audacity
- http://audacity.sourceforge.net/

Figure 7–8
Capture d'écran de Miro Video Converter

Les balises media

Concrètement, `<audio>` et `<video>` en HTML se comportent globalement de la même façon et partagent beaucoup d'attributs. Leur seule différence réside dans leur apparence, induite par la nature du contenu : visible pour une vidéo et invisible pour de l'audio seul.

Leur usage est extrêmement simple, contrairement au choix du format, et ressemble fortement à celui des images. Dans le meilleur des cas, il suffit de préciser un attribut `src`.

Exemples de codes HTML variés

```
<!-- Une image -->
<img src="kangourou.jpg" alt="Une photo de kangourou">

<!-- Une vidéo -->
<video src="mes_vacances.webm"></video>
```

```
<!-- Un son -->
<audio src="anton_aus_tirol.mp3"></audio>
```

Tout code HTML classique inséré entre la balise ouvrante et la balise fermante sera affiché pour les navigateurs ne supportant pas ces éléments. Il est alors possible de fournir une alternative texte ou un lien de téléchargement direct pour préserver un minimum de fonctionnalités.

> **RESSOURCE Spécification HTML Audio et Video**
>
> Par le W3C
>
> - http://www.w3.org/TR/html5/video.html#audio
> - http://www.w3.org/TR/html5/video.html#video
>
> Par le WhatWG
>
> - http://www.whatwg.org/specs/web-apps/current-work/complete/video.html#audio
> - http://www.whatwg.org/specs/web-apps/current-work/complete/video.html#video
>
> Dénominations et types des conteneurs/formats vidéo
>
> - http://wiki.whatwg.org/wiki/Video_type_parameters

Puisque la spécification ne fournit pas de contrainte graphique sur l'interface de contrôle, les navigateurs sont libres de lui conférer l'apparence qui leur semble la plus appropriée. On retrouve ainsi plusieurs styles différents, mais globalement toujours la présence des mêmes éléments : bouton de lecture/pause, barre de progression, durée écoulée/restante, contrôle du volume.

Figure 7–9
Audio sous Google Chrome

Figure 7–10
Audio sous Internet Explorer

Figure 7–11
Audio sous Safari

Figure 7–12
Audio sous Opera

Figure 7–13
Audio sous Firefox

Il est bien sûr envisageable d'harmoniser ces apparences en développant tous les éléments graphiques depuis zéro, en HTML et CSS avec des images, voire avec SVG. D'ailleurs, la plupart des navigateurs se servent déjà de ces technologies pour créer les interfaces ci-dessus. Elles sont tout simplement cachées dans un sous-arbre DOM invisible pour le développeur web.

Certaines librairies JavaScript proposent des apparences personnalisées en complément à l'alternative Flash. L'API Media Elements offre des méthodes d'accès aux contrôles du média (lecture, pause) et à ses propriétés (par exemple son état « en lecture », ou sa durée).

<audio>

L'intégration d'un fichier audio avec la balise `<audio>` dans le document HTML est extrêmement simple, il suffit de préciser l'attribut `src` pour faire référence au fichier concerné.

Exemple minimaliste <audio>

```
<audio src="mamusique.oga">
    <a href="mamusique.oga">Télécharger le fichier son</a>
</audio>
```

Dans l'exemple ci-dessus, `mamusique.oga` est situé dans le même niveau d'arborescence que le document. Les subtilités autour de cet élément vont dépendre des attributs décrits ci-après.

L'élément `<audio>` ne possède pas d'attributs `width` (largeur), `height` (hauteur) et `poster`.

<video>

L'intégration d'un fichier vidéo avec `<video>` est aussi simple. L'attribut `src` fait toujours référence au fichier à lire dans la page.

Exemple minimaliste <video>

```
<video src="video.ogv" width="640" height="480">
    <a href="video.ogv">Télécharger la vidéo</a>
</video>
```

Étant donné qu'il s'agit d'un élément visuel, il est fortement conseillé de lui attribuer des dimensions, dans l'exemple ci-dessus grâce aux attributs `width` (largeur) et height (hauteur). Idéalement – si la disposition de la page et l'espace disponible le permettent – il est également conseillé de conserver la résolution native de la vidéo pour assurer une qualité optimale et éviter un redimensionnement ou un échantillonnage potentiellement disgracieux.

Figure 7–14
<video> dans Google Chrome

<source>

Ces deux nouveaux éléments média disposent, outre l'attribut src, d'un moyen alternatif pour indiquer des sources multiples grâce à <source>, éléments enfants de <video> et <audio>. À cela, deux avantages :

- Pouvoir proposer plusieurs formats de fichiers possédant chacun un attribut type différent, mentionnant le type MIME approprié et éventuellement les codecs utilisés (ce qui tombe à point nommé étant donné l'hétérogénéité des niveaux de support).
- Pouvoir proposer un format de fichier mieux adapté selon le type de périphérique de consultation, avec l'attribut éponyme media et une *media query* (voir l'annexe B en ligne sur les feuilles de style CSS), par exemple pour une plate-forme mobile.

Le navigateur décide alors d'utiliser la source qui lui semble la plus appropriée en fonction de ces critères. L'attribut src doit alors être omis sur la balise parent, car il obtient la priorité et oblige le navigateur à ignorer les sources alternatives indiquées.

Sources multiples <video>

```
<video>
  <source src="video.mp4" type="video/mp4">
  <source src="video.3gp" type="video/3gpp" media="handheld">
```

```
    <source src="video.ogv" type="video/ogg; codecs=theora, vorbis">
    <source src="video.webm" type="video/webm; codecs=vp8, vorbis">
    Ce navigateur ne supporte pas l'élément <code>video</code>
</video>
```

Dans le cas présent, quatre sources sont proposées :

- une vidéo à destination des mobiles (3GP avec media `handheld`) ;
- une vidéo Ogg Theora à destination des navigateurs supportant le type MIME`video/ogg` et équipés des codecs *theora* (vidéo) et *vorbis* (audio) ;
- une vidéo WebM à destination des navigateurs supportant le type MIME`video/webm` et équipés des codecs *vp8* (vidéo) et *vorbis* (audio) ;
- une vidéo MP4 pour les navigateurs connaissant ce format.

Sources multiples <audio>

```
<audio>
    <source src="mamusique.oga" type="audio/ogg">
    <source src="mamusique.mp3" type="audio/mpeg">
    <source src="mamusique.aac" type="audio/mp4">
    Ce navigateur ne supporte pas l'élément <code>audio</code>
</audio>
```

De même pour l'audio, via cet exemple qui propose deux fichiers compressés à l'aide de codecs différents.

Les sources multiples ont l'avantage de permettre de toucher un panel de visiteurs plus large, avec l'inconvénient de devoir concevoir et héberger en parallèle plusieurs types de fichiers différents.

<track>

En complément aux fichiers médias pouvant contenir du son et de la vidéo, l'élément `<track>`, également enfant de `<video>` et `<audio>`, vise à apporter le support de « pistes de texte synchronisées », autrement dit dans la plupart des situations, de sous-titres. Là aussi l'attribut `src` comporte l'adresse vers le fichier à exploiter. C'est un plus essentiel pour l'accessibilité, mais très peu de navigateurs ont interprété son contenu dès la venue de l'élément `<video>` pour l'exposer à l'affichage ou aux lecteurs d'écran. Firefox 6 a fait un premier pas pour le rendre disponible dans le DOM. Internet Explorer 10 reconnaît l'élément avec les formats WebVTT ou TTML. Safari 6 et Chrome reconnaissent WebVTT grâce au moteur commun WebKit, Opera 12 également.

Figure 7–15
Sélection de sous-titres sous IE

L'intérêt de <track> est multiple :

- fournir des sous-titres et légendes aux personnes malentendantes,
- fournir des audio-descriptions aux personnes malvoyantes,
- afficher des traductions aux personnes ne comprenant pas la langue parlée,
- afficher les paroles d'une chanson, par exemple pour un karaoké,
- donner la possibilité de naviguer par chapitres ou de rechercher « dans » la vidéo.

Sous-titres avec <track>

```
<track kind="captions" src="soustitres.vtt">
```

Le WhatWG recommande l'usage du format WebVTT, dérivé du précurseur WebSRT, lui-même inspiré par le basique SRT généré par bon nombre d'outils existants. Il permet :

- l'application de styles CSS grâce à la balise `<c>` et au pseudo-élément `::cue`,
- l'utilisation de balises (`<i>`, `<b>`, `<u>`),
- le positionnement (avec les étiquettes `T:` horizontal, `A:` alignement, `L:` vertical, `S:` taille du texte, `D:` direction),
- et l'intégration de caractères internationaux, notamment avec Ruby.

> **RESSOURCE Spécification format WebVTT**
>
> Du côté du W3C :
>
> - http://dev.w3.org/html5/webvtt/
> - http://www.w3.org/community/texttracks/
>
> Du côté du WhatWG :
>
> - http://www.whatwg.org/specs/web-apps/current-work/webvtt.html
>
> Un validateur WebVTT en JavaScript :
>
> - http://quuz.org/webvtt/

Exemple de fichier au format WebVTT

```
WEBVTT

1
00:00:10.000 --> 00:00:15.400
Papageno !

2
00:00:21.370 --> 00:00:28.130
Fais sonner tes clochettes.

3
00:00:21.370 --> 00:00:28.130 T:60% A:middle
<i>Klinget, Glöckchen, klinget !</i>
```

Attention, ces fichiers sont prévus pour être renvoyés par le serveur web avec un type MIME approprié suffixé de l'encodage des caractères `text/vtt;charset=utf-8`.

Attributs pour <track>

Le type de données ajoutées est précisé avec l'attribut `kind` qui peut prendre les valeurs suivantes :

Tableau 7–2 Valeurs possibles pour l'attribut kind

Valeurs	**Signification**	**Description**
`subtitles`	Sous-titres	Transcription ou traduction pertinente des dialogues lorsque le son est disponible mais non compris (par exemple lorsque l'utilisateur ne comprend pas le langage original). Affichée en surimpression par le navigateur.
`captions`	Légendes	Transcription ou traduction pertinente des dialogues, effets sonores et musicaux, et autres indices auditifs, pertinents lorsque la piste audio n'est pas disponible (désactivée ou parce que l'utilisateur est malentendant). Affichée en surimpression par le navigateur et signalée comme appropriée pour les déficiences auditives.
`descriptions`	Descriptions	Descriptions textuelles de la vidéo, destinées à la synthèse vocale comme piste audio séparée lorsque la composante visuelle n'est pas disponible (par exemple lorsque l'utilisateur navigue sans écran).
`chapters`	Chapitres	Titres de chapitres destinés à la navigation dans la ressource, affichés sous forme de liste par le navigateur.
`metadata`	Méta-informations	Données à destination du langage de script, non affichées par le navigateur.

L'attribut `srclang` précise la langue du sous-titre ou des informations délivrées.

L'attribut `label` permet de donner un titre lisible par l'utilisateur pour le choix de la piste texte à afficher.

L'attribut `default` active un élément `track` par défaut si l'utilisateur n'en a pas choisi d'autre.

Exemple complet avec plusieurs éléments <track>

```
<video src="video.webm" id="mavideo">
  <track kind="subtitles" src="video.fr.vtt" srclang="fr"
label="Français" default>
  <track kind="captions" src="video.fr.cap.vtt" srclang="fr"
label="Français pour malentendants">
  <track kind="subtitles" src="video.en.vtt" srclang="en"
label="English">
  <track kind="subtitles" src="video.de.vtt" srclang="de"
label="Deutsch">
  <track kind="descriptions" src="video.fr.desc.vtt" srclang="fr"
label="Description texte">
</video>
```

Une API JavaScript via `TextTrack` est prévue pour accéder aux contenus de l'élément `<track>`, et pour gérer des événements appropriés (par exemple `oncuechange`).

Exemple d'accès à <track> via JavaScript

```
var video = document.getElementById('mavideo'); // ID de l'élément
<video>
var track = video.textTracks[0];
track.mode = TextTrack.SHOWING; // HIDDEN, SHOWING ou DISABLE
track.oncuechange = function(e) {
  // ...
};
```

En attendant une implémentation parfaite, des projets tels que Captionator.js ou MediaElement.js ont vu le jour pour exploiter les formats WebVTT, SubRip SRT, VOBSub à travers un polyfill JavaScript.

> **RESSOURCES Usage de WebVTT**
>
> Tutoriel d'introduction à WebVTT et <track> par Opera :
>
> - http://dev.opera.com/articles/view/an-introduction-to-webvtt-and-track/
>
> Captionator.js et MediaElement.js
>
> - http://captionatorjs.com/
> - http://mediaelementjs.com/

Attributs pour <audio> et <video>

src

Comme indiqué précédemment, l'attribut `src` des éléments parents `<video>` ou `<audio>` fait référence à l'adresse du fichier média à télécharger et à interpréter.

width et height

Uniquement valables pour la vidéo, `width` et `height` donnent des dimensions en largeur et hauteur à la zone d'affichage.

controls

L'attribut `controls` est booléen. Il active (ou désactive) la présence par défaut des contrôles visuels à l'écran.

```
<video src="video.ogv" controls>
  <a href="video.ogv">Télécharger la vidéo</a>
</video>
```

poster

L'attribut `poster` est destiné à indiquer une image de substitution à afficher en lieu et place de la vidéo avant la lecture. Il n'existe pas pour la balise `<audio>`. Bien que certains formats vidéo tels que le MPEG-4 disposent déjà de fonctionnalités pour pré-afficher une image du contenu, cet attribut a le mérite d'uniformiser cette méthode pour l'ensemble des types de fichiers.

```
<video src="video.ogv" poster="poster.jpg" width="640" height="480">
  <a href="video.ogv">Télécharger la vidéo</a>
</video>
```

autoplay

Ainsi que son nom le laisse suggérer dans la langue de Shakespeare, `autoplay` déclenche la lecture automatiquement, aussitôt que le média est prêt.

```
<audio src="mamusique.mp3" autoplay="autoplay">
  <a href="mamusique.mp3">Télécharger le fichier son</a>
</audio>
```

preload

Il peut être intéressant de précharger le fichier média dès la consultation du document HTML. Cela incombe à l'attribut `preload` et permet de réduire l'attente lorsque l'utilisateur choisit de lancer la lecture, en anticipant son téléchargement.

```
<video src="video.ogv" preload="auto" width="640" height="480">
  <a href="video.ogv">Télécharger la vidéo</a>
</video>
```

Cependant, il faut veiller à ne pas utiliser excessivement cet attribut vorace en bande passante qui peut vite avoir des effets néfastes sur les performances avec une page comportant de multiples balises `<video>` ou lors d'une consultation en situation de mobilité (puissance limitée et bande passante réduite). D'ailleurs les navigateurs mobiles (Safari iOS entre autres) peuvent très bien l'ignorer volontairement.

Les valeurs possibles sont :

- `auto` : charge la totalité du média ;
- `metadata` : charge uniquement les méta-informations ;
- `none` : ne précharge rien.

Cet attribut est ignoré si `autoplay` est présent, car il n'a alors plus aucune utilité. Si l'attribut `poster` est absent, la plupart des navigateurs préchargeront le début de la vidéo pour pouvoir afficher un aperçu, ce qui peut s'avérer également consommateur en bande passante.

loop

Si l'attribut `loop` est présent, le média sera lu indéfiniment en boucle.

```
<audio src="mamusique.mp3" loop="loop">
  <a href="mamusique.mp3">Télécharger le fichier son</a>
</audio>
```

mediagroup

La chaîne de texte contenue par `mediagroup` peut être exploitée par le navigateur pour « regrouper » plusieurs médias et les synchroniser. Un cas pratique serait la lecture simultanée d'une vidéo contenant l'interprétation en langue des signes pour une meilleure accessibilité.

```
<video src="mavideo.mp4" mediagroup="groupe1" controls></video>
<video src="signes.mp4" mediagroup="groupe1"></video>
```

Interface de contrôle et événements

L'intérêt majeur de `<video>` et `<audio>` réside dans leur capacité à être contrôlés via le DOM et JavaScript. Ils implémentent tous les deux l'interface HTML *Media Element* qui leur confère la gestion des événements, des propriétés accessibles en modification ou en lecture seule *(readonly)*.

Tableau 7–3 Interface HTML Media Element (vue simplifiée)

Propriété ou méthode	Type	Description
`src`	DOMString	Adresse du média (valeur de l'attribut `src`).
`currentSrc`	DOMString (readonly)	Adresse courante de la ressource sélectionnée, notamment lorsqu'il y a plusieurs sources.
`currentTime`	double	Position courante de la lecture (en secondes).
`initialTime`	double (readonly)	Position initiale (en secondes).
`duration`	double (readonly)	Durée totale (en secondes).
`defaultPlaybackRate`	double	Vitesse de lecture par défaut.
`playbackRate`	double	Vitesse de lecture courante (`1.0` étant la vitesse normale).
`played`	TimeRanges	Intervalles de la ressource ayant été joués.
`seekable`	TimeRanges	Intervalles de la ressource dans lesquels il est possible de naviguer.
`seeking`	boolean (readonly)	Retourne `true` si le navigateur est en train de naviguer dans la ressource.
`paused`	boolean	Retourne `true` si la lecture est en pause.
`ended`	boolean (readonly)	Retourne `true` si la lecture a atteint la fin de la ressource.
`buffered`	TimeRanges (readonly)	Intervalles de la ressource mis en cache.
`error`	MediaError	Événement erreur s'il y a lieu.
`error.code`	unsigned short (readonly)	Gestion des erreurs (voir ci-après), avec les valeurs : `MEDIA_ERR_ABORTED` (1) La récupération de la ressource a été annulée par le navigateur à la demande de l'utilisateur. `MEDIA_ERR_NETWORK` (2) Erreur du réseau provoquant l'indisponibilité de la ressource. `MEDIA_ERR_DECODE` (3) Erreur de décodage de la ressource. `MEDIA_ERR_SRC_NOT_SUPPORTED` (4) La ressource indiquée par l'attribut `src` n'est pas supportée.

Tableau 7–3 Interface HTML Media Element (vue simplifiée) (suite)

Propriété ou méthode	Type	Description
`networkState`	unsigned short (readonly)	Activité du réseau, avec les valeurs : `NETWORK_EMPTY` (0) Non initialisé. `NETWORK_IDLE` (1) Une ressource a été choisie mais le réseau n'est pas encore utilisé. `NETWORK_LOADING` (2) Le navigateur télécharge les données. `NETWORK_NO_SOURCE` (3) L'algorithme de sélection n'a pas trouvé de ressource à utiliser.
`readyState`		État courant de l'élément concernant la lecture, possédant les valeurs : `HAVE_NOTHING` (0) Aucune information. `HAVE_METADATA` (1) Méta-informations disponibles (notamment dimensions de la vidéo et pistes de texte prêtes). `HAVE_CURRENT_DATA` (2) Données immédiates disponibles (notamment position) mais pas assez pour progresser dans le sens de la lecture. `HAVE_FUTURE_DATA` (3) Données immédiates et futures disponibles pour avancer dans le sens de la lecture. `HAVE_ENOUGH_DATA` (4) Assez de données immédiates et futures reçues avec un rythme de réception moyen suffisant pour procéder à la lecture sans revenir dans un état intermédiaire.
`volume`	double	Volume audio (minimum : `0`, maximum : `1.0`).
`muted`	boolean	Mode silencieux activé (`true`).
`controls`	boolean	Valeur de l'attribut `controls.`
`autoplay`	boolean	Valeur de l'attribut `autoplay.`
`preload`	DOMString	Valeur de l'attribut `preload.`
`loop`	boolean	Valeur de l'attribut `loop.`
`play()`	void	Lance la lecture.
`pause()`	void	Met en pause la lecture.
`load()`	void	Réinitialise l'élément et l'algorithme de sélection de ressource depuis zéro.
`canPlayType()`	DOMString	Détection des capacités de lecture (voir ci-après).

Contrôler la lecture

Les deux méthodes `play()` et `pause()` sont évidentes. Il n'existe pas de méthode `stop()`, mais il suffit d'appeler `pause()` et de modifier la propriété `currentTime` à une valeur nulle pour revenir au début.

Exemple de contrôle de la vidéo en JavaScript

```
<video src="video.ogv" id="mavideo">
<a href="video.ogv">Télécharger la vidéo</a>
</video>
<script>
  var vid1 = document.getElementById("mavideo");
</script>
<p>
<button type="button" onclick="vid1.play();">Play</button>
<button type="button" onclick="vid1.pause();">Pause</button>
<button type="button" onclick="vid1.pause();vid1.currentTime=0;">Stop
</button>
</p>
```

Dans cet exemple et pour des raisons de simplicité, les appels à l'API de la vidéo sont effectués directement dans les attributs HTML. Dans un monde idéal, sans guerres et sans skyblogs, il serait préférable de les placer dans des blocs `<script>` indépendants du contenu pour plus de lisibilité. L'essentiel reste de récupérer l'objet relatif à la balise `<video>`, puis d'appliquer les méthodes de contrôle dont il est équipé.

Le premier intérêt de ces méthodes est de concevoir une interface graphique de contrôle personnalisée pour remplacer celle proposée par défaut, à l'aide d'images, de liens, ou d'autres éléments stylés avec CSS.

Surveiller les événements

Un lecteur multimédia est susceptible de se trouver dans une grande variété d'états. Ses propriétés (`readyState`, `networkState`, `paused`, `seeking`...) renseignent sur ces états, mais l'idéal est de savoir à quel moment exact ceux-ci changent, plutôt que de les interroger chacun régulièrement.

Les balises `<audio>` et `<video>` sont supposées déclencher des événements lorsqu'un changement d'état intervient. Par exemple au début de la lecture (`onplay`), à la pause (`onpause`), à la progression du téléchargement (`onprogress`), à la fin de la lecture (`onended`), ou même quand le volume est changé (`onvolumechange`) voire la durée (`ondurationchange`).

> Néanmoins, un avertissement ne devrait plus vous étonner : tous les navigateurs ne déclenchent pas ces événements de façon égale. Il est tout à fait possible qu'ils soient ignorés, tandis que la balise média ou que le contrôle soit tout de même possible avec JavaScript. Il existe même des événements présents dans l'un ou l'autre moteur, voire dans un moteur, mais pas dans la spécification et inversement. Ô joie.

La gestion parfaite des événements DOM est un long sujet, ce chapitre va se limiter à trois exemples minimalistes.

Gestion de quelques événements de lecture (version avec propriétés)

```
<video src="mavideo.webm" id="mavideo" controls></video>

<script>
var vid1 = document.getElementById("mavideo");
vid1.onended = function() {
  alert('Fin de la lecture.');
};
vid1.onpause = function() {
  alert('Pause...');
};
vid1.onplay = function() {
  alert('Lecture !');
};
</script>
```

Avec cette première méthode, l'on associe des fonctions JavaScript aux événements principaux pour afficher une alerte texte. *Note : elle ne fonctionne pas sur Google Chrome 13.*

Gestion de quelques événements de lecture (version avec attributs)

```
<video src="mavideo.webm" id="mavideo" controls onplay="alert('On y va
!');" onended="fin(this);"></video>

<script>
function fin(obj) {
  obj.style.display="none";
}
</script>
```

Cette deuxième méthode exploite des attributs portant le nom des événements. Sur l'événement lecture (`onplay`), la fonction d'alerte est directement indiquée dans la valeur de l'attribut. Ce n'est pas très propre et il faut éviter cette syntaxe lorsque les pages sont déjà bien complexes. Sur l'événement de fin de lecture (`onended`), la fonction JavaScript à appeler est précisée avec en argument le mot-clé `this`, faisant référence à l'objet appelant (la vidéo). Dans la fonction `fin()` déportée à l'intérieur de la balise `<script>`, le paramètre `obj` prend donc la valeur de `this`, ce qui permet de masquer la vidéo à la fin de la lecture – cela bien sûr à des fins de démonstration, ne déroutez pas vos visiteurs avec cet artifice.

Reportez-vous au tableau des attributs événements HTML pour prendre connaissance des attributs applicables sur les éléments « Médias ».

Gestion de quelques événements de lecture (version avec addEventListener)

```
<video src="mavideo.webm" id="mavideo" controls></video>

<script>
var vid1 = document.getElementById('mavideo');
vid1.addEventListener("play", function() {
  alert("C'est parti !");
},true);
vid1.addEventListener("ended", function() {
  alert("C'est déjà la fin...");
},true);
vid1.addEventListener("pause", function() {
  alert("En pause.");
},true);
</script>
```

Cette troisième possibilité fait appel à la méthode standardisée `addEventListener()` qui associe un événement à une fonction, dans les règles de l'art. Elle a le mérite de séparer le contenu de la gestion des événements, mais n'existe pas pour les versions antérieures à Internet Explorer 9 qui font appel à `attachEvent()`.

Reportez-vous à la section consacrée à la gestion des événements DOM au chapitre 20 pour plus de précisions.

RESSOURCE Mieux connaître les événements Media

HTML5 Media Event Inspector

▸ http://jplayer.org/HTML5.Media.Event.Inspector/

Créer une interface graphique personnalisée

Avoir la faculté de contrôler la lecture et d'espionner les événements suffit pour mettre en place une apparence graphique sur mesure, en remplacement de celle proposée par défaut par le navigateur. Cette approche suppose cependant de rester très prudent quant à l'accessibilité des contrôles. Ceux-ci doivent rester facilement utilisables et compris par les synthèses vocales. Il faut donc bien souvent reproduire le travail déjà mené par les développeurs du navigateur qui ont pris toutes les dispositions nécessaires pour gérer la navigation au clavier, la compréhension des commandes par une synthèse vocale, et le pilotage complet des événements.

En JavaScript, il est possible de créer dynamiquement un objet audio grâce à l'API HTML 5 puis de le contrôler à l'aide des méthodes exposées précédemment.

```
var audio = new Audio("fichier.mp3");
audio.play();
```

Néanmoins, ce procédé n'insère (par défaut) pas ce contenu dans le DOM et nécessite quelques pirouettes pour spécifier plusieurs sources ou le rendre accessible. Nous allons nous concentrer sur une balise `<audio>` classique à laquelle sera offert un lifting, l'équivalent pouvant être produit pour un lecteur vidéo auquel on superposerait un élément `<canvas>`.

Code source du lecteur audio

```
<!doctype html>
<html lang="fr">
<head>
<title>HTML5 : Audio</title>
<meta charset="utf-8">
<link rel="stylesheet" href="audio-player.css" type="text/css">
</head>
<body>

<audio id="monaudio" controls>
  <source src="space.mp3" type="audio/mp3">
  <source src="space.ogg" type="audio/ogg">
  <source src="space.wav" type="audio/wav">
</audio>

<div id="player">
  <input type="button" value="Lecture" class="play">
  <input type="button" value="Pause" class="pause">
  <span class="info">0:00</span>
  <span class="track"><span></span></span>
  <input type="button" value="Volume" class="audible">
  <input type="button" value="Muet" class="muted">
</div>
<script>
var audio = document.getElementById("monaudio");
audio.removeAttribute("controls"); ❶
audio.style.display='none'; // Pour Chrome

var player = document.getElementById("player"); ❷
player.style.display='block';

var info = player.getElementsByClassName("info")[0];
var track = player.getElementsByClassName("track")[0];
var seeker = track.childNodes[0];
```

```
player.getElementsByClassName("play")[0].onclick = function() {
  audio.play();
}; ❸

player.getElementsByClassName("pause")[0].onclick = function() {
  audio.pause();
}; ❸

player.getElementsByClassName("audible")[0].onclick = function() {
  audio.volume = 0;
  this.style.display='none';
  player.getElementsByClassName("muted")[0].style.display='block';
}; ❸

player.getElementsByClassName("muted")[0].onclick = function() {
  audio.volume = 1;
  this.style.display='none';
  player.getElementsByClassName("audible")[0].style.display='block';
}; ❸

audio.addEventListener('timeupdate', function(){
  var total = audio.duration;
  var position = audio.currentTime;
  var progression = (position/total)*100;
  var min = parseInt(position/60);
  var sec = parseInt(position-(min*60));
  seeker.style.width=parseFloat(progression)+'%';
  if(sec<10) sec = '0'+sec;
  info.innerHTML = min+':'+sec;
}, false); ❹

audio.addEventListener('ended', function() {
  info.innerHTML = '0:00';
  seeker.style.width=0;
}, false); ❺

track.addEventListener('click',function(event) {
  var pos = event.offsetX/event.target.clientWidth;
  audio.currentTime = pos*100/audio.duration;
}); ❻
</script>

</body>
</html>
```

Dans la phase d'initialisation, les contrôles par défaut son masqués en retirant l'attribut `controls` pour remplacer totalement l'interface `<audio>`. Un visiteur ayant désactivé JavaScript ne sera pas pénalisé, les contrôles resteront bien en place. L'interface personnalisée est contenue dans un `<div>` et constituée de plusieurs `<input type="button">` pour les contrôles et de `<span>` pour l'indicateur de progression. ❶

Dans un deuxième temps, la zone contenant les éléments de remplacement est affichée, et quelques variables sont utilisées pour stocker les références aux objets HTML manipulés. ❷

Dans un troisième temps, des actions sont associées aux boutons de lecture, pause et de contrôle du volume. Celui-ci se limite dans le cadre de cette démonstration à passer de 0 à 1, c'est-à-dire d'un silence total à un volume complet. ❸

Vient ensuite la gestion de la progression lors de la lecture. Pour chaque événement `timeupdate` généré par le navigateur, quelques calculs sont effectués pour déterminer la position courante par rapport à la durée totale. Les valeurs sont ensuite affichées dans la zone d'information en minutes:secondes, et le pourcentage affecté à la largeur de la barre de progression. ❹

Lorsque l'événement `ended` se produit, la largeur de cette barre est ramenée à 0 et la durée affichée à « 0:00 ». ❺

Enfin, au clic sur la zone de progression, quelques opérations en JavaScript calculent la position du clic par rapport à la largeur de cette zone et affectent cette valeur à `currentTime`, après l'avoir traduite en secondes, pour se déplacer dans la piste audio. ❻

L'ensemble de la présentation est confié à la feuille de style CSS et des images spécifiques.

Figure 7–16 Plusieurs images composeront l'interface

Feuille de style associée

```
#player {
  width:140;
  height:30px;
}

#player .play, #player .pause, #player .vol, #player .audible, #player
.muted {
  border:0;
  color: transparent;
  float:left;
}
```

```
#player .play {
  width:29px;
  height:30px;
  background:url(play.png) no-repeat;
}

#player .play:hover {
  background-image:url(play-hover.png);
  cursor:pointer;
}

#player .pause {
  width:28px;
  height:30px;
  background:url(pause.png) no-repeat;
}

#player .pause:hover {
  background-image:url(pause-hover.png);
  cursor:pointer;
}

#player .info, #player .track {
  width:50px;
  height:30px;
  background:url(info.png) repeat-x;
  display:inline-block;
  float:left;
  color:white;
  line-height:30px;
  font-weight:bold;
  font-family:sans-serif;
  text-align:center;
  font-size:15px;
}

#player .track {
  width:100px;
  background-repeat:repeat-x;
}

#player .track span {
  background:url(track.png) repeat-x;
  width:0;
  display:block;
  height:100%;
}
```

```
#player .audible {
  width:34px;
  height:30px;
  background:url(audible.png) no-repeat;
}

#player .audible:hover {
  background-image:url(audible-hover.png);
  cursor:pointer;
}

#player .muted {
  width:34px;
  height:30px;
  background:url(muted.png) no-repeat;
  display:none;
}

#player .muted:hover {
  background-image:url(muted-hover.png);
  cursor:pointer;
}
```

Figure 7–17
Lecteur en état arrêté

Il s'agit de conférer les arrière-plans appropriés aux boutons ainsi que les effets de survol. La représentation graphique de la progression dépend d'un élément `<span>` dont la largeur varie de 0 à 100 % dans son conteneur.

Figure 7–18
Lecteur en lecture avec survol du bouton

Faisons quelques remarques.

- Il est tout à fait envisageable de mettre à profit une librairie telle que jQuery pour simplifier l'écriture du code JavaScript et pour y apporter des améliorations visuelles.
- L'API Selectors serait aussi un bon choix pour simplifier l'écriture des sélecteurs DOM. J'ai volontairement utilisé des classes pour désigner les éléments plutôt que des `id`, afin de pouvoir placer plusieurs lecteurs sur une même page HTML.
- Un contrôle du volume pourrait être implémenté grâce à `<input type="range">`.
- Il existe de multiples façons de baliser un tel lecteur. Celle-ci fait le choix de la simplicité. L'ensemble est transposable à la vidéo.
- Dans un monde parfait, ARIA doit être appliqué pour prendre en compte l'accessibilité. Reportez-vous à l'annexe en ligne correspondante et expérimentez ! Les

attributs `aria-live`, `aria-valuenow`, `aria-orientation`, `aria-controls`, `aria-label` et bien d'autres sont là pour être utilisés.
- Afin d'apporter un support sur les anciens navigateurs, un lecteur Flash pilotable par JavaScript serait adéquat pour lire la piste MP3.
- J'ai cédé à la facilité d'utiliser des noms d'éléments, de classes et de fichiers en anglais, *mea culpa*.

Détecter les erreurs de lecture

L'événement `error` peut s'avérer diablement utile pour détecter les erreurs survenant avant et pendant la lecture. Il génère un objet événement dont le membre `target` fait référence à l'élément HTML ayant suscité une erreur. Ce membre est lui-même complété par une propriété `error.code` qui contient une valeur numérique correspondant à des constantes prédéfinies.

Détection des erreurs du média

```
<video src="video.erreur" id="mavideo" width="450" height="256"
autoplay></video>

<script>
document.getElementById("mavideo").onerror = function(event) {
  switch(event.target.error.code) {
    case event.target.error.MEDIA_ERR_ABORTED:
      alert('La lecture du média a été annulée.');
    break;
    case event.target.error.MEDIA_ERR_NETWORK:
      alert('Une erreur ou une indisponibilité réseau n\'a pas permis le
bon déroulement du téléchargement.');
    break;
    case event.target.error.MEDIA_ERR_DECODE:
      alert('La lecture a été annulée suite à une erreur de corruption
du fichier, ou parce que le média utilise des fonctionnalités que ce
navigateur ne peut supporter.');
    break;
    case event.target.error.MEDIA_ERR_SRC_NOT_SUPPORTED:
      alert('Le fichier ne peut être chargé, soit parce que le serveur
distant ou le réseau sont indisponibles, soit parce que le format n\'est
pas supporté.');
    break;
    default:
      alert('Erreur inconnue.');
    break;
  }
};
</script>
```

Ici, l'erreur MEDIA_ERR_SRC_NOT_SUPPORTED est volontairement déclenchée en indiquant l'adresse d'un fichier inexistant. Le même principe est applicable pour readyState et networkState, sur le déclenchement d'un événement particulier, ou bien grâce à une surveillance en continu.

Détection du support avec canPlayType()

Les niveaux de support par les navigateurs sont multiples. Dans le cas des anciens navigateurs qui n'ont aucune affinité avec HTML 5, la décision est plus simple : seul le contenu alternatif sera affiché. Si les récents reconnaissent bien les nouvelles balises <audio> et <video>, rien ne garantit qu'ils puissent décoder le format de fichier ou même avoir la puissance de l'analyser si le débit du flux est trop élevé.

La première possibilité de détection consiste à surveiller si un événement error est déclenché, et éventuellement à prendre en compte le type d'erreur (voir la section précédente).

La deuxième possibilité consiste à anticiper avec un appel à la méthode canPlayType(). Cette fonction accepte en argument un type MIME, éventuellement précisé par des codecs, et retourne au choix :

- une chaîne vide : le conteneur vidéo ou son format de compression n'est pas supporté ;
- maybe : le conteneur est *peut-être* supporté, mais on ne s'avance pas sur les codecs ;
- probably : le conteneur et les codecs sont *probablement* supportés.

Comme on peut le constater, il s'agit de réponses un peu indécises. Le navigateur ne prend aucun engagement. Ceux qui me fréquentent au travail savent que je réponds fréquemment « ça dépend » à bon nombre de questions et que je peux comprendre une telle précaution. Les éventualités sont si nombreuses qu'il n'est pas possible d'envisager un retour tel que « *Yes we can* ».

Tableau 7–4 Quelques réponses pour la vidéo

Navigateur	video/webm	video/ogg	video/ogg; codecs= "theora, vorbis"	video/mp4	video/mp4; codecs= "avc1.42E01E, mp4a.40.2"
Mozilla Firefox 6	probably	maybe	probably		
Opera 11.5	maybe	maybe	probably		
Internet Explorer 9				maybe	probably
Google Chrome 13	maybe	maybe	probably	maybe*	probably*

Comme on peut le constater, en précisant les codecs utilisés les réponses sont un peu moins frileuses et osent un « *probably* ».

Tableau 7–5 Quelques réponses pour l'audio

Navigateur	audio/mp3	audio/mp4	audio/wav	audio/ogg	
Mozilla Firefox 6			maybe	maybe	
Opera 11.5			maybe	maybe	
Internet Explorer 9	maybe	maybe			
Google Chrome 13	maybe	maybe	maybe	maybe	

PRISE EN CHARGE PAR LES NAVIGATEURS

Pour des valeurs mises à jour, reportez-vous au site d'accompagnement de l'ouvrage.

Solution de repli avec Flash et Java

Cette détection permet d'écrire une solution de repli *(fallback)* pour un navigateur qui serait particulièrement récalcitrant à toutes ces nouveautés, et de prévoir des alternatives :

- en Flash avec JWPlayer, car le plug-in décode nativement MPEG-4/H.264/AAC ;
- en Java avec l'applet Cortado qui décode Ogg Theora (pour les cas les plus rares).

Avec la démonstration suivante, le lecteur vidéo est volontairement restreint au format MP4.

Alternative pour <video> en Flash avec lecture MP4

```
<!doctype html>
<html lang="fr">
<head>
<title>HTML5 : Video Fallback en Flash</title>
<meta charset="utf-8">
</head>
<body>

<h1>Video</h1>
<video id="mavideo" width="720" height="406" poster="bunny.jpg"
controls preload="none">
  <source src="bunny.mp4" type="video/mp4">
  <object data="jwplayer.swf" width="720" height="406"><param
name="flashvars" value="file=bunny.mp4"></object> ❶
</video>

<script>

// Cette fonction supprime tous les nodes <source>
// et le parent <video> lui-même pour ne conserver
// que le contenu alternatif
```

```
function fallback(element_video) { ❹
  video = document.getElementById(element_video);
  while(video.firstChild) {
    if(video.firstChild instanceof HTMLSourceElement) {
      video.removeChild(video.firstChild);
    } else {
      video.parentNode.insertBefore(video.firstChild, video);
    }
  }
  video.parentNode.removeChild(video);
}

var elvideo = document.createElement('video');
if(!!elvideo.canPlayType) { ❷
  // HTML5 Video semble accepté
  if(!elvideo.canPlayType('video/mp4')) { ❸
    // Pas de support natif video/mp4 :repli Flash
    fallback('mavideo');
  }
} else {
  fallback('mavideo');
}

</script>

</body>
</html>
```

La balise `<video>` contient un contenu alternatif, une balise `<object>` ❶ qui fait référence à un fichier Flash : le lecteur de vidéo JWPlayer. Si le navigateur ne reconnaît pas la vidéo en HTML 5 ❷ ou signifie qu'il n'est sûrement pas capable de décoder un type MIME video/mp4 ❸, alors il est fait appel à la fonction `fallback()` ❹ qui retire dynamiquement les éléments HTML superflus (`<video>` et `<source>`) pour ne laisser que le lecteur en Flash `<object>` ❶. Ce dernier peut tout de même exploiter le même fichier MP4 que la `<source>` originale, il n'est juste pas fait appel directement au décodage natif du navigateur, car celui-ci est absent.

De la même façon, un objet peut être créé pour instancier une applet Java avec Cortado et lire un fichier Ogg Theora.

```
<object type="application/x-java-applet" width="720" height="406">
  <param name="archive" value="http://theora.org/cortado.jar">
  <param name="code" value="com.fluendo.player.Cortado.class">
  <param name="url" value="bunny.ogv">
  <p>Java est requis.</p>
</object>
```

RESSOURCE Alternatives à <video>

JWPlayer

▸ http://www.longtailvideo.com/players/jw-flv-player/

Cortado (fallback Java pour Ogg Theora)

▸ http://www.theora.org/cortado/

Media Fragments

Les Media Fragments sont une proposition du W3C pour s'adresser à certaines parties (fragments) du fichier média. Ils doivent permettre de spécifier dans l'adresse URI quels sont les intervalles de temps, les portions de la vidéo ou les pistes texte qui intéressent vraiment l'utilisateur et qui doivent être téléchargés. Ceci permet d'éviter de consommer de la bande passante inutilement, mais implique fortement le serveur qui ne doit pas envoyer le fichier depuis son premier octet comme il en a l'habitude mais se baser sur un en-tête HTTP (par exemple en requête `Range: bytes=13000-37000` et en réponse un code `206 Partial Content`).

Exemple de fragment temporel

```
// À partir de 50 secondes, préchargement jusqu'à 100
http://www.mondomaine.com/mavideo.webm#t=50,100
```

La prise en charge est progressive et seuls les moteurs à la pointe (WebKit, Gecko) reconnaissent cette notation au début 2013.

SPÉCIFICATION Media Fragments

W3C Media Fragments URI

▸ http://www.w3.org/TR/media-frags/

Vous reprendrez bien un peu de popcorn ?

Mozilla est à l'initiative d'un projet très intéressant nommé Popcorn.js qui repousse les limites de la vidéo HTML5. Le but est de pouvoir faire fonctionner le média en osmose avec les autres entités qui font déjà la richesse du Web, notamment :

- lier des ressources à des endroits spécifiques de la vidéo (cartes géographiques, pages Wikipédia, Tumblr, flux RSS, Twitter, photos Flickr, etc.) ;
- faire appel à WebGL et JavaScript pour « scripter » la vidéo et l'enrichir d'effets variés.

L'éditeur en ligne Popcorn Maker facilite l'emploi de cette bibliothèque JavaScript en affichant une ligne de temps éditable et synchronisée à la vidéo.

Figure 7–19
Popcorn.js

RESSOURCE Popcorn

Le projet Popcorn.js par Mozilla

- http://popcornjs.org/

Popcorn Maker

- https://popcorn.webmaker.org/

Plein écran (fullscreen)

L'affichage en plein écran fait l'objet de quelques débats. D'aucuns se méfient des sites malicieux qui tenteraient d'afficher une vidéo en plein écran pour induire l'utilisateur en erreur et lui demander un mot de passe en lieu et place d'un autre site web ou logiciel. C'est pourquoi le navigateur affichera toujours un avertissement bien visible au passage en plein écran.

La méthode permettant de passer un élément pour le passage en plein écran est nommée `requestFullScreen()`.

Sur les premières versions de WebKit et Gecko qui la reconnaissent, elle est préfixée ainsi : **`webkit`**`RequestFullScreen()` et **`moz`**`RequestFullScreen()`.

En théorie, on peut passer un élément quel qu'il soit. Ce n'est pas réservé uniquement à `<video>` mais aussi souvent appliqué à `<canvas>` ou `<iframe>`.

Passer un élément en plein écran

```
// Ceci suppose d'avoir un élément <video id="mavideo">
var element = document.getElementById('mavideo');
if(element.requestFullScreen) {
  element.requestFullScreen();
```

```
} else if(element.webkitRequestFullScreen) {
  element.webkitRequestFullScreen();
} else if(element.mozRequestFullScreen) {
  element.mozRequestFullScreen();
}
```

L'annulation du plein écran peut être déclenchée avec `exitFullScreen()`, respectivement pour Gecko et WebKit `mozCancelFullScreen` et `webkitCancelFullScreen`.

Notez la différence de graphie, Mozilla et Chrome ayant commencé avec `Cancel`, mais le W3C ayant fini par choisir `Exit`.

Un événement `onfullscreenchange` (préfixé `onmozfullscreenchange` et `onwebkitfullscreenchange`) est déclenché au moment opportun pour reconnaître un changement d'état. L'API prévoit :

- le booléen `document.fullscreenEnabled` pour savoir si le document est passé en plein écran,
- de retourner l'élément concerné par le plein écran via la propriété `document.fullscreenElement`.

Des styles CSS différents peuvent être appliqués lorsque l'élément est en plein écran, ce qui est par défaut le cas sur Gecko et WebKit. Il faut alors veiller à les redéfinir si nécessaire. Les pseudo-classes `:-moz-full-screen`, `:-webkit-full-screen` et `:fullscreen` (retenu par le W3C) sont conçues pour cibler un élément HTML dans l'état « plein écran ».

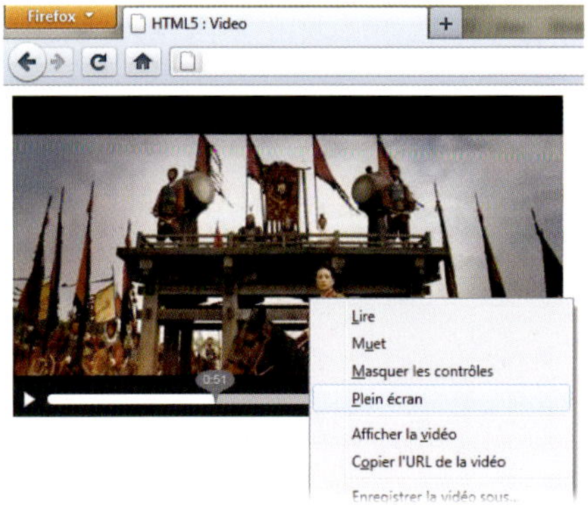

Figure 7–20
Menu contextuel vidéo de Firefox

SPÉCIFICATION Plein écran

W3C « Living Specification » Fullscreen

‣ http://dvcs.w3.org/hg/fullscreen/raw-file/tip/Overview.html

Aller plus loin avec les API

Mozilla a introduit l'Audio Data API qui accède directement au contenu de la ressource audio et permet même de la créer. Cette interface de programmation permet de lire et d'écrire des données brutes en JavaScript, c'est-à-dire de :

- créer des flux à la volée ;
- traiter et modifier un flux existant ;
- créer des visualisations de spectres audio (par exemple en Canvas) ;
- et bien d'autres applications concrètes qui restent à imaginer.

Ces notions font appel à des connaissances en manipulations de données binaires et en transformée rapide de Fourier. L'API est également disponible depuis Chrome 14. Pour plus de renseignements, consultez la documentation en ligne.

Avec de tels outils et la puissance de JavaScript dans les navigateurs modernes, d'autres techniques voient le jour, par exemple FLAC.js pour décoder le format audio FLAC sans équipement spécifique en codec. FLAC.js fonctionne avec Chrome, Firefox et Safari 6.

RESSOURCE Spécification Audio Data API

Wiki de Mozilla

- https://wiki.mozilla.org/Audio_Data_API

Tutoriel d'introduction (en anglais)

- https://developer.mozilla.org/en/Introducing_the_Audio_API_Extension

Tutoriels pour la création de visualisations

- https://developer.mozilla.org/en/Visualizing_Audio_Spectrum
- https://developer.mozilla.org/en/Displaying_the_Mozilla_logo_with_the_Audio_Samples

Prise en charge de <audio> et <video> par les navigateurs : comment choisir ?

Tableau 7–6 Prise en charge des éléments <audio> et <video> par les navigateurs

Navigateur	Version	Navigateur	Version
Mozilla Firefox	3.5+	Android	2.3+
Internet Explorer	9.0+	iOS (iPhone, iPad, iPod)	1.0+
Apple Safari	4.0+	Opera Mobile	11+

Tableau 7–6 Prise en charge des éléments <audio> et <video> par les navigateurs (suite)

Navigateur	Version	Navigateur	Version
Google Chrome	3.0+	Opera Mini	-
Opera	10.5+		

De nombreuses solutions existent également pour profiter de HTML 5 et fournir une alternative en Flash aux navigateurs ne le supportant pas encore. Pour cela, trois possibilités :

- détecter le support en JavaScript et modifier dynamiquement le contenu HTML de la page pour y placer la balise `<object>` ;
- détecter le navigateur et sa version avec l'*user agent sniffing* (côté serveur) et servir un contenu différent avec uniquement `<object>` ;
- imbriquer `<object>` dans l'élément `<video>` et ainsi permettre aux navigateurs l'ignorant d'interpréter le lecteur en Flash pointant vers un fichier FLV/F4V/MP4 adapté à ce plug-in. Les navigateurs comprenant `<video>` ignoreront `<object>`, et inversement.

Dans le contexte de transition et l'attente d'un consensus général sur les codecs, la solution permettant de fournir un contenu vidéo décent au public le plus large possible consiste à combiner :

1. WebM (VP8/Vorbis) en premier choix.
2. Ogg (Theora/Vorbis) pour les anciennes versions de Firefox, Chrome et Opera.
3. MP4 (H.264/AAC) pour toutes les déclinaisons de Safari et autres plates-formes.
4. Une alternative aux précédents avec un lecteur Flash pour les navigateurs ne reconnaissant pas HTML 5, avec éventuellement une lecture du fichier MP4 (H.264/AAC) depuis la version 9.0.60.184.
5. Un lien de téléchargement direct.

Avec l'iPad, il est recommandé de placer une version MP4 dans le premier élément `<source>`, car dans certaines situations, il est le seul lu et pris en compte (parmi tous les autres) par cette tablette.

Afin de servir les bons types MIME pour les fichiers vidéo, il est parfois nécessaire de modifier la configuration du serveur web. Ces formats étant récents, ce serveur HTTP est susceptible de les envoyer précédés de l'en-tête `text/plain`, ce qui n'est pas toléré par tous les navigateurs. La lecture ne se déclenchera probablement pas, notamment avec Opera.

Fichier .htaccess pour Apache et quelques types MIME video et audio

```
AddType video/ogg     ogg ogv
AddType video/mp4     mp4
AddType video/webm    webm
```

```
AddType audio/mpeg    mp3
AddType audio/mp4     m4a
AddType audio/ogg     ogg
AddType audio/ogg     oga
AddType audio/webm    webma
AddType audio/wav     wav
```

Un tel fichier placé à la racine du répertoire stockant les fichiers devrait amplement suffire.

Tableau 7–7 Tableau de support (simplifié) des formats audio

Navigateur	Ogg Vorbis	MP3	AAC	WAV (PCM)	Opus
Mozilla Firefox	Oui	Non*	Non*	Oui	Oui (15+)
Internet Explorer	Non	Oui	Oui (9+)	Non	?
Apple Safari	Non**	Oui	Oui	Oui	?
Google Chrome	Oui	Oui	Oui	Oui	?
Opera Windows	Oui	Non	Non	Oui	?

Tableau 7–8 Tableau de support (simplifié) des formats vidéo

Navigateur	Ogg/Theora/Vorbis	WebM/VP8/Vorbis	MPEG4/H.264/AAC
Mozilla Firefox	3.5+	4.0+	Peut-être *
Internet Explorer	Non ** (avec installation manuelle ou Google Chrome Frame)	Non** (avec plug-in WebM de Google ou codec VP8)	9.0+
Apple Safari	Non ** (avec installation manuelle XiphQT)	Non ** (avec plug-in WebM de Google)	3.1+
Google Chrome	3.0+	6.0+	3.0+
Opera Windows	10.5+	10.6+	Non
Opera Linux/FreeBSD	selon GStreamer	10.5+	Non
Opera Mobile	11+	11+	Non

* Oui, si un codec est installé sur le système et exploitable par le navigateur.
** Installation « manuelle » possible.

PRISE EN CHARGE PAR LES NAVIGATEURS

Pensez à vous reporter au site d'accompagnement pour des informations à jour sur la prise en charge par les navigateurs.

Librairies et lecteurs

De nombreuses librairies JavaScript voient le jour pour faciliter la mise en place des médias audio et vidéo en HTML 5, la détection des possibilités du navigateur, la gestion des chargements et des alternatives (avec Flash), la personnalisation des interfaces de contrôle, la prise en compte des mobiles et des sous-titres. Elles sont la solution la plus rapide et la plus efficace pour mettre en place rapidement des médias HTML 5 en ligne.

> **RESSOURCE Librairies audio et vidéo JavaScript/HTML 5**
>
> Popcorn.js (Mozilla)
> ▸ http://popcornjs.org/
> Cuepoint (ajout de sous-titres)
> ▸ http://cuepoint.org/
> VideoJS
> ▸ http://videojs.com/
> SublimeVideo
> ▸ http://sublimevideo.net/
> LeanBack Player
> ▸ http://dev.mennerich.name/showroom/html5_video/
> MediaElement.js
> ▸ http://mediaelementjs.com/
> html5media
> ▸ http://html5media.info/
> Projekktor
> ▸ http://www.projekktor.com/
> Audio : Buzz!
> ▸ http://buzz.jaysalvat.com/
> Comparatif général
> ▸ http://praegnanz.de/html5video/

D'autres services, tels que vid.ly, proposent une solution tout-en-un pour convertir des fichiers vidéo et les servir à de multiples plates-formes selon leurs capacités, avec une seule adresse. Dailymotion et YouTube participent activement au développement de la vidéo HTML 5 sur leurs sites respectifs de partage, mais espèrent encore d'autres avancées notamment pour le streaming, la prise en charge du plein écran, et l'universalité des formats.

> **RESSOURCE Hébergement de vidéos**
>
> Vid.ly (encodage en ligne)
> ▸ http://vid.ly/
> Dailymotion HTML 5
> ▸ http://www.dailymotion.com/html5
> YouTube HTML 5
> ▸ http://www.youtube.com/html5

Dessin avec Canvas

8

Deux nouvelles dimensions s'offrent à nous grâce au nouvel élément Canvas. Jonglez avec les courbes et tracés, traitez et transformez images et pixels, utilisez les couleurs, motifs, dégradés et ombrages. Tout est permis, jusqu'à la conception d'animations interactives et de jeux.

Figure 8–1 Matière première pour canvas

Une des figures de proue de HTML 5 est l'élément `<canvas>`. Cette API de dessin 2D pour le Web est une alternative sérieuse et puissante à Flash ou Java pour concevoir en ligne et dynamiquement des images fixes ou animées, à l'aide de formes ou via des tracés pixel par pixel.

La zone active relève d'un élément dont les dimensions sont définies dans le code de la page. Un ensemble de fonctions JavaScript permettent un accès à la zone de dessin, en modification ou en lecture.

Parmi les possibilités offertes figurent :

- des méthodes de tracé de formes géométriques (cercles, rectangles...) ;
- des méthodes de tracé de polygones ;
- des méthodes de choix de styles de couleurs et de remplissages ;
- des méthodes de tracé de texte ;
- des méthodes d'import et de manipulation d'images ;
- des méthodes de transformation (échelle, rotation, déplacement) qui affectent toute la matrice.

Les usages de `canvas` sont multiples. On peut y faire appel pour l'affichage de graphiques générés dynamiquement à partir de données variables, pour la création de jeux, pour l'édition d'images et de photos en ligne, ou pour des effets cosmétiques.

Canvas fut inventé par Apple pour Safari et Dashboard. On ne doit pas son existence à l'initiative des groupes de travail HTML, mais plutôt à son absorption progressive, car d'autres navigateurs ont aimé Canvas et l'ont rapidement admis dans leur propre moteur. Le WhatWG suivant le principe de documenter ce qui est déjà existant et ayant constaté qu'il était largement accepté, a choisi de l'intégrer à HTML 5.

SPÉCIFICATION Canvas

Canvas côté W3C

▸ http://dev.w3.org/html5/spec/the-canvas-element.html

Canvas côté WhatWG

▸ http://www.whatwg.org/specs/web-apps/current-work/multipage/the-canvas-element.html

Canvas manque encore d'outils tout-en-un pour dessiner et animer sans avoir besoin d'écrire toutes les instructions une par une, même si Adobe fait des efforts en ce sens avec Edge Animate. Sa mise en place peut alors sembler longue, mais à l'avenir des interfaces aussi puissantes que l'IDE de Flash donneront accès à une créativité sans limite !

L'élément <canvas>

Une zone de dessin canvas peut être très simplement insérée dans le flux de la page HTML par une balise éponyme. Voici un exemple minimaliste :

```
<canvas id="dessin" width="640" height="480">
Texte alternatif à destination des navigateurs qui ne supportent pas canvas.
</canvas>
```

À l'aide de JavaScript, quelques appels de fonction suffisent pour dessiner :

```
<script>
var moncanvas = document.getElementById('dessin');
var ctx = moncanvas.getContext('2d');
ctx.fillStyle = "red";
ctx.fillRect(20, 30, 100, 50);
</script>
```

Cet exemple trace un simple rectangle rouge.

Figure 8–2
Un rectangle rouge

Le code source démontre que l'on passe par quatre étapes :

1. La définition d'un espace alloué à l'aide d'une balise `<canvas>` possédant des dimensions définies (largeur et hauteur).
2. L'accès à cet espace de dessin par un script nommant l'élément `<canvas>` grâce à son identifiant et la méthode `getElementById()` (d'autres méthodes d'accès sont autorisées, celle-ci reste la plus directe et la plus universelle).
3. La récupération du contexte de dessin en deux dimensions grâce à la méthode `getContext('2d')`.
4. L'application de méthodes de dessin à ce contexte.

Du côté de WebKit, `<canvas>` est un élément similaire à `<img>` et ne nécessite pas à tout prix de balise de fermeture. Dans la famille Mozilla, le choix de pouvoir fournir du contenu alternatif (facultatif, entre les deux balises) impose un fonctionnement avec une balise de fermeture. Cette solution a le mérite de fonctionner également sous WebKit qui ignorera simplement cette dernière balise.

Base de départ et contexte graphique

Les fonctions décrites dans ce chapitre n'accèdent pas directement à l'élément `<canvas>` lui-même pour dessiner. La zone de dessin est exposée par le biais d'un contexte de rendu 2D, accessible au travers du canevas. La nuance n'est pas extrêmement importante dans le cadre d'une utilisation normale, mais elle explique les méthodes d'initialisation auxquelles il est nécessaire de faire appel :

1. Récupérer l'élément `<canvas>` dans un objet `moncanvas`, par exemple d'après son attribut `id` portant la valeur `dessin` et la fonction `getElementById('dessin')`.
2. Employer la méthode `getContext('2d')` sur l'objet `moncanvas` pour obtenir le contexte en question. Le choix du nom de ces variables est libre : `contexte`, `context` en V.O. ou `ctx` par souci d'économie de clavier.

Initialisation de canvas et du contexte

```
<canvas id="dessin" width="640" height="480">
  Ce navigateur ne supporte pas canvas
</canvas>

<script>
var moncanvas = document.getElementById('dessin');
if(moncanvas.getContext) {
  var ctx = moncanvas.getContext('2d');
  // D'autres fonctions de dessin appliquées au contexte...
}
</script>
```

Tous les exemples suivants utiliseront cette base de départ.

Coordonnées

L'étape préliminaire à toute programmation graphique est de connaître le référentiel dans lequel on se place, c'est-à-dire le système de coordonnées pour se repérer dans cet espace à deux dimensions. C'est lui qui déterminera les valeurs numériques des emplacements et des dimensions des futurs tracés, par exemple dans le cadre d'un cercle : son point central et son rayon.

Les coordonnées sont définies dans un système cartésien et débutent dans le coin supérieur gauche de la zone à (0,0). Toutes les valeurs sont exprimées en pixels. Deux axes répondent à l'appel : horizontal (x) et vertical (y). Un point situé aux coordonnées (2,3) sera donc situé à 2 pixels de la gauche et 3 pixels du haut.

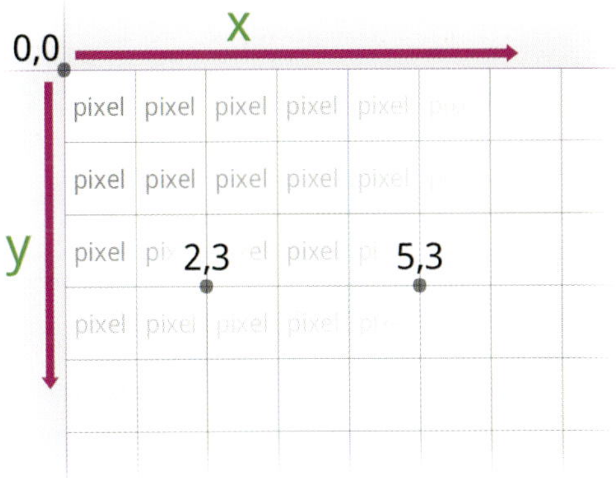

Figure 8–3
Système de coordonnées

Or, ces coordonnées sont celles de la grille « entourant » les pixels. Si l'on trace un trait vertical d'une largeur d'un pixel en débutant par le point de coordonnées (2,0), l'écran répartira en réalité ce trait sur deux pixels, car il n'est pas en mesure d'afficher des demi-pixels !

Pour obtenir un rendu graphique net et sans bavure avec un trait se logeant dans des pixels entiers, l'astuce consiste à utiliser un point à mi-chemin entre deux coordonnées de la grille.

Si le trait débute aux coordonnées (4.5,0), le navigateur répartira le trait de chaque côté de l'axe x = 4.5, c'est-à-dire exactement entre 4 et 5, occupant une vraie zone large d'un pixel.

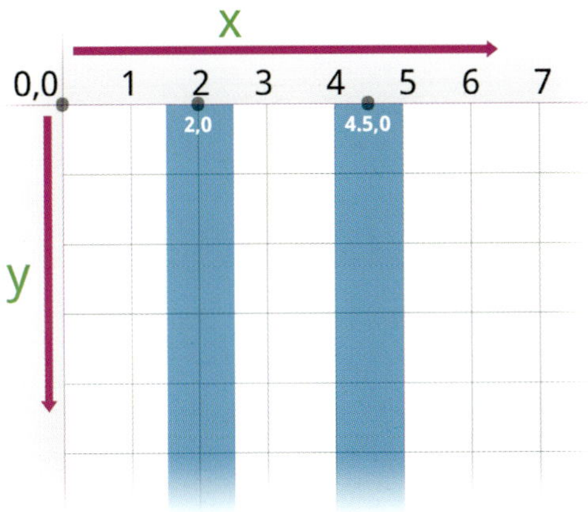

Figure 8–4
Un demi-pixel, un !

Une fois ces principes en place, il ne reste plus qu'à découvrir l'ensemble des méthodes de dessin prévues par la spécification.

Formes géométriques

Les formes géométriques sont les fonctions de dessin les plus basiques.

Tableau 8–1 Méthodes de dessin de formes

Fonction	Rôle	Détail des arguments
`fillRect(x,y,w,h)`	Rectangle plein	x,y : coin supérieur gauche du rectangle w,h : largeur et hauteur
`strokeRect(x,y,w,h)`	Rectangle surligné	(similaire)
`clearRect(x,y,w,h)`	Rectangle vide (efface)	(similaire)

Dans le domaine des formes primitives et contrairement à d'autres API de dessin, Canvas ne comprend que ces quelques fonctions de la famille des rectangles. Pour constituer des formes plus complexes, il est nécessaire d'utiliser des chemins (ou tracés). Ce qui peut sembler une limitation laisse en réalité beaucoup de liberté, car le développeur peut écrire ses propres fonctions à partir des quelques briques natives, ou bien utiliser un framework complémentaire embarquant des dizaines de méthodes complexes qu'il serait difficile d'inclure dans une spécification au cas par cas.

Figure 8–5
Un drapeau presque suisse

En réalité, le véritable drapeau suisse est carré tout comme celui du Vatican, mais l'exemple utilisé ici est rectangulaire pour les besoins de la compréhension des déformations.

Tracé d'un drapeau

```
// Une largeur de trait de 2 pixels
ctx.lineWidth = 2;
// Un beau rouge pour le remplissage
ctx.fillStyle = "red";
// La nuit, tous les traits sont gris
ctx.strokeStyle = "#ccc";

// Un rectangle plein (rouge)
ctx.fillRect(10, 10, 200, 100);
// Deux rectangles effaçant le dessin (blancs)
ctx.clearRect(100,20, 20, 80);
ctx.clearRect(70,50, 80, 20);
// Un dernier rectangle (trait gris) pour le cadre
ctx.strokeRect(1, 1, 220, 120);
```

Chemins

Dans l'optique de donner une plus grande liberté dans le tracé de formes, Canvas n'embarque que peu de primitives géométriques et se repose sur les chemins. Ils sont définis étape par étape, de point en point.

Pour illustrer l'ensemble de ces fonctions, les exemples suivants consisteront à dessiner une maison de briques rouges, baignée par un lac aux eaux turquoise, protégée d'un soleil radieux par un palmier verdoyant.

La base de départ est un canvas carré de 200 pixels de côté, pour lequel un contexte de dessin est initialisé par un script.

Début de page pour un tracé canvas

```
<!doctype html>
<html lang="fr">
<head>
<title>HTML5 : Canvas</title>
<meta charset="utf-8">
<style>
canvas {
  border:1px solid #ccc;
}
</style>
</head>
<body>

<canvas id="dessin" width="200" height="200">
  <img src="remplacement.jpg" alt="Paysage idyllique">
</canvas>

<script>
var moncanvas = document.getElementById('dessin');
var ctx = moncanvas.getContext('2d');

// Largeur de ligne par défaut : 5 pixels
ctx.lineWidth = 5;

// Suite de la démonstration...
```

Tableau 8–2 Méthodes de tracés

Fonction	Rôle	Détail des arguments
`beginPath()`	Débute un nouveau chemin.	(aucun)
`closePath()`	Ferme le chemin.	(aucun)

Tableau 8–2 Méthodes de tracés (suite)

Fonction	Rôle	Détail des arguments
`moveTo(x,y)`	Débute un nouveau sous-chemin avec le point donné.	x,y : point de départ
`lineTo(x,y)`	Ajoute le point au sous-chemin, connecté par une ligne.	x,y : point d'arrivée
`rect(x,y,w,h)`	Ajoute un rectangle au chemin.	x,y : point de départ (coin supérieur gauche) w, h : largeur, hauteur
`arcTo(x1,y1,x2,y2,r)`	Ajoute le point au sous-chemin, connecté par un arc.	x1,y1 : point de contrôle n° 1 x2,y2 : point de contrôle n° 2 r : rayon
`arc(x,y,r,a1,a2,c)`	Ajoute un arc au sous-chemin, connecté au point précédent par une ligne.	x,y : point de départ r : rayon a1, a2 : angle de départ, fin c : sens de rotation
`bezierCurveTo(ctx1,cty1,ctx2,cty2,x,y)`	Ajoute le point au sous-chemin, connecté par une courbe de Bézier.	ctx1,cty1 : point de contrôle n° 1 ctx2,cty2 : point de contrôle n° 2 x,y : point d'arrivée
`quadraticCurveTo(ctx,cty,x,y)`	Ajoute le point au sous-chemin, connecté par une courbe de Bézier quadratique.	ctx,cty : point de contrôle x,y : point d'arrivée

Tableau 8–3 Méthodes de remplissage et surlignage

Fonction	Rôle	Détail des arguments
`fill()`	Applique un remplissage au chemin pour créer une forme pleine.	(aucun)
`stroke()`	Applique un style de trait (surlignage) au chemin.	(aucun)

beginPath() et closePath()

La première consiste à débuter le chemin avec `beginPath()`, puis à enchaîner des appels aux fonctions ajoutant des segments droits ou courbes à ce chemin, et enfin à clôturer le tout avec `closePath()`.

Il n'est pas obligatoire de fermer tous les chemins. Selon les cas de figure, il pourra être souhaitable de laisser un chemin ouvert pour ne pas tracer une forme fermée. Dans d'autres situations, `closePath()` permettra de revenir directement au point de départ du chemin et de fermer le polygone sans se soucier de ses coordonnées initiales.

Ouverture et fermeture du chemin

```
ctx.fillStyle = "yellowgreen";
ctx.strokeStyle = "steelblue";
ctx.lineWidth = 20;

ctx.beginPath();
ctx.moveTo(25,25);
ctx.lineTo(100,100);
ctx.lineTo(25,100);
ctx.closePath();

ctx.fill();
ctx.stroke();

ctx.beginPath();
ctx.moveTo(300,100);
ctx.lineTo(220,100);
ctx.lineTo(220,25);
ctx.lineTo(300,100);
// Sans closePath

ctx.fill();
ctx.stroke();
```

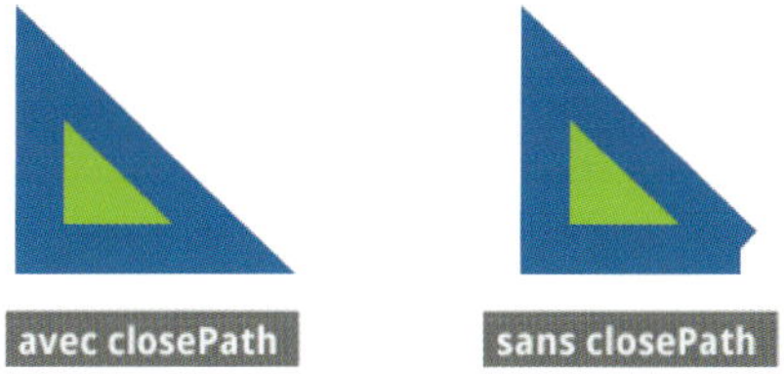

Figure 8–6
Avec ou sans closePath

moveTo() et lineTo()

La méthode `moveTo(x,y)` positionne le point de départ du chemin, ou d'un sous-chemin. Il s'agit en quelque sorte de déplacer votre pinceau d'artiste en herbe au bon endroit pour débuter le tracé. Elle ne produit aucun résultat visible sans l'aide d'une des autres fonctions puisqu'elle ne produit qu'un point sans aucune dimension.

La méthode `lineTo(x,y)` déplace le pinceau virtuel depuis le point précédent vers le point de destination dont les coordonnées sont fournies en paramètres. Elle produit alors le tracé d'une ligne droite.

Ces deux fonctions permettent d'ores et déjà de construire le toit et les murs de la maison.

Tracé de lignes

```
// Toit
ctx.moveTo(40, 80);
ctx.lineTo(80, 40);
ctx.lineTo(120, 80);

// Murs
ctx.moveTo(60, 80);
ctx.lineTo(60, 120);
ctx.lineTo(100, 120);
ctx.lineTo(100, 80);
```

Dans le cas présent, le pinceau est positionné au point de coordonnées (40,80) puis déplacé deux fois grâce à `lineTo()` aux points (80,40) et (120,80) pour produire les deux pans du toit. Une deuxième étape repositionne le point de départ d'un chemin à (60,80) et termine le tracé des murs par trois traits, passant successivement par (60,80), (60,120), (100,120) et (100,80).

Pour le moment, les appels à ces fonctions ne produisent pas de résultat visible, car si le chemin a bien été constitué, il n'a pas été rendu graphiquement.

fill() et stroke()

Une fois le chemin défini, il faut lui appliquer un remplissage ou un style de trait pour le voir s'afficher, c'est-à-dire faire appel respectivement à `fill()` et/ou `stroke()`. Ces deux fonctions se servent de paramètres de style définis globalement pour le contexte du canevas, qui seront détaillés ultérieurement.

Toute forme restée ouverte est automatiquement fermée au préalable de l'appel à `fill()`, il n'est donc pas nécessaire de déclencher `closePath()`.

Pour notre maison rouge, l'invocation de `stroke()` suffit pour en révéler les contours. Son rôle sera de suivre le chemin invisible tracé précédemment avec un pinceau virtuel, en reliant tous les points avec le style de trait défini initialement.

Tracé effectif du chemin

```
ctx.stroke();
```

rect()

L'ajout d'un rectangle au chemin se fait via le raccourci `rect()`, qui évite l'écriture de quatre appels à `lineTo()`. Les arguments sont les coordonnées du point de départ (coin supérieur gauche) suivies des dimensions (largeur et hauteur).

Ce rectangle constitue la porte d'entrée de la maison.

Tracé d'un rectangle

```
// Porte
ctx.rect(75,100,10,20);
ctx.stroke();
```

Un nouvel appel à `stroke()` immédiatement après `rect()` reprend les propriétés graphiques précédentes pour ajouter ce rectangle au rendu du canevas.

Figure 8–7
Un premier rectangle

arcTo()

La méthode `arcTo()` est destinée au tracé d'un arc, connaissant un point de contrôle, un point de destination et un rayon.

Elle pourra permettre au palmier de pousser auprès de la maison.

Au préalable, un appel à `beginPath()` réinitialise le départ d'un nouveau chemin, la propriété `strokeStyle` est modifiée pour choisir un beau vert, et le point de départ est positionné avec `moveTo()`.

Tracé avec arcTo

```
// Palmier
ctx.beginPath();
ctx.strokeStyle = "LimeGreen";

ctx.moveTo(20,120);
ctx.arcTo(20,30,160,120,20);

ctx.stroke();
```

Le premier point de contrôle permet de tracer la première tangente depuis le point de chemin précédent à l'appel de la fonction `arcTo()`. Le point de destination forme une nouvelle tangente, et l'ensemble fournit suffisamment de renseignements pour le tracé d'un arc dont le rayon est donné par le dernier argument.

Figure 8–8
Un arc vert

arc()

La méthode `arc()` est une variante qui n'est plus paramétrée par des coordonnées, mais par un centre, un rayon et un angle de départ et de fin.

En réalité, `arc()` agit comme un tracé de compas, ou plus prosaïquement comme une part de camembert (voire de munster selon la région), que l'on aurait entamé non pas depuis le centre, mais en le coupant d'un côté à l'autre – pour peu qu'un cercle puisse avoir deux côtés – en suivant une des cordes. Les angles y sont mesurés en radians. Pour convertir rapidement des degrés en radians :

```
var radians = degres*(Math.PI/180);
```

Cette méthode va être d'un grand secours pour la production d'un soleil resplendissant, c'est-à-dire un arc effectuant un tour complet à 360° pour obtenir un cercle.

Tracé d'un cercle complet

```
// Soleil
ctx.fillStyle = "yellow";
ctx.strokeStyle = "orange";

ctx.beginPath();

ctx.arc(150,40,30,0,Math.PI*2,true);

ctx.fill();
ctx.stroke();
```

Dans les arguments passés à la fonction, la constante JavaScript `Math.PI` est d'un grand secours pour définir un angle complet, c'est-à-dire 360° équivalant à deux fois π. Le dernier argument indiqué à `true` (vrai) indique que la rotation du tracé se fait dans le sens des aiguilles d'une montre.

Cette fois-ci, un appel à `fill()` est effectué pour obtenir un remplissage complet du cercle, en plus de `stroke()` pour le contour.

Figure 8–9
Un soleil

bezierCurveTo()

Monsieur Bézier est bien connu des mathématiciens, non pas pour avoir soumis de nombreuses blagues aux Grosses Têtes, mais pour avoir défini les courbes portant son nom dans les années 1960. Ces fameuses courbes ont été utilisées pour concevoir des pièces d'automobiles calculées par ordinateur.

La méthode `bezierCurveTo()` est destinée au tracé d'une telle courbe, paramétrée par deux points de contrôle, pouvant inverser le sens de la courbe.

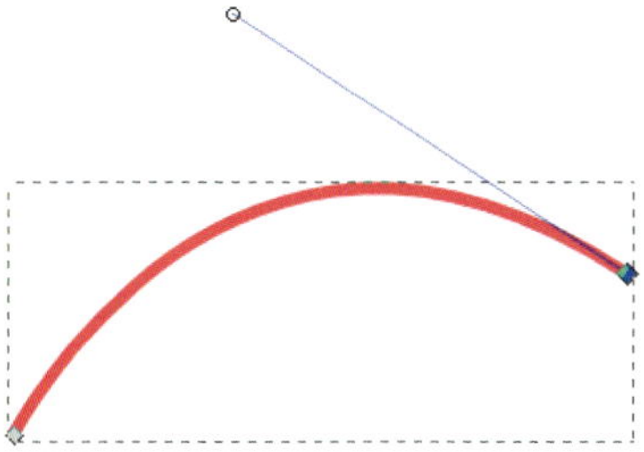

Figure 8–10
Courbe de Bézier

L'exemple peut alors être complété par deux vaguelettes de couleur turquoise symbolisant le lac bordant la maison et le palmier.

Tracé de deux courbes de Bézier

```
// Vaguelettes
ctx.strokeStyle = "turquoise";
ctx.beginPath();

ctx.moveTo(20, 150);
ctx.bezierCurveTo(80,130,80,180,140,150);

ctx.moveTo(20, 170);
ctx.bezierCurveTo(80,150,80,200,140,170);

ctx.stroke();
```

Figure 8–11
Un lac

> **Ressource** **Géométrie**
>
> Les courbes de Bézier sur Wikipédia
>
> ▸ http://fr.wikipedia.org/wiki/Courbe_de_B%C3%A9zier

quadraticCurveTo()

Dans la famille Bézier, la variante `quadraticCurveTo()` produit une courbe quadratique. Elle n'a besoin que d'un seul point de contrôle et d'un point de destination, pouvant être assimilée alors à une parabole.

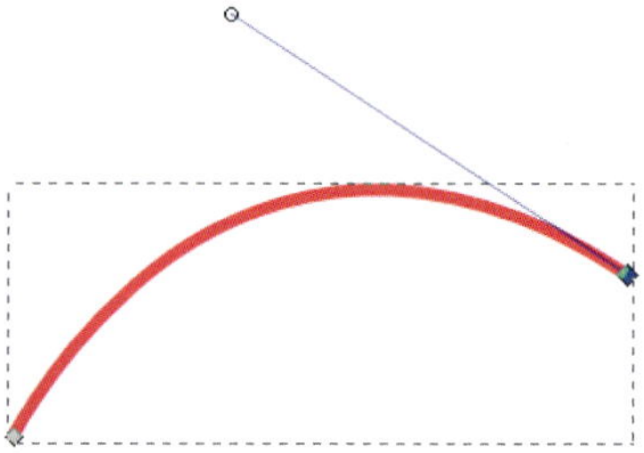

Figure 8–12
Courbe de Bézier

C'est cette dernière fonction qui ajoutera la touche finale à la démonstration : l'indispensable sourire du soleil.

Tracé d'une courbe de Bézier quadratique

```
// Sourire
ctx.beginPath();
ctx.strokeStyle = "orange";

ctx.moveTo(130, 40);
ctx.quadraticCurveTo(150,70,170,40);

ctx.stroke();
```

Figure 8–13
Dessin final

À travers cette modeste œuvre, les fonctions relatives aux chemins ont été explorées. Il est tout à fait possible de les combiner, sans aucune limite, pour créer des chemins complexes et donc des formes variées.

Le résultat reste extrêmement simple pour les besoins de la démonstration, cependant en associant différents styles, les méthodes suivantes et les possibilités offertes par l'algorithmique JavaScript, il est envisageable de parvenir à des rendus riches et complexes, des animations ou des zones d'affichage interactives.

Styles de traits, remplissages et couleurs

Les exemples précédents mentionnent les fonctions `fill()` et `stroke()` qui emploient des valeurs de style, courantes au contexte, telles que `fillStyle` pour la couleur de remplissage et `strokeStyle` pour la couleur des traits.

Pour obtenir un soleil plein, `fillStyle` fut défini à *yellow* (jaune) et `strokeStyle` fut affublé successivement de différentes couleurs pour varier les rendus des tracés.

Tableau 8–4 Propriétés graphiques

Propriété	Rôle	Valeurs
`fillStyle`	Style de remplissage à l'intérieur des formes	Code couleur CSS, dégradé ou motif
`strokeStyle`	Style pour les lignes autour des formes	Code couleur CSS, dégradé ou motif
`lineWith`	Largeur de ligne	Nombre positif
`lineJoin`	Style de jointure des lignes	`bevel`, `round`, ou `miter`
`lineCap`	Forme de fin de ligne	`butt`, `round`, ou `square`
`miterLimit`	Limite de fin de ligne avec `miter`	Nombre positif
`globalAlpha`	Transparence générale	Nombre positif ou nul (0 à 1)

Les couleurs peuvent être définies aussi bien grâce à leur nom HTML, leur code hexadécimal ou un code RGBA. Ainsi les trois déclarations suivantes sont équivalentes pour la couleur rouge :

```
context.fillStyle = "red";
context.fillStyle = "#FF0000";
context.fillStyle = "rgba(0, 0, 255, 1)";
```

Dans le troisième cas, avec une valeur RGBA, il est possible de moduler la transparence *alpha* avec le quatrième paramètre, de 0 (transparent) à 1 (opaque). Au-delà de ces couleurs existent des dégradés de couleurs et des motifs constitués à partir d'images, affectés de la même manière aux propriétés `fillStyle` et `strokeStyle`.

La largeur de ligne `lineWidth` est définie en pixels.

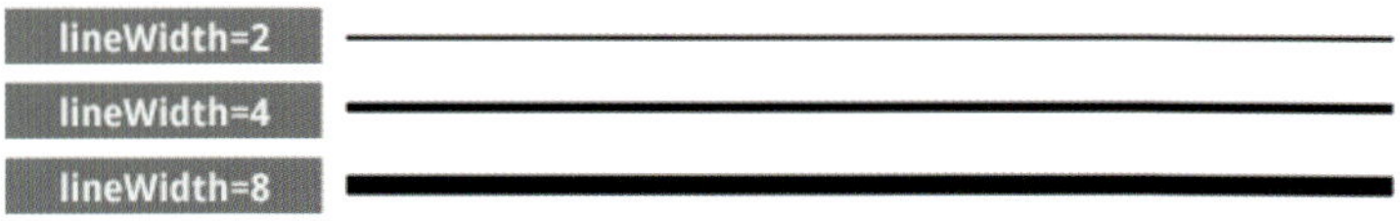

Figure 8–14
Épaisseur de ligne

La propriété `lineJoin` accepte des valeurs texte correspondant à plusieurs styles de jointure et de fin de tracé : `round` (arrondi), `miter` (assemblage) et `bevel` (biseau). La propriété `lineCap` accepte des valeurs texte correspondant à plusieurs styles de fin de ligne : `round` (arrondi), `butt` (coupé par défaut au point de fin de ligne) et `square` (carré pouvant dépasser du point de fin).

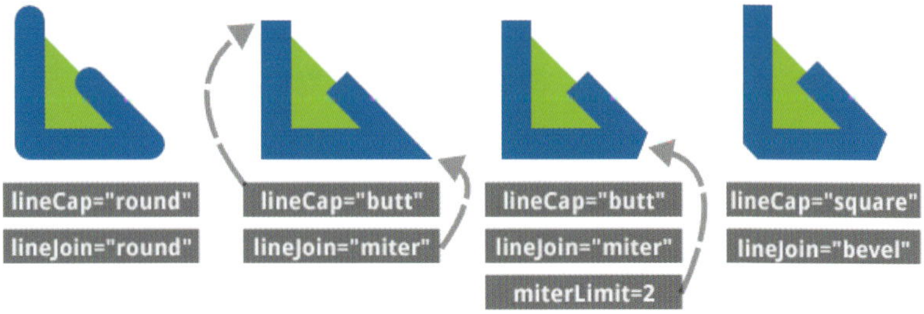

Figure 8–15
Styles de jointure et de fin de ligne

Dégradés

Outre les couleurs de remplissage unies, Canvas supporte la création de dégradés linéaires et radiaux. Le Web ne saurait se contenter d'un monochrome de Whiteman.

Tableau 8–5 Méthodes de création de dégradés

Fonction	Rôle	Détail des arguments
`addColorStop(position, couleur)`	Ajoute un point d'arrêt.	position : position du point d'arrêt par rapport à l'ensemble du dégradé (0 à 1) couleur : code couleur
`createLinearGradient( x1,y1,x2,y2)`	Crée un dégradé linéaire.	x1,y1 : coordonnées du point de départ x2,y2 : coordonnées du point d'arrivée
`createRadialGradient( x1,y1,r1,x2,y2,r2)`	Crée un dégradé radial.	...x1,y1,r1 : coordonnées du point de départ et rayon x2,y2,r2 : coordonnées du point d'arrivée et rayon

Un dégradé linéaire est créé avec `createLinearGradient()`. Les couleurs sont modulées progressivement du point de départ au point d'arrivée, sauf si des points intermédiaires sont ajoutés.

Un dégradé radial est créé avec `createRadialGradient()`. Les trois premiers arguments créent un cercle pour le point de départ, et les trois derniers pour le point de fin.

La méthode `addColorStop()` ajoute des points d'arrêt intermédiaires dans le dégradé. En général, le premier point de couleur est défini pour 0, et le dernier pour 1. Entre ces deux valeurs, d'autres points peuvent être ajoutés pour moduler le dégradé et ajouter des couleurs intermédiaires (par exemple 0,1 pour 10 %, 0,5 pour 50 %, etc.).

Une fois le dégradé préparé, il peut être appliqué aux propriétés `fillStyle` ou `strokeStyle` pour affecter les remplissages et les contours. Attention, il reste défini par rapport à la surface totale du canevas, et non celle de la forme.

Application de dégradés au remplissage

```
var degradeLineaire = ctx.createLinearGradient(0, 0, 200, 0);
degradeLineaire.addColorStop(0,'limegreen');
degradeLineaire.addColorStop(0.5,'gold');
degradeLineaire.addColorStop(1,'orange');
ctx.fillStyle = degradeLineaire;
ctx.fillRect(0, 0, 600, 100);

var degradeRadial = ctx.createRadialGradient(300,250,0, 300,250,300);
degradeRadial.addColorStop(0,'red');
degradeRadial.addColorStop(0.5,'#fc0');
degradeRadial.addColorStop(1,'brown');
ctx.fillStyle = degradeRadial;
ctx.fillRect(0, 110, 600, 100);
```

Figure 8–16
Dégradé sur remplissage

Application de dégradé au contour

```
var degradeLineaire2 = ctx.createLinearGradient(0, 0, 500, 500);
degradeLineaire2.addColorStop(0,'blue');
degradeLineaire2.addColorStop(0.5,'white');
degradeLineaire2.addColorStop(1,'red');
ctx.strokeStyle = degradeLineaire2;
ctx.lineWidth = 10;
ctx.strokeRect(5, 225, 590, 100);
```

Figure 8–17
Dégradé sur contour

Transformations et états du contexte

Tous les tracés sont admissibles à des opérations géométriques : translations, rotations, mises à l'échelle et transformations. Elles sont bien souvent utilisées en conjonction avec le contexte de dessin, qui permet quant à lui d'appliquer ces méthodes dans un sous-ensemble, sans affecter toute la zone de dessin ni perturber ses coordonnées de référence.

Tableau 8–6 Méthodes de transformation

Fonction	Rôle	Détail des arguments
`scale(x,y)`	Modification de l'échelle (réduction ou agrandissement)	x,y : coefficients appliqués horizontalement et verticalement (1 = Pas de redimensionnement)
`rotate(angle)`	Rotation	angle : angle de rotation en radians
`translate(x,y)`	Translation	x,y : déplacements appliqués horizontalement et verticalement

Tableau 8–6 Méthodes de transformation (suite)

Fonction	Rôle	Détail des arguments

`transform(m11,m12,m21,m22,dx,dy)`	Multiplie la matrice de transformation courante par :
	`m11 m21 dx`
	`m12 m22 dy`
	`0   0   1`
		Matrice de transformation

`setTransform(m11, m12, m21, m22, dx, dy)`	Réinitialise la transformation courante à la matrice d'indentité, et invoque transform() avec les mêmes arguments.	Matrice de transformation

Les opérations les plus courantes sont la modification de l'échelle, la rotation et la translation. Elles servent efficacement les autres méthodes de dessin pour ne pas avoir besoin de modifier constamment leurs coordonnées, ou bien de placer toutes les coordonnées dans de nombreuses variables.

Formes de base

```
ctx.strokeStyle = "#ccc";
ctx.lineWidth = 2;
ctx.fillStyle = "red";

ctx.fillRect(10, 10, 200, 100);
ctx.clearRect(100,20, 20, 80);
ctx.clearRect(70,50, 80, 20);
ctx.strokeRect(0, 0, 220, 120);
```

Les exemples ci-après débutent tous avec le même tracé.

Effets appliqués

```
// Étirement
ctx.scale(2,0.5);
```

Le contexte est « étiré » sur l'axe *x* (doublé) et « réduit » sur l'axe *y* (de moitié).

```
// Réduction
ctx.scale(0.3,0.5);
```

Le contexte est réduit à 0,3 sur l'axe *x* et à 0,5 sur l'axe *y*.

```
// Translation
ctx.translate(50,0);
```

Une translation de 50 pixels est effectuée sur l'axe *x*.

```
// Rotation
ctx.rotate(0.5);
```

La rotation est exprimée en radians et non en degrés. La constante `Math.PI` est la bienvenue, sachant que Math.PI = 180°, Math.PI/2 = 90°, Math.PI/4 = 45°.

```
// Transformation
ctx.transform(1.5,0.1,1,0.9,0.4,0.5);
```

Les matrices laissent bien souvent des souvenirs flous et sortent quelque peu du cadre général de cette introduction à Canvas, c'est pourquoi il vous faudra les retrouver, avec une émotion certaine et l'œil humide, dans les livres de mathématiques.

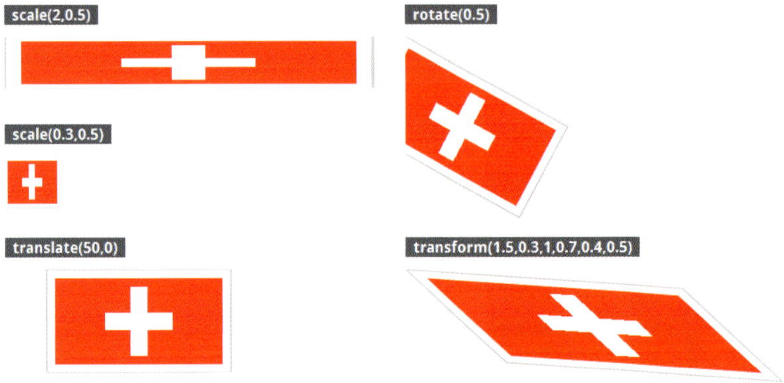

Figure 8–18 Transformations du modèle de base

En réalité, toutes ces opérations sont appliquées à l'ensemble du contexte, à partir du moment où elles sont déclarées. Toutes les formes ultérieures seront affectées, ce qui est peu pratique lorsqu'on veut repartir sur les coordonnées standard.

save() et restore()

Canvas prévoit la possibilité de sauver l'état graphique courant, comprenant les propriétés graphiques générales (telles que `fillStyle`, `strokeStyle`, `lineWidth`, etc.) et la transformation du contexte.

Tableau 8–7 Méthodes de remplissage et surlignage

Fonction	Rôle
`save()`	Sauve l'état graphique courant dans la pile.
`restore()`	Restaure l'état présent sur le haut de la pile.

Sauver le contexte

```
ctx.save();
```

Si le contexte est sauvé dès le départ, il est alors possible de le retrouver à tout moment pour rétablir les paramètres d'origine.

Restaurer le contexte

```
ctx.restore();
```

En réalité, les fonctions `save()` et `restore()` sauvent et restaurent les états sur une pile. Si `save()` est appelée trois fois, il faudra « dépiler » trois fois également à l'aide de `restore()` pour retrouver le contexte initial.

Sauver et restaurer le contexte

```
ctx.save();
ctx.scale(2,2);
// Tous les tracés suivants sont agrandis
ctx.restore();
// Tous les tracés suivants ne sont plus affectés
```

Cette notion est importante lorsqu'il s'agit de jongler avec des méthodes de dessin qui n'ont pas toutes pour origine le coin supérieur gauche de la zone d'affichage.

Jonglage avec save() et restore()

```
// Cette fonction trace un carré 50x50
// à partir du point de coordonnées (0,0)
function carre() {
  ctx.fillRect(0,0,50,50);
  ctx.strokeRect(0,0,50,50);
}

// Etat 1 :
ctx.strokeStyle = "steelblue";
ctx.lineWidth = 1;
ctx.fillStyle = "yellowgreen";

ctx.save(); // Etat 1 sauvé (sans l'avoir utilisé)

// Etat 2 :
ctx.translate(60,60);
ctx.strokeStyle = "#c00";
ctx.lineWidth = 4;
ctx.fillStyle = "orange";

carre(); // Carré dessiné dans l'état 2
```

```
ctx.save(); // Etat 2 sauvé

// Etat 3 :
ctx.translate(60,60);
ctx.strokeStyle = "white";
ctx.lineWidth = 1;
ctx.fillStyle = "black";

carre(); // Carré dessiné dans l'état 3

ctx.restore(); // Etat 2 restauré

ctx.restore(); // Etat 1 restauré

carre(); // Carré dessiné dans l'état 1 (départ)
```

Le premier carré tracé est celui de l'état 2. Le contexte ayant subi une translation (60,60), son point d'origine démarre à ces coordonnées, bien que les fonctions `fillRect()` et `strokeRect()` soient basées sur le point (0,0).

Le deuxième carré est celui de l'état 3, pour lequel une nouvelle translation (60,60) a été opérée. Les deux translations se cumulent, donc le point de référence devient (120,120). C'est lui qui sert d'origine (0,0) pour la méthode de tracé du carré.

Le dernier carré est celui de l'état 1, qui est retrouvé à la fin. Deux appels à `save()` ont été effectués, deux états ont donc été empilés, il est nécessaire d'appeler successivement deux fois `restore()` pour retrouver les paramètres graphiques de départ.

Figure 8–19
Transformations du modèle de base

Pour plus d'exemples, voir plus loin dans ce chapitre la section « Motifs et sprites ».

Images

L'un des intérêts majeurs de Canvas est de pouvoir importer des images et les manipuler. Dans cette optique, il est nécessaire de charger dynamiquement du contenu à partir de l'objet Image de JavaScript. Celui-ci peut être issu d'une image locale au document, voire d'un fichier chargé par Drag & Drop, Ajax ou un champ `<input type="file">`. Pour utiliser ces techniques, reportez-vous aux chapitres suivants.

Tableau 8–8 Méthode de dessin d'image

Fonction	Rôle	Détail des arguments
`drawImage(img,x,y)`	Trace une image avec ses propres dimensions.	img : image x,y : coordonnées du coin supérieur gauche
`drawImage(img,x,y, largeur,hauteur)`	Trace une image redimensionnée.	img : image x,y : coordonnées du coin supérieur gauche largeur, hauteur : dimensions de l'image de destination
`drawImage(img,Sx,Sy,Slargeur,Shauteur,Dx,Dy,Dlargeur,Dhauteur)`	Sélectionne une zone restreinte de l'image source pour la coller sur le canvas dans une zone de position et dimensions définies.	img : image Sx,Sy,Slargeur,Shauteur : coordonnées du coin supérieur gauche et dimensions de la zone à copier de l'image source Sx,Sy,Slargeur,Shauteur : coordonnées du coin supérieur gauche et dimensions de la zone de destination

La méthode `drawImage()` peut être utilisée de plusieurs façons selon le rendu souhaité :

1. La première est la plus simple et injecte l'image telle quelle sur la zone de dessin.
2. La deuxième permet de redimensionner l'image à la volée avant de la placer sur la zone de dessin, pour l'agrandir ou la réduire, au besoin en la déformant.
3. La troisième offre la possibilité de ne retenir qu'une sous-partie de l'image pour la placer sur le dessin (voir la section « Motifs et sprites »).

Tracé d'images

```
// Nouvel objet Image
var img = new Image();

// Définition de la source
img.src = 'img/photo.jpg';

// Gestionnaire d'événement load
img.onload = function() {

  // Dessin de l'image
  ctx.drawImage(img,0,0);

  // Dessin de l'image redimensionnée
  // (this fait référence à l'objet courant)
  ctx.drawImage(this,250,50,100,100);
```

```
    // Symétrie verticale
    ctx.scale(1,-1);
    ctx.drawImage(this,250,-450,this.width/2,this.height/2);
};
```

Un nouvel objet `Image` est créé par le script. Il s'agit par défaut d'un objet vide, c'est pourquoi sa propriété `src` doit être modifiée par l'adresse du fichier à charger. Considérant la nature asynchrone d'un tel chargement avec HTML et JavaScript, la seule manière de savoir si l'image a effectivement été chargée avant de tenter de la dessiner avec la fonction `drawImage()` est d'utiliser l'événement `onload`. Ce dernier est déclenché lorsque le fichier image a bien été chargé en mémoire, et peut donc procéder à l'appel de `drawImage()`.

Figure 8–20
Tracé d'images

Pixels

Canvas étant le paradis des pixels, il était impardonnable de ne pas le doter de méthodes d'accès direct aux pixels eux-mêmes. La lecture et la modification de ces pixels consistent en la manipulation de tableaux de valeurs numériques qui codent pour chacun ses composantes rouge, vert, bleu et alpha (transparence).

Tableau 8–9 Méthodes de manipulation de pixels

Fonction	Rôle	Détail des arguments
`createImageData(sw,sh)`	Création d'un objet *ImageData*	sw, sh : largeur et hauteur des données à créer
`createImageData(imgdata)`	Création d'un objet *ImageData*	imgdata : objet `ImageData` dont les dimensions servent à recréer un objet vide de mêmes dimensions (par défaut les pixels sont fixés au noir transparent)
`getImageData(sx,sy,sw,sh)`	Lecture d'une zone de pixels, renvoie un objet *ImageData*	sx,sy : coordonnées de départ (coin supérieur gauche) sw,sy : largeur et hauteur
`putImageData(imagedata,dx,dy)`	Remplacement	imagedata : données de pixels à remplacer dans la zone dx,dy : coordonnées de destination
`putImageData(imagedata,dx,dy,dirtyX,dirtyY,dirtyWith,dirtyHeight)`	Remplacement	imagedata : données de pixels à remplacer dans la zone du canvas dx,dy : coordonnées de destination dirtyX,dirtyY,dirtyWidth,dirtyHeight : permet de spécifier une zone de destination de dimensions différentes

Toutes ces méthodes manipulent des objets de type `ImageData`.

Les propriétés d'un objet `ImageData` sont `width` (largeur), `height` (hauteur) et `data`, qui est lui-même un objet de type `CanvasPixelArray` stockant les données pixel par pixel.

L'objet `CanvasPixelArray` connaît le nombre de valeurs numériques stockées grâce à sa propriété `length`. On accède aux pixels individuellement, à la manière d'un tableau JavaScript.

Cette simplicité a un inconvénient : on pourrait de prime abord penser que la valeur atteinte par `imageData.data[0]` est le premier pixel, `imageData.data[1]` le deuxième, et ainsi de suite comme pour un tableau conventionnel. Il n'en est rien, car chaque emplacement mémoire code pour une composante du pixel qui en comprend quatre : rouge, vert, bleu et alpha (transparence).

On obtient donc :

- `imageData.data[0]` : Pixel 1, Rouge
- `imageData.data[1]` : Pixel 1, Vert
- `imageData.data[2]` : Pixel 1, Bleu
- `imageData.data[3]` : Pixel 1, Alpha
- `imageData.data[4]` : Pixel 2, Rouge
- `imageData.data[5]` : Pixel 2, Vert
- `imageData.data[6]` : Pixel 2, Bleu
- `imageData.data[7]` : Pixel 2, Alpha
- ...

Avec pour chacune de ces valeurs un intervalle autorisé entre 0 et 255 (un octet), il y a là toutes les informations nécessaires pour effectuer des traitements simples et complexes sur les composantes RVBA. Il faudra retenir qu'une boucle itérant sur ces pixels devra « sauter » de 4 en 4 pour passer d'un pixel à l'autre.

Créer des pixels

Canvas étant une surface de dessin totalement libre, il est tout à fait envisageable de tracer un rendu graphique pixel par pixel. Cette opération étant fastidieuse, elle est souvent réservée à des opérations mathématiques (fractales, courbes colorées suivant la souris, spirales variées). L'exemple suivant se veut minimaliste pour une meilleure compréhension du phénomène.

Exemple d'utilisation de createImageData

```
<canvas id="dessin" width="300" height="300" style="border:1px solid
#ccc"></canvas>

<script>

var moncanvas = document.getElementById('dessin');
var ctx = moncanvas.getContext('2d');

// Création de données "vides"
var newPixels = ctx.createImageData(moncanvas.width, moncanvas.height);

// Longueur maximale du tableau de données
var n = newPixels.data.length;
var i;

// Intégralité des pixels (0 à n) ❶
for (i = 0; i < n; i += 4) {
  newPixels.data[i ] = 255; // Canal Rouge
  newPixels.data[i+3] = 127; // Canal Alpha (50%)
}

// Trois premiers quarts (0 à n*3/4) ❷
for (i = 0; i < n*3/4; i += 4) {
  newPixels.data[i+1] = 255; // Canal Vert
  newPixels.data[i+3] = 255; // Canal Alpha (50%)
}

// Première moitié (0 à n/2) ❸
for (i = 0; i < n/2; i += 4) {
  newPixels.data[i+2] = 255; // Canal Bleu
}
```

```
// Premier quart (0 à n/4) ❹
for (i = 0; i < n/4; i += 4) {
  newPixels.data[i ] = 0; // Canal Rouge
  newPixels.data[i+1] = 0; // Canal Vert
  newPixels.data[i+2] = 0; // Canal Bleu
}

// Remplacement des pixels dans le canvas
ctx.putImageData(newPixels, 0, 0);

</script>
```

Une fois un espace mémoire alloué pour les pixels, plusieurs boucles le parcourent successivement pour en modifier les valeurs RVBA. La première boucle ❶, met tous les pixels à un rouge (R = 255) transparent (A = 127). La deuxième boucle ❷, modifie la composante verte à son maximum (V = 255) pour les trois premiers quarts en partant du haut. La combinaison R = 255 + V = 255 produit un jaune vif. La troisième boucle ❸, concerne les pixels du début jusqu'à la moitié, et ajoute un canal B = 255, ce qui produit du blanc par synthèse additive (R/V/B sont tous à 255). La dernière boucle ❹ rétablit les trois premiers canaux à 0, tout en ne modifiant pas l'alpha (transparence), ce qui engendre un noir complet.

Le remplacement dans la zone de dessin intervient à la fin.

Figure 8–21
Création de 4 blocs de pixels

Lire des pixels

La lecture de pixels présente un intérêt certain avec l'import d'images. Cette technique faisant appel à la méthode `getImageData()` pouvant présenter des failles de sécurité si elle interprète des images ne faisant pas partie de la même origine, elle est accessible seulement en consultation en ligne (http://) et sur un même domaine, mais pas en fichier local (file://), sinon une exception de sécurité est déclenchée.

L'exemple suivant va lire une zone de pixels de dimensions fixes depuis une image dans un premier élément `<canvas>` et la copier dans un deuxième `<canvas>` plus petit.

Exemple d'utilisation de getImageData et putImageData

```
<canvas id="dessin" width="333" height="500" style="border:1px solid
#ccc"></canvas>

<canvas id="dessin2" width="100" height="100" style="border:1px solid
#ccc"></canvas>

<script>
var moncanvas = document.getElementById('dessin');
var moncanvas2 = document.getElementById('dessin2');
var ctx = moncanvas.getContext('2d');
var ctx2 = moncanvas2.getContext('2d');

// Chargement de l'image
var img = new Image();
img.src = 'img/photo.jpg';
img.onload = function() {
  // Dessin de l'image
  ctx.drawImage(img,0,0);
  pixelcopy(0,0);
}

// Copie des pixels depuis les coordonnées indiquées ❶
function pixelcopy(x,y) {
  // Récupération des pixels pour une zone 100x100 ❸
  var imageData = ctx.getImageData(x,y,100,100);
  // Remplacement dans le canvas destination ❹
  ctx2.putImageData(imageData,0,0);
}

// Gestionnaire d'événement pour la souris ❷
moncanvas.onmousemove = function(e) {
  // Les coordonnées de la souris sur le canvas sont
  // e.offsetX et e.offsetY
  pixelcopy(e.offsetX,e.offsetY);
}

</script>
```

Le deuxième espace de dessin situé à côté de l'orignal reçoit une copie des pixels ❶, dès que la souris est déplacée sur l'image ❷. Ici, aucun traitement n'est effectué, il s'agit d'un transfert direct d'informations, sélectionné ❸ depuis un carré de dimensions fixes (100 x 100 pixels) et réinjecté immédiatement ❹ avec `putImageData()`.

Figure 8–22
Lecture et copie de pixels

Modifier des pixels

Les méthodes `getImageData()` et `putImageData()` lisent et écrivent des ensembles de pixels, et nous avons vu comment accéder aux canaux RVBA de chacun d'entre eux. Pour les modifier, il suffit d'intercepter les valeurs lues avant de les réinjecter dans l'élément `<canvas>`. Différentes opérations de traitement sont alors disponibles. En agissant sur le canal R (rouge), la teinte de l'image est modifiée. En inversant tous les canaux, l'image devient un négatif. En affectant à tous les canaux une même valeur calculée d'après la luminance, l'image passe en noir et blanc.

Exemple de manipulation de pixels avec getImageData et putImageData

```
<canvas id="dessin" width="333" height="500" style="border:1px solid
#ccc"></canvas>

<p>
  <input type="button" value="Rouge à zéro" id="effet1">
  <input type="button" value="Négatif" id="effet2">
  <input type="button" value="Noir et blanc" id="effet3">
</p>

<script>
var moncanvas = document.getElementById('dessin');
var contexte = moncanvas.getContext('2d');
```

```
// Chargement de l'image
var img = new Image();
img.src = 'image.jpg';
img.onload = function() {
  // Dessin de l'image
  contexte.drawImage(img,0,0);
}

// Traitement de l'image
function traitement(type) {
  // Récupération de tous les pixels
  var imageData =
contexte.getImageData(0,0,contexte.canvas.width,contexte.canvas.height);

  // Modification de pixels ?
  switch(type) {
    case 1:
      imageData.data = effet1(imageData.data);
    break;
    case 2:
      imageData.data = effet2(imageData.data);
    break;
    case 3:
      imageData.data = effet3(imageData.data);
    break;
    case 4:
      imageData.data = effet4(imageData.data);
    break;
  }

  // Remplacement dans le canvas destination
  contexte.putImageData(imageData,0,0);
}

// Mise à zéro de la composante rouge
function effet1(data) {
  for(i=0;i<data.length;i+=4) {
    data[i]=0; // R
    // data[i+1]; // V
    // data[i+2]; // B
    // data[i+3]; // A
  }
  return data;
}

// Négatif
function effet2(data) {
  for(i=0;i<data.length;i+=4) {
    data[i]=256-data[i]; // R
```

```
    data[i+1]=256-data[i+1]; // V
    data[i+2]=256-data[i+2]; // B
    // data[i+3]; // A
  }
  return data;
}

// Noir & blanc
function effet3(data) {
  for(i=0;i<data.length;i+=4) {
    // Calcul de la luminance
    var gris = data[i]*0.3+data[i+1]*0.59+data[i+2]*0.11;
    data[i]=gris; // R
    data[i+1]=gris; // V
    data[i+2]=gris; // B
    // data[i+3]; // A
  }
  return data;
}

// Événement pour lancer l'effet 1
document.getElementById('effet1').onclick = function(e) {
  traitement(1);
}

// Événement pour lancer l'effet 2
document.getElementById('effet2').onclick = function(e) {
  traitement(2);
}

// Événement pour lancer l'effet 3
document.getElementById('effet3').onclick = function(e) {
  traitement(3);
}
</script>
```

Tous ces effets sont accomplis par de petits calculs mathématiques. Ils suivent tous le même schéma : la copie de l'intégralité des informations de pixels dans un objet `ImageData`, sa modification à l'aide d'une boucle parcourant le tableau de pixels, et son renvoi à la fonction `putImageData()`. De nombreux autres résultats sont envisageables (flou, distorsion, filtre de netteté, mosaïque, etc.), à vous de jouer !

PERFORMANCES Tableaux typés en JavaScript

La manipulation de pixels gagne encore en performances avec l'utilisation des tableaux typés en JavaScript (voir chapitre 14 sur les WebSockets).

- https://hacks.mozilla.org/2011/12/faster-canvas-pixel-manipulation-with-typed-arrays/

Figure 8–23
Filtres appliqués aux pixels

Motifs et sprites

Parallèlement aux dégradés, des motifs peuvent être créés à partir d'images puis appliqués aux propriétés graphiques courantes de remplissage. Un motif consiste en une répétition de la même image, sur les deux axes, ou sur un axe seulement.

Un *sprite* n'est pas une boisson, mais un artifice consistant à stocker dans un seul fichier plusieurs images afin de les « découper » après chargement et de les utiliser de façon séparée. Cette technique est semblable à celle utilisée pour les sprites en CSS. Dans la programmation de jeux, le principe est poussé plus loin : un même fichier image peut stocker une succession de petites images pour les afficher les unes après les autres et créer une animation.

Tableau 8–10 Méthodes de création de motifs

Fonction	Rôle	Détail des arguments
`createPattern` `(`*`image`*`,`*`repetition`*`)`	Création d'un motif	*`image`* : référence à un objet `image` repetition : `repeat` (horizontale et verticale par défaut), `repeat-x` (horizontale), `repeat-y` (verticale), `no-repeat` (sans)

La fonction createPattern() renvoie un motif, applicable par la suite à tout tracé « plein » grâce à la propriété fillStyle. Un même motif peut être utilisé pour plusieurs formes.

Création d'un motif à partir d'une image

```
// Nouvel objet Image
var img = new Image();
// Définition de la source
img.src = "motif.png";
// Gestionnaire d'événement load
img.onload = function(){
  // Création du motif à partir de l'image
  var motif = ctx.createPattern(this, "repeat");
  // Dessin d'un rectangle plein avec ce motif
  ctx.rect(10, 10, 90, 90);
  ctx.fillStyle = motif;
  ctx.fill();
};
```

Le principe est sensiblement équivalent à celui du chargement d'une image. Un nouvel objet Image est créé par le script. Il s'agit par défaut d'un objet vide, c'est pourquoi sa propriété src doit être modifiée par l'adresse du fichier à charger. Considérant la nature asynchrone d'un tel chargement avec HTML et JavaScript, la seule manière de savoir si l'image a effectivement été chargée avant de tenter de l'affecter à un remplissage est d'utiliser l'événement onload. Ce dernier est déclenché lorsque le fichier image a bien été chargé en mémoire, et peut donc comprendre l'appel à la méthode createPattern() qui renvoie une référence au motif créé. Il suffit alors de l'affecter à la propriété fillStyle pour remplir les formes concernées en cours de traçage.

Ce principe est poussé plus en avant dans l'exemple suivant, qui manipule images, motifs et sprites pour créer une scène de jeu tout-en-un à l'aide de plusieurs fichiers.

Figure 8–24
Quelques images pour une scène de jeu

Utilisation de motifs, images et sprites

```
<canvas id="dessin" width="480" height="320"></canvas>

<script>

var moncanvas = document.getElementById('dessin');
var ctx = moncanvas.getContext('2d');

// Couleur de fond ❶
ctx.fillStyle = '#0064b8';
ctx.fillRect(0,0,moncanvas.width,moncanvas.height);

// Collection d'images ❷
var sources = {
  fond:'img/fond.png',
  sol:'img/sol.png',
  tuyau1:'img/tuyau1.png',
  tuyau2:'img/tuyau2.png',
  brique:'img/brique.png',
  sprites:'img/sprites.png'
};

var images = {};
var images_chargees = 0;
var nb_images = 0;

// Comptage des images à charger
for(var img in sources) nb_images++;

// Préchargement des images ❸
for(var img in sources) {
  // img contient la clé, sources[img] l'url
  images[img] = new Image();
  images[img].src = sources[img];
  images[img].onload = function(e) {
    images_chargees++;
    if(images_chargees>=nb_images) dessiner();
  }
}

// Dessin avec les images chargées ❹
function dessiner() {

  // Fond ❺
  ctx.drawImage(images.fond,0,0);

  ctx.save();
```

```
    // Sol ❻
    ctx.translate(0,moncanvas.height-images.sol.height);
    var motif_sol = ctx.createPattern(images.sol,"repeat-x");
    ctx.fillStyle = motif_sol;
    ctx.fillRect(0, 0, moncanvas.width,48);

    // Tuyau ❼
    ctx.translate(304,-64);
    var motif_tuyau1 = ctx.createPattern(images.tuyau1,"repeat-y");
    ctx.fillStyle = motif_tuyau1;
    ctx.fillRect(0, 16, 32, 96);

    ctx.fillStyle = ctx.createPattern(images.tuyau2,"no-repeat");
    ctx.fillRect(0, 0, 32, 16);

    // Briques ❽
    ctx.translate(-224,-64);
    ctx.fillStyle = ctx.createPattern(images.brique,"repeat");
    ctx.fillRect(64, 64, 96, 32);

    ctx.restore();

    // Sprites... ❾

    // Premier sprite (champignon)
    var posx = Math.random()*150+100;
    var posy = moncanvas.height-images.sol.height-images.sprites.height;
    ctx.drawImage(images.sprites,0,0,16,16,posx,posy,16,16);

    // Deuxième sprite (brique question)
    var posx = 192;
    var posy = moncanvas.height-images.sol.height-images.sprites.height-120;
    ctx.drawImage(images.sprites,16,0,16,16,posx,posy,16,16);

    // Troisième sprite (monstre)
    var posx = Math.random()*100+350;
    var posy = moncanvas.height-images.sol.height-images.sprites.height;
    ctx.drawImage(images.sprites,32,0,16,16,posx,posy,16,16);

} // Fin de la fonction dessiner

</script>
```

Choisir une belle couleur de fond ne fait pas de mal ❶. La méthode `fillRect()` remplit l'intégralité du canvas depuis le point (0,0) jusqu'aux dimensions maximales lues dans les propriétés `width` et `height`.

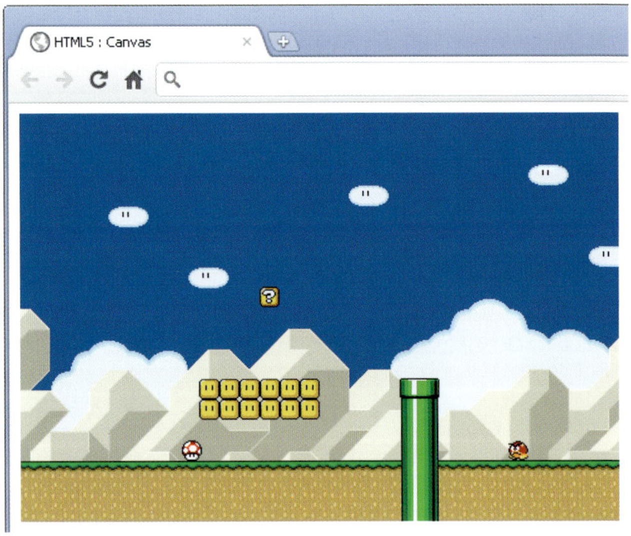

Figure 8–25
Motifs et sprites à l'action

Le préchargement des images nécessite de déclarer un objet en introduction ❷, recensant les fichiers correspondant à chacune d'entre elles. Une boucle ❸ crée des objets de type `Image`, et attend que l'événement `load` soit déclenché pour tous les fichiers, avant d'appeler la fonction `dessiner()`.

Dans cette fonction ❹, les images subissent des sorts multiples. Le fond est une image indépendante occupant toute la surface ❺ avec `drawImage()`. Suite à quoi le contexte est sauvé dans la pile d'états pour le retrouver ultérieurement.

Le sol nécessite de créer un motif répété horizontalement ❻. Pour faciliter le positionnement, le contexte est translaté vers le « bas ». La valeur du décalage est calculée d'après la hauteur de la surface d'affichage, à laquelle est soustraite la hauteur de l'image à insérer. Un rectangle aussi large que le canvas est tracé, avec pour remplissage le motif élaboré.

Pour le corps du tuyau, le principe est semblable, mais le motif est répété verticalement ❼. Le haut du tuyau utilise un motif « non répété » ce qui aurait également pu se traduire par `drawImage()`.

Les briques suivent le mouvement, avec une autre translation aidée d'un motif répété horizontalement et verticalement ❽ dans un rectangle créé par `fillRect()`.

Le contexte est ensuite restauré à l'état initial : le point de coordonnées 0,0 retourne dans le coin supérieur gauche de la surface d'affichage. Le positionnement des derniers éléments utilise `drawImage()` et des coordonnées horizontales aléatoires pour le champignon et le monstre ❾. Ces deux protagonistes voient donc leur emplacement « bouger » sur le sol à chaque rafraîchissement du document HTML.

Voici la scène désormais complète, constituée dynamiquement d'après différents fichiers images et susceptible d'évoluer au cours du temps et en fonction des dimensions de l'élément `<canvas>`. En attendant d'en faire plus...

Pour précharger les ressources nécessaires avant leur utilisation, notamment dans le cadre d'un jeu ou d'une animation qui va faire appel à plusieurs fichiers, utilisez une bibliothèque JavaScript telle que PxLoader.

> **BIBLIOTHÈQUE Canvas et chargement d'images**
>
> PxLoader
>
> ▸ http://thinkpixellab.com/pxloader/

Texte

Pour compléter l'ensemble des fonctions de dessin, et pour éviter de nombreux maux de tête dans le tracé de lettres pixel par pixel, Canvas bénéficie de fonctions embarquées pour le texte.

Dans le contexte, des propriétés graphiques globales définissent le style du texte (police, alignement). Pour tracer des mots ou des paragraphes avec des styles différents, il faut modifier ces propriétés avant chaque appel aux méthodes de création de texte.

Tableau 8–11 Propriétés graphiques

Propriété	Rôle	Valeurs
font	Style de police	Syntaxe CSS (valeur par défaut : `10px sans-serif`)
textAlign	Alignement horizontal	`start` (défaut), `end`, `left`, `center`, `right`
textBaseline	Alignement vertical	`top`, `hanging`, `middle`, `alphabetic` (défaut), `ideographic`, `bottom`

La valeur de `font` est prévue pour comprendre la syntaxe CSS relative aux polices (fontes). La propriété `textAlign` contrôle l'alignement horizontal du texte par rapport à son point de référence défini dans les méthodes de création de texte. La propriété `textBaseline` contrôle l'alignement vertical du texte.

Tableau 8–12 Méthodes de création de texte

Fonction	Rôle	Détail des arguments
`fillText(txt,x,y, maxw)`	Texte plein	txt : chaîne de texte x,y : coordonnées sur le canvas maxw : largeur maximale (optionnel)

Tableau 8–12 Méthodes de création de texte (suite)

Fonction	Rôle	Détail des arguments
`strokeText(txt,x,y,maxw)`	Contour de texte	txt : chaîne de texte x,y : coordonnées sur le canvas maxw : largeur maximale (optionnel)
`measureText(txt)`	Renvoie l'espace nécessaire pour un texte (en pixels)	txt : chaîne de texte

Les méthodes `fillText()` et `strokeText()` tracent respectivement un texte plein (avec la valeur de `fillStyle`), et un texte pour lequel seul le contour est visible (avec la valeur de `strokeStyle`).

Tracé de texte

```
// Tracé du texte 1
ctx.font = '30pt Comic Sans MS';
ctx.textAlign = "start";
ctx.textBaseline = "top";
// Première ligne
ctx.strokeText("Ton thé t'a-t-il",0,0);
// Deuxième ligne
ctx.font = '50pt Comic Sans MS';
ctx.lineWidth = 3;
ctx.strokeText("ôté ta toux ?",0,25);

// Tracé du texte 2
ctx.font = '20pt Georgia';
ctx.textAlign = "right";
ctx.fillText("...disait la tortue au tatou",350,110);
```

Pour obtenir ces trois lignes de texte, deux appels sont effectués à `strokeText()`, avec un changement intermédiaire sur la taille de la police et la largeur du trait (`lineWidth`), puis un appel à `fillText()` avec un alignement à droite en partant des coordonnées définies pour cette fonction.

Figure 8–26
Texte avec police douteuse

La méthode `measureText()` renvoie la largeur potentiellement occupée par un texte.

Mesure de texte

```
var mesure = ctx.measureText("HTML5").width;
```

La librairie CanvasText facilite grandement ces tâches avec une syntaxe proche de CSS pour un code plus concis, avec le support de « classes », de retours à la ligne et de paragraphes de texte définis par un seul appel.

> **LIBRAIRIE Canvas et texte**
>
> CanvasText
>
> ▸ http://www.canvastext.com/

Ombrages

Des effets d'ombrage sont prévus par Canvas, ce qui est une bonne nouvelle en soi, car les calculer pixel par pixel n'est pas une mince affaire. Quatre propriétés contrôlent le rendu de l'ombrage à partir de sa source.

Tableau 8–13 Propriétés graphiques

Propriété	Rôle	Valeurs
`shadowOffsetX`	Étendue de l'ombrage sur l'axe horizontal (X)	Nombre entier, positif, négatif ou nul
`shadowOffsetY`	Étendue de l'ombrage sur l'axe vertical (Y)	Nombre entier, positif, négatif ou nul
`shadowBlur`	Valeur du flou	Nombre entier positif ou nul
`shadowColor`	Couleur de l'ombrage	Code couleur ou RGBA

Les textes, les tracés et les images sont tous affectés par les propriétés d'ombrage si celles-ci sont définies. En affectant une valeur RGBA à un ombrage, il est possible de définir son opacité de manière plus douce avec le quatrième paramètre (de 0 à 1).

Formes et texte avec ombrage

```
// Configuration des ombrages pour le rectangle
ctx.shadowOffsetX = 0;
ctx.shadowOffsetY = 0;
ctx.shadowBlur = 15;
ctx.shadowColor = 'rgba(204,69,228,1)';

// Tracé d'un rectangle
ctx.fillStyle = '#fff';
ctx.fillRect(10,10,150,150);
```

```
// Tracé d'un autre rectangle
ctx.fillStyle = '#9f0c9d';
ctx.fillRect(50,50,70,70);

// Configuration des ombrages pour le polygone
ctx.shadowOffsetX = 0;
ctx.shadowOffsetY = 20;
ctx.shadowBlur = 10;
ctx.shadowColor = 'rgba(0, 0, 0, 0.2)';

// Tracés
ctx.strokeStyle = '#2e6996';
ctx.lineWidth = 5;
ctx.fillStyle = '#b2d7f3';

// Ligne
ctx.moveTo(300,150);
ctx.lineTo(350,100);

// Triangle 1
ctx.moveTo(350,150);
ctx.lineTo(400,100);
ctx.lineTo(450,150);

// Remplissage puis contour
ctx.fill();
ctx.stroke();

// Fin du tracé et nouveau chemin
ctx.closePath();
ctx.beginPath();

// Triangle 2
ctx.moveTo(480,150);
ctx.lineTo(530,100);
ctx.lineTo(580,150);

// Contour puis remplissage
ctx.stroke();
ctx.fill();

// Configuration des ombrages pour le texte et l'image
ctx.shadowOffsetX = 5;
ctx.shadowOffsetY = 5;
ctx.shadowBlur = 5;
ctx.shadowColor = 'rgba(0, 0, 0, 0.2)';
```

```
// Tracé d'un texte
ctx.fillStyle = '#444';
ctx.font = 'bold 20pt Arial,Verdana';
ctx.fillText("À l'ombre des cerisiers",190,50);

// Une image
var img = new Image();
img.src = 'img/apercu.jpg';
img.onload = function() {
  // Dessin de l'image
  ctx.drawImage(img,190,70);
};
```

La succession d'instructions provoque des ombrages de natures différentes. Les rectangles se superposent avec un ombrage sans *offset*, produisant un effet équilibré de tous les côtés. Le premier est blanc, c'est pourquoi on ne peut visualiser que l'ombrage lui-même. Le texte, les images et les formes suivantes utilisent des décalages de plusieurs pixels.

Les tracés obliques démontrent que l'ombrage est affecté par l'ordre dans lequel les méthodes `stroke()` et `fill()` sont appelées : si le trait seul est bien ombré, les triangles engendrent des résultats différents selon que le remplissage est effectué avant ou après le contour.

Figure 8–27
Effets d'ombrage

Transparence, compositions et masques

L'art de combiner plusieurs niveaux de dessin se superposant consiste à utiliser la transparence, les effets de composition et les masques.

Transparence générale

La transparence des formes tracées découle de la propriété `globalAlpha`. Sa valeur doit être comprise dans l'intervalle [0,1], sachant que 0 représente la transparence totale et 1 l'opacité.

Mise en œuvre de globalAlpha

```
var moncanvas = document.getElementById('dessin');
var ctx = moncanvas.getContext('2d');
var w = ctx.canvas.width;
var h = ctx.canvas.height;
ctx.fillStyle = "#789";

ctx.globalAlpha = 0.5;

// Tracé de rectangles aléatoires
var a = Math.random()*(w-60)/2;
var b = Math.random()*(h-60)/2;
for(i=0;i<6;i++) {
  a+=10;
  b+=10;
  ctx.fillRect(a,b,a,b);
}
```

Figure 8–28
Transparence globale

Les rectangles semblent se superposer, car ils sont tous transparents. Les couleurs de remplissage s'additionnent. Cette propriété est concernée par les méthodes `save()` et `restore()`.

Compositions

La propriété `globalCompositeOperation` régit la façon dont sont menées les opérations de composition sur le canvas, pour les tracés, les formes et les images, en plus de la transparence.

Par défaut, la valeur `source-over` produit un effet de superposition, c'est-à-dire que la dernière forme tracée recouvre de façon opaque (hors modification de `globalAlpha`) le contenu déjà présent. C'est l'effet que l'on retrouve de façon logique dans la plupart des programmes de dessin.

Dessin d'un rectangle puis d'un cercle

```
ctx.fillStyle = "steelblue";
ctx.fillRect(10,10,80,80);
ctx.globalCompositeOperation = "source-over";
ctx.fillStyle = "YellowGreen";
ctx.beginPath();
ctx.arc(100,100,60,0,Math.PI*2,true);
ctx.fill();
```

Les autres valeurs tiennent compte des formes en jeu et de leur couleur pour produire des effets différents (découpe, multiplication, combinaison, masque, etc.). La *source* est considérée comme l'image ou la forme en cours d'ajout, tandis que la *destination* est le contenu déjà présent.

Tableau 8–14 Valeurs de globalCompositeOperation

Valeur	Description
source-over	La source se retrouve par-dessus la destination (par défaut).
source-in	La source est visible uniquement là où source et destination se recouvrent. Tout le reste est rendu transparent.
source-out	La source est visible uniquement là où elle ne recouvre pas la destination.
source-atop	La source est visible uniquement là où source et destination se recouvrent.
destination-over	La source est dessinée derrière le contenu existant.
destination-in	Le contenu existant reste visible uniquement là où source et destination se recouvrent. Tout le reste est rendu transparent.
destination-out	Le contenu existant reste visible uniquement là où il ne recouvre pas la source.
destination-atop	Le contenu existant reste visible uniquement là où source et destination se recouvrent. La source est dessinée derrière le contenu existant.
lighter	La couleur est déterminée par addition là où source et destination se recouvrent.
darker	La couleur est déterminée par soustraction là où source et destination se recouvrent.
copy	Seule la source est dessinée, tout le reste est retiré.
xor	Source et destination sont rendues transparentes là où elles se recouvrent, et dessinées de façon normale sinon.

Pour une meilleure compréhension, rien de tel qu'un aperçu visuel.

Figure 8–29
Compositing

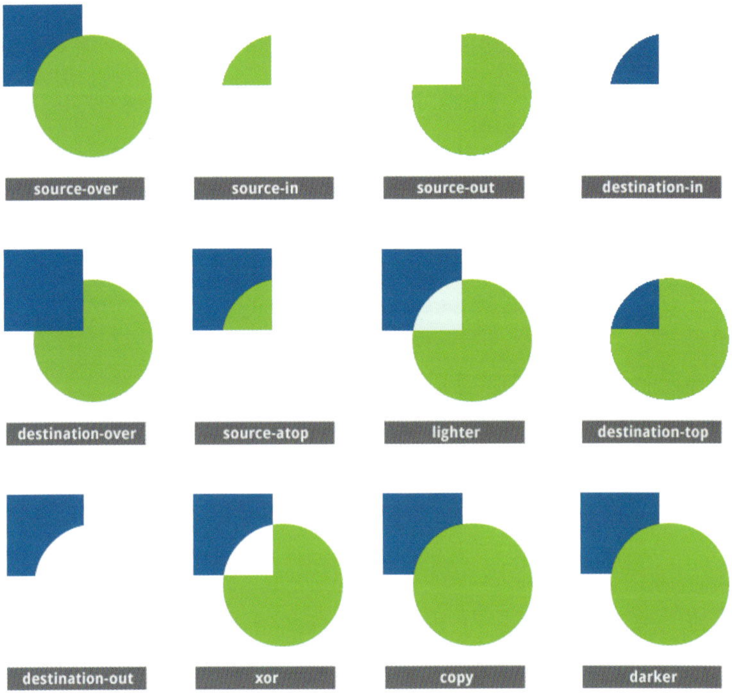

Masques

Un masque dissimule une région de la zone d'affichage, tout en révélant l'autre région.

Tableau 8–15 Méthodes de composition

Fonction	Rôle
`clip()`	Utilise le chemin courant comme masque.

Par défaut, la région du masque (*clip*) est initialisée à un rectangle possédant les dimensions de l'élément `<canvas>` et positionné aux coordonnées (0,0). Un appel à la méthode `clip()` crée une nouvelle région de masque, en calculant l'intersection du masque courant et la zone couverte par un chemin tracé. Le nouveau masque calculé remplace le précédent. Les sous-chemins sont implicitement fermés pour calculer ce masque.

Masque intersection de deux cercles

```
<canvas id="dessin" width="333" height="500"></canvas>

<script>
var moncanvas = document.getElementById('dessin');
var ctx = moncanvas.getContext('2d');

var img = new Image();
img.src = 'img/photo.jpg';

// Création du chemin
ctx.beginPath();
// Cercle centré sur 100,100, rayon 150
ctx.arc(100, 100, 150, 0, Math.PI * 2, false);
// Cercle centré sur 200,200, rayon 150
ctx.arc(200, 200, 150, 0, Math.PI * 2, false);
ctx.closePath();

// Masque sur le chemin courant (les deux cercles)
ctx.clip();

img.onload = function() {
  // Dessin de l'image
  ctx.drawImage(img, 0, 0);
}
</script>
```

Le masque créé dans cet exemple demeure le cas le plus courant, il combine deux tracés de cercles pour créer une « fenêtre » sur le contenu image avec la méthode `clip()`.

Figure 8–30
Masque addition de deux cercles

Masque intersection de deux cercles

```
<canvas id="dessin" width="333" height="500"></canvas>

<script>
var moncanvas = document.getElementById('dessin');
var ctx = moncanvas.getContext('2d');

var img = new Image();
img.src = 'img/photo.jpg';

// Cercle de coordonnées 100,100
ctx.beginPath();
ctx.arc(100, 100, 150, 0, Math.PI * 2, false);
ctx.closePath();

// Masque sur le chemin courant
ctx.clip();

// Cercle de coordonnées 200,200
ctx.beginPath();
ctx.arc(200, 200, 150, 0, Math.PI * 2, false);
ctx.closePath();

// Masque sur le chemin courant
ctx.clip();

img.onload = function() {
  // Dessin de l'image
  ctx.drawImage(img, 0, 0);
}
</script>
```

Ce masque est une intersection des deux cercles. Son processus de création diffère : un premier masque est créé d'après un premier cercle, activé grâce à `clip()`. Puis un deuxième cercle est créé avec un léger décalage, suivi d'un autre appel à `clip()` qui considère alors l'intersection du masque déjà actif (le premier cercle) et de celui en voie de création (le deuxième).

Figure 8–31
Masque intersection de deux cercles

Masque suivant la souris

```
<canvas id="dessin" width="333" height="500"></canvas>

<script>

var moncanvas = document.getElementById('dessin');
var ctx = moncanvas.getContext('2d');

var img = new Image();
img.src = 'img/photo.jpg';

img.onload = function() {
  ctx.save();
  // Cercle de coordonnées 100,100
  ctx.beginPath();
  ctx.arc(100, 100, 150, 0, Math.PI * 2, false);
  ctx.closePath();
  // Clip sur le chemin courant
  ctx.clip();
  // Dessin de l'image
  ctx.drawImage(img, 0, 0);
  ctx.restore();
}

// Gestionnaire d'événement souris
moncanvas.onmousemove = function(e) {
  ctx.save();
  ctx.beginPath();
  // Cercle centré sur les coordonnées de la souris
  ctx.arc(e.offsetX, e.offsetY, 100, 0, Math.PI * 2, false);
  ctx.closePath();
  ctx.clip();
  // Dessin de l'image
  ctx.drawImage(img, 0, 0);
  ctx.restore();
}

</script>
```

Ce masque dynamique est une première incursion dans le domaine de l'interactivité avec la souris. Au chargement de l'image, un premier masque est créé suivant un cercle. À chaque mouvement du dispositif de pointage sur l'élément `<canvas>` déclenchant un événement `mousemove`, une fonction recueille les coordonnées du curseur (`e.offsetX` et `e.offsetY`). Cette position sert de point de référence au tracé d'un nouveau cercle qui se voit ajouté au masque avec `clip()`. Il est nécessaire de tracer à nouveau l'image et de faire appel aux fonctions `save()` et `restore()` pour faire apparaître les nouvelles zones à l'affichage.

Figure 8–32
Masque dynamique contrôlé à la souris

Contrôle clavier et souris

Un soupçon d'interactivité n'est pas de trop avec Canvas. En tant qu'élément HTML à part entière, il bénéficie de tous les événements DOM (clavier, souris, navigateur) pouvant survenir et de toutes les fonctions JavaScript afférentes.

Souris

Le contrôle à la souris est disponible avec les événements `click`, `dblclick`, `mousedown`, `mouseup`, `mousemove`, `mouseenter` et `mouseleave`. Déclarer des gestionnaires pour chacun d'entre eux est un premier pas, compléter la fonction en est un autre. Celle-ci regroupe les instructions nécessaires à l'ajout de tracés, d'images, de formes ou au rafraîchissement global de la zone de dessin.

Le code source suivant crée une modeste ardoise dans le navigateur, équipée d'une palette pour les changements de couleur.

Surface de dessin libre contrôlée par la souris

```
<!doctype html>
<html lang="fr">
<head>
<title>HTML5 : Canvas</title>
<meta charset="utf-8">
<style>
```

```
body {
  background:#eee;
  text-align:center;
  padding-top:10%;
}
.palette span {
  display:inline-block;
  width:40px;
  height:40px;
  cursor:pointer;
  border:2px solid transparent;
  border-radius:4px;
}
.palette span:hover {
  border-color:white;
}
canvas {
  cursor:crosshair;
  border:5px solid #666;
  background:white;
  border-radius:4px;
  box-shadow:0px 0px 20px #666;
  margin-top:20px;
}
</style>
</head>
<body>

<!-- Palette de couleurs ❶ -->
<div class="palette">
  <span onclick="modifierCouleur('#206BA4');" style="background:#206BA4"></span>
  <span onclick="modifierCouleur('#54A4DE');" style="background:#54A4DE"></span>
  <span onclick="modifierCouleur('#BBD9EE');" style="background:#BBD9EE"></span>
  <span onclick="modifierCouleur('#BEDF5D');" style="background:#BEDF5D"></span>
  <span onclick="modifierCouleur('#D6EB9A');" style="background:#D6EB9A"></span>
  <span onclick="modifierCouleur('#FF9834');" style="background:#FF9834"></span>
  <span onclick="modifierCouleur('#FFBF80');" style="background:#FFBF80"></span>
  <span onclick="modifierCouleur('#F6E896');" style="background:#F6E896"></span>
  <span onclick="modifierCouleur('#b07d42');" style="background:#b07d42"></span>
  <span onclick="modifierCouleur('#FF5349');" style="background:#FF5349"></span>
</div>

<!-- Canvas -->
<canvas id="dessin" width="480" height="360"></canvas>

<script>
var moncanvas = document.getElementById('dessin');
var ctx = moncanvas.getContext('2d');
```

```
var en_dessin = false;

// Propriétés graphiques par défaut ②
ctx.strokeStyle = "black";
ctx.lineWidth = 2;

// Bouton de souris activé ③
moncanvas.onmousedown = function(e) {
  // Dessin activé
  en_dessin = true;
  // Repositionnement du début du tracé
  ctx.moveTo(e.offsetX,e.offsetY);
};

// Mouvement de souris ④
moncanvas.onmousemove = function(e) {
  if(en_dessin) dessiner(e.offsetX,e.offsetY);
};

// Bouton de souris relâché ⑤
moncanvas.onmouseup = function(e) {
  // Dessin désactivé
  en_dessin = false;
};

// Ajoute un segment au tracé ⑥
function dessiner(x,y) {
  ctx.lineTo(x,y);
  ctx.stroke();
}

// Modification de la couleur du contexte ⑦
function modifierCouleur(codeCouleur) {
  if(codeCouleur) ctx.strokeStyle = codeCouleur;
}

</script>

</body>
</html>
```

La palette de couleurs est une succession d'éléments `<span>` ① qui font appel à la fonction `modifierCouleur()` ⑦ lorsqu'ils sont cliqués pour modifier la propriété `strokeStyle` définie par défaut ②.

Lorsque le bouton de la souris est enfoncé ③, la variable `en_dessin` est définie à `true` pour signifier que l'on entre dans une phase active et que tout mouvement ultérieur devra produire un tracé.

Lorsque le curseur est déplacé ❹, et si `en_dessin` vaut `true`, la fonction `dessiner()` est appelée ❻ avec les coordonnées souris contenues dans l'événement. Elle ajoute un segment au tracé grâce à `lineTo()` et le concrétise à l'affichage grâce à `stroke()`.

Lorsque le bouton de la souris est relâché ❺, la variable `en_dessin` est définie à `false` pour arrêter le tracé si la souris se déplace encore.

La présentation de l'ensemble est régie par des règles CSS pour rendre l'interface plus attrayante.

Figure 8–33
Mini « Paint » dans le navigateur

Clavier

La gestion du clavier est analogue, avec l'interception de l'événement `keypress`, `keyup` ou `keydown`. La valeur de la touche enfoncée correspond à un code numérique stocké dans la propriété `event.keyCode`.

L'ardoise de dessin peut désormais être contrôlée uniquement au clavier pour la transformer en un Télécran (nostalgie, nostalgie...).

Un télécran

```
<!doctype html>
<html lang="fr">
<head>
<title>HTML5 : Canvas</title>
<meta charset="utf-8">
```

```
<style>
body {
  background:#eee;
  text-align:center;
  padding-top:10%;
}
canvas {
  border:5px solid #666;
  background:white;
  border-radius:4px;
  box-shadow:0px 0px 20px #666;
}
</style>
</head>
<body>

<canvas id="dessin" width="480" height="360"></canvas>

<script>
var moncanvas = document.getElementById('dessin');
var ctx = moncanvas.getContext('2d');

ctx.strokeStyle = "black";
ctx.lineWidth = 5;
ctx.lineCap = "round";

// Calcul du centre ❶
var x = moncanvas.width/2;
var y = moncanvas.height/2;

// Position de départ (au centre) ❷
ctx.moveTo(x,y);

// Gestionnaire d'événement keydown ❸
if(document.body.onkeydown) {
  document.body.onkeydown = dessiner;
} else if(document) {
  document.onkeydown = dessiner;
}

// Déplacement du "pinceau" ❹
function dessiner(event) {
  switch(event.keyCode) {
    case 38: // Haut
      event.preventDefault();
      if(y>=5) y-=5;
    break;
```

```
    case 40: // Bas
      event.preventDefault();
      if(y<moncanvas.height) y+=5;
    break;
    case 39: // Droite
      event.preventDefault();
      if(x<moncanvas.width) x+=5;
    break;
    case 37: // Gauche
      event.preventDefault();
      if(x>=5) x-=5;
    break;
  }
  // Tracé d'après le décalage effectué ❺
  ctx.lineTo(x,y);
  ctx.stroke();
};

</script>

</body>
</html>
```

La mise en place consiste à reprendre l'interface précédente, mais à la modifier quelque peu. Le pinceau est positionné par défaut au centre ❷, calculé d'après les dimensions ❶ de l'élément `<canvas>`.

Le document attend un événement `keydown` (touche enfoncée) pour déclencher ❸ la fonction `dessiner()`. Celle-ci reçoit l'objet événement dans lequel est renseigné le code de la touche clavier qui a été utilisée. En comparant cette valeur aux quatre codes possibles (haut, bas, droite, gauche), les coordonnées `x` et `y` du pinceau sont incrémentées ou décrémentées. La méthode `lineTo()` ajoute un segment avec cette nouvelle position, et `stroke()` se charge de la touche finale.

Figure 8–34
Mini « Télécran » dans le navigateur

Animation et jeux

La grande force de Canvas est de profiter à la fois de la puissance de JavaScript pour développer des algorithmes de rendu graphique, mais aussi de l'accélération matérielle dans tous les navigateurs modernes. Cette accélération est très importante ; elle optimise considérablement les tâches et tire parti de la puissance de la carte graphique pour le rendu à l'écran, multipliant de plusieurs facteurs le nombre d'images par seconde pouvant être générées. Cette osmose confère à Canvas la possibilité de créer des animations sous la forme d'images se succédant très vite à intervalles réguliers.

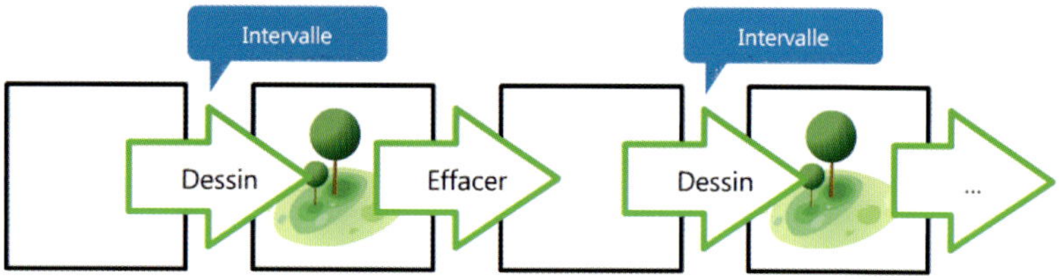

Figure 8–35
Étapes d'animation

L'animation repose sur plusieurs principes :

1. La zone de dessin doit être effacée à chaque étape, avec `clearRect()` pour pouvoir constituer une nouvelle image sur une surface vierge.
2. L'état doit être sauvé avec `save()` pour pouvoir le restaurer à la prochaine image si les propriétés graphiques générales ont été modifiées (transformations et styles).
3. Les tracés doivent être dessinés, en tenant compte des éventuelles modifications liées à l'animation (déplacements, redimensionnements, apparitions, disparitions, etc.).
4. L'état peut être restauré.

En JavaScript, déclencher une fonction rafraîchissant l'affichage à intervalles réguliers suppose de faire appel à `setInterval()` qui admet en argument le nom de la fonction à exécuter périodiquement, et un intervalle en millisecondes.

Animation avec setInterval()

```
<canvas id="dessin" width="640" height="480"></canvas>

<script>
var moncanvas = document.getElementById('dessin');
var ctx = moncanvas.getContext('2d');

ctx.lineWidth = 2;
ctx.fillStyle = "rgba(206,0,0,255)";

// Positionnement au centre
ctx.translate(moncanvas.width/2,moncanvas.height/2);
```

```
var i = 0;

function dessiner() {

  ctx.translate(4,1);
  ctx.rotate(0.2);
  ctx.fillRect(i,0,20,20);
  i++;
  if(i>400) clearInterval(inter);
  ctx.fillStyle = "rgba(206,0,"+i+",255)";
}

var inter = setInterval(dessiner,10);
</script>
```

La fonction `dessiner()` est appelée toutes les 10 millisecondes – soit en théorie 100 images par seconde – et se base sur l'incrémentation de la variable `i` pour modifier le contexte graphique (translation, rotation et couleur de remplissage). La méthode `clearInterval()` arrête l'animation une fois 400 boucles accomplies.

Figure 8–36
Vos paupières sont lourdes... lourdes...

requestAnimationFrame

Une réponse plus appropriée a été développée pour améliorer la fluidité des animations : `window.requestAnimationFrame()`, et l'optimisation de la puissance requise. Elle présente l'avantage d'harmoniser les rafraîchissements graphiques du navigateur entre différents éléments sur la page, et de ne pas consommer de ressources si le document HTML n'est pas visible (par exemple dans un onglet inactif) ou si l'élément est masqué (`display:none`). Votre batterie vous remerciera. Les dix dernières minutes sont toujours les plus importantes.

Sa disponibilité est progressive, à partir de Firefox 4, Chrome 11, Internet Explorer 10, Safari iOS 6, BlackBerry 10, Chrome et Firefox pour Android, le tout avec des préfixes établis pour les premières versions des moteurs, le temps que la spécification se stabilise, puis sans. Il est donc conseillé de conserver une alternative en dernier recours avec `setInterval()` ou `setTimeOut()`. Paul Irish a conçu un petit extrait de code à cet effet, qui est présent dans cet exemple.

Animation avec requestAnimationFrame

```
<canvas id="dessin" width="640" height="480"></canvas>

<script>
var moncanvas = document.getElementById("dessin");
var ctx = moncanvas.getContext("2d");

ctx.lineWidth = 5;
ctx.strokeStyle = "rgba(206,0,0,255)";
ctx.shadowOffsetX = 0;
ctx.shadowOffsetY = 0;
ctx.shadowBlur = 15;
ctx.shadowColor = "#000";

ctx.translate(moncanvas.width/2,moncanvas.height/2);

var i = 0;

// requestAnimationFrame shim (par Paul Irish)
window.requestAnimFrame = (function(){
return window.requestAnimationFrame       ||
        window.webkitRequestAnimationFrame ||
        window.mozRequestAnimationFrame    ||
        window.oRequestAnimationFrame      ||
        window.msRequestAnimationFrame     ||
        function(callback,element) {
          window.setTimeout(callback,1000/60);
        };
})();

// Fonction de dessin
function dessiner() {
  ctx.translate(3,1);
  ctx.rotate(0.2);
  ctx.beginPath();
  ctx.moveTo(0,i);
  ctx.lineTo(i+1,i);
  ctx.lineTo(i,i+10);
  ctx.closePath();
```

```
  ctx.stroke();
  ctx.strokeStyle = "rgba(206,"+i+",0,255)";
  i++;
  // Nouvelle itération
  requestAnimFrame(dessiner);
}

// Premier appel de la fonction de dessin
dessiner();

</script>
```

Une fois exécutée, la fonction `dessiner()` demande explicitement d'être appelée une nouvelle fois grâce à `requestAnimationFrame()`. C'est ainsi que l'animation perdure, tant que le navigateur lui donne la main.

Sur un écran classique LCD, la fréquence de rafraîchissement est souvent de 60 Hz, c'est-à-dire 60 fois par seconde. Les informations ont besoin d'être synchronisées avec la carte graphique toutes les 1000/60 = 16,6 millisecondes. Il faut alors être sûr d'accomplir le travail de calcul dans ce délai pour ne pas empiéter sur la prochaine génération d'image (*frame* en anglais).

L'annulation est prévue avec `cancelAnimationFrame()`.

Figure 8–37
Qui veut jouer au mikado ?

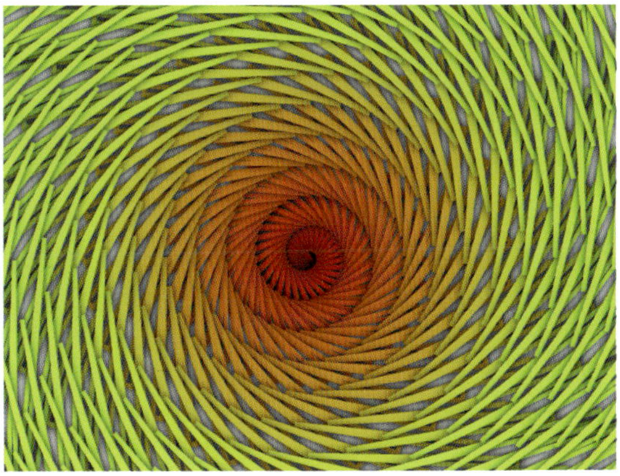

Jeux

Les jeux créés avec Canvas ne sont au final qu'un savant mélange de toutes ces fonctionnalités, un choix approprié de graphismes et une manipulation de données stockées en tableaux et objets variés. Toutes les briques de base sont disponibles pour assurer un développement complet : images, formes, sprites, événements clavier et souris, voire vidéo et son.

De nombreux frameworks existent pour faciliter la conception d'interfaces et leur positionnement, la gestion des déplacements, des collisions et des contrôles, les transformations d'éléments graphiques ou d'environnements de jeu. Il est très conseillé de faire appel à ces outils pour gagner en temps, en efficacité et en stabilité. Reportez-vous aux bibliothèques mentionnées en fin de chapitre.

Deux nouvelles API HTML5 vont se révéler extrêmement pratiques pour la conception de jeux de qualité :

- Gamepad pour la gestion des manettes de jeu ;
- Pointer Lock pour « verrouiller » le curseur dans la zone d'affichage, tel que dans un jeu FPS *(First-person Shooter)*.

L'intérêt est de capturer les événements lancés par un contrôleur de jeu, pour les associer à des fonctions de déplacement dans le navigateur. Du côté de la souris, il s'agit de maintenir– avec l'accord de l'utilisateur – le curseur dans les limites de la zone active pour contrôler une vue, typiquement dans un monde en 3D, et ne pas en sortir en atteignant les « bords » de la fenêtre avec le curseur.

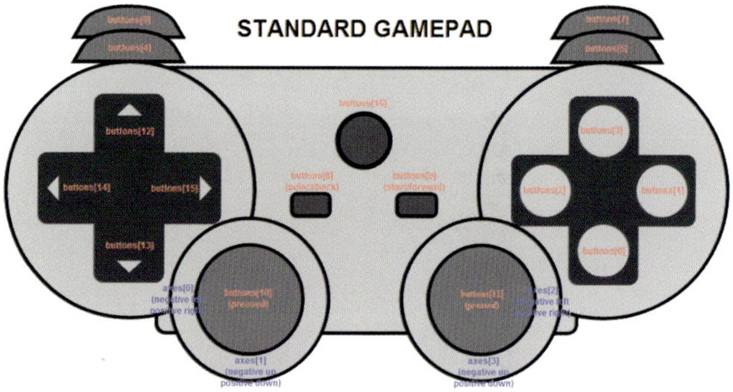

Figure 8–38
Une manette vue par HTML5

> **SPÉCIFICATION Pour les jeux HTML5**
>
> Pointer Lock :
>
> ▸ http://dvcs.w3.org/hg/pointerlock/raw-file/default/index.html
>
> Gamepad :
>
> ▸ http://dvcs.w3.org/hg/gamepad/raw-file/default/gamepad.html

Performance

Avec le bond considérable qu'ont fait les moteurs JavaScript et les applications graphiques qui en découlent, l'accélération matérielle est devenue nécessaire dans les navigateurs. On désigne par cela le fait de passer directement les instructions de calcul 2D ou 3D à la carte graphique, équipée d'une puce dédiée à ce genre d'opérations.

Le gain est important, que ce soit pour Canvas, WebGL, les effets appliqués en CSS ou encore le décodage de vidéos en haute résolution. Tout concourt à soulager le processeur principal, à économiser des ressources (de la batterie sur les mobiles) et à afficher des animations d'une plus grande fluidité. Pour cela les navigateurs récents (Chrome 13, Firefox 4, Internet Explorer 9, Opera 11, Safari 5, etc.) font appel aux pilotes graphiques, et sont dépendants du système. Heureusement, tous les matériels sont désormais compatibles.

Pour vérifier l'état de l'accélération matérielle pour ces fonctionnalités, Chrome est doté d'une adresse spécifique `chrome://gpu/` et d'outils encore plus avancés pour surveiller les performances avec `chrome://tracing/`

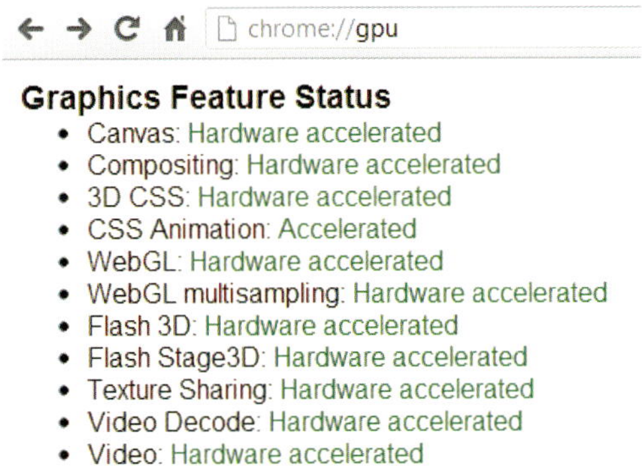

Figure 8–39
Êtes-vous *hardware accelerated* ?

Pour améliorer les performances de Canvas, de nombreux critères existent : ne pas rafraîchir toute la scène de l'animation à chaque fois, optimiser les boucles avec `requestAnimationFrame()`, inspecter le déroulement avec un profileur JavaScript, ou encore recourir à l'API Page Visibility.

L'API Page Visibility

L'API Page Visibility renseigne sur le caractère visible (ou non) d'un document HTML, et notifie des changements d'états. L'intérêt est de mettre en pause un traitement graphique qui serait inutile si l'utilisateur ne « voit » pas ce qui se passe, par exemple du côté de Canvas, de SVG animé, des notifications, des rafraîchissements d'information depuis le serveur, ou de la lecture vidéo.

SPÉCIFICATION Page Visibility

Côté W3C

- http://www.w3.org/TR/page-visibility/

Cette fonctionnalité est construite autour de l'événement `visibilitychange`, qui va être déclenché par le navigateur lorsqu'il considérera que son contenu n'est pas « visible » par l'utilisateur :

- si la fenêtre est réduite (minimisée) ;
- si l'onglet n'est pas actif (l'utilisateur consulte une autre page web dans un autre onglet si le navigateur le permet).

Cet événement va permettre d'interroger deux propriétés de l'interface document racine pour connaître son état.

La première est `document.hidden` qui peut prendre les valeurs suivantes :

- `true` (caché) ;
- `false` (affiché).

La deuxième est `document.visibilityState`, qui peut refléter plusieurs états :

- `hidden` : pas du tout visible ;
- `visible` : affiché totalement ou en partie ;
- `prerender` : chargement anticipé hors écran non visible ;
- `unloaded` : déchargement de la mémoire en cours.

Les navigateurs reconnaissant cette API sont Internet Explorer 10, Chrome 13, Firefox 10, Opera 12.1, Chrome Mobile, Firefox Mobile, Opera Mobile, BlackBerry 10. Les premières versions implémentées font respectivement appel aux préfixes `webkit` et `moz` pour chaque moteur.

Détection du changement de visibilité

```
document.addEventListener('visibilitychange', changementVisibilite,
false);
function changementVisibilite() {
  if(document.hidden) {
    // Le document est caché
  } else {
    // Le document est visible
  }
  // Etat: document.visibilityState
}
```

Cet exemple minimal ne tient pas compte de la réalité des préfixes, en voici un plus complet.

Détection du changement de visibilité multinavigateurs préfixés

```
<html>
<!doctype html>
<html>
<head>
  <meta charset="utf-8">
  <title>Visibilité ?</title>
  <p id="log"></p>
</head>
<body>
<script>

// Détection préalable des préfixes pour chaque moteur
var hidden, visibilityChange;
if (typeof document.hidden !== "undefined") {
  hidden = "hidden";
  visibilityChange = "visibilitychange";
  visibilityState = "visibilityState";
} else if (typeof document.mozHidden !== "undefined") {
  hidden = "mozHidden";
  visibilityChange = "mozvisibilitychange";
  visibilityState = "mozVisibilityState";
} else if (typeof document.msHidden !== "undefined") {
  hidden = "msHidden";
  visibilityChange = "msvisibilitychange";
  visibilityState = "msVisibilityState";
} else if (typeof document.webkitHidden !== "undefined") {
  hidden = "webkitHidden";
  visibilityChange = "webkitvisibilitychange";
  visibilityState = "webkitVisibilityState";
}

// La variable hidden contient le nom de la propriété du document
// La variable visibilityChange contient le nom de l'événement
// La variable visibilityState contient la propriété d'état

document.addEventListener(visibilityChange, changementVisibilite,
false);

// Elément qui va permettre un affichage informatif
var log = document.getElementById('log');

// Fonction qui traite l'événement
function changementVisibilite() {
  log.innerHTML += 'Le document est caché ? '+document[hidden]+'<br>';
  log.innerHTML += 'Etat : '+document[visibilityState]+'<br>';
}
</script>
</body>
</html>
```

Le passage d'un onglet à l'autre, ou la réduction de la fenêtre provoque un aller-retour entre document caché et document visible (état `hidden` puis `visible`).

Figure 8–40
Visible ou non ?

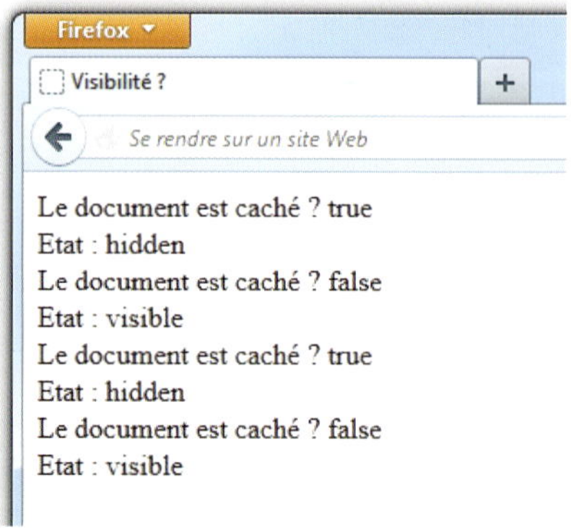

Il convient de compléter le script pour prendre les mesures nécessaires afin d'arrêter une animation ou une lecture vidéo. Par exemple :

```
if(document[hidden]) {
  document.getElementById('mavideo').pause();
} else {
  document.getElementById('mavideo').play();
}
```

L'état `prerender` correspond au préchargement du document et son rendu anticipé par le navigateur, par exemple effectué par Chrome pour optimiser la navigation de l'utilisateur en précalculant les pages. Dans ce cas, même si le document est chargé de manière invisible et le code JavaScript exécuté de manière classique, l'API Page Visibility permet, en vérifiant l'état, de ne pas déclencher le chargement des outils de statistiques de visites avant que l'utilisateur n'ait réellement affiché le document.

Plein écran

Pour afficher un élément `<canvas>` en plein écran, on peut se servir de l'API Fullscreen, au même titre que le passage d'autres contenus HTML, notamment `<video>`. Il faudra alors recalculer les positions des formes grâce aux dimensions globales de la surface de dessin et rafraîchir l'ensemble de la zone.

Reportez-vous à la section consacrée à la gestion de l'affichage en plein écran au chapitre 7, Audio et Vidéo, pour plus de précisions.

Adapter la taille du canvas à la fenêtre

Il peut arriver qu'un élément `<canvas>` n'ait pas de dimensions fixes mais doive s'adapter en fonction de l'espace disponible dans la fenêtre du navigateur. Les calculs seront donc initialement prévus pour s'ajuster à la hauteur et à la largeur, en se basant sur ces deux propriétés et devront être mis à jour sur l'événement `onresize`.

Adaptation dynamique aux dimensions de la fenêtre

```
window.addEventListener("resize", redimensionnement, false);
function redimensionnement() {
  // Calculer à nouveau positions et dimensions
  // grâce à window.innerWidth et window.innerHeight
}
```

Vidéo et audio

Ce qui est merveilleux avec les technologies ouvertes et interopérables c'est qu'elles se connaissent intimement et savent profiter de leurs avantages mutuels.

Intégrer une vidéo `<video>` HTML 5 dans `<canvas>` est un jeu d'enfant qui consiste à utiliser la méthode `drawImage()`, non plus avec un objet image, mais avec la vidéo en question. C'est cette fonction qui réplique le contenu graphique dans le canvas.

Vidéo dans <canvas>

```
<!doctype html>
<html lang="fr">
<head>
<title>HTML5 : Canvas + Video</title>
<meta charset="utf-8">
<style>
canvas {
  border:1px dashed #ccc;
}
video {
  border:5px solid #0094e9;
}
</style>
</head>
<body>

<!-- Élément video 1 -->
<video id="mavideo" width="720" height="406">
  <source src="bunny.mp4" type="video/mp4">
  <source src="bunny.ogv" type="video/ogg">
```

```
  <source src="bunny.webm" type="video/webm">
</video>

<!-- 2 Canvas ❷ -->
<div>
  <canvas id="dessin1" width="360" height="203"></canvas>
  <canvas id="dessin2" width="360" height="203"></canvas>
</div>

<!-- Contrôles ❸ -->
<input type="button" value="Lecture Video" onclick="video.play();">
<input type="button" value="Stop Video" onclick="video.pause();">
<input type="button" value="Stop Canvas"
onclick="clearInterval(inter);">

<script>
var moncanvas1 = document.getElementById('dessin1');
var ctx1 = moncanvas1.getContext('2d');

var moncanvas2 = document.getElementById('dessin2');
var ctx2 = moncanvas2.getContext('2d');

var video = document.getElementById('mavideo');

// Propriétés générales ❹
ctx1.scale(0.5,0.5);
ctx2.translate(-video.width/4,-video.height/4);

// Un intervalle de temps régulier ❺
if(video) var inter = setInterval(dessinVideo, 40);

// Fonction exécutée périodiquement
function dessinVideo() {
  if(!isNaN(video.duration)) {
    // Dessin de la vidéo dans les deux contextes❻
    ctx1.drawImage(video, 0, 0);
    ctx2.drawImage(video, 0, 0, video.width, video.height);
  }
}
</script>

</body>
</html>
```

Le document est composé d'un élément `<video>` ❶ et de deux `<canvas>` ❷ qui possèdent la moitié des dimensions de la vidéo originale. Des contrôles ❸ activent ou désactivent la lecture et la copie de Vidéo à Canvas. Des transformations sont appliquées aux contextes ❹, respectivement un redimensionnement de moitié et une translation pour centrer la vue.

La vidéo étant composée de multiples images se succédant, il est nécessaire de faire appel à `drawImage()` à de courts intervalles réguliers, grâce à la fonction `setInterval()` de JavaScript ❺ qui reçoit en arguments la fonction appelée `dessinVideo()` et le délai entre chaque appel, en millisecondes.

Chaque déclenchement de fonction recopie le contenu dans chacun des contextes avec `drawImage()`, en appliquant les transformations. Le premier appel pour `ctx1` est effectué en précisant le point de référence pour le dessin de l'image (0,0), le deuxième pour `ctx2` mentionne la zone (totale) à recopier. Dans le cas présent, ils sont équivalents. En indiquant des coordonnées différentes, il est envisageable de ne placer dans `<canvas>` qu'une sous-partie du rendu vidéo. Tous les autres traitements et effets sont possibles en temps réel.

Figure 8–41
Vidéo dans Canvas

Concernant l'audio, l'API est disponible de la même façon (hormis l'absence de rendu visuel), et contrôlable avec JavaScript.

Déclencher un effet sonore

```
var effet1 = new Audio('effet1.oga');
effet1.play();
```

Que ce soit pour déclencher des sons dans un jeu ou prévoir une musique de fond durant une animation, les méthodes équipant `<audio>` et son API sont au service de `<canvas>` et des événements pouvant survenir.

Prise en charge

Canvas n'est pas figé et va encore évoluer. Les fonctionnalités suivantes sont en cours d'implémentation :

- des primitives pour les chemins : `new Path()` ;
- des chemins suivant la syntaxe SVG ;
- des ellipses : `ellipse()` ;
- des lignes pointillées : `setLineDash()` ;
- la détection des collisions ;
- la personnalisation du curseur ;
- l'orientation du texte en suivant un chemin ;
- la transformation des motifs ;
- et bien d'autres améliorations variées.

Tableau 8–16 Tableau de support de <canvas>

Navigateur	Version	Navigateur	Version
Mozilla Firefox	3+	Opera	9+
Internet Explorer	9+	Android	2.1+
Apple Safari	3.1+	iOS (iPhone, iPad, iPod)	3.2+
Google Chrome	1+	Opera Mobile	10+

Du côté d'Internet Explorer, HTML 5 Canvas est supporté nativement uniquement depuis la version 9. Il existe cependant une librairie alternative permettant un usage minimal de Canvas sur les versions plus anciennes. Les autres navigateurs ont un taux de *turn-over* pour les mises à jour suffisamment important pour considérer que les principales versions utilisées disposent toutes de Canvas.

> **LIBRAIRIE Support de Canvas**
>
> ExplorerCanvas pour IE <9
>
> ‣ http://code.google.com/p/explorercanvas/

L'ajout de cette librairie reste relativement aisé. En voici un exemple :

Ajout d'ExplorerCanvas pour IE

```
<head>
<!--[if lt IE 9]><script src="excanvas.js"></script><![endif]-->
</head>

<script>
var el = document.createElement('canvas');
G_vmlCanvasManager.initElement(el);
var ctx = el.getContext('2d');
</script>
```

La conception même de cette librairie nécessite d'y faire appel dans la section `<head>` du document HTML, avant une quelconque apparition de la balise `<canvas>`. Le commentaire conditionnel `<!--[if lt IE 9]>` ... `<![endif]-->` permet de ne charger ce script que pour Internet Explorer pour les versions inférieures à 9, sans pénaliser les autres navigateurs.

La librairie canvas-text implémente des fonctions de tracé de texte (`strokeText`, `fillText`, `measureText`) sur les navigateurs ne les connaissant pas encore, notamment Firefox 2/3.0, Internet Explorer 6+, Opera 9.x à 10.5, Safari 3, Chrome dans ses toutes premières versions. FlashCanvas vise à reproduire en Flash les instructions développées pour Canvas et donc à apporter une alternative en Flash pour les navigateurs supportant ce plug-in, mais pas l'élément `<canvas>`.

> **LIBRAIRIE ExplorerCanvas**
>
> Canvas-text, fonctions de tracé de texte
>
> ▸ http://code.google.com/p/canvas-text/
>
> FlashCanvas, Flash à la rescousse
>
> ▸ http://flashcanvas.net/

Bibliothèques

Dès l'apparition de `<canvas>`, de nombreuses librairies ont vu le jour pour apporter des fonctions simplifiant la manipulation de tracés, de formes et la création d'animations. Il en apparaîtra d'autres encore, grâce à l'engouement de la communauté de développement autour de cet outil standardisé et libre. La plupart embarquent des méthodes pour la construction d'objets et d'interactions avec une écriture de code plus compacte. D'autres sont vouées à la création d'animations impressionnantes de fluidité.

Si vous devez vous lancer dans un projet Canvas animé ou avec de la manipulation d'objets évolués, faites le choix d'un framework existant pour gagner en efficacité. Leur usage est beaucoup plus intéressant que les fonctions natives car bien souvent ils s'occupent du rafraîchissement de la scène graphique, du déplacement des objets, de leurs transformations mathématiques, avec une couche d'abstraction de plus haut niveau. C'est ainsi qu'une des démonstrations technologiques de Paper.js est consacrée au Nyan Rainbow, variante du fameux Nyan Cat, ou que Sketch.js dompte les systèmes de particules.

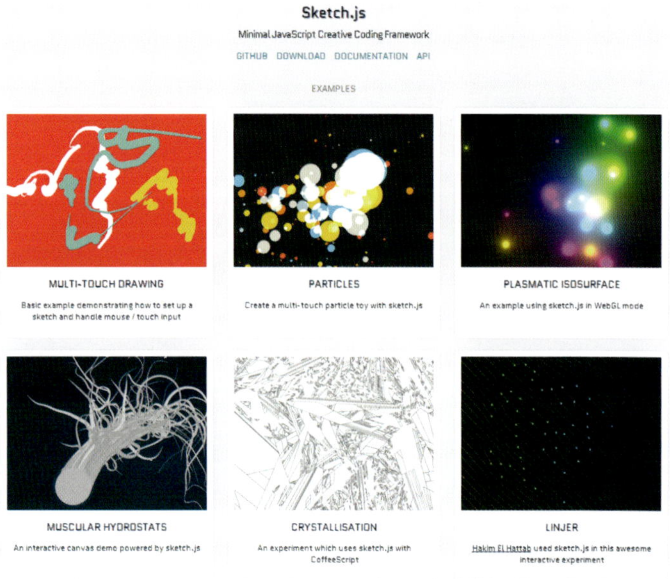

Figure 8–42
Démonstrations Sketch.js

BIBLIOTHÈQUES Dessin avec Canvas

Paper.js
- http://paperjs.org/download/

Sketch.js
- http://soulwire.github.com/sketch.js/

EaselJS
- http://easeljs.com/

KineticJS
- http://www.kineticjs.com/

HTML Canvas Javascript Library
- http://html-canvas-lib.sourceforge.net/

jCanvaScript
- http://jcscript.com/

jCanvas (jQuery)
- http://calebevans.me/projects/jcanvas/

Artisan JS
- http://artisanjs.com/

oCanvas
- http://ocanvas.org/

Une poignée de frameworks se sont spécialisées dans le développement de jeux pour le Web, à l'aide des API disponibles (interactions clavier, souris, création de sprites). Les résultats sont convaincants et promis à un bel avenir.

BIBLIOTHÈQUES Moteurs et frameworks pour développement de jeux

ImpactJS
- http://impactjs.com/

CraftyJS
- http://craftyjs.com/

IsonicEngine
- http://www.isogenicengine.com/

MelonJS
- http://www.melonjs.org/

box2dweb
- http://code.google.com/p/box2dweb/

Voir également l'ouvrage de Samuel Ronce

Développer des jeux en HTML5 et JavaScript – Multijoueur temps réel avec Node.js et intégration dans Facebook, Samuel Ronce, Eyrolles 2013

Et la 3D ? WebGL !

L'arrivée de la 3D sur le Web est prévue depuis de nombreuse années. Il faut dire qu'en tant que paradis des communautés virtuelles, il s'agit du domaine de prédilection pour la construction d'univers parallèles. Jusqu'à l'arrivée de Canvas, de nombreuses expérimentations ont été menées avec plus ou moins de succès, toujours avec des extensions propriétaires et des langages variés : VRML en 1994 certifié ISO en 1997, X3D en 2001 avec une base XML, Cult3D, et d'autres plug-ins plus exotiques.

RESSOURCE Spécification WebGL

WebGL 1.0 via le Khronos Group
- http://www.khronos.org/webgl/

Le socle `<canvas>` a permis le saut vers WebGL, qui est un ensemble très proche d'OpenGL ES 2.0 pour le Web et adapté à JavaScript. Celui-ci vise à être mis en œuvre nativement dans les navigateurs, sans extension supplémentaire, et avec accélération matérielle si possible.

Figure 8–43
WebGL en action
dans le navigateur

Le WebGL Working Group réunit Apple (Safari), Google (Chrome), Mozilla (Firefox), Opera et BlackBerry. Ce consensus parmi les éditeurs majeurs, hors Microsoft malheureusement, promet un support standardisé et efficace. Les mobiles ont un petit train de retard par rapport aux navigateurs de bureau. Lorsque l'accélération matérielle n'est pas disponible, Chrome fait appel à la technologie embarquée SwiftShader pour passer par un rendu logiciel (moins performant).

RESSOURCE Au sujet de WebGL

Expérimentations de Google pour Chrome
- http://www.chromeexperiments.com/webgl

Three.js, une bibliothèque 3D pour Canvas
- http://mrdoob.github.com/three.js/

Apprendre WebGL en anglais
- http://learningwebgl.com/blog/

Expérimentations par Hakim El Hattab
- http://hakim.se/experiments

J3D
- https://github.com/drojdjou/J3D

Expérimentations par Mr Doob
- http://mrdoob.com/

Canvas 3d JS Library
- http://www.c3dl.org/

Au moment de la rédaction de cet ouvrage, tous les navigateurs majeurs ont adopté WebGL hormis Internet Explorer. Les débuts se font avec la méthode `getContext("experimental-webgl")`. La programmation 3D nécessitant de solides connaissances en programmation et mathématiques, et pouvant de surcroît faire l'objet de nombreux ouvrages à part entière, sort quelque peu du cadre de ce chapitre d'initiation à Canvas 2D. C'est pourquoi je ne peux que vous conseiller, vaillant lecteur, de vous orienter vers les multiples ressources existant sur le Web, la programmation OpenGL et les émouvants souvenirs de transformations de matrices.

Et le graphisme vectoriel ? SVG !

Canvas repose sur la manipulation d'images bitmap et de pixels. C'est-à-dire avec une zone de résolution fixe ne pouvant s'adapter ou se redimensionner dynamiquement à toutes les configurations de périphériques de visualisation, hors anticipation spécifique par le développeur. Travailler avec des petits carrés de taille fixe plutôt qu'avec des coordonnées relatives est simple d'accès, pour les graphistes qui ont l'habitude de faire face à des millions de pixels tous les jours. Cela peut cependant présenter un inconvénient à l'heure où les plates-formes nécessitent des adaptations constantes avec des résolutions changeantes.

SVG *(Scalable Vector Graphics)* est un format d'**images vectorielles**, décrit en XML. Il ne repose pas sur les mêmes principes que Canvas. C'est un ensemble de balises qui décrivent le contenu de l'image à l'aide de formes simples.

Contrairement aux images matricielles, ces formes peuvent être redimensionnées, manipulées de différentes façons, sans subir d'altération, car le moteur de rendu recalculera à chaque fois le contenu de la zone d'affichage d'après les informations fournies initialement. Point d'effet d'escalier à l'horizon.

RESSOURCE **Spécification SVG**

Spécification par le W3C

- http://www.w3.org/TR/SVG/

En revanche, l'ensemble des tracés étant défini en XML, cela signifie que les éléments SVG sont de véritables éléments DOM, accessibles et pouvant être indexés par les moteurs de recherche. Il ne s'agit plus d'une soupe opaque de pixels pour un lecteur d'écran ou un robot.

Cela signifie également que la description du contenu d'une image complexe pourra vite se révéler verbeuse. L'idéal étant alors de pouvoir appliquer une compression (par exemple ZIP) au SVG pour faciliter son transit sur le réseau.

Le format SVG pourra être privilégié, selon les cas de figure, pour les formes simples, l'interaction ; tandis que Canvas sera plus compétent pour la performance de dessin et les animations.

Un document SVG

```
<?xml version="1.0"?>
<!DOCTYPE svg PUBLIC "-//W3C//DTD SVG 1.0//EN"
            "http://www.w3.org/TR/2001/REC-SVG-20010904/DTD/svg10.dtd">
<svg xmlns="http://www.w3.org/2000/svg">
<style type="text/css">
   circle:hover {fill-opacity:0.9;}
</style>
<g style="fill-opacity:0.7;">
   <circle cx="6cm" cy="2cm" r="100" style="fill:#FBC935;"
transform="translate(0,50)" />
   <circle cx="6cm" cy="2cm" r="100" style="fill:#5F85C5;"
transform="translate(70,150)" />
   <circle cx="6cm" cy="2cm" r="100" style="fill:#AACD46;"
transform="translate(-70,150)"/>
</g>
</svg>
```

Figure 8–44
Exemple de dessin SVG

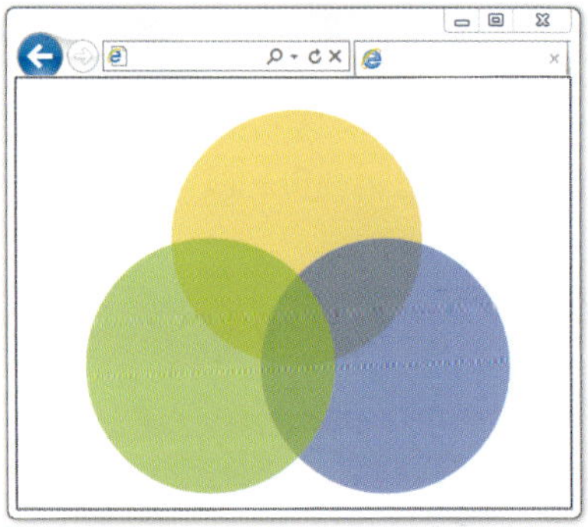

Les possibilités offertes par SVG sont très nombreuses, ce qui en fait désormais un format de fichier vectoriel de prédilection :

- formes, styles et tracés ;
- couleurs, remplissages, dégradés et motifs ;
- compositions, clip et masques ;
- filtres et effets ;

- transformations et système de coordonnées ;
- interactivité ;
- animation et scripts ;
- polices.

Création au format SVG

La majorité des logiciels de dessin vectoriel 2D propose la prise en charge de SVG, nativement ou bien à l'import/export. Il n'est donc pas nécessaire d'écrire du code XML à l'aide d'un simple éditeur de texte, bien que cela soit tout à fait possible et complémentaire.

Inkscape est une excellente solution open source, équipée de nombreux outils magiques.

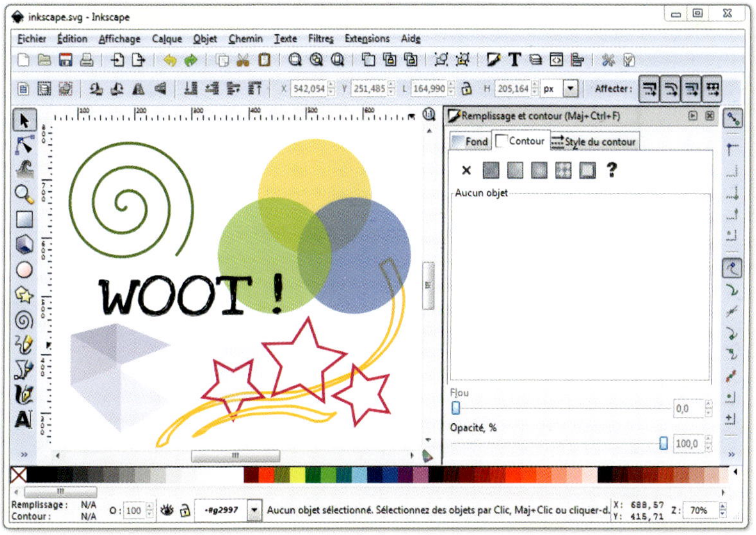

Figure 8–45
Inkscape

> **RESSOURCE Programmes vectoriels supportant SVG**
>
> Inkscape
> ‣ http://inkscape.org/?lang=fr
> GIMP
> ‣ http://www.gimp.org/
> Karbon14 (KOffice sous KDE)
> ‣ http://www.koffice.org/artwork/
> Adobe Illustrator
> ‣ http://www.adobe.com/

Inclusion HTML

Depuis les débuts de SVG sur le Web, un fichier image peut être inclus dans un document HTML avec la balise `<object>`.

SVG avec <object>

```
<object type="image/svg+xml" data="image.svg" width="800" height="600">
  <p>Texte alternatif : pas de support SVG</p>
</object>
```

Les navigateurs s'acheminent également tous vers l'interprétation directe avec les balises `<img>` et l'usage dans les feuilles de style CSS, notamment en arrière-plan (`background`).

SVG avec <img>

```
<img src="image.svg">
```

Dans cette situation, il est préférable de spécifier des dimensions à l'aide des attributs `width` et `height` pour éviter toute interprétation hasardeuse de la zone à allouer à l'image par défaut.

SVG avec CSS

```
<!doctype html>
<html lang="fr">
<head>
<title>HTML5 : SVG et CSS</title>
<meta charset="utf-8">
<style>
#svg {
  width:300px;
  height:200px;
  background:url(image.svg);
}
</style>
</head>
<body>

<div id="svg">
</div>

</body>
</html>
```

Par défaut, le rendu SVG n'est ni étiré ni répété en arrière-plan.

En HTML 5, il est prévu de pouvoir inclure du code SVG directement dans le document *(inline)*, avec la balise <svg>.

```
<!doctype html>
<html lang="fr">
<head>
<title>HTML5 : SVG</title>
<meta charset="utf-8">
</head>
<body>

<svg xmlns="http://www.w3.org/2000/svg">
  <style type="text/css">
    circle:hover {fill-opacity:0.9;}
  </style>
  <g style="fill-opacity:0.7;">
    <circle cx="6cm" cy="2cm" r="100" style="fill:#FBC935;"
transform="translate(0,50)" />
    <circle cx="6cm" cy="2cm" r="100" style="fill:#5F85C5;"
transform="translate(70,150)" />
    <circle cx="6cm" cy="2cm" r="100" style="fill:#AACD46;"
transform="translate(-70,150)"/>
  </g>
</svg>

</body>
</html>
```

Ceci fonctionne sur tous les navigateurs récents y compris à partir d'Internet Explorer 9, Firefox 4, Chrome 7, Opera 11.6, Safari 5.1, iOS 5, Android 3, BlackBerry 7, Opera Mobile 12, Chrome et Firefox pour Android.

Cette forme était déjà atteignable avec certaines pirouettes en XHTML, servi avec un en-tête `application/xhtml+xml` permettant l'inclusion d'un code XML (le SVG lui-même) dans un autre code XML (c'est-à-dire la page en XHTML).

Syntaxe

Le contenu SVG s'articule de la même façon que le XML sur lequel il est construit. Un ensemble de balises sont prévues pour accomplir des rôles particuliers (tracer une forme, appliquer un effet, appliquer une animation). Leur arborescence constitue le document image.

Dans l'exemple précédent, il est possible de constater la présence d'un bloc initial <style> qui définit l'effet appliqué au survol des éléments <circle>, eux-mêmes présents dans la racine <g> qui contient tous les graphismes à proprement parler de l'image en SVG.

On devine aisément que `<circle>` vise à tracer un cercle, et que ses attributs XML lui confèrent un style particulier. Par exemple `r` pour le rayon, puis `cx` et `cy` pour les coordonnées du centre sur les deux axes.

Citons parmi les balises les plus courantes : `<circle>`, `<text>`, `<rect>`, `<line>`, `<ellipse>`, `<polygon>`, `<mask>`, `<linearGradient>`, `<pattern>`, `<path>`.

De l'interactivité peut être embarquée dans SVG avec des scripts et la gestion d'événements tels que `onmousedown` et `onmouseover`.

La fonctionnalité la plus intéressante est certainement la possibilité de créer des animations SVG via SMIL (*Synchronized Multimedia Integration Language*), c'est-à-dire par des éléments embarqués au sein même du fichier, tels que `<animate>`. Sa prise en charge est moins étendue que celle du format SVG statique – elle est notamment encore absente jusqu'à Internet Explorer 10. Une bibliothèque JavaScript nommée Fakesmile se propose d'interpréter tout de même une partie des instructions d'animation sur les anciens navigateurs.

Support

Tableau 8–17 Tableau de support de SVG 1.1 (partiel)

Navigateur	Version	Navigateur	Version
Mozilla Firefox	3.0+	Opera	9+
Internet Explorer	9.0+	Android	3.0+
Apple Safari	3.0+	iOS (iPhone, iPad, iPod)	1.0+
Google Chrome	7+	Opera Mobile	10+

SVG est une spécification très vaste, qui n'est que rarement implémentée totalement dans les moteurs de rendu. Les premières étapes furent accomplies avec SVG 1.1 Tiny qui est un sous-ensemble simplifié de la spécification complète, puis avec cette dernière. Il est possible de produire néanmoins de très bons résultats avec les fonctions de base. Ce tableau de support ne dresse donc qu'un résumé du support partiel de SVG, les navigateurs étant très inégaux sur certains modules.

Faire un choix entre Canvas et SVG n'est pas toujours aisé au départ. Chacun a pourtant des forces et des faiblesses. David Rousset en a fait un bilan complet.

▸ http://blogs.msdn.com/b/davrous/archive/2011/05/20/introduction-aux-apis-graphiques-d-html5-svg-amp-canvas-2-4.aspx

Alternatives pour développer en SVG : SVGWeb, Raphaël, Bonsai.js...

Google a développé un projet libre nommé SVGWeb pour effectuer le rendu graphique d'un fichier SVG au travers de l'extension Flash. Cela permet un support à partir d'Internet Explorer 6.

Raphaël est une bibliothèque JavaScript indépendante qui simplifie la création de graphismes vectoriels et d'animations, en SVG pour les navigateurs récents et en VML sous Internet Explorer antérieurement à la version 9. Son support est vaste : Firefox 3.0+, Safari 3.0+, Chrome 5.0+, Opera 9.5+ et Internet Explorer 6.0+. **BonsaiJS** procède de la même façon, avec une bibliothèque légère pour créer du dessin 2D et des animations SVG. Les deux méritent le détour car représentent de véritables alternatives à Flash.

De nombreuses autres bibliothèques visent à la création de graphiques SVG à partir de langages exécutés côté serveur, tels que PHP.

LIBRAIRIES **Développement SVG**

SVGWeb
- http://code.google.com/p/svgweb/

SIE
- http://sie.sourceforge.jp/

BonsaiJS
- http://bonsaijs.org/

RaphaelJS
- http://raphaeljs.com/

FakeSmile
- http://leunen.me/fakesmile/

Géolocalisation

9

Dites-moi où je suis, je vous dirai ce que je peux faire… ou de l'art de savoir où nous sommes sur cette merveilleuse planète.

Figure 9–1 Outil éprouvé pour la géolocalisation

La géolocalisation est la capacité à se positionner géographiquement sur un plan ou une carte.

Avec l'introduction de la mobilité et des appareils reliés en permanence à Internet (téléphones et ordinateurs portables, tablettes) la capacité de pouvoir définir avec une précision relative sa propre position géographique, vis-à-vis de l'environnement et des autres usagers, a pris tout son intérêt.

De nombreuses applications pratiques ont déjà vu le jour :

- des recherches contextualisées, le moteur affichant les résultats étant les plus pertinents dans la zone géographique concernée ;
- des calculs d'itinéraires ou de position sur une carte ;
- des partages de localisations géographiques dans les réseaux sociaux, au travers de la notation de lieux ou de la prise de photos avec méta-informations.

Plusieurs méthodes de positionnement existent :

- par GPS (et bientôt Galileo) ;
- par triangulation dans un réseau de téléphonie sans fil (GSM, 3G, LTE, etc.) ;
- par triangulation de réseaux Wi-Fi/RFID/Bluetooth à portée – il existe des bases de données géographiques recensant les adresses MAC des points d'accès détectés lors de l'exploration des villes par des voitures équipées d'ordinateurs portables et de GPS, ou plus simplement alimentées par les mobiles qui font ce travail automatisé sans trop de difficultés, parfois à votre insu ;
- par adresse IP – il existe des bases de données telles que Google Location Services établissant les correspondances entre blocs d'adresses délivrées géographiquement par l'IANA et ensuite par les fournisseurs d'accès.

Un navigateur (ou un système d'exploitation) peut combiner plusieurs d'entre elles selon leur disponibilité et leur précision, les deux dernières nécessitant d'être connecté à Internet.

Sur une plate-forme mobile équipée d'un GPS, le navigateur embarqué pourra faire appel à ce système de positionnement. Sur un poste fixe qui n'en est pas équipé, un navigateur classique devra se baser sur l'adresse IP.

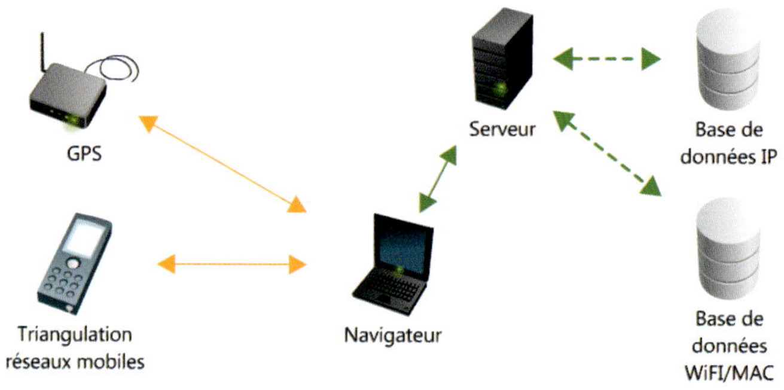

Figure 9–2
Principes de géolocalisation

La géolocalisation n'est pas à proprement parler dépendante de HTML 5, mais il s'agit bien d'une API web en plein essor.

Principe

La géolocalisation repose sur des informations très simples : les coordonnées de latitude, de longitude et d'altitude. Ces trois valeurs suffisent pour se positionner dans un espace en trois dimensions.

Lors de l'appel aux fonctions de géolocalisation, un avertissement est affiché par le navigateur, précisant quel site demande l'accès aux informations ainsi que les choix disponibles : accepter ou refuser. Durant ce temps, la page web n'a accès à aucune des données demandées. Elles ne seront délivrées qu'après acceptation. Cet impératif de confidentialité est requis par la spécification.

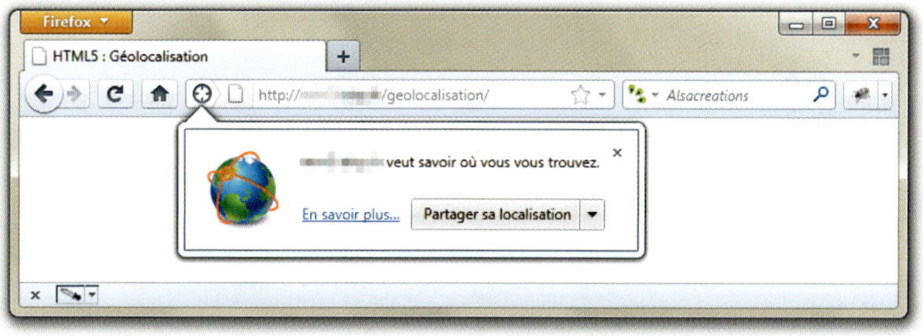

Figure 9–3
Demande d'autorisation sous Firefox

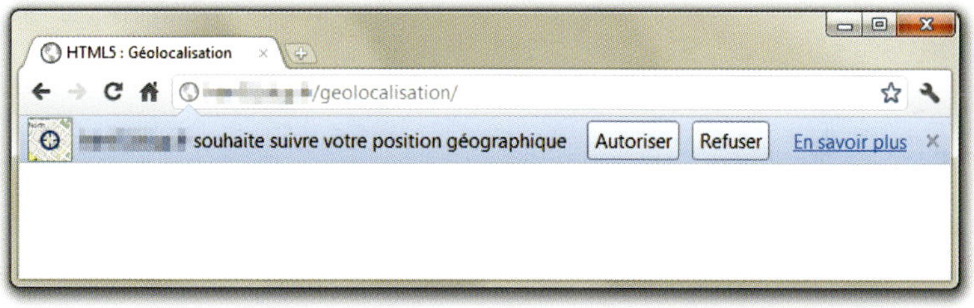

Figure 9–4
Demande d'autorisation sous Chrome

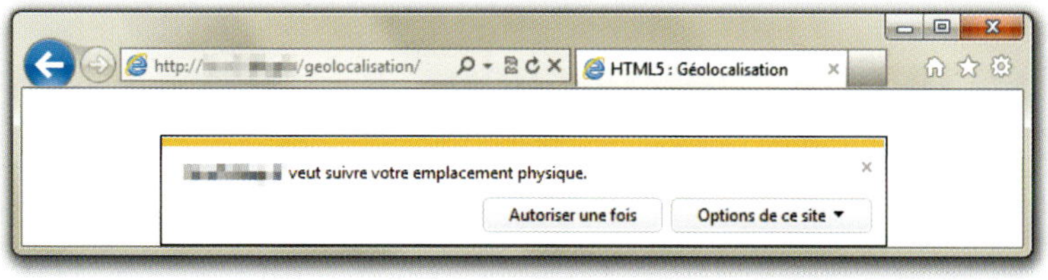

Figure 9–5
Demande d'autorisation sous Internet Explorer

Figure 9–6
Demande d'autorisation sous iOS

La procédure peut ensuite nécessiter quelques secondes, selon la méthode de détection employée. L'API a la capacité d'être sollicitée pour effectuer une seule requête de position, ou pour un suivi répété, par exemple dans le cas d'un déplacement.

En revanche, aucune garantie n'est donnée quant à l'exactitude des coordonnées retournées par le navigateur. Celui-ci peut très bien être soumis aux aléas d'une détection erronée, ou de coordonnées volontairement faussées par un utilisateur averti.

Quelques options peuvent être passées en argument pour préciser les conditions de l'appel à l'API concernant la précision, la durée maximale d'exécution lors de la géolocalisation, et la durée de validité des coordonnées placées en mémoire cache.

On associe aussi à la latitude et la longitude des informations supplémentaires facultatives. Celles-ci peuvent représenter la précision des valeurs obtenues, la vitesse ou la direction.

> **SPÉCIFICATION API Géolocalisation**
>
> La spécification de l'API de géolocalisation est disponible sur le site du W3C.
>
> ▸ http://www.w3.org/TR/geolocation-API/

Les mains dans le code

S'agissant de code JavaScript et DOM, l'ensemble des instructions doivent être déclarées dans un élément `<script>`. La géolocalisation fait appel à l'objet `geolocation`, membre de `navigator` (ou `window.navigator`).

Détection simple

```
if(navigator.geolocation) {
  // L'API est disponible
} else {
  // Pas de support, proposer une alternative ?
}
```

Déclencher la localisation

Deux méthodes de l'objet `geolocation` sont disponibles:

- `getCurrentPosition()` pour une requête unique ;
- `watchPosition()` pour un suivi continu de la position.

Ces méthodes acceptent en arguments :

- une fonction de *callback* (obligatoire), appelée de façon asynchrone en cas de succès dès que le résultat est obtenu ;
- une deuxième fonction de *callback* (facultative), appelée en cas d'erreur ;
- un ensemble d'options ***PositionOptions*** (facultatif).

Exemple avec getCurrentPosition

```
function affichePosition(position) { ❷
  // Afficher la position dans la page ou sur une carte...
}

navigator.geolocation.getCurrentPosition(affichePosition); ❶
```

Attention : `getCurrentPosition` ❶ retourne immédiatement, et tente de réunir les informations de manière asynchrone avant d'appeler ❷ la fonction de *callback* (`affichePosition`) et de lui fournir un objet de type ***Position*** contenant ces données.

Exemple avec watchPosition

```
function surveillePosition(position) {
  // Rafraîchir régulièrement la position affichée
// dans la page ou sur une carte...
}

var survId = navigator.geolocation.watchPosition(surveillePosition); ❶

// Pour annuler la surveillance continue
function annuler() {
  navigator.geolocation.clearWatch(survId); ❷
}
```

`watchPosition()` renvoie un identifiant de ressource ❶, qui permet d'annuler le suivi continu avec ❷ la fonction `clearWatch()`. On fait également appel à une fonction de *callback* pour récupérer un objet ***`Position`***.

Travailler avec la position et les coordonnées

Un objet de type ***`Position`*** contient des propriétés accessibles en lecture seule :

- `timestamp` : la date à laquelle la position a été acquise ;
- `coords` : les coordonnées.

La propriété `coords` de type ***`Coordinates`*** contient des précisions :

1. `latitude` : la latitude ;
2. `longitude` : la longitude ;
3. `accuracy` : le coefficient de précision ;
4. `altitude` : l'altitude (optionnel) ;
5. `altitudeAccuracy` : la précision sur l'altitude (optionnel) ;
6. `heading` : la direction (optionnel) ;
7. `speed` : la vitesse (optionnel).

On devine aisément que les données essentielles pour une géolocalisation de base seront la latitude et la longitude, c'est-à-dire les variables `position.coords.latitude` et `position.coords.longitude`. En détail, les objets mis en jeu sont :

Tableau 9–1 Position

Propriété	Unité	Type
`timestamp`	millisecondes	DOMTimeStamp
`coords`	voir ci-dessous	Coordinates

Tableau 9–2 Coordinates

Propriété	Unité	Type
`latitude`	degrés décimaux	double
`longitude`	degrés décimaux	double
`accuracy` (optionnel)	mètres	double
`altitude` (optionnel)	mètres	double
`altitudeAccuracy` (optionnel)	mètres	double
`speed` (optionnel)	mètres/seconde	double
`heading` (optionnel)	degrés (0° à 360° par rapport au nord dans le sens des aiguilles d'une montre)	double

L'objet ***Position*** est amené à évoluer, pour accepter une propriété `address`, pouvant recueillir des informations sur l'adresse postale avec les enfants suivants : `streetNumber`, `street`, `premises`, `city`, `county`, `region`, `country`, `countryCode`, `postalCode`. La méthode de détection sera alors combinée à un service de géocodage inversé, chargé de trouver ces renseignements à partir d'une base de données, selon les capacités du système.

La vitesse (`speed`) et la direction (`heading`) peuvent être calculées à partir de la précédente position de l'utilisateur s'il y a lieu.

Exemple avec affichage des coordonnées sur la page

```
<!-- Un élément HTML pour recueillir les informations -->
<div id="maposition"></div>

<script>

// Fonction de callback en cas de succès
function succesGeo(position) {
  var infopos = "Position déterminée : <br>";
  infopos += "Latitude : "+position.coords.latitude +"<br>";
  infopos += "Longitude: "+position.coords.longitude+"<br>";
  infopos += "Altitude : "+position.coords.altitude +"<br>";
  document.getElementById("maposition").innerHTML = infopos;
}

// Demande de position
navigator.geolocation.getCurrentPosition(succesGeo);
</script>
```

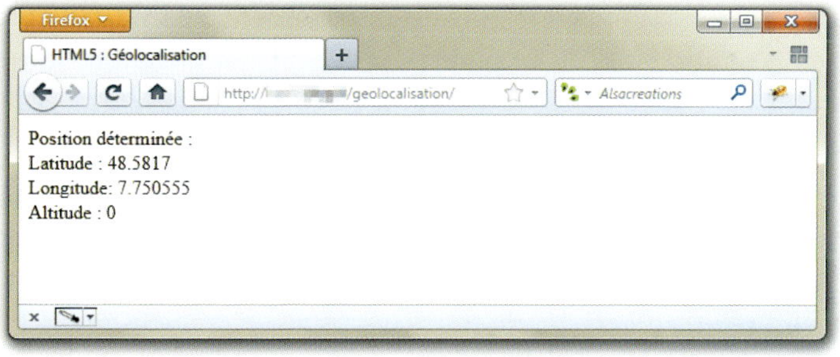

Figure 9–7
Résultat de la requête

Gestion des erreurs

Puisque la géolocalisation n'est pas d'une fiabilité extrême et dépend de nombreux paramètres variant quantitativement et qualitativement (possibilité technique, accord de l'utilisateur, réception des données), elle est assortie d'un gestionnaire d'erreurs.

Les méthodes `getCurrentPosition()` et `watchPosition()` acceptent une fonction de *callback* pour la gestion des erreurs en deuxième argument. Cette fonction reçoit un objet ***PositionError*** qui renseigne sur la cause de l'erreur en cas d'insuccès.

Tableau 9–3 Objet PositionError

Propriété	Type
`code`	unsigned short
`message`	DOMString

La propriété `code` possède, selon le contexte, une valeur numérique parmi les suivantes :

- `UNKNOWN_ERROR` : La localisation a échoué pour une raison inconnue.
- `PERMISSION_DENIED` : La localisation a échoué car le navigateur n'a pas obtenu la permission : l'utilisateur a refusé.
- `POSITION_UNAVAILABLE` : La position n'a pu être déterminée par les moyens techniques (GPS, réseau) mis à disposition.
- `TIMEOUT` : Le temps imparti est écoulé sans qu'une position ne soit obtenue.

Tandis que `message` renseigne par une chaîne de texte compréhensible par un humain, mais uniquement dans un but de développement, elle ne doit pas être affichée à l'utilisateur.

Options supplémentaires

Les méthodes `getCurrentPosition()` et `watchPosition()` acceptent un objet **`PositionOptions`** en troisième argument (facultatif). Celui-ci introduit des paramètres (tous optionnels) pour la procédure de localisation qui s'avèrent utiles de par la disparité des procédés techniques de géolocalisation et la différence qualitative des données calculées.

Les téléphones mobiles par exemple, exploitent à la fois le système GPS et la triangulation vis-à-vis des antennes de réseau implantées par l'opérateur téléphonique. Cette dernière est rapide, économe en ressources, mais peu précise relativement à la densité des équipements implantés dans la zone géographique. Elle suffira néanmoins pour évaluer grossièrement dans quel quartier se situe l'utilisateur, afin de lui indiquer les meilleurs restaurants ouverts s'il a un petit creux et une envie de choucroute.

Pour d'autres usages tels que le guidage, le GPS sera indispensable, car il faudra obtenir une résolution de quelques mètres grâce aux satellites en orbite pour pouvoir déterminer la rue empruntée et la direction à adopter. La mise en œuvre sera plus coûteuse et réveillera la puce GPS interne au mobile, d'où un délai plus long de mise en route et de calcul. Même James Bond n'y échappe pas.

Ainsi, selon les besoins de l'application web, l'on pourra agir sur ces paramètres :

- `enableHighAccuracy` : demande de fournir une position en haute précision, si le matériel le supporte et que l'utilisateur en donne la permission. La requête peut alors nécessiter un temps supplémentaire. En général, cette option est prévue pour signifier avec une valeur `false` que l'on souhaite économiser les ressources (réseau et consommation d'énergie) si une précision élevée n'est pas absolument nécessaire.
- `timeout` : spécifie explicitement un délai de temps d'attente au bout duquel la fonction retournera une erreur (voir code précédent) si la position n'a pu être déterminée. Le calcul débute après acceptation par l'utilisateur. En spécifiant une valeur nulle, la fonction retournera immédiatement la dernière position en cache si celle-ci existe, tout en provoquant une erreur avec un code `TIMEOUT`.
- `maximumAge` : autorise le système à répondre immédiatement avec une valeur mémorisée en cache, provenant d'une requête précédente. Par exemple, s'il n'est pas nécessaire d'obtenir une position de toute première fraîcheur et par conséquent de provoquer une nouvelle géolocalisation, une valeur de 120 000 millisecondes (2 minutes) tolérera le renvoi du même précédent résultat s'il a été obtenu dans cet intervalle de temps.

Tableau 9–4 Objet PositionOptions

Propriété	Type	Unité	Valeur par défaut
`enableHighAccuracy`	boolean		false
`timeout`	long	millisecondes	Infinity
`maximumAge`	long	millisecondes	0

Exemple avec options et gestion des erreurs

```
<!-- Un élément HTML pour recueillir l'affichage -->
<div id="maposition"></div>

<script>
// Fonction de callback en cas de succès
function succesGeo(position) {
  var infopos = "Position déterminée : <br>";
  infopos += "Latitude : "+position.coords.latitude +"<br>";
  infopos += "Longitude: "+position.coords.longitude+"<br>";
  infopos += "Altitude : "+position.coords.altitude +"<br>";
  document.getElementById("maposition").innerHTML = infopos;
}

// Fonction de callback en cas d'erreur
function erreurGeo(error) {
  var info = "Erreur lors de la géolocalisation : ";
```

```
  switch(error.code) {
    case error.TIMEOUT:
      info += "Timeout !";
    break;
    case error.PERMISSION_DENIED:
      info += "Vous n'avez pas donné la permission";
    break;
    case error.POSITION_UNAVAILABLE:
      info += "La position n'a pu être déterminée";
    break;
    case error.UNKNOWN_ERROR:
      info += "Erreur inconnue";
    break;
  }
  document.getElementById("maposition").innerHTML = info;
}

// La requête demande une position dont l'âge ne doit pas
// excéder 2 minutes. Si celle-ci n'existe pas ou n'est pas
// assez récente, l'agent utilisateur tente d'en acquérir
// une nouvelle.
navigator.geolocation.getCurrentPosition(succesGeo,erreurGeo,{maximumAge:120000});

</script>
```

Utiliser une carte

En général, le premier intérêt d'une géolocalisation est de positionner l'utilisateur sur une carte. Pour cela, l'on peut se servir avantageusement de l'API Google Maps ou des autres services équivalents proposés par les concurrents. OpenLayers est une solution opensource construite avec le projet OpenStreetMap.

Ressource API de cartographie

Google Maps

- https://developers.google.com/maps/

Bing Maps

- http://www.microsoft.com/maps/developers/web.aspx

OpenLayers

- http://www.openlayers.org/

Nokia Maps

- http://api.maps.nokia.com/en/index.html

Amazon Maps API

- https://developer.amazon.com/sdk/mapssignup.html

De nombreuses fonctions sont disponibles pour la configuration de l'affichage des cartes, des marqueurs de position, et des différents services gravitant autour du cœur de l'API, par exemple le calcul d'itinéraires ou le tracé de zones géographiques.

L'inclusion de la librairie sur une page HTML se fait via une simple balise `<script>`.

Exemple avec carte issue de l'API Google Maps

```
<!-- Un élément HTML pour recueillir l'affichage -->
<div id="maposition"></div>

<!-- Un élément HTML pour recueillir la carte ❸ -->
<div id="map" style="width:640px;height:480px"></div>

<!-- Chargement de l'API Google maps ❶ -->
<script src="http://maps.google.com/maps/api/js?sensor=false"></script>

<script>
if(navigator.geolocation) {

  // Fonction de callback en cas de succès
  function succesGeo(position) {

    var infopos = "Position déterminée : <br>";
    infopos += "Latitude : "+position.coords.latitude +"<br>";
    infopos += "Longitude: "+position.coords.longitude+"<br>";
    document.getElementById("maposition").innerHTML = infopos;

    // On instancie un nouvel objet LatLng pour Google Maps
    var latlng = new google.maps.LatLng(position.coords.latitude,
position.coords.longitude);

    // Ainsi que des options pour la carte, centrée sur latlng ❹
    var optionsGmaps = {
      mapTypeControl: false,
      center: latlng,
      navigationControlOptions: {style: google.maps.NavigationControlStyle.SMALL},
      mapTypeId: google.maps.MapTypeId.ROADMAP,
      zoom: 15
    };

    // Initialisation de la carte avec les options ❷
    var map = new google.maps.Map(document.getElementById("map"), optionsGmaps);

    // Ajout d'un marqueur à la position trouvée ❺
    var marker = new google.maps.Marker({
      position: latlng,
      map: map,
      title:"Vous êtes ici"
```

```
    });

  }

  // Requête de géolocalisation
  navigator.geolocation.getCurrentPosition(succesGeo);

}
</script>
```

Après chargement du fichier principal hébergé par Google ❶ et invocation d'une carte ❷, cette API prend place dans un élément HTML `<div>` sur la page ❸. Plusieurs fonctions JavaScript permettent de centrer la carte sur la position détectée ❹ et d'y placer un symbole ❺.

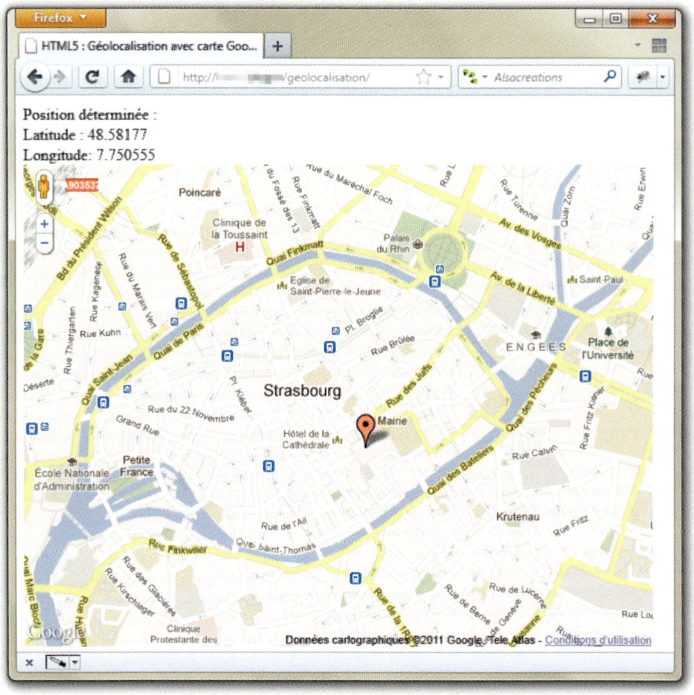

Figure 9–8
Résultat de la requête

Pour étudier ce qui se déroule en coulisses, sachez que Firefox est muni de deux directives de configuration accessibles via `about:config` (URL à taper dans la barre d'adresses). Il s'agit de `geo.enabled` qui active ou désactive le processus ; et `geo.wifi.uri` qui indique l'adresse interrogée dans le cas d'une méthode par identification de réseaux (IP, Wi-Fi), il s'agit par défaut de https://www.google.com/loc/json.

Prise en charge de l'API Geolocation par les navigateurs

Deux outils complémentaires peuvent aider à l'implémentation de la géolocalisation. Le premier est le framework *geo-location-javascript*, qui uniformise les appels de fonction sur plusieurs plates-formes (iPhone OS, Google Gears, BlackBerry, webOS, Mozilla Geode, etc.). Il s'agit d'un fichier JavaScript complémentaire, possédant ses propres fonctions.

Tableau 9–5 Tableau de support de l'API Geolocation

Navigateur	Version		
Mozilla Firefox	3.5+	Android	2.0+
Apple Safari	5.0+	iOS	3.0+
Google Chrome	5.0+ (< 5.0 via Gears)	Opera Mobile	10.1+
Opera	10.6+	IE Mobile	9+
Internet Explorer	9+		

RAPPEL

Consultez le site d'accompagnement pour des informations mises à jour !

Le deuxième est Google Gears lui-même, qui n'est plus maintenu, mais qui offre un support sur d'anciennes versions de navigateurs s'il est installé ainsi que naturellement sur Google Chrome dans les versions antérieures à la 5.0.

RESSOURCE Frameworks de géolocalisation : geo-location-javascript et API Google Gears

- http://code.google.com/p/geo-location-javascript/
- http://code.google.com/intl/fr/apis/gears/api_geolocation.html

Notez que le développement du framework de géolocalisation avec Google Gears est arrêté.

Alternative avec geo-location-javascript

Geo-location-javascript a le mérite de se conformer aux paramètres de la spécification du W3C pour les *callbacks* et les structures de données. Un résultat positif contiendra au moins les coordonnées de latitude et de longitude, ainsi qu'un *timestamp*.

Exemple avec usage de geo-location-javascript

```
<!-- Un élément HTML pour recueillir l'affichage -->
<div id="maposition"></div>
```

```
<!-- http://code.google.com/p/geo-location-javascript/ -->
<script src="geo-location-javascript/geo.js"></script>

<script>

// Fonction de callback en cas de succès
function succesGeo(position) {
  var infopos = "Position déterminée : <br>";
  infopos += "Latitude : "+position.coords.latitude +"<br>";
  infopos += "Longitude: "+position.coords.longitude+"<br>";
  infopos += "Altitude : "+position.coords.altitude +"<br>";
  document.getElementById("maposition").innerHTML = infopos;
}

// Fonction de callback en cas d'erreur
function erreurGeo(error) {
  var info = "Erreur lors de la géolocalisation : ";
  info += error.message;
  document.getElementById("maposition").innerHTML = info;
}

// Initialisation du framework et géolocalisation
if(geo_position_js.init()){
  document.getElementById("maposition").innerHTML = "En cours...";
  geo_position_js.getCurrentPosition(succesGeo,erreurGeo);
} else {
  alert("Ce navigateur ne supporte pas la géolocalisation");
}

</script>
```

Avec cette méthode, la librairie JavaScript n'est plus mise à disposition à une adresse publique, mais doit être téléchargée. Nonobstant l'initialisation, le reste du processus suit le même déroulement.

D'autres plates-formes possèdent leurs propres API, gageons que l'unification de ces différentes implémentations est sur la bonne voie :

RESSOURCE Autres API non standardisées : BlackBerry Browser, Palm, OMTP/Bondi et Symbian

- http://www.tonybunce.com/2008/05/08/Blackberry-Browser-Amp-GPS.aspx
- http://developer.palm.com/index.php?option=com_content&view=article&id=1673#GPS-getCurrentPosition
- http://bondi.omtp.org/1.0/apis/geolocation.html
- http://wiki.forum.nokia.com/index.php/Google_Maps_using_Location_Api_in_Symbian

Interactions avec les fichiers (File API) 10

Pour vitaminer les applications web, l'API File fournit des interfaces de lecture de fichiers et recourt à `XMLHttpRequest` pour les envois en Ajax au serveur.

Figure 10–1 Fichiers à l'ancienne

HTML 5 prévoit des interfaces de programmation puissantes pour interagir avec les fichiers, qu'ils soient binaires ou non. Cela représente une grande avancée en termes de possibilités offertes pour construire des applications à destination d'un public pouvant produire ou générer des données en ligne, voire en envoyer.

Le Web n'a pas toujours eu tant d'affinités avec les systèmes de fichiers, que ce soit en lecture ou en écriture. Les exigences de sécurité furent un frein, à l'époque où l'on parlait encore de cookies subtilisés et de failles JavaScript. Les développeurs avaient déjà fort à faire avec d'autres précautions et avec l'intrusion du langage Java dans ce monde multi-plate-forme pour accéder au stockage de l'internaute. Pourtant, l'essor des applications web a rendu nécessaire l'élaboration d'une API d'interaction avec les fichiers.

D'autres améliorations sont en route pour accomplir toutes les actions familières sur l'arborescence des fichiers : en lire le contenu sans faire intervenir un langage côté serveur ni une nécessité d'envoi, l'analyser, créer de nouvelles données binaires, les enregistrer temporairement, les traiter, et agrémenter l'envoi de fichiers par glisser-déposer ou la lecture de répertoires. Des agréments peuvent aussi être apportés du côté des images : les traiter dans `<canvas>`, les redimensionner, avant d'envoyer le résultat.

> **RESSOURCE Spécifications de l'API File**
>
> File API
>
> ▸ http://www.w3.org/TR/FileAPI/
>
> FileWriter
>
> ▸ http://www.w3.org/TR/file-writer-api/
>
> File API : Directories and System
>
> ▸ http://www.w3.org/TR/file-system-api/

Principe

La spécification W3C définit plusieurs interfaces pour la manipulation du système de fichiers :

- *File* : pour accéder aux propriétés du fichier (nom, type, poids, emplacement) ;
- *FileList* : pour représenter une séquence de fichiers (sélectionnés grâce à l'élément `<input type="file">` ou glissés-déposés depuis le système d'exploitation dans le navigateur) ;
- *Blob* : pour accéder au contenu binaire brut d'un fichier (*Binary Large Object*) ;
- *FileReader* : pour lire le contenu d'un fichier ou d'un objet *Blob* en mémoire ;
- *FileWriter* : pour écrire un fichier ;

- *FileWriterSync* : pour modifier un fichier de manière synchrone dans un Web Worker. ;
- *FileSaver*: pour sauver un *Blob* dans un fichier et en surveiller la progression ;
- *BlobBuilder* : pour construire un *Blob* depuis une chaîne de texte ;
- *FileError* et *FileException* : pour gérer les erreurs et exceptions pouvant survenir ;
- *FileSystem* : pour accéder au système de fichiers et à son arborescence.

De surcroît, l'API *ProgressEvents* permet de renseigner sur la progression lors de l'envoi d'un fichier, et l'API *Drag & Drop* entre en jeu pour les phases de glisser-déposer.

Toutes ces opérations sont asynchrones, ce qui signifie que les fichiers peuvent être chargés et manipulés en tâche de fond pendant que l'utilisateur accomplit d'autres actions. Par ailleurs, ces interfaces sont utiles à la création d'applications web qui doivent souvent fonctionner hors connexion (en mode déconnecté).

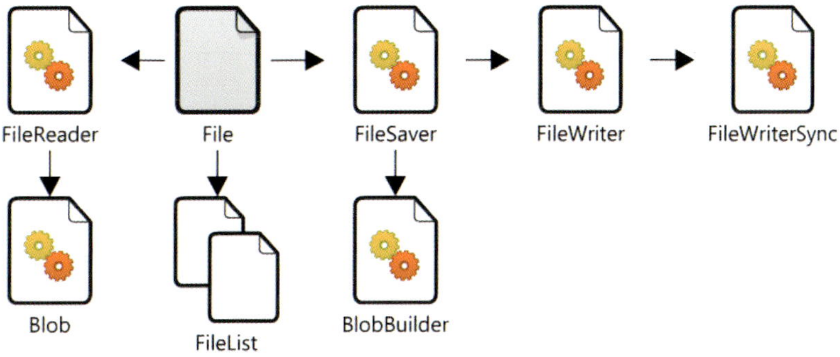

Figure 10–2
Interfaces de manipulation de fichiers

Fonctionnement

La manipulation de fichier suppose dans la plupart des cas l'envoi *(upload)* préalable ou la simple sélection d'un ou plusieurs fichiers par l'utilisateur.

Cela est réalisé grâce à l'élément `input` dont on précise le rôle via son attribut `type="file"`. Un contrôle est alors affiché avec un champ complété d'un bouton « Parcourir... ».

Entrée de formulaire pour fichier

```
<input type="file" name="monfichier">
```

Figure 10–3
Un composant de formulaire pour fichier

Nous ne nous intéresserons pas à l'envoi d'un fichier qui sort du cadre du HTML pur et dur, et qui nécessite un traitement grâce à un langage interprété côté serveur (PHP, Python, Ruby on Rails, Java, etc.) ; il existe de nombreux guides sur le Web pour réaliser cela et de nombreuses façons de procéder pour réceptionner un fichier de la sorte et le stocker avec toutes les vérifications de sécurité que cela implique.

En revanche, les API HTML 5 en relation avec les fichiers vont permettre d'effectuer des opérations avec une simple sélection, déclenchée par des événements DOM et du JavaScript. Cette sélection peut désormais porter sur un ensemble de plusieurs fichiers, grâce à l'introduction de l'attribut `multiple`, qui peut aussi prendre la valeur `true`.

Entrée de formulaire pour fichiers multiples

```
<input type="file" name="mesfichiers" multiple="true">
```

Un autre attribut nommé `accept` peut être précisé conjointement pour définir quel type MIME de fichier est accepté. En revanche, très peu de navigateurs supportent vraiment bien cette vérification de façon native.

Entrée de formulaire pour fichiers de type connu

```
<input type="file" name="monfichier" accept="image/jpeg">
```

Un caractère joker sous forme d'astérisque en seconde partie de masque signifie que tout sous-type est accepté. Si l'on ne souhaite pas laisser une telle latitude, une liste de valeurs séparées par des virgules peut aussi faire l'affaire.

Entrée de formulaire pour fichiers de type connu

```
<input type="file" name="monfichier" accept="image/*">

<input type="file" name="monfichier" accept="image/jpeg, image/gif, image/png">
```

Un tel type de champ est désormais reconnu par les systèmes d'exploitation mobiles (iOS, Android, etc.). Cela permet la sélection d'un fichier local, et même, directement, la prise de vue avec l'appareil photo qui renverra un fichier image.

Reportez-vous à la section consacrée à <input> dans le chapitre des éléments et attributs HTML pour plus de précisions.

Événement onchange

Une fois le ou les fichiers sélectionnés, l'événement `change` de l'élément `input` est déclenché. Il va permettre d'appeler un traitement spécifique, soit une fonction

JavaScript, en précisant que l'on souhaite exploiter la propriété `files` de l'élément ici désigné par `this` (lui-même).

Attribut onchange sur input file

```
<input type="file" name="mesfichiers" onchange="analyseFichiers(this.files)"
multiple>

<script>
function analyseFichiers(fichiers) {
  // Faire quelque chose avec les fichiers...
}
</script>
```

Il s'agira d'écrire cette fonction (ici `analyseFichiers`) pour accéder aux informations relatives aux fichiers.

L'association de l'événement peut aussi être effectuée dans le code JavaScript directement grâce à `addEventListener()` (ou `attachEvent()` sous Internet Explorer <9) et non au travers de l'attribut `onchange` :

Gestionnaires d'événements change

```
<input type="file"name="mesfichiers" id="mesfichiers" multiple>

<script>

var finput = document.getElementById("mesfichiers");
if (finput.addEventListener){
  finput.addEventListener("change", analyseFichiers, false);
} else if (finput.attachEvent) {
  finput.attachEvent("onchange", analyseFichiers);
}

function analyseFichiers(event) {
  fichiers = event.target.files;
// Faire quelque chose...
}

</script>
```

C'est alors la propriété `target.files` de l'événement qui entre en jeu.

Recueillir les informations des fichiers sélectionnés

La structure de données recueillie en argument de la fonction comprend un tableau donnant accès aux propriétés des fichiers nom (`name` ou `fileName`), taille en octets (`size` ou `fileSize`) et type MIME (`type`). Il suffit alors de le parcourir pour lire ces informations.

Affichage des propriétés de fichiers sélectionnés

```
<!-- ... -->
<input type="file" multiple name="mesfichiers"
id="mesfichiers" onchange="analyseFichiers(this.files);">

<div id="infos"></div>
<script>
function analyseFichiers(fichiers) {

   if(fichiers) {
      var infos = document.getElementById("infos");
      var nombreFichiers = fichiers.length;
      var tailleTotale = 0;
      infos.innerHTML = "<p>Il y a <b>"+nombreFichiers+"</b> fichiers</p>";
      infos.innerHTML += "<ul>";

      for(i=0;i<nombreFichiers;i++){
         infos.innerHTML += "<li>"+fichiers[i].name+" ("+fichiers[i].type+")</li>";
         tailleTotale += fichiers[i].size;
      }

      infos.innerHTML += "</ul>";
      infos.innerHTML += "<p>Total : <b>"+Math.round(tailleTotale/1024)+"</b> Kio
</p>";

   }
}
</script>
<!-- ... -->
```

Dans l'exemple ci-dessous :

- L'événement `change` déclenche l'appel à la fonction `analyseFichiers`.
- Celle-ci vérifie la présence de la propriété `files`.
- Cette dernière est parcourue en tant que tableau de données par une boucle **`for`**, qui itère de `0` à `fichiers.length-1`.
- Pour chaque élément (chaque fichier), on recueille les informations et on les concatène à la propriété `innerHTML` du bloc portant l'identifiant `infos`.
- En complément, les variables `nombreFichiers` et `tailleTotale` sont renseignées.

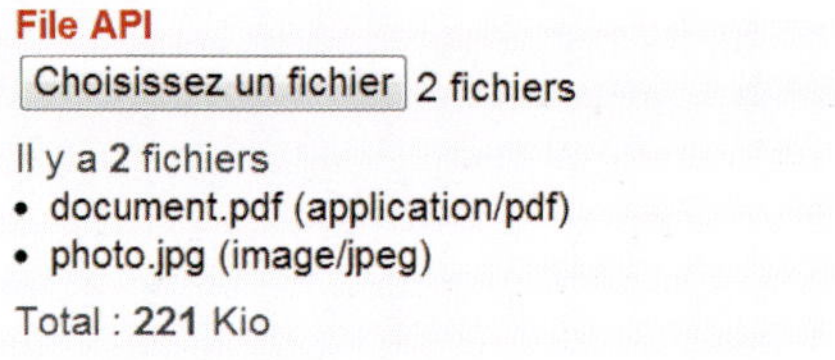

Figure 10–4
File API à l'œuvre pour un input file

Lire des fichiers avec FileReader

Pour aller plus loin qu'une simple lecture des propriétés des fichiers et exploiter leur contenu, il faut faire appel à *FileReader*.

Tableau 10–1 Aperçu de FileReader

Fonction	Rôle
`readAsArrayBuffer(blob)`	Renvoie le contenu au format ArrayBuffer.
`readAsBinaryString(blob)`	Renvoie le contenu au format BinaryString.
`readAsText(blob,encoding)`	Renvoie le contenu au format texte (le paramètre encoding est optionnel).
`readAsDataURL(blob)`	Renvoie le contenu au format DataURL.

Cette interface comprend plusieurs méthodes différentes selon le type de données attendu. La méthode utilisée dans l'exemple suivant sera `readAsDataURL()` qui déclenchera un événement `load` lorsque la lecture du fichier sera complète et convertie au format *DataURL*. Ce dernier embarque des données encodées à l'intérieur même du code HTML.

Lecture de fichiers locaux vers le format DataURL

```
<!DOCTYPE html>
<html lang="fr">
<head>
<meta charset="utf-8">
<title>HTML5 : File API (FileReader)</title>
<link rel="stylesheet" href="styles.css" type="text/css">
<style>
img {
  position:absolute;
  background:white;
  padding:20px;
  max-width:250px;
  /* Ombrage */
  -webkit-box-shadow: 0px 0px 20px #bbb;
  box-shadow: 0px 0px 20px #bbb;
  /* Transitions */
  transition: all 1s ease-out;
  -moz-transition: all 1s ease-out;
  -webkit-transition: all 1s ease-out;
  -o-transition: all 1s ease-out;
}
img:hover {
  /* Transformations au survol */
  -webkit-transform:rotate(0deg) scale(1.2) !important;
  -moz-transform:rotate(0deg) scale(1.2) !important;
  -o-transform:rotate(0deg) scale(1.2) !important;
```

```
  -ms-transform:rotate(0deg) scale(1.2) !important;
  transform:rotate(0deg) scale(1.2) !important;
}
</style>
</head>
<body>

<div class="wrap">

  <p><strong>File API (FileReader)</strong></p>
  <input type="file" multiple name="mesfichiers" id="mesfichiers"
onchange="analyseFichiers(this.files);">

</div>

<script>
function analyseFichiers(fichiers) {
  if(fichiers) {
    for(i=0;i<fichiers.length;i++){

      // Si le fichier est de type image
      // ... et que FileReader est disponible (1)
      if(fichiers[i].type.match("image.*") && (typeof window.FileReader !==
"undefined")) {

        // Nouvelle instance de FileReader (2)
        reader = new FileReader();

        // Gestion de l'événement load (3)
        reader.onload = function(event) {

          // Ajout en tant qu'image (4)
          var img = document.createElement("img");
          img.src = event.target.result;

          // Ajout dans le DOM (5)
          document.body.parentNode.insertBefore(img,document.body.nextSibling);

          // Modification du style à la volée (6)
          img.style.top = Math.round(Math.random()*window.innerHeight/2)+"px";
          img.style.left = Math.round(Math.random()*window.innerWidth/2)+"px";

          // Rotation aléatoire (7)
          var rotation = Math.round(Math.random()*40-20);
          img.style.webkitTransform = "rotate("+rotation+"deg)";
          img.style.OTransform = "rotate("+rotation+"deg)";
          img.style.msTransform = "rotate("+rotation+"deg)";
          img.style.MozTransform = "rotate("+rotation+"deg)";
          img.style.transform = "rotate("+rotation+"deg)";
```

```
            };

            // Lancement de FileReader pour le fichier ❽
            reader.readAsDataURL(fichiers[i]);

          }
        }
      }
    }
</script>

</html>
```

L'itération sur la liste de fichiers obtenue provoque pour chaque fichier de type image ❶ la création d'un objet `FileReader` ❷. Étant donné que l'événement `load` est déclenché à la fin de la lecture, il faut déclarer un gestionnaire d'événement ❸, recueillant l'objet et traitant sa propriété `target.result`. Celle-ci contient les données au format *DataURL* qui sont assignées à l'attribut `src` de l'image créée dynamiquement ❹. À l'insertion dans le DOM, l'image apparaît avec son contenu ❺.

Pour le côté esthétique, l'image est positionnée à des coordonnées aléatoires déterminées d'après les dimensions de la fenêtre active ❻. Une rotation lui est ensuite appliquée ❼ grâce à la propriété CSS `transform` qui accepte une valeur en degrés, elle aussi déterminée aléatoirement en JavaScript avec la fonction `Math.random()`.

```
transform:rotate(Xdeg);
```

Plusieurs navigateurs supportant ces fonctions expérimentales avec un préfixe, le script utilise jusqu'à cinq propriétés différentes de `style` pour appliquer la rotation.

Après ce gestionnaire d'événement, il ne faut pas oublier de lancer la lecture avec la méthode `readAsDataURL()`, recevant en argument le fichier sur lequel la boucle a itéré ❽.

Figure 10–5
Affichage des images

L'apparence finale est déterminée par les styles appliqués individuellement en JavaScript à chaque image (une valeur de rotation et une position différentes) ainsi qu'au niveau global (ceux présents dans la balise `<style>`). Au survol avec la souris, une transition CSS est déclenchée pour agrandir légèrement l'image et la redresser avec une rotation nulle.

En résumé, l'essentiel de l'action de *FileReader* se joue en trois étapes :

1. La déclaration d'un nouvel objet *FileReader*.
2. L'écriture du gestionnaire d'événement `onload`, avec l'exploitation du résultat stocké dans les propriétés de cet événement.
3. L'appel effectif de la méthode de lecture, au choix parmi celles offertes.

Lecture au format DataURL avec FileReader

```
var reader = new FileReader();
reader.onload = function(event) {
  event.target.result; // données DataURL
}
reader.readAsDataURL(fichier);
```

Pour une lecture au format texte, d'un fichier texte simple ou par exemple d'un autre document HTML, la méthode `readAsText()` suit le même principe.

Lecture au format texte avec FileReader

```
var reader = new FileReader();
reader.onload = function(event) {
  event.target.result; // données texte
}
reader.readAsText(fichier);
```

Utiliser Canvas

Pourquoi ne pas profiter de Canvas pour effectuer des traitements sur les images ainsi importées ? Après création de l'élément `<img>`, une insertion dans un élément `<canvas>` coule de source avec la fonction `drawImage()`.

Dessin d'images importées dans canvas

```
<!-- ... -->
<div class="wrap">

  <p><strong>File API (Canvas)</strong></p>
  <input type="file" multiple name="mesfichiers" id="mesfichiers"
onchange="analyseFichiers(this.files);">
  <canvas width="400" height="300" id="dessin"></canvas>

</div>
```

```
<script>

var canvas = document.getElementById("dessin");
var ctx = canvas.getContext("2d");s
function analyseFichiers(fichiers) {
  if(fichiers) {
    for(i=0;i<fichiers.length;i++){

      if(fichiers[i].type.match("image.*") && (typeof window.FileReader
!== "undefined")) {

        reader = new FileReader();
        reader.onload = function (event) {

          // Création de l'image
          var img = document.createElement("img");
          img.src = event.target.result;

          // Insertion aléatoire dans canvas
          var x = Math.random()*(canvas.width-img.width);
          var y = Math.random()*(canvas.height-img.height);
          ctx.drawImage(img,x,y);

        };
        reader.readAsDataURL(fichiers[i]);
      }
    }
  }
}
</script>
<!-- ... -->
```

À la suite de quoi, il est possible d'utiliser toutes les autres fonctions de dessin et de manipulation d'images. Reportez-vous au chapitre 8 pour les découvrir.

Figure 10–6
Dessin de 13 images dans <canvas>

Canvas n'est pas uniquement un point d'entrée, les graphismes ainsi générés sont « exportables » par des méthodes accessibles depuis l'objet de canvas. Le premier format supporté est *DataURL* avec la fonction `toDataURL()` qui reçoit en argument le type de données souhaité pour l'encodage `data:`.

```
var dataurl = canvas.toDataURL("image/png");
```

La seconde possibilité est plus ambitieuse, avec la méthode `toBlob()` qui a pour rôle de produire un type *Blob*, c'est-à-dire des données binaires.

```
function callback(event) {
  // event...
}
canvas.toBlob(callback,"image/png");
```

Cette procédure étant asynchrone, c'est là aussi une fonction de *callback* qui reçoit les données dans l'objet événement généré. À partir de cet instant, l'objet `Blob` peut être exporté vers un fichier avec l'API *FileWriter*, voire envoyé directement vers un serveur en Ajax avec *XMLHttpRequest*.

Au moment des derniers développements, cette fonction reste malheureusement rare, mais il est à parier que son utilité va la démocratiser rapidement.

LIBRAIRIES Alternatives par Eli Grey

Quelques alternatives JavaScript pour FileAPI et Canvas
- https://github.com/eligrey/canvas-toBlob.js
- https://github.com/eligrey/FileSaver.js/blob/master/FileSaver.js
- https://github.com/eligrey/BlobBuilder.js

CreateObjectURL

Une alternative à *FileReader* et *DataURL* consiste à se tourner vers le format *Object-URL*. C'est l'interface `window.URL` (ou `window.webkitURL` pour la version expérimentale préfixée avec le moteur WebKit) qui comprend la méthode `createObjectURL()` pour la conversion directe depuis un fichier.

Utilisation de CreateObjectURL

```
var img = document.createElement("img");

// Version universelle
if(window.URL && typeof window.URL.createObjectURL!=="undefined") {
  img.src = window.URL.createObjectURL(fichiers[i]);
// Version webkit initiale
} else if(window.webkitURL && typeof
window.webkitURL.createObjectURL!=="undefined") {
  img.src = window.webkitURL.createObjectURL(fichiers[i]);
}
```

Cette interface existe depuis Internet Explorer 10, Firefox 4, Chrome 8, Safari 6, Android 4 et BlackBerry 10. Rappelez-vous que le moyen le plus rapide de tester la disponibilité d'une fonction dans un navigateur reste d'écrire son nom complet dans la console JavaScript du navigateur.

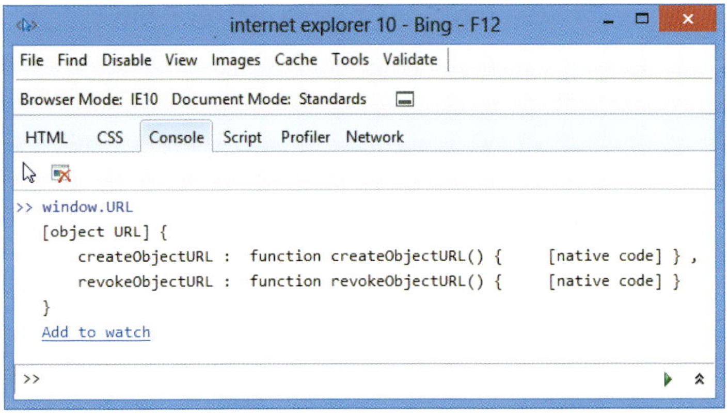

Figure 10–7
Console IE10 et présence de window.URL

Upload simple avec PHP

La prise en charge de l'envoi de fichiers vers le serveur (*upload*) est une composante fréquente dans les applications web. Avec le langage PHP, un envoi au travers d'un formulaire HTML validé est aisé. Quelques notions sont à retenir :

- Le formulaire doit être équipé de l'attribut `enctype="multipart/form-data"`, sans oublier de bien indiquer l'adresse du script de prise en charge dans l'attribut `action`.
- PHP stocke les informations sur les fichiers dans le tableau `$_FILES`.
- Les fichiers sont temporairement écrits dans un répertoire temporaire du serveur web et doivent être déplacés avec la fonction `move_uploaded_file()` de PHP vers le répertoire de destination.

Document HTML d'envoi

```
<!DOCTYPE html>
<html lang="fr">
<head>
<meta charset="utf-8">
<title>HTML5 : File API (Upload)</title>
<link rel="stylesheet" href="styles.css" type="text/css">
</head>
<body>
```

```
<div class="wrap">

  <form id="formulaire" method="post" action="upload.php"
        enctype="multipart/form-data">
    <p><strong>File API (Upload)</strong></p>
    <input type="file" multiple name="mesfichiers[]" id="mesfichiers">
    <input type="submit" value="Envoyer">
  </form>

</div>

</body>

</html>
```

Les navigateurs modernes autoriseront l'envoi de multiples fichiers grâce à l'attribut `multiple`. C'est pourquoi il sera nécessaire de suffixer le champ de formulaire par `[]` et d'itérer ensuite en PHP sur le tableau obtenu.

Fichier PHP (upload.php)

```
<?php

if(isset($_FILES) && is_array($_FILES)) {
  // Nombre de fichiers envoyés
  $nb = count($_FILES["mesfichiers"]["name"]);
  // Chemin destination (répertoire courant + /upload/)
  $uploaddir = realpath(".")."/upload/";
  if($nb>0) {
    for($i=0;$i<$nb;$i++) {

      echo "<p>Fichier : ".$_FILES["mesfichiers"]["name"][$i];
      echo "<br>Taille : ".$_FILES["mesfichiers"]["size"][$i];
      echo "<br>Type : ".$_FILES["mesfichiers"]["type"][$i];

      // Copie depuis le répertoire temporaire
      $copie =
move_uploaded_file($_FILES["mesfichiers"]["tmp_name"][$i],
$uploaddir.$_FILES["mesfichiers"]["name"][$i]);

      if($copie) echo "<br><b>Fichier copié</b></p>"; else echo
"<br><b>Erreur de copie</b></p>";

    }
  } else {
    echo "Aucun fichier envoyé";
  }
}
?>
```

Cet exemple reste volontairement minimaliste. Il vous appartient absolument de prendre toutes les mesures nécessaires en matière de sécurité, selon la vocation de l'application et des fichiers envoyés. Des vérifications sur le nom du fichier copié (sa longueur, son extension, les caractères autorisés), sur sa taille et sur son type sont obligatoires pour ne pas écoper de fichiers malicieux pouvant mettre à mal l'intégrité du site. La cerise sur le gâteau : ne pas oublier de donner les droits d'écriture au répertoire de destination.

Upload avec XMLHttpRequest 2

Ajax utilise une technologie construite autour de l'objet `XMLHttpRequest`. C'est ce « module » particulier de JavaScript dont sont équipés tous les navigateurs récents qui autorise le dialogue avec un serveur HTTP sans devoir recharger complètement une page. Des données peuvent être envoyées et reçues, par une requête POST ou GET, ce qui a permis l'essor d'un grand nombre d'applications web très célèbres.

À l'initiative de Microsoft pour Internet Explorer 5 (*XMLHttp* en ActiveX), cet outil a vite prouvé son utilité et a conquis les autres navigateurs sous des formes approchantes. En 2006, il s'est vu proposer le statut de recommandation du W3C. Prévu initialement pour faire transiter du XML, ainsi que son nom l'indique, rien n'empêche de l'utiliser avec des formats textes variés ainsi que JSON et HTML lui-même. Des améliorations ont été pensées pour simplifier son usage, lisser les différences d'implémentation et le rendre plus puissant avec des transferts de données binaires, dans ce qui a été baptisé « XMLHttpRequest Level 2 ».

RESSOURCE Spécifications XMLHttpRequest

W3C Working Draft XMLHttpRequest Level 2

- http://www.w3.org/TR/XMLHttpRequest2/

W3C Editor's Draft XMLHttpRequest Level 2

- http://dev.w3.org/2006/webapi/XMLHttpRequest-2/

Recommandation candidate W3C « Level 1 »

- http://www.w3.org/TR/XMLHttpRequest/

Côté serveur, le script PHP écrit pour un envoi classique avec validation de formulaire reste le même. Il n'est pas besoin de le modifier, à moins de vouloir envoyer des informations (texte ou HTML) différentes au retour de la requête Ajax.

Côté navigateur, le formulaire préparé dans l'exemple précédent (voir Document HTML d'envoi) est toujours d'actualité. Il se voit en revanche complété :

- par un script initialisant un nouvel objet `XMLHttpRequest` et prenant le pas sur la méthode d'envoi classique ;

- par l'utilisation de *FormData* ;
- par un élément `<output>` (facultatif) devant afficher le retour du serveur ;
- par un élément `<progress>` (facultatif) affichant l'avancement de l'envoi.

Document HTML d'envoi

```
<!DOCTYPE html>
<html lang="fr">
<head>
<meta charset="utf-8">
<title>HTML5 : File API (Upload XHR2)</title>
<link rel="stylesheet" href="styles.css" type="text/css">
</head>
<body>

<div class="wrap">

  <form id="formulaire" method="post" action="upload.php"
enctype="multipart/form-data">
    <p><strong>File API (Upload)</strong></p>
    <input type="file" multiple name="mesfichiers[]" id="mesfichiers">
    <input type="submit" value="Envoyer">
  </form>

  <progress id="avancement" min="0" max="100" aria-valuemin="0" aria-
valuemax="100"></progress>
  <output id="infos"> </output>

</div>

<script>
// ... Script d'envoi (ci-après)
</script>

</body>

</html>
```

FormData

L'API *FormData* fait partie de la spécification XMLHttpRequest 2. Elle sera mise à contribution pour le « packaging » des données à envoyer, car elle contribue grandement à sa simplification.

Son rôle est de créer dynamiquement un objet regroupant des données de formulaire, à partir de sources variées, fussent-elles présentes sur la page dans un formulaire HTML ou non. Le tout est structuré en paires de clés/valeurs, ajoutées par la méthode `append()`.

Exemple d'envoi FormData via XMLHttpRequest

```
// Création de l'objet FormData
var fd = new FormData();

// Ajout de données
formData.append("pseudo", "Okko");
formData.append("kiwiz", 1664);

// Création d'un objet XMLHttpRequest
var xhr = new XMLHttpRequest();
xhr.open("POST","inscription.php");

// Envoi de FormData par XMLHttpRequest
xhr.send(fd);
```

Cette façon de procéder est d'une grande souplesse, d'autant plus que la méthode `append()` accepte des fichiers *File*, issus d'un `<input type="file">` ou de Drag & Drop.

Script pour envoi de fichiers avec FormData et XMLHttpRequest

```
<script>

var formulaire = document.getElementById("formulaire");
var progression = document.getElementById("avancement");
var infos = document.getElementById("infos");

formulaire.onsubmit = function(event) {

  // Désactivation du comportement par défaut du formulaire ❶
  event.preventDefault();

  // Disponibilité de FormData ? ❷
  if(window.FormData) {
    var fd = new FormData();
  } else {
    alert("FormData non supporté");
    return;
  }

  // Initialisation Ajax ❸
  var xhr = new XMLHttpRequest();

  // Paramètres globaux de la requête ❹
  // formulaire.getAttribute("action") = "upload.php"
  xhr.open("POST", formulaire.getAttribute("action"), true);

  // Au changement de statut ❺
  xhr.onreadystatechange = function(event) {
```

```
    if(this.readyState === 4) {
      // Affichage du retour texte de la requête
      infos.innerHTML += event.target.responseText;
    }
  };

  // Durant la progression... ❻
  xhr.onprogress = function(event) {
    if(event.lengthComputable) {
      var pourcentage = Math.round(event.loaded*100/event.total);
      // infos.innerHTML += pourcentage.toString()+'%<br>';
      progression.setAttribute("aria-valuenow",pourcentage);
      progression.value = pourcentage;
    }
  };

  // A la fin du chargement ❼
  xhr.onload = function(event) {
    infos.innerHTML += '<p style="color:green">Chargement terminé<p>';
  };

  // En cas d'erreur ❼
  xhr.onerror = function(event) {
    infos.innerHTML += '<p style="color:red">Erreur<p>';
  };

  // En cas d'annulation ❼
  xhr.onabort = function(event) {
    infos.innerHTML += '<p style="color:orange">Annulation<p>';
  };

  // Liste des fichiers à envoyer ❽
  var inputfichiers = document.getElementById('mesfichiers');
  var fichiers = inputfichiers.files;

  // Pour chaque fichier
  for(i=0;i<fichiers.length;i++) {
    infos.innerHTML += "Envoi de "+fichiers[i].name+"...<br>";
    // Ajout à FormData ❾
    fd.append(inputfichiers.name,fichiers[i]);
  }

  // Envoi des données ❿
  xhr.send(fd);

};

</script>
```

Considérant un envoi avec Ajax sans valider le formulaire en HTTP, il est nécessaire de désactiver l'action par défaut, qui survient sur l'événement submit ❶. Suite à quoi le script peut prendre le relais pour initialiser les deux objets qui vont lui être utiles : *FormData* pour les données ❷ et XMLHttpRequest pour les envoyer ❸. La méthode d'envoi choisie est POST, pour laquelle l'adresse doit être précisée ❹ (ici directement lue dans l'attribut action du formulaire).

Plusieurs gestionnaires d'événements sont définis pour l'objet XMLHttpRequest afin de suivre de près son statut. La réponse du serveur formulée par PHP est affichée dans l'élément <output> ❺, tandis que l'avancement de l'envoi est pris en compte par <progress> ❻ grâce à l'utilisation d'événements de progression *Progress Events*. Les événements load, error et abort sont interceptés au besoin ❼ pour afficher un message informatif.

La phase de constitution des données débute avec la récupération ❽ de la liste des fichiers de l'élément <input type="file">, pour laquelle une itération procède aux ajouts successifs à l'objet FormData ❾, avec la clé lue dans l'attribut name du champ. Une fois tous ces préparatifs accomplis, il ne reste plus qu'à envoyer l'objet (et toutes les données qu'il contient) avec la méthode send() de l'interface XMLHttpRequest.

Figure 10–8
Résultat de l'upload

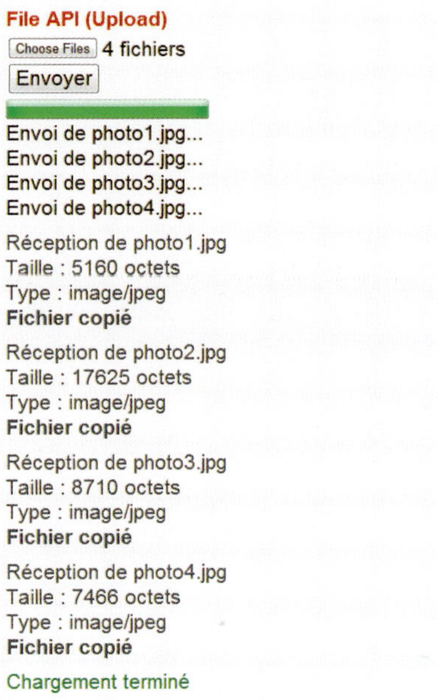

Une amélioration possible est l'affichage des images envoyées, soit via le serveur, soit côté client avec les fonctions offertes par *FileReader*.

La prise en charge de `FormData` (XMLHttpRequest 2) se fait à partir de Firefox 4+, Chrome 6+, Safari 5+, IE 10+, Opera 12+, Android 3+, iOS 5+.Des alternatives très proches peuvent être construites avec jQuery et la méthode `$.ajax()` pour offrir une meilleure rétrocompatibilité avec les anciens navigateurs.

Drag & Drop

La sélection de fichiers au travers d'un objet `FileList` n'est pas limitée au seul élément `<input type="file">`. Elle peut être obtenue par glisser-déposer dans le navigateur, notamment depuis le système d'exploitation.

Reportez-vous à la section consacrée aux fichiers dans le chapitre 11 sur la gestion du glisser-déposer.

Écrire des fichiers, accéder au système

HTML 5 est promis à de grands exploits en matière de fichiers avec les interfaces élaborées autour du noyau principal de File API.

Pour créer des fichiers à partir de zéro, *BlobBuilder* et *FileSaver* sont de mise. Pour le premier, il s'agit de construire des données avec en entrée des types *Blob*, *DOMString* ou *ArrayBuffer*, tandis que le second écrit le tout dans un fichier.

Pour passer à un niveau supérieur et accéder à une arborescence de dossiers et de fichiers, les interfaces *DirectoryReader*, *FileEntry*, *DirectoryEntry*, et *LocalFileSystem*, sont toutes indiquées. Déplacement, copie, suppression, écriture, création de dossiers, listing de contenus de dossiers, les applications web vont s'en donner à cœur joie.

Les conséquences en matière de sécurité seront nombreuses. Le tout sera heureusement exécuté dans une *sandbox*, une partie protégée et limitée du disque dur utilisateur.

Au moment des tests réalisés, cet ensemble n'est disponible qu'à partir de Chrome 9 partiellement, et Chrome 13 de façon plus complète, préfixé par `webkit`, avec le paramètre d'exécution –`unlimited-quota-for-files`. Ces contraintes ne permettent pas (encore) de proposer de méthodes pérennes et éprouvées dans ce chapitre. Reportez-vous à la spécification pour effectuer des expérimentations.

Prise en charge

Tableau 10–2 Tableau de support de l'API

Navigateur	File API	FileReader	FileWriter	Blobs
Mozilla Firefox	3.6+ (partiel)	3.6+	-	4+
Apple Safari	4.0+ (partiel)	6+	-	-
Google Chrome	5+ (partiel) 13+	7+	8+ (partiel) 13+	8+
Opera	11.1+ (partiel)	11.1+	-	-
Opera Mobile	11.1+ (partiel)	11.1+	-	-
Android	3+ (partiel)	3+	-	4+
Internet Explorer	10+ (partiel)	10+	-	10+
iOS	6+	6+	-	6+
BlackBerry	10+	10+	10+	10+

RAPPEL

Reportez-vous au site d'accompagnement de l'ouvrage pour des informations de prise en charge mises à jour.

Gestion du glisser-déposer (Drag & Drop)

11

La possibilité de glisser et déposer des éléments à la souris est l'une des avancées les plus notables en termes d'interfaces graphiques. Portée pour le Web, elle fait appel aux événements, aux attributs `draggable` et `dropzone`, et à l'interface `DataTransfer`.

Figure 11–1 Outil pour soulever et déposer (mais pas pour draguer)

Le glisser-déposer n'est pas récent dans le monde informatique. Il a pu voir le jour dès la naissance des interfaces graphiques et des dispositifs de pointage. Ayons à ce moment une pensée émue pour la première souris en bois, et une autre pour les souris à boule.

Les systèmes d'exploitation intègrent cette « gestuelle » pour simplifier les tâches à l'utilisateur et faciliter leur compréhension visuellement. Tout un chacun s'en sert pour glisser des icônes de fichiers et les copier, les déposer dans la corbeille afin de les supprimer, voire sur une autre icône d'application pour les y ouvrir. Les exemples sont nombreux et relativement intuitifs en règle générale.

Le Web a longtemps été réfractaire à ce type de comportement, car il met en jeu à la fois la notion de présentation (de quelle façon doit-on le symboliser), le côté caractère dynamique (qu'est-ce qui doit être glissé, comment peut-on le déposer), et la contrainte du type de média qui doit être déposé (en termes de sécurité notamment, de finalité de l'action, et d'harmonisation des plates-formes).

Les navigateurs ont par contre implémenté des opérations de *drag & drop* (*DnD*) sur le contenu même des pages afin de pouvoir copier des zones de texte, des liens ou des images vers des programmes ou des dossiers sur le disque dur. Il est aisé de récupérer une image depuis le Web et de la déplacer sur le bureau de l'environnement utilisateur, mais pas l'inverse, du moins pas sans HTML 5.

Plusieurs frameworks JavaScript sont venus à la rescousse, sans pour autant unifier le glisser-déposer ni le simplifier, conservant toujours les inconvénients de devoir se les approprier, et de devoir les charger. Avec HTML 5, on dispose d'une API native bien plus performante qui ne nécessite aucune surcouche.

Principe

Le drag & drop introduit par HTML 5 repose sur trois fondamentaux à définir par le développeur intégrateur :

- Quel élément peut être glissé : en lui affectant l'attribut `draggable`.
- Quel est l'élément qui sert de cible et de réception des informations : en lui affectant l'attribut `dropzone` et en lui attachant des événements DOM pour savoir précisément lorsqu'un élément la survole ou s'y voit déposé.
- Quel est le comportement dynamique à associer : avec JavaScript et les gestionnaires d'événements, l'action appropriée doit être déclenchée.

Toutes ces étapes doivent être prises en compte de façon harmonieuse pour que l'ensemble du processus se déroule dans les meilleures conditions. Fort heureusement, les outils imaginés par les rédacteurs des spécifications HTML 5 sont bien adaptés.

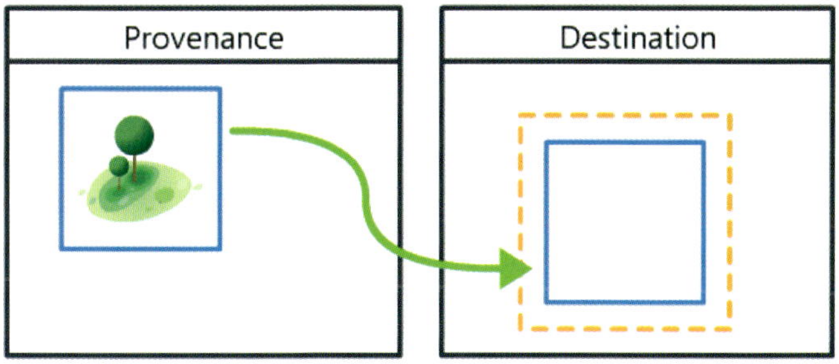

Figure 11–2
Glisser-déposer

Ressource **Spécification du Drag & Drop du côté du WhatWG et du W3C**

- http://www.whatwg.org/specs/web-apps/current-work/multipage/dnd.html
- http://www.w3.org/TR/html5/dnd.html

Événements et attributs mis en œuvre

Pour accomplir ces étapes, il est nécessaire de faire appel au DOM et à JavaScript. Afin de suivre et gérer les différentes étapes du glisser-déposer, plusieurs événements DOM sont disponibles.

Tableau 11–1 Événements DOM pour le Drag & Drop

Événement	Rôle
`dragstart`	Début du déplacement (glisser).
`drag`	En cours de déplacement.
`dragend`	Fin de déplacement.
`dragenter`	Entrée dans la cible.
`dragover`	En cours de survol de la cible.
`dragleave`	Sortie de la cible.
`drop`	Action de déposer.

L'usage de l'ensemble de cette liste d'événements n'est pas strictement nécessaire. Certains peuvent avant tout jouer un rôle d'agrément visuel sur la zone de réception (`dragenter`, `dragover`, `dragleave`). D'autres doivent absolument être pris en compte dans le processus de transfert d'informations.

Il y a pour cela plusieurs notions à connaître :

- `drag` est déclenché continuellement lorsque l'élément `draggable` est déplacé (que le pointeur soit en mouvement ou non).

- `dragover` est déclenché continuellement lorsque l'élément `draggable` est maintenu au-dessus de la cible, et son comportement par défaut doit être désactivé pour signifier au navigateur qu'il est possible de déposer « dans » l'élément survolé – de façon semblable pour `dragenter` sous Internet Explorer.
- La spécification prévoit l'attribut `dropzone` pour l'élément devant recevoir l'événement `drop`.
- Tous les navigateurs ne supportent pas ces fonctionnalités natives de la même façon, notamment Internet Explorer.

Pour la gestion de ces événements, les exemples suivants feront un usage des attributs HTML éponymes, c'est-à-dire `ondrop="fonction()"` pour l'événement `drop`, `ondragstart="autrefonction()"` pour l'événement `dragstart`, et ainsi de suite. Il est tout à fait possible de se servir des méthodes plus souples `addEventListener()` et `attachEvent()` (IE <9) pour séparer totalement le code JavaScript du code HTML, cependant le résultat est un peu plus verbeux et moins lisible.

Glisser...

L'attribut draggable

Donner la faculté à un élément HTML d'être déplaçable est rapide. Il « suffit » de lui ajouter l'attribut `draggable`, de préférence avec la valeur `true` bien que la seule présence de l'attribut soit suffisante. À peu près tous les types d'éléments sont concernés. Par défaut, les images (`img`) et les liens (`a` avec l'attribut `href`) sont déjà « draggables » dans la plupart des moteurs de rendu. Pour inverser cet effet, l'attribut peut prendre une valeur négative avec `draggable="false"`.

Exemples d'éléments à qui l'on affecte l'attribut draggable

```
// Une image
<img src="kangourou.jpg" alt="Kangourou" draggable="true">

// Des éléments de liste
<ul>
  <li draggable="true">Je suis le premier</li>
  <li draggable="true">Je suis le second</li>
</ul>

// Une section
<section class="quelconque" draggable="true">...</section>
```

Cela fait, il reste un inconvénient de taille : si ces éléments peuvent bien être déplacés, rien n'est encore prévu pour les déposer et savoir ce que l'on va faire du résultat.

Un zeste de CSS

En général, le glisser-déposer étant très visuel, il est tout à fait indiqué de se servir des feuilles de style en tant qu'agrément graphique :

- pour symboliser le caractère « draggable » d'un élément, par exemple avec la modification de l'apparence du curseur via la propriété `cursor:move` ;
- pour symboliser la zone sur laquelle ce dernier peut être déposé, par exemple avec une couleur de fond via `background` ou une bordure spécifique via `border` ;
- pour dimensionner cette cible, par exemple avec `width` et `height` ;
- pour symboliser le survol actif de cette zone.

Une astuce complémentaire avec CSS consiste à empêcher la sélection du texte des éléments que l'on souhaite déplacer à la souris. Cette finalité est atteinte en appliquant la valeur `none` à `user-select` pour tous les éléments auxquels l'attribut `draggable` a été appliqué avec la valeur `true`, c'est-à-dire grâce au sélecteur d'attribut `[draggable=true]`. Il faut aussi la décliner à l'aide des préfixes vendeurs `-moz`, `-khtml` et `-webkit` pour la voir acceptée sur les moteurs correspondants.

Ajout à la feuille de style CSS pour prévenir la sélection de texte

```
[draggable=true] {
  -moz-user-select: none;
  -khtml-user-select: none;
  -webkit-user-select: none;
  user-select: none;
  cursor:move;
}
```

La page suivante comprend trois images, un (très modeste) paragraphe de texte et un élément `<div>` en tant que zone d'atterrissage.

Code HTML et CSS

```
<!DOCTYPE html>
<html lang="fr">
<head>
<meta charset="utf-8">
<title>HTML5 : Drag and Drop !</title>
<link rel="stylesheet" href="styles.css" type="text/css">
<style>
[draggable=true] {
  -moz-user-select: none;
  -khtml-user-select: none;
```

```
  -webkit-user-select: none;
  user-select: none;
  cursor:move;
}
[draggable=false] {
  cursor:no-drop;
}
p[draggable] {
  display:inline-block;
  vertical-align:top;
  height:55px;
  background:#A9C832;
  padding:10px;
  margin:0;
  color:white;
  min-width:55px;
}
#drop {
  height: 200px;
  width: 90%;
  border: 3px dashed #bbb;
  padding: 1em;
  margin-bottom:1em;
}
#drop:hover {
  background:#e0e6e9;
}
.deposezmoi {
  background:#b5e766;
  border: 3px dashed #79a633;
}
</style>
</head>
<body>

<div class="wrap">

  <p><strong>Glisser...</strong></p>

  <img src="photo1.jpg" alt="" draggable="true">
  <img src="photo2.jpg" alt="" draggable="true">
  <img src="photo3.jpg" alt="">
  <p draggable="true">Texte</p>
  <p><strong>Déposer...</strong></p>
  <div id="drop"></div>

</div>

<script>
// Gestion du drag & drop...
```

```
</script>
</body>
</html>
```

Le sélecteur CSS `[draggable=true]` cible tous les éléments possédant un attribut `draggable` avec la valeur `true`, et leur confère un curseur approprié au déplacement. À l'inverse, `[draggable=false]` en profite pour appliquer un curseur dissuasif. Le sélecteur CSS `p[draggable]` cible tout le paragraphe possédant un attribut `draggable` pour lui donner un style quelque peu ressemblant aux images qui le côtoient.

Du côté HTML, les images `<img>` et le paragraphe `<p>` possédant l'attribut `draggable` sont déplaçables sur le document. L'image sans cet attribut est laissée à la libre appréciation du navigateur, qui choisit en général de la rendre également déplaçable par défaut.

Figure 11–3
Apparence générale

Pour le moment, ce résultat n'est qu'apparence : aucune action particulière n'est déclenchée suite au dépôt de l'un des éléments dans la zone de destination, car le `<script>` n'est pas écrit.

Déposer !

Le dépôt consiste à :

1. Définir quelle zone du document HTML est en mesure de recevoir un élément glissé, en lui ajoutant un attribut `dropzone`.
2. Prendre en charge l'événement `drop` généré par cette action.
3. Savoir quelle information l'on souhaite vraiment retirer de l'élément déposé : un texte, une image, un lien, un ensemble d'éléments, un fichier, etc.

L'attribut dropzone

La valeur de l'attribut `dropzone` définit :

- quel format de données est accepté ;
- quelle indication est fournie à l'utilisateur sur la conséquence du dépôt : s'agira-t-il d'un déplacement, d'une copie ou d'un lien ?

C'est pourquoi `dropzone` peut comporter un (et un seul) de ces trois mots-clés :

- `copy` : indique que le dépôt d'un objet autorisé sur l'élément résultera en une copie des données déplacées ;
- `move` : indique que le dépôt d'un objet autorisé sur l'élément correspondra à un déplacement direct des données ;
- `link` : indique que le dépôt d'un objet autorisé sur l'élément résultera en un lien vers les données initiales.

Deux sortes de données pouvant être déposées (texte ou fichier binaire), `dropzone` peut également porter plusieurs autres termes séparés par des espaces :

- Une chaîne de texte débutant par `string:` indiquant que des objets chaîne de texte Unicode du type défini par le mot-clé figurant après `string:` peuvent être déposés, par exemple `string:text/html`.
- Une chaîne de texte débutant par `file:` indiquant que des fichiers du type indiqué par le mot-clé figurant après `file:` peuvent être déposés.

Exemple d'usage de l'attribut dropzone

```
<div id="drop" dropzone="copy file:image/jpeg file:image/png
file:image/gif"></div>
```

L'attribut présent dans cet exemple va indiquer de façon visuelle à l'utilisateur, par un curseur spécifique, que s'il relâche l'objet sur l'élément `<div>` une copie sera faite. Il s'attendra à recevoir des fichiers binaires de type image (JPEG, PNG ou GIF).

Figure 11–4
Curseurs sous Windows

Cependant, sa seule présence ne définit pas l'action réelle qui sera entreprise vis-à-vis du DOM et des données. Elle dépendra de l'événement `drop` et de la fonction JavaScript associée.

Cet attribut est malheureusement peu supporté au moment de la rédaction de cet ouvrage, mais un élément cible peut gérer l'événement `dragenter` afin de signifier à l'utilisateur qu'il accepte un *drop*, et l'événement `dragover` pour donner un retour d'information au survol. En complément, les propriétés effectAllowed et dropEffect de l'interface *DataTransfer* peuvent être mises à contribution (voir ci-après).

Les événements dragenter et dragleave

Durant un drag & drop, l'événement dragenter est déclenché à l'arrivée sur la cible tandis que dragleave est déclenché à la sortie.

Gestion des événements dragenter et dragleave

```
<script>

// Identifiant de l'élément de réception
var dropzone = document.getElementById('drop');

// Fonction entrée survol de la cible
function entree(event) {
  event.target.className = 'deposezmoi';
  event.preventDefault();
}

// Fonction sortie survol de la cible
function sortie(event) {
  event.target.className = '';
}

// Redéfinition des événements
if(window.addEventListener) {
  dropzone.addEventListener('dragenter',entree);
  dropzone.addEventListener('dragleave',sortie);
} else {
  dropzone.attachEvent('dragenter',entree);
  dropzone.attachEvent('dragleave',sortie);
}

//...
```

L'effet de ces premières instructions est de donner la classe deposezmoi à la cible lorsqu'elle est survolée par un élément « draggable ». La conséquence est purement graphique puisque cette classe déclarée dans le style CSS lui confère une autre apparence visuelle.

L'événement dragover

Il est impératif de désactiver pour l'événement `dragover` le comportement par défaut des navigateurs, qui est en réalité celui de refuser tout dépôt. En inversant son effet, l'élément ne peut qu'accepter d'être glissé-déposé.

Pour cela, il faut utiliser `event.preventDefault()` au sein des événements `dragover`, `dragenter`, et éventuellement compléter par `return false;` pour d'autres navigateurs.

Désactivation du comportement par défaut dragover

```
<script>

// Identifiant de l'élément de réception
var dropzone = document.getElementById('drop');

// Fonction entrée survol de la cible
function entree(event) {
  event.target.className = 'deposezmoi';
  event.preventDefault();
}

// Fonction sortie survol de la cible
function sortie(event) {
  event.target.className = '';
}

// Fonction d'annulation du comportement par défaut
function survol(event) {
  event.preventDefault();
  return false;
}

// Redéfinition des événements
if(window.addEventListener) {
  dropzone.addEventListener('dragover',survol);
  dropzone.addEventListener('dragenter',entree);
  dropzone.addEventListener('dragleave',sortie);
} else {
  dropzone.attachEvent('dragover',survol);
  dropzone.attachEvent('dragenter',entree);
  dropzone.attachEvent('dragleave',sortie);
}

//...
```

Dès cet instant, le curseur change d'apparence et le navigateur *semble* autoriser le déplacement des éléments possédant l'attribut `draggable` vers l'élément `<div id="drop">`, pour lequel le comportement de refus de l'événement `dragover` a été désactivé. C'est un pas de plus vers le résultat attendu, il ne reste plus qu'à obtenir un transfert concret de données.

C'est l'occasion de compléter les éléments « draggables » par les attributs `ondragstart` et `ondragend`. La cible gagne les attributs `dropzone` et `ondrop`.

Attributs pour la gestion des événements ondragstart et ondrop

```
<p><strong>Glisser...</strong></p>

<!-- Une image avec draggable, ondragstart, ondragend -->
<img src="photo1.jpg" alt="" draggable="true"
     ondragstart="deplace(event); "ondragend="supprime(event);">

<!-- Une image avec ondragstart -->
<img src="photo2.jpg" alt="" ondragstart="deplace(event);">

<!-- Une image avec draggable -->
<img src="photo3.jpg" alt="" draggable="true">

<!-- Un paragraphe avec ondragstart, ondragend -->
<p draggable="true" ondragstart="deplace(event);"
ondragend="supprime(event);">Texte</p>

<p><strong>Déposer...</strong></p>

<!-- Cible -->
<div id="drop" dropzone="move string:text/plain" ondrop="depot(event);"></div>
```

Les fonctions `deplace()`, `depot()`, et `supprime()` vont être écrites pour répondre aux attributs-événements `ondragstart`, `ondrop` et `ondragend`. Elles vont recevoir d'office l'objet événement nommé `event`.

Prototypes des callbacks

```
function deplace(event) {
  // event...
}

function depot(event) {
  // event...
}

function supprime(event) {
  // event...
}
```

L'interface DataTransfer

L'API est complétée par l'interface *DataTransfer*, qui vient jouer le rôle de porteur d'informations en HTML 5. Elle stocke les données en provenance de l'élément déplacé, à l'événement `dragstart`, et les communique à la cible réceptrice à l'événement `drop`. C'est la propriété `event.dataTransfer`transmise par l'événement DOM qui offre un accès complet à cette interface.

```
function deplace(event) {
  // event.dataTransfer...
}
```

L'événement dragstart

L'événement `dragstart` est déclenché dès que l'objet est déplacé. Il va mettre à disposition sa propriété `dataTransfer` pour :

- Définir quel « effet » de déplacement est autorisé *(move*, *copy*, *link)* avec la propriété `dataTransfer.effectAllowed`.
- Mémoriser les données et les rendre disponibles pour tous les autres événements déclenchés pour le drag & drop avec la méthode `setData()`.

effectAllowed et dropEffect

La propriété `effectAllowed` détermine ce qui se produit lorsque l'objet source est libéré grâce aux valeurs suivantes.

Tableau 11–2 Valeurs de l'attribut effectAllowed

Valeur	Rôle
`none`	L'élément ne peut être déplacé
`copy`	Copie seule
`copyLink`	Copie ou lien
`copyMove`	Copie ou déplacement
`link`	Lien seul
`linkMove`	Lien ou déplacement
`move`	Déplacement seul
`all`	Copie, déplacement ou lien
`uninitialized`	Valeur par défaut

L'opération de copie indique que l'objet doit être copié depuis son emplacement d'origine vers la destination, l'opération de déplacement signifie qu'il sera purement et simplement déplacé d'un endroit à l'autre, et l'opération établissant un lien symbolise la création d'une relation entre l'origine et la destination.

Usage de la propriété effectAllowed

```
// Traitement du déplacement
function deplace(event) {
  event.dataTransfer.effectAllowed="all";
}
```

Par défaut, `effectAllowed` possède la valeur `"all"`. Rappel : la fonction `deplace()` ici présente est déclenchée par la présence de l'attribut `ondragstart="deplace(event);"` sur les éléments « draggables ».

La propriété `dropEffect` détermine quelles opérations sont autorisées sur la cible. Elle doit être comprise dans les valeurs autorisées par `effectAllowed`. Par exemple, si la source autorise tous les types de drag & drop avec `effectAllowed="all"`, alors la cible peut restreindre les possibilités uniquement à la copie avec `dropEffect="copy"` durant `dragover`.

Usage de la propriété dropEffect

```
// Déclenché par dragover
function survol(event) {
  event.dataTransfer.dropEffect="copy";
  event.preventDefault();
  return false;
}
```

La propriété `dropEffect` est exploitable avec les événements `dragenter`, `dragover` et `drop`.

La présence de ces variables dans les fonctions-événements permet de contrôler dynamiquement ce qu'il est possible de faire avec un objet, relativement à sa provenance, sa destination, et son contenu.

Il faut savoir qu'à long terme, l'utilisateur doit avoir la possibilité de choisir – dans les limites autorisées par le script – quel effet de déplacement il souhaite opérer, grâce à des combinaisons de touches, par exemple *ctrl* pour la copie, *shift* pour le déplacement. Le curseur doit refléter ce choix avec une symbolique différente.

Données transportées par setData()

Au-delà de ces ajustements, `dataTransfer` revêt le rôle stratégique de messager, dont les données transportées sont définies par la méthode `setData()`. Son premier argument reçoit le type des données mémorisées, et son second reçoit les données.

Usage de la méthode setData()

```
// Traitement du déplacement
function deplace(event) {
  event.dataTransfer.effectAllowed="all";
  // event.target fait référence à l'élément qui est déplacé
  event.dataTransfer.setData("text/
plain",event.target.innerText||event.target.textContent);
}
```

Cet appel stocke pour le format `text/plain` (texte simple) la valeur des propriétés `innerText` ou `textContent` de l'élément (Firefox ne comprend pas la première et IE ignore la seconde). Plusieurs formats sont *stockables*, il est alors possible d'améliorer quelque peu cette fonction en l'étoffant de différents types.

Usage amélioré de la méthode setData()

```
// Traitement du déplacement
function deplace(event) {
  event.dataTransfer.effectAllowed="all";
  var attribut_src = event.target.getAttribute("src");
  if(attribut_src!=null) {
    event.dataTransfer.setData("text/html",'<img src="'+attribut_src+'">');
  } else {
    event.dataTransfer.setData("text/
plain",event.target.innerText||event.target.textContent);
  }
}
```

Un code HTML est associé à `text/html` si l'attribut `src` est existant.

Malheureusement jusqu'à Internet Explorer 9 inclus, les deux seuls formats compris sont `Text` et `URL`. Toute autre tentative renverra une erreur et stoppera le script. C'est pourquoi il faut gérer une exception pour ce navigateur et émuler – dans la mesure du possible – un échange de données au-dessus d'une simple valeur texte.

L'événement drop et getData()

Au dépôt sur la destination, l'interface permet de retrouver les informations mémorisées, grâce à la méthode `getData()`. Il s'agira de la déclencher lors de l'événement `drop`.

Utilisation de la méthode getData

```
// Traitement du dépôt
function depot(event) {
  event.preventDefault();
  // event.target fait référence à l'élément cible
  event.target.innerHTML += event.dataTransfer.getData("text/plain");
}
```

Rappel : la fonction `depot()` ici présente est déclenchée par la présence de l'attribut `ondrop="depot(event);"` sur l'élément de destination. Elle aussi utilise la méthode `preventDefault()` sur l'objet événement reçu pour désactiver son comportement par défaut et empêcher le navigateur de charger l'objet déposé dans la navigation courante.

Le résultat du dépôt est la modification du contenu HTML de l'élément devant recevoir les informations du *drop*. Au contenu sont ajoutées les données stockées dans l'interface `dataTransfer`, de type `text/plain`, c'est-à-dire l'attribut `src`.

Figure 11–5
Résultat du déplacement

Comme cela a déjà été précisé, il peut exister plusieurs « clés » de formats simultanément mémorisées pour la méthode `getData()`. Elles peuvent être découvertes via `dataTransfer.types`. Or, une valeur a été stockée pour `text/html` lors de l'appel à `deplace()`, c'est le moment d'en profiter.

Utilisation améliorée de la méthode getData

```
// Traitement du dépôt
function depot(event) {
  event.preventDefault();
  var html = event.dataTransfer.getData("text/html");
  var texte = event.dataTransfer.getData("text/plain");
  if(html) event.target.innerHTML += html + " ";
  else event.target.innerHTML += texte + " ";
  event.target.className = '';
}
```

Le résultat est nettement plus réjouissant, à l'aide d'une petite modification de code, il a été possible d'injecter un élément `<img>`, copie de l'origine, et de gérer une alternative texte simple pour les éléments de paragraphe texte. Ce dernier abandonne son style initial, car les règles CSS définies ne s'appliquent plus à ce contexte.

Figure 11–6
Résultat du déplacement

Notez qu'il n'est pas toujours nécessaire de stocker explicitement des données pour chacun des formats de base. Certains navigateurs déterminent par eux-mêmes les formats et les données pouvant être retirés des éléments « draggables ». Pour ne citer qu'un exemple, Firefox détermine comme un grand les formats `text/plain`, `text/html`, `text`, `text/uri-list`, et `url` pour une image.

L'événement dragend

L'événement `dragend` déclenché à la fin d'un glisser-déposer est exploitable pour retirer du DOM l'élément d'origine, s'il ne faut pas conserver de copie.

Dans cette optique, l'élément « glissable » doit être complété d'un attribut événement `dragend`.

```
<img src="photo1.jpg" alt="" draggable="true"
ondragstart="deplace(event);" ondragend="supprime(event);">
```

La fonction correspondante supprime l'enfant `event.target` du parent `.wrap`.

Fonction de suppression du DOM

```
// Suppression de l'élément ayant suscité l'événement
function supprime(event) {
  event.target.parentNode.removeChild(event.target);
}
```

Suite à cette suppression, il faut prévoir dans le cas du déplacement de plusieurs éléments de pouvoir les rétablir dans leur état d'origine.

Aller plus loin

La méthode `clearData()`efface les données associées, s'il y a lieu de l'utiliser.

N'oubliez pas de mettre à contribution les attributs `aria-grabbed` et `aria-dropeffect` pour une meilleure prise en compte de l'accessibilité.

> **RESSOURCE Bonnes pratiques pour un glisser-déposer accessible**
>
> WAI-ARIA Authoring practices
>
> ‣ http://www.w3.org/WAI/PF/aria-practices/#dragdrop

Script complet

Après toutes ces étapes variées, voici le script complet réunissant toutes les étapes de l'opération de glisser-déposer.

```
<script>

// Identifiant de l'élément de réception
var dropzone = document.getElementById('drop');

// Fonction entrée survol de la cible
function entree(event) {
  event.target.className = 'deposezmoi';
  event.preventDefault();
}

// Fonction sortie survol de la cible
function sortie(event) {
  event.target.className = '';
}

// Fonction d'annulation du comportement par défaut
function survol(event) {
  event.dataTransfer.dropEffect="copy";
  event.preventDefault();
  return false;
}

// Redéfinition des événements
if(window.addEventListener) {
  dropzone.addEventListener('dragover',survol);
  dropzone.addEventListener('dragenter',entree);
  dropzone.addEventListener('dragleave',sortie);
} else {
  dropzone.attachEvent('dragover',survol);
  dropzone.attachEvent('dragenter',entree);
  dropzone.attachEvent('dragleave',sortie);
```

```
}

// Traitement du déplacement
function deplace(event) {
  event.dataTransfer.effectAllowed="all";
  var attribut_src = event.target.getAttribute("src");
  if(attribut_src!=null) {
    event.dataTransfer.setData("text/html",'<img src="'+attribut_src+'">');
  } else {
    event.dataTransfer.setData("text/
plain",event.target.innerText||event.target.textContent);
  }
}

// Traitement du dépôt
function depot(event) {
  event.preventDefault();
  if(event.dataTransfer) {
    var html = event.dataTransfer.getData("text/html");
    var texte = event.dataTransfer.getData("text/plain");
    if(html) event.target.innerHTML += html+" ";
    else event.target.innerHTML += texte+" ";
    event.target.className = '';
  }
}

// Suppression de l'élément ayant suscité l'événement
function supprime(event) {
  event.target.parentNode.removeChild(event.target);
}

</script>
```

À vous, les studios.

Glisser-déposer de fichiers

Le glisser-déposer de fichiers depuis ou vers le système d'exploitation dans le navigateur est une grande avancée en termes de simplicité pour l'utilisateur. Il repose sur les principes généraux du *Drag & Drop* et sur l'API *DataTransfer*.

Dépôt depuis le système (drag-in)

La propriété `event.dataTransfer.files` est de type *FileList*. Elle contient une liste des fichiers déposés de type *File*. Cette liste signifie qu'il est possible de déplacer plusieurs fichiers en un seul « mouvement ». Elle reste bien sûr vide si l'opération ne concerne aucun fichier.

Cible HTML

```
<div dropzone="copy file:image/jpeg file:image/png file:image/gif"
ondrop="depot(event)"></div>
```

L'attribut `dropzone` de la cible autorise la copie et les types `image/jpeg`, `image/png`, `image/gif`.

Script de dépôt

```
<script>

// Identifiant de l'élément de réception
var dropzone = document.getElementById('drop');

// Fonction entrée survol de la cible
function entree(event) {
  event.preventDefault();
}

// Fonction d'annulation du comportement par défaut
function survol(event) {
  event.dataTransfer.dropEffect="copy";
  event.preventDefault();
  return false;
}

// Redéfinition des événements
if(window.addEventListener) {
  dropzone.addEventListener('dragover',survol);
  dropzone.addEventListener('dragenter',entree);
} else {
  dropzone.attachEvent('dragover',survol);
  dropzone.attachEvent('dragenter',entree);
}

// Traitement du dépôt
function depot(event) {
  event.preventDefault();

  // Liste des fichiers dropés
  var fichiers = event.dataTransfer.files;

  // Boucle sur chacun des fichiers de la liste
  for(var i=0 ; i<fichiers.length ; i+=1) {
```

```
        // Affichage des informations
        event.target.innerHTML += "<p>Nom : "+fichiers[i].name+"<br>";
        event.target.innerHTML += "Taille : "+fichiers[i].size+" o<br>";
        event.target.innerHTML += "Type : "+fichiers[i].type+"</p>";
        event.target.appendChild(img);
    }
}

</script>
```

À la réception des données via `dataTransfer.files`, une boucle `for()` parcourt la liste obtenue, dont on connaît le nombre d'éléments grâce à la propriété `.length`. Pour chaque itération, les informations relatives au nom (`name`), à la taille (`size`) et au type (`type`) du fichier sont ajoutées dans le corps HTML de la cible, `event.target`.

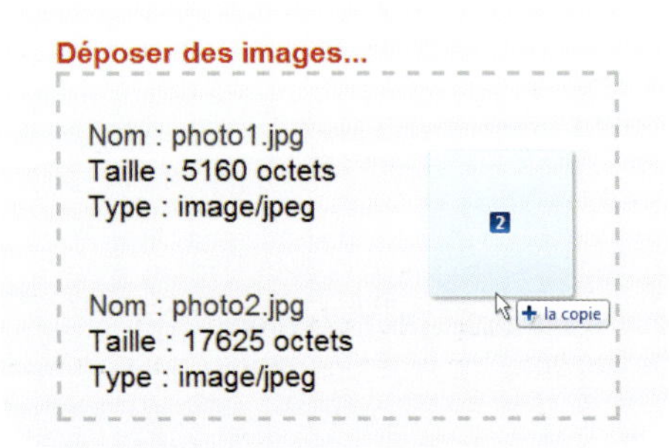

Figure 11–7
Résultat des informations obtenues

En symbiose avec FileReader et Data URI

Dès l'instant où le script dispose d'une telle liste de fichiers, de type `FileList` avec des éléments individuels de type `File`, il est possible de faire appel individuellement pour chacun des fichiers aux méthodes offertes par l'API File. L'application web peut alors proposer des fonctionnalités d'accès au contenu, allant bien plus loin que le simple affichage des quelques informations ci-dessus.

Les politiques de sécurité étant capricieuses, cette technique peut ne produire aucun résultat du côté de `FileReader` si le fichier HTML est exécuté en local dans le navigateur (`file://`).

Code complet Drag & Drop et FileReader dans le navigateur

```
<!DOCTYPE html>
<html lang="fr">
<head>
<meta charset="utf-8">
```

```
<title>HTML5 : Drag and Drop !</title>
<link rel="stylesheet" href="styles.css" type="text/css">
<style>
#drop {
  height: 200px;
  width: 90%;
  border: 3px dashed #bbb;
  padding: 1em;
  margin-bottom:1em;
}
#drop:hover {
  background:#cf9;
}
.deposezmoi {
  background:#b5e766;
  border: 3px dashed #79a633;
}
.wrap img {
  max-width:100%;
}
</style>
</head>
<body>

<div class="wrap">
  <p><strong>Déposer des images...</strong></p>
  <div id="drop" dropzone="copy file:image/jpeg file:image/png file:image/gif"
ondrop="depot(event);"></div>

</div>

<script>

// Identifiant de l'élément de réception
var dropzone = document.getElementById('drop');

// Fonction entrée survol de la cible
function entree(event) {
  event.target.className = 'deposezmoi';
  event.preventDefault();
}

// Fonction sortie survol de la cible
function sortie(event) {
  event.target.className = '';
}
```

```
// Fonction d'annulation du comportement par défaut
function survol(event) {
  event.dataTransfer.dropEffect="copy";
  event.preventDefault();
  return false;
}

// Redéfinition des événements
if(window.addEventListener) {
  dropzone.addEventListener('dragover',survol);
  dropzone.addEventListener('dragenter',entree);
  dropzone.addEventListener('dragleave',sortie);
} else {
  dropzone.attachEvent('dragover',survol);
  dropzone.attachEvent('dragenter',entree);
  dropzone.attachEvent('dragleave',sortie);
}

// Traitement du dépôt ❶
function depot(e) {
  e.preventDefault();

  var fichiers = e.dataTransfer.files;

  // Boucle sur la liste des fichiers dropés ❷
  for(var i=0; i<fichiers.length; i+=1) {

    // Mémorisation dans une variable en short
    var f = fichiers[i];

    // Affichage des informations ❸
    e.target.innerHTML += "<p>Nom : "+f.name+"<br>";
    e.target.innerHTML += "Taille : "+f.size+" octets<br>";
    e.target.innerHTML += "Type : "+f.type+"</p>";

    // Si le type correspond à une image ❹
    if(f.type.match('image.*')) {

      if (typeof window.FileReader !== 'undefined') {

        // Instanciation de FileReader ❺
        reader = new FileReader();

        // Définition de l'événement load de FileReader ❻
        reader.onload = function(event) {
          // Ajout en tant que background ❼
          dropzone.style.background = 'url('+event.target.result+') no-repeat
center';
```

```
          // Ajout en tant qu'image ❽
          var img = document.createElement('img');
          img.src = event.target.result;

          // Ajout dans le DOM
          dropzone.parentNode.insertBefore(img,dropzone.nextSibling);
        };

        // Lancement de FileReader pour le fichier ❾
        reader.readAsDataURL(f);

      } else alert("FileReader non supporté");

    }

    return false;
  }
}

</script>

</body>
</html>
```

Le début de la procédure reste semblable. Il s'agit toujours d'intercepter l'événement drop ❶ pour recueillir la liste des fichiers ❷. `File API` permet d'obtenir quelques informations sur chacun d'entre eux ❸ et de les afficher à l'intérieur de la cible. Suite à cela, si le type correspond bien à celui d'une image ❹, un nouvel objet `FileReader` est créé ❺.

Tout se joue dans l'événement `load` de l'interface `FileReader` ❻ qui reçoit un objet-événement `event` dont la propriété `target.result` contient les données renvoyées par le lecteur de fichier.

Il est alors possible d'assigner `event.target.result` en tant qu'adresse (url) de fond CSS ❼, ou plus simplement en tant qu'adresse d'une image ajoutée dynamiquement dans le document ❽ (attribut `src`).

La gestion de l'événement `load` étant déclarée, il ne reste plus qu'à appeler la méthode `readAsDataURL()` de l'interface ❾, pour déclencher la lecture de l'objet fichier en tant que `DataURL`. En effet, si l'on examine le code généré, le navigateur a converti le contenu binaire du fichier en chaîne de texte du type :

```
data:[<mediatype>][;base64],<donnees>
```

Cette syntaxe mentionnant le type MIME correspond à la spécification Data URI scheme qui autorise le stockage de données par l'entremise d'une adresse virtuelle `data:`, directement exploitable dans un document HTML.

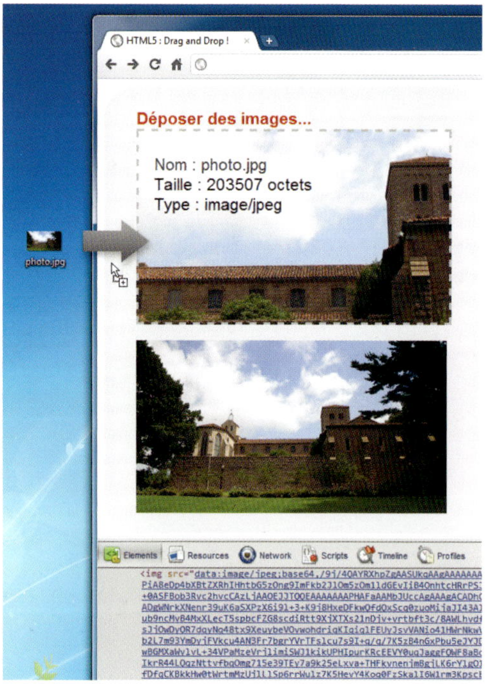

Figure 11–8
Dépôt de fichiers images dans le navigateur

Pour ajouter d'autres traitements et une technique d'envoi vers le serveur *(upload)*, reportez-vous au chapitre précédent sur l'API d'interaction avec des fichiers.

Dépose d'éléments hors du navigateur (drag-out)

Google a suggéré de compléter la spécification par un format `DownloadURL` pour la méthode `setData()` qui serait en mesure d'être interprété par le navigateur pour glisser-déposer des fichiers hors de sa propre fenêtre.

C'est une fonctionnalité qui ne fonctionne, à l'heure des derniers tests, que sur Google Chrome.

Glisser-déposer de fichiers images hors du navigateur

```
<!DOCTYPE html>
<html lang="fr">
<head>
<meta charset="utf-8">
<title>HTML5 : Drag and Drop !</title>
<link rel="stylesheet" href="styles.css" type="text/css">
</head>
<body>
```

```
<div class="wrap">
  <p><strong>Glisser vers le bureau...</strong></p>
  <p>

    <a href="photo1.jpg" class="dragout" data-downloadurl="image/
jpeg:photo1.jpg:http://www.mondomaine.com/drag-and-drop/
photo1.jpg">Photo 1</a>

    <a href="photo2.jpg" class="dragout" data-downloadurl="image/
jpeg:photo2.jpg:http://www.mondomaine.com/drag-and-drop/
photo2.jpg">Photo 2</a>

    <a href="photo3.jpg" class="dragout" data-downloadurl="image/
jpeg:photo3.jpg:http://www.mondomaine.com/drag-and-drop/
photo3.jpg">Photo 3</a>

  </p>
</div>

<script>

// Ensemble de fichiers ciblés d'après la classe
var fichiers = document.getElementsByClassName("dragout");

// Boucle sur les fichiers trouvés
for(i = 0; i<fichiers.length; i++) {

  // Pour chacun un gestionnaire d'événement dragstart ❶
  fichiers[i].addEventListener("dragstart",function(event) {

    // Les données sont stockées dans un attribut
    // data-downloadurl, accessible par deux méthodes ❸
   if(event.target.dataset && event.target.dataset.downloadurl) {
      // Si la propriété dataset existe
      var data = event.target.dataset.downloadurl;
    } else {
      // Sinon par getAttribute
      var data = event.target.getAttribute("data-downloadurl");
    }
    // setData sur l'interface dataTransfer de l'événement ❷
    event.dataTransfer.setData("DownloadURL",data);

  },false);

}

</script>

</body>
</html>
```

L'écriture est quelque peu plus condensée, car moins d'événements sont laissés à la charge du navigateur. L'essentiel consiste à profiter de l'événement `dragstart` ❶ pour définir la clé `DownloadURL`. Celle-ci reçoit une chaîne de texte ❷ suivant une syntaxe précise :

```
type MIME:nom du fichier déposé:url absolue de téléchargement
```

Les trois valeurs sont séparées par des signes deux-points « `:` ». La solution la plus souple reste d'attacher cette chaîne de texte aux différents liens avec un attribut `data-downloadurl` et d'aller la chercher ❸ avec la propriété `dataset` si le navigateur la supporte ou plus simplement la méthode `getAttribute()`.

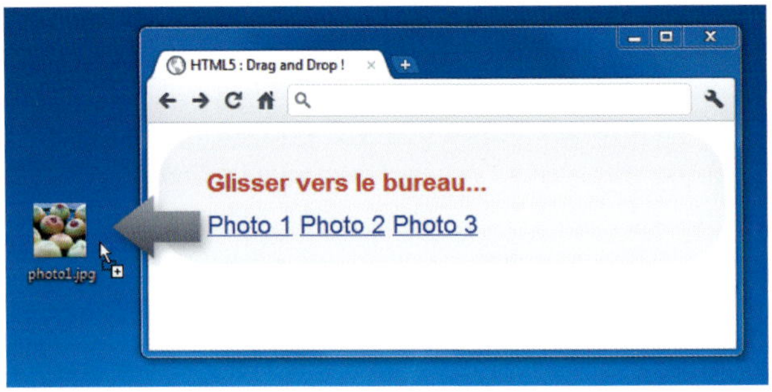

Figure 11–9
Résultat des informations obtenues

Prise en charge du glisser-déposer

Tableau 11–3 Prise en charge par les navigateurs du Drag & Drop *HTML 5*

Navigateur	Version
Mozilla Firefox	3.5+
Apple Safari	4+
Google Chrome	5+
Opera	12+
iOS, Opera Mini, Opera Mobile	-
Android	2.1+
Internet Explorer	9+ (partiel) et 10+

Rappel

Reportez-vous au site d'accompagnement du livre pour des informations de prise en charge mises à jour.

12 Événements envoyés par le serveur (« push »)

Il faut toujours rester à l'écoute de son prochain, surtout si c'est un serveur web... Faisons appel aux messages-événements pour « pousser » des données dans le navigateur.

Figure 12–1 Communication d'antan

Les applications web et sites dynamiques d'aujourd'hui ne sont plus dépendants de communications à sens unique, ni de simples transactions HTTP pour obtenir le contenu des pages, une par une, depuis le serveur. Ils font désormais couramment appel à des fonctionnalités de mises à jour de portions de contenu ou de réception de notifications, sans rechargement complet du document HTML.

Ces usages modernes n'ont pas été imaginés lorsque les fondements du protocole HTTP ont été posés. C'est par des artifices construits autour de XMLHttpRequest (alias « Ajax ») ou de l'élément `<iframe>` que la plupart des développements ont vu le jour, en présentant toutefois des inconvénients.

- La complexité de mise en place en premier lieu, n'est pas à la portée de tous. Il s'agit bien souvent de maîtriser une librairie JavaScript épaulée par un script exécuté côté serveur qui doivent convenir d'un mode de dialogue pour s'entendre sur la validité et la fraîcheur des données convoyées.
- Le navigateur doit être à l'origine de la demande et formuler régulièrement des requêtes, sans nécessairement savoir par avance si une information pertinente l'attend. Le trafic réseau en est accru inutilement.
- Ces échanges étant toujours basés sur le protocole HTTP, ils sont véhiculés pour chaque requête avec des en-têtes complets, fût-ce pour ne recevoir qu'un seul caractère. L'efficacité pour de petits échanges en est amoindrie et la charge serveur prend un coup dans l'aile.

Push-toi, j'arrive

L'idéal serait bien entendu que le serveur web soit à l'origine d'une transmission en direction du client, le poussant du coude pour lui signifier qu'il peut avoir des données intéressantes en attente. C'est le principe du « push ».

Les Server-Sent Events (SSE) ou « événements envoyés par le serveur » sont une manière de transmettre de l'information, depuis le serveur vers le navigateur, par notifications ponctuelles et continues. C'est bien le navigateur qui initie la connexion et qui reste à l'écoute du serveur. Ce dernier peut alors envoyer des messages au format texte dans le flux ouvert.

RESSOURCE Spécification Server-sent Events au W3C et WhatWG

- http://dev.w3.org/html5/eventsource/
- http://www.w3.org/TR/eventsource/
- http://www.whatwg.org/specs/web-apps/current-work/multipage/comms.html#server-sent-events

Principe général

Une fois que la connexion a été établie par le navigateur web, les informations parviennent à la page HTML sous la forme d'événements DOM. Par défaut, lorsqu'un événement `message` (alias `onmessage`) est reçu, une fonction peut être déclenchée pour prendre connaissance des données transmises et en faire quelque chose d'utile. Cette méthode élimine la nécessité d'interroger continuellement le serveur, reste « compatible » avec le protocole HTTP, et intègre l'initiative d'une reconnexion automatique en cas de problème.

Des notifications de mises à jour sont à même d'être envoyées régulièrement de manière espacée, ou via des flux continus de données, le tout de façon native. Ceci impose tout de même l'utilisation d'un serveur web capable de maintenir un grand nombre de connexions simultanées. Ceux qui sont orientés événements, tels que Node.js, sont le plus à même de répondre à cette contrainte.

L'action en résultant peut être un affichage du message reçu sur la page, ou bien une action sur le DOM pour une modification plus avancée du contenu, voire le déclenchement d'un autre script préchargé. Avec JavaScript, tout est possible !

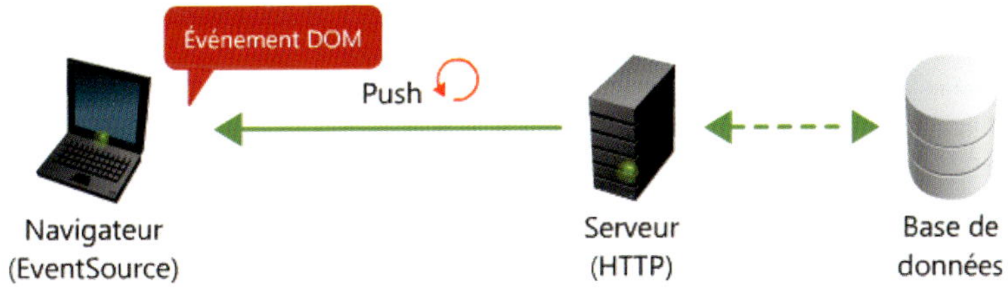

Figure 12–2
Schéma de connexion

Le format d'échange est basé sur du texte simple, ce qui simplifie la mise en place, quel que soit le langage utilisé côté serveur (PHP, .NET, Java, Python, Ruby, etc.). Cette API magique, apparue la première fois à l'initiative du WhatWG dans Web Applications 1.0, est aussi baptisée *EventSource*.

Sous le capot

Côté client (navigateur)

La première étape consiste à instancier un objet `EventSource` et à constituer un gestionnaire d'événement `message` pour la réception.

Initialisation EventSource

```
var sse = new EventSource('event-source.php');

// Gestionnaire d'événement
sse.onmessage = function(event) {
  console.log(event.data);
};
```

Dans cet exemple :

1 Un constructeur `EventSource`, prenant en argument l'adresse URL à écouter, renvoie un objet source qui servira d'interface pour toutes les actions futures. L'URL est interrogée dès l'appel au constructeur par une méthode GET.

2 Une fonction est assignée à la propriété `onmessage` de l'objet source. C'est celle-ci qui sera déclenchée à la réception d'un message, et qui recevra en paramètre une copie de l'événement, disposant notamment d'une propriété `data` avec le contenu du message.

Note : la déclaration du gestionnaire d'événement peut aussi être formulée avec `addEventListener` en suivant la recommandation DOM.

```
sse.addEventListener('message', function(event) {
  console.log(event.data);
}, false);
```

Propriétés et méthodes

Tableau 12–1 Aperçu de l'interface EventSource

Propriété ou méthode	Description
`onmessage`	Événement réception du message
`onopen`	Événement ouverture de la connexion
`onerror`	Événement erreur de connexion
`readyState`	État de l'interface avec les valeurs `EventSource.CONNECTING`, `EventSource.OPEN`, `EventSource.CLOSED`
`close()`	Fermeture de la connexion

Côté serveur

Les exemples présentés ci-après font appel à PHP, car c'est le langage le plus courant à l'heure actuelle sur les serveurs accessibles au public. Cependant, d'autres langages sont construits sur des principes « orientés événements » et peuvent être plus à même de gérer des connexions persistantes ou d'économiser les ressources.

Le premier critère essentiel à observer est de servir le flux avec le type MIME `text/event-stream`. En PHP, cela peut être accompli avec la fonction `header()`. Les autres langages disposent de fonctions équivalentes.

```
header("Content-Type: text/event-stream");
```

Le contenu doit être encodé en UTF-8. Il peut tout à fait être délivré par les méthodes classiques de retour texte, par exemple `echo` et `print` en PHP.

Script event-source.php

```
<?php
header('Content-type: text/event-stream');
echo 'data: '.time().PHP_EOL;
?>
```

Ce script minimaliste envoie en données le *timestamp* Unix du serveur (nombre de secondes écoulées depuis le 1er janvier de l'an de grâce 1970). Les fins de ligne acceptées sont CRLF (`\r\n`), CR (`\r`) et LF (`\n`). La constante `PHP_EOL` *(End of Line)* est prévue pour cela.

Une fois ce script PHP combiné à la partie client JavaScript écrite précédemment avec la gestion d'événement, la console du navigateur affiche les données reçues pour chaque message, c'est-à-dire chaque *timestamp*.

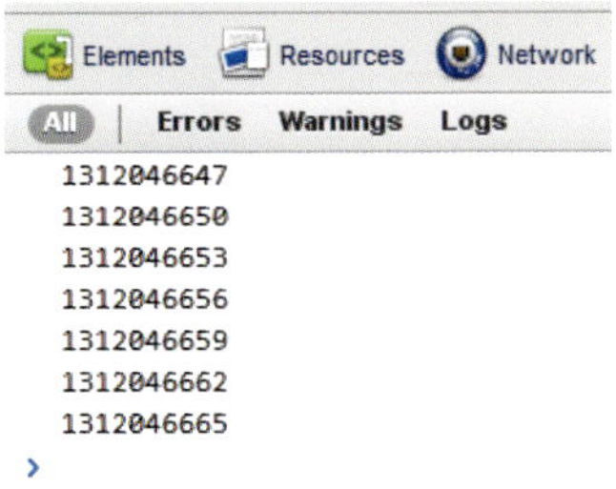

Figure 12–3
Résultat dans la console

Dans le cas présent, le script PHP n'envoie qu'une seule information, puis s'achève. Le serveur HTTP ferme donc la connexion, et le navigateur est obligé d'en initialiser une nouvelle quelques secondes plus tard pour interroger à nouveau le flux.

Mise en place d'un flux continu

EventSource permet d'envoyer progressivement des données, et donc de recevoir plusieurs événements, sans fermer la connexion. De la sorte, une seule requête GET est formulée, avec un seul lot d'en-têtes, le tout sans devoir créer une nouvelle connexion TCP/IP entre navigateur et serveur. C'est un gain appréciable qui allège le trafic réseau, ainsi que l'occupation des ressources des deux machines, pour l'ensemble des actions à mener à bien.

Pour examiner ce cas, construisons une horloge texte, qui recevra toutes les secondes le *timestamp* depuis le serveur, puis le convertira avec JavaScript pour l'afficher.

Page HTML

```
<!doctype html>
<html lang="fr">
<head>
<title>HTML5 : EventSource</title>
<meta charset="utf-8">
<style>
p {
  padding:0.5em;
  margin:0;
  font-family:sans-serif;
}
.message {
  background:#F1F1F1;
  padding:0.5em;
  border-top:1px solid #ccc;
}
.erreur {
  background:#FF7800;
  color:white;
}
.ok {
  background:#A9C832;
  color:white;
  margin-top:0.5em;
}
#maintenant {
  font-size:1.5em;
  color:#666;
}
</style>
</head>
<body>

<p id="maintenant"></p>
<div id="infos"></div>

<script>

// Création d'un nouvel objet Server-Sent Event
var sse = new EventSource('flux.php');

var date = document.getElementById('infos');
var maintenant = document.getElementById('maintenant');
```

```
// Événement de réception d'un message
sse.onmessage = function(event) {
  // Nouvel objet Date
  var dt = new Date();
  // Affectation du timestamp reçu
  dt.setTime(parseInt(event.data)*1000);
  // Insertion dans le document
  maintenant.innerHTML = dt.toString();
  // Ajout des données brutes dans la zone d'information
  infos.innerHTML += '<p class="message">'+event.data+'</p>';
};

// Événement d'erreur (ou de fermeture de connexion)
sse.onerror = function(event) {
  infos.innerHTML += '<p class="erreur">Fin de connexion à '
                +e.srcElement.URL+'</p>';
};

// Événement d'ouverture de connexion
sse.onopen = function(event) {
  infos.innerHTML +=  <p class="ok">Connexion ouverte</p>';
};

</script>

</body>
</html>
```

Ce document se compose d'un paragraphe `#maintenant` recevant la date à afficher et d'un conteneur `#infos` pour l'archivage des messages. Quelques styles cosmétiques sont de la partie, le reste se déroule du côté de la balise `<script>`.

La connexion est initialisée vers un script PHP (ci-dessous). Lorsque l'événement `message` survient :

1. La fonction associée à la propriété `onmessage` est déclenchée, recevant l'objet événement. Les seules données sont un *timestamp*, soit un nombre entier positif stocké dans `e.data` sous forme de chaîne de caractères.
2. Un objet date est initialisé, auquel est affecté le *timestamp*. Ce dernier doit être converti en entier avec `parseInt()` puis être multiplié par 1000, car il est reçu en secondes, tandis que la méthode `setTime()` de JavaScript attend une valeur en millisecondes.
3. Le contenu HTML de `#maintenant` est modifié pour recevoir la date convertie en texte humainement compréhensible grâce à `toString()`. Les données reçues sont ajoutées également à `#infos` pour visualiser les messages échangés entre les phases de connexion/déconnexion.

Script PHP flux.php

```
<?php

header('Content-type: text/event-stream');

// Démarrage du tampon de sortie
ob_start();

// Date limite d'exécution (maintenant+5 secondes)
$dt_limit = time()+5;

// Tant que le moment présent est inférieur à la date limite...
while(time()<$dt_limit) {
  // Sortie des données dans le tampon
  // ...avec double saut de ligne
  echo 'data: '.time().PHP_EOL.PHP_EOL;
  // Vidage du tampon
  ob_flush();
  flush();
  // Roupillon d'une seconde
  sleep(1);
}

// Fin du tampon
ob_end_flush();

?>
```

La prise en charge par le tampon *(buffer)* interne de PHP avec les fonctions `ob_start()`, `ob_flush()`, `ob_end_flush()` autorise la sortie d'informations par vagues, provoquant un événement DOM à chaque flot reçu. Le double saut de ligne signifie que le paquet de données est complet et qu'il n'est pas nécessaire d'attendre une autre ligne débutant par `data:` pour en disposer. S'il n'est pas présent, toutes les données seront regroupées (voir syntaxe ci-après).

La boucle force le script à s'exécuter durant 5 secondes, approximativement toutes les secondes après être entré dans une phase de sommeil avec `sleep(1)` pour économiser ses ressources. Il faut faire attention à bien maîtriser ce point, une boucle infinie `while(true)` peut rapidement occuper toutes les ressources durant la durée maximale d'exécution en PHP – surtout si elle est exécutée par plusieurs sessions parallèles.

Par ailleurs, tout script PHP est soumis – dans un cadre d'exécution standard – à une limite maximale d'exécution, par défaut 30 secondes. Quoi qu'il arrive et quelle que soit la condition sur la boucle, il finit tôt ou tard par expirer et fermer la connexion HTTP. Pas de panique, le navigateur se reconnecte tout seul tant que l'objet `EventSource` existe et qu'aucun appel à la méthode `close()` n'est fait.

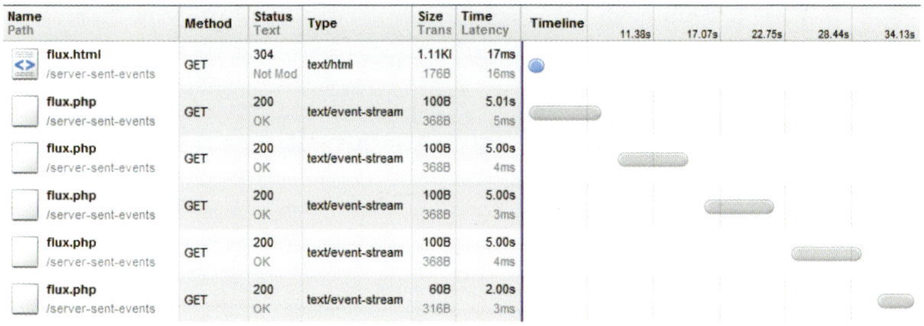

Figure 12–4
Ce script s'exécute en boucle (durée maximale de 5 secondes)

Dans l'exemple présent, la durée est limitée à 5 secondes, ce qui laisse le temps à 5 lignes `data:` de s'échapper, à intervalles d'une seconde. Le graphique réseau démontre qu'une première requête GET est effectuée pour la page HTML, puis directement pour le script PHP. La connexion est maintenue durant 5 secondes avant de se fermer. Une autre requête GET est formulée pour se reconnecter à la ressource, et ainsi de suite.

Figure 12–5
Résultat au rendu

Pour forcer le serveur à transmettre les informations en cours d'exécution du script, il ne faut pas hésiter à faire appel à `flush()` ou `ob_flush()` selon le contexte. Le tampon est bien souvent configuré au niveau du serveur lui-même, et ces fonctions sont susceptibles de rester sans effet, provoquant un seul déclenchement groupé de tous les événements à la fin du script. Il faut alors chercher du côté de la directive de configuration PHP `output_buffering` et la désactiver. Un fichier `.htaccess` placé dans le répertoire du script modifie localement cette instruction et autorise l'envoi sans attente au navigateur à chaque *flush*.

.htaccess

```
php_value output_buffering 0
```

Cette directive peut aussi se retrouver dans le fichier php.ini, mais attention aux effets de bord sur les autres scripts hébergés.

Syntaxe des messages source

Les messages envoyés par la source doivent respecter une syntaxe stricte, mais relativement simple en mode texte. Chaque ligne doit débuter par un nom de champ

Tableau 12–2 Structure des messages

Champ	Description	Valeur
`data`	Ajoute les données reçues au tampon de réception et les termine par un retour à la ligne LF (`\n`).	Texte
`event`	Baptise l'événement : le navigateur doit alors surveiller un type d'événement particulier pour pouvoir réagir.	Texte
`id`	Identifiant du message : le navigateur mémorise cette variable et la transmet avec la prochaine requête dans l'en-tête HTTP `Last-Event-ID`.	Texte
`retry`	Indique au navigateur le délai conseillé de reconnexion, exprimé en millisecondes.	Nombre entier

Si une ligne débute par le caractère « `:` », alors elle est ignorée car considérée comme un commentaire. Si une ligne ne contient pas de caractère « `:` », alors toute la ligne sert de nom de champ, et aucune valeur n'est à considérer.

Exemple de message

```
event: bourse
retry: 3000
data: CAC40 3605
data: DOWJONES 13155
data: NIKKEI 9527
data: NASDAQ 2978
id: 48794
```

Après réception, un objet JavaScript sera constitué et il ne restera plus qu'à mettre à jour les contenus sur une page HTML en se servant des propriétés de cet objet.

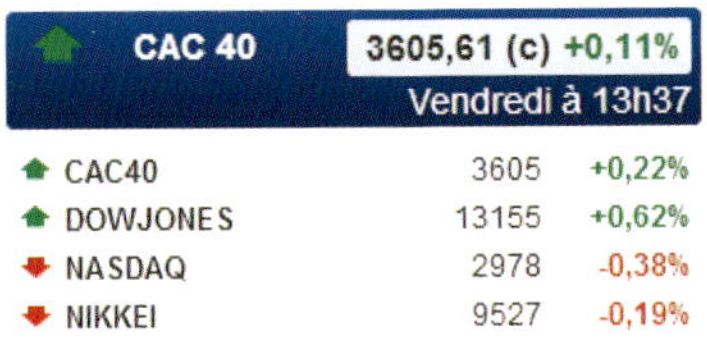

Figure 12–6
Affichage de cours de bourse

Le préfixe majeur à toute ligne utile est `data:` directement suivi des données. Il ne faut surtout pas hésiter à explorer l'objet obtenu dans la console JavaScript du navigateur avec la méthode `console.log()`.

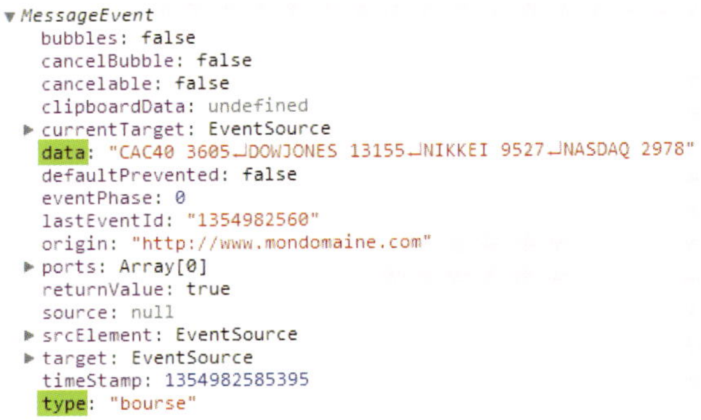

Figure 12–7
Objet événement

Exemple de script PHP avec data

```
<?php

header('Content-type: text/event-stream');
echo 'data: '.time().PHP_EOL;

?>
```

Plusieurs lignes de type `data:` peuvent se suivre consécutivement, elles sont rassemblées par le navigateur dans l'événement d'un unique message reçu (séparées par des retours à la ligne). Écrire `data:valeur` est équivalent à `data: valeur`, car l'espace est ignorée.

Exemple avec plusieurs lignes data

```
<?php

header('Content-type: text/event-stream');

echo 'data: '.time().PHP_EOL;
echo 'data: choucroute'.PHP_EOL;

?>
```

Un seul événement DOM sera généré pour une chaîne de texte contenant au total le *timestamp*, un saut de ligne LF (\n) (qui ne se remarquera pas en HTML à moins d'être converti en <br>), et le mot choucroute.

En revanche, un double saut de ligne mène à la clôture des instructions data: le précédant.

Exemple avec deux ensembles de data

```
<?php

header('Content-type: text/event-stream');

echo 'data: '.time().PHP_EOL;
echo 'data: choucroute'.PHP_EOL;

// Saut de ligne supplémentaire
echo PHP_EOL;

echo 'data: '.time().PHP_EOL;
echo 'data: kougelhof'.PHP_EOL;

?>
```

Deux événements DOM seront générés, car deux paquets de données indépendants sont reçus.

id

Si un champ d'identifiant id: a été reçu dans le dernier message, alors le navigateur doit formuler la requête suivante avec un en-tête Last-Event-ID dont la valeur est celle du dernier identifiant. Cela afin de permettre la reprise d'un dialogue client-serveur. Il appartient alors au script exécuté côté serveur de lire l'en-tête, par exemple avec $_SERVER['HTTP_LAST_EVENT_ID'] en PHP et d'en tirer les conséquences.

```
echo 'id: '.time().PHP_EOL;
echo 'data: Blablabla ?'.PHP_EOL;
```

Dans la majorité des situations, un identifiant correspondant au *timestamp* peut faire l'affaire. Chaque message reçu sera donc balisé par cette valeur numérique, inévitablement incrémentée lorsque le temps s'écoule.

Tableau 12–3 Exemple de dialogue

Ordre	Champ id	Last-Event-ID envoyé par le navigateur	Description
Message 1	id:1312047282	(aucun)	Requête initiale, aucun id n'est transmis, car aucun n'a été reçu auparavant.

Tableau 12–3 Exemple de dialogue (suite)

Ordre	Champ id	Last-Event-ID envoyé par le navigateur	Description
Message 2	id:1312047285	1312047282	L'identifiant du message 1 est renvoyé.
Message 3	id:1312047288	1312047285	L'identifiant du message 2 est renvoyé.
Message 4	id:1312047310	1312047288	L'identifiant du message 3 est renvoyé.

Exemple avec utilisation d'id

```
<?php

header('Content-type: text/event-stream');

echo 'id: '.time().PHP_EOL;
echo 'data: Il est '.date("H").' h '.date("i").' et '.date("s").' s';

// Si l'identifiant précédent a été transmis, il est affiché
if(isset($_SERVER['HTTP_LAST_EVENT_ID'])) {
  echo ' ... et j\'ai recu Last-Event-ID :';
  echo $_SERVER['HTTP_LAST_EVENT_ID'];
}

echo PHP_EOL;

?>
```

Lorsqu'il s'agit de ne laisser s'échapper aucun message, l'identifiant doit correspondre à une suite numérique : 1, 2, 3, 4, 5, etc. Si le serveur s'aperçoit qu'il n'a pas reçu de requête avec `HTTP_LAST_EVENT_ID: 4`, alors il peut présumer que le client ne l'a pas reçu, et peut tenter de rectifier le tir avec l'événement suivant n° 5.

Le script PHP complet est trop complexe pour être développé ici, il peut s'articuler autour de sessions, de fichiers, d'une base de données SQL, pour garder la trace des dialogues : données et dernier identifiant envoyé par le navigateur. Voici néanmoins une suggestion minimaliste basée sur une session mémorisant le numéro du dernier message envoyé.

Exemple de compteur avec une session

```
<?php

// Démarrage de la session
session_start();

header('Content-type: text/event-stream');
// Initialisation
if(!isset($_SESSION['sse_id'])) $_SESSION['sse_id'] = 0;
```

```
echo 'id: '.$_SESSION['sse_id'].PHP_EOL;
echo 'data: Il est '.date("H").' h '.date("i").' et '.date("s").' s';

// Si l'identifiant précédent a été transmis
if(isset($_SERVER['HTTP_LAST_EVENT_ID'])) {
  echo ' ... et j\'ai recu Last-Event-ID :';
  echo $_SERVER['HTTP_LAST_EVENT_ID'];

  // Si l'identifiant précédent est égal au compteur courant-1
  if($_SERVER['HTTP_LAST_EVENT_ID']==($_SESSION['sse_id']-1)) {
    echo ' ... tout va bien.';
  } else {
    echo ' ... un message s\'est perdu !';
  }
}

echo PHP_EOL;

// Incrémentation du compteur
$_SESSION['sse_id']++;

?>
```

event

Le marqueur `event:` associe les données envoyées dans `data:` à un événement particulier. Ce n'est donc plus l'événement `message` qui sera déclenché, mais un autre dont le nom est donné par la valeur de la ligne `event:`. Par exemple, dans le cadre d'un webmail il serait tout à fait possible d'imaginer que des notifications « nouveau message important reçu » ou « nouveau spam reçu » puissent être distinguées.

```
<?php

header('Content-type: text/event-stream');

// Tirage au sort, 1, 2 ou 3 ?
$r = rand(1,3);

// Événement de type heure
if($r==1) {
  echo 'event: heure'.PHP_EOL;
  echo 'data: Il est '.date("H").' h '.date("i").' et '.date("s").'
s'.PHP_EOL;
}

// Événement de type bonjour
if($r==2) {
  echo 'event: bonjour'.PHP_EOL;
```

```
  echo 'data: Bonjour !'.PHP_EOL;
}

// Événement standard
if($r==3) {
  echo 'data: Juste un message.'.PHP_EOL;
}

?>
```

Ce script PHP renvoie aléatoirement un événement baptisé « heure » avec pour donnée l'heure courante, un événement baptisé « bonjour » avec pour donnée une salutation amicale, et un événement classique.

Il est alors nécessaire de compléter les gestionnaires d'événements établis côté client, notamment à l'aide de la méthode `addEventListener` qui reçoit en premier argument le nom de l'événement, et en deuxième la fonction de traitement.

```
var sse = new EventSource('event.php');

var infos = document.getElementById('infos');

sse.addEventListener('heure',function(event) {
  infos.innerHTML += '<p class="message heure">'+event.data+'</p>';
});

sse.addEventListener('bonjour',function(event) {
  infos.innerHTML += '<p class="message">'+event.data+'</p>';
});
```

retry

Le temps de reconnexion à une source est déterminé arbitrairement par le navigateur, il est par défaut de l'ordre de quelques secondes. Le script exécuté côté serveur peut signifier qu'il serait pertinent de se reconnecter rapidement si la fréquence d'actualisation doit être courte, ou bien à intervalles beaucoup plus espacés s'il souhaite ménager les ressources ou qu'il n'a rien à déclarer aussi régulièrement. Le champ `retry:` détermine ce délai, en millisecondes.

Exemple de flux avec utilisation de retry

```
<?php

header('Content-type: text/event-stream');

echo 'id: '.time().PHP_EOL;
echo 'data: Il est '.date("H").' h '.date("i").' et '.date("s").'
s'.PHP_EOL;
```

```
// Délai de reconnexion en ms
$retry = rand(1000,1500);
echo 'retry: '.$retry.PHP_EOL;

?>
```

Ce script indique au navigateur de se reconnecter entre 1000 et 1500 millisecondes après une déconnexion.

Utiliser JSON

Les données à envoyer ne sont pas toujours de simples phrases, citations d'Alphonse Allais ou valeurs numériques. Elles sont bien souvent issues de scripts PHP produisant des résultats complexes (objets, tableaux) ou de bases de données. Pour les exploiter agréablement sans devoir les découper en petits morceaux et les recoller ensuite, JSON est de mise.

Exemple de flux avec JSON data-json.php

```
<?php

header('Content-type: text/event-stream');

// Encodage d'un tableau PHP en JSON
$data = json_encode(
  array(
    'time'=>time(),
    'aleatoire'=>rand()
  )
);

echo 'data: '.$data.PHP_EOL;

?>
```

Pour envoyer un objet JSON, la fonction `json_encode()` est au service de tout un chacun à partir de PHP 5.2. Elle produit une linéarisation, transférable via un message texte.

```
<script>
var sse = new EventSource('data-json.php');
var infos = document.getElementById('infos');

sse.onmessage = function(event) {
  var donnees = JSON.parse(event.data);
  infos.innerHTML += '<p class="message\>';
```

```
    infos.innerHTML += 'Timestamp : '+donnees.time+'<br>';
    infos.innerHTML += 'Nombre aléatoire : '+donnees.aleatoire;
    infos.innerHTML += '</p>';
};
</script>
```

Côté client, la fonction JavaScript `JSON.parse()` convertit la chaîne de texte JSON qui lui est donnée en argument vers un objet structuré. Si cette fonction n'est pas disponible dans les anciens navigateurs, un framework tel que jQuery peut faire l'affaire en complément.

Prise en charge

La détection de la présence des Server-Sent Events est aisée, avec le test de l'existence du membre `EventSource` pour l'objet tentaculaire `window`.

```
if (!!window.EventSource) {
  var source = new EventSource('event-source.php');
} else {
  // Utiliser une alternative (en Ajax par exemple)
}
```

Implémentation

Les premières implémentations d'Opera ont vu le jour avec la version 9, mais faisaient appel à un élément HTML nommé `<event-source>`.

Tableau 12–4 Tableau de support Server-sent Events

Navigateur	Version	Navigateur	Version
Mozilla Firefox	6+	Android	-
Apple Safari	5+	Opera Mobile	11+
Google Chrome	6+	Opera Mini	-
Opera	11+	Internet Explorer	-
iOS	4+	BlackBerry	7+
Firefox pour Android	15+	Chrome pour Android	18+

Une alternative manuelle peut consister à utiliser la fonction JavaScript **`setInterval()`** en combinaison avec **`XMLHttpRequest`** ou jQuery pour simuler un comportement approchant et charger périodiquement des données en provenance d'un serveur.

Des librairies facilitent la mise en place de cette API, et prévoient une telle alternative en Ajax pour les navigateurs l'ignorant encore, notamment (et malheureusement) Internet Explorer 10. Avec XMLHttpRequest, il faut garder à l'esprit que le serveur doit fermer la connexion à la fin de la requête, donc adapter le script original en conséquence pour qu'il puisse délivrer le même contenu en utilisant deux types de connexions (persistante ou non).

RESSOURCE Librairies JavaScript alternatives

EventSource.js

- https://github.com/remy/polyfills/blob/master/EventSource.js

EventSource polyfill

- https://github.com/Yaffle/EventSource

jQuery.eventsource

- http://github.com/rwldrn/jquery.eventsource

Échange d'informations entre documents (Web Messaging)

13

Des documents HTML qui communiquent entre eux ? Voilà une riche idée ! Étudions ces messages et événements interdocuments et comment la sécurité des échanges est assurée.

Figure 13–1 Communication, communication !

Au-delà des dialogues client-serveur, une application web est parfois amenée à devoir communiquer entre différents documents HTML (fenêtre courante, iframe, pop-up, etc.). Habituellement, les scripts de différentes pages sont uniquement autorisés à accéder à chacun d'entre eux si les pages dépendent du même protocole (par exemple http://), du même numéro de port (par exemple 80) et du même nom de domaine.

L'API Web Messages met en place une communication simplifiée avec des événements DOM et des messages au format texte, qui sont relativement proches du principe déployé par *Server-Sent Events*. Cette communication est possible interdomaine, c'est pourquoi on l'appelle également en version originale *Cross-document messaging*. Elle fait preuve d'une grande souplesse, mais devient ainsi exposée à quelques risques. Des mesures de sécurité sont nécessaires pour vérifier la validité de la source émettant le message. Comme le disait l'oncle de Peter Parker (Spiderman), inspiré par Socrate : « Un grand pouvoir implique de grandes responsabilités ».

RESSOURCE Spécification Web Messaging au W3C et WhatWG

- http://www.w3.org/TR/webmessaging/
- http://dev.w3.org/html5/postmsg/
- http://www.whatwg.org/specs/web-apps/current-work/multipage/comms.html

Il faut garder à l'esprit que ces échanges de messages concernent uniquement le côté client en JavaScript, pour un même utilisateur et dans un même navigateur. Toute autre communication nécessitera de faire appel au serveur.

Fonctionnement

Si cette API est supportée par le navigateur, l'objet `window` comprend une méthode nommée `postMessage()`. C'est elle qui autorise l'envoi de messages texte depuis la fenêtre courante vers les autres, quel que soit le domaine hébergeant la page de destination. Un événement DOM de type `message`, interfacé avec `MessageEvent`, est généré sur la fenêtre de destination. Il comporte le contenu texte du message dans sa propriété `data`.

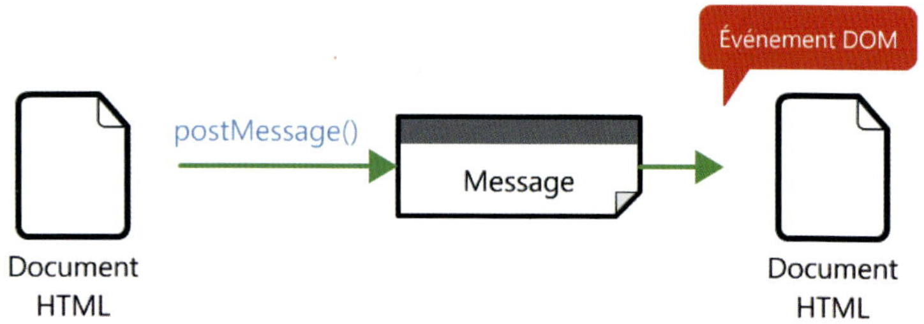

Figure 13–2
Schéma global

Déroulement de l'envoi d'un message :

1 Appeler la méthode `postMessage()` depuis la page contenant l'information à envoyer (stockée dans un formulaire, une variable JavaScript, etc.). Cette fonction prend en arguments le message texte à envoyer et l'adresse destinataire, qui doit correspondre au minimum au nom de domaine ou à un caractère joker « * ».
2 Dans le document destinataire, attraper l'événement `message`.
3 Vérifier au préalable l'origine du message reçu stockée dans la propriété `origin`.
4 Traiter le texte reçu dans la propriété `data` de l'événement.

La démonstration la plus efficace reste celle d'une page comprenant une zone de texte `<textarea>` ainsi qu'un élément `<iframe>` devant recevoir son contenu.

Figure 13–3
Schéma global

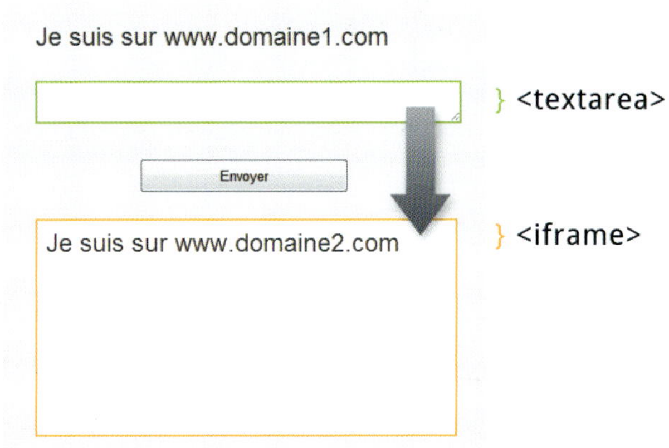

Le document principal, nommé `simple-emetteur.html` est hébergé sur `www.domaine1.com` tandis que l'iframe qui y est intégrée reste hébergée sur `www.domaine2.com` avec le fichier `simple-destinataire.html`.

Code source de l'émetteur (simple-emetteur.html)

```
<!doctype html>
<html lang="fr">
<head>
<title>HTML5 : Web Messaging</title>
<meta charset="utf-8">
<link rel="stylesheet" href="styles.css" type="text/css">
</head>
<body>

<div class="wrap">

<p>Je suis sur www.domaine1.com</p>
```

```
<form id="envoi">
  <p><textarea id="message"></textarea></p>
  <p><input type="submit" value="Envoyer"></p>
</form>

<iframe src="http://www.domaine2.com/web-messaging/simple-
destinataire.html" id="iframe"></iframe>

</div>

<script>

// Mémorisation de la fenêtre destination dans une variable
var destination = document.getElementById('iframe').contentWindow;

// Redéfinition de la validation du formulaire
document.getElementById('envoi').onsubmit = function(event) {
  // Mémorisation du texte dans une variable
  var texte = document.getElementById('message').value;
  // Envoi de la variable à la fenêtre destination
  destination.postMessage(texte,"http://www.domaine2.com");
  event.preventDefault();
};

</script>

</body>
</html>
```

Les éléments principaux sont équipés d'attributs `id` pour les cibler plus rapidement avec `document.getElementById()`. L'événement `submit` de validation du formulaire est redéfini par une fonction faisant appel à `postMessage()`, et son comportement par défaut est inhibé grâce à `event.preventDefault()`.

Le document iframe contient quant à lui un paragraphe d'introduction le présentant, et une liste `<ul>` pour la réception de messages.

Code source destinataire (simple-destinataire.html)

```
<!doctype html>
<html lang="fr">
<head>
<title>HTML5 : Web Messaging</title>
<meta charset="utf-8">
<link rel="stylesheet" href="styles.css" type="text/css">
</head>
<body>

<p>Je suis sur www.domaine2.com</p>
```

```
<ul id="messages"></ul>

<script>

// Gestionnaire d'événement 'message'
if (typeof window.addEventListener != 'undefined') {
  window.addEventListener('message', reception, false);
} else if (typeof window.attachEvent != 'undefined') {
  window.attachEvent('onmessage', reception);
}

// Traitement de l'événement
function reception(event) {
  // Vérification de l'origine
  if(event.origin!=='http://www.domaine1.com') {
    alert("Mauvaise origine");
  } else {
  // Prise en compte du message
    var li = document.createElement('li');
    li.innerHTML = event.origin +' a dit : '+event.data;
    document.getElementById('messages').appendChild(li);
  }
}

</script>

</body>
</html>
```

L'écouteur attend un événement `message`. Il est conseillé d'utiliser les écouteurs `addEventListener` (et `attachEvent` pour les anciennes versions d'Internet Explorer) afin d'attraper l'événement `message`.

Figure 13–4
Résultat obtenu

La fonction `reception()` est déclenchée dès que cet événement l'est aussi. Elle reçoit en paramètre une copie de l'objet événement. La propriété `origin` en est examinée pour vérifier si elle correspond bien au domaine duquel l'information est attendue : `www.domaine1.com`. Si tel est le cas, un nouvel élément `<li>` est créé dynamiquement pour être ajouté à la liste `messages` et son contenu texte est modifié pour recevoir la valeur de la propriété `data` de l'événement, c'est-à-dire le texte du message lui-même.

Surveiller les appels

Dans Firefox avec l'extension Firebug, une technique bien utile a vu le jour pour surveiller l'échange de messages dans la console. La méthode `monitorEvents()` démarre le suivi pour un élément donné (l'iframe) et pour un nom d'événement (en l'occurrence `message`).

```
monitorEvents($("iframe").contentWindow, "message");
```

Pour désactiver cette surveillance, `unmonitorEvents()` fait l'affaire avec les mêmes paramètres.

```
unmonitorEvents($("iframe").contentWindow, "message");
```

Figure 13–5
Capture d'un message

Le message est résumé en plusieurs parties :

- l'origine,
- les données (data),
- la cible.

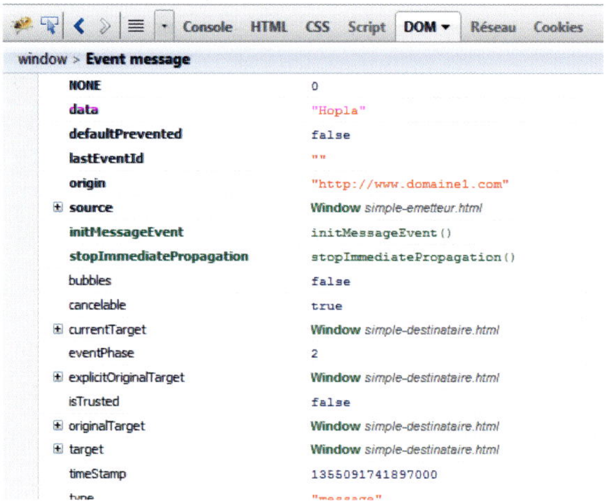

Figure 13–6
Détails d'un message

En cliquant sur ce résumé, des informations plus détaillées sont affichées via l'onglet DOM, avec toutes les propriétés enregistrées dans l'objet événement.

Sécurité

Vérification de l'origine

Une application web reposant sur cette fonctionnalité se doit de vérifier – autant que le permet la sécurité de JavaScript – la provenance du message qu'elle reçoit.

À ces fins, il convient de faire une vérification sur la propriété `.origin` de chaque message reçu, pour s'assurer que le domaine émetteur correspond bien à celui qui est attendu, et qu'il en est de même de l'adresse – surtout si le domaine source est susceptible d'héberger du code qui n'est pas totalement sous contrôle. Sans cela, un farceur pourra sans difficulté émettre des messages depuis toute page hébergée sur un autre domaine.

La fonction `postMessage()` contient aussi un mécanisme évitant d'envoyer des données potentiellement confidentielles à un domaine qui ne serait pas le bon, et qui pourrait les intercepter (puis les envoyer à un serveur en Ajax). Cela correspond à son deuxième argument pour lequel il faut éviter d'utiliser le joker « `*` » comme destination. Pour restreindre l'envoi aux cibles de même origine sans la spécifier explicitement, il est possible d'indiquer « `/` ».

Vérification du contenu

La validation de l'émetteur n'est qu'une première étape. Elle ne garantit pas que le contenu du message est totalement inoffensif. Si celui-ci est amené à être injecté dans le DOM de la page destination, il faut faire attention à ce qu'il contient. Une balise `<script>` pourrait tout à fait être utilisée à des fins d'injection et exécutée instantanément.

Il faut donc procéder aux mêmes vérifications que celles mises en place côté serveur et supprimer, voire traiter, une syntaxe qui pourrait porter préjudice au document récepteur. Si le message doit être affiché, ne pas utiliser `innerHTML` mais plutôt `textContent`, et `innerText` évite une interprétation HTML.

Données transférées et JSON

Les messages sont conçus pour transporter du texte, cependant rien n'empêche de véhiculer des structures de données plus complexes à l'aide de JSON.

Code source émetteur (json-emetteur.html)

```
<!-- ... -->

<p>Je suis sur www.domaine1.com</p>

<form id="envoi">
  <p><textarea id="message"></textarea></p>
  <p><input type="submit" value="Envoyer"></p>
</form>

<iframe src="http://www.domaine2.com/web-messaging/json-
destinataire.html" id="iframe"></iframe>

</div>

<script>

var destination = document.getElementById('iframe').contentWindow;

document.getElementById('envoi').onsubmit = function(event) {
  var texte = document.getElementById('message').value;
  // Création d'un objet composé de deux propriétés
  var objet = {messagetxt:texte,date:new Date()};
  // Conversion de l'objet en chaîne texte au format JSON
  var jsondata = JSON.stringify(objet);
  // Envoi de la chaîne texte
  destination.postMessage(jsondata,"http://www.domaine2.com");
  event.preventDefault();
};

</script>

<!-- ... -->
```

Cette fois-ci, les données sont structurées avant l'envoi dans un objet. La propriété `messagetxt` reçoit le texte tandis que la propriété `date` reçoit une valeur de la date courante. La méthode `JSON.stringify()` convertit le tout en chaîne de texte dans la variable `jsondata`, pour autoriser sa transmission par `postMessage()`.

Du côté de `www.domaine2.com`, le document destinataire respecte la même composition que précédemment mais traite le résultat d'une manière différente.

Code source destinataire (json-destinataire.html)

```
<!-- ... -->

<p>Je suis sur www.domaine2.com</p>

<ul id="messages"></ul>

<script>

if (typeof window.addEventListener != 'undefined') {
  window.addEventListener('message', reception, false);
} else if (typeof window.attachEvent != 'undefined') {
  window.attachEvent('onmessage', reception);
}

// Traitement de l'événement
function reception(event) {
  // Vérification de l'origine
  if(event.origin!=='http://www.domaine1.com') {
    alert("Mauvaise origine");
  } else {
    // Création d'un objet à partir de la chaîne JSON
    var obj = JSON.parse(event.data);
    var li = document.createElement('li');
    // Création d'une ligne à partir des propriétés de l'objet
    li.textContent = obj.date+' : '+obj.messagetxt;
    document.getElementById('messages').appendChild(li);
  }
}

</script>

<!-- ... -->
```

Figure 13–7
Résultat obtenu

Ce n'est plus un simple texte qui doit être injecté, mais un objet dont les deux propriétés peuvent être considérées séparément. La date d'envoi (déterminée par `www.domaine1.com`) précède le texte du message dans la liste. JSON est ainsi mis à contribution pour échanger des objets plus complexes qu'une simple chaîne de texte.

Source et réponse

Étant donné que l'envoi reste dispatché de manière asynchrone, il n'est pas possible pour l'appelant de détecter si le gestionnaire d'événement destination écoutant pour un message lance une exception. En revanche, la page peut envoyer une réponse en retour, car l'événement comprend dans sa propriété `source` une référence à la fenêtre d'origine. De surcroît, l'adresse de la cible est déjà connue par la propriété `origin`.

```
// Réponse à l'appelant
e.source.postMessage('OK',e.origin);
```

Du côté de l'émetteur, la procédure d'envoi reste semblable. En revanche, le document se voit lui aussi muni d'un gestionnaire d'événement `message`.

Code source émetteur (feedback-emetteur.html)

```
<!-- ... -->

<p>Je suis sur www.domaine1.com</p>

<form id="envoi">
  <p><textarea id="message"></textarea></p>
  <p><input type="submit" value="Envoyer"></p>
</form>

<iframe src="http://www.domaine2.com/web-messaging/feedback-
destinataire.html" id="iframe"></iframe>

<p id="retour"></p>

</div>

<script>

var destination = document.getElementById('iframe').contentWindow;

document.getElementById('envoi').onsubmit = function(event) {
  var texte = document.getElementById('message').value;
  destination.postMessage(texte,"http://www.domaine2.com");
```

```
  document.getElementById('retour').textContent = '';
  event.preventDefault();
};

// Réception des messages en retour
if (typeof window.addEventListener != 'undefined') {
  window.addEventListener('message', reception, false);
} else if (typeof window.attachEvent != 'undefined') {
  window.attachEvent('onmessage', reception);
}

// Traitement des messages en retour
function reception(event) {
  if(event.origin!=='http://www.domaine2.com') {
    alert("Mauvaise origine");
  } else {
    if(event.data=='OK') {
      document.getElementById('retour').textContent = 'Message reçu';
    } else {
      document.getElementById('retour').textContent = 'Erreur';
    }
  }
}

</script>

<!-- ... -->
```

La mise en place des écouteurs et de la fonction de réception suit le même chemin, en revanche un test est mené sur le contenu du message reçu en retour. Si celui-ci correspond à la valeur « OK », alors l'émetteur considère que tout s'est bien déroulé car le destinataire lui a renvoyé un accusé de réception.

Code source destinataire (feedback-destinataire.html)

```
<!-- ... -->

<p>Je suis sur www.domaine2.com</p>

<ul id="messages"></ul>

<script>

if (typeof window.addEventListener != 'undefined') {
  window.addEventListener('message', reception, false);
} else if (typeof window.attachEvent != 'undefined') {
  window.attachEvent('onmessage', reception);
}
```

```
function reception(event) {
  if(event.origin!=='http://www.domaine1.com') {
    alert("Mauvaise origine");
  } else {
    var li = document.createElement('li');
    li.textContent = event.origin+'  : '+event.data;
    document.getElementById('messages').appendChild(li);

    // Réponse à l'appelant
    event.source.postMessage('OK',e.origin);
  }
}

</script>

<!-- ... -->
```

L'objet événement `e` dispose d'une référence à la fenêtre source dans la propriété `source`. Elle peut donc servir à renvoyer un message dans le sens inverse via `postMessage()`. Pour éviter d'avoir à spécifier manuellement la destination, il suffit d'utiliser la valeur de `e.origin` pour connaître l'adresse de l'émetteur à qui envoyer l'accusé de réception.

Figure 13–8
Résultat obtenu

Prise en charge

Tableau 13–1 Tableau de support Web Messaging

Navigateur	Version	Navigateur	Version
Mozilla Firefox	3+	Android	2.1+
Internet Explorer	8+	iOS	3.2+
Apple Safari	4+	Opera Mini	5+
Google Chrome	1+	Opera Mobile	10+
Opera	9+		

La librairie JavaScript easyXDM fournit une alternative pour les navigateurs ne supportant pas nativement `postMessage()`, avec un support d'Opera 9 qui implémentait cette API d'une autre manière, et un repli vers FlashTransport, HashTransport ou FrameElementTransport.

RESSOURCE **Librairies**

easyXDM

‣ http://easyxdm.net/

Communication en temps réel (Web Sockets) 14

Maintenir un dialogue bidirectionnel garantit la rapidité des applications web. Voyons comment est mise en place la persistance d'une connexion entre navigateur et serveur, et comment sont échangés les messages.

Figure 14–1 Allô ?

Les communications en temps réel sont désormais une nécessité, en premier lieu pour le Web qui est devenu le plus fort pourvoyeur d'échanges entre humains. Avec la venue des applications web transcendant les banales pages statiques, les développeurs ont le besoin de reproduire en HTML ce qui existe déjà du côté des systèmes d'exploitation : des canaux bidirectionnels et connectés en permanence, que l'on nomme plus prosaïquement les « sockets » avec le protocole TCP/IP. Ces couches de bas niveau sont elles-mêmes couramment exploitées par tous les programmes souhaitant établir une connexion TCP : les navigateurs eux-mêmes, les clients de messagerie, les services de partage de fichiers, les logiciels de vidéoconférence, les jeux massivement multijoueurs, les radios en ligne, etc.

L'API Web Sockets va au-delà de Server-Sent Events et propose l'accès à ces canaux directement au sein du navigateur, avec les gestionnaires d'événements en JavaScript. Elle est vouée à l'établissement de **connexions persistantes et bidirectionnelles** pour des applications web qui ont besoin de communiquer en **temps réel** avec le serveur : chat, diffusion d'informations sans attente (cours de la Bourse), jeux en réseau, notifications immédiates, édition collaborative de documents en ligne, flux de données variées, etc.

Certains artifices ont été développés grâce à Ajax et à l'objet `XMLHttpRequest` ou aux iframes pour apporter un dynamisme aux contenus et les rafraîchir périodiquement sans devoir opérer un rechargement total du document HTML. Ils sont néanmoins peu performants et peu adaptés. Sans Web Socket, le navigateur fonctionne en mode déconnecté. C'est lui qui doit régulièrement initier une nouvelle connexion, formuler une requête pour savoir si de nouvelles données l'attendent, les recevoir le cas échéant et fermer la connexion après le chargement de la page. On nomme cette façon de procéder le « polling ».

Avec les Web Sockets, les en-têtes établissant la connexion sont réduits pour plus de souplesse et de réactivité. L'impact sur la bande passante est amoindri par l'utilisation d'une encapsulation légère. Cela signifie qu'il faut échanger moins de données complémentaires pour gérer la connexion par rapport aux seules données utiles à transférer. Le serveur peut envoyer des données de sa propre initiative pour faire du **push** tandis que le « socket web » reste à son écoute. Par ailleurs, la solution est prévue pour traverser les firewalls et les proxies. Tous ces avantages font des Web Sockets une alternative performante et efficace au *polling*.

Leur seul inconvénient est de nécessiter un serveur quelque peu spécialisé qui s'éloigne des traditionnels services mis à disposition par les applications HTTP. La mise en place est plus lourde, car la plupart des solutions d'hébergement actuelles ne sont pas équipées de langages fonctionnant par événements, à l'écoute constante de connexions entrantes.

Figure 14–2
Schéma de connexion

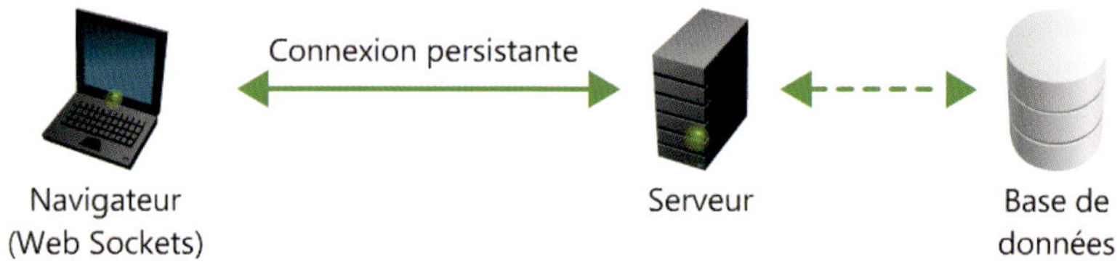

SPÉCIFICATION Web Sockets

W3C

- http://dev.w3.org/html5/websockets/
- http://www.w3.org/TR/websockets/

WhatWG

- http://www.whatwg.org/specs/web-apps/current-work/complete/network.html

Protocole

- http://tools.ietf.org/html/rfc6455
- http://www.whatwg.org/specs/web-socket-protocol/

Un protocole commun

Quand bien même nos futurs droïdes protocolaires maîtriseraient-ils plus de six millions de formes de communication, il faudrait toujours établir un langage commun afin que serveur et navigateur client puissent se comprendre, initier une connexion TCP, et cela en mettant de côté HTTP qui n'est point conçu pour maintenir un canal persistant et bidirectionnel.

L'API Web Sockets a été intégrée par anticipation dans deux navigateurs parmi les plus réactifs, Google Chrome et Mozilla Firefox, mais a été désactivée temporairement pour des raisons de sécurité. Le protocole sous-jacent comprenait des failles pouvant compromettre la connexion et les données transférées.

Par chance, cela n'affectait pas l'API client en JavaScript, qui reste inchangée. Après avoir planché sur le sujet et mis à jour le protocole, les navigateurs sont à nouveau prêts à activer Web Sockets.

Le protocole est passé par plusieurs versions (hixie-76, version 7 et 10) pour finalement aboutir à la RFC 6455 correspondant à une publication officielle de l'IETF, en charge de son élaboration.

Pour démarrer, une poignée de mains (handshake)

Le client lance une connexion, qui peut passer par le port 80 du Web classique pour passer au travers des proxies. Il effectue une requête qui ressemble d'assez près à du HTTP mais qui lui permet ensuite, grâce à un en-tête spécifique (`Upgrade: websocket`), de communiquer au serveur qu'il veut basculer totalement sur WebSocket. Cette « poignée de mains » (ou *handshake* en version originale) permet de se mettre d'accord sur le protocole de dialogue.

Exemple de requête client

```
GET /url HTTP/1.1
Host: www.mondomaine.com
Upgrade: websocket
Connection: Upgrade
Sec-WebSocket-Key: x3JJHMbDL1EzLkh9GBhXDw==
Sec-WebSocket-Version: 13
Origin: http://mondomaine.com
```

Exemple de réponse du serveur

```
HTTP/1.1 101 Switching Protocols
Upgrade: websocket
Connection: Upgrade
Sec-WebSocket-Accept: HSmrc0sMlYUkAGmm5OPpG2HaGWk=
```

Des clés de sécurité sont échangées avec d'autres en-têtes, suivant une recette magique qui est hors sujet ici. Cela permet au final de déléguer totalement ces actions au moteur du navigateur, et de ne pas s'en soucier pour l'exploiter ensuite.

Côté serveur

Avant de découvrir la magie des Web Sockets, il convient de leur donner un serveur auquel se connecter. Sans service approprié à l'écoute de connexions, point de dialogue possible.

De nombreuses solutions existent, écrites en Java, PHP, Ruby, C#, et même en JavaScript exécuté côté serveur avec `Node.js`. Ce dernier a le vent en poupe et représente le moyen le plus approprié pour la programmation événementielle qui sied aux sockets. Néanmoins, cette plate-forme est moins répandue que PHP. Si vous disposez d'un serveur dédié, vous avez la liberté d'installer ce que vous voulez dessus. Mais si vous disposez d'un serveur web avec un hébergement mutualisé (seul accès au FTP), c'est la plate-forme LAMP qui sera opérationnelle. Il existe aussi la possibilité de faire appel à un service hébergé, par exemple par Pusher (voir à la fin de ce chapitre).

C'est la solution PHP qui sera décrite dans ce chapitre par souci d'universalité et de simplicité, à l'aide de la librairie *phpwebsock*.

RESSOURCE Web Sockets avec PHP

phpwebsocket

- http://code.google.com/p/phpwebsocket/

phpwebsocket

Sur le site hébergeant le projet, le code source se trouve dans l'onglet `Source`, sous-menu `Browse`, répertoire `trunk` puis `phpwebsocket`. Le fichier principal est `websocket.class.php`. Le lien *view rawfile* donne accès au téléchargement du contenu.

Ce script PHP reste minimaliste, mais parfait pour l'étude de son fonctionnement interne et quelque peu de personnalisation. Il suppose tout de même un accès au serveur en ligne de commande, par exemple via SSH, pour lancer une exécution persistante de PHP.

```
php -q websocket.demo.php
```

L'option `-q` est facultative. Elle signifie qu'il est inutile d'envoyer les en-têtes HTTP conventionnels à la ligne de commande, notamment `Content-type`.

Source du serveur

```
<?php
require "websocket.class.php"; ❶
$master = new WebSocket("0.0.0.0",1337); ❷
?>
```

L'inclusion de phpwebsocket se fait grâce à une instruction `include` (voire `require`) du fichier fourni ❶.

La création du socket passe par l'instanciation d'un objet `WebSocket` ❷. Les deux arguments demandés sont l'adresse sur laquelle écouter, ici `0.0.0.0` en IPv4 qui écoute sur toutes les adresses et qui peut être remplacé par `localhost` dans le cas d'un développement local, ainsi que le port associé. Ce port sera précisé à la connexion côté client, et doit être ouvert si le serveur est équipé d'un firewall. Son choix est libre, pour peu qu'il ne soit pas déjà utilisé par un autre service, de préférence avec un nombre supérieur à 1023 pour éviter la tranche des ports les plus célèbres, voire supérieur à 49151 pour éviter ceux qui pourraient être enregistrés.

Personnalisation

Par défaut, l'objet `WebSocket` prévu dans cette librairie renvoie tout ce qui lui est transmis, ce qui est d'ailleurs le but du fichier de démonstration fourni « websocket.demo.php ». Ce comportement peut suffire dans le cadre des tests initiaux, mais reste d'un intérêt limité.

Pour le personnaliser, étendons la classe `WebSocket`.

```
<?php

// Exécution en ligne de commande : php -q <nomdufichier>.php
```

```
// Inclusion de la librairie phpwebsocket
require "websocket.class.php";

// Extension de WebSocket
class ChatBot extends WebSocket {
  function process($user,$msg) {
    $this->say("< ".$msg);
    switch($msg){
      case "hello":
        $this->send($user->socket,"Bonjour");
      break;
      case "date":
        $this->send($user->socket,"Nous sommes le ".date("d/m/Y"));
      break;
      case "bye":
        $this->send($user->socket,"Au revoir");
        $this->disconnect($user->socket);
      break;
      default:
        $this->send($user->socket,"Pas compris !");
      break;
    }
  }
}

$master = new ChatBot("0.0.0.0",1337);

?>
```

Ce serveur minimal, inspiré de l'exemple fourni avec la librairie, reçoit des messages au format texte. Il répond – poliment – aux commandes « hello », « date » et « bye ». Cette dernière provoque la fermeture de la connexion. C'est tout ce qu'il faut pour pouvoir mettre en place un honorable Web Socket côté navigateur.

Évolution

Cet exemple n'étant prévu que pour des échanges de chaînes de caractères, il vous incombe de le faire évoluer pour manipuler des données plus complexes, binaires ou mathématiques, selon le but de l'application web.

Pour imaginer du *push* concret et d'autres fonctions sur la seule initiative du serveur, il ne faut pas hésiter à se tourner vers des développements plus fournis et d'autres langages. Seul le dialogue établi par le protocole compte, les implémentations peuvent être multiples.

Le protocole de communication étant soumis à de fréquentes améliorations, il est probable que les librairies devront évoluer et s'adapter en conséquence pour en supporter plusieurs versions, dans les limites des contraintes de sécurité. Un perfectionnement du protocole prévoit une intégration de la compression.

RESSOURCE Serveurs Web Sockets

Node.js
▸ http://nodejs.org/
Socket.IO
▸ http://socket.io/
WebSocket-Node
▸ https://github.com/Worlize/WebSocket-Node
phpwebsocket (PHP)
▸ http://code.google.com/p/phpwebsocket/
jWebSocket (Java)
▸ http://code.google.com/p/jwebsocket/
Kaazing WebSocket Gateway (Windows, Linux, Unix, Mac)
▸ http://www.kaazing.com/download.html
Nugget (C#)
▸ http://nugget.codeplex.com/
pywebsocket (Serveur standalone et module Apache)
▸ http://code.google.com/p/pywebsocket/
WaterSpout Server (PHP)
▸ http://www.spoutserver.com/

La librairie phpwebsocket utilisée dans cette démonstration connaît une des premières versions de protocole, utilisée par Chrome, mais ne peut – dans son état actuel – établir de dialogue avec Firefox, car la poignée de main (ou *handshake*) se déroule différemment. Néanmoins, les modifications à apporter ne remettent pas en cause l'essentiel du script et autorisent une évolution en douceur.

Côté navigateur

La spécification définit l'interface `WebSocket` pour l'établissement de la connexion, la gestion des événements `message`, des erreurs et de la déconnexion.

Tableau 14–1 Aperçu de l'interface WebSocket

Propriété ou méthode	Description
`url`	Contient l'adresse de connexion, initialement passée au constructeur.
`onopen`	Événement déclenché à l'ouverture de la connexion.
`onmessage`	Événement déclenché à la réception d'un message.
`onerror`	Événement déclenché lors d'une erreur.
`onclose`	Événement déclenché lors de la fermeture de la connexion.
`send(data)`	Envoie des données, avec data de type DOMString (texte), ArrayBuffer ou Blob.
`close()`	Ferme la connexion.
`readyState`	État courant de la connexion, avec pour valeurs : - `WebSocket.CONNECTING` : en cours de connexion ; - `WebSocket.OPEN` : connexion établie ; - `WebSocket.CLOSING` : en voie de déconnexion ; - `WebSocket.CLOSED` : socket déconnecté.
`bufferedAmount`	Quantité de données en attente dans le tampon d'envoi.

Tableau 14–1 Aperçu de l'interface WebSocket (suite)

Propriété ou méthode	Description
`binaryType`	Forme de traitement des données binaires reçues : - `"blob"` : renvoyer en tant que Blob *(Binary Large Object)* ; - `"arraybuffer"` : renvoyer en tant qu'ArrayBuffer.
`extensions`	Extensions potentiellement déterminées par le serveur.
`protocol`	Sous-protocole potentiellement déterminé par le serveur.

L'API se veut minimaliste, il n'est pas besoin d'utiliser toutes ces propriétés et méthodes pour s'en servir, même si cela reste un plus.

WebSockets reconnaît deux types de données binaires : les blobs (*Binary Large OBjects*) par défaut, et ArrayBuffer. Un socket ne peut travailler qu'avec un seul type de données à la fois, qui est spécifié à travers la propriété `binaryType`.

Application HTML

Pour exploiter ces différentes fonctions et le script d'écoute mis en place côté serveur, il suffit d'une page prévue pour afficher les messages reçus et en envoyer.

Figure 14–3
Interface de base

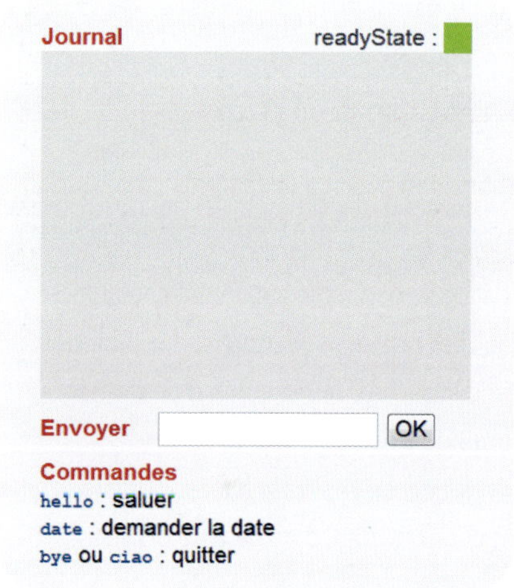

Découvrons sans plus attendre le code source complet. Celui-ci servira de base à l'analyse du fonctionnement de l'interface `WebSocket`.

Code source HTML complet

```
<!doctype html>
<html lang="fr">
<head>
<title>HTML5 : Web Sockets</title>
<meta charset="utf-8">
<link rel="stylesheet" href="styles.css" type="text/css">
</head>
<body>

<div class="wrap">

  <form>

    <p id="readyState">readyState : <span id="rs"> </span></p>

    <p><strong>Journal</strong></p>
    <div name="log" id="log"></div>

    <p>
      <label for="texte">Envoyer</label>
      <input type="text" name="texte" id="texte">
      <input type="submit" value="OK" id="valid">
    </p>

    <p><strong>Commandes</strong></p>
    <ul>
      <li><kbd>hello</kbd> : saluer</li>
      <li><kbd>date</kbd> : demander la date</li>
      <li><kbd>bye</kbd> ou <kbd>ciao</kbd> : quitter</li>
    </ul>

  </form>
</div>

<script>

var ws = null;

// Création d'un nouveau socket ❶
// (pour Mozilla <11 avec version préfixée)
if("MozWebSocket" in window) {

  ws = new MozWebSocket("ws://www.mondomaine.com:1337/web-sockets/
phpwebsocket/chat.php");

// (pour les autres implémentations sans préfixe)
} else if("WebSocket" in window) {
```

```
  ws = new WebSocket("ws://www.mondomaine.com:1337/web-sockets/
phpwebsocket/chat.php");

}

// Si un objet a bien été initialisé
if(typeof ws !=="undefined") {

  // Indication de l'état
  var rs = document.getElementById("rs");

  // Lors de l'ouverture de connexion ❷
  ws.onopen = function() {
    log("Socket ouvert");
    rs.innerHTML = this.readyState;
  };

  // Lors de la réception d'un message ❷
  ws.onmessage = function(event) {
    // Ajout au journal du contenu du message
    log("< "+event.data);
    rs.innerHTML = this.readyState;
  };
  // Lors d'une erreur de connexion ❷
  ws.onerror = function(event) {
    log("Erreur de connexion");
    rs.innerHTML = this.readyState;
  };

  // Lors de la fermeture de connexion ❷
  ws.onclose = function(event) {
    if(event .wasClean) {
      log("Socket fermé proprement");
    } else {
      log("Socket fermé");
      if(event .reason) log(event.reason);
    }
    rs.innerHTML = this.readyState;
  };

  // Événement submit du formulaire ❸
  document.getElementsByTagName("form")[0].onsubmit = function(event) {

    var texte = document.getElementById("texte");

    // Envoi de la chaîne texte
    ws.send(texte.value);
    log("> "+texte.value);
```

```
    // Mise à zéro du champ et focus
    texte.focus();
    texte.value = "";

    // Empêche de valider le formulaire
    event.preventDefault();
  };

} else {

  alert("Ce navigateur ne supporte pas Web Sockets");

}

// Fonction d'ajout au journal
function log(txt) {
  document.getElementById("log").innerHTML += txt+"\r\n";
}

</script>

</body>
</html>
```

Les principales actions menées par le script intégré à la page sont :

- la création d'un nouvel objet `WebSocket` ❶ ;
- l'association de fonctions aux événements en provenance du socket ❷ ;
- l'association d'une fonction à l'événement `submit` du formulaire pour envoi des données contenues dans le champ `<input>` ❸.

Voyons ces actions en détail.

Se connecter

La connexion est directement établie dès la création d'un objet `WebSocket`. Le constructeur reçoit en argument l'adresse de connexion. Celle-ci ne débute pas par `http://`, mais bien par `ws://` suivi du nom du serveur, du port et du chemin hébergeant le service interrogé. Le préfixe `wss://` est destiné à une utilisation avec chiffrement SSL.

Nouveau Web Socket

```
ws = new WebSocket("ws://www.mondomaine.com:1337/web-sockets/
phpwebsocket/chat.php");
```

`WebSocket` étant membre de l'objet racine `window`, le script tente de détecter sa présence en amont. De jeunes versions de Firefox (<11) préfixent l'interface avec

MozWebSocket, c'est pourquoi le script tente également cette détection, et le cas échéant l'initialisation avec cette dénomination.

Événement à la connexion

```
ws.onopen = function() {
  log("Socket ouvert");
  rs.innerHTML = this.readyState;
};
```

L'événement onopen étant déclenché dès l'ouverture du canal de communication, il est possible de s'en servir pour afficher une confirmation, et d'en profiter pour mettre à jour l'état de la connexion affiché sur la page. Dans le cas présent, il s'agit de la valeur numérique, mais elle pourrait être remplacée par une image pour un rendu plus *user-friendly*.

Envoyer des données

La méthode send() est chargée de l'envoi des messages au socket. Au travers de l'exemple courant, elle transmet le contenu d'une variable qui récupère au préalable la valeur d'un champ texte.

Envoi d'un message texte

```
var texte = document.getElementById('texte');
// Envoi de la chaîne texte
ws.send(texte.value);
log("> "+texte.value);
```

Différents types de variables sont prévues par la spécification, en premier lieu les chaînes de texte (DOMString) rapidement implémentées par les navigateurs, puis les formats plus complexes : ArrayBuffer et Blob, qui ont mis un peu de temps à être intégrés.

Qu'à cela ne tienne, JSON peut encore voler à la rescousse, étant donné qu'il est lui-même un format structuré basé sur du texte.

Recevoir des messages

La réception d'un message suit les principes décrits pour les API Server-sent Events et Web Messaging. C'est l'événement message qui est déclenché, pour lequel il est possible de redéfinir la propriété onmessage de l'interface WebSocket.

Un objet événement est recueilli par la fonction de callback, sa propriété data contient toutes les données reçues. Le type peut être traité comme chaîne de texte, comme blob ou arraybuffer, selon ce qui a été défini pour la propriété binaryType du socket.

Réception d'un message

```
ws.onmessage = function(event) {
  // Ajout au journal du contenu du message
  log("< "+event.data);
  rs.innerHTML = this.readyState;
};
```

Gérer les erreurs

Anticiper les erreurs, c'est renseigner l'utilisateur, et ne pas s'en faire un ennemi avec une *socquette* trouée. L'événement `error` est déclenché au moment opportun et doit être pris en compte, ne serait-ce que pour afficher un simple message informatif.

Gestion de l'événement erreur

```
ws.onerror = function(event) {
  log("Erreur de connexion");
  rs.innerHTML = this.readyState;
};
```

On en profite là aussi pour mettre à jour la valeur de `readyState` sur la page.

Fermer la connexion

La méthode `close()` porte bien son nom, c'est elle qui coupe le gaz, ferme les fenêtres et met la clé sous le paillasson.

Mettre fin à la connexion active

```
ws.close();
```

À la fermeture, l'événement généré est de type `CloseEvent`. Il dispose des propriétés suivantes :

Tableau 14–2 Aperçu de l'interface WebSocket

Propriétés	Description	Type
`wasClean`	La connexion a-t-elle été fermée de manière « propre » ?	booléen
`code`	Code retour des conditions de déconnexion.	numérique
`reason`	Raison de la fermeture, en mode texte compréhensible par un humain.	texte

Si ces propriétés sont correctement renseignées par le navigateur, l'événement `close` peut les employer pour connaître les raisons de la déconnexion.

Gestion de l'événement de déconnexion

```
ws.onclose = function(event) {
  if(event.wasClean) {
    log("Socket fermé proprement");
  } else {
    log("Socket fermé");
    if(event.reason) log(event.reason);
  }
  rs.innerHTML = this.readyState;
};
```

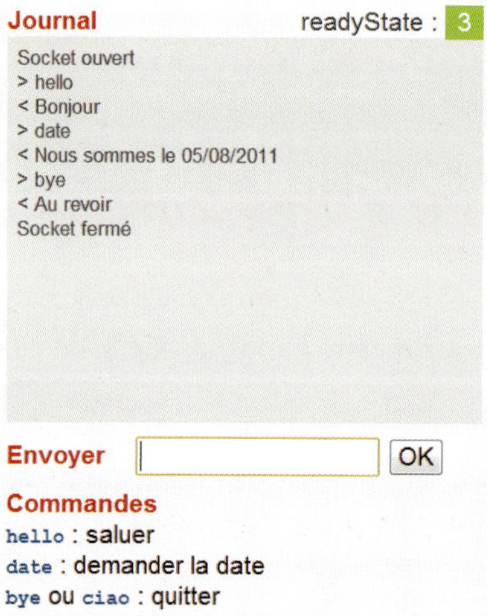

Figure 14–4
Interface de base

Si le serveur ferme la connexion de sa propre initiative ou faillit à sa noble mission, l'événement est généré et l'application web peut prendre la décision qui s'impose : notifier l'utilisateur, éventuellement sauvegarder les données qui n'auraient pas été envoyées avec `Web Storage` pour les synchroniser ultérieurement.

Par la symbiose de ces quelques méthodes, événements et propriétés, l'API Web Sockets parvient à construire un réel dialogue client/serveur au sein même de HTML.

Aller plus loin

Les Web Sockets ont été pensés pour offrir tout un panel de fonctionnalités aux applications web : transmettre les coordonnées d'un pinceau en temps réel pour un dessin collaboratif, charger des images et autres ressources médias, manipuler des données binaires et les échanger avec tous les utilisateurs connectés au service, etc.

Figure 14–5
WebSocket dans le sapin Alsacreations

D'un point de vue technique, il incombe au serveur de gérer le relais des informations entre les utilisateurs connectés, ainsi que leur identification. L'utilisation de blocs `try/catch` en JavaScript est envisageable pour améliorer la gestion des exceptions pouvant survenir dans tout dialogue de ce type. De même, le script pourrait tenter d'établir une nouvelle connexion s'il détecte une déconnexion suite à l'événement `error` ou `close`.

Pour tout socket générant un fort trafic, la propriété `bufferedAmount` doit être examinée de près. C'est elle qui contient la quantité d'octets en attente d'envoi, et qui peut renseigner sur la qualité de la connexion et son débit. Il serait inutile de surcharger le tampon continuellement si toutes les données ne peuvent être transmises en temps voulu. La surveillance régulière de `bufferedAmount` est préférable pour s'assurer de la capacité du socket à transmettre de nouvelles informations. Ce sera notamment le cas lors de l'échange de données binaires avec ArrayBuffer.

Le format ArrayBuffer est un tableau typé en JavaScript d'une longueur fixe. Il peut être construit à l'aide du constructeur éponyme, indiquant en paramètre la longueur en bits du tampon à créer.

```
var ab = new ArrayBuffer(32);
```

Son accès passe par `DataView` et différents constructeurs en fonction des données à manipuler. Ces types devront certainement évoquer des souvenirs aux développeurs utilisant le langage C.

- `Int8Array` : entier sur 8 bits signé (en C : `signed char`)
- `Uint8Array` : entier sur 8 bits non signé (en C : `unsigned char`)
- `Int16Array` : entier sur 16 bits signé (en C : `short`)

- `Uint16Array` : entier sur 16 bits non signé (en C : `unsigned short`)
- `Int32Array` : entier sur 32 bits signé (en C : `int`)
- `Uint32Array` : entier sur 32 bits non signé (en C : `unsigned int`)
- `Float32Array` : nombre virgule flottante sur 32 bits (en C : `float`)
- `Float64Array` : nombre virgule flottante sur 64 bits (en C : `double`)

ArrayBuffer est supporté par Chrome 7+, Firefox 4+, Internet Explorer 10+, Opera 11.6+, Safari 5.1+.

SPÉCIFICATION ArrayBuffer

Typed Array Specification

▸ http://www.khronos.org/registry/typedarray/specs/latest/

Prise en charge

Ce tableau de prise en charge ne prend en compte que la dernière version du protocole (RFC 6455 de l'IETF), d'autres implémentations avaient vu le jour avant celle-ci mais de manière bien moins homogène.

Tableau 14–3 Tableau de support Web Sockets RFC 6455

Navigateur	Version
Mozilla Firefox	11+ et pour Android 15+
Apple Safari	6+
Google Chrome	16+ et Chrome pour Android 18+
Opera	12.1+
iOS	6+
Opera Mobile	12.1+
Internet Explorer	10+
BlackBerry	7+

RAPPEL

Consultez le site d'accompagnement de l'ouvrage pour voir l'évolution des prises en charge par les navigateurs.

La mise en place d'un serveur WebSocket n'est pas aisée car elle nécessite des connaissances en administration système, n'est pas courante chez les hébergeurs grand public, et s'éloigne de l'Apache standard que tout le monde (ou presque) connaît. C'est pourquoi le service Pusher a été créé, notamment en servant de proxy entre l'application web et le serveur classique, et en mettant à disposition des bibliothèques (ou API) pour plusieurs langages différents.

RESSOURCE Service WebSocket

Pusher

- http://pusher.com/

Pour examiner les connexions WebSocket, la console réseau (onglet Network) du navigateur peut faire l'affaire. Un outil dédié nommé Fiddler existe pour inspecter les données échangées ainsi que les en-têtes.

RESSOURCE Proxy HTTP de débogage

Fiddler

- http://www.fiddler2.com/

Des librairies alternatives ont le mérite d'exister, même si elles ne sont pas aussi performantes, complètes et légères. Socket.IO est la plus célèbre, idéale pour uniformiser les différences de supports avec des alternatives embarquées telles qu'Adobe Flash Socket, ActiveX (pour Internet Explorer), Server-Sent Events (pour Opera), et XMLHttpRequest.

RESSOURCE Librairies alternatives pour Web Sockets

Socket.IO

- http://socket.io/
- http://labs.learnboost.com/socket.io/

Web-Socket-js

- http://github.com/gimite/web-socket-js/

EasyWebSocket

- http://easywebsocket.org/

15 Stockage des données locales (Web Storage)

Une API en stock pour JSON et sa toison d'or, afin de doter le navigateur d'une mémoire locale ou de session.

Figure 15–1 Pour tout et n'importe quoi

Web Storage (ou DOM Storage) ajoute la capacité au navigateur de stocker et organiser des données locales. Ce concept initialement intégré à la spécification HTML 5, fait désormais l'objet d'une spécification séparée.

> **RESSOURCE Spécification Web Storage par le W3C et WhatWG**
>
> ▸ http://www.w3.org/TR/webstorage/
> ▸ http://dev.w3.org/html5/webstorage/
> ▸ http://www.whatwg.org/specs/web-apps/current-work/complete/webstorage.html
>
> Pourquoi Web Storage ne figure pas directement dans la spécification HTML 5 ?
>
> ▸ http://lists.whatwg.org/htdig.cgi/whatwg-whatwg.org/2011-January/030110.html

Les bénéficiaires de cette avancée sont bien entendu les applications web qui vont tirer parti de structures facilitant la mémorisation de leur état, de (relativement) grandes quantités de données sans devoir exploiter les cookies ou le dialogue constant avec une base de données distante, en Ajax par exemple. De nombreuses applications y font appel, pour stocker des données en mode déconnecté *(offline)*, des profils et préférences pour l'utilisateur, des caches pour l'auto-complétion ou les résultats de recherche

Les cookies ne sont que des miettes. Ils sont familiers à tout un chacun, depuis les débuts du web à destination des particuliers. Ils ont été employés pour la gestion de paniers virtuels dans le cadre de l'e-commerce, pour la mémorisation d'identifiants de sessions, et surtout pour pouvoir établir des statistiques de visites en suivant l'internaute au fil de sa navigation. Leur inconvénient est de ne pas être adaptés au stockage local de données plus complexes :

- Ils engendrent un trafic HTTP supplémentaire en ajoutant leur contenu à chaque requête (quel que soit l'objet demandé, que les cookies lui soient utiles ou non), ce qui peut influencer les temps de réponse, notamment avec Ajax.
- Leur taille est limitée, habituellement quelques kilo-octets.

Le plug-in Flash est également équipé d'un équivalent nommé Flash Local Storage, qui nécessite cependant le développement dans ce langage, qui n'est pas aussi simple d'accès, et qui reste subordonné à la présence du plug-in.

Faire appel à Ajax et à une base de données côté serveur est envisageable, mais engendre un trafic réseau plus important, une exécution obligatoirement en mode connecté et une mise en place plus complexe.

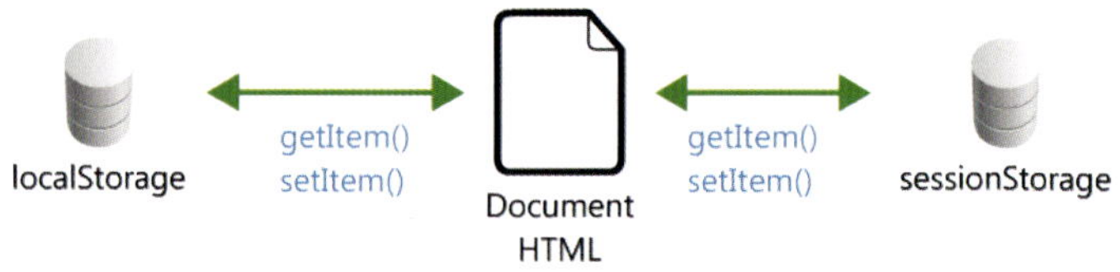

Figure 15–2
Accès à deux espaces de stockage

Web Storage quant à lui met en œuvre deux objets nommés `sessionStorage` et `localStorage` pour faire persister les données de l'utilisateur respectivement durant la session ou sans limitation de durée particulière. La capacité offerte est nettement supérieure, habituellement de 5 Mo à 10 Mo par défaut, bien que cette limite puisse être modifiée au sein du navigateur. Les données ne sont alors plus véhiculées sur le réseau à chaque requête HTTP, et disposent d'une interface de programmation complète pour pouvoir y accéder en lecture, modification et suppression, de façon bien pratique.

Deux espaces de stockage

La manipulation des objets `Web Storage` s'effectue exclusivement par des scripts exécutés côté client par le navigateur.

Ces données ne sont pas divulguées au travers des requêtes HTTP, lors de l'envoi ou de la réception de documents HTML, elles ne sont donc pas communiquées au serveur. Celui-ci ne peut pas non plus « directement » y écrire des informations à l'aide des en-têtes HTTP ou du langage interprété (PHP, Java, .NET, etc.).

Deux espaces de stockage existent, et diffèrent par leur portée et leur durée de vie. Il n'est pas nécessaire de savoir exactement où sont mémorisées les informations dans le système de fichiers, car ceci est totalement transparent, et chaque navigateur a sa préférence. Sachez néanmoins qu'ils existent :

- pour Internet Explorer : un fichier XML dans le profil utilisateur Windows puis `Local Settings\Application Data\Microsoft\Internet Explorer\DOMStore` ;
- pour Firefox : d'un fichier SQLite `webappsstore.sqlite` dans le profil utilisateur ;
- pour Chrome sous Windows : dans le profil utilisateur Windows puis `AppData\Local\Google\Chrome\User Data\Default` ;
- pour Safari sous Windows : dans le profil utilisateur Windows puis `AppData\Local\Apple Computer\Safari\LocalStorage`.

Stockage de session

Le **stockage de session** *(session storage)* est destiné à la mémorisation de données ayant une courte durée de vie, dont la portée est limitée à la session active de la fenêtre (ou de l'onglet) du navigateur ainsi qu'au domaine dont elles sont issues. Il permet ainsi d'exécuter des applications web dans des fenêtres (ou des onglets) distinct(e)s avec des ensembles de données différents sans risque d'interférences – ce qui n'est pas le cas des cookies. Les données sont effacées après la fermeture de la fenêtre (ou de l'onglet) et ne persistent pas. À l'ouverture d'une nouvelle session, dans une nouvelle fenêtre ou un nouvel onglet, le navigateur initialise un nouvel objet de stockage.

L'accès se fait via l'interface `sessionStorage` de type `Storage`, enfant direct de l'objet `window`, ce qui signifie qu'il s'agit d'un objet global au même titre que la plupart des autres API et interfaces d'accès aux outils de navigation (historique, cookies, etc.), et qu'il est accessible depuis un éventuel élément `<iframe>` contenu dans le document.

Local Storage

À la différence du précédent, le **stockage local** bénéficie d'une durée de vie plus longue puisqu'il n'est pas effacé à la fermeture du navigateur. Sa portée est étendue à toutes les pages et tous les scripts provenant du même domaine, dont il est issu ; donc virtuellement, à toutes les fenêtres et tous les onglets ouverts exploitant des pages hébergées avec le même nom de domaine. Hormis ces caractéristiques, il demeure fonctionnellement différent du stockage de session.

Il est accessible via l'objet global `localStorage` de type `Storage`, enfant de l'objet `window`.

L'interface Storage

Pour accéder de manière unifiée à `sessionStorage` et `localStorage`, l'interface `Storage` a été définie. Le modèle de données est un tableau associatif de paires clé/valeur, accessible par trois fonctions nommées `setItem()`, `getItem()`, `removeItem()` :

- `setItem(`*`cle`*`,`*`valeur`*`)` : stocke une paire clé/valeur ;
- `getItem(`*`cle`*`)` : retourne la valeur associée à une clé ;
- `removeItem(`*`cle`*`)` : supprime la paire clé/valeur en indiquant le nom de la clé.

Toutes les valeurs sont de type chaîne de texte (String). Bien qu'elles puissent être lues directement via les propriétés de l'objet `Storage`, comme tout autre objet JavaScript, il est fortement recommandé de s'en tenir aux méthodes prévues à cet effet.

L'interface `Storage` est aussi munie d'une propriété `length` et de deux méthodes complémentaires :

- `length` : nombre total de paires clé/valeur stockées ;
- `key(`*`index`*`)` : retourne la clé stockée à l'index spécifié ;
- `clear()` : efface toutes les paires.

Stockage, lecture, suppression

L'outil essentiel pour expérimenter Web Storage reste la console JavaScript, fournie par tous les bons navigateurs avec leurs extensions de développement, par exemple Firebug pour Firefox (onglet Console) ou les Outils de développement sous Google

Chrome. Elle permet de s'assurer du bon fonctionnement de l'interface, de consulter à un moment donné l'état du stockage et de le modifier.

Les exemples suivants exploitent à la fois stockage local et stockage de session, mais il est évidemment possible d'utiliser l'un sans faire appel à l'autre.

Stockage avec setItem()

```
// Mémorisation d'une valeur dans la session courante
sessionStorage.setItem("identifiant","Sibelius");

// Mémorisation d'une valeur dans le stockage local
localStorage.setItem("derniere_visite",new Date());
```

Le premier argument de `setItem()` est la clé. Elle nomme l'emplacement où l'on souhaite stocker les données pour pouvoir les y retrouver. Si une valeur numérique (par exemple `2`) est utilisée comme clé, elle se voit obligatoirement convertie en chaîne de texte (soit `"2"`) avant d'être utilisée. Il faut veiller à ne pas utiliser une clé qui pourrait entrer en collision avec une autre portant le même nom, dans la même application.

Le deuxième argument est la chaîne de caractères à stocker. S'il ne s'agit pas d'une variable de type `string` alors le navigateur tente de convertir le tout au préalable, avec la méthode `toString()`.

Lecture avec getItem()

```
// Lecture d'une clé de la session courante
var id_utilisateur = sessionStorage.getItem("identifiant");

// Affichage
alert("Identifiant utilisateur : "+id_utilisateur);

// Lecture d'une clé du stockage local
var date_visite = localStorage.getItem("derniere_visite");

// Affichage
if(date_visite!=undefined) {
  alert("Dernière visite : "+date_visite);
}
```

La récupération du contenu est possible grâce à la clé initiale, fournie en argument à la méthode `getItem()`. Les données stockées sont renvoyées sous la forme d'une chaîne de caractères.

Suppression avec removeItem()

```
// Suppression de l'élément de session "identifiant"
sessionStorage.removeItem("identifiant");
```

```
// Suppression de l'élément de stockage local "derniere_visite"
localStorage.removeItem("derniere_visite");
```

Il ne faut pas hésiter à effacer les données devenues inutiles, l'espace total réservé étant de taille limitée. La méthode `removeItem()` est prévue à cet effet pour supprimer l'emplacement défini par la clé, ainsi que son stockage.

Suppression totale avec clear()

```
// Suppression complète de toutes les valeurs de session
sessionStorage.clear();

// Suppression complète de toutes les valeurs de stockage local
localStorage.clear();
```

Sécurité et accès aux données

Ces méthodes n'affectent que le stockage effectué à l'origine du document. Toutes les données mémorisées pour `www.exemple.com`, `www.exemple.com:80`, et `www.exemple.com/html5/` sont concernées, mais pas celles des autres origines, par exemple un sous-domaine `forum.exemple.com`.

En matière de sécurité, il est recommandé de faire très attention à la portée de l'accès des données. Si celles-ci sont accessibles sur tout un domaine `www.exemple.com`, et que plusieurs développeurs différents ont accès à des sous-répertoires de ce domaine, par exemple dans le cadre d'un hébergement mutualisé sur `www.exemple.com/le_site_de_roger/`, et `www.exemple/le_site_de_pierre/`, ils peuvent lire mutuellement l'intégralité de leurs stockages respectifs. C'est pourquoi il vaut mieux éviter Web Storage dans ce cas de figure spécifique.

Par contre, la politique de sécurité *(same-origin)* appliquée par le navigateur « isole » le domaine des scripts hébergés sur d'autres domaines, qui pourraient chercher à exploiter les données locales.

Figure 15–3
Déroulé dans la console de Firebug

Un compteur de visites avec localStorage

Étant établie la persistance des données de `localStorage` au travers des visites successives, il serait tout à fait possible d'imaginer un compteur s'incrémentant à chaque consultation d'un document HTML.

Exemple complet

```
<!doctype html>
<html lang="fr">
<head>
<title>HTML5 : Web-Storage</title>
<meta charset="utf-8">
</head>
<body>

<p>
Vous avez vu cette page
<span id="nb_visites">un nombre indéterminé de</span>
fois.
</p>

<script>
if(typeof localStorage == "undefined") {

  alert("Ce navigateur ne supporte pas Web Storage");

} else {

  // Valeur par défaut
  if(!localStorage.visites)
    localStorage.setItem("visites","0");

  // Variable temporaire
  var nb = "";

  // Lecture
  // parseInt() convertit le texte en nombre entier
  nb = parseInt(localStorage.getItem("visites")) || 0;

  // Incrémentation du compteur
  nb++;

  // Mémorisation
  localStorage.setItem("visites",nb);

  // Affichage
  document.getElementById("nb_visites").innerHTML = nb;
```

```
}
</script>

</body>
</html>
```

Une précaution consiste à tester la présence de l'interface `localStorage` avec l'instruction `typeof` qui renvoie `'undefined'` si le navigateur ne la comprend pas. Si la bibliothèque Modernizr est chargée, alors le test `if(Modernizr.localstorage)` est disponible.

À l'aide de ces quelques fonctions de base, les possibilités sont infinies. Veillez cependant à en faire bon usage ; si les ordinateurs de bureau actuels disposent d'une marge de stockage confortable, ce n'est pas nécessairement le cas de tous les périphériques mobiles.

Surveiller le dépassement de quota

L'espace alloué n'est malheureusement pas infini. Au moment de la rédaction de ce chapitre, deux pans de Web Storage demeurent flous et implémentés de façons différentes dans les navigateurs :

- la gestion des exceptions, c'est-à-dire la connaissance des erreurs potentielles lorsqu'une opération n'a pu être menée à bien
- et la connaissance de l'espace restant.

Pour les implémentations complètes, une exception est déclenchée si une tentative (infructueuse) d'écriture dépasse la limite :

- sous Firefox : `NS_ERROR_DOM_QUOTA_REACHED` ;
- sous WebKit (Chrome/Safari) : `QUOTA_EXCEEDED_ERR` ;
- sous Internet Explorer : `Out of memory`.

Placer les instructions dans un bloc `try`/`catch` JavaScript permet d'effectuer un essai de stockage, et d'attraper l'exception le cas échéant.

Détection du dépassement de quota

```
try {
  localStorage.setItem("data",
"0100000101101100011011000010000001111001011011110111010101110010001000
0001100010011000010111001101100101001000000110000101110010011001010100100
0000110001001100101011011000110111101101110011001110010000000111010001101
11110010000000111010101110011");
} catch(exception) {
  if(exception == QUOTA_EXCEEDED_ERR) {
    alert('Limite de stockage atteinte');
  }
}
```

Dans ce cas, la donnée n'est pas sauvegardée et il faut faire de la place avant d'effectuer une nouvelle tentative.

Un soupçon de JSON

Il faut bien garder à l'esprit que tous les échanges concernent des chaînes de texte. C'est pourquoi l'exemple précédent doit faire appel à la fonction JavaScript `parseInt()` pour convertir les données stockées sous forme de caractères en nombre entier.

Toute variable étant au préalable convertie en texte grâce à sa méthode `toString`, la tentative de stockage et de lecture d'un objet JavaScript « commun » produira le résultat d'une simple conversion de cet objet en texte : "`[object Object]`". Pour passer outre, il faut employer le format JSON *(JavaScript Object Notation)*, dont tous les navigateurs à la page sont équipés nativement. Ce dernier *linéarise* en une seule chaîne toutes les propriétés de l'objet.

Ce format est très courant dans la conception d'appels Ajax, notamment à l'aide de jQuery.

Création d'un objet

```
// Construction d'un objet (vide)
var album = {};

// Ajout de membres numériques
album.duree = 208;
album.pistes = 1;

// Ajout de membres chaînes de texte
album.titre = "Je me prends pour Al Pacino";
album.artiste = "Bernard Menez";
```

La visualisation de l'objet est aisée dans les consoles JavaScript qui affichent une vue lisible résumant toutes les propriétés.

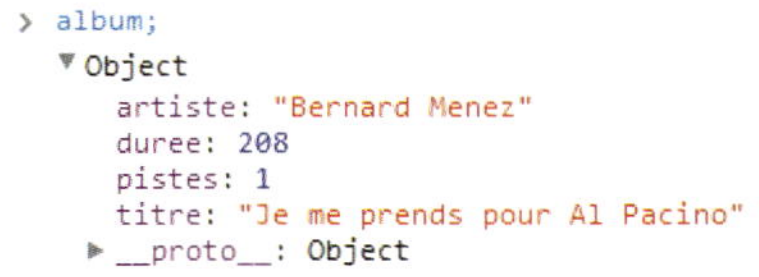

Figure 15–4
Aperçu de l'objet dans la console Chrome

La méthode `JSON.stringify()` produit une chaîne de texte pour tout objet qui lui est passé en argument. À l'inverse, la méthode `JSON.parse()` permet de récupérer l'objet initial à partir du format JSON.

Conversion avec JSON et stockage

```
// Stockage
localStorage.setItem("album", JSON.stringify(album));
```

Préalablement à l'appel à `setItem()`, les données sont linéarisées.

Lecture du format JSON et parsing

```
// Déstockage
console.log( JSON.parse(localStorage.getItem("album")) );
```

Afin de retrouver l'objet initial, il suffit de « décoder » dans le sens inverse la chaîne reçue par la méthode `getItem()`.

Figure 15–5
Déroulé des instructions dans la console Chrome

L'examen de l'espace de stockage alloué devient convivial dans les Outils de développement de Google Chrome. L'onglet Ressources comprend deux vues qui disposent chacune d'un tableau de correspondance entre clés et valeurs.

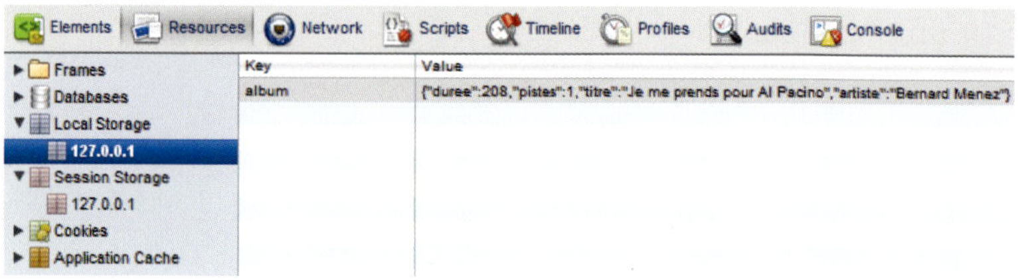

Figure 15–6
Ressources localStorage et sessionStorage sous Chrome

Il en va de même pour Dragonfly qui est l'outil de prédilection avec le navigateur Opera.

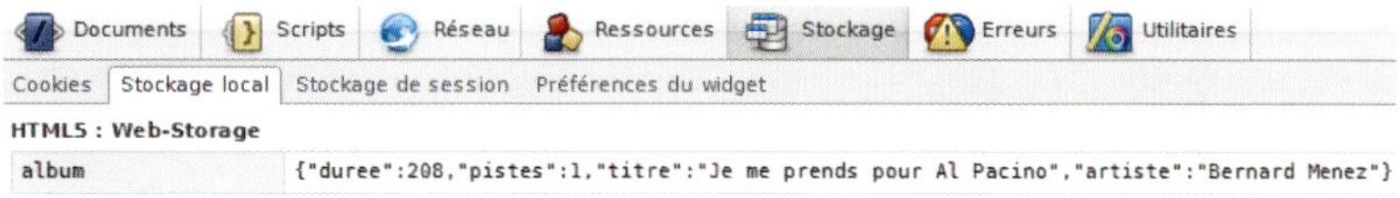

Figure 15–7
Ressources de stockage sous Opera

L'accès à `opera:webstorage` sous Opera affiche des informations et un contrôle plus fin des options.

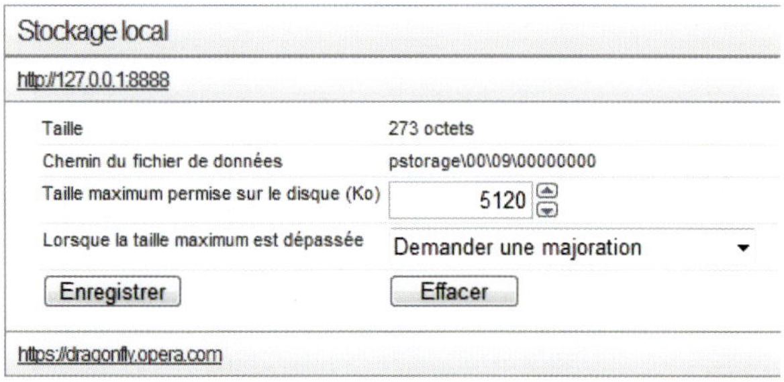

Figure 15–8
Synthèse des ressources de stockage sous Opera

Il est aussi envisageable de stocker des données binaires, par exemple des images, en les « encodant » en chaîne texte avec le format Base64.

Autres types de données

Si Web Storage fait la part belle aux chaînes de texte, il est aussi envisageable de stocker des données binaires, par exemple des images, en les « encodant » en chaîne texte avec le format Base64. Un élément `<canvas>` peut être converti grâce à la méthode `toDataURL()` qui n'est cependant pas reconnue partout. Pour d'autres fichiers de types différents, il faudra s'orienter vers XMLHttpRequest Level 2, BlobBuilder et FileReader.

RESSOURCE Stocker images et fichiers dans localStorage

Robert Nyman démontre la faisabilité sur Hacks.mozilla.org

▸ https://hacks.mozilla.org/2012/02/saving-images-and-files-in-localstorage/

Stocker sur un événement

Il est parfois utile de pouvoir déclencher le stockage d'une variable sur un quelconque événement survenant dans la page, autre que l'exécution au chargement. Toute déclaration est possible avec les méthodes DOM telles qu'`addEvent`, ou plus simplement avec les attributs d'événements, notamment `onchange`.

```
<p>
  <label for="prenom">Prénom</label>
  <input type="text" id="prenom" name="prenom"
onchange="localStorage.setItem(this.name,this.value);">
</p>

<p>
  <input type="checkbox" id="conditions"
onchange="sessionStorage.setItem(this.id,this.checked);">
  <label for="conditions">J'accepte les conditions</label>
</p>

<script>
// Valeurs par défaut au chargement
if(typeof localStorage!='undefined') {
  var prenom = localStorage.getItem('prenom');
  if(prenom) document.getElementById('prenom').value = prenom;
}
if(typeof sessionStorage!='undefined') {
  var etat = sessionStorage.getItem('conditions');
  if(etat=='true') document.getElementById('conditions').checked = true;
}
</script>
```

Ces deux cas d'utilisation sont relativement classiques. Dans le premier, il s'agit de mémoriser une valeur texte dès qu'un champ `<input>` est modifié par l'utilisateur ; dans le deuxième, de mémoriser l'état d'une case à cocher. Pour les deux situations, dès le chargement, le stockage de session et le stockage local sont interrogés pour définir l'état par défaut de ces champs d'entrée.

Stockage à intervalles réguliers

Une des applications possibles de Web Storage est la mémorisation régulière d'informations entrées par l'utilisateur, à des fins de sauvegarde et de restauration. Cette fois, il ne s'agit plus de se baser sur un événement suscité par l'utilisateur, mais sur des déclenchements à intervalles réguliers. Le bienheureux utilisateur sera ravi de récupérer le texte qu'il aura pris du temps à rédiger dans un formulaire.

```
<p>
  <textarea name="texte" id="texte"></textarea>
</p>

<script>
// Champ qui va être concerné
var champ = document.getElementById("texte");

// Si la valeur de la sauvegarde est présente au chargement
if(sessionStorage.getItem("sauvegarde").length!=null) {
  // Alors il suffit de la restaurer ❸
  champ.value = sessionStorage.getItem("sauvegarde");
}

// Toutes les deux secondes (2000 ms) ❶
setInterval(function(){
  // Le champ texte est mémorisé dans le stockage de session ❷
  sessionStorage.setItem("sauvegarde", champ.value);
}, 2000);
</script>
```

La fonction JavaScript `setInterval()` est en charge de déclencher l'appel à une fonction, à des intervalles réguliers ❶. Cette fonction anonyme exploite `sessionStorage` pour mémoriser à la clé « sauvegarde » la totalité de la zone de texte `<textarea>` ❷. Si l'utilisateur rafraîchit la page par inadvertance ou circule vers une autre adresse entre-temps, il est possible de restaurer la valeur du champ `<textarea>` qui a été mémorisée ❸.

Événements

L'API comprend l'événement `storage` qui doit être déclenché lorsqu'une clé est modifiée. Cela permet d'envoyer une notification à d'autres onglets du navigateur, s'ils sont ouverts à la même adresse.

```
window.addEventListener("storage", function(event) {
  alert("La clé "+event.key+" a été modifiée de "+event.oldValue+" à "
+event.newValue);
}, false);
```

Dans la pratique, peu de navigateurs génèrent cet événement, promis cependant à un bel avenir.

Prise en charge

Web Storage a ceci d'agréable qu'il s'agit d'une des rares « fonctionnalités HTML5 » qui soit déjà connue d'Internet Explorer 8 et simple d'accès. Quelques voix se sont cependant élevées pour peser le pour et le contre de `localStorage`. Sur un grand nombre d'appels, les navigateurs ne se révèlent pas toujours performants : lecture/écriture synchrone, accès disque et pré-chargement en mémoire vive sans forcément s'en servir sont des petits goulots d'étranglement. Toutefois, dans le cadre d'une utilisation courante, vous ne remarquerez pas les quelques millisecondes nécessaires.

Tableau 15–1 Tableau de support de l'API Web Storage

Navigateur	Version
Mozilla Firefox	2+ (partiel) 3.5+ (complet)
Apple Safari	4+
Google Chrome	4+ (sessionStorage depuis la version 5)
Opera	10.5+
iOS	3.2+
Opera Mini,	-
Opera Mobile	11+
Android	2.1+
Internet Explorer	8+

Désactiver Web Storage ?

Dans Mozilla Firefox, il est possible de désactiver Web Storage en explorant `about:config` (URL à taper dans la barre d'adresses) et en modifiant le paramètre `dom.storage.enabled` à `false`.
Dans Internet Explorer, l'option cache dans les *Options Internet>Avancé>Sécurité>Activer le stockage DOM*.
Dans Chrome, *Paramètres>Avancés>Confidentialité>Paramètres de contenu>Cookies>Bloquer les cookies et les données de site tiers*.

Alternatives à Web Storage

Les librairies JavaScript proposant une alternative concrète pour les anciens navigateurs (avec des appels de fonction unifiés) sont nombreuses. Elles se servent généralement d'astuces pour stocker les données par d'autres moyens (cookies, Flash, userData) lorsqu'elles détectent que le navigateur a été sorti de la naphtaline. Toutes ont leurs avantages et leurs inconvénients.

Facilité d'utilisation, respect de la syntaxe originale, limitation de l'espace alloué, implémentation de JSON ou utilisation de frameworks existants, il convient de peser le pour et le contre selon le résultat attendu.

RESSOURCE Alternatives à Web Storage

sessionstorage

- http://code.google.com/p/sessionstorage/

lawnchair (JSON avec différentes techniques)

- http://brian.io/lawnchair/

Store.js (IE 6/7, Safari 4+, Firefox 2+, Chrome 5+, Opera 10.5+)

- https://github.com/marcuswestin/store.js

Store.js pour jQuery

- https://github.com/whitmer/store.js

locache.js

- http://locachejs.org/

realStorage (Chrome 4-6, Firefox 3.5-3.6, IE 8, Safari 4-5)

- http://code.google.com/p/realstorage/

webStorage, plug-in jQuery (IE 6+, Firefox 2+, Chrome 2+)

- http://github.com/TrippingTheBits/webStorage

jStorage (IE6 +, Firefox 2+, Safari 4+, Chrome 4+, Opera 10.50+) sur base de librairies (jQuery, Prototype, MooTools)

- http://www.jstorage.info/

Bases de données (Indexed Database & Web SQL Database)

16

Il n'y a jamais assez de place pour tout ce que le Web peut offrir, d'où l'intérêt d'un stockage évolué et structuré, que ce soit par une approche SQL ou JavaScript avec des catalogues d'objets.

Figure 16–1 Stockage simple, mais écologique

Au-delà de Web Storage, le besoin de stockage de bases de données structurées dans la session du navigateur se fait de plus en plus pressant. L'objectif est d'avoir un contrôle plus fin pour effectuer des recherches, des tris, des mises à jour groupées, des sélections avec des mises en relation entre l'une ou l'autre collection de données. Les bases de données existent depuis la nuit des temps sur les serveurs web, et sont mises à contribution par la majorité des applications web ou des systèmes de gestion de contenu (CMS).

Que ce soit à l'aide des formats SQL, XML ou d'autres plus exotiques (mais non moins performants), l'intérêt d'une base est de pouvoir canaliser l'information dans des structures adaptées pour la retrouver plus vite parmi de grandes quantités de données et de procéder à des opérations logiques avant traitement et affichage.

Pour répondre à ces besoins, la technologie Web SQL Database a inauguré l'exploitation de bases de données côté client (c'est-à-dire côté navigateur, et non plus serveur). L'inconvénient est qu'elle n'est plus maintenue, car le W3C a décidé qu'il n'était pas de son ressort de spécifier le langage SQL sous-jacent. Puis IndexedDB a pris le relais, par une autre approche sans aucune allusion à SQL.

Ces espaces de stockage permettent désormais de conserver des données en quantité appréciable afin d'éviter de les faire circuler sur le réseau. Cela est une réponse directe aux préoccupations de performance et de diminution des requêtes HTTP soulevées par les développeurs. Selon l'usage, elles remplacent avantageusement des échanges fréquents entre le serveur et le client, basés sur les cookies, les formulaires ou XML-HttpRequest (Ajax).

De par leur structure, elles autorisent également le tri, le filtre et la recherche. Dans le cadre d'une application web et avec de grandes quantités de données, cela peut s'avérer crucial pour l'utilisateur en termes de réactivité au lieu de faire intervenir le serveur distant pour chacun de ces traitements.

Figure 16–2
Bases de données accessibles en HTML

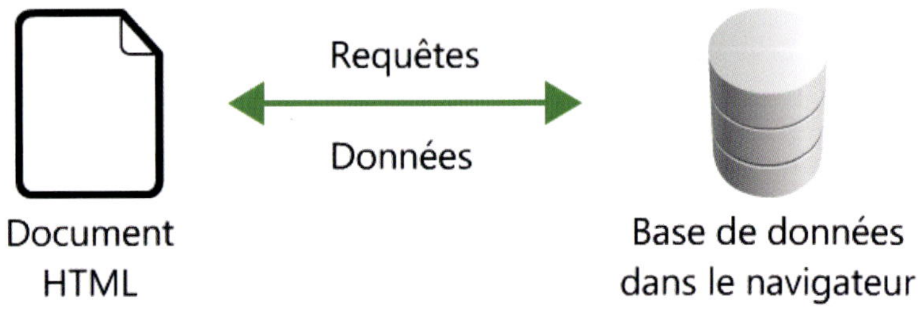

Les deux protagonistes suivent une philosophie différente, sur le fond et la forme. WebSQL est un système de bases de données relationnelles, tandis qu'IndexedDB est un système de tables indexées.

L'aube d'IndexedDB

Indexed Database est un standard en matière de stockage de données structurées et indexées, qui est pensé pour JavaScript. L'API est déclinée en deux versions : synchrone à destination des Web Workers, et asynchrone pour un usage plus courant.

> **RESSOURCE Spécification Indexed Database**
>
> Du côté du W3C
>
> ▸ http://www.w3.org/TR/IndexedDB/

Philosophie d'une base NoSQL

IndexedDB est prévu pour stocker des objets, c'est-à-dire des paires de clé/valeur. Chaque type d'objet peut être recueilli dans un catalogue *(Object Store)*. Il n'y a pas de notion de tables structurées en lignes et en colonnes : une base contient un ou plusieurs catalogues qui eux-mêmes contiennent des objets. Chaque catalogue peut posséder des index dans le but d'effectuer des requêtes et d'itérer sur les jeux de résultats.

Le tout se déroule dans des transactions, par l'utilisation d'événements DOM pour savoir lorsque les résultats d'une requête sont disponibles en mode asynchrone.

On peut constater qu'il s'agit bien d'une approche NoSQL, où les jointures doivent être faites par le code.

Le modèle d'exécution comprend plusieurs étapes :

1. Ouvrir une base.
2. Débuter une transaction.
3. Créer un catalogue d'objets.
4. Effectuer une ou plusieurs requêtes (insertion, sélection, etc.).
5. Attendre la fin de l'opération avec l'écoute d'un événement DOM.
6. Traiter les résultats reçus.

Mozilla milite en faveur d'IndexedDB qui a le mérite d'être une solution plus élégante qu'un usage du langage SQL côté client. Cette vision est aussi partagée par Microsoft.

L'application développée dans ce chapitre va stocker les coordonnées spatiales de villes (latitude, longitude, altitude) et effectuer quelques opérations de base, associées à quelques boutons de formulaire. Le résultat sera affiché de façon brute dans un élément `<div>`.

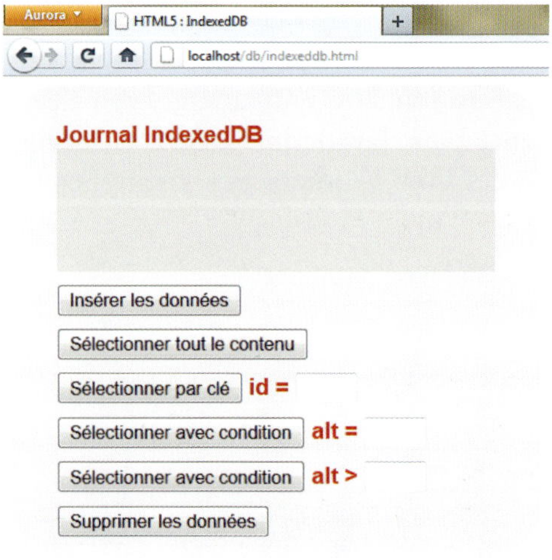

Figure 16–3
Aperçu de l'interface

Application HTML

```
<!doctype html>
<html lang="fr">
<head>
<title>HTML5 : IndexedDB</title>
<meta charset="utf-8">
<link rel="stylesheet" href="styles.css" type="text/css">

</head>
<body>

<div class="wrap">

  <form>

    <p><strong>Journal IndexedDB</strong></p>
    <div name="log" id="log"></div>

    <p><input type="button" value="Insérer les données" id="insere"></p>
    <p><input type="button" value="Sélectionner tout le contenu"
id="tout"></p>
    <p><input type="button" value="Sélectionner par clé" id="get">
<label for="dbid">id = </label><input type="text" id="dbid"
style="width:3em" value="2"></p>
    <p><input type="button" value="Sélectionner avec condition"
id="filtre1"> <label for="alt">alt = </label><input type="text" id="alt"
style="width:3em" value="19"></p>
    <p><input type="button" value="Sélectionner avec condition"
id="filtre2"> <label for="minalt">alt > </label><input type="text"
id="minalt" style="width:3em" value="100"></p>
```

```
    <p><input type="button" value="Supprimer les données" id="vide"></p>

  </form>

</div>

<script src="indexeddb.js"></script>

</body>
</html>
```

Le défi est de compléter le fichier de `<script>` pour rendre tout cela opérationnel.

La première étape, hors prise en compte de l'API, est la définition des actions (une fonction par bouton) et de deux fonctions JavaScript prévues pour l'affichage des résultats (texte simple, et version objet).

Source JavaScript indexeddb.js

```
// Gestion des événements au clic
document.getElementById('tout').onclick = tout_db;
document.getElementById('insere').onclick = insertion_db;
document.getElementById('vide').onclick = vide_db;
document.getElementById('get').onclick = get_db;
document.getElementById('filtre1').onclick = filtre1_db;
document.getElementById('filtre2').onclick = filtre2_db;

// Fonction d'ajout au journal
function log(txt) {
  document.getElementById('log').innerHTML += txt+"<br>";
}

// Fonction d'affichage résultat
function affiche(ville) {
  document.getElementById('log').innerHTML +=
  '<table><th>'+ville .desc+'</th>'
  +'<td>'+ville .lat+'</td>'
  +'<td>'+ville .lng+'</td>'
  +'<td>'+ville .alt+'m</td></table>';
}
```

Ouvrir une base et créer un catalogue

Tout d'abord, la détection de la présence du membre `indexedDB` dans `window` indique la disponibilité de l'API. Les premières implémentations de Gecko et WebKit faisant appel à des versions non finalisées, elles sont préfixées respectivement par `moz` et `webkit` (y compris dans BlackBerry 10). Firefox 16 et Chrome 24 se débarrassent du préfixe. Internet Explorer 10 comprend l'API directement sans préfixe.

Initialisation de l'interface

```
if(!window.indexedDB && window.mozIndexedDB) {
  // Gecko
  window.indexedDB = mozIndexedDB;
} else if(!window.indexedDB && window.webkitIndexedDB) {
  // WebKit
  window.indexedDB = webkitIndexedDB;
  window.IDBKeyRange = webkitIDBKeyRange;
  window.IDBTransaction = window.webkitIDBTransaction;
} else if(!window.indexedDB) {
  alert("Votre navigateur ne supporte pas IndexedDB");
}
```

La réassignation de ces objets préfixés à `window.indexedDB` est une astuce autorisant une utilisation directe, néanmoins à vos risques et périls pour ces versions en perspective d'évolutions.

Ouverture de la base

```
// Variables générales
var db;
var version = 1;

if(window.indexedDB) {

  // Ouverture de la base ❶
  var requeteOpen = window.indexedDB.open("BaseGeo");

  // Succès de l'ouverture ❷
  requeteOpen.onsuccess = function(event) {

    // Référence à la base ❸
    db = event.target.result;

    log("Base '"+db.name+"' ouverte");
    log("Version : "+db.version);
    log("Catalogues : "+db.objectStoreNames.length);

    db.onerror = function(event){
      log("Erreur DB");
      // Affichage dans la console
      if(typeof console!='undefined') console.log(event);
    };

    // Si la version a changé ❹
    if(version!= db.version) {
```

```
        // Phase de changement de version ❺
        var requeteSetVersion = db.setVersion(version);

        requeteSetVersion.onfailure = db.onerror;

        requeteSetVersion.onsuccess = function() {

          // Effacement du catalogue s'il existe ❻
          if(db.objectStoreNames.contains("geo"))
          try {
            db.deleteObjectStore("geo");
          } catch(exception) {
            log("Erreur lors de la réinitialisation");
          }

          // Création du catalogue ❼
          log("Création nouveau catalogue...");
          var objStore = db.createObjectStore("geo",{keyPath:"id"},true);

          // Création d'un index ❽
          log("Création index...");
          objStore.createIndex("alt", "alt", { unique: false });

          log("Changement de version OK");

        };
      }

    }

  }
```

Attention : l'utilisation de l'API est susceptible d'être désactivée pour les pages exécutées localement (file://). Pour des tests optimaux, il faut héberger le document HTML sur un serveur HTTP local ou distant (http://).

Un avertissement est affiché au préalable à l'utilisateur lors de la création d'une base.

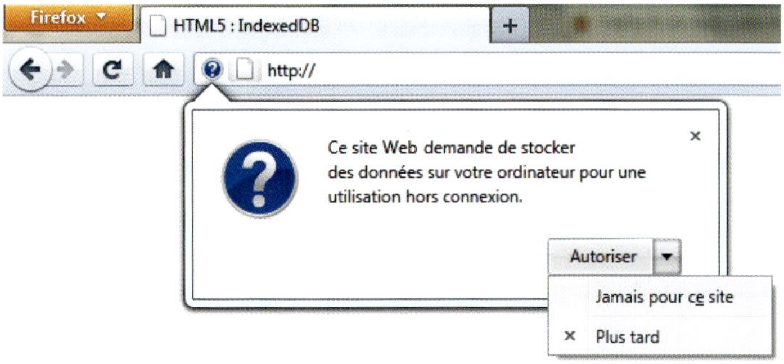

Figure 16–4
Avertissement à la création

La phase d'initialisation comprend plusieurs étapes :

- Une requête d'ouverture est formulée avec la méthode `open()`, qui prend en argument le nom de la base souhaitée ❶.
- En cas de succès, un événement DOM `success` est déclenché, pour lequel une fonction recevant l'événement lui-même permet d'enchaîner la suite des actions ❷.
- On retrouve dans la propriété `target.result` de l'événement une référence à la base ouverte ❸. C'est l'occasion de l'équiper d'un gestionnaire pour les événements de type `error`.
- La version de la base est mémorisée dans la propriété `version`. Elle permet de provoquer un changement de structure, c'est-à-dire de savoir s'il est nécessaire d'adapter sa conception à une nouvelle morphologie pour les objets ❹. Une transaction de changement de version avec `setVersion()` est obligatoire pour créer un catalogue d'objets ❺. Le numéro de version est arbitraire. Le seul critère qui compte est la différence, il est tout à fait possible de passer à la version 2 après la version 1, à la version 15 après la version 3, ou l'inverse.
- Par mesure de précaution, ce script efface le catalogue s'il est déjà présent ❻ avec `deleteObjectStore()`. Un script plus évolué pourrait chercher à en conserver les données.
- La création d'un `ObjectStore` ❼ est déclenchée par `createObjectStore()`. Celui-ci porte le nom `geo`, et une clé nommée `id`.
- Le tout est assorti d'un index avec `createIndex()` ❽ sur la propriété `alt` en prévision d'une procédure de recherche.

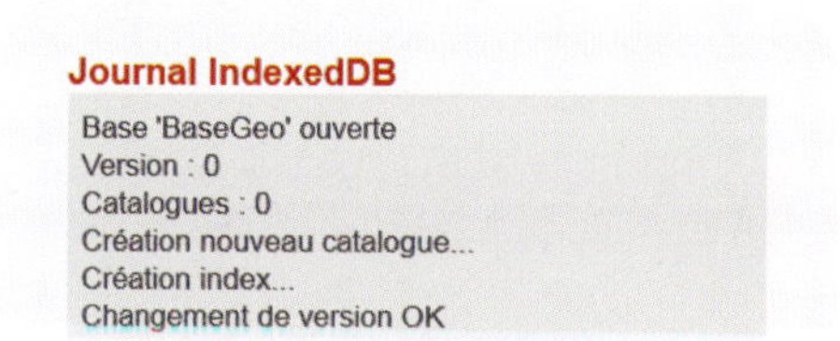

Figure 16–5
Aperçu du résultat après ouverture

Insérer des données dans une transaction

La base étant prête à recevoir des données, il ne reste plus qu'à initier une transaction grâce à la méthode `transaction()`, et au sein de celle-ci procéder à l'ajout des objets au catalogue.

Insertion d'objets

```
function insertion_db() {
```

```
  log("Insertion de 3 objets...");

  // Nouvelle transaction ①
  var transaction = db.transaction(["geo"],IDBTransaction.READ_WRITE);

  transaction.oncomplete = function() {
    log("Insertion complète");
  };
  transaction.onerror = function() {
    log("Erreur lors de l'insertion");
  };

  // Récupération du catalogue d'objets ②
  var objStore = transaction.objectStore("geo");

  // Objets à insérer ③
  var ville1 = {
    id:1,
    lat:48.58177,
    lng:7.750555,
    alt:142,
    desc:"Strasbourg"
  };
  var ville2 = {
    id:2,
    lat:48.458807,
    lng:-5.088043,
    alt:19,
    desc:"Ouessant"
  };
  var ville3 = {
    id:3,
    lat:49.0525,
    lng:7.425833,
    alt:249,
    desc:"Bitche"
  };

  // Affichage pour information
  affiche(ville1);
  affiche(ville2);
  affiche(ville3);

  // Ajout au catalogue ④
  objStore.put(ville1);
  objStore.put(ville2);
  objStore.put(ville3);

}
```

La transaction ❶ porte sur le catalogue `geo`, dont le nom est indiqué en premier paramètre dans un tableau de données. Si d'autres catalogues étaient concernés simultanément, il suffirait de les y indiquer. La transaction doit être ouverte en mode lecture/écriture avec la constante `READ_WRITE`.

Deux événements sont prévus, `complete` et `error` qui sont attrapés respectivement par deux fonctions associées aux membres `oncomplete` et `onerror` de la transaction.

Le catalogue d'objets concerné est récupéré grâce à la méthode `objectStore()` ❷. Les objets sont préparés ❸ (ici « en dur » dans le code source JavaScript) et ajoutés avec la méthode `put()` ❹. Celle-ci les remplace en se basant sur la clé correspondant à un objet déjà présent dans le catalogue.

Il existe également une méthode `add()` qui ne se soucie pas du remplacement, mais qui provoquerait une erreur en cas de doublon, car les clés sont ici spécifiquement indiquées.

Afficher le contenu

L'itération sur l'ensemble du contenu est la plus aisée à mettre en place.

Récupération des objets stockés

```
function tout_db() {

  log("Affichage du contenu du catalogue");

  // Nouvelle transaction ❶
  var transaction = db.transaction(["geo"]);

  // Catalogue d'objets ❷
  var objStore = transaction.objectStore("geo");

  // Ouverture d'un curseur ❸
  var requeteCur = objStore.openCursor();
  requeteCur.onsuccess = function(event) {

    // Curseur ❹
    var cursor = event.target.result;

    // Si le curseur n'est pas nul ❺
    if(cursor) {

      // Affichage du contenu ❻
      affiche(cursor.value);
      // Continue jusqu'à l'enregistrement suivant ❼
      cursor.continue();
    }
```

```
    };

    requeteCur.onfailure = db.onerror;

  }
```

Il s'agit également de débuter une transaction avec la méthode `transaction()` sur l'objet de la base de données ❶ puis de chercher le catalogue avec `objectStore()` sur cette transaction ❷. La dernière étape est l'ouverture d'un curseur ❸ sur le catalogue d'objets avec `openCursor()`.

En cas de succès, le curseur correspond à la propriété `target.result` de l'objet événement `event` attrapé ❹. Si un résultat est présent ❺, la fonction d'affichage prend le relais, avec l'objet ❻, référencé dans la propriété `value`. La méthode `continue()` place le curseur sur l'enregistrement suivant ❼, et déclenche un nouvel événement `success`, pour faire persister la boucle jusqu'à ce qu'il n'y ait plus de résultat valide.

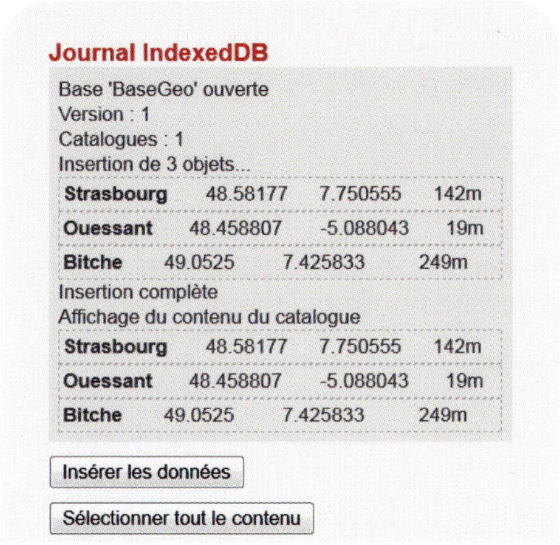

Figure 16–6
Aperçu du résultat

Récupération par clé

```
function get_db() {

  // Valeur d'après l'élément input
  var dbid = document.getElementById("dbid").value;
  if(dbid=='undefined' || dbid=='') {
    log("Veuillez indiquer un id");
  } else {

    dbid = parseInt(dbid); // Conversion en entier
    log('id='+dbid);
```

```
    // Nouvelle transaction ❶
    var transaction = db.transaction(["geo"]);

    // Utilisation de get() sur le catalogue ❷
    var requete = transaction.objectStore("geo").get(dbid);

    // En cas de succès ❸
    requete.onsuccess = function() {
      if(requete.result) affiche(requete.result);
    };
    requete.onerror = db.onerror;

  }

}
```

Une autre méthode d'accès direct consiste à utiliser la méthode `get()` sur le catalogue pour sortir un objet d'après sa clé ❷. Cette façon de faire ne déroge pas à la règle des transactions ❶ et des événements `success` pour traiter le résultat s'il y a lieu ❸.

Utiliser un index

L'intérêt majeur d'une base est de pouvoir effectuer une sélection d'objets sur des critères. Dans ce but, l'index prévu initialement sur la propriété `alt` de chaque objet est mis à contribution. Un index a pour vocation d'indexer le contenu afin d'effectuer des opérations de recherche plus rapidement et plus facilement.

Sélectionner par index et valeur

```
function filtre1_db() {

  // Valeur d'altitude d'après le formulaire
  var altitude = parseInt(document.getElementById('alt').value);
  log('alt='+altitude);

  var transaction = db.transaction(["geo"]);
  var objStore = transaction.objectStore("geo");

  // Index "alt" du catalogue d'objets ❶
  var indexAlt = objStore.index("alt");

  // Application à l'index ❷
  indexAlt.get(altitude).onsuccess = function(event) {
    if(event.target.result) affiche(event.target.result);
  };

}
```

Transaction et catalogue d'objets étant prêts, la méthode `index()` appliquée au catalogue renvoie une interface exploitable avec le critère sélectionné ❶. En l'occurrence, l'application de la méthode `get()` à l'index ❷, avec pour paramètre la valeur recherchée, génère en cas de succès un jeu de résultats restreint.

Plutôt que de rechercher par valeur exacte de l'altitude parmi les villes stockées, on peut définir un intervalle avec une limite.

Sélectionner par limite

```
function filtre2_db() {

  // Valeur d'après le formulaire
  var altitude = parseInt(document.getElementById('minalt').value);

  // Utilisation de l'index ❶
  var indexAlt =
db.transaction(["geo"]).objectStore("geo").index("alt");

  // Création d'un objet IDBKeyRange avec limite basse ❷
  var limite = IDBKeyRange.lowerBound(altitude);

  // Application au curseur ❸
  indexAlt.openCursor(limite).onsuccess = function(event) {
    var cursor = event.target.result;
    if(cursor) {
      log('alt>'+altitude);
      affiche(cursor.value);
      cursor.continue();
    }
  };

}
```

Au préalable, la valeur de la limite est obtenue d'après le formulaire HTML, puis l'index retrouvé comme précédemment, mais cette fois avec une écriture raccourcie ❶. En effet, rien n'interdit de chaîner les méthodes ainsi, en supposant que les gestionnaires d'événements pour les erreurs ont été définis au préalable.

Un objet `IDBKeyRange` doit être élaboré ❷, pour lequel est définie une limite basse avec `lowerBound()`. C'est ce « filtre » appliqué à l'ouverture d'un curseur ❸ sur l'index qui extrait les résultats correspondants, avec une itération semblable aux exemples précédents.

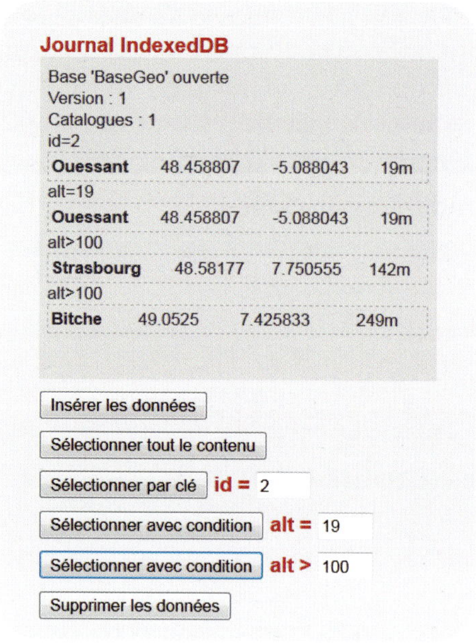

Figure 16–7
Aperçu du résultat final

Effacer un catalogue

Le contenu d'un catalogue est effacé de manière simple et efficace avec la méthode `clear()`. Le tout se déroule toujours dans une transaction, en mode lecture/écriture.

Effacer le contenu de l'Object Store

```
function vide_db() {
  transaction = db.transaction(["geo"],IDBTransaction.READ_WRITE);
  transaction.objectStore("geo").clear();
}
```

Perspectives

IndexedDB évolue dans une dimension parallèle qui peut sembler déroutante, car sa syntaxe ne ressemble pas à SQL, même pour des développeurs aguerris. Son appropriation nécessite une bonne dose de concentration. Ce chapitre ne peut en couvrir toutes les fonctionnalités, à moins de courber l'espace et le temps, à la manière des livres de la Bibliothèque de l'Université de l'Invisible.

Néanmoins, il s'agit d'une API complète promise à un très bel avenir. Les quelques exemples précédents ne sont pas figés, et sont appelés à être complétés :

- Les instructions peuvent être condensées et regroupées, au détriment cependant de la lisibilité.

- Les données insérées sont présentes « en dur » dans le code source, tandis qu'elles pourraient provenir d'un formulaire, un appel Ajax, un événement envoyé par le serveur, etc.
- La gestion des erreurs est prévue pour intervenir à tous les niveaux, on ne lui consacre jamais assez de temps ni de précautions. Un événement par méthode, par étape ou par transaction est tout à fait possible.
- Un algorithme pour effectuer des tris ou utiliser des tableaux d'objets est applicable aux résultats retournés.
- D'autres méthodes sont prévues par l'API pour effectuer des remplacements de données, effacer un enregistrement d'après un index ou une valeur, etc.
- Le stockage utilise une clé primaire définie arbitrairement à l'insertion, ce qui peut provoquer une exception si un élément possède déjà la même clé. L'API prévoit des générateurs de clés pour mimer le comportement de l'auto-incrémentation SQL.
- Par simplicité, les objets mentionnés restent relativement simples, mais la puissance d'IndexedDB est au service des bases plus complexes, pour inventorier des collections ne se limitant pas au texte. Des applications web peuvent y faire appel pour générer des listes, des tableaux, des galeries d'images ou de vidéos, etc.

IndexedDB est aussi exploitable pour le stockage de données binaires, de fichiers, d'images, en combinaison avec les autres API HTML5, notamment les Blobs, createObjectURL, et XMLHttpRequest.

RESSOURCE Démonstration de stockage

Stocker images et fichiers dans IndexedDB

- https://hacks.mozilla.org/2012/02/storing-images-and-files-in-indexeddb/

Pour la petite histoire, sachez que rien n'empêche un navigateur d'implémenter IndexedDB avec SQL ; c'est entre autres le cas de Firefox qui utilise SQLite pour stocker les données sans que l'utilisateur n'ait à s'en soucier.

Prise en charge

À des fins de tests, l'API peut être désactivée dans Firefox, avec `about:config` (URL à taper dans la barre d'adresses) et l'option `dom.indexedDB.enabled`. Les premières implémentations faisant appel à des préfixes « moz » et « webkit », il faut en tenir compte dans l'ouverture de la base.

Tableau 16–1 Tableau de support IndexedDB

Navigateur	Version	Navigateur	Version
Mozilla Firefox	4+ avec préfixe 16+ sans préfixe	Apple Safari	-
Google Chrome	11+ avec préfixe 24+ sans préfixe	Android, iOS, Opera Mini, Opera Mobile	-
Internet Explorer	10+	Chrome Mobile	18+ avec préfixe
Opera	-	BlackBerry	10+ avec préfixe

> **Rappel**
>
> Consultez le site d'accompagnement de l'ouvrage pour des informations de compatibilité mises à jour.

Une alternative (*shim*, *polyfill*, ou autre dénomination) peut être tentée en faisant fonctionner IndexedDB au-dessus de WebSQL, pour les navigateurs qui ne comprennent que cette technique.

> **Ressource Alternative pour IndexedDB**
>
> IndexedDB Polyfill over WebSql
>
> ▸ http://nparashuram.com/IndexedDBShim/

Le crépuscule de l'API Web SQL Database ?

L'API Indexed Database est « préférée » à Web SQL Database, dont la spécification a été déclarée obsolète en 2010, mais peut encore être consultée en ligne. Elle met en œuvre les principes du langage SQL tels que l'on peut déjà les rencontrer côté serveur.

> **Ressource Spécification Web SQL Database**
>
> Web SQL Database en tant que Working Group Note W3C
>
> ▸ http://dev.w3.org/html5/webdatabase/

Cette spécification a atteint un point de stagnation, car les moteurs l'ayant implémentée (WebKit et Safari) font appel à SQLite, un moteur de bases de données relationnelles. Or, le W3C demande d'autres implémentations afin de pouvoir établir un standard. De plus, il existe plusieurs versions du langage SQL, dont SQL-92 sur lequel est basé SQLite, qui n'est lui-même pas une spécification, et dont les changements de syntaxe peuvent affecter le Web ultérieurement.

Philosophie

La mise en place d'une base WebSQL suit plusieurs étapes.

1. Créer et ouvrir une base, en faisant attention à sa version (méthode `openDatabase`).
2. Initier une transaction (méthode `transaction` ou `readTransaction`).
3. Exécuter une requête SQL dans la transaction (méthode `executeSQL`).

Le tout s'articule autour de fonctions de *callback*.

Les étapes suivantes vont mener à la création d'une base SQL référençant les coordonnées géographiques (latitude et longitude) de différents lieux.

Ouvrir une base

L'ouverture d'une base provoque sa création si elle n'existe pas. La fonction `openDatabase()` prend en argument : le nom de la base, sa version, une description texte, et la taille allouée en octets.

Ouverture d'une base

```
<div id="affichage"></div>

<script>
if('openDatabase' in window) {
  var db = openDatabase('BaseGeo', '1.0', 'Emplacements géographiques',
1024*1024);
} else {
  alert("Base WebSQL non supportée par ce navigateur");
}
</script>
```

Le numéro de version est un choix arbitraire et permet de gérer les différences de structure des tables si celles-ci évoluent dans le temps. Si la taille allouée dépasse 5 Mo, le navigateur peut afficher un avertissement pour l'utilisateur et lui demander son autorisation.

L'ensemble retourne un objet de type `Database`.

Initier une transaction

La méthode `transaction()` débute une transaction, c'est-à-dire un contexte dans lequel vont se succéder une ou plusieurs requêtes SQL. Cette méthode accepte pour seul paramètre une fonction de callback, qui reçoit à son tour en argument l'objet relatif à la transaction.

Ouverture d'une transaction

```
db.transaction(function(sqltrans) {
  // Requêtes...
});
```

Cet objet de type `SQLTransaction` est nécessaire pour l'exécution de requêtes.

Créer une table

Enfin, la méthode `executeSql()` de la transaction est destinée, comme le suggère son nom, à recevoir une requête sous la forme d'une chaîne de texte, tout en respectant la syntaxe SQL (voire SQLite) avec `CREATE TABLE`.

Création d'une table dans une transaction

```
db.transaction(function(sqltrans) {
  sqltrans.executeSql('CREATE TABLE IF NOT EXISTS geo (id INTEGER
PRIMARY KEY ASC, lat FLOAT, lng FLOAT, alt FLOAT, desc TEXT)',[]);
});
```

Dans cet exemple, la table `geo` est créée si elle n'existe pas déjà, avec les champs `id` (nombre entier, clé primaire), `lat` (nombre à virgule flottante), `lng` (nombre à virgule flottante) et `desc` (texte).

Le deuxième argument n'est pour le moment pas exploité et reste un ensemble vide `[]`, car la requête ne comprend pas de paramètres variables.

Au besoin, il sera toujours possible de supprimer la table avec `DROP TABLE`, si la version a changé ou qu'il faut réinitialiser la structure de la table.

```
db.transaction(function(sqltrans) {
  sqltrans.executeSql('DROP TABLE geo',[]);
});
```

Insérer des données

La table est prête à recevoir des données, également avec `executeSql()` et l'instruction `INSERT`. Pour construire la requête, il est cette fois possible d'indiquer des paramètres avec le signe « ? », qui seront remplacés un par un par les valeurs transmises avec le deuxième argument.

```
db.transaction(function(sqltrans) {
  sqltrans.executeSql('INSERT INTO geo (lat,lng,alt,desc) VALUES
(?,?,?,?)',['48.58177','7.750555','142','Strasbourg']);
```

```
  sqltrans.executeSql('INSERT INTO geo (lat,lng,alt,desc) VALUES
(?,?,?,?)',['48.458807','-5.088043','19','Ouessant']);
});
```

Les quatre champs sont remplis, il ne reste plus qu'à consulter le contenu final de la table.

Exploiter les résultats

La méthode `executeSql()` continue à faire parler d'elle, en collaboration avec l'instruction `SELECT`. Le deuxième argument reste vide `[]`, car il n'y a pas de paramètre à préciser, et un troisième voit le jour sous la forme d'une fonction de callback, recevant l'objet de transaction et le jeu de résultats de type `SQLResultSet`.

Sélection d'un jeu de résultats

```
db.transaction(function(sqltrans) {
  sqltrans.executeSql('SELECT * FROM geo',[],
    function(sqltrans,result) {

    // Longueur du jeu de résultats ❶
    var nb = result.rows.length;
    var i;

    // Boucle d'itération ❷
    for (i = 0; i < nb; i++) {

      // Constitution du texte à afficher ❸
      var texte =
      "<b>"+result.rows.item(i).desc+"</b>"
      +" a pour coordonnées ("
      +result.rows.item(i).lat+","
      +result.rows.item(i).lng+") "
      +" et pour altitude "+result.rows.item(i).alt+"m";

      // Affichage du texte sur la page ❹
      document.getElementById('affichage').innerHTML += texte+"<br>";

    }
  }); // executeSQL
}); // transaction
```

Les propriétés du résultat renseignent sur les lignes retournées (`rows`, de type `SQLResultSetRowList`), dont on peut connaître le nombre avec `length` ❶. Une simple boucle `for` et nous voilà partis pour parcourir les lignes une par une ❷ en itérant sur `i`. Le membre `rows.item(i)` retourne la ligne existant à l'index `i`, et chacune de ses propriétés, dont le nom correspond à celui d'un champ de la table, renvoie sa valeur ❸.

Figure 16–8
Résultat affiché

Ouessant a pour coordonnées (48.458807,-5.088043) et pour altitude 19m
Strasbourg a pour coordonnées (48.58177,7.750555) et pour altitude 142m

Le tout est regroupé dans une chaîne de texte injectée dans le DOM ❹, par souci de simplicité. Par la suite, tout est possible : insertions depuis un formulaire HTML ou depuis les données reçues avec Ajax, Server-sent Events, Web Sockets, et d'autres API. Les sélections acceptent tout ce qui fait l'intérêt de SQL, notamment le tri avec la clause `ORDER BY`.

Requête avec tri

```
sqltrans.executeSql('SELECT * FROM geo ORDER BY
alt',[],function(sqltrans,result) {
  // Résultats triés...
}
```

Perspectives

Cette façon d'exploiter une base locale reste familière pour ceux qui sont aguerris aux développements côté serveur avec MySQL, PostgreSQL, et équivalents. Il est étonnant de constater qu'un besoin réel a mené à une implémentation rapide dans WebKit, Opera et la plupart des moteurs mobiles, d'un « standard » qui se voit désormais voué à une existence incertaine. Pourtant, ces moteurs vont probablement le conserver à moyen terme, mais les autres s'orienteront vers IndexedDB. Dilemme, me direz-vous ?

Prise en charge

Tableau 16–2 Tableau de support WebSQL

Navigateur	Version	Navigateur	Version
Mozilla Firefox	-	iOS	3.2+
Internet Explorer	-	Android	2.1+
Google Chrome	4+	Opera Mobile	11+
Apple Safari	3.2+	Opera Mini	-
Opera	10.6+	BlackBerry	7+

Reportez-vous au site d'accompagnement pour des informations mises à jour.

Applications web hors ligne 17

Un seul réseau Wi-Fi vous manque et tout vous paraît dépeuplé. Pourvue d'un cache d'application, une application web peut fonctionner en mode déconnecté.

Figure 17–1 Déconnexion en perspective

Malgré une disponibilité croissante du réseau Internet en phase de mobilité, il arrive que le navigateur soit amené à être sollicité lorsqu'aucune connexion n'est disponible.

C'est particulièrement le cas des applications web qui tendent à remplacer un certain nombre d'applications classiques, par exemple dans la bureautique, la gestion des e-mails et des agendas. Elles sont faciles à déployer, car elles reposent sur des langages web éprouvés (HTML pour le contenu, CSS pour la présentation, JavaScript pour l'interaction) et la plupart du temps font appel à un stockage sur un serveur en ligne. Des milliers d'utilisateurs peuvent les exploiter sans se soucier de logiciels spécifiques à installer et de leur compatibilité – dans un monde idéal où tout un chacun disposerait d'un navigateur relativement récent.

La simplicité d'accès des applications web dans un navigateur depuis n'importe où dans le monde est leur grande force. Mais aussi leur faiblesse.

La disponibilité de ces applications devient critique lorsque l'utilisateur sort de sa zone de couverture (Wi-Fi, réseaux de téléphonie mobile, etc.). Le but est de les rendre utilisables durant cette période, puis éventuellement de synchroniser à nouveau les informations lors du retour de la connexion.

Principe

Les concepteurs web peuvent définir une liste de fichiers qui sont requis par l'application pour continuer à fonctionner en mode déconnecté. Cette précieuse liste qui officie un peu comme un fichier de configuration est nommée *manifeste*. Les chanceux fichiers y figurant seront maintenus par le navigateur dans un espace de **cache spécifique**, pour les avoir « sous la main » lorsqu'il est hors ligne.

Il faut bien distinguer :

- le cache classique du navigateur, géré à sa libre convenance, qui existe depuis les débuts lents et coûteux des premiers accès au Web lors desquels le modem RTC crépitait sa joie d'atteindre 14 kbit/s en descente ;
- le cache d'application dont il est question ici, géré par le développeur, qui vise à stocker d'une manière explicite et cohérente les fichiers nécessaires à une consultation hors connexion.

L'API fournie en complément permet au travers d'événements déclenchés par le navigateur de connaître le statut de la connexion et de modifier en conséquence le comportement de la page, afin de :

- ne pas demander de fichier stocké en ligne (donc non spécifié dans le manifeste) qui déclencherait une erreur et une indisponibilité de certaines fonctionnalités de l'application ;

Figure 17–2
Fonctionnement déconnecté

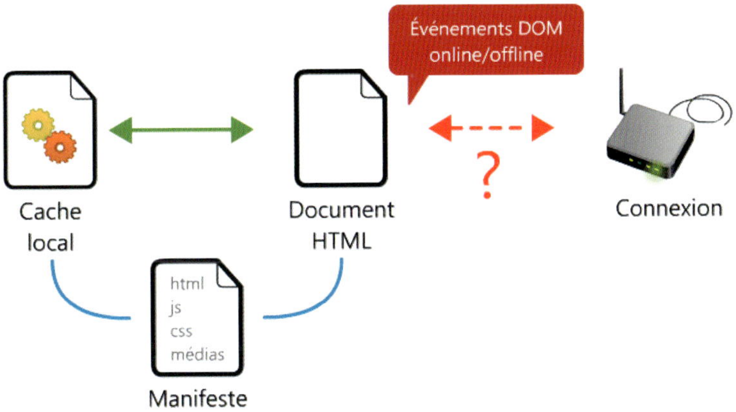

- signaler à l'utilisateur qu'il travaille en mode déconnecté.

Il appartient ensuite au développeur web de prendre les dispositions nécessaires pour :

- stocker les données éventuellement modifiées, créées, supprimées : c'est là que – merveille de la nature – Web Storage et IndexedDB/WebSQL interviennent ;
- resynchroniser ces données ultérieurement en vérifiant leur pérennité.

> SPÉCIFICATION **Offline Web Applications**
>
> La spécification sur le site du W3C
> ▸ http://www.w3.org/TR/html5/offline.html
>
> Une note du W3C sur la philosophie des applications web hors ligne
> ▸ http://www.w3.org/TR/offline-webapps/
>
> La spécification sur le site du WhatWG
> ▸ http://www.whatwg.org/specs/web-apps/current-work/complete/offline.html

En ligne ou hors ligne ?

La propriété `navigator.onLine` retourne `false` si le navigateur sait qu'il ne sera pas en mesure de posséder une connexion active, que ce soit pour le chargement de pages lorsque l'utilisateur cliquera sur un lien, ou pour le déclenchement d'un téléchargement par un script. Inversement, sa valeur est `true` pour signifier qu'il est bien connecté (ou se considère comme tel).

Détection du statut du navigateur

```
if(navigator.onLine) {
  // Mode connecté
} else {
  // Mode déconnecté
}
```

Lorsque cette valeur change d'un état à l'autre, la spécification décrit deux types d'événements déclenchés selon le cas de figure :

- `offline` : lorsque le navigateur passe en mode déconnecté ;
- `online` : lorsque le navigateur retrouve la connexion.

Ils dépendent toujours de l'objet `navigator` (ou `window.navigator`). On peut enregistrer un gestionnaire d'événement dans les deux cas, pour déclencher une fonction en charge de prendre les dispositions vis-à-vis des données et de la notification à l'utilisateur.

Détection du changement de statut du navigateur

```
// Enregistrement des événements
if(window.addEventListener) {
  window.addEventListener("online",estOnline,false);
  window.addEventListener("offline",estOffline,false);
} else {
  document.body.ononline = estOnline;
  document.body.onoffline = estOffline;
}

function estOnline() { // Le navigateur est connecté }

function estOffline() { // Le navigateur est déconnecté }
```

ATTENTION Connexion et connexion

Cette méthode peut ne pas être fiable. En effet, le navigateur et le système d'exploitation peuvent être connectés à un réseau local sans l'être à Internet (cas de certains réseaux internes d'entreprise).

Une simulation très simple peut être réalisée pour déclencher ces événements avec Mozilla Firefox, Opera et Internet Explorer, à l'aide de l'option *Travailler hors connexion* dans le menu *Fichier*.

D'autres navigateurs se fient à la gestion du réseau par le système d'exploitation. Chrome réagit lorsque la carte réseau est désactivée, le Wi-Fi indisponible, etc.

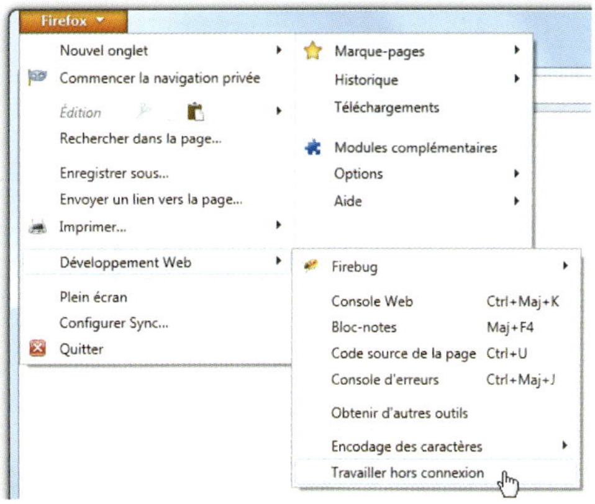

Figure 17–3 Travailler *hors ligne* (Firefox)

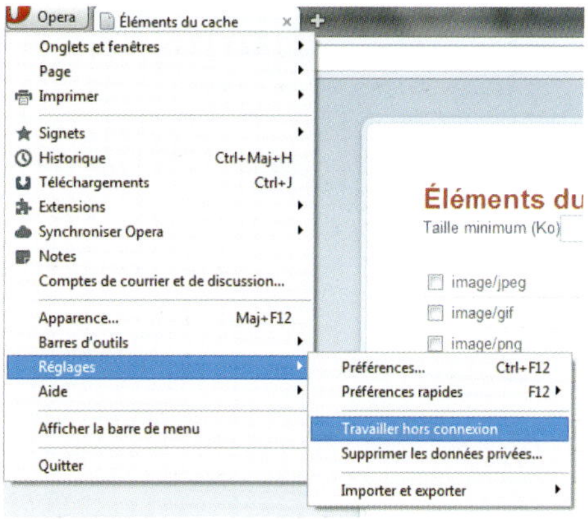

Figure 17–4 Travailler *hors ligne* (Opera)

Structure complète

Grâce aux méthodes décrites précédemment, il est très simple de mettre en place un document détectant son propre statut. À la fois initialement dans la phase de chargement, et à la fois dynamiquement si le navigateur détecte une déconnexion ou une reconnexion.

Page d'information sur l'état de connexion

```
<!doctype html>
<html lang="fr">
<head>
<title>HTML5 :Offline Web Applications</title>
<meta charset="utf-8">
<link rel="stylesheet" href="styles.css" type="text/css">
</head>
<body>

<div class="wrap">

  <p>Je suis <span id="statut">(aucune idée)</span></p>

</div>

<script>

var statut = document.getElementById('statut');

// Détection initiale ❶
if(navigator.onLine) {
```

```
  // Mode connecté
  statut.innerHTML = 'connecté';
  statut.className = 'online';
} else {
  // Mode déconnecté
  statut.innerHTML = 'déconnecté';
  statut.className = 'offline';
}

// Enregistrement des événements ❷
if(window.addEventListener) {
  // Pour les navigateurs supportant addEventListener
  window.addEventListener("online",estOnline,false);
  window.addEventListener("offline",estOffline,false);
} else {
  // Pour les autres
  document.body.ononline = estOnline;
  document.body.onoffline = estOffline;
}

function estOnline() {
  // Le navigateur est connecté ❸
  statut.innerHTML = 'passé en mode connecté';
  statut.className = 'online';
}

function estOffline() {
  // Le navigateur est déconnecté ❸
  statut.innerHTML = 'passé en mode déconnecté';
  statut.className = 'offline';
}

</script>

</body>
</html>
```

La consultation de `navigator.onLine` renseigne à un moment donné ❶, c'est-à-dire directement au chargement si le script est exécuté sans délai. L'ajout de gestionnaires d'événements ❷ surveille tout changement d'état et appelle les fonctions appropriées ❸ le cas échéant.

Les actions entreprises dans l'un et l'autre cas sont la modification du contenu texte de l'élément `<span>` et de sa classe pour lui affecter un style différent (défini dans la feuille de style).

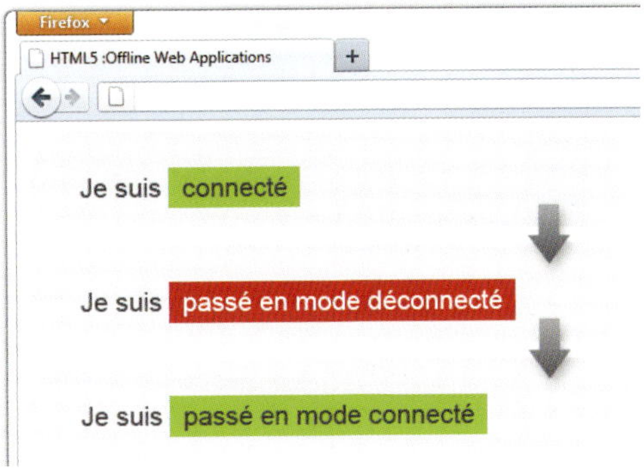

Figure 17–5
Plusieurs étapes

Liste des fichiers à mettre en cache (manifeste)

La liste les fichiers nécessaires au bon fonctionnement de la page HTML (de l'application web) est donnée dans le manifeste afin de les stocker en cache pour une disponibilité hors connexion.

Le manifeste est un simple fichier texte, lié au document via l'attribut `manifest` de la balise ouvrante `<html>`. L'inventaire se fait ligne par ligne, et concerne la plupart du temps des ressources images, JavaScript, CSS, polices de caractères, ou d'autres fichiers HTML.

Attention, une fois un fichier placé en cache d'application, il ne faut pas y faire appel avec des paramètres passés en GET (exemple : `mapage.html?var1=val1&var2=val2`) car cela court-circuite totalement le cache et tente de le chercher via le réseau.

Déclaration du manifeste dans le code HTML

```
<html manifest="offline.appcache">
```

La ligne de code précédente fait référence au fichier `offline.appcache`. Par convention, il est préférable d'utiliser l'extension `appcache`.

Ce fichier doit impérativement être encodé en UTF-8 et servi avec un en-tête HTTP `Content-Type` précisant le type MIME `text/cache-manifest`. On peut aisément modifier le comportement par défaut avec un fichier `.htaccess` placé dans le répertoire concerné.

Fichier .htaccess

```
AddType text/cache-manifest .appcache
```

Cette instruction ajoutera le bon type MIME à tout fichier disposant de l'extension `.appcache`. Cela étant valable pour Apache, reportez-vous à la documentation pour les autres serveurs web.

Syntaxe pour le manifeste

La syntaxe du manifeste est extrêmement simple. Le fichier débute par une ligne `CACHE MANIFEST`. Les commentaires débutent par un caractère dièse « # ». Le découpage se fait avec une ou plusieurs sections de type `CACHE`, `NETWORK` ou `FALLBACK`.

Exemple de manifeste

```
CACHE MANIFEST
# VERSION 1

styles.css
script.js
image.jpg
```

La page appelant le manifeste peut y être omise puisque l'on considère que, si elle nécessite des ressources en cache, elle est également concernée.

Si le téléchargement du manifeste lui-même ou de l'un de ses fichiers échoue, le processus entier est stoppé. Le navigateur peut alors continuer à utiliser la précédente version du cache, s'il en existe une.

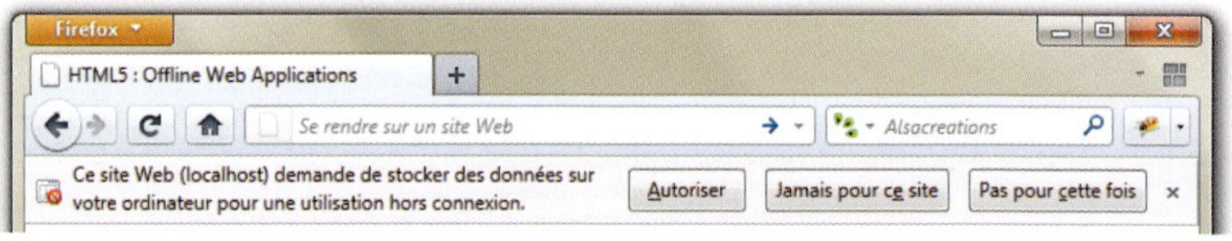

Figure 17–6
Demande d'autorisation de stockage *hors ligne*

Chaque site (ou plutôt chaque domaine) est limité à une quantité de données stockées de la sorte, avec éventuellement une approbation demandée par le navigateur. Une précaution doit être toujours prise pour éviter que l'espace requis ne croisse exponentiellement à long terme, et pour réduire la liste des fichiers à ceux strictement nécessaires. À long terme, les navigateurs évolueront probablement vers un système d'autorisations et d'exceptions pour les applications web nécessitant un espace complémentaire.

La section CACHE

Par défaut, si aucune section n'est mentionnée en amont, les ressources indiquées se trouvent dans le cache *explicite*.

Exemple de manifeste

```
CACHE MANIFEST
# VERSION 2

CACHE:
styles.css
script.js
photos/photo1.jpg
http://ajax.googleapis.com/ajax/libs/jquery/1/jquery.min.js
```

Ce manifeste fait mention de trois fichiers placés dans le même répertoire que celui de l'application HTML (les chemins sont alors relatifs à l'emplacement du manifeste lui-même) et d'une librairie jQuery hébergée sur un serveur distant. Il peut être fait mention de sous-répertoires, ou de chemins absolus.

La section NETWORK

La section `NETWORK` indique les ressources qui nécessitent impérativement un accès en ligne et ne seront jamais utilisées par un autre moyen. Cela signifie que tout appel à ces ressources – ne pouvant être placées en cache – provoquera une tentative de connexion, et le cas échéant une erreur en mode déconnecté : le cache conventionnel du navigateur sera également ignoré et les fichiers ne seront pas utilisés. Un préfixe de chemin peut également figurer dans la liste, pour éviter une énumération manuelle, par exemple `/inscription/` (dans ce cas toutes les adresses débutant par `/inscription/`... seront concernées).

Exemple de manifeste avec NETWORK

```
CACHE MANIFEST
# VERSION 3

CACHE:
styles.css
script.js
photos/photo1.jpg

NETWORK:
identification.php
http://api.twitter.com
```

La section FALLBACK

Tout ce qui est placé dans la section `FALLBACK` fait figure de ressource de repli. La syntaxe change quelque peu puisqu'il s'agit de faire référence en une ligne à la ressource initiale, séparée d'une espace par l'alternative. C'est cette deuxième qui sera chargée en lieu et place de la première lorsque le navigateur se considérera en mode déconnecté.

Exemple de manifeste avec FALLBACK

```
CACHE MANIFEST
# VERSION 4

CACHE:
styles.css
script.js
photos/photo1.jpg

FALLBACK:
styles.css styles-offline.css ❶
realtime.php info-offline.html ❷
photos/ horsligne.png ❸
```

Le cache explicite ne change pas, mais la section de repli indique au navigateur :

- d'utiliser le fichier `styles-offline.css` lorsqu'il n'est pas en ligne, pour toute volonté d'accès à `styles.css` ❶. L'apparence de l'application pourra donc changer si elle se trouve `online` ou `offline` ;
- si `realtime.php` n'est pas accessible ❷, par exemple pour une messagerie ou les cours de la Bourse en temps réel, un document statique nommé `info-offline.html` sera servi. Ce dernier pourra contenir un avertissement, une explication, ou une alternative temporaire faisant appel au stockage local avant de retrouver la connexion ;
- d'utiliser une seule image de remplacement `horsligne.png` pour toute tentative d'accès aux fichiers hébergés dans le répertoire `photos/` ❸.

Exemple de manifeste avec CACHE, NETWORK et FALLBACK

```
CACHE MANIFEST
# VERSION 2012-12-16

# Cache explicite
CACHE:
styles.css
script.js
photos/photo1.jpg

# Ressources nécessitant une connexion
NETWORK:
identification.php
http://api.twitter.com

# Ressources alternatives
FALLBACK:
styles.css styles-offline.css
realtime.php info-offline.html
photos/ horsligne.png
```

Toutes les sections peuvent être répétées plusieurs fois si nécessaire.

Pour valider la syntaxe du Manifeste, utilisez *Cache Manifest Validator*. Il ressemble de très près à ce que l'on peut obtenir par la validation de code HTML ou CSS, en vérifiant le fichier rédigé pour le manifeste.

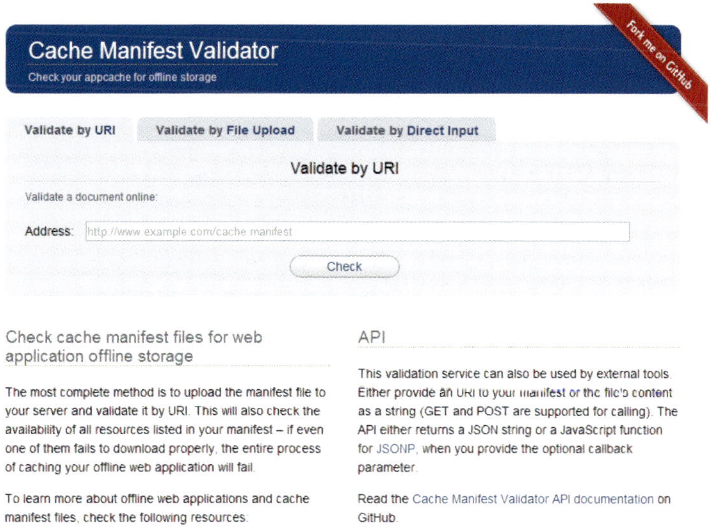

Figure 17–7
Cache Manifest Validator

Un *bookmarklet* nommé manifestR existe pour générer un manifeste automatiquement à partir des ressources web présentes sur une page. Cela peut donner une base de départ pour ne pas saisir « à la main » la plupart des fichiers, mais cela ne remplace en rien une vérification manuelle. Pensez toujours qu'il suffit d'une erreur de chargement pour que l'ensemble du manifeste soit invalidé.

RESSOURCES Outils pour manifeste

Cache Manifest Validator

- http://manifest-validator.com/

manifestR

- http://westciv.com/tools/manifestR/

HTTPS

En mode sécurisé avec cryptage SSL et connexion HTTPS, toutes les ressources énumérées dans le manifeste doivent provenir de la même origine *(same-origin)* du point de vue du navigateur. C'est-à-dire qu'il faut utiliser des chemins relatifs, ou utiliser le même domaine et le même port que le document courant.

Élaboration et test du cache

La construction du cache peut être diagnostiquée avec une console, entre autres celle de Chrome qui recense toutes les actions entreprises et permet de diagnostiquer une éventuelle erreur. Si l'obtention d'un fichier provoque une erreur 404 (s'il n'a pas été trouvé), alors la construction entière du cache est remise en cause et s'interrompt : à la visite suivante le navigateur se comportera comme s'il s'agissait d'une première visite.

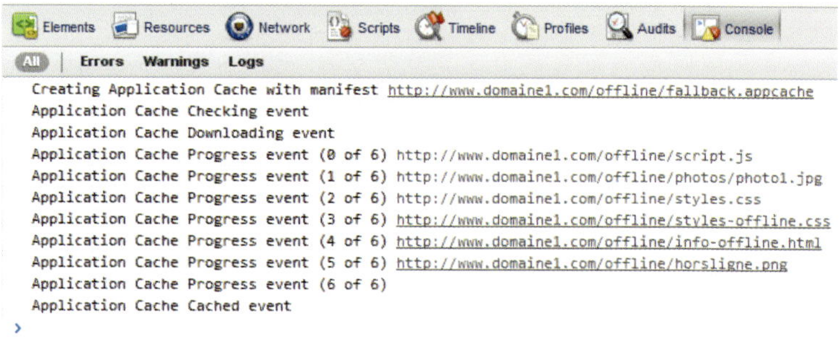

Figure 17–8
Journal de la construction dans la console

Une vue plus détaillée du contenu peut être obtenue, domaine par domaine, dans l'onglet *Resources*. Les fichiers sont classés par type (manifeste, fichier maître appelant, fallback, cache explicite, etc.) et par taille.

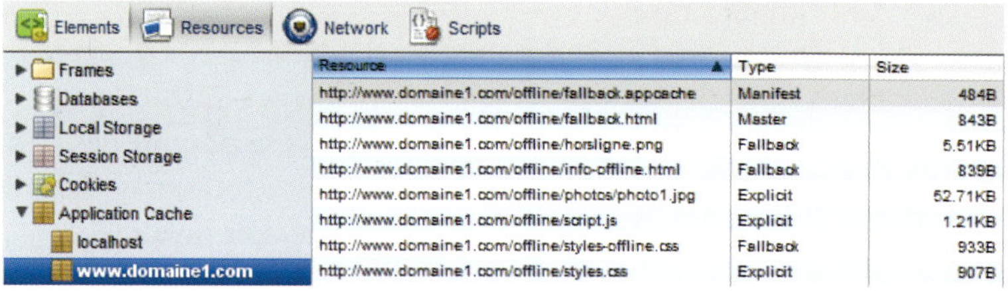

Figure 17–9
Vue synthétique du cache Google Chrome

L'onglet *Network* affiche la mention « (from cache) » au chargement de la page pour les ressources piochées dans le cache d'application.

Sous Chrome toujours, l'adresse `chrome://appcache-internals` donne accès à un contrôle individuel des caches créés par les applications, domaine par domaine.

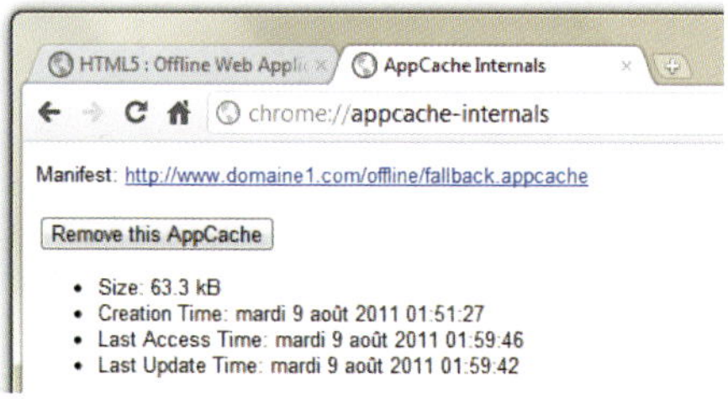

Figure 17–10
Contrôle des caches internes sous Chrome

Sous Firefox, un équivalent accessible avec `about:cache?device=offline` donne un résumé de l'espace occupé, de l'espace restant et de la liste des fichiers cachés.

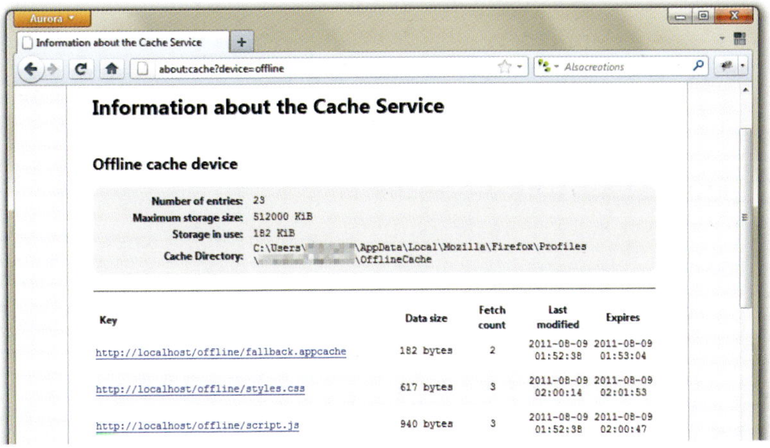

Figure 17–11
À propos du cache offline sous Firefox

D'autres réglages se retrouvent dans les *Options*, onglet *Avancé*, sous-onglet *Réseau*, encart *Contenu Web et données utilisateur hors connexion*.

Sous Internet Explorer 10+, la console mentionne la création du cache après détection du manifeste.

Figure 17–12
Console IE10

Mise à jour du cache

Le navigateur ne procède pas automatiquement à la recherche de nouveaux contenus, même s'il est en ligne. Plusieurs cas pourront cependant déclencher de nouveaux téléchargements :

- Si le fichier de manifeste change. Pour cela, il suffit d'en modifier la teneur, voire une ligne de commentaire. C'est pourquoi il est en général conseillé de spécifier un numéro de version `# VERSION X` ou une date `# VERSION YYYY-MM-DD` à modifier en cas de besoin pour titiller le cache.
- Si l'utilisateur efface son cache.
- Si la mise à jour du cache est volontairement déclenchée par l'API JavaScript.

Toutefois, si le téléchargement du fichier de manifeste échoue à un moment ou un autre, ou bien qu'un des fichiers de ressources (CSS, JavaScript, images, etc.) ne peut être obtenu, la mise à jour complète est considérée comme inexploitable. Le navigateur choisit alors de continuer à utiliser l'ancienne version du cache si elle existe.

Une difficulté persiste pourtant, car la gestion du cache HTTP conventionnel vis-à-vis du manifeste est laissée à la libre appréciation du serveur web. Ce dernier peut très bien décider que ce fichier statique n'a pas de raison d'être renvoyé au navigateur, en délivrant un en-tête `304 (Not Modified)`. Une technique sous Apache consiste à compléter le fichier `.htaccess` pour parer à une éventuelle mise en cache du manifeste lui-même.

.htaccess pour l'expiration instantanée des fichiers de manifeste

```
AddType text/cache-manifest .appcache

<IfModule mod_expires.c>
  ExpiresActive on
  ExpiresByType text/cache-manifest "access"
</IfModule>
```

Cette configuration utilise le module *expires* s'il est activé, pour définir une expiration des fichiers de manifeste à la date du dernier accès par le navigateur. La maîtrise des instructions de cache HTTP est délicate, il vous faudra au besoin consulter la documentation du serveur au sujet de l'en-tête `Cache-Control`.

L'API Application cache

Les applications web hors ligne sont épaulées par l'API Application Cache qui offre un contrôle plus fin des ressources et du processus de mise à jour. Insistons sur un point : elle ne contrôle que le cache d'application défini dans le manifeste, et n'a aucune portée sur le cache interne du navigateur qui reste actif et qui existait bien avant l'arrivée de HTML 5.

L'API est accessible via l'interface `window.applicationCache` qui dispose de plusieurs méthodes, événements et une propriété d'état.

Propriétés

La propriété `status` reflète l'état du cache d'application à un moment donné. Elle prend les valeurs de constantes définies par l'API.

Tableau 17–1 Propriétés ApplicationCache

Propriété	Valeurs
`status`	`window.applicationCache.UNCACHED` : pas de cache associé. `window.applicationCache.IDLE` : sans activité, le cache n'est pas marqué comme obsolète. `window.applicationCache.CHECKING` : en cours de vérification. `window.applicationCache.DOWNLOADING` : en phase de téléchargement. `window.applicationCache.UPDATEREADY` : mise à jour prête. `window.applicationCache.OBSOLETE` : cache marqué comme obsolète.

Interrogation du statut

```
if(window.applicationCache.status == window.applicationCache.IDLE) {
  // Un cache est utilisé
}
```

Il est plus aisé de se fier aux événements correspondants qui surgissent aux moments opportuns.

Événements

Les événements déclenchés par l'interface `window.applicationCache` indiquent l'état de la gestion du cache par le navigateur, en fonction de la fraîcheur des fichiers et du manifeste.

Tableau 17–2 Événements DOM ApplicationCache

Événement	Correspondance
`onchecking`	Le navigateur vérifie si une mise à jour du manifeste est disponible. Il s'agit toujours du premier événement déclenché.
`onnoupdate`	Le manifeste n'a pas changé.
`ondownloading`	Une mise à jour du manifeste et des ressources est en cours de téléchargement.
`onprogress`	Le navigateur télécharge les ressources.
`onupdateready`	Les nouvelles ressources ont été téléchargées et le script peut utiliser la méthode `swapCache()` pour passer au nouveau cache.
`oncached`	Les nouvelles ressources ont été téléchargées et le script peut considérer que l'application est en cache.
`onobsolete`	Une erreur 404 ou 410 a été obtenue à la place du manifeste, le cache est effacé.
`onerror`	Une erreur est survenue lors du téléchargement du manifeste, de la page principale ou des ressources.

Ces étapes sont à surveiller avec précision lors du développement d'une application en ligne et hors ligne, car une erreur de manifeste peut vite mener à un blocage.

Par défaut, lors de l'accès à un document HTML équipé de l'attribut `manifest`, une vérification est effectuée et un événement `checking` déclenché. Selon les instructions contenues dans le manifeste, un événement `noupdate` peut suivre si le navigateur décide qu'aucune modification n'a été apportée.

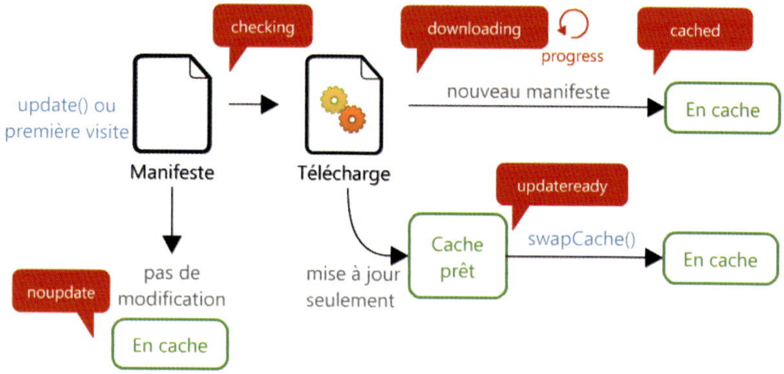

Figure 17–13
Fonctionnement déconnecté

Si le manifeste n'a jamais été rencontré par le passé, depuis la page courante ou depuis une autre y faisant appel, le navigateur complète le cache suite à un événement `downloading`, et déclenche un événement `cached` à la fin si tout s'est bien déroulé.

Si le manifeste a déjà été rencontré, mais a été mis à jour depuis, le navigateur télécharge les nouvelles ressources en déclenchant `downloading`, les place en attente et signifie qu'une mise à jour globale est disponible avec un événement `updateready`.

```
window.applicationCache.onupdateready = function() {
  alert("Une nouvelle version de l'application est disponible");
};
```

Méthodes

Tableau 17–3 Méthodes ApplicationCache

Événement	Correspondance
`update()`	Lance le processus de mise à jour du cache.
`abort()`	Annule le processus de téléchargement.
`swapCache()`	Passe au cache d'application le plus récent s'il existe, ou lance une exception `INVALID_STATE_ERR`.

Les méthodes déclenchent des phases importantes pour le cache d'application HTML. La fonction `update()` lance une vérification « volontaire » de la présence d'un nouveau manifeste, d'où un retour à la phase `checking` puis `downloading` s'il y a lieu. Faire appel à `update()` régulièrement (toutes les heures, tous les jours, toutes les semaines...) est aussi envisageable avec la fonction `setInterval()` de JavaScript.

```
window.applicationCache.update();
```

Si le statut de `window.applicationCache` correspond à la valeur `window.applicationCache.UPDATEREADY`, ou plus simplement qu'un événement `updateready` est généré, alors le cache est en état de passer à une nouvelle version grâce à la fonction `swapCache()`.

```
window.applicationCache.onupdateready = function() {
  window.applicationCache.swapCache();
};
```

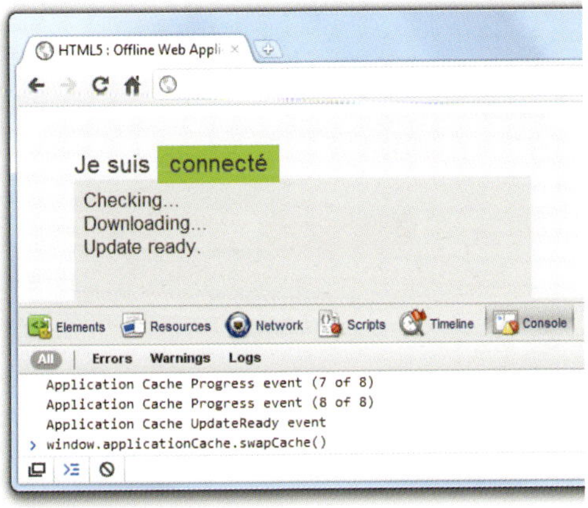

Figure 17–14
Trois étapes pour un nouveau manifeste

Un petit inconvénient subsiste cependant, car ces fonctions `update()` et `swapCache()` ne rechargent pas dynamiquement les ressources dans la navigation active. Cette précaution évite à l'utilisateur de perdre des données sur lesquelles il serait en train de travailler. Le navigateur a pourtant téléchargé le nouveau manifeste durant ce temps et mis à jour les fichiers présents dans le cache. En l'état, le document nécessite d'être rafraîchi deux fois : la première pour découvrir un nouvel ensemble de cache et le stocker, la deuxième pour l'exploiter.

Une technique alternative consiste à suggérer un rafraîchissement dès le chargement du document, uniquement dans le cas où `swapCache()` a été appelé.

Déclencher un rafraîchissement

```
window.applicationCache.onupdateready = function() {
  if(window.applicationCache.status==window.applicationCache.UPDATEREADY) {
    window.applicationCache.swapCache();
```

```
    if(confirm("Une nouvelle version de l\'application est disponible, voulez-
vous la charger ?")) {
      window.location.reload();
    }
  }
};
```

L'événement `onupdateready` est mis à contribution pour appeler `swapCache()`. Cette action étant silencieuse et ne produisant pas de résultat concret pour l'utilisateur, il est possible de forcer le rafraîchissement du document courant. Celui-ci rechargera alors les nouveaux fichiers depuis le cache qui vient d'être mis à jour.

En mode déconnecté, la procédure déclenchera systématiquement un événement `error` puisque aucune possibilité de rafraîchissement des informations du manifeste n'est possible. Cela n'empêchera bien sûr pas de le passer sous silence pour l'utilisateur et d'exploiter l'application web si elle a correctement été placée en cache.

Figure 17–15
Erreur déclenchée en mode déconnecté

Une application hors ligne

Dans la plupart des cas, pour une application web ne souffrant pas de dépendances multiples, l'écriture du manifeste sera aisée et consistera à inventorier les librairies JavaScript, les feuilles de styles et les images.

Une application possible du cache et de la détection de l'état du réseau est une mémorisation de données lorsque le navigateur est hors ligne, pour les retrouver ensuite au rétablissement de la connexion.

Application minimaliste

```
<!doctype html>
<html lang="fr" manifest="application.appcache">
<head>
<title>HTML5 : Offline Web Applications</title>
<meta charset="utf-8">
<link rel="stylesheet" href="styles.css" type="text/css">
</head>
<body>
```

```
<div class="wrap">
  <p><textarea id="msg"></textarea></p>
</div>

<script src="application.js"></script>

</body>
</html>
```

Ce document comprend une simple zone d'édition texte `<textarea>`.

Manifeste

```
CACHE MANIFEST

# VERSION X

CACHE:
styles.css
application.js
```

Le manifeste liste les fichiers `styles.css` pour la présentation et `application.js` pour le caractère dynamique.

Code source JavaScript de l'application (application.js)

```
// Forcer un rafraîchissement ?
window.applicationCache.onupdateready = function() {
  if(window.applicationCache.status==window.applicationCache.UPDATEREADY) {
    window.applicationCache.swapCache();
    if(confirm("Une nouvelle version de l\'application est disponible, voulez-
vous la charger ?")) {
      window.location.reload();
    }
  }
};

// Enregistrement des événements
if(window.addEventListener) {
  // Pour les navigateurs supportant addEventListener
  window.addEventListener("online",estOnline,false);
  window.addEventListener("offline",estOffline,false);
} else {
  // Pour les autres
  document.body.ononline = estOnline;
  document.body.onoffline = estOffline;
}
```

```
// Stockage local du texte saisi
function memoriser() {
  var msg = document.getElementById('msg').value;
  localStorage.setItem("msg",msg);
}

// Le navigateur est passé en mode connecté
function estOnline() {
  var msg = localStorage.getItem("msg");
  if(confirm("Vous êtes en ligne, récupérer les données ?")) {
    document.getElementById('msg').value = msg;
  }
}

// Le navigateur est déconnecté
function estOffline() {
  alert("Vous êtes déconnecté mais je mémorise...");
  memoriser();
}
```

Lorsque l'application passe hors ligne, la fonction `estOffline()` appelle `memoriser()` pour exploiter l'interface *localStorage*. La valeur du champ texte est stockée dans la clé `msg`.

Lorsque l'application passe en ligne, la fonction `estOnline()` retrouve le texte stocké dans *localStorage* à la clé `msg` et propose de le rétablir dans l'élément `<textarea>`.

Prise en charge

Jongler avec le cache d'application n'est pas aisé. Selon les spécificités des plates-formes et les détails fournis, tout développeur web aura de quoi tester la solidité de ses murs avec sa tête. Si le principe théorique semble plutôt limpide, la pratique demande de l'entraînement, et se révèle beaucoup plus efficace sur les systèmes qui sont dédiés à la mobilité (smartphones, tablettes). Pour vivre cette découverte et les constats de Jake Archibald (développeur reconnu chez Google), consultez ses tentatives, réflexions et émotions dans l'article « Application Cache is a Douchebag » ainsi que la présentation équivalente.

RESSOURCE Expériences avec Offline Web Apps et bibliothèques

« Application Cache is a Douchebag » sur A List Apart :

- http://www.alistapart.com/articles/application-cache-is-a-douchebag/
- https://speakerdeck.com/jaffathecake/application-cache-douchebag

ApplicationCache Demo par AppcacheFacts :

- http://appcachefacts.info/demo/

Démonstration par Opera :

- http://people.opera.com/patrickl/experiments/appcache/

jQuery Offline Plugin :

- https://github.com/wycats/jquery-offline

Tableau 17–4 Tableau de support Offline Web Applications

Navigateur	Version	Espace		Version	Espace
Mozilla Firefox	3.5+	illimité	iOS	3.2+	illimité
Apple Safari	4.0+	illimité	Android	2.1+	illimité
Google Chrome	5.0+ (partiel) 14+ (onLine)	5 Mo avant demande	Opera	10.6+	50 Mo paramétrable
Internet Explorer	10+		Opera Mobile	11+	50 Mo paramétrable

Historique de navigation 18

Retour vers le passé, d'un historique dont l'avenir toujours en mouvement est… On verra comment modifier dynamiquement l'historique et assurer la cohérence de la navigation.

Figure 18–1 Historique pré-Web

HTML 5 définit des méthodes avancées de gestion de l'historique de navigation. Dans les applications web récentes et les conceptions d'interfaces évoluées avec Ajax, le surf ne se produit plus de façon linéaire avec un (re)chargement complet de la page web dès que l'utilisateur décide d'entreprendre une action de navigation

Un contenu spécifique peut correspondre à une ressource sans adresse (URL ou URI) unique. Inversement, une même adresse peut permettre d'afficher différents types de contenus, chargés dynamiquement sans passer à une autre page. Dans ce contexte, il est difficile pour un internaute de s'orienter et de naviguer dans un historique inexistant si l'adresse de la page ne change pas.

Imaginez une application chargeant une liste de messages en JavaScript, et affichant le contenu de ces messages dynamiquement lorsque l'utilisateur clique sur les titres de chacun d'entre eux. Le contenu affiché change, et pourtant vous n'avez pas bougé de page, c'est-à-dire d'adresse. Par contre, si votre utilisateur décide de cliquer sur le bouton « Précédent » du navigateur pour revenir à la liste, il pourra se produire deux comportements incompréhensibles pour lui : l'application s'évanouit dans le néant et le navigateur retourne à une autre page précédemment visitée (par exemple un moteur de recherche), ou bien s'il s'agit d'une application ouverte dans un nouvel onglet – sans historique – le bouton ne sera pas disponible pour revenir « en arrière ».

DOM et JavaScript œuvrent de concert pour résoudre ces cas de figure et pour permettre :

- de naviguer dans l'historique, fonctionnalité supportée depuis les précédentes versions de DOM et HTML ;
- de manipuler l'historique, fonctionnalité introduite par HTML 5.

Il faut cependant toujours garder à l'esprit que les modifications sur cet élément essentiel au confort de navigation, doivent être considérées avec précaution et entreprises avec raison.

> **RESSOURCE API History au W3C et au WhatWG**
>
> ▸ http://www.w3.org/TR/html5/history.html
> ▸ http://www.whatwg.org/specs/web-apps/current-work/complete/history.html

Navigation dans l'historique

History

L'historique est accessible via `history`, membre de l'interface `window`. On peut donc s'adresser à lui avec `window.history` ou `history` tout court. Il s'agit en réalité d'une interface de type `History`. Son existence remonte aux années 1990 et tous les navigateurs le connaissent. Seules les méthodes de modification décrites quelques paragraphes plus loin sont nouvelles, suite à sa standardisation dans HTML 5.

Il est possible d'en connaître la longueur – la quantité d'adresses mémorisées durant la session – grâce à la propriété `history.length`. Lors de la navigation par onglets, on considère bien entendu que l'on dispose d'un historique spécifique par onglet, c'est-à-dire un historique de session.

```
alert("L'historique comporte "+history.length+" adresse(s)");
```

Trois méthodes existent pour se déplacer dans l'historique :

```
history.go(delta);
```

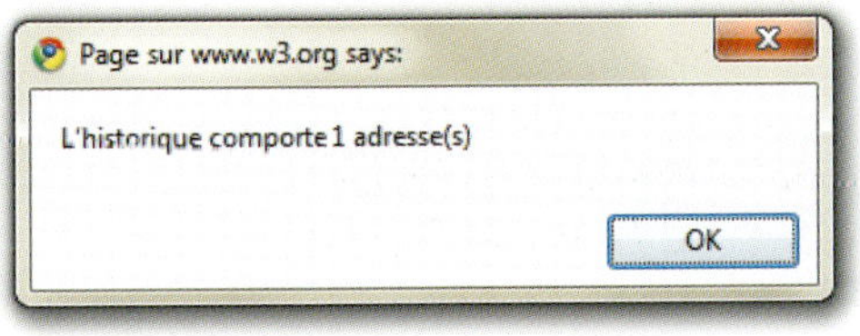

Figure 18–2
Résultat de l'instruction sous Google Chrome

Cette fonction prend en argument le nombre de pas qu'il faut réaliser dans l'index de la session, relativement à la page courante. Une valeur négative permet de se déplacer dans le passé, ainsi -1 fait référence à la page précédemment visitée, -2 à l'avant-dernière, et ainsi de suite. Les valeurs positives opèrent un déplacement dans le sens inverse (si toutefois l'utilisateur dispose d'un historique positif et qu'il est donc en train de consulter une page pour laquelle il a dû revenir en arrière). Un delta nul rafraîchit la page.

```
history.back();
```

Cette méthode permet de retourner à l'index précédent dans l'historique : est équivalent à `history.go(-1);`

```
history.forward();
```

Cette méthode permet d'avancer à l'index suivant dans l'historique : est équivalent à `history.go(1);`

Location

Parallèlement à l'interface `History`, existe `Location` que l'on retrouve exploitée dans `window.location`. Cette interface regroupe toutes les informations à propos de l'adresse (URL) du document chargé dans le navigateur, et permet de la changer pour naviguer vers d'autres horizons.

Les propriétés de `window.location` sont directement accessibles et exploitables. Par exemple, `window.location.href` contient l'adresse complète. Notons que cette interface est aussi accessible via `document.location`.

Tableau 18–1 Propriétés de Location

Propriété	Rôle	Exemples
`hash`	Partie de l'URL qui suit le caractère #.	`#resultat`
`host`	Nom d'hôte et numéro de port.	`www.google.com:80`
`hostname`	Nom d'hôte seulement.	`www.google.com`
`href`	URL complète	`http://www.google.com:80/recherche?mot=lolcat#resultat`
`pathname`	Chemin relatif à l'hôte	`/recherche`
`port`	Numéro de port	`80`
`protocol`	Protocole utilisé	`http:`
`search`	Partie suivant le caractère « ? » (inclus)	`?mot=lolcat`

Modifier `window.location.href` revient à se rendre à la nouvelle adresse.

```
window.location.href = "http://www.alsacreations.com/";
```

On peut aussi intervenir dynamiquement sur le hash, la partie facultative qui suit le caractère # dans l'adresse affichée par le navigateur, et qui peut identifier en général un accès direct à une portion du document (une ancre).

```
window.location.hash = "#hopla";
```

Cette astuce permet de stocker « virtuellement » un état dans l'URL et sera utile par la suite pour exploiter l'événement `hashchange`.

Des méthodes équipent aussi l'interface.

Tableau 18–2 Méthodes de Location

Méthode	Rôle
`assign(url)`	Équivaut à charger une nouvelle adresse URL.
`reload(get)`	Recharge le document courant. Si *get* est à true, force le navigateur à ne pas utiliser le cache.
`replace(url)`	Remplace le document courant par celui de l'adresse URL sans le sauver dans l'historique.

Tout cela convient à une gestion basique de la navigation en JavaScript. Attention cependant à ne pas baser la navigation uniquement sur ce principe dynamique, sans conserver – lorsque c'est possible – une version classique à l'aide des liens conventionnels `<a href="">`. Ces liens sont l'essence du H de HTML. Une modification de ce type de comportement peut dérouter un visiteur s'il ne peut se servir des signets, de l'ouverture dans un nouvel onglet dans son navigateur, ou de l'historique complet, comme il a l'habitude de le faire.

Modification dynamique de l'historique

En complément de ces méthodes déjà bien répandues, ont été introduites les méthodes `history.pushState()` et `history.replaceState()` qui respectivement ajoutent et modifient des entrées dans l'historique. Elles vivent en osmose avec l'événement `window.onpopstate` qui survient à la suite de ces actions.

Concrètement, cela signifie qu'avec HTML 5 il est possible de modifier l'adresse courante de navigation, sans provoquer un rechargement complet de document, et sans utiliser d'artifice avec les ancres « # » ou la technique du *hashbang* – qui n'a rien de répréhensible soit dit en passant. Encore plus concrètement, au clic sur un lien, l'adresse du navigateur *semblera* changer sans pour autant que celui-ci n'aille charger une page y correspondant. Le *hashbang* est reconnaissable aux caractères `#!` dans l'adresse web et sert souvent à y mémoriser la position dans le document consulté.

La mise en œuvre globale de l'ensemble de ce principe de navigation peut fortement varier selon le type d'application web développée. Dans la plupart des cas, on souhaitera modifier le contenu de la page courante suite à un appel Ajax qui effectue un chargement distant, ou grâce à des données stockées dans la page elle-même (par exemple, des onglets donnant accès à différentes vues préchargées dans le document HTML, mais simplement masquées). JavaScript est alors fortement sollicité.

Les méthodes présentées ci-après ne dérogent pas à cette règle. Elles se basent toutes deux sur des objets d'état : des structures de données variables que l'on est libre de constituer et qui définissent l'état de la page. Par défaut, cet état possède la valeur `null` au premier chargement, puis se voit attribuer d'autres valeurs choisies par le développeur au fur et à mesure des appels à `pushState` et `replaceState`.

Par la suite, lors d'une navigation volontaire dans l'historique du navigateur, il suffit alors à l'événement `popstate` de déclencher une fonction qui analyse les objets d'état retrouvés pour chacune des entrées. Ce renseignement obtenu, la fonction a la charge d'adapter dynamiquement le contenu de la page en conséquence pour retrouver celui qui correspond à l'adresse.

Figure 18–3
Principe général

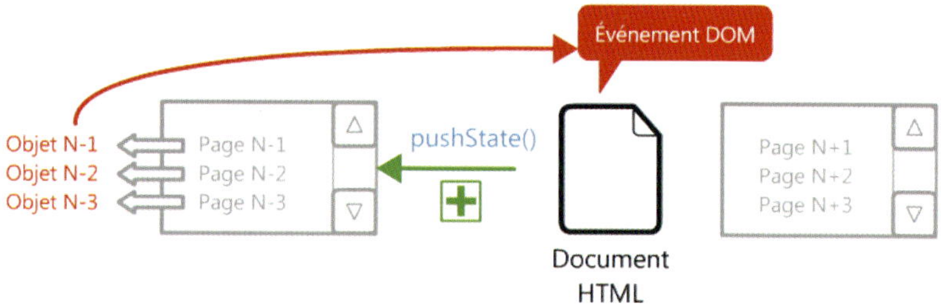

pushState()

Le rôle de `pushState()` est de créer une nouvelle entrée dans l'historique. Cette méthode reçoit en argument :

- Un objet d'état JavaScript, associé à la nouvelle entrée d'historique créée. Cet objet peut contenir n'importe quelle donnée au choix, permettant de le distinguer des autres, et surtout de savoir à quel état il fait référence, par exemple quel contenu était affiché.
- Un titre, dont l'usage est à la discrétion du navigateur et qui peut être vide.
- Une adresse URL (facultative), sur laquelle il n'y a pas de vérification d'existence ni de chargement après appel à la fonction, mais qui sera affichée dans la barre d'adresses et dans l'historique. En revanche, le navigateur est susceptible de vouloir la charger s'il est redémarré et si la session a été mémorisée. Dans ce cas, il faudra prévoir d'analyser cette URL pour afficher le contenu approprié. La nouvelle adresse peut être indiquée de façon relative (à l'adresse courante), mais doit toujours provenir de la même origine. En cas d'omission, l'URL du document courant sera utilisée.

Exemple

```
var etat = { contenu: "recette_kiwi" };
history.pushState(etat, "Page2", "page2.html");
```

Lorsque l'utilisateur navigue vers un élément de l'historique, une copie de l'objet `etat` est retourné à l'événement `popstate`. Cela permet alors de savoir, d'après le contenu obtenu, dans quelle phase la page doit se (re)trouver.

Insistons bien sur ce point : l'adresse peut être purement fictive, elle n'est pas vérifiée. En revanche, dans le respect des bonnes pratiques et si vous voulez que le visiteur puisse retrouver la page (même virtuelle) qu'il vient de consulter sur votre site, pensez à prendre en charge cette adresse fictive et à ne pas lui faire subir d'erreur 404 ; soit par une redirection, soit par une réécriture d'URL, soit par une autre détection côté serveur.

replaceState()

La méthode `replaceState()` fonctionne de la même manière, mais modifie l'entrée actuelle au lieu d'en créer une nouvelle. Elle reçoit en argument les mêmes paramètres.

Son effet est particulièrement adapté, suite à une action de l'utilisateur (ou à un événement) :

- à la mise à jour de l'objet d'état ;
- à la mise à jour de l'URL.

Exemple

```
var etat = { contenu: "recette_banane" };
history.replaceState(etat, "Page3", "page3.html");
```

The king of popstate

Un événement `popstate` est déclenché sur l'élément global `window` à chaque fois que l'entrée active de l'historique change. C'est-à-dire par exemple lorsque l'on clique sur les boutons « Précédent » ou « Suivant ». La propriété `state` de l'objet événement recueilli contient une copie de l'objet d'état qui a été mémorisé lors des appels aux fonctions précédentes, `pushState()` et `replaceState()`. On peut donc voyager dans le temps grâce à cet indice. Elle possède la valeur `null` s'il s'agit de l'état initial du document.

Un gestionnaire d'événement peut alors être déclaré :

```
window.onpopstate = function(event) {
  // Utiliser l'objet event
  // Et surtout sa propriété event.state
console.log(event.state);
}
```

Cet événement peut être déclenché au chargement initial de la page qui compte pour une modification d'historique, c'est-à-dire après l'événement `load`. L'équipe de développement de Mozilla ayant constaté des failles dans ce mode de fonctionnement a également décidé qu'il serait possible de déclencher `popstate` durant le chargement (avant `load`) ou bien encore uniquement lorsque le besoin s'en fait ressentir avec l'appel des fonctions `history.back()`, `history.forward()` et `history.go()`. Cette modification a été apportée à la spécification et devrait devenir la règle.

Pour la phase de développement et les tests, n'hésitez pas à utiliser la console JavaScript pour examiner le contenu de l'objet d'état.

Simulation

En supposant que l'on considère une page hébergée à l'adresse `http://www.mondomaine.com/history/index.html` et que l'on exécute les instructions suivantes.

Ajout d'une entrée dans l'historique

```
var etat = { affichage: "#raisin" }; ❶
history.pushState(etat,"Article sur le raisin","Raisin.html");
```

Le navigateur affichera alors en tant qu'adresse courante http://www.mondomaine.com/history/Raisin.html (mais ne vérifiera pas la présence d'un tel document).

Une entrée sera ajoutée dans l'historique, associée à `etat`, l'objet de données créé ❶.

Si le visiteur choisit de migrer vers http://www.blup.fr/, puis de revenir à la page précédente, l'adresse affichée sera bien `Raisin.html`, la page générera un événement `popstate` avec une copie de l'objet ❶.

Par défaut, la page « ressemblera » bien à la page `index.html` initiale et il lui appartiendra en JavaScript d'adapter son contenu relativement à l'objet récupéré, si celui-ci lui évoque un état quelconque qu'elle peut prendre en charge. En l'occurrence, en consultant la propriété `affichage` qui y a été mémorisée.

```
window.onpopstate = function(event) {
  if(event.state!=null && event.state.affichage=="#raisin") {
    // ... Afficher l'article en question
  }
}
```

Si le visiteur choisit encore une fois de revenir d'un cran en arrière dans l'historique, l'adresse sera rétablie à http://www.mondomaine.com/history/index.html, l'événement `popstate` sera déclenché avec un objet `null`. Dans ce cas de figure également, le contenu du document n'est pas altéré, mais il lui appartient de prendre les dispositions relatives à l'événement `popstate` et de cet objet `null` pour savoir qu'il doit revenir dans son état par défaut.

Tableau 18–3 Vue de l'historique

URL	Popstate et event.state
http://www.mondomaine.com/html5/index.html	`null`
http://www.mondomaine.com/html5/Raisin.html	`{ affichage : "#raisin" }`
http://www.blup.fr/	

Cas pratique

Prenons le cas relativement courant d'une page dont le contenu est structuré par des onglets, autour de liens <a>. Avec l'aide de JavaScript, ceux-ci masquent ou affichent plusieurs éléments <article> qui leur sont liés, pour n'en garder qu'un seul visible. Quatre liens, quatre articles, quatre étapes de navigation.

Figure 18–4
Étape 1

En temps normal, si l'utilisateur rafraîchit la page ou y revient avec le bouton « précédent » de son navigateur, il retrouvera l'état initial (le premier onglet). Car JavaScript sera bien incapable de déterminer quel était l'état de la page lorsqu'elle a été quittée. Le navigateur sera également incapable de passer d'un onglet à l'autre si l'utilisateur navigue dans son historique en avant ou en arrière. Même après avoir cliqué une dizaine de fois sur les liens, l'adresse du document restera toujours la même et il lui suffira d'un seul bond en arrière dans l'historique pour revenir à un document qui n'aura probablement rien à voir avec le « précédent onglet vu ».

Le script qui équipe cet exemple complet remédie à cette problématique en utilisant l'API History.

Les styles CSS sont déportés dans un fichier externe permettant de définir la disposition des liens de navigation, les couleurs et les fonds.

Gestion avancée de l'historique (index.html)

```
<!doctype html>
<html lang="fr">
<head>
<title>HTML5 : Historique</title>
<meta charset="utf-8">
<link rel="stylesheet" href="styles.css">
</head>
<body>

<div class="wrap">

<ul id="liens">
  <li><a href="#pomme">Pomme</a></li>
  <li><a href="#raisin">Raisin</a></li>
  <li><a href="#kiwi">Kiwi</a></li>
  <li><a href="#banane">Banane</a></li>
</ul>

<div id="contenu">

  <article id="pomme">
    <img src="pomme.jpg" alt="Une pomme">
    <p>La pomme est le fruit du pommier, arbre fruitier largement cultivé.
L'arboriculture fruitière est une branche de l'arboriculture spécialisée dans la
culture des arbres fruitiers afin d'en récolter les fruits ou les faux-fruits
comme la pomme du pommier domestique.</p>
  </article>

  <article id="raisin">
    <img src="raisin.jpg" alt="Du raisin">
    <p>Le raisin est le fruit de vignes du genre Vitis. Il se présente sous la
forme de grappes composées de nombreux grains, qui sont sur le plan botanique
des baies, de petite taille et de couleur claire, pour le raisin blanc ou plus
foncée, pour le raisin rouge.</p>
  </article>

  <article id="kiwi">
    <img src="kiwi.jpg" alt="Un kiwi">
    <p>Les kiwis sont des fruits de plusieurs espèces de lianes du genre
Actinidia, famille des Actinidiaceae. Ils sont originaires de Chine, notamment
de la province de Shaanxi. On en trouve par ailleurs dans des climats dits
montagnards tropicaux.</p>
</article>

  <article id="banane">
    <img src="banane.jpg" alt="Une banane">
```

```
    <p>La banane est le fruit, ou baie dérivant de l'inflorescence du bananier.
Les bananes constituent un élément essentiel du régime alimentaire de certains
pays développés et constituent une nourriture de base pour des millions de
personnes sous les tropiques.</p>
  </article>

</div>

<hr />

<p id="messages"></p>

<p></p>

</div> <!-- .wrap -->

<script>

window.onload = function() {

  // Fonction gérant l'affichage et le
  // masquage des différentes vues ❶
  function affiche(identifiant) {

    var articles = document.querySelectorAll("#contenu article");

    // Valeur par défaut si aucun identifiant
    if(identifiant==null) identifiant = "#"+articles[0].getAttribute("id");

    document.getElementById("messages").innerHTML += "On affiche
<i>"+identifiant+"</i><br>";

    // Application de la vue active ❷
    for(j=0;j<articles.length;j++) {
      if("#"+articles[j].getAttribute("id")==identifiant) {
        articles[j].style.display='block';
      } else {
        articles[j].style.display='none';
      }
    }

    // Application de la classe active au lien ❸
    for(j=0;j<liens.length;j++) liens[j].className='';
    document.querySelector('#liens
a[href="'+identifiant+'"]').className='actif';

  }

  // Détection de la présence de l'API
  if (typeof history.pushState !== "undefined") {
```

```
var liens = document.querySelectorAll("#liens a");

// Pour tous les liens ❹
for(i=0;i<liens.length;i++){

  // Création d'un gestionnaire d'événement click
  liens[i].addEventListener('click',function(event) {

    // Appel de la fonction d'affichage ❺
    // avec pour paramètre le hash du lien
    affiche(event.target.hash);

    // Création de l'objet d'état ❻
    var etat = {affichage:event.target.hash};

    // Insertion dans l'historique ❼
    history.pushState(etat,event.target.text,event.target.text+".html");
    event.preventDefault();

  },false);
}

// Classe par défaut au chargement sur le premier lien
liens[0].className='actif';

// Gestionnaire d'événement popstate ❽
window.onpopstate = function(event) {

  document.getElementById("messages").innerHTML += "<span>Evénement popstate
!</span><br><i>event.state</i> = "+event.state+"<br>";

  // Si un objet d'état est présent ❾
  if(event.state!=null) {

    document.getElementById("messages").innerHTML +=
"<i>event.state.affichage</i> = "+event.state.affichage+"<br>";

    // Appel de la fonction d'affichage ❿
    // avec pour paramètre l'identifiant mémorisé
    affiche(event.state.affichage);

  } else {

    // Appel de la fonction d'affichage sans état
    affiche(null);
  }
}
```

```
    } else {
      alert("Ce navigateur ne supporte pas la gestion avancée de l'historique");
    }
  };
</script>
</body>
</html>
```

En premier lieu ❶, une fonction basculant l'affichage entre les différentes vues est déclarée. Elle accepte en paramètre l'identifiant d'un article pour l'afficher ❷ tout en masquant ses frères. C'est elle aussi qui attribue ❸ la classe `actif` à l'onglet courant.

Après la détection de la présence de l'API History, une boucle ❹ se charge de redéfinir les événements `click` pour les liens des onglets. L'action par défaut est d'appeler ❺ la précédente fonction d'affichage avec pour paramètre l'identifiant lu dans la propriété `hash` du lien, que l'on retrouve dans le membre `target` de l'événement.

Vient ensuite l'étape proprement dite de la modification de l'historique. Un objet d'état est créé ❻ pour stocker une information importante : le `hash` lui-même afin de savoir quelle vue (quel article) a été demandée. Cet objet peut tout à fait contenir n'importe quelle donnée structurée, l'important est de savoir comment s'en servir lorsqu'il est retrouvé.

Le tout est « poussé » dans l'historique ❼ avec la fonction `pushState()`. L'objet en premier argument, le titre de la vue en deuxième, et le « lien virtuel » y correspondant en troisième. De la sorte, des clics successifs sur les onglets provoquent l'apparition de trois entrées supplémentaires dans l'historique, et surtout l'affichage dans la barre d'adresses de ce troisième argument. L'état final (onglet Banane) correspond donc à l'adresse `Banane.html`.

Le navigateur offre la possibilité de faire un petit bond vers l'une des entrées de l'historique. À cela va être liée l'apparition d'un événement **`popstate`**. Étant donné qu'il est intercepté ❽ par son propre gestionnaire d'événement, et que cet événement contient dans sa propriété **`state`** une copie de l'objet d'état créé à l'étape précédente, le script sait à présent quel est le contexte à retrouver.

Si l'objet existe ❾ (n'est pas `null`), sa propriété **`affichage`** est lue et envoyée à la fonction gérant la dynamique des onglets et des articles ❿. Par ailleurs, le navigateur retrouve automatiquement dans son journal l'adresse « virtuelle » qui lui avait été indiquée par **`pushState()`** et l'affiche à nouveau.

Figure 18–5 Étape 2

Figure 18–6 Étape 3

Cette organisation n'est pas la seule solution technique possible, il en existe bien d'autres selon l'agencement des liens et des contenus à manipuler. Dans le cas présent et par souci de simplicité, les liens entre onglets, identifiants des balises `<article>` et adresses se font via la lecture d'attributs ou de l'intitulé texte des liens. Les différentes vues pourraient tout aussi bien correspondre à des données chargées à l'aide d'Ajax, et non simplement masquées en CSS dès le chargement.

Les fonctions complémentaires d'affichage des messages en bas de page facilitent la compréhension des étapes et de l'état de l'objet reçu par `popstate`.

Réécriture d'adresse

En bonus caché, pour convaincre le serveur web de renvoyer un contenu pertinent (la page `index.html`) plutôt qu'une erreur 404 si l'utilisateur accède directement à l'une des adresses qui n'existe pas physiquement dans l'arborescence des fichiers, il faut utiliser la réécriture d'URL.

Avec le serveur web Apache, un fichier `.htaccess` placé dans le répertoire hébergeant les fichiers sera suffisant.

Exemple de réécriture minimale (.htaccess)

```
RewriteEngine on
RewriteRule   ^(.*)\.html   index.html [L]
```

Celui-ci signifie simplement que pour toute requête faisant appel à un fichier se terminant par l'extension .html sera inévitablement renvoyé le fichier `index.html`.

Les ancres et l'événement hashchange

Dans le fond, ce comportement est semblable à ce que l'on peut « simuler » à l'aide des ancres (on utilise aussi le terme *hash* en version originale, mais cela n'a rien à voir avec une quelconque substance illicite). Ces chaînes de texte ajoutées à la fin de l'URL courante, préfixées par le caractère dièse #, correspondent généralement à une ancre nommée dans le code HTML : `<a name="monancre">`. En JavaScript, cette action serait traduisible par `window.location = "#monancre"`, qui crée également une entrée dans l'historique avec le document actif.

Un événement `hashchange` est déclenché lorsque cette ancre se voit modifiée dans l'adresse courante. La lecture de la chaîne de texte représentant l'ancre (c'est-à-dire le *hash*) se fait alors grâce à la propriété `window.location.hash`.

Détection de la modification du hash

```
<script>
window.onhashchange = function() {
  alert("L'ancre a été modifiée : "+location.hash);
}
</script>
```

Cet événement est supporté à partir d'Internet Explorer 8, Firefox 3.6, et Chrome 5.

Cependant, on remarque plusieurs avantages à l'utilisation de `pushState()` :

- Il n'est pas nécessaire de modifier l'URL ; tandis que `window.location="#monancre";` ne crée une entrée dans l'historique que si l'ancre actuelle est différente de `#monancre`.
- Des données peuvent être associées à l'aide de l'objet d'état permettant de stocker l'information nécessaire au traitement ; tandis que l'ancre ne peut contenir qu'une courte chaîne de texte.
- L'adresse choisie peut être radicalement différente sans devoir provoquer un rechargement de page, avec toutefois la condition de respecter l'origine du

document ; tandis que `window.location` provoque un changement de page si la modification affecte autre chose que l'ancre.

- L'événement `hashchange` n'est pas déclenché par `pushState()` même si l'ancre (le *hash*) change.

Détection

La détection des possibilités de modification de l'historique permet de s'assurer que le visiteur pourra bénéficier de cette fonctionnalité avancée.

Il convient de proposer une alternative dans la négative, soit en conservant le comportement naturel des liens, soit en utilisant d'autres fonctions JavaScript pour continuer la navigation.

Avec les fonctions natives

```
if (typeof history.pushState !== "undefined") {
  // La gestion avancée de l'historique est disponible
} else {
// La gestion avancée de l'historique est absente
}
```

Prise en charge

Tableau 18–4 Tableau de prise en charge de History et Location

Navigateur	Version	Navigateur	Version
Mozilla Firefox	4+	iOS	4.2+
Apple Safari	5+	Android	2.2 et 2.3
Google Chrome	5+	Opera Mobile	11.1+
Opera	11.5+	Internet Explorer	10+
BlackBerry	7+	Chrome et Firefox Android	15+

Une librairie nommée sobrement `history.js` vient épauler l'API History. Elle vise à offrir un support unifié sur tous les navigateurs, et une solution de repli pour ceux qui seraient encore restés à l'ère HTML 4 avec une alternative construite autour du *hash*. Au départ basée sur jQuery, elle fait désormais l'œil doux à MooTools et est disponible en version indépendante sans faire appel à un framework particulier.

Ressource Librairie History.js

▸ https://github.com/balupton/history.js

JavaScript en (multi)tâche de fond : les Web Workers

19

Travailleurs, travailleuses ! JavaScript s'émancipe et peut s'exécuter en multithread et en tâche de fond.

Figure 19–1 Au boulot !

JavaScript est mis à contribution de façon croissante dans la création d'applications web. C'est le moteur de toutes les interactions avec l'utilisateur et les pages HTML, voire avec le réseau. La plupart du temps, ce langage est mis à contribution au travers de fichiers de scripts simples qui effectuent un traitement à durée limitée, puis qui rendent la main à l'utilisateur de l'application à l'issue des opérations.

Les progrès accomplis par les moteurs dans les performances d'interprétation sont considérables et mis en avant par les éditeurs de navigateurs. Cela ne suffit néanmoins pas à résoudre un problème conceptuel : il existe historiquement un goulot d'étranglement dans cette interprétation classique côté client. JavaScript évolue dans un environnement monotâche (à un seul *thread*), ce qui signifie que plusieurs scripts ne peuvent être exécutés au même moment. Cette limitation est incongrue alors que les processeurs sont maintenant multicœurs.

Or, les applications nécessitent désormais une gestion multiple des événements de l'interface utilisateur, des traitements de fichiers ou réseau, des manipulations du DOM ou des éléments médias (images, canvas, audio, vidéo). Tout cela ne peut alors être pris en compte simultanément. On peut bien entendu recourir à des astuces pour « faire semblant » de donner la main alternativement à chaque besoin (grâce à `setTimeout`, `setInterval`, `XMLHttpRequest`, les événements DOM, etc.), mais dans le fond, on est bien loin du multitâche (à *threads* multiples) et un blocage peut survenir, paralysant l'affichage. La plupart du temps, le navigateur – moderne – préviendra l'utilisateur et lui suggérera d'arrêter le déroulement du script qui consomme toutes les ressources et bloque l'interface.

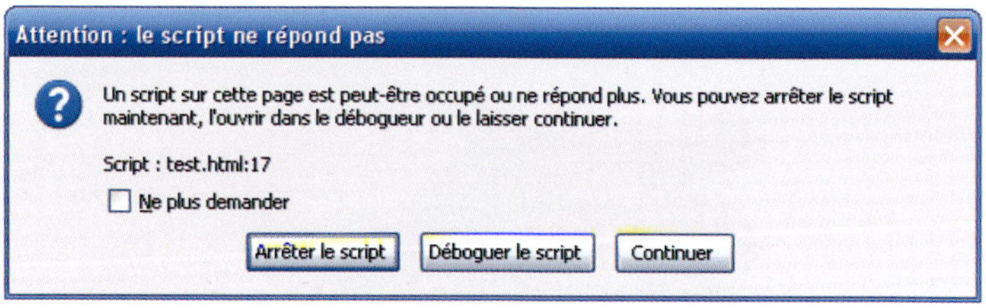

Figure 19–2
Un message d'avertissement affiché par Mozilla Firefox

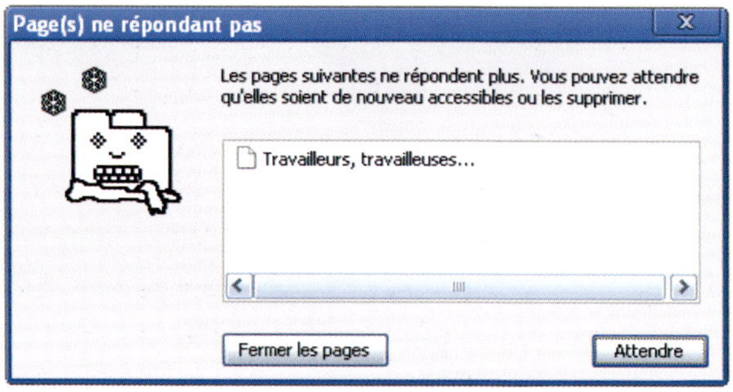

Figure 19–3
Un message d'avertissement affiché par Google Chrome

Heureusement, HTML 5 propose une solution avec les Web Workers.

> **REMARQUE Deux familles**
>
> Il existe deux sortes de Workers : les dédiés (*Dedicated Workers*) dont il est fait démonstration ici, et les partagés (*Shared Workers*) qui sont de plus en plus rares et que nous n'aborderons pas.

Principe

Les Web Workers sont un moyen d'exécution de code JavaScript en tâche de fond, non bloquante pour l'exécution normale du navigateur et son interface utilisateur. En somme, il est possible d'interagir avec la page HTML tout en effectuant une série d'opérations (souvent un calcul intensif) définies dans un ou plusieurs fichiers JavaScript externes.

Chaque Worker s'exécute dans un *thread* séparé. Il existe de façon indépendante par rapport à la page qui l'a créé et ne peut accéder à son DOM directement, pour manipuler son contenu ou sa structure. Chaque communication doit être entreprise par des fonctions de *callback* qui traitent l'envoi et la réception de messages texte (voir le chapitre 13 sur les échanges inter-documents ou *web messaging*). On peut également y implémenter de l'Ajax en utilisant l'objet XMLHttpRequest.

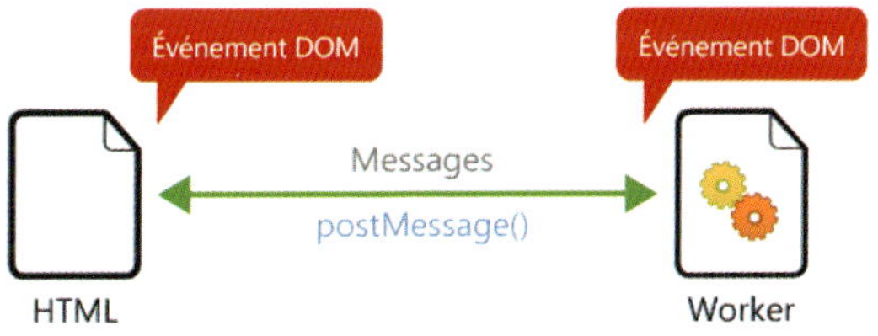

Figure 19–4
Dialogue entre page et travailleur

Ce nouvel usage modifie la vision que l'on avait jusqu'à présent de ce langage.

- JavaScript était exécuté dans un processus seul (ou plutôt un seul *thread*), ce qui ne permettait absolument pas de détacher son exécution du cours normal d'interprétation de la page et dont la fin était attendue par le navigateur. Un *thread* distinct permet une interprétation **parallèle** plus performante, notamment dans les processeurs multicœurs, pour peu que le navigateur et le système d'exploitation l'autorisent.
- JavaScript n'était que peu puissant. Les dernières avancées accomplies durant la bataille de l'optimisation des navigateurs ont permis d'en redorer le blason.

On considère généralement que les Web Workers sont chargés d'un traitement assez lourd et ne sont pas destinés à être utilisés de façon massive pour un usage courant de JavaScript. Ils peuvent avoir une durée d'exécution conséquente, compte tenu d'un coût élevé pour la mémoire et le processeur. Les usages de prédilection sont la mise en forme de longs textes, la synthèse ou la retouche d'image, les opérations sur de grandes quantités de données.

- l'analyse de données vidéo, audio ou images,
- l'interrogation régulière (*polling*) de services en arrière-plan,
- la mise en forme de longs textes ou la correction orthographique,
- la synthèse ou la retouche d'image `<canvas>`,
- les opérations sur de grandes quantités de données en général leur mise en cache, ou la manipulation de bases de données locales (IndexedDB).

RESSOURCE Spécification des Web Workers

Web Workers en cours de développement côté W3C
- http://dev.w3.org/html5/workers/

Web Workers en tant que standards W3C
- http://www.w3.org/TR/workers/

Web Workers par le WhatWG
- http://www.whatwg.org/specs/web-apps/current-work/complete/workers.html

Outils de développement

Lorsqu'il s'agit d'aborder des phases de développements intensives avec des notions avancées de JavaScript, il faut avant tout se munir d'outils de diagnostic, ou au moins d'une console (non, non, ne vous précipitez pas sur la PlayStation ou la Wii ce n'est pas le moment). Tous les navigateurs récents en sont équipés, certains mieux dotés que d'autres du côté des outils de développement (voir chapitre « HTML en seconde langue »).

Google Chrome met à disposition les onglets *Scripts*, *Timeline* et *Profiles* pour obtenir des informations détaillées. Tous les *Workers* travaillant dans une page inspectée sont listés dans Scripts et cliquer sur l'adresse de l'un d'eux amène sur une nouvelle fenêtre de développement. Il est possible aussi de les mettre en pause dès le démarrage pour en suspendre l'exécution.

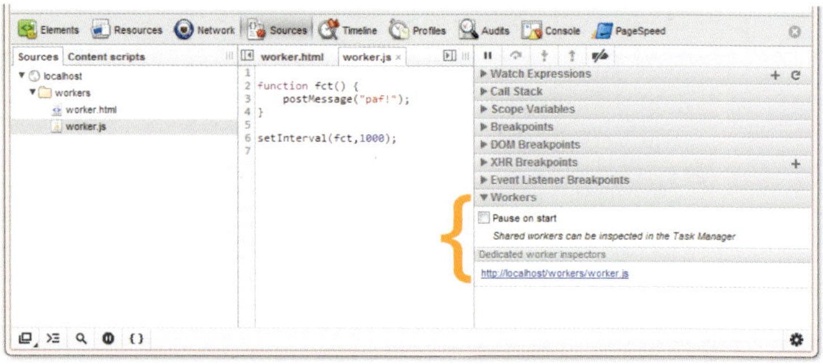

Figure 19–5
L'inspecteur de scripts

Dans la *Timeline* (ligne de temps), se retrouvent la consommation des ressources par le navigateur. Pour déclencher l'enregistrement durant une période de temps définie, cliquez sur le bouton *Record* (rond noir qui devient rouge).

On peut y suivre les événements de rafraîchissement (*paint*) à l'écran, les conséquences sur le document (*layout*) et les appels de fonctions JavaScript (*function call*). En cliquant sur l'un d'entre eux, on aboutit du côté du code source ayant suscité l'action. C'est un bon moyen de découvrir quels sont les goulots d'étranglement éventuels et jusqu'à quel point les ressources sont mobilisées par le *Worker*.

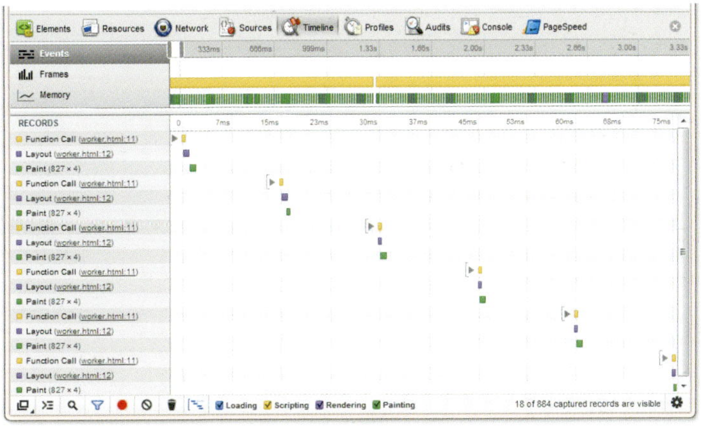

Figure 19–6
L'inspecteur Timeline

Fonctionnement

Initialisation

Le constructeur éponyme `Worker()` permet d'instancier l'exécution d'un tel script dans un *thread* et de retourner un objet de type `Worker` pour le piloter. Celui-ci prend en paramètre le nom du fichier à charger et contenant le code JavaScript.

```
var travailleur = new Worker('worker.js');
```

On peut aisément détecter la présence de cette API au préalable.

Détection du support Web Workers

```
if(!!window.Worker) {
  // Ce navigateur supporte la création de Workers
}
```

```
// Alternative
if (!('Worker' in window)) {
// Ce navigateur ne supporte pas la création de Workers
}
```

Attention, certains navigateurs peuvent choisir de ne pas exécuter de fichiers locaux (possédant une adresse en `file://`) et d'ignorer silencieusement l'appel à un Worker. C'est le cas de Google Chrome qui nécessite d'être démarré avec le paramètre `--allow-file-access-from-files` pour les tests menés de la sorte. Par ailleurs, un script ne peut être démarré s'il ne possède pas la même méthode d'accès que la page appelante, par exemple depuis une URL `data:` ou `javascript:` ou encore `https:` depuis une page accédée en `http:`. Une erreur 404 sur le fichier JavaScript restera silencieuse.

Exemple de page hôte invoquant un Web Worker

```
<!doctype html>
<html>
<head>
   <title>Travailleurs, travailleuses...</title>
</head>
<body>
   <p id=resultat></p>
</body>
<script>
var travailleur = new Worker('worker.js');
</script>
</html>
```

Il est un point sur lequel il n'est pas inutile d'insister : tout fichier JavaScript peut être utilisé dans cette situation. Prenons un exemple minimaliste.

Travailleur du dimanche

```
function hop() {
  postMessage("Stayin'alive");
}
setInterval(hop,1000);
```

Ce script de quatre lignes – à l'intérêt certes limité – provoque uniquement l'envoi d'un message à la page parent toutes les secondes (1000 ms).

L'exemple *mathématiquement utile* le plus parlant est celui de la quête de nombres premiers, avec un algorithme qui peut se dérouler sans fin. On incrémente un compteur dans une boucle `while` et l'on recherche sa capacité à être divisée par un autre nombre grâce au modulo (signe `%` en JavaScript). N'hésitez pas à vous exercer d'une autre façon avec la suite de Fibonacci.

Exemple de Worker à la recherche de nombres premiers (worker.js)

```
// On débute à partir de 1
var n = 1;
// Compteur des nombres trouvés
var nombres_trouves = 0;
// Valeur limite
var limite = 100000;
// Démarrage du compteur de temps
var time_start = (new Date()).getTime();

postMessage("Début");

// Boucle de calcul incrémental
recherche: while(true) {
  n += 1;
  // Pour chaque valeur on teste la divisibilité
  for (var i = 2; i <= Math.sqrt(n); i += 1) {
    // Si le nombre n'est pas premier, on continue la recherche
    if (n % i == 0) continue recherche;
  }
  // Sinon, un nombre premier est trouvé
  // et se voit communiqué à la page
  postMessage(n);
  nombres_trouves++;
  // Si on a atteint la limite, on arrête
  if (n >= limite) break;
}

// Fin
var time_end = (new Date()).getTime();
var time_total = time_end-time_start;
postMessage("Fin, nombres trouvés : "+nombres_trouves+" en
"+time_total+" millisecondes");
```

L'idéal est bien entendu de confier une telle tâche à un travailleur, mais aussi de recueillir un résultat. Dans le cas présent : les nombres premiers successivement trouvés.

Communication

Le Worker et la page appelante peuvent être assimilés à deux entités pouvant dialoguer par messages interposés, à l'aide de la fonction `postMessage()` pour l'envoi, et de l'événement `onmessage` pour la réception.

Lorsque la page parent envoie un signal avec `postMessage()`, le valeureux travailleur se voit recevoir un événement `onmessage` contenant dans ses propriétés la teneur du mot doux envoyé. Inversement, lorsque le travailleur envoie un message avec `postMessage()`, c'est la page parent qui le réceptionne grâce à une interception de l'événement `onmessage`.

Par défaut, ces messages sont de type texte, mais les implémentations les plus récentes autorisent d'autres types de données, entre autres des objets qui sont convertis automatiquement au format JSON *(JavaScript Object Notation)* pour le transit.

```
// Exemple d'envoi d'objet
travailleur.postMessage({'commande': 'auboulot', 'message': 'Go !'});
```

Il suffit donc d'adjoindre un gestionnaire d'événement pour traiter les messages entrants en provenance du code exécuté. On choisit alors de les afficher dans le corps de la page au sein de l'élément portant l'identifiant `resultat`, ciblé par la fonction `getElementById()`, et dont on modifie la propriété `textContent`.

```
// Réception d'un message en provenance du Worker
travailleur.onmessage = function(event) {
  document.getElementById('resultat').textContent+= event.data+' ';
};
```

L'objet reçu en argument du gestionnaire d'événement (ici `event`) recueille les différentes informations relatives au message, notamment avec la propriété `data` qui contient simplement le texte de ce message.

Figure 19–7
Affichage des nombres trouvés

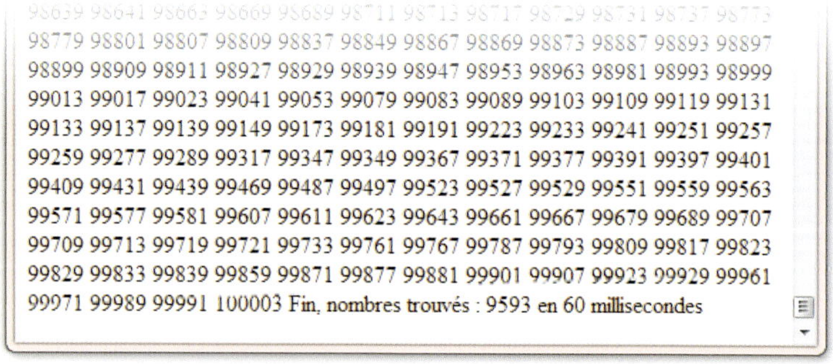

Inversement, si l'on souhaite envoyer un message au travailleur, un appel à la méthode `postMessage()` du Worker déclenche cet événement.

```
// Émission d'un message à destination du Worker
travailleur.postMessage('Hello!');
```

Il faudra alors compléter le code initial pour réceptionner ce message. Dans le cadre du calcul sans fin des nombres premiers, cela peut permettre de le placer en pause ou de l'arrêter totalement.

Exemple de Worker avec réception de messages

```
// Cette variable définit l'état du travailleur
var en_calcul = false;

// Gestionnaire d'événement pour la réception
onmessage = function(event) {
  if(en_calcul == false && event.data=="go") {
    en_calcul = true;
    calcul();
  } else if(en_calcul==true && event.data=="pause") {
    en_calcul = false;
  } else if(en_calcul==true && event.data=="stop") {
    en_calcul = false;
   close();
  }
};

// Nombre
var n = 1;

// Fonction de calcul
function calcul() {
recherche: while(en_calcul) {
    n += 1;
    for (var i = 2; i <= Math.sqrt(n); i += 1)
      if (n % i == 0) continue recherche;
   // Envoi du résultat
    postMessage(n);
  }
}
```

De la sorte, on déclenche le calcul par l'envoi d'un message contenant `"go"` depuis la page hébergeant le Worker.

```
travailleur.postMessage("go");
```

La pause est suscitée par le message du même nom.

```
travailleur.postMessage("pause");
```

Le calcul prend fin lorsque la variable `en_calcul` change d'état à l'envoi d'un message `"stop"` qui déclenche la méthode `close()`.

```
travailleur.postMessage("stop");
```

Terminaison

Un Worker peut mettre fin lui-même à son existence grâce à la méthode `close()`.

Fin à l'intérieur du code du Worker

```
close();
```

Stopper l'exécution d'un Worker depuis la page hôte est possible. Cela ne lui laisse en revanche pas la possibilité d'achever son traitement : la méthode `terminate()` est prévue, mais revêt un caractère plus radical.

Fin depuis le document hôte

```
travailleur.terminate();
```

Gestion des erreurs

À l'instar de la réception des messages, l'objet Worker peut également recueillir un événement correspondant à une erreur d'exécution, via la propriété `onerror`.

```
travailleur.onerror = function(event) {
  alert("Erreur ligne :
"+event.lineno+"\nFichier :"+event.filename+"\nMessage :
"+event.message);
};
```

Cet événement contient des propriétés renseignant sur l'erreur :

- `message` : un message d'erreur texte lisible par un humain ;
- `filename` : le nom du fichier dans lequel l'erreur est survenue ;
- `lineno` : le numéro de la ligne du script à laquelle l'erreur est survenue.

Contexte

Dans les exemples précédents, le gestionnaire pour l'événement `message` est déclaré d'une façon simplifiée par rapport au contexte du Web Worker :

```
onmessage = function(event) {
```

Les références `self` et `this` se rapportent au contexte global du Web Worker, c'est pourquoi il serait aussi possible d'écrire :

```
this.onmessage = function(event) {
```

Ou encore...

```
self.close();
```

Pour être totalement perfectionniste, JavaScript prévoit l'emploi de la fonction `addEventListener` pour associer une fonction (anonyme ou nommée) à un événement et `removeEventListener` pour les dissocier :

```
// Déclaration de la fonction
function receptionMessage(mon_message) {
// Traitement du message...
}

// Ajout d'un écouteur sur l'événement message
addEventListener('message', receptionMessage, false);
```

Cette fonction n'est pas supportée par Internet Explorer avant sa version 9. Il faut alors exploiter `attachEvent()` en complément.

De par la nature du multitâche, les Workers n'ont – pour le moment – pas accès au DOM de la page, et aux objets `window`, `document` ou `parent`. Par conséquent, l'accès à Web Storage n'est pas autorisé.

Ils peuvent en revanche exploiter `navigator`, `location` (en lecture seule), `XMLHttpRequest`, les objets JavaScript, le cache d'application, la création d'autres Workers et les fonctions ci-après.

Fonctions complémentaires

Étant donné que l'on se trouve dans le cadre d'une exécution classique de JavaScript, il peut être utile d'exploiter des concepts de base pour la piloter, au sein du travailleur lui-même, grâce aux fonctions :

- `setTimeout(`*`fonction, delai`*`)` : déclenche une fonction après un délai exprimé en millisecondes, et renvoie un identifiant unique.
- `clearTimeout(`*`identifiant`*`)` : supprime la programmation de l'exécution précédente grâce à l'identifiant unique.
- `setInterval(`*`fonction, delai`*`)` : déclenche une fonction à intervalles réguliers, exprimés en millisecondes, et renvoie un identifiant unique.
- `clearInterval(`*`identifiant`*`)` : annule les exécutions précédentes grâce à l'identifiant unique.

Entre autres, cela permet de déclencher périodiquement des opérations au lieu de recourir à une exécution permanente.

Un Worker peut en invoquer d'autres s'il le désire, dont l'origine doit être toujours la même que la page parent. Le chemin indiqué est relatif à celui du parent et non de la page, ce qui facilite l'orientation dans l'arborescence des fichiers. Attention toutefois à la complexité d'une telle récursivité : si les Workers pullulent, la mémoire recule.

D'une façon plus pragmatique, un Worker peut charger le code d'un ou plusieurs fichiers JavaScript, par exemple des librairies, pour y avoir accès dans son propre espace d'exécution : `importScripts()` prend en argument(s) le nom de ce(s) fichier(s) à charger.

Chargement de fichiers JavaScript complémentaires

```
// Un fichier
importScripts("librairie.js");

// Plusieurs fichiers
importScripts("librairie1.js", "librairie2.js", "librairie3.js");
```

Lorsque plusieurs fichiers doivent être inclus de la sorte, la fonction peut les charger dans n'importe quel ordre, mais les exécutera dans l'ordre d'appel, et ne retournera pas avant leur exécution complète.

En combinaison avec les possibilités offertes par *Offline Web Applications*, les Web Workers ont gagné les événements `online` et `offline` pour profiter de cette API.

Blob à la rescousse

Le constructeur `Worker()` suppose par défaut que le code JavaScript à interpréter est situé dans un fichier externe à la page d'origine. Il est néanmoins possible par une astuce de générer des instructions à la volée sans avoir à créer de fichier indépendant. L'interface *BlobBuilder* permet cela par l'usage d'une URL de transition faisant référence à la chaîne de texte.

```
// Création d'un objet Blob
var blob = new BlobBuilder();

// Ajout de la chaîne contenant le code
blob.append("onmessage = function(event) { postMessage('Echo !'); }");

// Génération d'une URL faisant référence au Blob
var urlBlob = window.createObjectURL(blob.getBlob());

// Création du Worker
var wkBlob = new Worker(urlBlob);
wkBlob.onmessage = function(event) {
  // Réception d'un message
};
```

Prise en charge

Tableau 19–1 Tableau de prise en charge de l'API Web Workers par navigateur

Navigateur	Version	Navigateur	Version
Mozilla Firefox	3.5	Opera Mobile	11
Apple Safari	4.0	Internet Explorer	10
Google Chrome	4.0 (<4.0 avec Gears)	Apple iOS Safari	5
Opera	10.6	BlackBerry	7
Android	2.1 (mais pas les suivantes)	Chrome et Firefox pour Android	15

L'API Google Gears pour les navigateurs plus anciens accepte la notion de *WorkerPool* qui se comporte globalement de la même façon, mais avec une nomenclature différente.

> **RESSOURCE En savoir plus sur les Web Workers**
>
> WorkerPool API avec Google Gears (développement arrêté)
>
> ▸ http://code.google.com/intl/fr/apis/gears/api_workerpool.html
>
> Une fausse implémentation à l'aide d'`eval()` et `setTimeout()`
>
> ▸ http://code.google.com/p/fakeworker-js/

20 JavaScript, le DOM et l'API Selectors

Un petit DOM dans la jungle des API. Voyons les méthodes et propriétés DOM ainsi que le gestionnaire d'événement.

Figure 20–1 Outils de base

Le DOM *(Document Object Model)* est une interface de programmation pour tous les documents et pages web HTML ou XML. Il s'agit d'une structure représentant ces documents tels qu'ils ont été interprétés en mémoire, permettant de parcourir et modifier leur contenu, ainsi que leur présentation visuelle si des règles CSS sont appliquées.

Le W3C a développé ce standard progressivement sur trois niveaux en tant qu'interface neutre vis-à-vis de la plate-forme et du langage, laissant le libre choix aux éditeurs de navigateurs de l'implémenter à leur façon :

- Niveau 1 (1998) : Le noyau, les modèles pour les documents HTML et XML, la navigation et la manipulation de document.
- Niveau 2 (2000) : Le modèle objet pour la feuille de style, l'espace de noms XML, le modèle des événements et le parcours du document, la fameuse fonction `getElementById()`.
- Niveau 3 (2004) : Ajout du support XPath, événements clavier et interface de sérialisation des documents en XML.

Au chargement d'un document HTML, un arbre de la page est élaboré via le DOM. Chacun des éléments est considéré comme un objet et peut jouer le rôle de nœud, auquel on peut attacher les qualités de parent, enfant, orphelin ou frère. Cette représentation permet d'accéder aux propriétés de chacun de ces objets ou groupes d'objets et aux méthodes qui les équipent.

Figure 20–2
Arborescence DOM

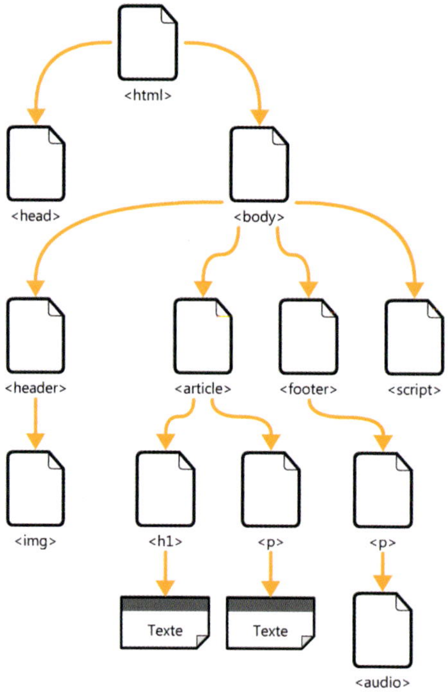

RESSOURCES Spécifications relatives au DOM

DOM
- http://www.w3.org/DOM/

Publications autour du DOM
- http://www.w3.org/DOM/Activity

FAQ
- http://www.w3.org/DOM/faq.html

API Selectors
- http://www.w3.org/TR/selectors-api/

Les bases de JavaScript

Dans l'immense majorité des cas, on utilise JavaScript dans une page web pour manipuler le DOM. On a durant un temps parlé par abus de langage de DHTML ou « Dynamic HTML » pour désigner cette conjonction sans réellement savoir ce qui se cachait derrière les instructions envoyées au document. Les opérations les plus courantes sont l'ajout, la modification et la suppression de nœuds, ce qui se traduit dans le navigateur par une altération du rendu visuel (ou auditif) et une mise à jour du modèle présent en mémoire. Ce chapitre présente brièvement un ensemble de fonctions utiles en combinaison avec HTML 5 et ses API.

Variables

JavaScript est un langage puissant mais souple. Relativement permissif, il comprend de nombreuses structures de programmation que l'on retrouve dans les langages les plus célèbres : variables, fonctions, boucles, types, générateurs, itérateurs, fonctions mathématiques, manipulations de chaînes et tableaux, etc.

Avec HTML, on retrouve généralement les déclarations de script dans une balise `<script>`.

```
<script>
alert("JavaScript c'est surpuissant !");
</script>
```

Toute instruction est séparée de la suivante par un point-virgule.

Une variable est déclarée avec le mot-clé `var`, éventuellement suivie d'une affectation de valeur grâce au signe égal « = ».

```
var a = 3;
var b = 4;
var c;
alert(a*b);
```

Cet extrait de code affiche dans une boîte de dialogue le résultat de la multiplication des deux variables `a` et `b` (en ignorant superbement `c`).

Pour profiter au mieux de la découverte de JavaScript, et surtout de meilleures conditions de développement et débogage, utilisez un navigateur moderne équipé d'une console JavaScript et préférez la fonction `console.log()`. Celle-ci produira un résultat plus lisible et non bloquant. Référez-vous à l'introduction « Consoles JavaScript pour les API HTML 5 » du chapitre 2 pour savoir où trouver la console de chaque navigateur.

```
var a = 3;
var b = 4;
console.log(a*b);
```

Types simples

Nous avons vu très rapidement comment déclarer deux variables et leur affecter une valeur initiale. Des chaînes de texte peuvent aussi être déclarées :

```
var oeuvre = "Un moine au bord de la mer";
```

... et concaténées grâce au signe « + ».

```
console.log(oeuvre+" a été peint par Caspar David Friedrich");
```

Des tableaux de données sont initialisés en un clin d'œil :

```
var tableau = Array("Saint Matthieu et l'Ange","Les Mangeurs de pommes
de terre","Les Trois Grâces");
```

Chaque élément de tableau est accessible par son index placé entre crochets « [ ] ».

```
console.log(tableau[0]); // Affiche "Saint Matthieu et l'Ange"
console.log(tableau[2]); // Affiche "Les Trois Grâces"
```

Rappelons que l'index débute toujours à zéro en programmation.

La longueur d'une chaîne de texte ou d'un tableau peut être connue grâce à sa propriété `length`.

```
oeuvre.length;      // 26
tableau.length;     // 3
tableau[2].length;  // 16
```

Objets

Les objets sont très souples pour mémoriser des données un peu plus complexes. Ils sont créés avec des paires de clés/valeurs, séparées par des virgules, le tout regroupé entre accolades « `{ }` » :

```
var voiture = {
roues: 4,
couleur : "rouge",
  achat : {
    prix : 20000,
    annee : 2011
  }
};
```

Un objet peut contenir un sous-objet, et ainsi de suite. Ici, l'objet voiture contient trois propriétés (roues, couleur, achat) dont la dernière est également un objet à deux propriétés (prix, année).

Les propriétés des objets sont accessibles en « naviguant » dans l'arborescence de l'objet par des points « `.` ».

```
voiture.achat.annee; // Renvoie 2011
```

Un appel à console.log permet dans la plupart des cas d'obtenir une visualisation de la variable objet sous forme d'arbre.

```
console.log(voiture);
```

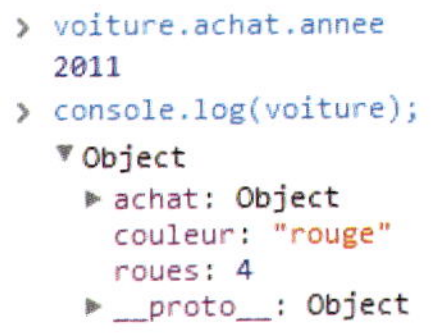

Figure 20–3
Affichage d'un objet dans la console de Chrome

Certains objets sont très célèbres dans un navigateur, ils servent d'interface à un ensemble d'informations réunies au chargement du document. Parmi eux, `window` qui « symbolise » la fenêtre active.

```
window; // interface DOMWindow
window.document; // interface Document
window.navigator; // interface Navigator
window.navigator.userAgent; // de type String
```

En programmation orientée objet, l'objet lui-même est une instance de classe. Cela revient à dire que la classe est le modèle de l'objet, que l'on ne peut utiliser directement avant de faire appel au constructeur.

```
var o = new Object();
```

Quelques API Web sont basées sur ce principe. C'est ici que le mot clé `new` intervient, suivi de l'appel au constructeur (le nom de la classe de l'objet).

```
var w = new Worker();
```

Pour être encore plus précis, il s'agit là d'un objet *implémentant* l'interface Worker.

En réalité, tout est objet en JavaScript, avec l'exception de `null` et `undefined` qui correspondent respectivement à une valeur nulle (mais différente de 0), et une valeur indéfinie.

```
var s = new String("rose");
s.toString(); // Renvoie "rose"
s.nexistepas; // undefined
```

Fonctions

Les fonctions servent à regrouper des instructions destinées à être invoquées une ou plusieurs fois. Elles sont déclarées grâce au mot-clé `function` suivi du nom de la fonction, et de deux parenthèses « `( )` ».

```
function identification_navigateur() {
  console.log(window.navigator.userAgent);
}
```

… puis invoquées avec leur nom :

```
identification_navigateur(); // Affiche l'userAgent
```

Une variante :

```
identification_navigateur = function() {
  console.log(window.navigator.userAgent);
}
```

L'exécution d'une fonction peut être modulée en lui adjoignant des paramètres, mentionnés entre les parenthèses.

```
function addition(a,b) {
  console.log(a+b);
}

// Appel de la fonction d'addition
addition(2,3); // Affiche 5
```

Une fonction retourne un résultat grâce au mot-clé `return`.

```
function addition(a,b) {
  return a+b;
}

var c = addition(2,3);
console.log(c);
```

Boucles

La fameuse boucle `for` permet de boucler selon un nombre défini d'itérations.

```
for(var i=0;i<10;i++) {
  console.log(i); // Affichera 0, puis 1, 2, 3, etc., 9
}
```

Ici, la variable `i` est initialisée à zéro. Le bloc de code est exécuté tant que `i` est inférieur à 10. Or `i` est incrémenté de 1 à chaque itération, ce qui provoque inévitablement l'arrêt et la poursuite des autres instructions lorsque `i` atteint 10.

Tandis qu'une boucle `while` ne perdure que lorsque la condition est encore vraie.

```
var i = 0;
while(i<10) {
  console.log(i); // Affichera 0, puis 1, 2, 3, etc... 9
  i++;
}
```

Avec toutes ces bases, nous avons de quoi nous pencher sur les fonctions de manipulation du DOM. Pour plonger plus en avant dans le monde merveilleux du JavaScript (il est vraiment merveilleux), consultez les nombreux autres ouvrages et sites à ce sujet.

RESSOURCES JavaScript

CodeCademy, apprendre de façon interactive
- http://www.codecademy.com/

JavaScript Garden
- http://bonsaiden.github.com/JavaScript-Garden/

Méthodes de sélection DOM

Les fonctions ayant longtemps coexisté pour la sélection de nœuds dans le DOM sont `getElementById` et `getElementsByTagName`(depuis DOM Level 2). Leur nom est relativement explicite. Elles permettent de cibler un élément par son identifiant, l'attribut `id`, ou par son nom. Une fois l'objet obtenu par retour de ces fonctions, on peut accéder en lecture ou en modification à ses propriétés (attributs, style, etc.).

On les applique sur des *interfaces*, telles que l'objet `document` qui fait référence à la page web courante et qui implémente en réalité l'interface `Document` définie dans la première version de la spécification DOM.

Cependant, malgré leur efficacité, ces fonctions se sont révélées limitées face à des documents dont l'arborescence devient de plus en plus complexe, et ne permet pas toujours de déterminer les éléments par leurs identifiants uniques ou par leur nom.

Il est bien possible de combiner toutes ces fonctions sur des ensembles d'éléments, mais ce n'est pas très pratique à mettre en place puisqu'on tend à discriminer les groupes de balises HTML par leurs classes ou leur parenté, voire à d'autres propriétés. L'idéal pour arriver à ces fins étant de se baser sur la syntaxe des sélecteurs CSS qui décrit déjà tous ces principes, pseudo-classes y compris.

Les frameworks JavaScript, tels que jQuery, ont introduit des alternatives pour pallier ce manque et implémenter directement ces algorithmes, avec pour inconvénient des performances moindres.

En complément à ce succès, ont ensuite été inaugurées nativement des fonctions remplissant parfaitement ce rôle : `getElementsByClassName`, mais aussi et surtout `querySelector` et `querySelectorAll`. Elles ont bien sûr pour avantage d'être interprétées directement par le navigateur, et peuvent aussi être interrogées par les frameworks JavaScript pour gagner en performance si ceux-ci détectent leur support.

getElementById()

Renvoie un élément dont on spécifie l'identifiant (attribut `id`), et `null` sinon.

```
<h1 id="titre">HTML5!</h1>

<script>
var element = document.getElementById("titre");
alert(element.textContent); // Affiche "HTML5!"
</script>
```

getElementsByTagName()

Renvoie un ensemble d'éléments dont le type est spécifié.

```
var elements = document.getElementsByTagName("img");
```

La variable `elements` obtenue est de type `nodeList`. Chacun de ses éléments est accessible de deux manières :

```
elements.item(1);
elements[1];
```

Il en va de même pour les fonctions suivantes.

getElementsByClassName()

Renvoie un ensemble d'éléments dont on spécifie la classe.

```
var elements = document.getElementsByClassName("maclasse");
```

querySelector() <nouveau 5>

Retourne le premier élément qui correspond au sélecteur spécifié (CSS).

```
var el = document.querySelector("#menu ul li.sousmenu");
```

querySelectorAll() <nouveau 5>

Retourne tous les éléments qui correspondent au sélecteur spécifié (CSS).

```
var titres = document.querySelectorAll("article>h1");
var lignesPaires = document.querySelectorAll("table tr:nth-child(even)");
```

Propriétés et méthodes DOM

Les éléments DOM renvoyés par les fonctions précédentes sont de type `HTMLElement` lorsque l'on s'attend à un élément, et `HTMLDOMChildrenCollection` lorsque l'on peut obtenir une énumération d'un ou plusieurs éléments. Il s'agit d'interfaces basiques regroupant les propriétés reflétant des caractéristiques intrinsèques aux éléments HTML présents dans le document, ou plutôt des nœuds du DOM au travers desquels ils sont représentés. Une partie des attributs HTML correspond à des propriétés DOM éponymes.

Tableau 20–1 Quelques membres de l'interface HTMLElement

Propriété ou méthode	Description	Type
`innerHTML`	Contenu HTML d'un élément.	`string`
`outerHTML`	Contenu HTML et l'élément lui-même.	`string`
`textContent` ou `innerText`	Contenu texte simple.	`string`
`style`	Ensemble des propriétés CSS de l'élément.	`CSSStyleDeclaration`
`style.*`	Propriétés CSS individuelles, accessibles par des membres écrits en camelCase : `style.width`, `style.fontSize`, `style.listStyleType`, etc.	`string`
`tabindex`	Index de tabulation.	`long`
`id`	Valeur de l'attribut `id`.	`string`
`lang`	Valeur de l'attribut `lang`.	`string`
`title`	Valeur de l'attribut `title`.	`string`
`tagName`	Type de l'élément (nom de la balise).	`string`
`className`	Valeur de l'attribut de classe affecté à l'élément.	`string`
`classList` nouveau	Énumération des classes individuelles présentes dans l'attribut `class`.	`DOMTokenList`
`childNodes`	Liste des nodes enfants contenus dans l'élément.	`NodeList`
`firstChild`	Premier node enfant.	`HTMLElement`
`lastChild`	Dernier node enfant.	`HTMLElement`
`parentNode`	Node parent.	`HTMLElement`
`nextSibling`	Node frère suivant.	`HTMLElement`
`prevSibling`	Node frère précédent.	`HTMLElement`
`attributes`	Attributs de l'élément.	`NamedNodeMap`
`getAttribute(attr)`	Renvoie la valeur de l'attribut *`attr`*.	
`setAttribute(attr,val)`	Modifie la valeur de l'attribut *`attr`* par *val*.	
`removeAttribute(attr)`	Supprime l'attribut *`attr`* si celui-ci existe.	
`focus()`	Donne le focus à l'élément.	
`blur()`	Retire le focus.	

Manipulation DOM

createElement()

Crée dynamiquement un nœud DOM. Le nom de l'élément HTML est indiqué (sans chevrons).

```
var nouveauDiv = document.createElement("div");
nouveauDiv.innerHTML = "<p>Je suis <b>nouveau</b>!</p>";
```

Cet élément n'est créé que dans les « limbes » du document, et ne devient visible qu'après insertion à l'aide d'une des fonctions suivantes.

appendChild()

Insère un nœud DOM enfant dans un parent.

```
var paragraphe = document.createElement("p");
paragraphe.innerHTML = "Je suis <b>nouveau</b> !";
document.body.appendChild(paragraphe);
```

removeChild()

Retire un enfant à son parent. Tragédie !

```
var paragraphe = document.querySelector("body>p");
document.body.removeChild(paragraphe);
```

insertBefore()

Insère un nœud DOM avant un autre.

```
var nouveauLi = document.createElement("li");
nouveauLi.innerHTML = "Je suis <b>nouveau</b> !";
var uneListe = document.getElementsByTagName("ul")[0];
uneListe.insertBefore(nouveauLi,uneListe.lastChild);
```

createTextNode()

Crée un nœud texte.

```
var nouveauTexte = document.createTextNode("Beau comme un DOM");
document.querySelector("body").appendChild(nouveauTexte);
```

Tableau 20–2 Support de classList

Navigateur	Version		
Mozilla Firefox	3.6+	Android	3+
Internet Explorer	10+	Blackberry	7+
Apple Safari	5.1+	Opera Mobile	11.1+

Tableau 20–2 Support de classList (suite)

Navigateur	Version
Google Chrome	8+
Opera	11.5+
Safari iOS	5+
Chrome Android	18+
Firefox Android	15+

classList

Cette propriété très pratique manipule l'attribut `class` avec des méthodes appropriées, qui manquaient cruellement auparavant et devaient bien souvent être comblées par des bibliothèques JavaScript supplémentaires.

```
var monElement = document.getElementById("resultat");
monElement.classList.add("positif");
```

Tableau 20–3

Propriété ou méthode	Description	Retour
`length`	Nombre de classes appliquées à l'élément	integer
`add(classe)`	Ajoute une classe à l'ensemble	
`remove(classe)`	Supprime une classe	
`toggle(classe)`	Ajoute ou supprime une classe, alternativement, selon son l'état initial	
`contains(classe)`	Retourne `true` en cas de présence d'une classe, ou `false` sinon	boolean
`toString()`	Retourne une chaîne de texte contenant toutes les classes appliquées	string

Il n'est ainsi plus nécessaire de passer par de la modification de la chaîne de texte complète.

insertAdjacentHTML()

L'insertion dynamique de contenu dans un document HTML n'est pas chose des plus aisées : il faut pouvoir construire des fragments et les positionner au bon endroit dans l'arborescence. La méthode `insertAdjacentHTML()` vient simplifier cette procédure. Elle prend en premier paramètre l'emplacement d'insertion : `beforebegin` (avant l'élément), `afterbegin` (dans l'élément au début, avant son premier enfant), `beforeend` (à la fin de l'élément, après son dernier enfant), `afterend` (après l'élément), et en deuxième paramètre le bout de code HTML à ajouter.

```
<ul id="maliste">
  <li>Premier</li>
  <li>Deuxième</li>
</ul>

<script>
var uneListe = document.getElementById("maliste");
uneListe.insertAdjacentHTML("beforeend","<li>Je suis le dernier</li>");
</script>
```

Tableau 20–4 Support de insertAdjacentHTML

Navigateur	Version
Mozilla Firefox	8+
Internet Explorer	4+ (partiel jusqu'à IE6)
Apple Safari	4+
Google Chrome	1+
Opera	7+

Un polyfill existe : https://gist.github.com/1276030

Méthodes pour formulaires

En osmose avec les fonctions évoquées, coexistent des méthodes propres aux API d'éléments particuliers. Parmi eux, les champs d'entrée de type `<input>`.

Tableau 20–5 Quelques méthodes de l'API Input

Propriété ou méthode	Description	Retour
`value`	Retourne la valeur du champ. Peut être modifié (avec =) pour changer la valeur.	
`checked`	Retourne *true* si coché, ou *false* si décoché.	boolean
`files`	Liste des fichiers sélectionnés. Renvoie *null* si ce n'est pas un champ d'entrée de fichiers.	FileList
`valueAsDate`	Peut être modifié (avec =) pour changer la valeur.	Date
`valueAsNumber`	Peut être modifié (avec =) pour changer la valeur.	Number
`list`	Retourne l'élément *datalist* indiqué par l'attribut `list`.	HTMLElement
`selectedOption`	Retourne l'*option* de liste sélectionnée.	HTMLElement
`stepUp(n)`	Incrémente la valeur de *n*.	
`stepDown(n)`	Décrémente la valeur de *n*.	

Gestionnaires d'événements

Les gestionnaires d'événements sont des fonctions JavaScript associées à un événement utilisateur ou navigateur. Une fois l'événement déclenché (par exemple un clic, une touche pressée, ou une page chargée), la fonction est exécutée. Un gestionnaire d'événement est – en général – déclaré pour un nœud HTML :

```
<button id="bouton1" value="Cliquez-moi!">

<script>
var objetBouton1 = document.getElementById('bouton1');
objetBouton1.onclick = function(event) {
  // Un clic a été effectué sur le bouton
  // event contient les propriétés de l'événement
}
</script>
```

Cette méthode exploite la propriété DOM `onclick` du nœud, qui correspond à l'événement `click`. Il en va de même pour tous les autres événements, qui sont également préfixés par `on`. En revanche, cela présente l'inconvénient de ne pouvoir assigner qu'une fonction à la fois. La spécification DOM Level 2 prévoit deux méthodes nommées `addEventListener()` pour ajouter une fonction associée et `removeEventListener()` pour la retirer :

```
<button id="bouton1" value="Cliquez-moi!">

<script>
var objetBouton1 = document.getElementById('bouton1');
objetBouton1.addEventListener("click",function(event) {
  // Un clic a été effectué sur le bouton
  // event contient les propriétés de l'événement
},false); // false = phase de capture
</script>
```

Jusqu'à sa version 9, Internet Explorer n'est équipé que de son propre modèle d'événements, avec les méthodes `attachEvent()` et `detachEvent()` qui fonctionnent de manière similaire :

```
<button id="bouton1" value="Cliquez-moi!">

<script>
var objetBouton1 = document.getElementById('bouton1');
objetBouton1.attachEvent("click",function(event) {
  // Un clic a été effectué sur le bouton
  // event contient les propriétés de l'événement
});
</script>
```

Il faut alors utiliser les deux en parallèle et en profiter pour « sortir » la fonction en la nommant :

```
<button id="bouton1" value="Cliquez-moi!">

<script>
var objetBouton1 = document.getElementById('bouton1');

function gestionclic(event) {
  // Un clic a été effectué sur le bouton
  // event contient les propriétés de l'événement
}

if(objetBouton1.addEventListener) {
  objetBouton1.addEventListener("click",gestionclic,false);
} else {
  objetBouton1.attachEvent("click",gestionclic);
}
</script>
```

Les valeurs courantes possibles pour la souris sont `click`, `dblclick`, `mouseup`, `mousedown`, `mouseover`, `mouseenter`, `mouseleave`, `mousemove`. Pour le clavier : `keypress`, `keydown`, `keyup`, avec la propriété `event.keyCode` pour savoir quelle touche a été utilisée. Pour le navigateur : `load`, `error`, `unload`, `resize`. Pour les formulaires : `focus`, `blur`, `change`, `reset`, `select`, `submit`. Il en existe bien d'autres, par exemple pour la navigation tactile.

Reportez-vous aux différents exemples présents dans les chapitres faisant appel aux API HTML 5 pour retrouver les déclarations d'événements.

Autres fonctions utiles

Quelques autres fonctions JavaScript ont su se rendre indispensables. En voici un bref aperçu.

Tableau 20–6 Quelques fonctions JavaScript utiles

Fonction	Rôle	Détail des arguments
`setInterval(fct,ms)`	Exécute la fonction `fct` toutes les `ms` millisecondes.	`fct` : nom de fonction JavaScript. `ms` : intervalle en millisecondes. Renvoie un objet utilisable avec `clearInterval()`.
`clearInterval(intv)`	Supprime un intervalle créé par `setInterval()`.	`intv` : référence renvoyée par setInterval().

Tableau 20–6 Quelques fonctions JavaScript utiles (suite)

Fonction	Rôle	Détail des arguments
`setTimeout(fct,ms)`	Exécute la fonction `fct` après `ms` millisecondes.	`fct` : nom de fonction JavaScript. `ms` : délai en millisecondes. Renvoie un objet utilisable avec `clearTimeout()`.
`clearTimeout(to)`	Efface un timeout programmé avec `setTimeout()`.	`to` : référence renvoyée par `setTimeout()`.
`document.print()`	Appelle la boîte de dialogue d'impression du document.	
`alert(txt)`	Affiche un pop-up d'alerte.	`txt` : chaîne de texte à afficher.

matchMedia() et Media Queries

Les Media Queries CSS sont une syntaxe constituée de mots clés définissant quels styles sont appliqués, parfois dynamiquement, aux éléments en fonction des paramètres d'affichage : résolution, média, orientation, etc. Avec `matchMedia()` il est possible d'interroger cette information directement dans JavaScript.

```
if(window.matchMedia('screen and (max-width: 480px) and
(orientation:portrait)').matches) {
  // Alors on dispose de moins de 480 pixels de large en portrait
}
```

Tableau 20–7 Support de matchMedia

Navigateur	Version		
Mozilla Firefox	6+	Android	3+
Internet Explorer	10+	BlackBerry	10+
Apple Safari	5.1+	Opera Mobile	12.1+
Google Chrome	9+	Chrome Android	18+
Opera	12.1+	Firefox Android	15+
Safari iOS	5+		

Plusieurs bibliothèques JavaScript ou polyfills existent pour améliorer la prise en charge des Media Queries et de matchMedia.

matchMedia.js
- https://github.com/paulirish/matchMedia.js/

Enquire.js
- http://wickynilliams.github.com/enquire.js/

Comment écrire du bon code JavaScript ?

HTML 5 est intimement lié à JavaScript, langage dynamique de prédilection pour les applications web. Celui-ci est relativement permissif, donc il est possible de faire rapidement des erreurs de conception ou de prendre de mauvaises habitudes.

JSLint est un utilitaire qui va vérifier le code en signalant les problèmes éventuels pouvant survenir lors de l'interprétation par les moteurs JavaScript. C'est un excellent départ pour écrire du code propre, même si l'analyse peut s'avérer très pointilleuse.

Google Closure Tools est un ensemble d'outils variés à destination du code JavaScript. Ils incluent un équivalent de JSLint pour vérifier la syntaxe, éventuellement l'optimiser et la minifier.

RESSOURCE Outils JavaScript

JSLint
- http://www.jslint.com/

Google Closure Tools
- https://developers.google.com/closure/

Prise en charge

La bonne nouvelle est que le support est quasi complet pour les navigateurs récents qui comprennent HTML 5, et que de ce fait les fonctions évoquées dans ce chapitre sont toutes disponibles. La mauvaise est que le support parfait des différents niveaux DOM est un vaste sujet qui ne peut être résumé ni tenu à jour aisément, tant le nombre de tests à mener est grand. Le site Quirksmode met à disposition des tableaux de compatibilité pour les navigateurs d'un certain âge.

RESSOURCE Informations de support DOM

Quirksmode, le site de Peter-Paul Koch
- http://www.quirksmode.org/dom/contents.html
- http://www.quirksmode.org/dom/w3c_core.html

Conclusion et perspectives

C'est déjà fini ? Faisons un point sur l'avenir du HTML et la concurrence des autres technologies web.

HTML est plus que jamais une technologie vivante autour de laquelle s'articulera le Web de demain. La quantité de fonctions proposées, autour du cœur de ce qui a fait les premières pages du réseau, ne cesse de s'agrandir. Les inventeurs des nouvelles spécifications ont su transposer les principaux souhaits des développeurs, et sont prêts à aller encore plus loin. La frontière entre systèmes d'exploitation et Web sera de plus en plus ténue comme le prouvent les API disponibles dès HTML 5. Les applications web, de plus en plus nombreuses, envahissent notre quotidien, accessibles à moindre coût, évolutives en permanence. Il vous appartient de participer à cette révolution !

Quid des frameworks JavaScript et de Flash ?

JavaScript a grandi avec le Web et gagné ses lettres de noblesse. Des frameworks solides (jQuery, Dojo, Mootools et tant d'autres) ont vu le jour pour accélérer la réalisation d'applications complètes et combler quelques lacunes. HTML 5 lui-même fait la part belle aux API et reste ouvert à tous les compléments facilitant la vie du développeur. Outre l'apport de la rétrocompatibilité, les librairies vont continuer à évoluer pour aller encore plus loin en profitant des briques offertes par HTML. Elles se spécialiseront, puis l'on verra émerger un microcosme de noyaux modulaires et complémentaires, qui auront chacun leur domaine de prédilection, en orbite autour des API de stockage, de communication, de graphisme et d'interopérabilité.

Quant à Flash, Silverlight, Adobe AIR, Flex ou Java, qui ont encore beaucoup à proposer pour le Web, il leur faudra choisir l'ouverture ou la spécialisation. Ces technologies ont tiré vers le haut la démocratisation d'Internet auprès des particuliers tant que des professionnels, et cohabiteront encore avec HTML. Les débats sont nombreux, mystiques, tandis que la situation actuelle ne permet pas de prédire si les géants du logiciel (Adobe, Microsoft, Apple, Google) tenteront encore d'imposer leur vision du Web ou de la mobilité pour dominer le monde des communications. Comme c'est déjà le cas avec le marché des applications pour mobiles développées avec des SDK *(Software Development Kit)* spécifiques, il faudra se montrer prudent. HTML 5 a tout pour exceller dans ce domaine, cependant il reste dans certains cas lié aux contraintes imposées par la plate-forme matérielle et logicielle.

Perspectives d'avenir

Selon le rédacteur Ian Hickson, il y aura probablement une spécification « HTML 6 » et des suivantes, jusqu'à ce que le Web tel que nous le connaissons aujourd'hui trouve une autre voie d'évolution. La réflexion a déjà débuté, avant même l'achèvement de HTML 5 dont la suite de tests (inexistante pour HTML 4) doit être constituée depuis zéro pour parvenir après validation à la recommandation W3C. Le groupe de travail pourra ainsi partir sur ces nouvelles bases et probablement passer sur un modèle évoluant d'une façon plus réactive et modulaire par rapport aux besoins des internautes et aux progrès rapides des navigateurs.

Existera-t-il vraiment une telle numérotation des versions à long terme ? Le W3C souhaite poursuivre dans cette voie tandis que le WhatWG veut mettre en avant l'innovation réactive et le « standard vivant », tout en étoffant progressivement HTML. Le groupe de travail HTML fait référence aux futures évolutions avec le terme non officiel « HTML.next ». Que ces prochaines évolutions du langage soient baptisées « HTML 6 » ou non n'est finalement pas très important. L'essentiel reposera sur les épaules des éditeurs de navigateurs, et des passionnés qui tous les jours feront avancer l'étendue du langage.

EN SAVOIR PLUS L'avenir de HTML

HTML.next

- http://www.w3.org/wiki/HTML/next

La vague suivante regroupera sûrement les spécifications et les nouveautés qui n'ont pas fait partie de la vague « 5 ». Que pourra-t-on y retrouver ? Probablement une gestion des fenêtres modales et boîtes de dialogue. Actuellement, celles-ci sont simulées par des scripts complexes et de nombreuses lignes de code HTML/CSS, qui ne sont pas toujours gérées de manière efficace, ni accessibles.

Les connexions *peer-to-peer* sont aussi dans la ligne de mire. On pourra y découvrir une intégration plus poussée des applications web aux systèmes d'exploitation avec les notifications, l'amélioration du *Drag & Drop* depuis de multiples sources. Des améliorations pour la gestion des médias et périphériques sont également sur la feuille de route. Avec *Media Capture API* et la capture de flux audio (micro) et vidéo (webcam, photo) dans le navigateur nous pourrons tous découvrir de nouveaux usages à HTML.

Quelques avancées en ce sens sont aussi destinées à l'établissement d'interactions fortes entre deux services web, par exemple un webmail et une application web d'édition d'images, afin que cette dernière puisse mettre ses compétences à disposition du premier pour l'édition des pièces jointes reçues par e-mail. Les possibilités sont infinies, et ce n'est qu'un début !

À n'en pas douter, HTML nous réserve encore de belles surprises pour améliorer notre quotidien de surfeurs et concepteurs web.

EN LIGNE **Poursuivez votre lecture en ligne avec lune annexesur CSS**

Rendez-vous sur le site d'accompagnement du livre pour téléchargerau format PDF

- l'**annexe C**, qui donne un précieux rappel sur les « **Feuilles de style CSS** ».

Retrouvez également l'auteur sur le site d'accompagnement du livre.

- http://html5.blup.fr/
- http://www.editions-eyrolles.com/

Fonctionnalités modifiées et obsolètes

A

Différences HTML 5 par rapport à HTML 4

Une publication du W3C recense les nouveaux éléments et attributs, ceux qui ont été supprimés, et ceux qui ont été modifiés. D'autres différences y sont mises en évidence notamment pour l'API et la syntaxe en général.

> **RESSOURCE Spécification W3C**
>
> HTML 5 differences from HTML 4
> ▸ http://www.w3.org/TR/html5-diff/

Fonctionnalités obsolètes

Ces pratiques ne généreront pas d'erreur au validateur, mais des avertissements :

- attribut `http-equiv` de l'élément `meta` : l'attribut `lang` doit être utilisé en remplacement ;
- attribut `border` sur l'élément `img` : CSS doit être utilisé en remplacement ;
- attribut `language` sur l'élément `script` : il doit être omis ou remplacé par l'attribut type avec la valeur `text/javascript` ;
- attribut `name` sur l'élément `a` : il doit être omis ou remplacé par l'attribut `id`. Une exception cependant : s'il est présent, il ne doit pas être vide, mais posséder la même valeur que l'`id`.

Fonctionnalités obsolètes non conformes

Éléments

Ces éléments sont entièrement obsolètes et **ne doivent plus être utilisés** :

- `applet` : remplacé par `embed` ou `object` ;
- `acronym` : remplacé par `abbr` ;
- `bgsound` : remplacé par `audio` ;
- `dir` : remplacé par `ul` ;
- `frame`, `frameset`, `noframes` : remplacé par `iframe` et CSS, ou par les langages interprétés côté serveur pour générer des pages complètes ;
- `isindex` : utiliser un formulaire `form` combiné à un champ texte `input` ;
- `listing`, `xmp` : remplacé par `pre` et `code` ;
- `noembed` : remplacé par `object` quand une alternative est nécessaire ;
- `plaintext` : utiliser le type MIME `text/plain` ;
- `strike` : remplacé par `del` ;
- `basefont`, `big`, `blink`, `center`, `font`, `marquee`, `multicol`, `nobr`, `spacer`, `tt`, `u` : remplacé par les propriétés CSS équivalentes.

Précisions au sujet de `tt` :

- utiliser `kbd` pour baliser une entrée au clavier ;
- utiliser `var` pour baliser une variable ;
- utiliser `code` pour baliser un code source ;
- utiliser `samp` pour baliser une sortie de données.

Précisions au sujet de `u` :

- utiliser `em` pour baliser une emphase ;
- utiliser `b` pour baliser des mots-clés ;
- utiliser `mark` pour baliser un texte surligné ou marquant une référence.

Attributs

Ces attributs sont obsolètes, bien qu'appartenant à des éléments qui font encore partie du langage et **ne doivent plus être utilisés** :

- `charset` sur `a` et `link` : utiliser un en-tête HTTP Content-Type ;
- `coords` et `shape` sur `a` : utiliser l'élément `area` au lieu de `a` ;
- `methods` sur `a` et `link` : utiliser HTTP OPTIONS ;
- `name` sur `a`, `embed`, `img` et `option` : utiliser l'attribut `id` ;

- `rev` sur `a` et `link` : utiliser l'attribut `rel` ;
- `urn` sur `a` et `link` : utiliser l'attribut `href` ;
- `nohref` sur `area` : facultatif, ne plus utiliser ;
- `profile` sur `head` : facultatif, ne plus utiliser ;
- `version` sur `html` : facultatif, ne plus utiliser ;
- `usemap` sur `input` : utiliser l'élément `img` au lieu de `input` ;
- `longdesc` sur `iframe` et `img` : utiliser un élément `a` ou une image map ;
- `lowsrc` sur img : utiliser une image compressée progressive (présente dans `src`) ;
- `target` sur link : facultatif, ne plus utiliser ;
- `archive`, `classid`, `code`, `codebase`, `codetype` sur `object` : utiliser `data` et `type` pour invoquer des extensions et l'élément `param` pour les paramètres ;
- `declare` sur `object` : répéter l'élément `object` complètement ;
- `standby` sur `object` : optimiser la ressource pour un chargement incrémental ;
- `type` et `valuetype` sur `param` : utiliser `name` et `value` sans déclarer le type de valeur ;
- `event` et `for` sur `script` : utiliser les événements DOM ;
- `datapagesize` sur `table` : facultatif, ne plus utiliser ;
- `abbr` sur `td` et `th` : utiliser un texte explicite ou préciser avec `title` ;
- `axis` sur `td` et `th` : utiliser l'attribut `scope` ;
- `datasrc`, `datafld` et `dataformatas` : utiliser XMLHttpRequest.

Pour les attributs suivants, **utiliser les propriétés CSS en remplacement** :

- `alink`, `link`, `marginbottom`, `marginheight`, `marginleft`, `marginright`, `margintop`, `marginwidth`, `text`, `vlink` sur `body` ;
- `bgcolor` sur `body`, `table`, `td`, `th`, `tr` ;
- `background` sur `body`, `table`, `thead`, `tbody`, `tfoot`, `tr`, `td`, `th` ;
- `clear` sur `br` ;
- `align` sur `caption`, `div`, `hr`, `h1` à `h6`, `iframe`, `input`, `img`, `legend`, `col`, `embed`, `input`, `img`, `legend`, `object`, `p`, `table`, `tbody`, `thead`, `tfoot`, `td`, `th`, `tr` ;
- `char`, `charoff`, `valign`, `width` sur `col`, `tbody`, `thead`, `tfoot`, `td`, `th`, `tr` ;
- `compact` sur `dl` ;
- `hspace`, `vspace` sur `embed`, `input`, `img`, `legend`, `object` ;
- `color`, `noshade`, `size`, `width` sur `hr` ;
- `allowtransparency`, `frameborder`, `marginheight`, `marginwidth`, `scrolling`, sur `iframe` ;
- `border` sur `img`, `object`, `table` ;

- `type` sur `ul`, `li` ;
- `compact` sur `menu`, `ol`, `ul` ;
- `width` sur `pre`, `table` ;
- `height`, `nowrap` sur `td`, `th` ;
- `cellspacing`, `cellpadding`, `frame`, `rules` sur `table`.

Feuilles de style CSS

B

Tout n'est que cascade, style et volupté. Ainsi, du moins, devrait se présenter tout document HTML.

Figure 2–1 background:red ; color:white

Dans des temps reculés, lors de l'apparition du HTML et des premiers navigateurs, l'esthétisme des pages était très limité. L'essentiel de l'information n'était pas destiné à un large public et on pouvait se contenter d'une mise en pages sommaire. Peu à peu, des balises ont été ajoutées, et certains éléments ont été détournés de leur usage initial par les webdesigners/intégrateurs pour obtenir un rendu plus complexe à l'écran.

Ainsi, les tables ont été mises à profit pour disposer du contenu en colonnes puis en grilles, on a vu naître des artifices tels que les images de séparation (nommées *spacer.gif*) ou encore l'imbrication de multiples balises de présentation (par exemple `<font>`) aujourd'hui obsolètes.

Ce qui palliait un manque intrinsèque du HTML en capacités de contrôle graphique est devenu au fur et à mesure un cauchemar en termes de maintenance du code, de lisibilité et d'accessibilité du contenu. La sémantique n'était que peu considérée, et la « soupe de tags » au menu de nombreux sites.

C'est pourquoi les feuilles de style en cascade *(Cascading Style Sheets)* ont été adoptées par le W3C pour régir l'apparence des éléments HTML d'une page, concernant la disposition, les dimensions, les couleurs, afin de séparer le contenu et la forme.

Une feuille de style est applicable à une infinité de documents HTML, ce qui en facilite la maintenance et réduit les temps de chargement.

Figure 2–2
Une feuille CSS pour de multiples pages HTML

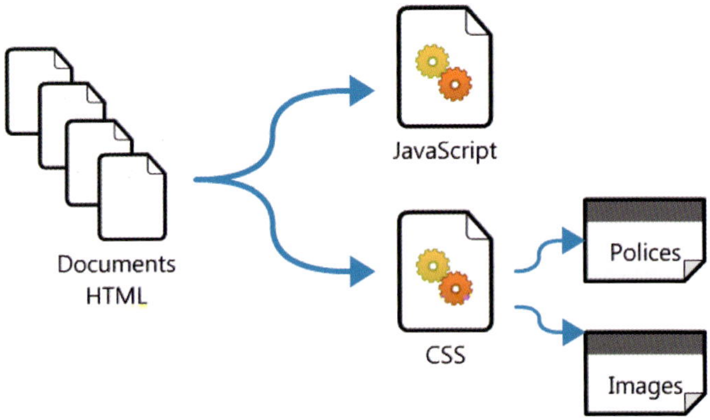

L'objet de ce chapitre n'est pas de dresser un inventaire exhaustif de toutes les techniques afférentes à CSS, mais de proposer une introduction et un petit aide-mémoire vis-à-vis de HTML 5 auquel les feuilles de style sont intimement liées.

Ressources

- Goetter Raphaël, *CSS 3, Pratique du design web*, Eyrolles 2011
- Goetter Raphaël, *CSS avancées*, Eyrolles 2011

Les spécifications sont nombreuses et pour certaines encore en mouvement.

RESSOURCE Spécifications CSS

Cascading Style Sheets Level 2 Revision 1 (CSS 2.1)
- http://www.w3.org/TR/CSS21/

Tableau récapitulatif des spécifications
- http://www.w3.org/Style/CSS/current-work

Cascading Style Sheets (CSS)
- http://www.w3.org/TR/CSS/

Principe général

L'application d'une feuille de style CSS s'effectue lorsque celle-ci est liée au document par la balise `<link>`, présente dans la section `<head>`.

```
<link rel="stylesheet" href="styles.css">
```

Plusieurs feuilles de style peuvent être chargées de la sorte pour un seul document. Il est aussi envisageable de déclarer directement des instructions CSS entre les balises `<style>` et `</style>`, situées également dans `<head>` ou dans une portion du document, mais cette façon de faire ne facilite pas la maintenance ni la mise en cache.

Dans le fichier de la feuille de style, on retrouve une ou plusieurs déclarations CSS. Elles comprennent un sélecteur dont le rôle est de cibler les éléments concernés par chaque déclaration, suivi d'un bloc entre accolades regroupant les propriétés à appliquer.

```
p {
  text-align: center;
font-weight: bold;
color: orange;
}
header img {
  border: 3px solid gray;
margin-bottom: 3em;
}
```

Dans cet exemple, trois propriétés sont appliquées aux éléments `<p>` (les paragraphes) et deux aux éléments `<img>` situés dans `<header>`.

Sélecteurs

L'art d'écrire de bons sélecteurs est somme toute un grand jeu d'assemblage parmi les quelques briques de base existantes, pour s'adapter à la structure du document HTML qui doit être stylé. Si HTML et CSS sont issus du même auteur, alors il lui appartient de nommer les éléments en conséquence grâce à des classes, des identifiants ou des attributs pour les lier aux déclarations CSS, et ce en toute simplicité pour faciliter la lecture du code source ainsi que son analyse par le navigateur.

Tableau 2–1 Quelques sélecteurs

Sélecteur	Exemples	Éléments concernés
Sélecteur d'élément	nav { } p { } ul { }	<nav> <p> <ul>
Sélecteur de classe	.remarque { } div.remarque { }	Tout élément portant l'attribut class="remarque" <div class="remarque">.
Sélecteur d'id	#intro { } header#intro { }	Tout élément portant l'attribut id="intro" <header id="intro">.
Sélecteur d'attribut	[alt] { } input[type=submit] { } [rel=nofollow] { }	Tout élément possédant un attribut alt <input type="submit">. Tout élément portant l'attribut rel="nofollow".
Sélecteur d'enfant direct	ul>li { }	Tout élément <li> enfant direct d'un <ul>.
Sélecteur d'élément adjacent	h1+p { }	Tout élément <p> immédiatement précédé par un élément <h1>.
Sélecteur d'éléments frères	h2~p { }	Un ou plusieurs éléments <p> précédés par un élément <h2>.

Les sélecteurs peuvent s'enchaîner, séparés par des espaces, pour combiner leurs effets.

```
nav ul>li { ... }
```

Ce sélecteur s'adresse aux éléments <li> enfants directs de <ul>, lui-même situé dans un quelconque <nav>.

```
#intro p.remarque { ... }
```

Ce sélecteur s'adresse aux éléments <p> de classe remarque, situés dans l'élément possédant l'identifiant intro.

Séparés par des virgules, les sélecteurs s'appliquent à une énumération de plusieurs familles d'éléments.

```
nav ul>li, #intro p.remarque { ... }
```

Cette déclaration s'adresse aux éléments `<li>` enfants directs de `<ul>`, lui-même situé dans un quelconque `<nav>`... **et** indépendamment aux éléments `<p>` de classe `remarque`, situés dans l'élément possédant l'identifiant `intro`.

Propriétés

Les propriétés sont des paires de clés et valeurs. La clé est le nom de la propriété, suivie des deux-points, terminée par la valeur qui peut revêtir différentes formes : mots-clés, valeur numérique simple, valeur numérique avec unité, chaîne de texte, etc.

Les combinaisons offertes par les propriétés CSS, leurs valeurs et les techniques associées sortent du cadre de ce modeste chapitre qui pourrait à lui seul dépasser tous les autres en longueur. Pour en savoir plus, consultez les références proposées dans l'introduction.

Tableau 2–2 Quelques unités courantes

Unité	Description	Type d'unité
`px`	Pixels	Relative
`%`	Pourcentage (en général par rapport à l'élément parent)	Relative
`em`	Cadratin (relatif à la taille de la police)	Relative
`ex`	Hauteur de la lettre x	Relative
`in`	Pouces (= 2,54 cm)	Absolue
`cm`	Centimètres (= 10 mm)	Absolue
`mm`	Millimètre	Absolue
`pt`	Points (= 1/72 in)	Absolue
`pc`	Picas (= 12 pt)	Absolue

Les unités les plus pertinentes pour un affichage à l'écran restent `px`, `%`, et `em`.

Tableau 2–3 Texte

Propriété	Rôle
`color`	Couleur du texte
`font`	(Déclaration groupée)
`font-weight`	Graisse
`font-size`	Taille de police
`font-family`	Famille de police
`font-variant`	Variante
`font-stretch`	Étirement du texte
`text-decoration`	Décoration de texte

Tableau 2–3 Texte (suite)

Propriété	**Rôle**
`text-transform`	Transformation de texte
`text-align`	Alignement
`text-justify`	Justification
`text-indent`	Indentation
`line-height`	Hauteur de ligne
`word-spacing`	Espacement de mot
`word-wrap`	Retour à la ligne

Exemple

```
p {
  font-weight: bold;
  color: #005A9C;
  text-align: left;
line-height: 150%;
}
```

Tableau 2–4 Fonds

Propriété	**Rôle**
`background`	(Déclaration groupée)
`background-color`	Couleur de fond
`background-image`	Image de fond
`background-repeat`	Répétition de l'image de fond
`background-position`	Position de l'image de fond
`background-attachment`	Attache de l'image de fond par rapport à la page
`background-origin`	Position du fond par rapport à la boîte de l'élément
`background-size`	Taille de l'image de fond par rapport aux dimensions de l'élément

Exemple

```
div {
  background-image: url(image.jpg);
  background-repeat: no-repeat;
  background-size: 100% 100%;
  background-origin: content-box;
}
```

RESSOURCE Tutoriels CSS sur Alsacreations

Arrière-plans avec CSS 3 Backgrounds

- http://www.alsacreations.com/tuto/lire/808-arriere-plans-css3-background.html

Tableau 2–5 Ombrages et transparence

Propriété	Rôle
`text-shadow`	Ombrage du texte
`text-outline`	Contour du texte
`box-shadow`	Ombrage d'un élément boîte
`opacity`	Opacité

Exemple

```
footer {
  opacity: 0.5;
  text-shadow: 0px 0px 9px #777;
  box-shadow: rgba(0,0,0,0.4) 10px 10px 0 10px;
}
```

RESSOURCE **Tutoriels CSS sur Alsacreations**

Les ombrages en CSS 3

- http://www.alsacreations.com/tuto/lire/910-creer-des-ombrages-ombres-css-box-shadow-text-shadow.html

Tableau 2–6 Bordures

Propriété	Rôle
`border`	(Déclaration groupée)
`border-color`	Couleur du bord
`border-spacing`	Espacement du bord
`border-collapse`	Fusion du bord
`border-style`	Style du bord
`border-width`	Largeur de la bordure
`border-radius`	Rayon du bord arrondi
`border-image`	Style de bord avec image
`outline`	Contour
`outline-style`	Style du contour
`outline-color`	Couleur du contour
`outline-width`	Largeur du contour

Exemple

```
.arrondi {
  border: 5px solid yellow;
  border-radius: 20px;
}
```

```
:focus {
  outline: thick solid #fc0;
}
```

Tableau 2–7 Positionnement et dimensionnement

Propriété	Rôle
`display`	Mode d'affichage
`float, clear`	Mode flottant
`position`	Positionnement
`z-index`	Ordre de recouvrement « vertical »
`overflow`	Mode de dépassement de bloc
`overflow-y`	Mode de dépassement de bloc vertical
`overflow-x`	Mode de dépassement de bloc horizontal
`width`	Largeur
`height`	Hauteur
`top`	Position par rapport au haut
`left`	Position par rapport à la gauche
`right`	Position par rapport à la droite
`bottom`	Position par rapport au bas
`padding`	Marge interne
`margin`	Marge externe
`min-height`	Hauteur minimale
`max-height`	Hauteur maximale
`min-width`	Largeur minimale
`max-width`	Largeur maximale
`vertical-align`	Alignement vertical
`visibility`	Visibilité
`rotation`	Rotation
`rotation-point`	Point de rotation

Exemple

```
img.illustration {
  float: right;
margin-left: 2em;
max-width: 50%;
  rotation: 10deg;
rotation-point: bottom left;
}
```

Tableau 2–8 Listes

Propriété	Rôle
`list-style`	Style de liste
`list-style-type`	Type de puce pour les éléments de la liste
`list-style-image`	Image de puce pour les éléments de la liste
`list-style-position`	Position de la puce

Exemple

```
ul li {
  list-style: disc;
}
```

Tableau 2–9 Autres

Propriété	Rôle
`cursor`	Apparence du curseur
`direction`	Direction d'écriture

Exemple

```
input[type=submit]
  cursor: pointer;
}
```

Tableau 2–10 Animations

Propriété	Rôle
`animation`	(Déclaration groupée)
`animation-delay`	Délai d'animation
`animation-direction`	Sens d'animation
`animation-duration`	Durée d'animation
`animation-iteration-count`	Nombre d'itérations
`animation-name`	Nom d'animation
`animation-timing-function`	Fonction d'accélération

Exemple

```
div {
  animation-name: 'diagonale';
  animation-duration: 3s;
  animation-iteration-count: 5;
}
```

```
@keyframes 'diagonale' {
  from {
    left: 0;
    top: 0;
  }
  to {
    left: 150px;
    top: 200px;
  }
}
```

Tableau 2–11 Transformations

Propriété	Rôle
`transform`	(Déclaration groupée)
`transform-origin`	Point d'origine de la transformation
`transform-style`	Style de transformation
`perspective`	Effet de perspective
`perspective-origin`	Point d'origine de la perspective
`backface-visibility`	Visibilité de l'arrière de l'élément transformé

Exemple

```
h1 {
  transform: rotate(8deg);
}
```

Tableau 2–12 Transitions

Propriété	Rôle
`transition`	(Déclaration groupée)
`transition-delay`	Délai de transition
`transition-duration`	Durée de transition
`transition-property`	Propriété à laquelle appliquer la transition
`transition-timing-function`	Fonction d'accélération pour la transition

Exemple

```
img.transition.couleur {
  transition: transform .5s ease-in;
}
img.transition.couleur:hover {
  transform: rotate(10deg);
}
```

> **RESSOURCE Tutoriels CSS sur Alsacreations**
>
> Transitions CSS 3
> ▸ http://www.alsacreations.com/tuto/lire/873-transitions-css3-animations.html

Une petite quantité de nouvelles propriétés CSS 3 ont été implémentées au fur et à mesure dans les moteurs de rendu, officiellement de manière expérimentale, avec des préfixes spécifiques. C'est par exemple le cas de `border-radius` qui existait initialement sous le nom de `-moz-border-radius` pour les navigateurs Gecko (Mozilla), `-webkit-border-radius` pour les navigateurs WebKit (Chrome, Safari). Opera a quant à lui choisi de l'intégrer directement, mais utilise le préfixe `-o-` pour ses propres expérimentations. Une fois tous les tests concluants, la propriété adopte son nom définitif, sans préfixe.

> **RESSOURCE Tutoriels CSS sur Alsacreations**
>
> Les préfixes vendeurs en CSS
> ▸ http://www.alsacreations.com/article/lire/1159-prefixes-vendeurs-css-proprietaires.html

Pseudo-classes et pseudo-éléments

Les pseudo-classes et pseudo-éléments affinent les capacités des sélecteurs. Ils s'écrivent à la suite du sélecteur initial, concaténés par un signe deux-points « `:` ».

Tableau 2–13 Quelques pseudo-classes et pseudo-éléments

Pseudo-*	Rôle
`:link`	Lien
`:visited`	Lien visité
`:hover`	Élément survolé
`:active`	Élément actif
`:focus`	Élément ayant le focus
`:first-child`	Premier enfant
`:last-child`	Dernier enfant
`:nth-child(n)`	n-ième enfant
`:nth-last-of-child(n)`	n-ième dernier enfant
`:nth-of-type(n)`	n-ième type d'élément
`:nth-last-of-type(n)`	n-ième dernier type d'élément
`:first-of-type`	Premier type d'élément

Tableau 2–13 Quelques pseudo-classes et pseudo-éléments (suite)

Pseudo-*	Rôle
`:last-of-type`	Dernier type d'élément
`:only-child`	Enfant unique
`:only-of-type`	Élément de type unique
`:checked`	État coché
`:enabled`	État activé
`:indeterminate`	État indéterminé
`:not(expr)`	Négation de l'expression
`::first-letter`	Première lettre
`::first-line`	Première ligne

Exemple

```
a:hover {
  text-decoration:underline;
}
p::first-letter {
  font-size: 2em;
}
```

Règles @

Les « règles @ » sont des instructions plus évoluées pouvant se retrouver dans les feuilles de style pour moduler leur comportement ou ajouter des informations qui ne pourraient trouver leur place dans des déclarations classiques.

Tableau 2–14 Quelques règles @

Propriété	Rôle
`@import`	Importer une autre feuille de style CSS.
`@charset`	Déclaration de l'encodage des caractères.
`@page`	Définir des règles générales pour les médias paginés.
`@font-face`	Importer un fichier de police (fonte) externe.
`@media`	Définir des requêtes de média.

Exemple

```
@import "autres_styles.css";
@import url("impression.css") print;

@page {
  size: 15cm 20cm;
  margin: 2cm;
  marks: cross;
}

@font-face {
  font-family: maPolice;
  src: url(ToutSaufComicSans.otf);
  font-weight: bold;
}
p {
  font-family: maPolice;
}

@media print {
  body {
    font-size: 2em;
    background: white;
  }
  nav {
    display: none;
  }
}
```

Media queries

Les *media queries* (ou requêtes de média) sont une fonctionnalité bien utile de CSS pour adapter le design et la présentation générale d'une page web selon le périphérique de consultation. Depuis la navigation sur mobiles jusqu'aux plages braille, la présentation est ajustée selon les capacités de rendu, par exemple en modifiant la taille du texte ou son agencement.

La syntaxe d'une *media query* est une suite de conditions à satisfaire. Au besoin, le navigateur évaluera l'expression et chargera les styles y correspondant ou les rechargera dynamiquement s'il y a lieu.

Exemple de media query

```
@media screen and (min-width: 200px) and (max-width: 640px) {
  section {
    display: block;
    clear: both;
    margin: 0;
  }
}
```

Ici, l'on s'adresse à un écran *(screen)* dont la résolution en largeur est comprise entre 200 et 640 pixels. Si le navigateur se retrouve dans cette condition, les éléments de type `<section>` passeront tous en mode bloc, sans aucune marge, pour une meilleure disposition verticale sur un petit écran.

Pour découvrir la magie des *media queries*, consultez l'article en ligne rédigé par votre auteur dévoué.

> **RESSOURCE Tutoriels CSS sur Alsacreations**
>
> Les Media Queries CSS 3
> ▸ http://www.alsacreations.com/article/lire/930-css3-media-queries.html

Accessibilité et ARIA

C

Un sage d'Ikea disait : « Un bon design doit toujours rester accessible ». La future recommandation WAI-RAIA permettra, au sein de HTML 5, le respect des principes fondamentaux de l'accessibilité numérique.

Figure 3–1 Des vitamines pour tous !

L'accessibilité numérique fait l'objet de moult débats dans la communauté des web designers, intégrateurs, experts comme débutants. Sa vocation est de rendre accessibles la technologie et ses bienfaits, notamment Internet, à tous les humains. Cela suppose donc une prise en compte de certains handicaps, voire de caractéristiques purement sociales et matérielles, puisque nous ne sommes pas tous logés à la même enseigne.

Cette intention est louable et reconnue comme une obligation citoyenne par l'Europe. La plupart des gouvernements occidentaux ont voté des mesures destinées à favoriser la prise en compte de l'accessibilité numérique dans la réalisation des projets, produits et services dépendant des TIC (Technologies de l'Information et de la Communication). L'ONU la définit comme un droit universel selon l'article 9 de la Convention relative aux droits des personnes handicapées, adoptée en 2006.

Pourtant, les applications concrètes ne sont pas toujours prises en compte, faute de connaissances, de moyens, ou de temps. Dans le domaine du Web, il appartient à tous de procéder au mieux et de ne pas négliger ce critère de qualité essentiel.

Qu'est-ce que l'accessibilité du Web ?

Contrairement à beaucoup d'idées reçues, nous sommes tous concernés par l'accessibilité du Web. De façon continue, tout au long de notre vie (parce que nous sommes affectés par un handicap), durant une période déterminée (un bras dans le plâtre), ou à partir d'un certain âge (parce que notre vue baisse). Les exemples sont nombreux et l'on considère que la proportion du public concerné directement par l'accessibilité atteint 15 à 20 % en Europe.

Dans un sens plus général, il s'agit de permettre l'accès aux ressources en ligne, quels que soient le matériel et le réseau utilisés (indirectement liés aux moyens financiers de tout un chacun), quels que soient les aptitudes physiques et mentales, la langue maternelle, l'âge, ou la localisation géographique.

Figure 3–2
Symboles reconnus à l'international

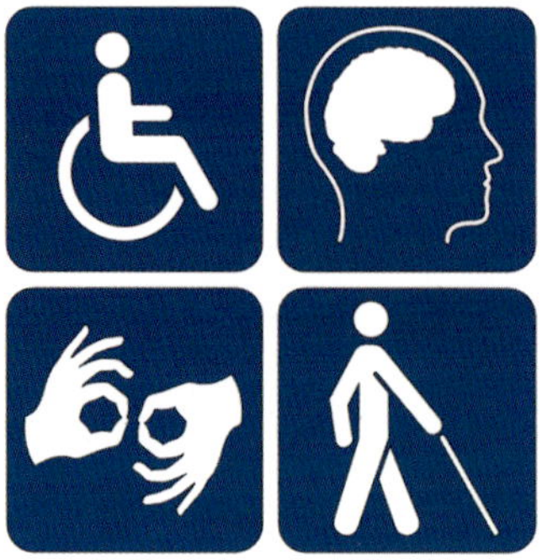

Concrètement, une personne non voyante pourra utiliser une synthèse vocale qui lui lira successivement les éléments figurant sur une page web, si le site est bien conçu et ne comporte pas d'erreurs de conception empêchant le logiciel de synthèse de pouvoir comprendre son contenu texte. Une personne handicapée motrice pourra utiliser un périphérique de pointage différent d'une souris, avec un clavier visuel à l'écran et un petit joystick. Il existe des outils de commandes fonctionnant avec les doigts, les paupières, la langue, et même le souffle !

De nombreux hommes et femmes sont dans ce cas et maîtrisent Internet à un haut niveau. Vous pouvez très bien avoir de nombreux échanges avec un non-voyant ou un internaute possédant un handicap moteur, sans que vous puissiez vous apercevoir que votre interlocuteur en ligne utilise une synthèse vocale ou un périphérique d'entrée qui n'est pas un couple souris-clavier.

Les bienfaits d'une prise en compte sérieuse et rationnelle de l'accessibilité d'un site web sont multiples :

- le public pouvant consulter votre site est bien plus large ;
- les personnes handicapées profitent des mêmes services ;
- les moteurs de recherche, dont on dit qu'ils sont les premiers internautes aveugles, comprennent beaucoup mieux le contenu de vos pages et les indexent de façon optimale ;
- l'accès est rendu possible sur des plates-formes techniques limitées ;
- la propreté du code source et sa maintenabilité sont accrues.

Il existe de nombreuses ressources sur le Web pour prendre connaissance des bonnes pratiques et des astuces pour améliorer l'accessibilité d'un site. De plus en plus d'extensions et d'outils voient le jour pour effectuer des diagnostics et des tests.

Les lecteurs d'écran quant à eux évoluent lentement mais sûrement. On peut citer parmi les plus connus VoiceOver (Mac OS X), JAWS, Window-Eyes, ZoomText, NVDA (Windows). Leurs anciennes versions ne sont pas toujours réceptives à ARIA.

Dans tous les cas, on veillera a minima au respect de certaines règles (voir encadré).

HTML 5 est désormais concerné à juste titre, car revêtant un aspect plus dynamique et beaucoup plus riche au travers des API gravitant autour du noyau HTML. Dès lors, il est complexe de pouvoir lire un document de façon linéaire, du début à la fin, alors que des parties dynamiques peuvent changer de contenu à tout moment. Bien qu'un soin certain soit apporté par les rédacteurs des spécifications, rien n'oblige les développeurs web à tout mettre en œuvre pour réussir un site totalement accessible. La diversité des situations et des problématiques pouvant survenir n'ont de limite que l'imagination de tous ceux qui participent à l'élaboration du Web.

Bonnes pratiques pour un site accessible

Au préalable à toute mise en œuvre technique au niveau du code HTML, des bonnes pratiques existent pour structurer et produire du contenu pour le Web. En voici quelques-unes, ainsi que les cas dans lesquels elles se révèlent salutaires.

- Ne pas baser l'information uniquement sur les couleurs (daltonisme et achromatopsie), par exemple éviter « cliquez sur le bouton rouge ».
- Ne pas baser l'information uniquement sur le son (surdité).
- Permettre l'agrandissement des polices dans le navigateur (myopie, fatigue visuelle).
- Ne pas exiger un court délai de réaction (troubles moteurs), par exemple pour la navigation et les menus déroulants.
- Favoriser le contraste du texte (déficiences visuelles).
- Produire des alternatives telles que l'audiodescription ou la transcription pour des contenus vidéo (surdité partielle ou totale).
- Permettre la navigation au clavier (troubles moteurs) et prévoir des liens d'évitement.
- Ne pas utiliser d'images pour afficher du texte, sans leur adjoindre une alternative texte (attribut `alt`).
- Concevoir une navigation claire et simple (aptitudes mentales, vieillesse).
- Structurer le contenu de façon logique avec une hiérarchie de titres `<hX>` aisément compréhensible.
- Exploiter HTML et CSS pour séparer le fond de la forme, éviter les mises en pages en tableaux, suivre les recommandations du W3C.
- Utiliser des liens d'évitement en début de page pour offrir l'accès direct au contenu, à la navigation, à la recherche.

Flash et Java ont fait également l'objet de débats, car étant embarqués dans de nombreuses pages et faisant appel à une technologie radicalement différente des briques de base du Web, ils ont pu pénaliser la navigation et l'accès (de façon partielle ou totale) à des sites essentiels à tout un chacun. Il existe désormais des techniques, prévues par Adobe ou anticipées par les logiciels d'aide à la navigation, pour améliorer l'accessibilité des animations Flash.

Une démonstration a été publiée en ligne pour prouver que l'on peut rendre un site accessible sans pénaliser son rendu visuel, en respectant les bonnes pratiques WCAG.

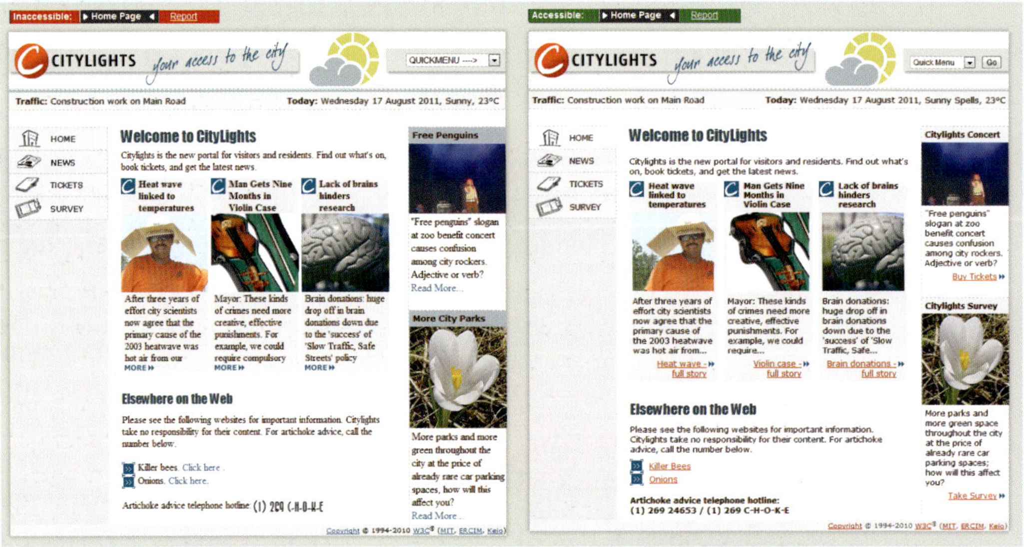

Figure 3–3 Démonstration avant (inaccessible) et après (accessible) http://www.w3.org/WAI/demos/bad/

HTML sémantique

La première bonne pratique en HTML reste celle de respecter la sémantique, et donc d'utiliser les éléments avec ce pour quoi ils ont été prévus. Au début du XXIe siècle, beaucoup d'intégrateurs (ainsi qu'Alsacreations.com) se sont fait l'écho d'une conception web conforme aux normes. Ils ont milité pour l'oubli de l'élément `<table>` à des fins de mise en pages, qui était exploité à tort de la sorte. Cet usage détourné avait été initié par le manque de possibilités graphiques des anciens navigateurs, un besoin d'aller plus loin dans le positionnement, et par une certaine ignorance généralisée des bienfaits des feuilles de style CSS.

Pourtant, cette philosophie n'a pas toujours été comprise. Certains ont cru qu'il suffisait de remplacer les `<table>` par des `<div>` pour créer un site propre. Or, l'élément `<table>` n'est pas le grand méchant loup, et est tout à fait justifié dans le cas de données tabulaires. En premier lieu, il faut donc surtout éviter le syndrome de la « divite », c'est-à-dire de considérer `<div>` comme un élément bon à tout faire, et ne l'exploiter qu'en dernier recours lorsqu'aucun autre élément n'existe. Par exemple, il est tout à fait logique qu'un paragraphe de texte soit contenu entre les balises `<p>` et `</p>` qui sont dévolues à cet usage. Il est inutile de lui préférer `<div>` qui n'a aucune valeur sémantique, et qui serait potentiellement associé à des propriétés CSS pour lui conférer l'apparence d'un paragraphe.

Avec HTML 5, les nouvelles balises (par exemple `<article>` et `<nav>`) sont une avancée indéniable en ce sens puisqu'elles facilitent l'interprétation du document, la lisibilité du code par un humain ou une machine, le référencement et l'accessibilité de façon globale. D'autres nouveautés permettent en théorie d'éviter les surcouches JavaScript ou Flash pour les éléments médias (avec `<audio>`, `<video>`) et pour les contrôles de formulaires (avec les nouveaux types et attributs pour `<input>`). Dans la pratique, de nombreux progrès sont encore attendus, car la navigation au clavier dans ces médias n'est pas toujours parfaite.

Leur interprétation par les agents utilisateurs et les logiciels d'assistance a néanmoins été sujette à des bogues et soumise aux « correctifs JavaScript » sur les anciennes versions d'Internet Explorer, ce qui les rend invisibles sans JavaScript jusqu'à la version 8 incluse. La navigation au clavier pour les éléments médias est imparfaite voire inexistante dans les versions des navigateurs qui n'ont qu'un vécu récent avec HTML 5. La transcription texte des fichiers audio et vidéo nécessite encore de grands progrès, car le support de `<track>` reste limité pour ne pas dire parcellaire au moment de la rédaction de cet ouvrage.

En ce qui concerne Canvas, le bilan est plus sombre car cette grille de pixels purement graphique est bien complexe à « accessibiliser ». D'ailleurs, le faut-il vraiment ? Un texte alternatif peut-il faire l'affaire ? Tout dépend de son usage. Canvas sera probablement complété par un DOM ou une surcouche d'accessibilité. Cependant, seront-ils vraiment utilisés ? SVG ne présente pas cet inconvénient, à la condition que le créateur prenne en compte l'accessibilité dès le départ.

Malgré tout, les spécifications HTML sont conçues de façon à ce que tous les éléments et attributs possèdent un rôle mûrement réfléchi, garantissant que son contenu pourra être interprété à bon escient par un agent utilisateur bien conçu. Du point de vue du code, quelques réflexes ne sont jamais superflus.

Pour les tableaux de données :

- Utiliser l'attribut `summary` sur `<table>`.
- Utiliser les attributs `scope` et `headers` sur `<td>` et `<th>`.

Pour les formulaires :

- Utiliser `<fieldset>` et `<legend>`.
- Associer une étiquette `<label>` à tout champ d'entrée `<input>`, `<textarea>`, etc.

Pour le contenu :

- Compléter l'attribut `alt` pour les `<img>` (non décoratives).
- Utiliser un titre pertinent pour la balise de document `<title>`.
- Utiliser une hiérarchie de titres `<h1>` à `<h6>` bien structurée.
- Employer des listes `<ul>`, `<ol>` pour toute énumération.

Ces exemples ne sont qu'un échantillon de ce qu'il est possible de faire pour améliorer considérablement l'accessibilité d'un site, au sens large du terme. Pour épauler HTML et prêcher la bonne parole, il est nécessaire de faire un tour du côté de la WAI, qui n'est pas ce geste très gracieux permettant de saluer en Thaïlande en rapprochant les deux mains de son visage, mais qui mérite tout autant d'attention.

WAI, WCAG et ARIA

La *Web Accessibility Initiative* est issue du W3C. Dès 1997, s'est fait ressentir le besoin d'établir des recommandations et de développer des outils pour améliorer les technologies du Web. Plusieurs guides ont vu le jour depuis, notamment :

- Les WCAG 1.0 (1999) et WCAG 2.0 (2008) – *Web Content Accessibility Guidelines* – qui sont un ensemble de bonnes pratiques pour le contenu web, destinées aux personnes possédant une vision déficiente, une perte de capacité auditive, un handicap physique ou une déficience cognitive.
- Les ATAG 1.0 (2000) et ATAG 2.0 (2011) – *Authoring Tool Accessibility Guidelines* – ont pour cible les développeurs de logiciels pour l'édition et la création de ressources web, afin de les inciter à produire du contenu accessible respectant au mieux les règles WCAG.
- Les UAAG 1.0 (2002) – *User Agent Accessibility Guidelines* – se concentrent sur les développeurs de navigateurs et de logiciels équivalents permettant la navigation et la consultation web.

- WAI-ARIA – Accessible Rich Internet Applications – définit des méthodes pour améliorer l'accessibilité des applications web en général, notamment lorsqu'il s'agit de faire appel à des comportements dynamiques avec JavaScript et Ajax.

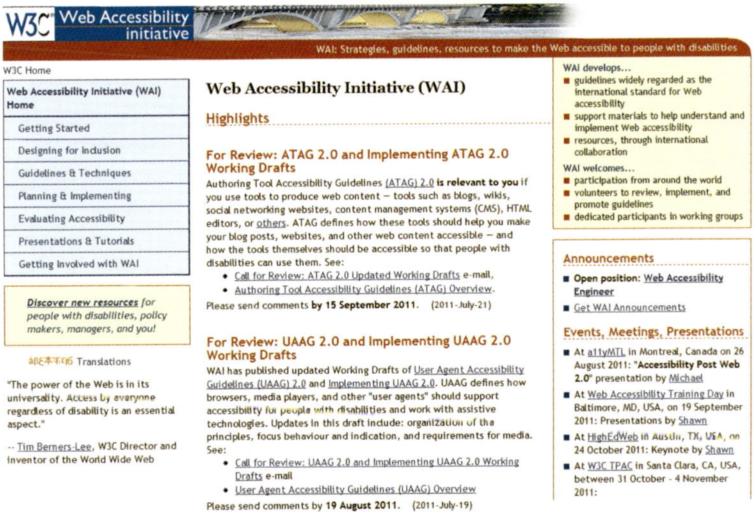

Figure 3–4
Web Accessibility Initiative (WAI)

En tant que développeur web ou intégrateur, vous êtes directement concerné par WCAG et ARIA. En premier lieu parce que WCAG permet de prendre connaissance des bonnes (et donc des mauvaises) pratiques pour la mise en ligne de contenu web conventionnel, et de respecter différents niveaux de qualité à atteindre (A, AA, AAA) selon les moyens techniques mis à contribution. En second lieu parce que WAI-ARIA porte spécifiquement sur les technologies qui rendent aujourd'hui le Web attractif, entre autres HTML 5 et Ajax pour les applications web que l'on qualifie de « riches » par distinction avec les documents « statiques ».

RESSOURCE Recommandations WAI

WCAG 2.0

- http://www.w3.org/TR/WCAG20/

Techniques pour WCAG 2.0

- http://www.w3.org/TR/WCAG20-TECHS/

Mieux comprendre les critères WCAG 2.0

- http://www.w3.org/TR/UNDERSTANDING-WCAG20/

Point sur le support de HTML 5 et de son accessibilité

- http://www.html5accessibility.com/

WAI-ARIA a atteint le stade de recommandation candidate le 18 janvier 2011, mais son implémentation est antérieure. Bien que dépendante de la bonne volonté des développeurs d'agents utilisateurs (les navigateurs), elle progresse de façon certaine et l'initiative est soutenue par de grands noms tels qu'IBM, Mozilla, Dojo, jQuery, Microsoft, Google, Opera, Yahoo, Adobe, Apple, Sun.

Les techniques offertes par WAI-ARIA visent à décrire l'état et le comportement d'une application web. Il s'agit par exemple de savoir si un menu est développé, ou si un élément HTML quelconque possède un *rôle* particulier (et dynamique) au sein du document. Beaucoup d'agréments dynamiques sont développés en JavaScript avec de belles images et font face à deux problèmes : aucune navigation au clavier n'est habituellement prévue pour les contrôler, et les technologies d'assistance ne savent comment les retranscrire (vocalement ou avec une plage braille).

Les applications web sont bien souvent dopées à l'Ajax pour effectuer des appels au serveur HTTP en tâche de fond et mettre à jour des contenus sans recharger la totalité de la page. Cette méthode peut également passer inaperçue pour les technologies d'assistance, à moins qu'elles ne soient notifiées d'un changement et que l'utilisateur puisse être informé de la nature de la mise à jour du DOM et de son emplacement.

Sous Windows, la plupart des navigateurs modernes transmettent ces informations ARIA, incluses dans le code HTML, à l'API MSAA *(Microsoft Active Accessibility)* existant depuis Windows 98. Cette dernière est alors mise à disposition des logiciels d'aide à la navigation pour décrire le contenu d'une façon alternative, par exemple avec une synthèse vocale. Sous Linux on peut citer Gnome ATK/AT-SPI.

La mise en œuvre de WAI-ARIA consiste en l'ajout de quelques attributs au code HTML pour étendre sa valeur sémantique. Le code n'en est pas alourdi. L'effort reste donc minime et toujours bénéfique dans le cas du développement d'applications web « riches ». En théorie, ces techniques ne se limitent pas à HTML et peuvent être intégrées à d'autres langages, c'est d'ailleurs le cas de SVG.

On peut considérer que le début de prise en compte a eu lieu avec Internet Explorer 8, Firefox 1.5 (plus sérieusement avec la version 3), Opera 9.5, Safari 4 et Google Chrome 2. Le niveau de support est cependant différent et croissant au fil du temps.

Les anciens navigateurs qui ne supportent pas ARIA, ou les récents qui ne désirent pas l'utiliser, ignorent tout simplement les attributs HTML qui y font référence, et ne sont en aucun cas gênés. Les frameworks JavaScript les plus célèbres (entre autres jQuery et Dojo) sont déjà férus d'ARIA et font constamment des progrès en ce sens.

En attendant un support parfait de HTML 5 par l'ensemble des navigateurs, qui est certainement une douce utopie, WAI-ARIA apporte du concret et reste certainement la meilleure initiative à considérer, applicable immédiatement.

RESSOURCE Tout sur WAI-ARIA

Reportez-vous à la spécification WAI-ARIA elle-même, ainsi qu'à une introduction critique et un guide concret :

- http://www.w3.org/TR/wai-aria/
- http://www.w3.org/TR/wai-aria-primer/
- http://www.w3.org/TR/wai-aria-practices/

Les rôles et propriétés de WAI-ARIA

Le groupe du WAI préconise l'utilisation du terme complet « WAI-ARIA » pour ne pas confondre cette technologie avec un passage d'opéra (et l'on parle bien ici du genre musical, pas du navigateur éponyme). Les exemples suivants en font honteusement abstraction, par commodité de lecture.

Quels sont les ajouts définis par ARIA ?

- Des rôles pour décrire un type de composant de l'interface graphique (par exemple un menu, un bouton, une barre de progression...).
- Des rôles pour décrire la structure générale du document (par exemple ses régions, sa titraille, etc.).
- Des états pour les composants interactifs du document (par exemple « coché » pour une case à cocher, ou « déployé » pour un menu).
- Des propriétés pour décrire le drag & drop (glisser-déposer).
- Des propriétés pour définir quelles sont les parties du document qui sont susceptibles d'être mises à jour dynamiquement, sans rechargement complet (JavaScript et Ajax), avec des politiques de gestion et de notification de ces mises à jour.
- Une manière de naviguer à travers cet ensemble au clavier : se reporter pour cela à la description de l'attribut `tabindex.` Doter un élément quelconque d'un `tabindex="0"` permet d'y établir le focus au clavier, tandis qu'un `tabindex="-1"` autorise le focus à la souris ou avec un script sans l'ajouter à l'ordre des tabulations. Ce concept est destiné au développement de composants d'interface (ou *widgets*) dotés de navigation au travers de leurs descendants. Il est épaulé par `aria-activedescendant` qui indique pour un parent donné quel descendant reçoit le focus.

L'affectation des rôles et des propriétés passe par deux familles d'attributs en HTML 5 qui sont intégrées nativement à la spécification et donc implicitement valides (contrairement à l'ajout d'attributs ARIA en XHTML 1.0).

La première famille est constituée d'un seul membre : `role` pour l'assignation d'un rôle précis à un élément. Sa valeur est issue d'une liste de rôles définis par la spécification ARIA.

La deuxième famille est une série d'attributs débutant par `aria-` et suivis par un nom de propriété ou d'état relatif à l'élément. Leur valeur est aussi définie par la spécification parmi un ensemble de valeurs.

> **RESSOURCE Rôles et propriétés ARIA**
>
> Tous les rôles
> - http://www.w3.org/WAI/PF/aria/roles
>
> Toutes les propriétés et états
> - http://www.w3.org/WAI/PF/aria/states_and_properties
>
> Attributs ARIA et valeurs du point de vue de HTML 5
> - http://dev.w3.org/html5/markup/aria/aria.html

Rôles avec l'attribut role

Les rôles ARIA peuvent être classés en plusieurs familles. Il existe des rôles abstraits desquels ces familles peuvent hériter de propriétés communes, mais ils ne seront pas décrits, car ils ne sont pas directement exploitables.

Points de repère (landmark roles)

Les « points de repère » (ou *Landmark Roles*) délimitent les grandes zones du document ou de l'application web.

Tableau 3–1 Rôles ARIA « Points de repère »

Rôle	Description
`application`	Région correspondant à une application web (à l'inverse d'un document statique).
`banner`	Typiquement, l'en-tête comprenant un logo et éventuellement un outil de recherche.
`complementary`	Section complémentaire à la section principale (main), de même niveau, qui peut rester pertinente lorsqu'elle en est détachée.
`contentinfo`	Région contenant des informations relatives au document.
`form`	Région contenant des objets qui dans leur ensemble constituent un formulaire.
`main`	Contenu principal.
`navigation`	Ensemble de liens de navigation.
`search`	Une région contenant des objets qui dans leur ensemble constituent un outil de recherche.

Ces repères dans le document autorisent l'utilisateur à naviguer de l'un à l'autre, souvent à l'aide de raccourcis clavier, et à en appréhender de façon plus naturelle la structure générale. Ils sont supportés par JAWS 10+, NVDA 2010+ et VoiceOver..

Application de rôles ARIA

```
<header role="banner">
  <!-- En-tête et titre principal -->
<form role="search">
   <label for="q">Mot clé : </label>
    <input type="search" name="q" id="q">
    <input type="submit" value="Lancer la recherche">
</form>
</header>
<nav role="navigation">
  <!-- Liens de navigation -->
</nav>
<section role="main">
  <!-- Contenu principal -->
</section>
```

Plusieurs éléments HTML 5 possèdent déjà un rôle WAI-ARIA natif (par exemple les éléments de formulaire `input`, les éléments sémantiques comme `<nav>`). Certains d'entre eux peuvent être « surchargés », par exemple `<a>` qui est affublé d'un rôle ARIA `link`, et qui est amené à répondre à d'autres usages que celui d'un lien classique. D'autres éléments en sont totalement dépourvus, notamment les éléments neutres `<div>`, `<span>`, mais peuvent en être équipés. L'essentiel est de ne jamais aller à l'encontre des rôles natifs, ce qui pourrait dérouter ou inhiber les agents utilisateurs. Leur liste complète est présente dans la spécification HTML 5, ainsi que les restrictions en vigueur.

Ainsi les éléments `<article>`, `<aside>`, `<section>`, `<hr>` possèdent respectivement les rôles par défaut `article`, `note`, `region` et `separator`. Si le concepteur choisit de leur affecter un autre rôle, il doit piocher parmi `article`, `document`, `application`, ou `main` pour `<article>` ; `note`, `complementary` ou `search` pour `<aside>` ; et `region`, `document`, `application`, `contentinfo`, `main`, `search`, `alert`, `dialog`, `alertdialog`, `status` ou `log` pour `<section>`.

Pour les listes, `<ul>` et `<ol>` possèdent le rôle implicite `list`, tandis que leurs enfants `<li>` sont catégorisés en `listitem`.

> **RESSOURCE Rôles et propriétés ARIA**
>
> Valeurs appliquées implicitement aux éléments en HTML 5
>
> ▸ http://www.w3.org/TR/html5/content-models.html#annotations-for-assistive-technology-products-aria

Les éléments de section HTML 5 peuvent sembler redondants avec les *landmarks*. N'est-ce d'ailleurs pas l'objet des nouvelles balises telles que `<header>`, `<nav>` et leurs acolytes de posséder une valeur sémantique ? Lorsque toutes les technologies d'assistance supporteront avec perfection HTML 5 et par exemple efficacement le rôle de navigation véhiculé par `<nav>`, on pourra présumer que l'attribut `role="navigation"` ne sera plus nécessaire. Cependant, ce n'est pas encore le cas, c'est pourquoi il est plus sage de compléter la structure du document avec ces points de repère, et de ne pas supposer qu'ils seront « devinés ».

Structure de document

En quittant la vision satellite globale, et en traversant les premières couches de nuages pour se rapprocher des zones composant chaque région majeure, les rôles structurant le contenu font leur apparition.

Tableau 3–2 Rôles ARIA « Structure de document »

Rôle	Description
`article`	Un article formant une partie indépendante du document.
`columnheader`	Un en-tête de colonne.
`definition`	Une définition.
`directory`	Une liste de références aux membres d'un groupe (une table des matières).
`document`	Une région correspondant à un document (à l'inverse d'une application).
`group`	Un ensemble d'objets qui ne sont pas destinés à être inclus dans un résumé du document ou dans sa table des matières.
`heading`	Un en-tête de section.
`img`	Un conteneur pour un ensemble d'éléments qui forment une image.
`list`	Une liste d'éléments non interactifs.
`listitem`	Un élément dans une liste ou une table des matières *(directory)*.
`math`	Une expression mathématique.
`note`	Une note annexe au contenu principal.
`presentation`	Un élément de présentation dont les rôles implicites ne seront pas relayés à l'API d'accessibilité.
`region`	Une grande partie du document assez importante pour être incluse dans le résumé ou la table des matières.
`row`	Une ligne de cellules dans une grille.
`rowheader`	Un en-tête de ligne de cellules dans une grille.
`separator`	Un séparateur de contenu ou de groupes d'éléments de menus.
`toolbar`	Une collection de contrôles fréquemment utilisés représentés sous une forme compacte.

Grâce à ces rôles et à quelques propriétés (décrites ultérieurement), le balisage complémentaire est très aisé.

Titrage ARIA

```
<section role="search" aria-labelledby="entete">
  <h1 id="entete" role="heading" aria-level="1">
    Recherche dans les archives
  </h1>
<!-- Formulaire ... -->
</section>
```

Dans cette situation interviennent également les rôles implicites prévus par HTML 5. Pour ne citer que deux d'entre eux, `columnheader` et `rowheader` correspondent respectivement à des en-têtes de tableau, c'est-à-dire dans la pratique à un élément `<th>`, auquel on aurait affecté l'attribut `scope="col"` ou `scope="row"`.

Composants graphiques (widgets)

Les rôles pour composants graphiques (ou *widgets*) décrivent des éléments majoritairement interactifs pour l'utilisateur. On y retrouve une panoplie complète de menus, boutons, champs de formulaire, et autres objets qui existent depuis que l'interface graphique utilisateur (en version originale *GUI*) a remplacé l'austère ligne de commande.

Tableau 3–3 Rôles ARIA « Composants graphiques »

Rôle	Description
`alert`	Un message d'alerte.
`alertdialog`	Un dialogue contenant un message d'alerte.
`button`	Un contrôle d'entrée (un bouton) destiné à déclencher des actions lorsqu'il est cliqué ou pressé.
`checkbox`	Une case à cocher possédant trois états : vrai, faux ou mixte.
`combobox`	Une liste de choix (conteneur).
`dialog`	Une fenêtre de dialogue, usuellement modale, demandant un choix ou une information à l'utilisateur.
`grid`	Une grille (un tableau) pouvant contenir des cellules organisées en colonnes et en lignes (conteneur).
`gridcell`	Une cellule appartenant à une grille.
`link`	Une référence à une ressource externe qui provoque la navigation vers cette ressource lorsqu'elle est activée.
`listbox`	Une liste déroulante autorisant l'utilisateur à choisir un ou plusieurs éléments parmi une liste de choix (conteneur).

Tableau 3–3 Rôles ARIA « Composants graphiques » (suite)

Rôle	Description
`log`	Une région contenant des informations ajoutées au fur et à mesure dont les plus anciennes peuvent disparaître.
`marquee`	Une région dynamique contenant des informations non essentielles qui changent fréquemment.
`menu`	Un contrôle offrant une liste de choix à l'utilisateur (conteneur).
`menubar`	Un menu qui est destiné à rester visible et qui est usuellement présenté à l'horizontale (conteneur).
`menuitem`	Une option parmi un groupe contenu dans menu ou menubar.
`menuitemcheckbox`	Un élément de menu pouvant être coché et possédant trois états : vrai, faux, mixte.
`menuitemradio`	Un élément de menu parmi un groupe d'autres congénères, dont un seul peut être coché à la fois.
`option`	Un élément sélectionnable dans une liste.
`progressbar`	Une barre de progression pour les tâches qui peuvent nécessiter un certain temps.
`radiogroup`	Un groupe de boutons radio (conteneur).
`radio`	Un élément de bouton radio parmi un groupe d'autres congénères, dont un seul peut être coché à la fois.
`scrollbar`	Un contrôle graphique permettant de faire défiler le contenu dans la zone visible
`slider`	Un contrôle permettant à l'utilisateur de sélectionner une valeur parmi un intervalle donné.
`spinbutton`	Un contrôle permettant à l'utilisateur de sélectionner une valeur à intervalles réguliers, parmi un intervalle donné.
`status`	Un conteneur recueillant une information d'état dont l'importance ne justifie pas l'emploi d'une alerte.
`tab`	Un onglet parmi un ensemble.
`tablist`	Une liste d'onglets (`tab`) qui sont des références respectives à des conteneurs (`tabpanel`).
`tabpanel`	Un conteneur pour les ressources associées à un onglet.
`textbox`	Un champ d'entrée texte libre.
`timer`	Un conteneur doté d'un compteur numérique indiquant la quantité de temps écoulé depuis une date, ou restant jusqu'à une date fixée.
`tooltip`	Un pop-up contextuel affichant la description d'un autre élément.
`tree`	Une liste contenant une arborescence de groupes pouvant être réduits et redéployés (conteneur).
`treegrid`	Une grille dont les lignes peuvent être réduites et redéployées (conteneur).
`treeitem`	Un élément d'arborescence, pouvant en contenir d'autres.

Étant donné la diversité des situations, il est complexe de dresser une liste de pratiques types pouvant répondre aux besoins courants de l'interface utilisateur. Se concentrer sur quelques extraits permet d'appréhender la philosophie globale des rôles que l'on retrouve en général sur les feuilles de l'arbre DOM.

Exemple de menu avec trois actions

```
<ul role="menu">
<li role="menuitem">Nouveau document</li>
  <li role="menuitem">Ouvrir un document</li>
<li role="menuitem">Fermer</li>
</ul>
```

Ces actions peuvent ensuite être implémentées en JavaScript.

Groupe de boutons radio

```
<ul role="radiogroup">
<li role="radio"><!-- Bouton radio 1 --></li>
  <li role="radio"><!-- Bouton radio 2 --></li>
<li role="radio"><!-- Bouton radio 3 --></li>
</ul>
```

Barre d'outils

```
<div role="toolbar" tabindex="0" aria-activedescendant="btn1">
  <img src="couper.png" role="button" id="btn1" alt="Couper">
  <img src="copier.png" role="button" id="btn2" alt="Copier">
  <img src="coller.png" role="button" id="btn3" alt="Coller">
</div>
```

ARIA autorise le « détournement » d'éléments, puisque cette technologie permet justement d'affecter des rôles précis à des éléments qui n'en ont pas.

Span détourné en case à cocher

```
<span tabindex="0" role="checkbox" aria-checked="true"
  onkeydown="return gestionEvenement(event);"
  onclick="return gestionEvenement(event);">
  Je souhaite être notifié des nouveaux commentaires
</span>
```

Dans cet exemple, la possibilité d'obtenir le focus au clavier est donnée par l'attribut `tabindex`. Son rôle est celui d'une case à cocher (`role="checkbox"`), dont l'état par défaut est coché (`aria-checked="true"`). Le texte contenu par l'élément lui sert d'étiquette. Les attributs `onkeydown` et `onclick` associent des gestionnaires d'événement en JavaScript qui doivent agir en conséquence lorsque l'utilisateur clique ou utilise une touche de son clavier sur cet élément, notamment la barre d'espace qui doit changer l'état de la case. Une technologie d'assistance pourra donc tout à fait interpréter l'ensemble de façon transparente, en tant que case à cocher conventionnelle. Bien entendu, ce type de solution est à réserver lorsqu'il n'a pas été possible d'utiliser les éléments HTML prévus à cet effet.

Propriétés et états avec les attributs aria-*

Les propriétés et états ARIA renseignent sur les caractéristiques intrinsèques d'un élément. Il s'agit de fonctionnalités similaires qui sont très proches d'un point de vue technique puisqu'elles sont toutes mises en œuvre avec des attributs débutant par le préfixe `aria-`.

Application d'une propriété ARIA

```
<div aria-live="polite">
  <!-- ... -->
</div>
```

Leur différence réside principalement dans le fait que les valeurs des états sont amenées à évoluer au cours du temps, tandis que celles des propriétés restent relativement stables au cours de la navigation dans le document.

Par exemple, la propriété `aria-required` définissant le caractère requis d'un champ d'entrée dans un formulaire devrait a priori rester constante au cours du temps.

Application d'une propriété ARIA

```
<input type="text" role="textbox" aria-required="true">
```

En revanche, l'état `aria-checked` définissant le statut « coché » ou « décoché » pourra changer après un événement utilisateur, navigateur ou serveur (en Ajax). Il en sera de même pour `aria-valuenow` qui exprime la valeur d'un élément de formulaire à un moment donné.

Modification dynamique d'une propriété ARIA

```
<!-- « Glisseur » ou potentiomètre linéaire -->
<div class="slidercontrol">
<img id="slider" src="curseur.png" role="slider" alt="Coefficient"
aria-valuemin="0" aria-valuemax="100">
```

```
</div>

<script>
// Fonction
function sliderSet(valeur) {
  var curseur = document.getElementById('slider');
// Définition des attributs aria-*
curseur.setAttribute('aria-valuenow', valeur);
  curseur.setAttribute('aria-valuetext', valeur+" %");
}

// Position par défaut
sliderSet(50);

// Autres actions éventuelles pour gérer le contrôle graphique à la
souris et l'appel à la fonction sliderSet
</script>
```

Dans cet exemple, une image sert de curseur et une fonction JavaScript permet de modifier dynamiquement la valeur transmise par ARIA aux technologies d'assistance en jouant sur les attributs `aria-valuenow` et `aria-valuetext`. En bonus, la propriété `aria-orientation` lui conférerait une orientation (verticale ou horizontale).

Il aurait tout aussi bien été possible de remplacer l'image par un des nouveaux types HTML 5 pour la balise `<input>`. L'usage d'ARIA avec cet élément ne ferait alors pas double emploi.

```
<input type="range" min="0" max="100" value="50">
```

Hormis la distinction existant entre les propriétés et les états, leur implémentation dans le code source HTML reste semblable. Certains d'entre eux fonctionnent de concert avec les rôles et n'auront de signification que pour un rôle donné. L'état `aria-pressed` ne sera pertinent qu'avec un rôle `button`.

Globaux

ARIA définit en premier lieu des attributs globaux, applicables à tous les éléments.

Tableau 3–4 Attributs ARIA globaux

État ou propriété	Description
`aria-atomic`	Voir "live"
`aria-busy`	Voir "live"
`aria-controls`	Voir "relations"
`aria-describedby`	Voir "relations"

Tableau 3–4 Attributs ARIA globaux (suite)

État ou propriété	Description
`aria-disabled`	Voir "contrôles d'interface"
`aria-dropeffect`	Voir "drag & drop"
`aria-flowto`	Voir "relations"
`aria-grabbed`	Voir "drag & drop"
`aria-haspopup`	Voir "contrôles d'interface"
`aria-hidden`	Voir "contrôles d'interface"
`aria-invalid`	Voir "contrôles d'interface"
`aria-label`	Voir "contrôles d'interface"
`aria-labelledby`	Voir "relations"
`aria-live`	Voir "live"
`aria-owns`	Voir "relations"
`aria-relevant`	Voir "live"

Tous ces attributs sont décrits dans chaque section spécifique ci-après.

Contrôles d'interface

Des attributs spécifiques sont applicables aux composants graphiques interactifs (ou *widgets*), que l'on représente habituellement par des contrôles formant ensemble une application ou un formulaire avec lequel l'utilisateur peut interagir.

Tableau 3–5 Attributs ARIA pour composants « graphiques »

État ou propriété	Description	Valeurs	Rôles
`aria-autocomplete`	Indique que des suggestions d'autocomplétion sont fournies à l'utilisateur (en ligne dans le champ, en liste, les deux, ou aucune).	`inline, list, both, none`	`combobox textbox`
`aria-checked`	Statut coché ou décoché (état).	`true, false, mixed, undefined`	`option`
`aria-disabled`	Indique que l'élément est perceptible mais désactivé (état).	`true, false`	Tous

Tableau 3–5 Attributs ARIA pour composants « graphiques » (suite)

État ou propriété	Description	Valeurs	Rôles
`aria-expanded`	Indique que l'élément est déployé ou réduit (état).	`true, false, undefined`	`button document link section sectionhead separator window`
`aria-haspopup`	Indique que l'élément possède un menu contextuel.	`true, false`	Tous
`aria-hidden`	Indique que l'élément n'est pas perceptible pour l'utilisateur (état).	`true, false`	Tous
`aria-invalid`	Indique que la valeur entrée ne correspond pas à ce qui est attendu (état).	`grammar, false, spelling, true`	Tous
`aria-label`	Étiquette associée à l'élément fournissant un nom reconnaissable pour l'utilisateur.	`Texte`	Tous
`aria-level`	Définit le niveau d'un élément au sein de sa structure, par exemple dans les arborescences (tree) ou les imbrications.	`Nombre entier supérieur ou égal à 1`	`grid heading listitem row tablist`
`aria-multiline`	Spécifie que le champ d'entrée texte accepte (ou non) plusieurs lignes.	`true, false`	`textbox`
`aria-multiselectable`	Spécifie que l'utilisateur peut sélectionner (ou non) plusieurs valeurs parmi un ensemble.	`true, false`	`grid listbox tree`
`aria-orientation`	Indique l'orientation d'un élément, tel qu'une barre de défilement.	`vertical, horizontal`	`scrollbar separator slider`
`aria-pressed`	Statut « pressé » d'un bouton (état).	`true, false, mixed, undefined`	`button`
`aria-readonly`	Indique que l'élément est utilisable, mais qu'il n'est pas éditable.	`true, false`	`grid gridcell textbox`

Tableau 3–5 Attributs ARIA pour composants « graphiques » (suite)

État ou propriété	Description	Valeurs	Rôles
`aria-required`	Indique que l'élément est requis pour la validation du formulaire.	`true`, `false`	`combobox` `gridcell` `listbox` `radiogroup` `spinbutton` `textbox` `tree`
`aria-selected`	Spécifie que l'élément est sélectionné (état).	`true`, `false`, `undefined`	`gridcell` `option` `row` `tab`
`aria-sort`	Indique l'ordre de tri des éléments dans une grille.	`ascending`, `descending`, `none`, `other`	`columnheader` `rowheader`
`aria-valuemax`	Spécifie la valeur maximale d'un contrôle d'intervalle.	Nombre	`range`
`aria-valuemin`	Spécifie la valeur minimale d'un contrôle d'intervalle.	Nombre	`range`
`aria-valuenow`	Spécifie la valeur actuelle d'un contrôle d'intervalle.	Nombre	`range`
`aria-valuetext`	Spécifie la valeur texte alternative d'`aria-valuenow` lisible par un humain.	Texte	`range`

Ces attributs sont relativement parlants (si l'on ose dire) et s'attarder sur chacun d'entre eux mériterait d'y consacrer un ouvrage complet, tant la multiplicité des situations est grande.

En se concentrant sur `aria-checked`, il est très facile d'imaginer une liste dans laquelle l'utilisateur pourrait « cocher » des choix, sans case à cocher de type `<input type="checkbox">`.

Exemple d'application de propriétés et rôles ARIA

```
<ul role="menubar" controls="contenu">
<li role="menuitem"aria-haspopup="true">
   Affichage
   <ul role="menu"aria-hidden="true" hidden>
      <li role="menuitemcheckbox" aria-checked="true">
        <img src="checked.png" role="presentation" alt="">
        Trier par ordre alphabétique
      </li>
     <li role="menuitemcheckbox"aria-checked="false">
       Trier par ordre chronologique
     </li>
```

```
    </ul>
</li>
</ul>

<table id="contenu" role="grid" summary="Liste des articles">
<!-- Contenu du tableau-grille... -->
</table>
```

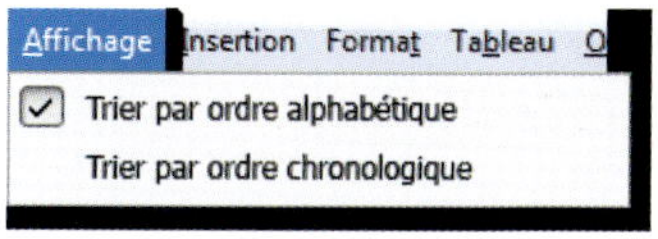

Figure 3–5
Rendu graphique possible

Nous avons affaire ici à :

- Un menu racine de rôle `menubar`, dont on sait qu'il contrôle un élément possédant l'identifiant `contenu`, c'est-à-dire la grille de données située ultérieurement dans le code source.
- Ce menu racine contient un élément de menu nommé « Affichage » de rôle `menuitem`, et dont on sait qu'il possède un pop-up associé.
- Un sous-menu de rôle `menu`, caché par défaut grâce à l'état `aria-hidden` et l'attribut HTML 5 `hidden`.
- Deux éléments de liste dont le rôle est `menuitemcheckbox`, c'est-à-dire comme faisant partie d'un menu, pouvant être cochés individuellement, et dont l'un d'entre eux est noté comme l'étant effectivement avec `aria-checked="true"`.
- Une image symbolisant l'état de façon graphique, dont le rôle est `presentation`, c'est-à-dire comme devant être ignoré par toute assistance à la navigation ou synthèse vocale.
- Un texte décrivant l'action déclenchée par l'ensemble de cet élément de contrôle.

Des instructions supplémentaires sont nécessaires pour gérer le changement d'état de l'image, que ce soit avec CSS ou avec JavaScript, et pour implémenter l'effet attendu.

Il y a de la vie sur cette planète

Ainsi que le disait Luke Skywalker, la vie peut se cacher là où on ne l'attend pas. Il en va de même pour les pages web dont le contenu peut être vivant et changer à l'insu de l'utilisateur naviguant sans rendu visuel. En effet, un outil de synthèse vocale procédera à la lecture linéaire du document sans savoir si une partie a été modifiée, avant ou après l'endroit où se trouve son « curseur » de lecture et s'il doit le notifier.

ARIA prévoit de marquer les portions de document, dont le contenu peut être amené à changer au cours du temps de façon dynamique, par les attributs suivants.

Tableau 3–6 Attributs ARIA pour régions « live »

État ou propriété	Description	Valeurs
`aria-atomic`	Indique la portée de l'information retournée à l'utilisateur lorsque le contenu d'un élément est modifié.	`true, false`
`aria-busy`	Indique qu'un élément et ses descendants sont en cours de mise à jour (état).	`true, false`
`aria-live`	Indique qu'un élément pourra être mis à jour et décrit le type de mises à jour que les agents utilisateurs peuvent attendre.	`off, polite, asservitive`
`aria-relevant`	Indique quelles modifications pourront être opérées.	Une combinaison parmi les termes clés :`additions`, `removals`, `text`, `all`

Les valeurs pour `aria-live` sont :

- `off` : mise à jour non présentée à l'utilisateur, à moins qu'il n'ait déjà le focus sur cette région.
- `polite` : changement en tâche de fond, l'assistant à la navigation peut l'annoncer au moment qu'il juge opportun (par exemple, à la fin de la lecture d'une phrase ou lorsque l'utilisateur a fait une pause dans son action).
- `asservitive` : haute priorité, l'utilisateur doit en être immédiatement informé. À utiliser avec parcimonie pour ne pas perturber la navigation.

Déclaration d'un contenu « live »

```
<div id="news" aria-live="polite">
<!-- Ici les résultats du tournoi Blobby Volley en direct -->
</div>
```

Cet exemple comprend un élément `<div>` neutre, dont on sait que son contenu pourra être mis à jour par JavaScript, probablement avec le concours d'Ajax. L'attribut `aria-live` indique que l'outil d'assistance doit « surveiller » cet élément pour annoncer ce changement.

Les valeurs pour `aria-relevant` conditionnent le niveau de précision des informations transmises par l'agent d'assistance à l'utilisateur selon le type d'événement :

- `additions` : lorsque des nœuds DOM sont ajoutés à la région.
- `removals` : lorsque du texte ou des nœuds sont retirés de la région.
- `text` : lorsque du texte est ajouté à n'importe quel nœud de la région.
- `all` : correspond à l'ensemble des précédentes valeurs.

Si le critère `removals` est utilisé, l'utilisateur devra être informé des suppressions de contenu (texte ou nœuds DOM). Dans le cas d'une synthèse vocale et d'un remplacement de texte « kiwi » par « goyave », le mot « kiwi » sera prononcé, mais il ne sera pas précisé que « goyave » a été retiré. Cette information complète n'est pas toujours utile ou pertinente, il faut donc en user avec parcimonie.

Attention, toutes les régions dynamiques ne se prêtent pas toujours à un emploi d'`aria-live` lorsqu'elles ont une spécialité identifiée, car certains rôles sont déjà prévus à cet effet : `alert`, `status`, `timer`, `marquee` et `log`.

Drag & drop (glisser-déposer)

Deux attributs existent pour le glisser-déposer.

Tableau 3–7 Attributs ARIA pour le glisser-déposer « drag & drop »

État ou propriété	Description	Valeurs
`aria-dropeffect`	Indique quelles fonctions sont déclenchées lorsqu'un objet est déposé sur la cible.	Un ensemble d'un ou plusieurs termes clés :`copy`, `move`, `link`, `execute`, `popup`, `none`.
`aria-grabbed`	Indique l'état de l'élément saisi, dans une opération de glisser-déposer (état).	`true` : en train d'être déplacé `false` : l'élément peut être saisi `undefined` : ne peut pas être saisi pour un glisser-déposer

Pour en savoir plus, consultez en ligne l'article rédigé par Gez Lemon et traduit par Cédric Trévisan.

RESSOURCE Zoom sur le drag & drop avec ARIA

Glisser-déposer accessible avec WAI-ARIA

- http://www.paciellogroup.com/blog/misc/ddfrench/WAI-ARIA_DragAndDrop_French.html

Relations

Les relations peuvent également être décrites avec des attributs ARIA correspondants.

Tableau 3–8 Attributs ARIA de relations

État ou propriété	Description	Valeurs	Rôles

`aria-activedescendant`	Identifie le descendant actif d'un composant.	Identifiant	`composite`
			`group`
			`textbox`

`aria-controls`	Identifie les autres éléments dont la présence ou le contenu sont contrôlés par cet élément.	Liste d'identifiants	
`aria-describedby`	Identifie le ou les éléments qui décrivent l'objet (complémentaire à `aria-labelledby`).	Liste d'identifiants	

Tableau 3–8 Attributs ARIA de relations (suite)

État ou propriété	Description	Valeurs	Rôles
`aria-flowto`	Identifie le ou les éléments suivants pour l'ordre de lecture, autorisant la technologie d'assistance à prendre le pas sur la hiérarchie naturelle du DOM.	Liste d'identifiants	
`aria-labelledby`	Identifie le ou les éléments qui confèrent une étiquette à l'objet (similaire à `aria-label`).	Liste d'identifiants	
`aria-owns`	Établit des relations de parenté lorsque le DOM ne permet pas de le faire. Note : un élément ne peut avoir qu'un seul « possesseur ».	Liste d'identifiants	
`aria-posinset`	Définit la position d'un élément dans un ensemble d'autres éléments de type `listitem` ou `treeitem`.	Nombre entier	`listitem` `option`
`aria-setsize`	Définit le nombre total d'éléments dans l'ensemble courant de type `listitem` ou `treeitem`.	Nombre entier	`listitem` `option`

La plupart des relations établissent un lien entre un élément et un autre dans le document, par exemple `aria-labelledby` et `aria-describedby` à des fins d'étiquetage et de description.

Exemple de relations ARIA

```
<div role="applicaton" aria-labelledby="todolist" aria-describedby="info">
<h1 id="todolist">Liste de choses à faire<h1>
  <p id="info">
    Ce tableau récapitule toutes les tâches en attente.
  </p>
  <div role="grid">
    <!-- ... -->
  </div>
</div>
```

Le conteneur principal est une application, dont le titre peut être retrouvé dans l'élément d'identifiant `todolist`, et dont la description est présente dans l'élément d'identifiant `info`.

En appliquant ce principe à `<figure>` en HTML 5 nous avons là une manière de lier deux morceaux de contenu d'une manière bien plus forte que leur simple proximité.

Relation ARIA avec figure

```
<figure>
  <img src="firebug.png" alt="Capture d'écran de Firebug"
aria-describedby="legende1">
```

```
  <figcaption id="legende1">
    <strong>Capture d'écran</strong> : L'extension Firebug pour Firefox propose
des outils de développement web regroupés sous forme d'onglets.
  </figcaption>
</figure>
```

Tous ces attributs forment un ensemble cohérent et fourni pour la description avancée des états et propriétés d'une application ou d'un document web. De nombreux exemples sont disponibles en ligne pour explorer toutes les facettes d'ARIA.

RESSOURCE Exemples en ligne

Codetalks (notamment la section « Validation and Testing »)

- http://codetalks.org/

OpenAjax Alliance

- http://www.oaa-accessibility.org/examples/

Illinois Center for Information Technology and Web Accessibility

- http://test.cita.illinois.edu/aria/

Valider et tester

Le validateur en ligne validator.nu comporte une option compatible avec la syntaxe HTML 5 + ARIA ou XHTML 5 + ARIA.

La meilleure façon de s'assurer de l'accessibilité d'un site est de le tester avec les outils appropriés, et au minimum avec la navigation au clavier qui est disponible nativement dans tous les navigateurs. Il existe des versions d'évaluation des deux plus célèbres lecteurs d'écran : JAWS et de Window-Eyes. NVDA est quant à lui diffusé en Open Source et téléchargeable librement. Des extensions spécifiques existent également, notamment pour Mozilla Firefox avec la Juicy Studio Accessibility Toolbar et l'Accessibility Evaluation Toolbar.

Figure 3–6
Extensions pour Firefox

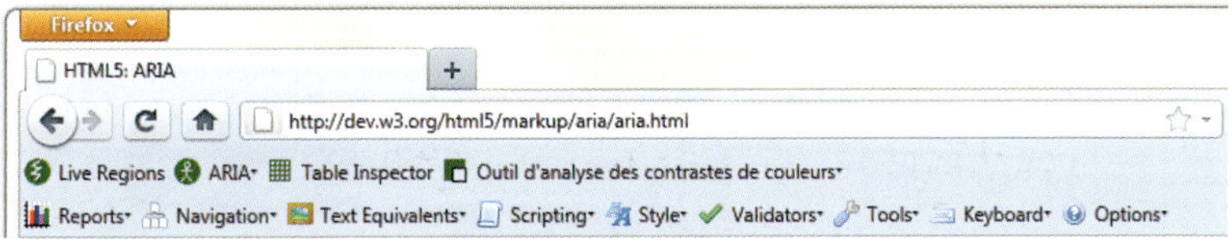

L'extension Juicy Studio Accessibility Toolbar produit des résumés, notamment pour les rôles ARIA attribués.

Figure 3–7
Synthèse des rôles ARIA

Juicy Studio: WAI-ARIA Properties

Properties

Properties	Element	Parent Nodes	Markup
• role="navigation"	DIV	• HTML • BODY	`<div role="navigation">`
• role="banner"	H1	• HTML • BODY • DIV • DIV#header • DIV#header-inside	`<h1 role="banner">`
• role="search"	FORM	• HTML • BODY • DIV • DIV#sous-menu	`<form method="post" action="/search/" role="search" id="recherche">`
• role="main"	DIV	• HTML • BODY • DIV#global • DIV#page	`<div role="main" id="content">`
• role="complementary"	DIV	• HTML • BODY • DIV#global • DIV#page	`<div role="complementary" id="sidebar">`
• role="contentinfo"	DIV	• HTML • BODY • DIV#global • DIV#page	`<div role="contentinfo">`

Sous Mac OS X, VoiceOver est intégré nativement depuis la version 10.4 et se retrouve même sur les plates-formes mobiles sous iOS. Sous Linux, Orca est un autre projet libre destiné à la synthèse vocale, aux plages braille et à l'agrandissement.

Figure 3–8
Requin vs Orque

TÉLÉCHARGER Lecteurs d'écran

JAWS

‣ http://www.freedomscientific.com/jaws-hq.asp

Window-Eyes

‣ http://www.gwmicro.com/Window-Eyes/

NVDA

‣ http://www.nvda-fr.org/

Juicy Studio Accessibility Toolbar

‣ https://addons.mozilla.org/fr/firefox/addon/juicy-studio-accessibility-too/

Accessibility Evaluation Toolbar 1.5.62.0

‣ https://addons.mozilla.org/fr/firefox/addon/accessibility-evaluation-toolb/

Orca

‣ http://live.gnome.org/Orca

L'aide de JavaScript

Le nombre de compléments JavaScript facilitant l'application de WAI-ARIA est croissant. Parmi eux, l'un des plus simples pouvant servir de base à une personnalisation plus avancée est `accessifyhtml5.js` : son action se borne à définir quelques rôles et propriétés par défaut pour des éléments HTML tels que `<header>`, `<footer>`, `<nav>`, `<output>`, `<aside>`, etc. Attention, ce type de script n'est pas miraculeux, il ne pourra deviner automatiquement tous les rôles applicables.

TÉLÉCHARGER Scripts Accessifyhtml5.js (pour jQuery)

‣ https://github.com/yatil/accessifyhtml5.js/blob/master/accessifyhtml5.js

Index

C

D

E

F

G

MIX
Paper from responsible sources
FSC® C110418
FSC
www.fsc.org

Dépôt légal : février 2013
N° d'éditeur : 8913
IMPRIMÉ EN SLOVÉNIE PAR DZS-GRAFIK